Paris
1911

Neymarck, Alfred

Finances contemporaines

2

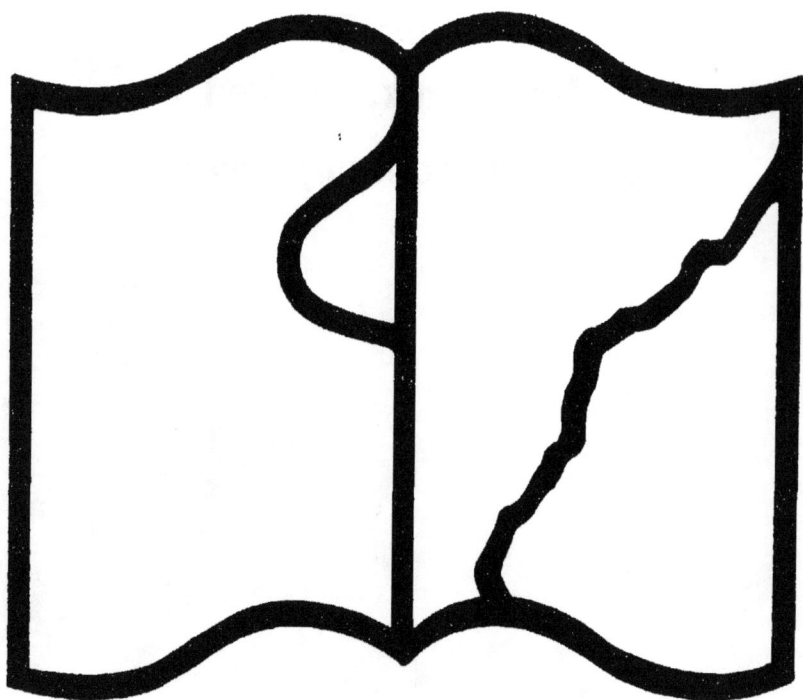

**Symbole applicable
pour tout, ou partie
des documents microfilmés**

Texte détérioré — reliure défectueuse

NF Z 43-120-11

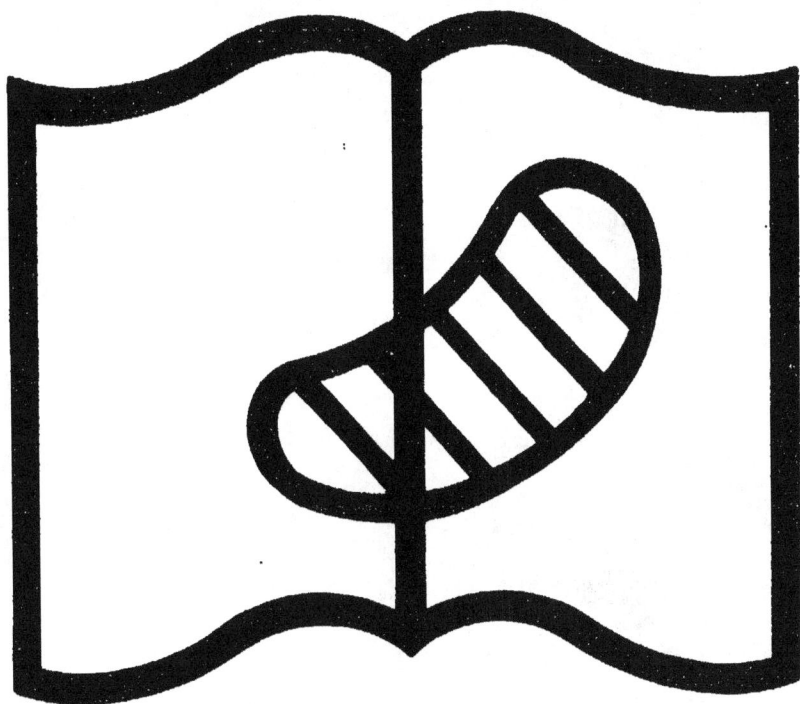

Symbole applicable
pour tout, ou partie
des documents microfilmés

Original illisible

NF Z 43-120-10

ALFRED NEYMARCK

FINANCES CONTEMPORAINES

II

LES BUDGETS
1872-1903

PARIS
Librairie GUILLAUMIN et Cie
ÉDITEURS DU JOURNAL DES ÉCONOMISTES,
DU DICTIONNAIRE DU COMMERCE, DE L'INDUSTRIE ET DE LA BANQUE,
DU DICTIONNAIRE D'ÉCONOMIE POLITIQUE
14 — Rue Richelieu — 14

1904
(Tous droits réservés)

FINANCES CONTEMPORAINES

Autres ouvrages de M. Alfred NEYMARCK

Ancien président de la Société de statistique de Paris
Membre du Conseil supérieur de statistique.

APERÇUS FINANCIERS, 2 vol. grand in-8°, 1868-1873.

COLBERT ET SON TEMPS, 2 vol. grand in-8°, 1877.

TURGOT ET SES DOCTRINES, 2 vol. grand in-8°, 1885.

UN CENTENAIRE ÉCONOMIQUE, 1789-1889, 1 vol. in-8°, 1889.

VOCABULAIRE MANUEL D'ÉCONOMIE POLITIQUE, 1 vol. in-12, 1898.

RAPPORT GÉNÉRAL fait au *Congrès international des valeurs mobilières* sur son organisation et ses travaux, 1 vol. grand in-8°, 1900.

RAPPORTS SUR LA STATISTIQUE INTERNATIONALE DES VALEURS MOBILIÈRES présentés à l'Institut international de statistique: 1er rapport: session de Berne, 1895; — 2° rapport: session de Saint-Pétersbourg, 1897; — 3° rapport: session de Christiania, 1899; — 4° rapport: session de Budapest, 1901; — 5° rapport; session de Berlin, 1903; insérés dans le *Bulletin de l'Institut international de statistique*, TOMES IX, XI, XII, XIII, XIV.

RAPPORT adressé à M. le Garde des Sceaux, ministre de la Justice, sur LES INVENTAIRES ET BILANS, fait au nom de la *Commission extraparlementaire de la réforme de la législation des sociétés*, in-4°, 1903.

RAPPORT GÉNÉRAL fait à la *Commission extraparlementaire du cadastre* sur les TRAVAUX DE LA SOUS-COMMISSION DES VOIES ET MOYENS, in-4°, 1904.

ÉTUDES DIVERSES sur l'histoire, l'économie politique, les valeurs mobilières, les impôts, les chemins de fer, les travaux publics, la statistique et la législation; volumes ou brochures, 1873 à 1904.

ALFRED NEYMARCK

FINANCES CONTEMPORAINES

II

LES BUDGETS

1872-1903

PARIS

Librairie GUILLAUMIN et Cⁱᵉ

ÉDITEURS DU JOURNAL DES ÉCONOMISTES,
DU DICTIONNAIRE DU COMMERCE, DE L'INDUSTRIE ET DE LA BANQUE,
DU DICTIONNAIRE D'ÉCONOMIE POLITIQUE

14 — Rue Richelieu — 14

1904

(TOUS DROITS RÉSERVÉS)

AVANT-PROPOS

I

Dans le premier volume des FINANCES CONTEMPO-
RAINES, les principaux faits économiques, financiers,
industriels, commerciaux qui se sont produits depuis
1872 ont été rapportés. Nous avons suivi, presque au jour
le jour, les événements aujourd'hui oubliés, en présentant une suite d'études, d'analyses, d'aperçus dont ces
événements ont été l'occasion. Il était indispensable de
les connaître pour juger sainement les finances d'aujourd'hui et se rendre compte du chemin parcouru.

Notre 1er volu-me : les Faits généraux.

Le second volume s'occupera exclusivement des budgets, de 1872 à 1903. Nous les avons étudiés, commentés
à mesure qu'ils étaient publiés. Nous leur laissons leur
marque *d'actualité*, pour employer un barbarisme
expressif, car cette *actualité* donne exactement l'impression du jour et l'idée des contemporains.

Objet du 2e vo-lume : les Bud-gets.

Cette revue rétrospective de nos budgets, c'est, en
quelque sorte, le récit de la vie du pays pendant ces
trente dernières années ; l'histoire de ses luttes, de ses
souffrances, des charges qu'il a vaillamment supportées, qu'il supporte encore, de ses malheurs, de
son accablement, de ses efforts, de son relèvement
et de ses espérances.

C'est la vie du pays.

Nous n'avons rien changé aux appréciations que nous
avions émises. C'est avec confiance que nous soumet-
tons ce second volume au jugement du lecteur.

II

Tableau de constatation et de comparaison.
On ne consultera pas sans intérêt, pensons-nous, les tableaux que nous avons dressés :

1° Sur la présentation, le vote et la promulgation des lois budgétaires de 1872 à 1903, lois de finances et lois de règlement ;

2° Les douzièmes provisoires depuis 1872 ;

3° Les résultats comparés du budget général de 1869 à 1901, indiquant les dépenses, les recettes, les balances (excédents et découverts).

Un résumé chiffré de nos budgets.
C'est là, en somme, le résumé chiffré de nos budgets depuis trente années. On y pourra trouver le relevé des sommes considérables que la France a consacrées aux dépenses pour la guerre, la marine, l'instruction publique, les travaux publics. Ses budgets — et il en est de même de tous ceux de l'Europe — sont devenus des budgets de guerre alors même que l'Europe se recueille, que le mot « paix » est sur toutes les lèvres, sinon dans tous les cœurs. Nos dettes mêmes — comme celles de l'Europe encore — sont des traces et des marques de la guerre. Elles en forcent les frais; elles en portent le poids. La plus grande partie des ressources obtenues par les produits des impôts, par les recettes budgétaires, se consomme ainsi à solder ce qu'ont coûté les anciennes destructions et ce que coûtent, rien que pour s'en préserver, — d'après la maxime très en honneur *si vis pacem, para bellum* — les destructions futures.

Recettes et dépenses de 1869 à 1901.
Qu'on veuille se reporter aussi au tableau III du budget général (balances en millions des recettes et dépenses de 1869 à 1901), on verra que, de 1872 à 1901, les recettes de l'État se sont élevées, en chiffres ronds, à 100 milliards 559 millions et, si l'on veut se rendre compte de l'emploi de ces 100 milliards, on examinera les tableaux précédents où sont indiqués ce que coûtent la guerre, la marine, la dette publique, les frais de perception des impôts, et d'autre part, les dépenses que nous

appellerons productives, comme celles consacrées à l'instruction publique, aux travaux publics, au commerce, à l'agriculture. On verra enfin, au milieu de cet amoncellement de milliards qui donne le vertig.: la place minime que tiennent les dépenses pour l'administration du pays, la gestion et la direction de ses nombreux services. Ainsi se vérifie une parole bien triste, bien profondément vraie de M. Magne : « C'est la guerre et toujours la guerre qui redoit aux budgets ! » C'est ainsi que, chaque jour aussi, se pose cette question redoutable, discutée parfois, non encore résolue, que M. Léon Say soulevait, il y a vingt ans, le 14 octobre 1882, devant l'Académie des sciences morales et politiques : « Peut-on dire de cette immense fortune qu'elle doit être constituée et administrée suivant des principes nouveaux, contraires à ceux qui étaient jadis en honneur? En d'autres termes, doit-on concevoir un budget républicain par opposition à un budget monarchique? »

Cette question mérite toujours l'examen au triple point de vue des dépenses, des recettes et des méthodes employées pour l'exploitation des impôts et l'administration des deniers publics.

Les tableaux relatifs à la présentation, au vote et à la promulgation du budget, ceux concernant les lois de finances et les lois de règlement, appellent aussi de sévères réflexions sur les longs délais écoulés entre le dépôt du projet et la promulgation de la loi, et les délais plus longs encore qui se sont produits pour les lois de règlement. Tous ces retards apportés dans le vote des lois annuelles de finances ont eu pour conséquence la création de douzièmes provisoires, c'est-à-dire, suivant l'exacte définition qu'en donne M. Stourm, dans son magistral ouvrage sur *le Budget*, « l'autorisation de percevoir les impôts et de payer les dépenses publiques pendant un certain nombre de mois, d'après une répartition provisoire (1) ».

Dépenses productives et dépenses négatives.

Le vote des lois budgétaires.

(1) Stourm, de l'Institut. *Le Budget*, page 300.

Douzièmes provisoires.

De 1892 à 1901, seize fois des douzièmes provisoires ont été nécessaires. Les exercices qui ont pu y échapper sont ceux de 1873 à 1877 ; 1879 à 1884 ; 1886 ; 1889, 1890, 1891 ; 1894 ; 1896, et celui de 1904 qui paraît clore une pratique sinon dangereuse, tout au moins peu régulière, que tous les gouvernements ont employée d'ailleurs. « Humiliation, honte, expédient désastreux », telles ont été les expressions courantes pour les qualifier jadis. Aujourd'hui ce n'est pas en vain, comme le dit M. Stourm. « que le gouvernement devant l'une ou l'autre Chambre, agite le « spectre » de ces douzièmes... La réprobation qui les atteint ne provient-elle pas surtout de leur introduction irrégulière et hâtive dans une organisation où rien n'est disposé pour les recevoir, ou parce qu'ils interviennent toujours inopinément, à titre d'expédient. lorsque le budget est en retard (1) ».

III

Du 2e au 4e milliard.

« Du deuxième au quatrième milliard », tel aurait pu être le sous-titre de cette revue des budgets français de 1872 à 1903, si cette formule n'évoquait la pensée de quelque voyage extraordinaire à la manière des écrivains fantastiques. Prodigieux voyage, en effet, que celui au cours duquel, sous nos yeux mêmes, les chiffres du budget français se sont multipliés et cela sans secousse, sans donner lieu de la part du contribuable à aucune récrimination violente, si bien que le budget de 1903 paraît moins lourd que ne pouvait l'être celui de 1872, dressé pourtant dans un lendemain de guerre. Voyage surprenant, accompli sans que le voyageur se soit senti transporté si loin de son point de départ, sans qu'il voie bien clairement encore quel sera son point d'arrivée.

Le chiffre global du budget a changé. Mais est-ce

(1) *Le Budget*, pages 112 et 311.

bien le même budget? Non, pas plus en recette qu'en dépense.

Pour les recettes, le budget a d'abord compris les ressources créées de toutes pièces, au lendemain de la guerre, et dont quelques-unes ont été abandonnées ensuite. Des monopoles ont été établis ; des exploitations industrielles, ayant leurs ressources propres, ont été gérées par l'Etat. Tandis qu'apparaissaient des impôts nouveaux, des dégrèvements, comme ceux de la grande vitesse et de la contribution foncière, venaient modifier à leur tour la physionomie des recettes budgétaires. Nous avons connu et les excédents et les déficits ; nous avons assisté à un relèvement prodigieux du pays ; nous avons cru que ce relèvement allait perpétuellement durer : de là, d'un côté, des dégrèvements ; de l'autre, des augmentations de dépenses, pour aboutir à de nouveaux déficits qu'il a fallu combler, et pour voir, ensuite, de nouveaux accroissements de recettes. Impôts de nécessité après la guerre, impôts de politique commerciale remplaçant les tarifs de 1802, impôts de politique fiscale comme les droits progressifs sur les successions, nos budgets ont tout essayé, tout connu, tout expérimenté. Cependant le cadre demeure identique et l'on dit : c'est le même budget !

Pour les dépenses, il est également impossible de grouper ensemble celles de natures diverses auxquelles on a dû faire face : tout d'abord les dépenses de réparation de notre armement et de réorganisation des services publics, ensuite celles des travaux publics afin de doter le pays de nouveaux chemins de fer, de ports et de canaux ; plus tard et parfois en même temps, frais d'expéditions lointaines, constitution d'un immense empire colonial, développement considérable donné à l'instruction publique, expositions universelles. L'Etat se fait-il entrepreneur de chemins de fer? ce sont des dépenses nouvelles qui viennent s'ajouter au budget, qui s'augmente encore de toutes les subventions, de toutes les primes que lui apporte chaque exercice.

Toutes ces dépenses sont entrées, sans le rompre, dans le cadre du budget, tout prêt, semble-t-il, à les recevoir. Mais, englobant une partie de plus en plus grande de l'activité privée, ce budget grossit sans cesse. Comment serait-ce toujours le même budget !

IV

Le budget, symbole de l'activité de l'Etat.

On pourrait donc dire que le mot « budget » désigne un simple cadre sans contenu fixe, simple symbole de l'activité de l'Etat. Pris à ce point de vue, il n'en est que plus instructif. L'activité de l'Etat en trente ans a été universelle ; l'Etat a agi de mille façons. Tout ce qu'il a fait a eu sa répercussion sur le budget : le voyage du deuxième au quatrième milliard est plein de péripéties.

Mais, quelque variées que soient les manifestations de cette activité, le résultat budgétaire est à la longue toujours le même : c'est un pas de plus sur la route du quatrième milliard. Que l'Etat s'occupe de la marine marchande ou de la sériciculture, ascension nouvelle; qu'il supprime les primes à l'exportation du sucre ou dégrève les petites cotes foncières, le mouvement général qui entraîne notre budget et tous les budgets européens, n'est pas arrêté pour cela. Il y a une certaine constante annuelle dans l'augmentation des budgets que rien ne peut éliminer ou enrayer.

Un grand magistrat, dont nous conservons pieusement le souvenir, M. E. Falconnet, écrivait en 1842 : « L'heure est venue où les budgets, pour répondre à toutes les nécessités de l'époque, doivent atteindre un chiffre élevé... Il en est des budgets comme des dettes publiques. Il faut savoir admettre leur accroissement quand il est nécessaire, mais combattre énergiquement leur mauvais emploi (1). »

---

1. E. Falconnet. *Des juges de paix en France*, pages 16 et 17.

Ces prédictions se sont réalisées : budgets et dépenses publiques se sont énormément accrus. La fortune publique et privée a pu heureusement, par son accroissement continu, faire face à tous ces besoins, à toutes ces charges.

V

Dans cette transformation successive que reste-t-il en 1903 du budget de 1872? Les chapitres relatifs aux traitements des fonctionnaires de l'Etat qui n'ont que peu varié. Le nombre de ceux-ci a augmenté, mais la statistique des traitements, dont on trouvera le détail dans cet ouvrage, montre que les serviteurs du pays sont toujours payés le même prix. Tout a changé autour d'eux; leur salaire n'a pas varié. Si le total du budget a augmenté, c'est donc parce que l'activité de l'Etat s'est étendue, non parce que celui-ci s'est imposé, pour la rémunération de ses agents, des sacrifices plus lourds qu'autrefois.

Les fonctionnaires.

Tout est changé sauf leur salaire.

La conclusion qu'on peut tirer de l'augmentation du chiffre global du budget ne doit pas être pessimiste. On ne soupçonnait pas autrefois l'étendue des ressources du pays, aussi croyait-on avoir atteint le maximum possible des dépenses alors qu'on n'en approchait pas.

Les ressources du pays.

On connaît mieux ces ressources aujourd'hui, mais doit-on s'en féliciter? Oui, à la condition qu'elles soient employées judicieusement, qu'elles aient un but utile et productif. Toute dépense inutile, si faible qu'elle soit, est un prélèvement injuste, arbitraire le plus souvent, effectué sur le contribuable.

Comment on doit les employer.

« Il faut épargner cinq sous aux choses non nécessaires. » disait Colbert à Louis XIV.

« Vous ne devez pas, disait Léon Say, prendre de l'argent ici pour le donner là : vous n'en avez pas le droit; vous devez appliquer les contributions à l'acquittement des dépenses publiques en vous inspirant des principes de justice et d'égalité (1). »

Puissent les législateurs s'inspirer de ces sages conseils et les suivre! Les gouvernements sont malheureusement disposés à atteindre, dans leurs dépenses, jusqu'à la limite extrême des ressources qui peuvent être mises à leur disposition.

N'abusons pas de cette richesse, de ces ressources. Sachons les employer avec discernement et soyons aussi sages en politique intérieure et extérieure, qu'économes en finances. « Il faut tout sacrifier à l'intérêt de nos finances, disait encore M. Léon Say, car si nos finances étaient détruites, notre pays serait réduit au rang des dernières puissances (2). »

Respect du contribuable. Être économe. Si l'histoire des trente derniers budgets montre, sans conteste, que les ressources de la France se sont développées avec les besoins et que les inquiétudes qui parfois se sont manifestées à cet égard étaient exagérées, elle nous montre aussi qu'un devoir impérieux s'impose : avoir le respect du contribuable et être économe.

Alfred NEYMARCK.

(1) Léon Say, Chambre des députés, 29 octobre 1889.
(2) Léon Say, *Revue des Deux-Mondes*, 15 janvier 1885.

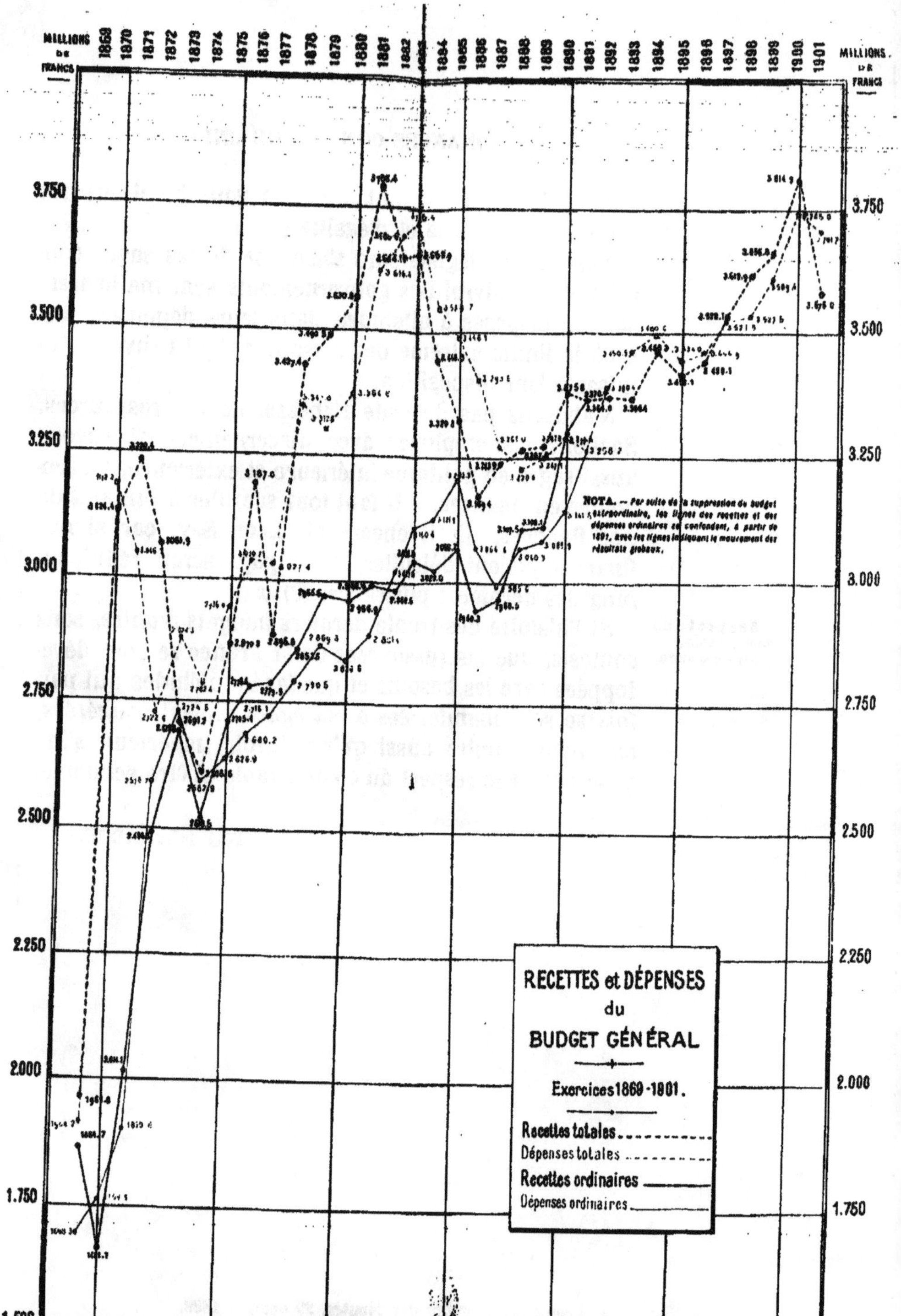
RECETTES et DÉPENSES
du
BUDGET GÉNÉRAL
Exercices 1869-1901.
Recettes totales
Dépenses totales
Recettes ordinaires
Dépenses ordinaires
NOTA. — Par suite de la suppression du budget extraordinaire, les lignes des recettes et des dépenses ordinaires se confondent, à partir de 1891, avec les lignes indiquant le mouvement des résultats globaux.
MILLIONS DE FRANCS
3.750
3.500
3.250
3.000
2.750
2.500
2.250
2.000
1.750
1.500
1869
1870
1871
1872
1873
1874
1875
1876
1877
1878
1879
1880
1881
1882
1883
1884
1885
1886
1887
1888
1889
1890
1891
1892
1893
1894
1895
1896
1897
1898
1899
1900
1901

BUDGET GÉNÉRAL

RESULTATS COMPARES
1869-1901

TABLEAU I. — Dépenses.

TABLEAU II. — Recettes.

TABLEAU III. — Balances.

NOTA. — Les chiffres inscrits dans les tableaux ci-après sont ceux portés : dans les lois de règlement, pour tous les exercices réglés ; dans les comptes définitifs des dépenses et des recettes dressés pour l'établissement ultérieur des lois de règlement, pour les autres exercices.

Il a paru opportun, bien que le plus ancien budget auquel s'appliquent les études contenues dans ce volume soit celui de 1872, de faire remonter les comparaisons à 1869, dernière année normale antérieure.

TABLEAU 1   BUDGET GÉNÉRAL. — DÉPENSES DES EXERCICES

Résultats définitifs en

NUMÉROS D'ORDRE	SERVICES	1869	1870	1871
1	Dette publique et dotations.........	654.8	587.3	681.6
	Services généraux des ministères :			
2	Justice........................ ..	35.1	35.1	32.5
3	Cultes...........................	48.9	48.1	47.5
4	Affaires étrangères..............	13.6	13.0	11.6
5	Intérieur....................... ..	60.0	60.6	59.9
6	Finances........................	30.4	83.6	121.8
7	Guerre.........................	380.1	408.6	388.7
8	Marine	163.3	196.0	167.0
9	Instruction publique.........	26.5	26.7	26.1
10	Beaux-Arts	12.3	6.1	5.6
11	Commerce et industrie	»	»	»
12	Postes et télégraphes.................	»	»	»
13	Colonies......................	»	»	»
14	Agriculture...................	12.2	16.7	20.6
15	Travaux publics..................	113.3	83.8	76.9
16	Frais de régie, de perception, etc.........	221.7	216.7	214 9
17	Remboursements et restitutions..............	10.5	14.8	31.9
18	Algérie.......................	15.4	14.6	13.7
19	TOTAUX (Budget ordinaire,....	1.688.3	1.769.6	1.899.6
20	Budget extraordinaire................	118.8	1.388.4	1.142.9
21	Compte de liquidation (1re et 2e parties)........	»	»	»
22	Budget de l'emprunt de 420 millions............	97.1	25.2	4.2
23	TOTAUX GÉNÉRAUX............	1.904.2	3.173.2	3.046.7

(A) Le service des forêts a été transféré du ministère des Finances à celui de l'Agri
(B) Le service des lignes télégraphiques a été réuni à la direction générale des postes
(C) La direction générale des postes et télégraphes a été érigée en ministère spécial

millions de francs

1872	1873	1874	1875	1876	1877	1878	1879	RAPPEL des NUMÉROS d'ordre
1.132,8	1.329,9	1.191,0	1.230,8	1.165,7	1.889,0	4,206,8	1.258,0	1
34,1	34 3	34,5	34,4	35,0	35,4	35,8	35,2	2
63,2	63,6	63,7	63,8	63,9	63,1	62,8	62,7	3
11,5	11,8	11,4	11,4	11,3	12,8	13,8	14,5	4
84,4	111,7	101,3	81,9	98,3	88,5	87,9	158,8	5
146,7	54,2	30,0	28,7	24,3	24,0	A) 28,3	48,2	6
462,2	481,4	478,3	485,3	522,6	540,1	555,8	536,9	7
148,6	151,4	162,7	156,5	170,1	192,7	197,5	194,4	8
33,6	34,9	36,6	36,9	39,7	48,1	55,6	59,6	9
6,8	6,7	7,3	6,8	7,1	7,7	7,7	7,9	10
»	»	»	»	»	»	»	»	11
»	»	»	»	»	»	(B) 0,8	(C) 1,6	12
»	»	»	»	»	»	»	»	13
16,8	21,8	20,8	17,4	18,4	31,7	(C) 44,8	34,3	14
138,7	140,8	138,5	193,0	216,5	218,9	226,1	162,6	15
237,2	240,9	238,9	240,5	245,5	236,6	267,3	260,1	16
51,1	17,5	19,8	20,5	44,5	18,3	16,6	17,1	17
38,2	27,7	26,7	35,0	28,4	26 7	28,1	28,8	18
2.578,7	2.724,5	2.582,9	2.626,9	2.680,2	2.716,1	2.790,6	2.869,3	19
»	»	»	»	»	»	16,1	318,2	285,4	20
141,0	142,6	198,4	308,8	350,5	295,2	239,1	167,9	21
2,9	7,2	1,1	2,8	»	»	»	»	22
2.722,6	2.874,3	2.782,4	2.936,0	3.030,7	3.027,4	3.347,8	3.322,6	23

culture par décret du 15 décembre 1877.

au ministère des Finances, par décret du 27 février 1878.

par décret du 5 février 1879.

TABLEAU I
Suite

BUDGET GÉNÉRAL. — DÉPENSES DES EXERCIC

Résultats définitifs en

NUMÉROS D'ORDRE	SERVICES	1880	1881	1882
1	Dette publique et dotations......................	1.255.3	1.254.3	1.298.0
	Services généraux des ministères			
2	Justice......................	35,8	38,2	35,7
3	Cultes......................	52,4	48,3	52,2
4	Affaires étrangères......................	15,4	14,7	16,7
5	Intérieur......................	68,4	76,6	83,2
6	Finances......................	24,1	23,1	24,3
7	Guerre......................	558,5	624,7	639,7
8	Marine......................	198,7	207,1	222,0
9	Instruction publique......................	79,0	83,1	129,0
10	Beaux-Arts......................	8,7	27,4	20,9
11	Commerce et Industrie......................	»	17,8	19,6
12	Postes et télégraphes......................	1,6	2,0	7,2
13	Colonies......................	»	»	»
14	Agriculture......................	37,5	10,1	19,0
15	Travaux publics......................	172,7	184,0	118,7
16	Frais de régie, de perception, etc......................	271,9	307,6	320,5
17	Remboursements et restitutions......................	29,0	14,6	20,3
18	Algérie......................	26,9	(c) »	»
19	TOTAUX (Budget ordinaire).....	2.826,6	2.881,4	3.023,0
20	Budget extraordinaire......................	479,5	701,0	668,6
21	Compte de liquidation (1re et 2e partie)............	68,6	34,0	»
22	Budget de l'emprunt de 420 millions.....	»	»	»
23	TOTAUX GÉNÉRAUX............	3.364,6	3.616,4	3.688,6

(A) Un décret du 14 novembre 1881 a créé un ministère du Commerce et de l'Indu—
(B) Le ministère des Postes et Télégraphes a été supprimé et la direction générale
Commerce et de l'Industrie par décret du 14 mars 1881.
(C) Des décrets des 20 août, 20 et 21 septembre 1881 ont placé les services de l'Algérie
réparties entre les budgets des divers ministères.

1809 a 1901, RÉPARTIES PAR SERVICES

millions de francs

1883	1841	1885	1886	1887	1888	1889	1890	RAPPEL des numéros d'ordre
1.328.5	1.795.1	1.320.8	1.345.0	1.287.1	1.287.7	1.283.8	1.284.1	1
36.5	38.9	38.6	39.0	37.9	37.4	37.6	37.1	2
51.2	50.4	46.6	45.9	46.2	44.7	44.7	44.5	3
15.1	13.9	14.5	21.3	55.4	18.3	16.2	17.2	4
68.5	90.6	83.1	68.4	67.1	73.8	71.6	76.8	5
26.3	24.7	23.2	24.2	22.1	23.4	26.9	25.6	6
615.7	689.5	600.0	581.7	555.8	547.6	565.8	580.2	7
269.1	298.4	349.4	272.9	241.9	181.0	199.0	201.4	8
146.4	166.2	167.5	134.7	133.6	133.7	135.8	142.6	9
18.8	17.2	13.5	15.1	20.6	14.0	15.9	8.4	10
23.4	27.2	41.8	27.8	(A) 24.5	33.5	41.0	26.2	11
2.4	2.3	2.3	0.1	(B) 2.3	2.2	2.6	2.4	12
»	»	»	»	»	64.8	69.5	57.6	13
22.4	21.8	20.5	21.8	(A) 21.6	21.6	21.6	20.6	14
132.6	131.6	154.5	115.1	119.4	231.4	213.6	216.9	15
334.4	331.5	344.7	339.3	397.9	392.8	325.9	339.0	16
20.1	21.3	22.4	22.8	22.8	22.5	22.4	22.0	17
»	»	»	»	»	»	»	»	18
3.100.4	3.121.9	3.208.3	3.064.4	2.935.6	3.060.3	3.083.9	3.141.6	19
615.0	410.8	263.6	229.2	275.4	160.3	163.2	146.4	20
»	»	»	»	»	»	»	»	21
»	»	»	»	»	»	»	»	22
3.715.4	3.538.7	3.486.9	3.293.6	3.261.0	3.220.6	3.247.1	3.287.9	23

tie, détaché du ministère de l'Agriculture et du Commerce.
rattachée au ministère des Finances par décret du 30 mai 1887, puis au ministère du
sous l'autorité directe des ministres compétents. Les recettes et les dépenses sont

TABLEAU I
Suite et fin

BUDGET GÉNÉRAL. — DÉPENSES DES EXERCICES 18..

Résultats définitifs en m...

NUMÉROS D'ORDRE	SERVICES	1891	1892	1893	
1	Dette publique et dotations....................	1.264,3	1.282,0	1.289,3	1.2
	Service généraux des ministères :				
2	Justice............................	37,3	34,9	35,3	
3	Cultes..........................	44,3	43,0	43,3	
4	Affaires étrangères...................	16,5	16,3	16,7	
5	Intérieur.....................	82,0	68,9	71,4	
6	Finances......................	26,3	39,2	48,0	
7	Guerre......................	709,0	677,9	649,5	6
8	Marine.......................	280,0	252,0	258,3	2
9	Instruction publique...............	177,4	168,6	173,0	1
10	Beaux-Arts.....................	8,3	8,3	9,0	
11	Commerce et industrie.............	22,5	23,7	26,3	
12	Postes et télégraphes..............	2,1	2,6	2,9	
13	Colonies......................	68,7	81,1	78,3	(A)1
14	Agriculture....................	20,3	26,9	37,6	
15	Travaux publics................	204,9	240,4	272,6	2
16	Frais de régie, de perception, etc............	333,9	334,0	365,0	3
17	Remboursements et restitutions.............	20,7	22,1	47,7	
18	Algérie.........................	.	(B 69,6	71,7	
19	TOTAUX (Budget ordinaire)....	3.268,9	3.380,4	3.450,9	3.48
20	Budget extraordinaire.................	»	»	»	
21	Compte de liquidation (1re et 2e partie).........	«	«	«	
22	Budget de l'emprunt de 120 millions...........	»	»	»	
23	TOTAUX GÉNÉRAUX	3.268,2	3.380,4	3.450,9	3.4

(A) Les Colonies, détachées de la Marine et rattachées au Commerce par décret du .. érigées en ministère spécial par décret du 20 mars 1894.

(B) Depuis 1892, dans les tableaux annexés à la loi de finances, deux états distincts ..ment à nouveau.

(C) L'Algérie a été dotée d'un budget spécial par une loi du 19 décembre 1900.

1809 A 1901, RÉPARTIES PAR SERVICES

millions de francs

1894	1895	1896	1897	1898	1899	1900	1901	RAPPEL des numéros d'ordre
1.334.5	1.317.9	1.315.2	1.260.6	1.251.6	1.247.9	1.254.7	1.248.9	1
35.2	34.8	34.6	34.9	35.2	35.2	35.5	35.5	2
43.3	43.1	42.8	42.6	42.8	42.7	42.7	42.6	3
16.9	16.3	19.4	16.8	16.6	16.7	16.8	21.6	4
73.7	73.6	72.9	73.6	74.8	73.6	78.6	78.7	5
31.8	28.6	28.6	29.8	29.2	28.9	28.8	29.5	6
647.6	637.0	646.6	663.6	658.6	664.1	673.3	726.8	7
274.2	268.1	264.9	262.8	289.7	322.4	373.0	344.4	8
191.6	190.6	193.7	201.4	199.1	203.5	204.9	206.9	9
8.5	14.4	15.0	15.4	16.2	18.8	21.2	16.8	10
26.3	28.6	34.7	40.9	47.0	74.3	91.7	80.0	11
2.4	2.6	2.6	2.5	2.6	2.8	4.4	3.5	12
(A)82.0	78.9	85.3	106.8	112.6	103.7	116.5	174.3	13
31.9	30.6	31.1	36.3	31.3	32.1	36.9	37.7	14
290.6	288.6	264.6	232.9	216.5	206.0	213.3	246.6	15
369.3	367.8	377.0	377.9	384.8	403.2	426.5	434.2	16
47.6	43.4	42.2	44.3	42.9	41.8	45.9	45.8	17
72.0	72.7	73.7	72.6	76.3	74.4	71.1	»	18
3.480.0	3.434.0	3.444.9	3.523.6	3.627.6	3.689.4	3.745.0	3.701.7	19
»	»	»	»	»	»	»	»	20
»	»	»	»	»	»	»	»	21
»	»	»	»	»	»	»	»	22
3.480.0	3.434.0	3.444.9	3.523.6	3.627.6	3.689.4	3.745.0	3.701.7	23

14 mars 1889, ont été rattachées de nouveau à la Marine par décret du 8 mars 1893

sont consacrés à l'Algérie dont les recettes et les dépenses ressortent ainsi distincte-

TABLEAU II BUDGET GÉNÉRAL. — RECETTES DES EXERCICES

Résultats définitifs en m

NUMÉROS D'ORDRE		PRODUITS	1869	1870	1871
1		Contributions directes............	332.4	336.1	323.8
2		Taxes assimilées..........	7.1	7.1	6.7
3		Enregistrement............	307.7	288.3	337.1
4		Timbre..................	89.3	74.8	82.2
5		Impôt sur les opérations de bourse..................	»	»	»
6	§ 1er. Impôts.	Taxe sur le revenu des valeurs mobilières, etc.............	»	»	»
7		Douanes................	73.7	81.6	106.4
8		Contributions indirectes. {Boissons.......	249.8	223.7	246.8
9		Transports.......	28.2	28.6	39.7
10		Droits divers......	28.9	23.7	32.6
11		Sucres (A).................	113.7	103.4	139.3
12		Sels (A)...................	32.9	31.0	30.1
13		Allumettes (B)............	»	»	»
14	§ 2. Monopoles et exploitations industrielles de l'État.	Tabacs..................	254.7	243.3	217.6
15		Poudres à feu............	13.1	10.4	8.9
16		Postes.................	94.6	72.6	91.6
17		Télégraphes............	11.3	9.9	11.1
18		Téléphones (c)..........	»	»	»
19		Produits de diverses exploitations................	»	»	»
20	§ 3. Produits domaniaux. {Domaine non forestier........	11.2	8.9	92.1
21		Forêts.............	41.3	9.6	52.8
22		§ 4. Produits divers du budget.........	74.4	63.2	65.4
23		§ 5. Ressources exceptionnelles...........	»	(D) 21.6	(E) 181.7
24		§ 6. Recettes d'ordre............	15.4	14.8	15.3
25		Produits et revenus de l'Algérie..........	15.0	14.6	15.1
26		TOTAL du budget ordinaire.........	1.804.7	1.661.7	2.014.1
27		Budget extraordinaire............	»	1.437.5	1.202.1
28		Compte de liquidation (1re et 2e partie)......	»	»	»
29		Budget de l'emprunt de 429 millions...........	97.1	25.2	4.2
30		TOTAUX GÉNÉRAUX................	1.961.8	3.124.4	3.220.4

(A) Douanes et contributions indirectes.
(B) Recettes comprises, jusqu'en 1890, dans les produits divers des contributions indirectes.
(C) Budget annexe jusqu'en 1893.
(D) Prélevés en totalité sur fonds d'emprunts.

1869 A 1901, RÉPARTIES PAR NATURE DE PRODUITS 1869-1879

millions de francs

1872	1873	1874	1875	1876	1877	1878	1879	RAPPEL des numéros d'ordre
384.7	385.9	379.5	384.0	388.2	391.6	395.3	398.3	1
11.0	20.4	23.8	24.8	24.6	25.7	25.6	25.9	2
433.5	421.7	433.5	453.0	470.6	470.0	487.5	520.3	3
137.7	140.1	152.2	154.3	153.9	156.1	158.9	146.6	4
»	.	»	»	»	«	»	»	5
6.1	31.7	34.2	34.7	35.0	34.1	34.3	36.5	6
110.5	101.9	157.2	181.9	200.2	198.0	217.6	237.6	7
289.2	327.5	347.4	384.5	399.2	398.4	411.2	421.3	8
77.6	69.8	85.6	110.8	104.5	98.7	101.3	81.0	9
59.3	66.2	84.0	108.9	104.2	104.2	101.8	92.2	10
106.6	172.8	152.4	180.9	189.9	170.3	149.6	200.4	11
82.2	35.7	28.2	35.0	30.8	33.7	32.9	32.8	12
»	»	»	»	»	«	»	»	13
288.5	290.9	298.8	312.4	322.5	329.4	332.2	335.3	14
9.4	11.5	12.3	13.6	13.7	12.8	13.3	13.6	15
108.6	110.6	113.9	119.3	114.3	119.6	102.4	104.7	16
14.1	15.4	16.3	17.5	18.7	19.2	21.2	22.9	17
»	»	«	»	«	»	«	»	18
»	»	»	»	»	»	»	»	19
18.4	16.2	15.0	16.7	14.1	16.1	13.0	14.8	20
45.1	36.2	34.8	38.7	41.1	35.6	33.6	33.9	21
56.7	79.4	104.7	91.1	99.9	122.1	135.7	79.1	22
(v)81.3	(o)243.6	6.1	1.8	»	»	1.2	(8;119.6	23
17.0	17.8	18.0	18.4	19.0	19.6	19.9	20.7	24
19.3	21.2	25.3	25.6	28.0	27.2	28.3	28.4	25
2.496.8	2.679.6	2.518.6	2.705.4	2.778.4	2.779.9	2.852.6	2.965.6	26
»	»	»	»	»	16.1	318.2	285.4	27
102.2	4.5	89.0	162.1	408.6	99.8	256.6	239.4	28
2.0	7.2	1.1	2.8	»	»	»	»	29
2.601.9	2.691.2	2.608.6	2.870.3	3.187.0	2.895.8	3.427.4	3.490.3	30

(a) Prélevés en totalité sur fonds d'emprunts.
(v) Dont 102,3 millions prélevés sur fonds d'emprunts.
(o) Dont 232,5 millions prélevés sur fonds d'emprunts.
(8) Prélevés sur excédents de recettes des budgets de 1875, 1876, 1877.

TABLEAU I
(Suite.)

BUDGET GÉNÉRAL. — RECETTE DES EXERCICES 1869

Résultats définitifs

NUMÉROS D'ORDRE		PRODUITS	1880	1881	1882
1		Contributions directes	376.8	370.3	388.2
2		Taxes assimilées.	24.4	25.1	25.5
3		Enregistrement.	560.0	571.0	559.8
4		Timbre.	147.4	155.4	159.8
5		Impôt sur les opérations de bourse.	»	»	»
6	§ 1er. Impôts.	Taxe sur le revenu des valeurs mobilières, etc.	39.1	44.6	47.9
7		Douanes.	261.7	284.2	288.9
8	Contributions indirectes. — Boissons.		439.0	414.6	408.0
9	Transports.		87.2	91.8	98.8
10	Droits divers.		88.5	88.2	88.5
11		Sucres.	178.7	135.9	147.7
12		Sels.	32.7	32.4	33.2
13		Allumettes.	»	»	»
14	§ 2. Monopoles et exploitations industrielles de l'État.	Tabacs.	344.2	363.5	363.4
15		Poudres à feu.	13.4	15.0	15.5
16		Postes.	113.7	123.0	128.1
17		Télégraphes.	25.6	29.2	29.8
18		Téléphones.	»	»	»
19		Produits de diverses exploitations.	»	»	»
20	§ 3. Produits domaniaux.	Domaine non forestier.	14.1	13.8	14.1
21		Forêts.	36.2	30.4	28.9
22	§ 4. Produits divers du budget.		67.6	71.1	74.0
23	§ 5. Ressources exceptionnelles.		66.8	80.6	63.6
24	§ 6. Recettes d'ordre.		22.0	21.6	22.7
25	Produits et revenus de l'Algérie.		29.3	29.6	»
26	TOTAL du budget ordinaire.		2.956.9	2.938.4	2.930.5
27	Budget extraordinaire.		479.5	701.0	629.6
28	Compte de liquidation (1re et 2e partie).		94.4	96.1	»
29	Budget de l'emprunt de 429 millions.		»	»	»
30	TOTAUX GÉNÉRAUX.		3.580.8	3.735.4	3.644.1

(A) Jusqu'en 1887, les bénéfices nets de diverses exploitations (chemins de fer de étaient englobés dans les « produits divers du budget ».

1901, RÉPARTIES PAR NATURE DE PRODUITS   1880-1890

en millions de francs.

1883	1884	1885	1890	1897	1898	1890	1890	RAPPEL des numéros d'ordre
393.6	398.4	401.1	408.3	411.0	414.9	417.9	451.2	1
26.3	26.7	26.8	27.4	27.5	28.0	28.1	28.4	2
549.0	523.7	524.4	521.9	517.4	514.3	506.0	541.4	3
169.0	159.2	158.6	160.2	161.7	164.3	164 6	170.0	4
»	»	»	»	»	»	»	»	5
48.0	47.0	46.1	47.4	49.1	50.8	49.4	51.0	6
300.4	290 6	294.1	309.4	325.1	301.8	350.7	354 5	7
471.2	420.7	416.4	411.9	417.4	417.6	429.9	449.2	8
94.8	91.6	91.6	92.8	92.8	93.4	105.7	98.3	9
91.4	93.4	90.1	84.9	78.7	80.3	80.6	64.8	10
147.6	171.2	171.6	137.6	131.6	153.6	144.0	171.6	11
31.1	33.0	31.6	31.9	32.4	32.8	32.8	32.4	12
»	»	»	»	»	»	»	14.9	13
371.8	377.2	376.0	389.4	369.6	370.1	373.8	372.6	14
15.4	15.0	15.0	13.9	12.9	12.4	11.7	11.2	15
134.1	135.2	140.0	142.1	144.8	150.9	159.1	161.5	16
30.2	31.3	31.3	31.6	32.1	33.8	38.9	40.5	17
»	»	»	»	»	»	2	»	18
»	»	»	»	»	(1 8.9	10.0	9.9	19
17.4	16.2	20.3	16.7	21.5	17.9	19.2	17.1	20
28.5	28.8	26.6	25.3	25.5	26.1	26.0	26.7	21
78.0	77.6	86.2	81.5	83.6	29.3	29.3	25.4	22
75.5	65.0	81.3	3.8	9.4	13.6	4.7	7.6	23
23.4	23.3	23.7	24.2	24.5	128.1	128.3	128.9	24
»	»	»	»	»	»	»	»	25
3.035.0	3.032.0	3.066.7	2.940.3	2.968.5	3.107.5	3.108.1	3.299.4	26
614.9	416.8	»	»	»	»	»	»	27
»	»	263.6	249.1	275.4	160.3	163.3	146.4	28
»	»	»	»	»	»	»	»	30
3.652.9	3.448.8	3.320.3	3.169.4	3.243.9	3.267.8	3.271.3	3.875.8	30

l'État, *Journal officiel*, imprimerie nationale, administration des monnaies et médailles)

TABLEAU II
(Suite et fin)

BUDGET GÉNÉRAL. — RECETTES DES EXERCICES

Résultats définitifs en

NUMÉROS D'ORDRE		PRODUITS	1891	1892	1893
1		Contributions directes..........	463.9	437.2	(A) 463.9
2		Taxes assimilées..............	30.5	31.3	32.9
3		Enregistrement................	545.1	551.0	521.7
4		Timbre......................	170.9	169.1	102.2
5		Impôt sur les opérations de bourse......................	»	»	(B) 4.4
6	§ 1er. Impôts.	Taxe sur le revenu des valeurs mobilières, etc	(C) 70.5	79.0	87.0
7		Douanes.....................	385.4	409.6	431.2
8		Contributions indirectes. { Boissons.....	457.1	476.1	468.0
9		Transports.....	101.6	61.4	54.1
10		Droits divers....	64.8	64.5	63.8
11		Sucres	198.3	204.0	194.9
12		Sels.........................	32.9	33.3	32.4
13		Allumettes...................	26.5	26.2	26.5
14	§ 2. Monopoles et exploitations industrielles de l'État.	Tabacs	372.0	376.9	374.1
15		Poudres à feu................	10.3	9.8	10.8
16		Postes.......................	164.7	165.6	166.6
17		Télégraphes..................	37.2	35.4	35.2
18		Téléphones...................	»	»	7.6
19		Produits de diverses exploitations	10.4	11.1	10.6
20	§ 3. Produits domaniaux. {	Domaine non forestier..........	19.1	17.8	14.7
21		Forêts.......................	28.4	28.1	27.5
22	§ 4. Produits divers du budget............		23.0	22.5	25.1
23	§ 5. Ressources exceptionnelles		60.5	21.0	8.2
24	§ 6. Recettes d'ordre............		113.6	115.2	112.5
25	Produits et revenus de l'Algérie........		»	45.4	50.5
26	TOTAL du budget ordinaire........		3.384.0	3.370.4	3.368.4
27	Budget extraordinaire............		»	»	»
28	Compte de liquidation (1re et 2e parties).......		»	»	»
29	Budget de l'emprunt de 420 millions............		»	»	»
30	TOTAUX GÉNÉRAUX		3.384.0	3.370.4	3.368.4

(A) Transport au budget ordinaire des recettes corrélatives aux dépenses incombant
(B) La loi de finances du 26 décembre 1890 a porté de 3 à 4 % la quotité de la taxe.
(C) La loi de finances du 28 avril 1893 a transformé en un impôt proportionnel aux
(D) Produits recouvrables en France seulement, l'Algérie étant dotée, depuis 1901, d'un

1869 a 1901, RÉPARTIES PAR NATURE DE PRODUITS   1894-1901

millions de francs

1894	1895	1896	1897	1898	1899	1900	1901	RAPPEL des numéros d'ordre
467.5	470.6	474.7	478.4	467.4	478.9	484.0	488.9	1
34.0	35.6	37.6	39.3	38.0	87.8	40.0	43.6	2
528.7	529.1	508.1	522.1	533.1	542.6	573.2	560.1	3
162.9	163.4	173.6	176.8	192.9	181.2	176.6	177.0	4
10.6	10.1	6.1	6.6	6.1	8.9	8.8	6.1	5
66.2	65.6	62.9	68.6	70.2	74.3	79.0	82.2	6
416.1	380.8	400.8	425.8	470.1	429.6	425.0	383.5	7
456.0	464.8	403.7	474.2	498.6	501.1	528.7	407.4	8
55.6	57.2	59.4	61.0	62.2	64.3	72.4	67.7	9
64.7	66.0	73.5	76.4	71.0	73.4	57.5	101.0	10
196.0	189.3	192.7	185.5	181.8	200.2	183.0	164.8	11
32.2	32.9	34.7	34.8	33.7	32.3	33.6	34.2	12
27.2	27.4	28.7	29.3	30.0	30.6	31.8	32.4	13
376.8	381.1	393.9	395.5	405.1	413.3	415.3	418.5	14
10.9	11.5	11.5	11.9	11.6	12.5	11.5	12.7	15
169.9	177.9	179.7	185.8	193.4	200.7	210.0	212.3	16
36.4	37.7	37.6	37.7	39.3	41.9	44.0	41.7	17
8.6	9.6	11.8	11.1	12.6	14.1	16.0	17.5	18
12.9	12.1	14.1	16.6	18.7	19.3	17.0	15.4	19
16.8	19.0	17.1	27.0	23.2	21.4	17.9	19.1	20
26.9	28.6	30.1	30.7	30.8	30.9	33.1	34.3	21
55.8	58.5	56.7	62.2	60.3	60.0	61.8	64.6	22
38.6	33.0	4.9	2.2	6.8	»	77.6	76.1	23
108.6	98.9	101.2	110.7	106.2	128.7	157.0	135.2	24
50.6	49.3	54.0	60.3	58.2	60.8	61.6	(D) 3.8	25
3.458.3	3.416.1	3.436.1	3.528.1	3.619.9	3.656.8	3.814.9	3.676.0	26
»	»	»	»	»	»	»	»	27
»	»	»	»	»	»	»	»	28
»	»	»	»	»	»	»	»	29
3.458.3	3.416.1	3.436.1	3.528.1	3.619.9	3.656.8	3.814.9	3.676.0	30

à l'État par suite de la suppression du budget sur ressources spéciales.

transactions les anciens droits de timbre précédemment perçus sur les bordereaux.
budget spécial (V. tableau des dépenses, 1900, note c).

| TABLEAU III | BUDGET GÉNÉRAL | | 1869-1901 |

RECETTES ET DÉPENSES
DE 1869 A 1901

Balances en millions de francs (excédents et découverts)

EXERCICES	RECETTES	DÉPENSES	EXCÉDENTS	
			de RECETTES	de DÉPENSES
1869	1.961.8	1.904.2	57.6	»
1870	3.124.4	3.173.2	»	49.8
1871	3.220.4	3.046.7	173.7	»
1872	3.601.9	2.732.6	839.3	»
1873	2.691.2	2.874.3	»	183.1
1874	2.608.6	2.782.4	»	173.8
1875	2.870.3	2.936.0	»	65.7
1876	3.187.0	3.030.7	156.3	»
1877	2.895.8	3.027.4	»	131.6
1878	3.427.4	3.347.8	79.6	»
1879	3.490.3	3.322.6	167.7	»
1880	3.530.8	3.364.6	166.2	»
1881	3.785.4	3.616.4	169.0	»
1882	3.644.1	3.686.6	»	42.5
1883	3.652.9	3.716.4	»	62.4
1884	3.448.8	3.538.7	»	89.9
1885	3.320.3	3.468.9	»	148.6
1886	3.169.4	3.293.6	»	124.1
1887	3.243.9	3.261.0	»	17.1
1888	3.267.8	3.220.6	47.2	»
1889	3.271.3	3.247.1	24.2	»
1890	3.375.8	3.287.9	87.9	»
1891	3.364.0	3.258.2	105.8	»
1892	3.370.4	3.380.4	»	9.9
1893	3.386.4	3.450.9	»	64.5
1894	3.458.3	3.480.0	»	21.7
1895	3.416.1	3.434.0	»	17.9
1896	3.436.1	3.444.9	»	8.8
1897	3.528.1	3.523.5	4.6	»
1898	3.619.9	3.527.5	92.4	»
1899	3.656.8	3.589.4	67.4	»
1900	3.814.9	3.745.0	69.9	»
1901 (chiffres provisoires)	3.576.0	3.701.7	»	125.7

PRÉSENTATION, VOTE ET PROMULGATION

DES

LOIS BUDGÉTAIRES .

LOIS DE FINANCES ET LOIS DE RÉGLEMENT

1872-1901

TABLEAU I. — Présentation, vote et promulgation des lois.

TABLEAU II. — Douzièmes provisoires.

TABLEAU I

PRÉSENTATION ET VOTE DES LOIS

EXERCICES	MINISTRES des finances auteurs des projets	DÉSIGNATION des budgets	DATE du dépôt des projets de lois à la Chambre des députés	ADOPTION		DATE des lois
				par la Chambre des députés	par le Sénat	
	MM.					
1872*	Pouyer-Quertier..	Budget général jusqu'au 1er av. 1872	8 déc. 1871...	18 déc. 1871...	....	18 déc. 1871.....
		Budget général définitif..........	9 déc. 1871...	21-30 mars 1872...		21-30 mars 1872..
1873	DeGoulard	Budget général ...	14 mai 1872 ..	20 déc. 1872...		20 déc. 1872.....
1874	Léon Say.	Contribut. directes	17 mars 1873.	24 juillet 1873		24 juillet 1873..
		Budget général....	Idem.	29 déc. 1873..		29 déc. 1873.. (
1875	Magne....	Budget général....	12 janvier 1874	5 août 1874		5 août 1874.....
1876	Léon Say.	Budget général...	11 mai 1875 ..	3 août 1875......		3-17 août, 28 oct. 187
1877	Léon Say.	Contribut. directes	14 mars 1876	4 août 1876.....	11 août 1876...	12 août 1876....
		Recettes..........	Idem.	28 déc. 1876..	28 déc. 1876...	28 déc. 1876..
		Dépenses..........	Idem.	28 déc. 1876...	29 déc. 1876..	29 déc. 1876..
1878*	Léon Say.	Contribut. directes	11 janvier 1877	15 déc. 1877....	18 déc. 1877...	19 déc. 1877..
		Recettes..........	Idem.	21 mars 1878..	26 mars 1878..	26 mars 1878..
		Dépenses..........	Idem.	21 fév. 28 mars 1878	25-29 mars 1878..	30 mars 1878..
1879	Léon Say.	Contribut. directes	2 avril 1878 ..	24 mai, 7 juin 1878.	7-8 juin 1878..	13 juin 1878
		Dépenses..........	Idem.	30 nov., 21 déc. 1878.	18 déc. 1878..	22 déc. 1878..
		Recettes..........	Idem.	3-21 déc. 1878....	20 déc. 1878..	Idem.
1880	Léon Say.	Contribut. directes	28 janvier 1879	15 juillet 1879	30 juillet 1879..	30 juillet 1879
		Dépenses..........	Idem.	1 août, 18 déc. 1879.	11-20 déc. 1879..	21 déc. 1879..
		Recettes..........	Idem.	....	Idem.	22 déc. 1879..
		Budget extraord¹⁰.	13 déc. 1879..	7 février 1880..	19 mars 1880..	23 mars 1880..
1881	Magnin...	Contribut. directes	3 juillet 1880.	8 juillet 1880...	13 juillet 1880	16 juillet 1880..
		Dépenses..........	31 janvier 1880	13 juil., 16 déc. 1880	3-22 déc. 1880..	22 déc. 1880...
		Recettes..........	Idem.	13-27 déc. 1880..	14-28 déc. 1880..	28 déc. 1880...
		Budget extraord¹⁰.	28 mai 1881...	17 juin 1881......	16 juillet 1881...	9 août 1881....
1882	Magnin...	Budget général...	31 janvier 1881	12-28 juillet 1881.	28 juillet 1881	29 juillet 1881 ...

NOTA. — Les exercices dont le millésime est annoté d'un astérisque sont ceux pour lesquels des douzièmes pro
Le compte de liquidation, ouvert en 1872 et clos en 1881, a été définitivement réglé par les lois des
Projets déposés le 25 novembre 1889, adoptés par la Chambre des députés le 29 mai 1893 et par le Sénat le

BUDGÉTAIRES DEPUIS 1872   1872-1882

DÉLAI ÉCOULÉ entre le dépôt du projet et la promulgation de la loi		DATE du dépôt des projets de lois à la Chambre des députés	ADOPTION		DATE des lois	DÉLAI ÉCOULÉ entre le dépôt du projet et la promulgation de la loi		EXERCICES
			LOIS DE RÈGLEMENT					
mois	jours		par la Chambre des députés	par le Sénat		ans	mois	
3	27	19 février 1877 .	28 octobre 1884.	9 juillet 1885 ...	1er août 1885 ...	8	6	1872
7	6	16 nov. 1877....	Idem.	Idem.	11 août 1885...	7	9	1873
9	12	7 juin 1877.....	Idem.	Idem.	14 août 1885...	7	2	1874
8	26	22 mars 1879...	1er juin 1886....	23 juin 1887....	22 juillet 1887..	8	4	1875
2	23	9 mars 1880...	25 mars 1889, 6 mars 1890....	20 janvier 1890..	6 mars 1890	10	»	1876
9	16	19 février 1881 .	Idem.	21 janvier 1890..	12 mars 1890...	9	1	1877
13	20	11 nov. 1881....	Idem.	Idem.	19 mars 1890...	8	4	1878
8	20	24 juin 1882....	Idem.	Idem.	20 mars 1890...	7	9	1879
13	28	15 mars 1883...	Idem. et 17 juin 1890..........	7 mars 1890....	27 juin 1890	7	3	1880
13	7	27 déc. 1883....	17 juin 1890....	25 mai 1891	7 juin 1891	7	5	1881
6	11	4 août 1885.....	Idem.	Idem.	14 juin 1891	5	10	1882

provisoires ont dû être accordés à raison du retard apporté au vote de la loi de finances (Voir le tableau II).
24 janvier 1895 (1re partie : exercices 1872 à 1880) et 24 janvier 1895 (2e partie : exercices 1876 à 1881. —
le 24 décembre 1894.

TABLEAU I
(Suite)

EXERCICES	MINISTRES des finances auteurs des projets	DÉSIGNATION des budgets	DATE du dépôt des projets de lois à la Chambre des députés	ADOPTION		DATE des lois
				par la Chambre des députés	par le Sénat	
	MM.					
1883	Léon Say.	Contribut. directes	2 mars 1882	8 août 1882....	9 août 1882........	11 août 1882...
	Tirard....	Recettes..........	Idem.	8 déc. 1882		
		Dépenses..........	9 nov. 1882.	8-28 déc. 1882	27-29 déc. 1882...	29 déc. 1882....
	Léon Say.	Budget extraord⁵⁶.	2 mars 1882.	10 déc. 1882	28 déc. 1882......	30 déc. 1882...
1884	Tirard....	Contribut. directes	8 mars 1883..	24 juillet 1883	28 juillet 1883......	30 juillet 1883..
		Dépenses et recettes ordinaires	Idem.	16-29 déc. 1883...	28 déc. 1883.......	29 déc. 1883....
		Ressources spéc⁵⁵ et bud. annexes.	Idem.	20-29 déc. 1883...	28 déc. 1883......	30 déc. 1883....
		Budget extraord⁵⁶.	31 juillet 1883.	20 déc. 1883, 29 janv. 1884...	29 janvier 1884...	30 janvier 1884...
1885*	Tirard....	Contribut. directes	28 février 1884	20 juil. 14 août 1884	31 juillet 1884	14 août 1884....
		Recettes..........	Idem.	20-29 déc. 1884....	27 déc. 1884....	29 déc. 1884....
		Dépenses..........	Idem.	20 déc. 1884 - 12 mars 1885.	28 février 1885...	21 mars 1885...
		Budget extraord⁵⁶.	Idem.	2 février 1885	3 mars 1885......	22 mars 1885...
1886	Tirard....	Contribut. directes Budget général ...	23 mars 1885..	16 juillet 1885	28 juillet 1885 ...	30 juillet 1885 ..
	Carnot....	Budget général ...	9 juin 1886...	17 juil.-5 août 1885	3-6 août 1885.....	8 août 1885......
1887*	Carnot....	Contribut. directes Dép. budg. annexes	10 mars 1886	10 juillet 1886	13 juillet 1886....	20 juillet 1886..
			Idem.	5-26 février 1887.	26-27 février 1887.	27 février 1887..
		Rec. et bud. extr⁵⁶.	Idem.	11-26 février 1887.	26 février 1887....	28 février 1887.
1888*	Dauphin..	Contribut. directes Ressources spéc⁵⁵ et bud. annexes.	22 mars 1887..	18 juillet 1887	19 juillet 1887	21 juillet 1887..
			Idem.	13-30 mars 1888..		
		Rec. et bud. extr⁵⁶.	Idem.	19-30 mars 1888...	29-30 mars 1888..	30 mars 1888....
1889	Peytral...	Contribut. directes Recettes et dépen⁵⁵	21 juin 1888..	10 juillet 1888	16 juillet 1888 ...	18 juillet 1888...
		Budget extraord⁵⁶.	Idem.	11-28-29 déc. 1888.	27-29 déc. 1888 ...	29 déc. 1888....
		(Guerre........	Idem.	11 déc. 1888......	29 déc. 1888......	30 déc. 1888....
1890	Peytral...	Budget général ...	9 février 1889.	5-15 juillet 1889...	12-16 juillet 1889...	17 juillet 1889..
1891	Rouvier ..	Contribut. directes Budget général ...	3 juillet 1890.	19 juil.-6 août 1890	6 août 1890.......	8 août 1890.....
			Idem.	10-24 déc. 1890....	23 déc. 1890......	26 déc. 1890....

NOTA. — Les exercices dont le millésime est annoté d'un astérisque sont ceux pour lesquels des douzièmes pro

UDGÉTAIRES DEPUIS 1872

DÉLAI ÉCOULÉ entre le dépôt du projet et la promulgation de la loi		LOIS DE RÈGLEMENT				DÉLAI ÉCOULÉ entre le dépôt du projet et la promulgation de la loi		EXERCICES
		DATE du dépôt des projets de lois à la Chambre des députés	ADOPTION		DATE des lois			
			par la Chambre des députés	par le Sénat				
mois	jours					ans	mois	
9	28	5 déc. 1885......	17 juin 1890....	26 mai 1891	21 juin 1891	5	6	1883
10	26	14 octobre 1886.	16 mai 1893....	4 mars 1895....	23 mars 1895...	8	6	1884
12	23	10 déc. 1887....	Idem..........	26 mars 1895...	20 avril 1895...	7	4	1885
4	10	27 mars 1888...	6 juin 1893.....	28 juin 1895	20 juillet 1895 ..	7	4	1886
11	10	28 février 1889..	6 juin 1893 - 14 mars 1896....	24 octobre 1895.	14 avril 1896 ...	7	2	1887
12	8	18 janvier 1890..	6 juin 1893.....	2 avril 1896.....	18 mai 1896	6	4	1888
6	9	17 janvier 1891..	20 juin 1899....	6 février 1902 ..	15 février 1902..	11	1	1889
6	3	16 janvier 1892..	Idem..........	Idem..........	23 février 1902..	10	1	1890
10	4	24 déc. 1892....	21 juin 1900....	20 février 1902..	28 février 1902..	9	2	1891

provisoires ont dû être accordés à raison du retard apporté au vote de la loi de finances (Voir le tableau II).

TABLEAU I
(Suite et fin)

PRÉSENTATION ET VOTE DES LOIS

EXERCICES	MINISTRES des finances auteurs des projets	DÉSIGNATION des budgets	DATE du dépôt des projets de lois à la Chambre des députés	ADOPTION par la Chambre des députés	ADOPTION par le Sénat	DATE des lois
	MM.					
1892*	Rouvier...	Contribut. directes	17 juin 1891..	10 juillet 1891....	17 juillet 1891....	20 juillet 1891..
		Budget général	18 juillet 1891.	16 déc. 1891, 21-28 janv. 1892......	19-23 janvier 1892.	28 janvier 1892..
1893*	Rouvier...	Contribut. directes	10 mars 1892..	9 juillet 1892	13 juillet 1892...	18 juillet 1892...
		Budget général	Idem.........	27 février, 6-28 avril 1893......	29 mars, 27-28 avril 1893.........	28 avril 1893...
1894	Tirard....	Budget général	16 mai 1893..	19-21-22 juill. 1893..	21-22 juillet 1893.	26 juillet 1893.
1895*	Poincarré.	Contribut. directes	28 juin 1894..	16 juillet 1894....	19 juillet 1894.....	21 juillet 1894..
		Budget général...	17 mars 1894.	20 mars, 11-12-13 avril 1895	10-11-12 avril 1895.	16 avril 1895.
1896	Ribot.....	Contribut. directes	14 mai 1895..	9 juillet 1895..	12 juillet 1895...	17 juillet 1895..
		Budget général	Idem.	13-28 déc. 1895...	27-28 déc. 1895...	28 déc. 1895..
1897*	Cochery..	Contribut. directes	4 juin 1896...	10 juillet 1896..	11 juillet 1896....	20 juillet 1896..
		Budget général...	1er février 1896	20-26-29 mars 1897	23-27 mars 1897..	29 mars 1897...
1898*	Cochery..	Contribut. directes	18 mai 1897..	20 juillet 1897..	20 juillet 1897...	21 juillet 1897..
		Budget général...	Idem.	14 mars, 6-7 avril 1898......	4-6 avril 1898...	13 avril 1898....
1899*	Peytral...	Contribut. directes	6 juillet 1898..	11 juillet 1898..	13 juillet 1898...	21 juillet 1898..
		Budget général...	26 octobre 1898	30 mars, 29-30 mai 1899..........	28-30 mai 1899...	30 mai 1899...
1900*	Caillaux..	Contribut. directes	28 juin 1899..	8 juillet 1899.....	4 juillet 1899....	11 juillet 1899..
		Budget général...	4 juillet 1899..	19 mars, 12 avril 1900........	10-12 avril 1900..	13 avril 1900....
1901*	Caillaux..	Contribut. directes	31 mai 1900..	9 juillet 1900.....	10 juillet 1900..	13 juillet 1900...
		Budget général...	Idem.	29 déc. 1900, 21-22-25 février 1901.	14-23-25 fév. 1901.	25 février 1901..
1902*	Caillaux..	Contribut. directes	29 mars 1901.	5 juillet 1901...	5 juillet 1901...	10 juillet 1901...
		Budget général...	Idem.	9-28-30 mars 1902.	27-29 mars 1902..	30 mars 1902....
1903*	Rouvier...	Contribut. directes	19 juin 1902..	7 juillet 1902...	9 juillet 1902....	16 juillet 1902
		Budget général...	14 octobre 1902	5-29 mars 1903...	29-30 mars 1903..	31 mars 1903....

Nota. — Les exercices dont le millésime est annoté d'un astérisque sont ceux pour lesquels des douzièmes...

BUDGÉTAIRES DEPUIS **1872**

DÉLAI ÉCOULÉ entre le dépôt du projet et la promulgation de la loi	DATE du dépôt des projets de lois à la Chambre des députés	ADOPTION par la Chambre des députés	par le Sénat	DATE des lois	DÉLAI ÉCOULÉ entre le dépôt du projet et la promulgation de la loi		EXERCICES
jours					ans	mois	
9	19 déc. 1893....	11 février 1902..	10 juin 1902....	14 juin 1902....	8	6	1892
19	10 janvier 1895.	28 juin 1900....	Idem..........	27 juin 1902....	7	5	1893
11	23 janvier 1896.	11 février 1902..	31 octobre 1902.	31 octobre 1902.	6	9	1894
25	16 janvier 1897..	21 juin 1900....	Idem..........	23 nov. 1902....	5	10	1895
15	13 janvier 1898..	20 janvier 1902..	Idem..........	9 déc. 1902.....	4	11	1896
26	12 janvier 1899..	11 février 1902..	3 avril 1903....	4 mai 1903.....	4	4	1897
27	11 janvier 1900..	25 mars 1902...	....	....	»	»	1898
27	10 janvier 1901..	....	....	....	»	»	1899
19	17 janvier 1902..	....	....	....	»	»	1900
25	15 janvier 1903..	....	....	....	»	»	1901
2	30 déc. 1903....	....	....	....	»	»	1902
12	....	....	....	....	»	»	1903

LOIS DE RÈGLEMENT

ires ont dû être accordés, à raison du retard apporté au vote de la loi de finances (voir le tableau II).

TABLEAU B   LES DOUZIÈMES PROVISOIRES   1872-1903

DEPUIS 1872

EXER- CICES	DATE DES LOIS DE FINANCES	RETARD
1872......	Loi de finances du 30 mars 1872	3 mois.
1878......	— des 28 et 30 mars 1878.......	3 mois.
1885......	(dépenses, du 21 mars 1885) (A)	2 mois 21 jours.
1887......	du 27 février 1887............	2 mois.
1888......	du 30 mars 1888........	3 mois.
1892......	du 26 janvier 1892	26 jours.
1893......	du 28 avril 1893.............	3 mois 28 jours.
1895......	du 16 avril 1895...	3 mois 16 jours.
1897......	— du 29 mars 1897.............	2 mois 29 jours.
1898......	— du 13 avril 1898............	3 mois 13 jours.
1899......	— du 30 mai 1899..............	6 mois.
1900......	— du 13 avril 1900.......... ..	3 mois 13 jours.
1901......	— du 25 février 1901	1 mois 25 jours.
1902......	— du 30 mars 1902.............	3 mois.
1903......	du 31 mars 1903..............	3 mois.

(A) La loi portant fixation du budget des recettes avait été votée le 20 décembre 1884.

NOTA. De 1815 à 1871, 13 exercices seulement ont donné lieu à des douzièmes provisoires : 1816 à 1822, 1831 à 1833, 1849, 1850 et 1853.

BUDGET DE 1872

L'Assemblée nationale est réunie à Versailles et bientôt vont commencer les grandes discussions politiques et financières. Puissent ces dernières être largement et sérieusement abordées, car jamais peut-être des raisons plus graves et plus pressantes n'ont recommandé à l'attention des représentants d'un pays toutes les questions qui se rattachent au développement du crédit et de la richesse publique! Il faut rendre à la France sa prospérité commerciale d'autrefois, faire revivre son industrie, aider à l'extension du travail national. Il convient aussi d'assurer la confiance dans le présent et dans l'avenir par de bonnes lois qui, en donnant la sécurité à tous les citoyens, puissent réduire à néant les germes de discorde qui fermentent encore au sein de la société, et qui malheureusement pourraient, si le gouvernement n'y prenait garde, la troubler pour longtemps.

Prochaines discussions.

Les questions financières s'imposent d'elles-mêmes à l'attention de nos gouvernants et deviennent d'autant plus urgentes qu'elles dominent toutes les autres et sont le point de départ des grandes améliorations économiques et administratives. Les lois politiques, les réformes politiques, les querelles interminables, fastidieuses et infécondes des partis, doivent céder le pas aux lois financières, aux réformes financières, aux discussions financières. Il faut au pays, hélas! trop agité depuis bien longtemps, le calme et la froide raison que donnent l'étude des chiffres et l'examen des documents financiers. On ne saurait trop le répéter : le crédit

Importance des questions financières.

Le crédit est l'âme du commerce.

est l'âme du commerce; sans le crédit, pas de commerce; sans commerce, pas de travail; et sans travail, un pays succombe sous le poids de la révolution sociale, au milieu des convulsions et des crises, source de la misère universelle.

Pour ranimer le crédit, il ne faut d'ailleurs ni des efforts violents, ni surtout des mesures excentriques : il suffit d'un sens droit, d'une volonté énergique et soutenue, de la ferme résolution de s'appliquer aux affaires financières du pays avec le même souci, la même ardeur qu'on apporte aux affaires politiques.

Le message de M. Thiers et le crédit.

M. Thiers, dans son message, a consacré une large part à l'examen des affaires financières et des questions qui touchent au crédit de l'Etat et du pays. On dirait même, en étudiant attentivement cet important document, que les préoccupations du président et les idées principales de son message, convergent presque uniquement vers un seul but, vers un seul résultat : relever le crédit.

Si M. Thiers insiste sur la situation présente des relations extérieures de la France ; s'il insiste sur le calme à peu près général qui règne dans le pays ; si peut-être encore, il présente la situation de la Banque de France sous le jour le plus favorable; si, enfin, il évite de se prononcer ouvertement sur les questions constitutionnelles qui peuvent déchirer les partis, c'est qu'il comprend évidemment que la première condition pour la France est d'assurer et d'étendre son crédit, son commerce et son industrie, et que, pour inspirer confiance aux autres, il faut d'abord que la France ait foi en elle-même et ne vienne pas, en désespérant sans cesse du présent, compromettre définitivement l'avenir.

Crise monétaire.
La Banque de France.

La crise monétaire et la situation actuelle de la Banque de France vont être publiquement discutées; puis viendront le budget et les différents projets financiers qui seront soumis aux délibérations de l'Assemblée.

Nous avons à étendre le réseau de nos chemins de
fer. La prompte exécution de cette opération est nécessaire au développement de l'agriculture, à la facilité et
à l'accroissement des relations entre les diverses parties
du pays. A côté de nos chemins de fer, il nous faut aussi
des canaux, d'une utilité incontestable tant pour parer
à l'insuffisance des transports par voies ferrées qui,
en ce moment même, est une véritable calamité publique que pour irriguer les parties du territoire
restées incultes ou ingrates manquant de l'élément
essentiel qui excite la végétation. Encouragés par le
gouvernement, les établissements financiers ont également beaucoup à faire en développant les richesses
agricoles, industrielles ou commerciales de la France.
Si le gouvernement et l'Assemblée nationale donnent
aux affaires financières l'ordre et la sécurité en leur inspirant la confiance dans la situation présente et à venir,
la France se relèvera et reverra des jours meilleurs.
L'opulence d'un Etat et la richesse d'un peuple sont
comme tous les talents qui dépendent de la nature et
de l'art, ils consistent dans le travail. La France peut
avoir confiance dans son avenir, en comprenant que
le plus beau présent que Dieu ait fait à l'homme est la
nécessité de travailler.

Chemins de fer et canaux.

Agriculture et commerce.

* *

La situation financière du pays exige beaucoup de
vigilance et de grands efforts.

Le budget n'est pas en équilibre, car, pour l'obtenir,
il faut créer 250 millions d'impôts nouveaux à ajouter
aux 350 millions déjà votés et admettre un rendement
exact et rigoureux de toutes les nouvelles taxes.

Nouveaux im pôts pour l'équi libre du budget.

Les charges de la guerre ne sont pas toutes soldées,
puisqu'un compte de liquidation est ouvert et qu'on ne
peut encore en prévoir le résultat final. M. Thiers dit,
dans son message, que ce compte de liquidation ne
présentera « qu'un solde de 200 à 230 millions, à solder

Charges de la guerre. Compte de li quidation.

en trois ans par la dette flottante, ou par les plus-values ordinaires des impôts ». Si, pour payer ces 230 millions, le gouvernement veut recourir à l'augmentation de la dette flottante, ce ne sera là qu'un simple moyen de trésorerie et nullement une solution : s'il espère y pourvoir « par les plus-values ordinaires des impôts », ce n'est là qu'une espérance et nullement un fait : or, les matières financières, comme l'a fort bien dit autrefois M. Magne, sont celles qui prêtent le plus aux illusions et qui, en définitive, peuvent le moins s'en contenter.

L'emprunt à la Banque.

De plus, 1,500 millions sont dus à la Banque de France ; ils devront être réglés par un amortissement annuel de 200 millions.

La dette flottante.

Enfin, pour clore cette situation, nous avons une dette flottante de 625 millions, susceptible d'augmentation nouvelle si des besoins imprévus — et ils ne manqueront pas — viennent à se présenter.

La situation financière.

Telle est, sans illusion et sans faiblesse, la situation véritable des finances du pays et nous pouvons la résumer en quelques lignes : sur un budget de 2,700 millions (y compris les dépenses départementales), économies de 100 millions seulement ; — budget en équilibre après la création de 250 millions d'impôts nouveaux à ajouter aux 350 millions votés et si le rendement de toutes les taxes se maintient ; — compte de liquidation sans qu'on en connaisse encore le solde final ; — amortissement de 200 millions seulement sur la dette de 1,500 millions à la Banque de France et par suite, malheureusement, continuation du régime du papier-monnaie.

Il faut oser envisager le mal dans toute son étendue pour mieux chercher le remède. Pas d'illusions surtout ; il semblerait qu'aux embarras où nous nous trouvons et dont il faut sortir, quoi qu'il en coûte, nous devions ajouter une foule d'expédients tout prêts, qui, au dire de leurs inventeurs, n'ont ni inconvénients, ni incertitudes et méritent hautement la préférence. Quand on

examine ces prétendus expédients, on voit qu'ils nous
jettent de Charybde en Scylla, qu'ils ne remédient en
aucune manière au mal qui nous tourmente, et qu'on
y sacrifie l'avenir et le présent, tandis qu'il importe si
fort de tout concilier, de tout sauver à la fois!

Dans le budget actuel, ce ne sont pas les 250 millions d'impôts nouveaux à créer pour mettre le budget
en équilibre qui nous effraient. Quand un gouvernement entre dans la voie des impôts, la matière imposable lui manque rarement : en forçant un peu les taxes
précédemment établies, ou bien on en créant de nouvelles, les 250 millions de déficit seront bientôt trouvés.
Mais n'est-ce pas un mauvais système que celui qui
consiste à grever sans cesse les populations et à augmenter chaque jour leurs charges ? Si, du moins, les
impôts étaient équitablement répartis, la tâche serait
peut-être moins pénible ; mais il semble qu'on prenne
plaisir à faire peser le plus lourd fardeau sur le travailleur et sur le producteur, sur le commerçant et sur
l'industriel. Nous comprenons une augmentation d'impôts de ce genre quand le commerce est florissant,
quand la prospérité du pays est notoire : mais sommes-
nous bien aujourd'hui dans cette situation? le commerce est-il florissant? l'agriculture est-elle prospère?
le fabricant a-t-il le travail des années précédentes?
Demandez à toutes les maisons de commerce de Paris;
interrogez les grands centres industriels et manufactu-
riers et jugez, d'après leur réponse, s'il est juste d'augmenter sans cesse leurs dépenses par des surcharges
d'impôts nouveaux, quand leurs affaires diminuent et
que leur industrie souffre.

Il existe, du reste, dans le système financier du gouvernement, une étrange contradiction. On vient nous
dire : « Pour combler le déficit, il faut 250 millions :
au moyen d'impôts nouveaux, nous nous procurons ces
250 millions; par contre, nous devons 1,500 millions
à la Banque et notre situation financière est telle qu'elle
nous permet d'amortir annuellement de 200 millions

Contradictions.

cette dette. » Est-ce bien là un amortissement sérieux ?
est-ce bien là une véritable mesure financière? Comment! il manque au budget 250 millions, et on parle de
ressources financières assez grandes pour parfaire un
amortissement de 200 millions par an? Pour nous, nous
ne comprenons l'amortissement que lorsqu'un pays
peut prélever les sommes nécessaires à cet amortissement sur ses excédents de revenus ; nous ne le comprenons pas, quand, pour l'obtenir, il faut augmenter
les impôts et emprunter d'une main ce qu'on est obligé
de payer de l'autre.

Ce sont là, qu'on nous pardonne l'expression, des
expédients financiers et nullement des mesures salutaires.

Conditions de l'amortissement. Il ne saurait y avoir amortissement qu'autant que le
revenu est suffisant pour pourvoir aux dépenses nécessaires, pour payer l'intérêt et pour fournir une parcelle
du capital : sans cela, il n'y a rien de réel dans l'opération. Si, comme l'a dit Rossi, pour amortir il faut
emprunter ou créer des impôts, il est impossible que
la situation change! Seulement il y a en plus les frais
d'administration et les frais d'emprunt.

Quels sont donc les moyens utiles et pratiques que
l'on pourrait adopter, dans la situation actuelle, en vue
de remédier au présent et de sauvegarder l'avenir
financier du pays?

Nécessité d'un emprunt. Il n'y a pas deux moyens : il faut que le gouvernement renonce à ces incessantes créations d'impôts nouveaux et consolide la dette contractée à la Banque de
France : il faut, en un mot, un emprunt sérieux.

Au lieu de créer 200 à 250 millions d'impôts nouveaux
qui soulèvent et soulèveront de toutes parts, surtout au
moment de leur application, d'énergiques protestations
et qui ne serviront, en définitive, qu'à solder annuellement les 200 millions que M. Thiers appelle l'amortissement des 1,500 millions dus à la Banque, pourquoi ne
pas effectuer un emprunt public sur obligations, rem-

boursable par amortissement annuel, dans un délai déterminé?

Cette opération aurait cet immense avantage de faire
rentrer immédiatement dans les caisses de la Banque, et
par suite dans la circulation, 1,500 millions qui lui
sont dus par l'Etat et, conséquemment, d'arrêter la
nouvelle émission de billets que l'on veut tenter. La
Banque de France pourrait alors, au moyen de ces nouvelles ressources, aider le commerce en abaissant le
taux de l'escompte : aider le marché financier en donnant plus de facilités pour ses avances sur titres.
La crise monétaire perdrait de son intensité; le billet
de banque, représentant bien alors l'équivalent exact
de créances commerciales et de matières métalliques,
n'aurait plus tendance, comme aujourd'hui, à perdre
de sa valeur.

M. Thiers a vanté l'excellente situation de la Banque
de France ; mais, en réalité, l'Etat restant débiteur de
1.500 millions, la ville de Paris restant débitrice de
200 millions, n'y a-t-il pas là 1,700 millions que la
Banque a mis en circulation sous forme de billets, et
qui ne sont autres que des billets d'Etat?

En admettant que l'emprunt coûte 7 %, les 1,500 millions empruntés représenteraient une charge annuelle
de 105 millions, ce qui serait encore une réduction
de 95 millions sur les 200 millions que le gouvernement
se propose de rembourser chaque année à la Banque
de France. Ces 105 millions s'éteindraient d'ailleurs
partiellement, d'année en année, par l'annulation des
titres payés. L'emprunt, tel que nous le comprenons,
serait émis, en effet, sous forme d'obligations remboursables dans un certain nombre d'années; et rien n'empêcherait l'Etat de le rembourser totalement et immédiatement, si dans deux, cinq ou dix ans, la situation
des finances s'améliorait sensiblement.

Nous savons bien toutes les objections que l'on peut
faire à l'émission d'un nouvel emprunt, mais cet emprunt pourrait ne s'effectuer qu'à l'étranger; il nous pro-

curerait des ressources immédiates, soulagerait la situation présente, réserverait l'avenir, et, en définitive, empêcherait en grande partie les énormes créations d'impôts qu'on se propose d'effectuer, enfin il arrêterait une nouvelle émission de billets de banque.

Principes à suivre.

Nous sommes convaincus que les principes qui doivent guider un Etat en fait de dette sont les mêmes que ceux qui dirigent un bon père de famille. Puisqu'une nécessité réelle, impérieuse, l'exige, l'Etat fera bien d'emprunter. Cela vaut encore mieux que d'écraser les contribuables par des impôts exorbitants et funestes, qui paralyseraient la production dans sa source, le commerce dans son essor, et seraient pour la génération actuelle, déjà si obérée, une cause irréparable de souffrances. Le talent de l'homme d'Etat, le talent du législateur, c'est d'ailleurs de concilier l'usage des impôts, aussi bien que celui des emprunts, avec toutes les garanties qui peuvent en prévenir l'abus.

BUDGET DE 1873

QUELQUES CHIFFRES INTÉRESSANTS (1)

La taxe de 3 % sur le revenu des valeurs mobilières, évaluée pour l'année 1873 à 24 millions, a produit 31,760,000 francs (2). Le revenu total annuel des valeurs mobilières a dû atteindre 1,058 millions pour qu'un impôt de 3 % ait produit au Trésor plus de 31 millions. Capitalisé à 6 %, ce revenu de 1,058 millions correspond exactement à un capital de 17,633 millions.

Il y aurait donc, circulant en France, appartenant à des Français, près de 18 milliards de valeurs mobilières, sans compter une innombrable quantité de valeurs étrangères, non sujettes à la taxe sur le revenu ; mais il serait facile de savoir approximativement la quantité de ces titres circulant en France, sans compter encore les titres de la rente française également exempts d'impôt.

Les rentes 5 %, 4 1/2 %, 4 %, 3 %, dont se compose notre dette consolidée, exigent une annuité de 748,593,642 francs. D'un autre côté, les annuités diverses afférentes aux canaux, à la Société algérienne, aux obligations trentenaires et de l'emprunt Morgan, sont inscrites au budget pour 4,141,859 francs. Notre dette nécessite donc un crédit annuel de 752,735,501 francs, représentant, à 5 %, un capital de 15,054 millions.

Ces 15,054 millions ajoutés aux 18 milliards de valeurs mobilières françaises donnent, pour la fortune mobilière de la France, un total de 33 milliards, non compris,

Revenu des valeurs mobilières taxées. Capital correspondant.

Fortune mobilière. Première évaluation.

---

(1) Les impôts créés en 1872 sur les titres mobiliers ont eu un résultat auquel on ne songeait guère quand ils ont été créés: celui d'évaluer exactement le capital et le revenu de ces titres, évaluation utile, nécessaire, et qui, jusqu'à ce jour, n'avait pu être faite.

(2) *Journal officiel*, 28 janvier 1874.

répétons-le, les valeurs étrangères qui se trouvent dans
le portefeuille des capitalistes français, sans compter
non plus les placements faits à l'étranger.

Depuis vingt-cinq années la fortune de la France a
augmenté dans des proportions considérables; son commerce s'est développé d'une façon prodigieuse; ses relations ont pris une extension jusqu'alors inconnue.

Chemins de fer.   Au 31 décembre 1873, la France avait une longueur
totale de 23,360 kilomètres de chemins de fer d'intérêt général, dont 18,550 kilomètres en exploitation;
3,038 kilomètres de chemins de fer d'intérêt local;
179 kilomètres de chemins de fer industriels ?

On ne saurait assez insister sur le bien immense que
l'industrie des chemins de fer a fait au pays, sur le
bien énorme que cette industrie ferait encore si elle
pouvait être développée davantage, si nos ressources
permettaient de donner une nouvelle extension aux
voies ferrées.

Les premiers chemins de fer, ceux de Saint-Etienne
à Andrézieux, de Saint-Etienne à Lyon et d'Andrézieux
à Roanne, ont été concédés en 1823, 1826 et 1828; en 1841,
566 kilomètres de chemins de fer étaient livrés à l'exploitation. En 1851, 3,883 kilomètres étaient concédés; en
1857, 10,071; en 1868, 20,629. De plus, dans cette année
1868, 898 kilomètres étaient concédés à titre définitif et
693 à titre éventuel.

En dix-sept années, l'Empire avait créé plus de
17,000 kilomètres de chemins de fer, fusionné en six
grandes compagnies les diverses sociétés qui exploi-
taient les réseaux; commencé la création d'un second
réseau de voies ferrées et mis à l'étude le troisième.
Plus de 250 millions avaient été payés par l'Etat aux
diverses compagnies, à titre de garanties d'intérêt, et,
au 1er janvier 1870, les dépenses faites ou à faire, sur
un réseau total de 20,087 kilomètres, tant par les compagnies que par l'Etat, les départements, les communes
ou des industriels, ne s'élevaient pas à moins de 10 milliards 181 millions.

Le commerce intérieur et extérieur du pays s'est développé parallèlement.

Les importations de notre commerce spécial accusent les résultats ci-après :

Années	Millions de francs
1831	374.1
1840	779.8
1869	3.153.1
1873	3.866.7

Les importations de notre commerce général sont également considérables :

Années	Millions de francs
1831	513.8
1840	1.142.3
1869	4.008.7
1871	3.953.4

Quant aux exportations, la comparaison n'est pas moins frappante.

Les exportations du commerce général de la France se chiffrent ainsi :

Années	Millions de francs
1831	618.2
1840	1.422.3
1869	3.993.6
1871	3.278.0

A ces résultats, rigoureusement exacts, que pourrions-nous ajouter pour démontrer le développement considérable de la richesse publique?

Faut-il dire que les postes qui rapportaient au Trésor 32 millions en 1831, 94 millions en 1869, sont comptées comme devant fournir 110 millions en 1874, par suite de l'augmentation des taxes postales ?

Faut-il ajouter que le rendement des impôts directs et indirects, des produits domaniaux, des produits divers du budget, qui procuraient les sommes suivantes au Trésor :

Années	Millions de francs
1815	735.0
1831	980.2
1847	1.334.3
1869	2.230.3

sont évalués à plus de 2,542 millions dans le projet rectifié du budget de 1874 ?

Courage et confiance. Conduite à suivre. Courage donc et confiance. Ne nous laissons pas détourner de la voie pacifique dans laquelle nous sommes entrés.

Si ces chiffres indiquent clairement le courage déployé par le pays pour rendre l'activité à son agriculture, à son commerce, à son industrie, supportant sans murmurer les sacrifices les plus accablants; s'ils indiquent quelles richesses considérables la longue prospérité précédente de la nation et le développement antérieur de son crédit public avaient mises en réserves, ils nous montrent aussi la ligne de conduite que nous devons suivre. Il faut travailler, travailler encore, travailler toujours; mettre fin à nos dissensions intérieures; n'avoir plus désormais qu'un but : la grandeur du pays, par le travail, la concorde et la paix.

BUDGET DE 1874

LES GRANDES RÉFORMES

Rapidité du vote du budget de 1874.

Jamais peut-être budget n'a été voté avec autant de précipitation que celui de 1874, à peine examiné dans les derniers jours de décembre 1873.

Il fallait que les dépenses et les recettes de l'exercice 1874 fussent votées avant le 1er janvier, qu'avant cette date, la loi de finances fût promulguée dans toute la France.

Aussi la Chambre a-t-elle eu hâte d'imposer silence à ceux de ses membres assez hardis pour oser proposer une réforme ; amendements, projets, qui étaient nombreux, se sont évanouis. Sur douze mois de l'année employés presque tout entiers aux luttes et aux agitations stériles de la politique, on a consacré dix jours, — dix jours seulement, — à un semblant de discussion sur un budget qui dépasse 2 milliards 500 millions, le plus gros que la France ait eu jamais à supporter.

Importance relative de sa discussion.

Cependant, si rapide qu'ait été cette discussion, elle a prouvé une fois de plus l'immense supériorité du talent et de l'expérience de M. Magne, mis en relief les incontestables aptitudes financières de plusieurs membres de l'Assemblée nationale. On peut discuter sur le fond même des discours qui ont été prononcés, sur la valeur des idées et des arguments qui ont été émis; mais on ne peut contester que, de tous les côtés de la Chambre, on comprend enfin que la France se trouve aux prises avec une situation unique dans son histoire ; que la question financière domine toutes les autres ; qu'elle s'impose à l'étude, aux méditations, à la sollicitude de tous ceux

42 FINANCES CONTEMPORAINES

qui veulent voir notre prospérité d'autrefois renaître, notre commerce intérieur et extérieur se développer, nos affaires se ranimer.

Préoccupations générales de réformes.

On sent que partout, dans les diverses fractions de l'Assemblée, on a soif de réformes qu'il faut chercher, qu'il faudrait trouver, d'importantes améliorations devant être apportées à notre système financier.

L'Assemblée, qui a voté au pas de course le budget de 1874, s'est donné rendez-vous au budget de 1875 pour une discussion longue et approfondie de tout ce qui peut toucher à l'amélioration des finances et du crédit de l'État. Les questions financières prendront le pas sur les questions politiques ; on leur consacrera tout le temps et tous les soins qu'elles réclament.

Ce n'est pas seulement au sein de l'Assemblée que ce besoin, que ces préoccupations de réformes trouvent place. Déjà elles se font jour dans la presse spéciale et dans le public : les hommes les plus compétents n'hésitent pas à venir apporter le concours de leur expérience et de leurs lumières à l'étude de ces questions si importantes qui fixent l'attention de l'Assemblée et du pays.

M⁂ d'Audiffret La fortune nationale et le crédit public de 1789 à 1873.

M. le marquis d'Audiffret, de l'Institut, l'auteur de l'ouvrage si remarquable le Système financier de la France, vient de publier une courte et substantielle étude sur l'état de la fortune nationale et du crédit public de 1789 à 1873. Après avoir examiné et indiqué à grands traits la situation financière de la France, en 1789, 1815, 1830, 1848, 1869, 1871, 1873, M. d'Audiffret se montre frappé de la disproportion énorme qui existe entre les impôts directs et indirects, disproportion qui va s'accentuer encore et se faire d'autant plus lourde qu'en 1874 plus de 600 millions d'impôts supplémentaires pèseront sur les contributions indirectes. L'ancien président de la Cour des comptes demande que, pour trouver les sommes qui sont nécessaires à l'équilibre du budget, on s'adresse à la contribution foncière, à la contribution personnelle-mobilière et à celle des portes et fenêtres. C'est, d'après lui, à l'impôt direct

Ressources à réclamer à l'impôt direct.

qu'il faut s'adresser; c'est l'impôt indirect qu'il faut ménager.

M. d'Audiffret insiste, en outre, pour que l'adminis- tration reprenne le cours des réformes administratives et financières qui restent à effectuer et, parmi ces réformes, « la mesure la plus impérieusement réclamée par les nécessités de la situation actuelle et par les besoins de tous les temps est, dit-il, la formation d'un conseil des finances, composé des directeurs généraux et du secrétaire général. La présidence de ce conseil appartiendrait au ministre. Les principaux chefs du ministère seraient ainsi appelés à concourir à tous ses travaux; ils auraient la faculté de consulter les personnes, même étrangères au gouvernement, dont les lumières pourraient, au besoin, éclairer leurs délibérations..... L'autorité du ministre serait constamment fortifiée par l'expérience des hommes de talent qui seraient appelés à seconder ses vues et à soulager le poids de sa responsabilité ». M. le marquis d'Audiffret termine son intéressante brochure par un projet de décret sur l'organisation de ce conseil de finances et du ministère lui-même.

Nous sommes heureux et honorés de voir un esprit aussi éminent, aussi versé dans les questions financières, venir appuyer de sa grande autorité et de son expérience consommée, l'application d'une réforme que, depuis deux ans, nous n'avons cessé de réclamer, et demander l'institution d'un « conseil de finances ». On se rappelle les lettres que nous avons adressées au *Constitutionnel* sur la « nécessité d'un conseil supérieur des finances » et les divers articles publiés sur ce sujet, dans le *Rentier* et dans le deuxième volume de nos *Aperçus financiers* (1). L'idée que nous avons émise alors et qui reçut du public et de la presse un accueil des plus flatteurs, a fait son chemin. On a pu remarquer que, dans son dernier rapport, M. Magne parle d'un « conseil de finances » auquel il a eu recours. Ce con-

(1) *Aperçus financiers*, pages 202, 263, 283, 400, 428 et 500.

Opinion identique de M. Magne.

seil, dont il était fait mention pour la première fois dans un document officiel, existe donc en fait, sinon légalement et officiellement, et nous ne doutons plus désormais de sa formation officielle, à l'instar de ceux qui sont adjoints à tous les ministères spéciaux. M. le marquis d'Audiffret vient d'apporter à la réalisation de cette idée, qui sera féconde en résultats heureux pour les finances publiques, l'autorité qui s'attache à son nom et à ses avis.

Chambres de commerce. Travaux collectifs.

Nous avons bon espoir que, dans la discussion du budget de 1875, toutes les questions financières seront étudiées à fond. Il conviendra d'examiner les améliorations que comporte l'organisation actuelle de nos chambres de commerce qui, sans lien de cohésion, sans unité d'action, sans rapports suivis, émettent des avis isolés, épars, ne pouvant avoir, par suite, toute l'autorité qu'ils mériteraient. Nous l'avons dit déjà : il faudra qu'on arrive à établir pour ces conseils commerciaux des liens communs et des relations suivies, une organisation analogue, en un mot, à celle que se sont données les sociétés savantes.

Lorsqu'il s'agirait de statuer sur une question importante, chaque chambre de commerce, après avoir délibéré et pris une résolution ferme, enverrait à Paris un délégué chargé de la représenter. Les délégués des chambres de commerce formeraient ainsi un conseil consultatif qui serait la représentation exacte des intérêts divers de l'industrie et du commerce et dans lequel l'entente nécessaire pourrait s'établir sur les points en litige.

Le gouvernement en retirerait des avantages précieux et il n'est pas douteux que les décisions de ce conseil seraient d'un poids considérable dans les résolutions des ministres et de l'Assemblée sur les matières commerciales, économiques et financières.

Taxe sur le revenu des valeurs mobilières.

Il faudra rechercher si des modifications ne doivent pas être apportées à la loi de 1872 relative à la taxe sur le revenu des valeurs mobilières. Cet impôt qui frappe

de 3 % le revenu de toutes les valeurs françaises, actions
et obligations, a porté un tort sérieux au marché français :
il a soulevé et il soulève encore des plaintes nombreuses
de la part de capitalistes, qui, au milieu de la cherté toujours croissante des objets de première nécessité, se
trouvent atteints dans leurs revenus. Cet impôt paraît
d'autant plus lourd qu'il est perçu tous les ans, chaque
semestre, à chaque paiement d'intérêts ou de dividendes. Par contre, les titres d'actions et d'obligations
que les sociétés, compagnies industrielles ou compagnies de chemins de fer amortissent et remboursent
chaque année au pair ou au taux d'émission, sont remboursés sans que l'État perçoive sur ce remboursement
- qui est un véritable revenu anticipé -- aucun droit.
Pourquoi ne frapperait-on pas d'un impôt égal à celui qui
frappe le revenu des valeurs mobilières, tout titre appelé
au remboursement ? Le produit de ce droit particulier
serait appliqué soit à dégrever l'impôt sur le revenu
annuel des titres mobiliers, soit à procurer des ressources nouvelles au Trésor. Lorsque, par exemple, une
obligation de chemin de fer qui coûte environ 280 francs,
sort remboursable à 500 francs, le porteur de ce titre
bénéficie de la différence existant entre son prix d'achat
et le prix du remboursement. Pourquoi l'État qui frappe
le revenu annuel de cette obligation, ne frappe-t-il pas
également ce remboursement ? Le Trésor trouverait là
des ressources importantes qu'il nous serait facile de
chiffrer.

L'Assemblée nationale aura, sans doute, à s'occuper de
la revision de la loi de 1836 relative aux loteries, qu'on
applique à tort aux valeurs à lots et dont la réforme est
urgente. L'assimilation à un billet de loterie d'une valeur à lots rapportant intérêt et remboursable à un prix
déterminé, empêche le Trésor de bénéficier de revenus
importants en détournant des bourses françaises des
valeurs qui vont se négocier aux bourses étrangères.
De plus, la loi de 1836 interdit la publication des cours
des valeurs à lots et, par conséquent, de leurs tirages :

Loteries. Loi
de 1836.

or, pendant que nous nous conformons scrupuleusement à la loi, des journaux étrangers se vendent et
circulent librement en France, publiant ce que nous ne
pouvons publier. Ces journaux n'ont pas à payer,
comme en France, les lourds impôts que perçoit le
Trésor; ils n'ont pas de cautionnement comme les journaux français. Une pétition tendant à la modification
de la loi de 1836 avait été, en 1870, adressée au Sénat,
qui en avait ordonné le renvoi aux ministres compétents. Les événements survenus depuis cette époque
ont fait perdre de vue cette question qui réclame aujour-
d'hui l'attention de nos législateurs.

Revision des impôts. La revision de tous les impôts directs et indirects ne
peut manquer de passionner vivement l'Assemblée na-
tionale. Quelques chiffres démontreront clairement toute
l'importance que mérite un tel sujet.

Rendement comparé. En 1830, les contributions directes, perçues au profit
de l'Etat, s'élevaient à 240 millions 7; elles atteignaient,
en 1850, 200 millions 2, et en 1869, 334 millions 8.

Les contributions directes perçues au profit des départements et des communes, n'étaient, en 1830, que de
81 millions ; elles s'élevaient, en 1850, à 130 millions 8,
et en 1869 à 230 millions 9.

Quant aux contributions indirectes : en 1830, elles
rapportaient 202 millions 9 ; en 1850, 306 millions 9 ;
en 1869, 627 millions 9.

Le total du produit des impôts indirects, qui était,
en 1830, de 574 millions 0, atteignait, en 1850, 747 millions 8, et s'élevait, en 1869, à 1,328 millions 9.

En résumé, la moyenne par tête des impôts directs
perçus au profit de l'Etat était, en 1830, de 5 fr. 56;
en 1850, de 8 fr. 25 ; en 1869, de 9 fr. 05.

Moyenne par tête. La moyenne par tête des impôts indirects s'élevait en
1830 à 11 fr. 35; en 1850 à 21 fr. 00; en 1869 à 34 fr. 97.

On peut voir aujourd'hui, sans attribuer plus d'importance qu'il ne convient à ce procédé statistique, que
cette moyenne a grandement augmenté, principalement sur les impôts indirects, et juger, par les chiffres,

de l'importance que présente l'examen de ces diverses questions.

Les grandes réformes financières que nous venons d'indiquer sont-elles les seules qui restent à faire dans notre système financier ? Non assurément ; en finances surtout, rien n'est fait tant qu'il reste quelque chose de mieux à réaliser. Mais nous ne saurions trop le dire et trop de fois le répéter : il faut que l'ordre et la tranquillité règnent dans les esprits ; il faut que la politique fasse place aux affaires, qu'elle nous donne un peu de répit, pour que l'on puisse s'occuper avec soin de l'amélioration des finances publiques. Le budget bien équilibré, les dépenses votées, les recettes exactement évaluées, les nouveaux impôts équitablement répartis, voilà assurément ce qu'il faut obtenir avant tout : voilà, pour nous servir de la pittoresque expression de M. Magne, le bon et le vrai « commencement ».

But actuel à poursuivre. Un mot de M. Magne.

Ce commencement, réalisé et obtenu, sera, nous n'en doutons pas, le point de départ d'une nouvelle ère de prospérité pour notre pays.

———

EMPRUNTER OÙ IMPOSER ?

Ce qui ressort clairement des dernières discussions qui ont eu lieu à l'Assemblée nationale au sujet du budget de 1874 et des lois d'impôt, c'est la volonté bien arrêtée de M. Magne d'arriver à l'équilibre de ce budget, non par des expédients ou des mirages de chiffres, mais par un réel paiement de nos dettes ne dépassant pas nos réelles ressources.

Politique financière de M. Magne.

Lorsqu'un négociant a de lourdes charges à supporter et qu'il lui faut développer les affaires de sa maison, leur donner toute l'extension qu'elles demandent, il commence, s'il agit avec prudence, par réduire ses dépenses au plus strict nécessaire; il prend ensuite sur l'excédent de ses bénéfices annuels somme suffisante pour amortir graduellement ses charges. Il n'emprunte qu'autant que ses bénéfices lui permettront de payer les intérêts et le capital de ses emprunts, car, s'il devait emprunter chaque fois qu'un de ses emprunts précédents arriverait à échéance, la ruine serait fatalement la conséquence d'un semblable système.

La situation de la France est identiquement la même.

M. Léon Say avait présenté le budget avec un excédent de 2 millions : il avait été fait état de 93 millions de recettes à provenir des matières premières, quand cet impôt avait produit à peine 1 million en six mois; il avait été omis 35 millions dus aux compagnies de chemins de fer.

Le budget de 1874, se soldait, en réalité, par un déficit de 145 millions lorsque M. Magne a pris le portefeuille des finances ; il fallait trouver 145 millions pour équilibrer ce budget.

Il n'y avait que deux moyens : emprunter, ou créer des impôts.

Sur ces deux points, la théorie de M. Magne est bien simple.

Pas d'emprunt, car avec quelles ressources en paierait-on les intérêts? Faudrait-il donc emprunter encore, emprunter toujours ? Il arriverait un moment où tout cet échafaudage d'emprunts s'écroulerait. le crédit du pays serait perdu. Que deviendraient alors le commerce et l'industrie ? Que deviendrait le crédit même des particuliers dont le sort est si intimement lié à la prospérité du crédit de l'État.

On comprend un emprunt quand il s'agit de faire des dépenses qui, une fois faites, doivent devenir productives. Il est bien évident que si l'État emprunte pour construire des chemins de fer, creuser des ports, développer le commerce national à l'intérieur et à l'extérieur du pays, les bénéfices qu'il recueillera de ces dépenses suffiront largement à payer les intérêts et l'amortissement des emprunts : dans ce cas, c'est emprunter pour produire et non pas emprunter pour payer.

Pour arriver à un juste équilibre du budget, pour asseoir les finances sur une base solide, il faut des recettes permanentes mises en regard de dépenses qui ont le même caractère ; et, lorsque le budget est équilibré, on arrive insensiblement, avec une administration financière sage et honnête, à obtenir des excédents de recette ; ces excédents permettent de commencer l'amortissement et, avec l'amortissement, on parvient à diminuer sa dette.

Lorsqu'on emprunte, au contraire, il faut d'abord trouver les ressources nécessaires pour payer les intérêts de l'emprunt, emprunter à nouveau pour payer les intérêts des emprunts précédents; comme nous le disions plus haut, la ruine est la conséquence fatale et forcée de ce système.

M. Magne a donc sagement fait de maintenir fermement les véritables doctrines économiques qui font la force et la richesse d'un pays. Pour payer nos dettes, pour équilibrer nos budgets, il n'y avait qu'un seul moyen : recourir à l'impôt. C'est ce qui a été fait.

Recours à l'impôt.

Sans doute on peut dire, en principe, qu'il n'y a pas de bon impôt, et nous aurions bien des objections à faire sur la nature et la valeur des impôts proposés; ce qui est incontestable c'est leur opportunité, sauf à choisir plus tard entre les moins mauvais.

Le plus urgent est d'équilibrer le budget ; c'est un point auquel on ne saurait donner trop d'attention. Mais, le budget équilibré, nous ne doutons pas que M. Magne ne se hâte de mettre à l'étude la revision aussi bien des anciens impôts que de ceux qui viennent d'être votés. Pour cette étude, ce conseil supérieur des finances, dont nous avons tant de fois demandé la création, et auquel M. Magne vient de donner tout au moins un commencement d'existence, serait d'une haute utilité et pourrait rendre au pays de précieux services.

UNE SITUATION RASSURANTE

Taxe sur le revenu. Rendement favorable.

La taxe de 3 % sur le revenu des valeurs mobilières, évaluée à 32 millions pour l'année 1874, a produit, pendant le premier trimestre, 8,384,000 francs (1). En admettant une progression identique pour les trois autres trimestres de l'année, on obtiendrait pour l'année entière, 33,536,000 francs, correspondant à un revenu total annuel de 1,100 millions. Si nous admettons, en effet, que la moyenne des placements effectués sur les valeurs mobilières rapporte 5 %, ce revenu annuel de 1,100 millions représente en capital, plus de 20 milliards.

Cette statistique fiscale va nous permettre de dégager l'importance de la richesse nationale et de la richesse privée.

Sociétés, bénéfices et dividendes.

Si, poursuivant notre examen, nous relevons, dans les comptes rendus des dernières assemblées générales, le montant des dividendes attribués à leurs actionnaires par les grandes compagnies de chemins de fer et les principales sociétés financières ou industrielles, nous constatons que les établissements de crédit (Banque de France, Banque de Paris, Comptoir d'escompte, Crédit agricole, Crédit foncier, Crédit industriel, Crédit lyonnais, Société de dépôts, Société financière, Société générale) ont gagné près de 100 millions de francs pendant l'année 1873. En effet, la Banque de France a voté un dividende de 360 fr. 81 par action: la Banque de Paris, 50 francs ; le Comptoir d'escompte et le Crédit foncier, 35 francs ; le Crédit agricole, la Société de dépôts et la Société financière, 15 francs ; le Crédit industriel, 24 francs ; le Crédit lyonnais, 26 fr. 25: le nombre d'actions des divers établissements, montre nombre d'actions des divers établissements, montrent que les bénéfices réalisés pendant l'année 1873 s'élèvent exactement à 100,004,850 francs.

(1) *Journal officiel*, 27 avril 1874.

Les résultats donnés par les compagnies de chemins de fer ne sont pas moins remarquables : le dividende du Nord a été fixé à 67 francs ; celui du Lyon à 60 francs ; celui d'Orléans à 56 francs ; le Midi donne 40 francs; l'Ouest, 35 francs; l'Est 39 francs; les Charentes, 20 francs ; la Vendée, 17 fr. 50. En multipliant ces chiffres par le nombre d'actions des diverses compagnies, on trouve que les bénéfices réalisés par ces dernières pendant l'année 1873 leur permettent de distribuer à leurs actionnaires 157,997,000 francs, indépendamment des sommes énormes consacrées au service des intérêts et de l'amortissement des obligations ainsi qu'à l'amortissement des actions, aux intérêts des actions de jouissance, sans compter non plus les soldes non distribués reportés à l'exercice suivant.

Si nous pouvions faire également état des bénéfices réalisés par les grandes compagnies industrielles : gaz, messageries, voitures, omnibus, transports, salines, houillères, mines, forges, fonderies et aussi par une foule d'entreprises particulières, on verrait combien est féconde et puissante l'activité financière, commerciale et industrielle du pays.

En dehors des rentes françaises et des valeurs étrangères, il existe donc en France au delà de 20 milliards de valeurs mobilières qui produisent plus d'un milliard de revenu par an. Dix de nos plus grandes sociétés financières ont gagné et distribué à leurs actionnaires plus de 100 millions pour l'année 1873. Huit compagnies de chemins de fer ont, pendant cette année 1873, gagné plus de 158 millions qu'elles ont également distribués à leurs actionnaires!

D'autre part, pendant le premier trimestre de l'année 1874, le versement des contributions directes a dépassé de 5,536,000 francs le recouvrement du 1ᵉʳ trimestre de 1873 ; les impôts et revenus indirects ont donné 12,338,000 francs de plus que pendant le 1ᵉʳ trimestre de l'année dernière. Ces chiffres prouvent, jusqu'à l'évidence, que la France travaille, produit et gagne; ils prouvent encore que les impôts, aussi lourds qu'ils puissent être, sont recouvrés facilement et supportés avec résignation.

Sans doute tout n'est pas pour le mieux et nous savons bien qu'au point de vue financier, commercial et industriel, il y a toujours à faire ; mais, nous ne saurions trop le répéter, il faut, étant donnée la situation telle que les événements de 1870 et 1871 l'avaient faite, se contenter de voir les affaires du pays sinon prospères, du moins assez bonnes pour avoir permis de payer les frais et la rançon de la guerre, de contracter des emprunts, qui aujourd'hui font prime, de réparer les désastres de la Commune, et de relever le crédit public.

Billets de banque.

Nous n'avons pas eu à supporter les crises financières que l'Europe entière a subies, l'Allemagne principalement. Nos billets de banque, loin d'être dépréciés, comme le sont ceux de plusieurs États voisins, sont au pair et font même prime à l'étranger.

Situation satisfaisante.

Ce sont là des faits rassurants. Satisfaisants pour le présent, ils doivent nous inspirer une ferme confiance dans l'avenir. La bourse d'ailleurs a su les interpréter en ce sens et a traduit l'impression favorable qu'elle en a reçue par un mouvement de hausse qui a porté nos fonds publics aux cours que nous voyons aujourd'hui et que nous n'eussions osé espérer il y a moins de deux ans. Espérons que la politique ne viendra pas entraver ces bonnes dispositions du marché financier.

BUDGET DE 1875

LA PROPOSITION WOLOWSKI

ET L'ÉQUILIBRE DU BUDGET

A quand la discussion des lois budgétaires? A quelle
époque l'Assemblée nationale commencera-t-elle à s'occuper des moyens à employer pour équilibrer le budget de 1875? Voilà assurément un sujet qui mérite
toute l'attention et toute la sollicitude des députés et
dont la solution sera plus favorable aux intérêts du
pays que toutes les discussions politiques que feront
naître les lois électorales ou municipales. On dit que
les affaires ne vont pas, que le commerce se plaint,
que l'industrie languit. Eh bien! que l'Assemblée nationale fasse, pendant quelque temps, trêve aux discussions politiques, pour s'occuper uniquement des
affaires financières, commerciales et industrielles du
pays ; que les partis ajournent en même temps que
leurs luttes, leurs espérances ; qu'ils consacrent toute
leur activité aux seuls intérêts de la nation, il se
produira, n'en doutons pas, un bien-être général dans le
pays ; les préoccupations y deviendront moins vives ;
on envisagera l'avenir avec plus de confiance. *Et le budget ?*

Est-ce trop demander au patriotisme de nos représentants? Nous ne le pensons pas. Ce qui importe, en
effet, avant tout, c'est de reconstituer et de développer
le crédit, de ranimer les affaires, d'encourager le commerce, en un mot, de travailler et de faire travailler.

Le budget de 1875 n'est pas en équilibre : il lui
manque environ 25 millions. *Équilibre à établir.*

Tâchons d'abord de trouver ces 25 millions. M. Wolowski, vient de déposer une proposition qui aurait, à
son avis, l'avantage d'éviter tout impôt nouveau comme
toute augmentation des impôts existants, et qui mettrait
le budget de 1875 en excédant de recettes.

Voici quel est le système préconisé par cet honorable
député.

	francs.
Notre budget est chargé de	17,759,795
pour le service de l'emprunt 6 % dit Morgan.	
Et de.	207,700,000
pour amortissement et intérêts de la dette envers la Banque.	
Ensemble. . .	225,459,795

Sur cette somme, M. Wolowski prend tout d'abord
25,459,795 francs pour équilibrer largement le budget, auquel, ainsi que nous l'avons exposé, il manque
actuellement un complément de 25 millions.

Le capital à rembourser pour l'emprunt Morgan est
de 245 millions; il reste dû à la Banque 870 millions;
au total de 1,115 millions.

En autorisant la création de 1 milliard et demi en
rente 5 % ou de 2 milliards et demi en rente 3 %, on
pourrait aisément rembourser ces 1,115 millions. Le
produit de ces rentes serait même supérieur aux nécessités, et l'excédent servirait à combler le déficit du
budget de 1874 et à diminuer la dette flottante.

Cette création de rente absorberait 75 millions par
an, sur les 200 restés disponibles. M. Wolowski propose d'employer les 125 millions restants à constituer
un fonds d'amortissement de 100 millions par an, à
consacrer 25 millions au dégrèvement d'impôts actuellement en vigueur et à combler les déficits qui pourraient se produire.

En somme, M. Wolowski détourne de leur destination
primitive 225 millions du budget actuel et les emploie :
pour 25 millions à l'équilibre de nos budgets; pour
75 millions à la création de rentes fournissant les res-

sources, nécessaires au remboursement de la Banque
et de l'emprunt Morgan ; pour 100 millions à la création d'un fonds permanent d'amortissement ; et pour
25 millions au dégrèvement de certains impôts.

Ce système assurément est fort ingénieux, mais il se Ses inconvé-
nients.
heurte à des difficultés réelles et à des inconvénients
sérieux. Si, en effet, le gouvernement contractait un
emprunt pour payer la Banque, l'intérêt à payer sur
cet emprunt serait plus élevé que celui que nous avons
actuellement à payer à cet établissement; ce serait, de
plus, grossir le chiffre nominal de notre dette consolidée déjà si considérable. Le projet de M. Wolowski
n'est, du reste, pas nouveau.

Il y a quelques mois, nous développions un projet
identique (1). Il s'agissait, en effet, en présence de
l'énorme circulation des billets de la Banque de France,
circulation qui atteignait le chiffre de 2,970 millions en
regard d'une encaisse métallique de 740 millions, de
trouver d'urgence les moyens les plus utiles pour empêcher une nouvelle augmentation de la circulation des
billets. Nous proposions alors d'effectuer un emprunt
de 1200 millions, émis à l'étranger, destiné à rembourser la Banque de France et conséquemment à abolir le
cours forcé. On aurait pu à cette époque emprunter
1200 millions à 6 1/2 %. Il aurait suffi d'inscrire au budget, au lieu et place des 200 millions d'annuités pour la
Banque, une annuité de 78 millions pour intérêts du
nouvel emprunt, soit 122 millions de moins à demander à l'impôt. Et, ajoutions-nous, si cette somme de
200 millions était maintenue au budget, il resterait disponibles 122 millions que l'on pourrait appliquer annuellement à un amortissement effectif par des rachats
de rente à la bourse.

Notre projet, on le voit, était le même que celui présenté aujourd'hui par M. Wolowski ; mais il était motivé
par des raisons qui n'ont plus aujourd'hui le même
caractère d'urgence.

1 Le Rentier, 17 octobre 1873.

La situation de la Banque est totalement changée. En octobre 1878, cet établissement avait en circulation près de 3 milliards de billets et seulement 740 millions d'encaisse métallique : aujourd'hui, la circulation n'est plus que de 2,500 millions contre 1,150 millions d'encaisse. C'est assurément fort rassurant et on peut dire que, dès à présent, la Banque serait en mesure d'abolir le cours forcé de ses billets et de reprendre ses paiements en espèces.

L'emprunt proposé par M. Wolowski changerait simplement le mode de paiement d'une dette existante. Serait-il bien prudent, au surplus, de contracter un nouvel emprunt n'ayant pour but principal que de changer la nature d'une dette et — qu'on nous pardonne l'expression — de devoir à Pierre ce que nous devons à Paul, quand nous pouvons être encore obligés d'emprunter, peut-être avant peu, soit afin de trouver les ressources suffisantes pour alimenter les grands travaux publics, soit en vue de reconstituer toutes les forces militaires de la nation, le matériel de l'armée et de la marine?

Équilibre à demander aux moyens ordinaires.

Les 25 millions qui manquent au budget de 1875 doivent être obtenus par des moyens ordinaires et, qu'on n'en doute pas, l'Assemblée les trouvera quand, oubliant la politique, elle donnera ses soins aux choses de la finance. Nous savons, d'ailleurs, que M. Magne, après avoir fait faire dans toutes les régies financières des études comparatives, s'est arrêté à un projet dont le ministère des finances a réuni tous les éléments et a préparé la rédaction. Ce projet de loi a été envoyé au Conseil d'État où il a été longuement examiné dans la section des finances ; il ne tardera pas à être soumis à l'Assemblée.

Espérons que cet équilibre du budget, tant désiré, sera bientôt un fait accompli et que, pour discuter ce projet, l'Assemblée nationale saura ajourner les discussions irritantes de la politique.

DE QUELQUES PROJETS FINANCIERS

Nous avons eu fréquemment l'occasion d'apprécier la valeur des moyens par lesquels on a pu effectuer et l'œuvre de la libération du territoire et la reconstitution de nos finances publiques. Nous n'avons cessé de défendre ces deux principes qui, au fond, se réduisent à un seul : les ressources extraordinaires doivent pourvoir aux dépenses extraordinaires ; les dépenses ordinaires ne doivent être couvertes que par des recettes ordinaires et régulières.

C'était dire qu'aux dépenses extraordinaires immédiates et qui ne devaient plus se reproduire, il fallait faire face par l'emprunt ; que, pour couvrir les dépenses ordinaires ou ayant un certain caractère de permanence, il fallait avoir recours à l'impôt.

On peut critiquer la manière dont nos divers emprunts ont été contractés, critiquer surtout notre système actuel d'impôts, créé à la hâte, pièce par pièce, sans plan arrêté, sans idée d'ensemble. Mais en somme, les deux grands principes que nous avons posés comme les seules règles de l'administration des finances d'un État, ces deux grands principes n'ont été que rarement violés.

Il a fallu cependant de grands et énergiques efforts pour réagir contre l'esprit d'illusion et les séductions de l'expédient. Il faut se reporter à deux ou trois années en arrière pour se rendre un compte exact des fâcheuses tendances et des naïves chimères, qui ont failli, au lendemain de nos désastres, nous pousser aux plus déplorables pratiques financières.

Tant que le grand problème de l'acquittement de notre rançon reste posé, c'est vraiment le règne de l'illusion. Avec un enthousiasme respectable dans sa cause, mais malheureusement fort peu réfléchi, on entasse projets sur projets, théories sur théories. Chose étrange, au lieu de chercher le salut par des voies régulières, par des moyens déjà éprouvés, ce qu'on poursuit c'est l'expédient. C'est à qui fournira un procédé, une panacée, une sorte d'orviétan financier dont l'effet doit, naturellement, être aussi prompt que souverain. Les propositions les plus étranges s'élèvent, les combinaisons les plus bizarres naissent.

Projets et fantaisies.

Nous avons sous les yeux de nombreuses brochures publiées en 1871 et 1872 qui ont toutes pour objet de procurer à l'Etat des centaines de millions, des milliards, sûrement, facilement, tout d'un coup.

Lorsque, après trois années, on relit tout cela, on se prend à douter de la raison humaine et du bon sens. A lire les titres seuls de ces opuscules, on croit rêver. Nous en citerons quelques-uns seulement et au hasard.

1871. — Paiement de la Prusse par anticipation. — Moyens financiers pour procurer immédiatement 5 milliards à l'Etat, au taux de 2 1/2 % l'an. — L'auteur propose le dépôt de 6 milliards en rentes françaises à la Banque de France, qui, elle, par contre, émettra 6 milliards de papier monnaie.

1871. — Nouveau système financier donnant pour résultats immédiats : 1° à l'Etat 600 millions à titre gratuit; à l'agriculture et à l'industrie 200 millions aussi à titre gratuit ; une indemnité gratuite de 200 millions aux départements envahis; enfin, après dix ans de mise en œuvre, une banque nationale au capital de 2 milliards libre de toute redevance fixant à tout jamais, en France, le taux de l'escompte à 2 %. — Ici c'est une banque hypothécaire nationale qui doit produire tous ces miracles.

1871. — Des indemnités aux victimes de la guerre, avec l'impôt simplifié, considéré comme prime d'assurance, suppression des emprunts et de la dette publique propose M. Menier, un industriel cependant. — Il s'agit là « de se procurer immédiatement les moyens de payer une obligation que l'Etat a d'ores et déjà contractée », et pour cela il suffit de frapper le capital.

1872. — Demande d'une part de l'emprunt à 2 1/2 % en or. — On offre de prêter à l'État 1,200 millions en or qui seront versés à la Banque et celle-ci contre ce dépôt avancerait, elle, à l'État, 2,200 millions de billets de banque.

1871. — Comparaison entre l'impôt foncier et l'impôt sur les valeurs mobilières à revenu fixe garanti par l'État. Ressource immédiate et gratuite pour l'État d'une somme de près de 3 milliards.

1872. — L'affranchissement de l'impôt sur les valeurs mobilières à revenu fixe garanti par l'État par l'augmentation de cet impôt avec combinaison d'échange simultané. Bénéfice en réalisant ce projet : 3 milliards pour l'État, 675 millions pour les obligataires, évacuation immédiate du sol français. — Tout cela doit être obtenu uniquement par l'échange des obligations dont l'intérêt est garanti par l'État contre des titres de rentes 3 et 5 %.

1871. — L'impôt unique et l'invasion de 1870. — Cet impôt unique qui doit remédier à tout est l'impôt sur les factures.

1871. — Projet financier pour libérer la France de tous les frais de la guerre, y compris l'indemnité due à Paris et aux départements. — Ce projet consiste uniquement en une série de quinze emprunts successifs, de 600 millions ou environ chacun, qui doivent donner à l'État 9 milliards.

Quelle foule de projets d'impôts bizarres : sur les célibataires, « ces êtres stériles », ces « agents de corruption » ; sur les chevaux « qui ne travaillent pas » ; sur les « domestiques galonnés » ; le premier domestique 20 francs d'impôt, le second 40 et ainsi de suite. Nous citons textuellement le projet sur les titres de noblesse : « Tout Français pourra les acheter, » et voici le tarif : titre de duc, 10,000 francs impôts en sus ; comte, 6,000 francs ; vicomte, 4,000 francs ; baron, 2,000 francs, toujours impôts en sus « de cette façon, fait remarquer l'auteur, tous les Français seront vraiment égaux ».

Nous pourrions multiplier ces citations d'ouvrages écrits fort sérieusement par des personnes très convaincues ; quelque différence qu'on puisse établir entre elles, toutes ont été entraînées plus ou moins loin dans le domaine de l'illusion et du rêve.

Les illusions dangereuses.

Mais les illusions les plus insensées ne sont pas les plus dangereuses ; celles qu'il faut craindre surtout, celles contre lesquelles il faut se prémunir, ce sont les illusions qui se présentent à nous avec toutes les apparences de la réalité. Nous l'avons vérifié tout récemment à la suite du vote de la proposition Wolowski, vote qui a renversé M. Magne. Au lieu de demander des ressources positives à l'impôt, on a cru pouvoir en demander de fictives à une combinaison douteuse. Ces ressources fictives même, on n'a pu les obtenir et la Banque a sagement usé de son droit en refusant de prêter les mains à la violation d'un contrat librement accepté. Il a fallu revenir sur ce vote malheureux et recourir à un emprunt, c'est-à-dire à une mesure extraordinaire pour faire face à des dépenses ordinaires et permanentes, flottant ainsi d'illusion en illusion, d'illusion en déception et d'expédient en expédient. M. Magne avait raison de chercher des ressources normales dans de nouveaux impôts ; la Banque a eu raison de dissiper les illusions de l'Assemblée ; celle-ci a eu tort de recourir à l'emprunt. Puisse cette leçon porter ses fruits, puissent nos finances être désormais à l'abri de ces expériences funestes que malheureusement, nous venons de le voir, on paraît dans notre pays trop enclin à tenter.

LE NOUVEAU SYSTÉME FINANCIER

Sous ce titre, la *Revue des Deux-Mondes* vient de publier un remarquable travail de M. Michel Chevalier, l'illustre et infatigable champion de toutes les libertés économiques (1). Cette étude, vive et rapide, et cependant profonde et très précise, nous parait être, si peu étendue qu'elle soit, la plus complète et la plus judicieuse qui ait été publiée jusqu'ici sur notre régime financier actuel.

Division du travail de M. Michel Chevalier.

Cette étude, conduite avec une méthode très stricte et très sûre, est divisée en quatre parties.

Dans la première, M. Michel Chevalier réunit les exemples les plus frappants qu'offre notre siècle de la résurrection des peuples et de la reconstitution de leurs richesses;

Dans la seconde partie, l'auteur fixe les règles dont l'expérience du passé a démontré la valeur;

Dans la troisième, il examine si les impôts créés depuis trois ans sont bien conformes à ces règles;

Enfin, la quatrième est consacrée aux divers moyens susceptibles d'accroître nos recettes ainsi qu'aux dépenses productives qu'il convient de porter au budget.

La partie historique est particulièrement intéressante. M. Michel Chevalier y trace à grands traits le tableau de la France à la veille et au lendemain du 18 brumaire. Avant, c'est le dernier degré de l'épuisement, c'est la liberté du travail anéantie, le capital épouvanté qui se cache, le commerce nul, l'agriculture languissante, le désordre et la ruine partout, la sécurité nulle part. Après le 18 brumaire, c'est, avec l'ordre, la liberté civile qui renait, aux dépens il est vrai de la liberté politique mais au grand profit de notre production. L'ouvrier retrouve le libre exercice des professions ; les impôts sont répartis conformément au principe de l'égalité

La France avant et après le 18 brumaire.

(1) *Revue des Deux-Mondes*, 1er août 1871.

devant la loi et, si les prohibitions ferment encore nos
marchés à l'industrie étrangère et les marchés étrangers à notre industrie, celle-ci trouve déjà un aliment
suffisant dans la consommation du pays. Des routes
nouvelles sont créées, les anciennes sont améliorées;
l'œuvre de la navigation intérieure est reprise. Grâce à
ces réformes heureuses « sept ou huit ans après le
18 brumaire, la France, par la prospérité qu'elle avait
gagnée, n'était plus reconnaissable ». L'auteur nous
montre ensuite l'Angleterre, pendant sa lutte avec Napoléon Ier, aux prises avec un budget dévorant, écrasée
d'impôts, surchargée de dettes contractées aux conditions les plus dures. Comment a-t-elle pu porter, sans
succomber, un si lourd fardeau? Comment a-t-elle
entretenu et renouvelé ses forces? En développant sa
production par l'application et la vulgarisation des
découvertes de la science, la transformation de l'outillage industriel, le développement de ses routes, la construction de ses grands canaux. A ces puissants agents
il convient d'en ajouter un autre plus puissant encore
aujourd'hui : le crédit, dont elle sut à ce moment faire
un usage heureux.

Plus tard, en 1839 et 1840, les finances de l'Angleterre
se trouvèrent fort embarrassées et le ministère wigh
en était réduit aux derniers expédients pour équilibrer
son budget. Les tories rentrèrent au pouvoir, Robert
Peel en tête, Robert Peel qui comprenait que c'était à
un accroissement de production qu'il fallait demander
de nouvelles ressources. Dès que l'occasion lui parut
favorable, ce grand homme d'Etat se hâta de la saisir
et proclama le principe de la liberté du commerce. Une
fois entrée dans cette voie, l'Angleterre n'a point cessé
de la suivre. « La prospérité de l'Angleterre, ajoute
M. Michel Chevalier, grâce à ce changement de front, a
pris un essor inespéré. Tous les ans, on y diminue le
tarif des impôts ; tous les ans le revenu public augmente. Toutes les classes de la société participent de
plus en plus au bien-être. A cette heure, il ne reste

plus de droits de douane que sur un petit nombre de denrées exotiques. »

Le perfectionnement industriel et commercial a été poursuivi sans relâche, en même temps que les barrières de douanes s'abaissaient et que les mesures économiques devenaient plus libérales. Les chemins de fer se développaient d'eux-mêmes ; le tarif des postes s'abaissait graduellement ; les lignes télégraphiques se multipliaient ; les institutions de crédit devenaient de plus en plus nombreuses et de plus en plus puissantes ; enfin l'instruction populaire faisait et fait encore chaque jour de rapides progrès.

De ces observations, de ces enseignements, M. Michel Chevalier, après nous avoir ainsi vraiment enseigné comment les peuples se relèvent, conclut que nous devons, pour réparer nos désastres et retrouver notre prospérité, recourir, au plus tôt, aux moyens suivants :

Moyens à employer par la France pour retrouver sa prospérité.

1° Rétablissement et affermissement de l'ordre ; sécurité de la propriété ;

2° Facilités plus grandes données à la liberté du travail, soit par une revision libérale des règlements auxquels est soumis l'exercice des professions diverses, soit spécialement par une plus grande liberté du commerce international. A l'égard de ce dernier, il convient de commencer, non seulement par l'affranchissement complet des matières premières, mais encore par celui des outils, machines et appareils analogues, car, en l'absence du meilleur outillage et du meilleur matériel, il est impossible à une nation d'atteindre dans la fabrication le niveau des peuples les plus avancés, de soutenir leur concurrence sur les marchés extérieurs et de procurer au même degré à l'intérieur les commodités élémentaires de la vie au commun des hommes :

3° Multiplication, perfectionnement et bon marché des différents moyens de communication, les routes, les canaux, les chemins de fer, la poste, le télégraphe. A cet ordre de faits se rattachent naturellement une revision intelligente des lois et règlements sur la navigation et un certain développement des travaux publics dans les ports de mer, afin d'y rendre aisés et rapides l'entrée et la sortie des navires, ainsi que leur chargement et leur déchargement ;

4° Le développement des institutions de crédit ;

5° Un système d'éducation publique qui cultive les esprits d'une manière générale et d'une manière spéciale et qui tende à rendre les individus plus aptes au bon gouvernement de soi-même et à la pratique des professions agricoles, manufacturières et commerciales.

Appréciation de la politique de M. Thiers.

M. Michel Chevalier examine ensuite si la politique suivie par le gouvernement au lendemain de la Commune a bien satisfait à la première de ces règles ; il observe que M. Thiers s'en est trop vite écarté et que les craintes qu'inspirait sa conduite pour la conservation de l'ordre amenèrent le vote du 24 mai.

Quant aux aptitudes financières de M. Thiers, M. Michel Chevalier les apprécie. L'œuvre de la libération du territoire a été habilement poursuivie et les opérations grâce auxquelles on a pu l'accomplir ont été, sauf des fautes de détail, bien conçues et bien effectuées.

Mais, aux yeux de M. Michel Chevalier, ce qui, en M. Thiers, a gâté le financier et annihilé en partie ses puissantes qualités, c'est l'économiste, le protectionniste systématique. M. Thiers a voulu, avec toute l'opiniâtreté qu'on lui connaît, ramener la France au régime suranné de la protection, effacer d'un trait les traités de commerce et, sans souci pour le développement de notre production, demander 244 millions aux seules recettes des douanes.

Mais si, par condescendance pour l'illustre et habile homme d'État, l'Assemblée put un instant se laisser entraîner à voter le trop fameux impôt sur les matières premières, elle revint, aussitôt après la retraite de M. Thiers, aux vrais principes économiques, à la liberté du commerce, à la liberté du travail. Notre industrie, grâce à ce retour heureux, a échappé au plus grand danger qu'elle pût courir.

Reste la question des impôts que l'on a successive- Impôts à accepter. Impôts à
rejeter.
ment créés et auxquels, tout récemment, on n'a pas
cru pouvoir demander de nouvelles ressources pour
équilibrer le budget.

M. Michel Chevalier, qui regrette qu'on n'ait pas
appliqué dans une certaine mesure l'impôt sur le
revenu, accepte avec résignation, vu la nécessité des
temps, les lourds impôts de consommation; mais il regarde comme très fâcheux tous ceux dont l'application
a ramené la triste pratique de l'exercice ou qui ont été
transformés en monopoles de l'Etat. Il est certain que
l'opération à laquelle a donné lieu l'impôt des allumettes est profondément vicieuse. « Faire sortir de sa
tombe, dit justement M. Michel Chevalier, l'institution
des fermiers des revenus de l'Etat pour un article d'un
usage aussi général que les allumettes, c'est purement
et simplement, une aberration. »

M. Michel Chevalier n'aime ni les droits d'enregistrement, qui affectent directement les transactions, ni les
aggravations de patentes, qui pèsent si lourdement sur
le commerce et l'industrie. Les impôts qui grèvent les La question
des transports.
communications ne lui semblent pas moins sujets au
blâme. La question des transports est en effet, au point
de vue économique, une des plus importantes et nous
sommes loin de l'avoir résolue aussi heureusement que
nos voisins d'outre-Manche.

« Qu'on jette un coup d'œil sur la carte de l'Angleterre, écrivions-nous nous-même il y a peu de temps (1),
qu'on compte le nombre infini de ses canaux, de ses
rivières rendues navigables, de ses routes, de ses voies
ferrées, et, tenant compte de ses conditions géographi-
ques, qu'on la compare à la carte de la France; on com-
prendra ce qu'il nous reste à faire et combien il est
urgent de porter toute notre attention sur la question
capitale des transports. Car, dans toute affaire commerciale ou industrielle, le prix du transport doit être nécessairement compris dans le prix de revient. »

1. *Aperçus financiers*, tome II, page 212.

Loin de porter atteinte aux facilités de communication et d'aggraver le prix des transports, on devrait, au contraire, encourager par tous les moyens possibles le développement de nos voies ferrées et provoquer des abaissements de tarifs. Les mêmes observations sont applicables au tarif des postes récemment surélevé, non pas au profit, mais au grand détriment du Trésor.

Il y a donc un assez grand nombre d'impôts qu'il serait urgent de voir disparaître; mais où trouver des ressources équivalentes ? Il ne peut être question en ce moment que de substituer à certaines taxes ruineuses, funestes à la production nationale, des taxes plus rationnelles et moins dangereuses. M. Michel Chevalier croit qu'on eût agi sagement et évité bien des mécomptes et bien des fautes en augmentant les quatre contributions directes et l'impôt du sel. Mais à ses yeux le plus puissant moyen d'accroître les revenus de l'État c'est d'affranchir le travail national des entraves qui l'étreignent encore, d'ouvrir notre frontière aux machines, aux outils, aux appareils perfectionnés de toute sorte, de laisser aussi pénétrer librement en France et les matières premières et les objets demi-fabriqués susceptibles de recevoir dans notre pays un complément de fabrication.

Travaux publics, instruction publique. Enfin M. Michel Chevalier croit qu'il est non moins nécessaire de consacrer, dans un avenir prochain, des sommes assez considérables à des dépenses productives en travaux publics, routes, canaux, ports, bassins à flot, digues à la mer ; qu'on doit aussi donner de larges encouragements à l'instruction publique. Tout cela coûtera beaucoup, sans doute, mais le Trésor public recouvrera promptement et avec usure les millions ainsi employés.

Nous ne pouvons qu'analyser très sommairement l'étude de M. Michel Chevalier, étude très compacte et très condensée, écrite dans le style clair, précis et vigoureux de ce maître qui a toujours su, talent rare, traiter avec pureté et élégance des matières souvent

arides et rendre agréables les sujets les moins sédui-
sants sinon les plus ingrats.

Les conclusions de M. Michel Chevalier nous paraissent être d'une vérité absolue. Tant qu'on n'entrera
pas dans la voie qu'il indique, on ne fera rien d'utile,
rien de productif.

La tâche qui incombe à nos futurs ministres des
finances et à nos législateurs est lourde et difficile. Il ne
s'agit pas de moins que de la revision totale de notre
système d'impôts. Il y a là beaucoup à faire et surtout
beaucoup à défaire. L'excessive multiplicité des impôts a toujours été et sera toujours une cause très
grave de désordre, de complication et de mécomptes
dans les finances d'un État. Ce qui importe, avant tout,
c'est d'étudier les diverses sources du revenu public et
de choisir parmi ces sources celles, en très petit
nombre, auxquelles on pourra puiser ce qui est nécessaire à l'entretien de l'organisme social.

Dans ces temps d'expédients, de procédés et d'illusions, d'utopies et de rêveries financières, on n'a que
trop rarement la bonne fortune de lire sur ces rudes
matières, un livre sainement conçu, sagement et clairement écrit, nourri d'idées vraies, positives et pourtant
élevées. Un tel ouvrage ramène à la réalité des choses,
fait revivre les événements déjà trop oubliés, nous rappelle à nos devoirs, en nous faisant mesurer par la
vue de l'esprit l'étendue de l'œuvre à accomplir, la longueur de la route escarpée qu'il faut gravir. Un tel
livre fait travailler et penser, et ce n'est pas le moindre
mérite de l'étude si remarquable que vient de nous donner M. Michel Chevalier.

Revision de notre système fiscal : beaucoup à faire et à défaire.

BUDGET DE 1876

NOTRE SITUATION FINANCIÈRE (1)

I

Notre situation financière mérite le plus sérieux examen et cet examen n'aura jamais été plus opportun, au moment surtout où l'Assemblée nationale, de retour à Versailles, va avoir à examiner le prochain budget.

Comparaison 1871-1875.

Si nous comparons la situation financière actuelle à celle où nous nous trouvions au lendemain de la guerre cette situation est incontestablement meilleure. L'en-

L'encaisse de la Banque.

caisse de la Banque est reconstituée. Nous devons reconnaître qu'en juin 1871, cette encaisse métallique était de 550 millions : le 7 mai 1875, elle s'élevait à 1,546 millions, c'est-à-dire qu'en quatre années, la Banque de France a pu augmenter sa réserve métallique de près d'un milliard. En 1871, l'escompte était à 6 % : il n'est plus aujourd'hui qu'à 4 %. Le 3 % valait 53 francs : il dépasse aujourd'hui 64 francs. Les deux grands emprunts de la libération du territoire ont été effectués à 82 fr. 50 et 84 fr. 50 : ces rentes ont depuis bientôt un an dépassé le pair et se négocient maintenant à 102 après avoir touché le cours de 103 fr. 75. La prime sur l'or avait atteint 15 et 20 francs pour mille en 1871 et 1872 ; elle est nulle aujourd'hui ; nos billets de banque sont acceptés au même titre que l'or, ils font prime à l'étran-

Le change.

ger (2). Le change sur Londres qui était à 25 fr. 47 en

(1) Mai 1875.

(2) Il est bon de rappeler ici qu'on ne prévoyait guère un pareil résultat en 1871. L'Allemagne n'acceptait qu'avec répugnance nos billets de banque, même pour partie des termes de l'indemnité de guerre. « Je n'y ai con-

mai 1871 est revenu à son cours normal de 25 fr. 20. L'épargne s'est aussi reconstituée dans des proportions inouïes. Les capitalistes français ne se sont pas bornés à souscrire aux emprunts nationaux ; ils ont absorbé de nombreuses émissions de valeurs diverses. Notre marché financier a repris son ancienne activité. Au 31 décembre 1871, les six grandes compagnies de chemin de fer avaient émis 12,025,374 obligations ; au 30 avril 1875, le chiffre d'obligations en circulation de ces mêmes compagnies s'élève à 15,425,440 ; il a donc été émis et placé 3,400,000 obligations du 31 décembre 1871 au 30 avril 1875. Au prix moyen de 280 francs, ces obligations représentent un capital de plus de 950 millions, et nous ne parlons pas des nombreuses émissions faites par les compagnies de chemins de fer secondaires, par les chemins d'intérêt local, par les sociétés industrielles. Enfin, du 1er janvier 1875 au 30 avril dernier, il a été émis, sur notre marché, pour plus d'un milliard de valeurs. Nous avons sous les yeux les chiffres exacts de ces émissions que nous nous bornons à indiquer en bloc.

L'épargne.

Devons-nous parler de l'abondance des capitaux disponibles à la Banque de France et dans les grandes sociétés de crédit, qui allouent au maximum 2 1/2 à 3 % d'intérêt à leurs déposants? Jamais l'encaisse de la Banque n'a été aussi élevée ; jamais les dépôts n'ont été aussi considérables.

Capitaux disponibles.

La guerre a coûté au moins 10 milliards. On a créé 800 millions d'impôts nouveaux depuis 1870 et ces impôts formidables rentrent avec une ponctualité merveilleuse. L'épargne nationale s'est reconstituée; les capitaux disponibles, de toutes parts en quête d'emploi, le prouvent sans conteste.

Coût de la guerre.

senti, a dit le prince de Bismarck devant le Reichstag, je n'y ai consenti que sous la condition d'un paiement immédiat, parce que, *si nous connaissons à présent le cours de ces billets de banque, leur valeur dans l'avenir est pour nous une chose inconnue.* »

II

Depuis quelque temps, les émissions succèdent aux émissions et, de tous côtés, comme avant la guerre, sollicitent les capitalistes français. La Russie, avec son emprunt russe 4 1/2 % ; l'Italie, avec l'emprunt de la ville de Naples ; l'Espagne, avec les mines du Rio-Tinto ; la Turquie ; l'Egypte ; la Roumanie pour son emprunt de 1875, et tant d'autres pays, s'adressent de nouveau à notre marché financier qui montre ainsi sa force, son activité, sa prépondérance. Quel profit tirons-nous de cette situation exceptionnelle? Quel parti en savons-nous recueillir? Si le rôle d'un ministre des finances doit être d'aligner les chiffres des recettes et des dépenses d'un budget, s'il suffit à un ministre d'être un excellent comptable et un administrateur vigilant, nous n'avons rien à demander à la haute administration financière du pays : le budget préparé par M. Léon Say pour l'exercice 1876 est, à ce point de vue, irréprochable. Suivant ses prévisions, il se soldera par un excédent de 4,046,162 francs, chiffre vraiment merveilleux quand on songe qu'il s'agit d'équilibrer des recettes évaluées à 2.573,342,877 francs et des dépenses prévues pour 2,500,206,715 francs, soit un maniement de plus de 5 milliards ! On peut être assuré que

M. Léon Say surveillera avec tout le soin et toute la vigilance qu'elles comportent les diverses branches de ses services. Mais vraiment, est-ce bien là tout ce que le pays est en droit de demander à un ministre des finances? Quelles sommes consacrons-nous à l'instruction publique? aux beaux-arts? à l'agriculture et au commerce ? aux travaux publics ? c'est-à-dire aux sources mêmes de la richesse publique? Quelles sommes, au contraire, absorbent la dette publique, les frais de régie, la guerre, la marine et les colonies? Les chiffres répondent pour nous ; ils indiquent quelle serait la voie que commande de suivre la bonne direction des finances publiques. Le budget réclame :

Millions de francs

Pour la dette	1.200
Pour les frais de régie.	248
Pour la guerre	500
Pour la marine	165
ENSEMBLE. . .	2.113

En regard de ces 2,113 millions, mettons les crédits accordés aux dépenses vraiment productives :

Dépenses productives.

Millions de francs

Instruction publique et beaux-arts	97
Agriculture et commerce.	18
Travaux publics.	161
TOTAL.. . .	276

Ainsi, nous consacrons 97 millions à l'instruction publique et 500 millions à la guerre! Nous accordons 18 millions à l'agriculture et au commerce et nous payons 248 millions pour la perception des impôts; nous consacrons 161 millions aux travaux publics quand la marine absorbe 165 millions!

N'y a-t-il pas, dans ces simples rapprochements de chiffres, l'indication de mesures utiles à prendre et de réformes nécessaires à réaliser? N'y a-t-il rien de plus à faire pour l'instruction? Ne pourrait-on pas s'occuper davantage des améliorations de l'agriculture, des encouragements à lui donner, du développement du commerce du pays ? Et ce chiffre de 161 millions pour les travaux publics, est-il donc suffisant, quand il nous reste tant à faire, en chemins de fer, routes, canaux, ports, pour les embellissements des villes, etc., etc.?

Indications à tirer de ces rapprochements.

On s'est étonné de la facilité avec laquelle la France a payé les cinq milliards d'indemnité et les cinq milliards de frais de la guerre : on s'est demandé comment on avait pu trouver une aussi formidable quantité de capitaux. Qu'on en soit convaincu : nous avons pu acquitter ces dettes considérables grâce aux économies réalisées autrefois, au sein d'une prospérité croissante, sous l'influence du développement prodi-

Pourquoi la France a pu payer les frais de la guerre.

gieux du commerce et de l'industrie, par la multiplication et le perfectionnement des différents moyens de
communication, par l'exécution des grands travaux
d'utilité publique, par le développement des institutions
de crédit et de l'instruction publique. De 1852 à 1868, il
a été dépensé pour travaux extraordinaires de toute
nature 2,304,437,000 francs. De 1850 au 31 décembre
1870 ; il a été livré à l'exploitation 17,762 kilomètres de
chemins de fer (1), et ces chemins de fer, pour lesquels
l'État s'est engagé pour 1,038,500,000 francs et a déjà
payé en garanties et subventions 1,005,904,000 francs
rapportent annuellement à l'État soit en recettes perçues, soit en économies réalisées 162,767,801 francs (2)!

Ce sont des dépenses productives qu'il faut faire.

Quelle conclusion tirer de ces chiffres? C'est que le
gouvernement ne doit pas hésiter à faire des dépenses
productives, à développer, coûte que coûte, toutes les
branches du commerce et de l'industrie. Si les transactions sont prospères, si la production augmente, si les
voies de communication du pays sont plus étendues,
si les relations avec l'étranger sont plus fréquentes et
plus suivies, si l'instruction publique est développée
avec ardeur, les revenus publics augmenteront et cette
augmentation permettra une rapide diminution des
impôts et de la dette. Si, au contraire, nous ne faisons
rien pour ces grands éléments de la production nationale et de la richesse publique, comment pourrons-
nous arriver jamais à alléger le fardeau du budget, de
ce budget de 1876 qui réclame près de 2 milliards
570 millions par an, soit 7 millions par jour!

III

Projets financiers de M. Léon Say.

Les projets financiers du ministre des finances, pour

(1) *Journal officiel*, 20 mai 1875, p. 3550; rapport de M. Caillaux.
(2) Rapport présenté à l'Assemblée nationale, le 12 décembre 1874, par
M. de Montgolfier, au nom de la commission d'enquête sur les chemins
de fer.

équilibrer le budget de 1876, peuvent se résumer en trois points :

1° Remboursement de l'emprunt Morgan en empruntant à la Caisse des dépôts et consignations des rentes 3 % provenant des caisses d'épargne. Chaque obligation Morgan recevrait 30 francs de rente 3 % moyennant le paiement d'une soulte espèces à fixer. Cette soulte devra, suivant les calculs du ministre, produire 50 à 60 millions au Trésor ;

2° Traité avec la Banque de France réduisant de 90 millions les 200 millions à lui rembourser en 1876 pour reporter le paiement de ces 90 millions sur les exercices ultérieurs;

3° Pas de création d'impôts nouveaux, mais surveillance des impôts déjà créés; le système de nos impositions devant être laissé à l'examen de la prochaine Chambre.

Ce qui ressort clairement de ces trois procédés, c'est que le budget de 1876, loin de présenter un excédent de recettes de 4 millions sur les dépenses, n'est équilibré que par des mesures provisoires. Un budget, en effet, est en équilibre, lorsqu'il possède des recettes certaines, fixes, stables, à mettre en regard de dépenses également certaines, fixes, stables. Le budget de l'État doit être établi sur les mêmes bases que celui d'un particulier soucieux de la bonne gestion de sa fortune. Un particulier qui dépenserait, par exemple, 10,000 francs par an sans avoir pour couvrir cette dépense, un revenu annuel de 10,000 francs, serait bien peu prévoyant ; il lui faudrait s'endetter ou emprunter pour couvrir l'excédent de ses dépenses sur ses revenus et si, pour payer cet excédent de dépense, il empruntait une somme supérieure à son déficit, il augmenterait sa dette bien loin de la diminuer ou de l'équilibrer.

Il en est de même du procédé employé par le ministre des finances pour équilibrer le budget de 1876.

Les 50 ou 60 millions qui proviendront de la conversion du Morgan, constituent une recette éventuelle, passagère, ne pouvant se produire qu'au moment même où s'effectuera l'opération et devant immédiatement disparaître.

Les 90 millions payés en moins cette année à la Banque ne peuvent constituer un excédent de recettes, puisqu'il faudra toujours, que ce soit dans un an ou dans cinq ans, payer ces 90 millions augmentés de l'intérêt de l'argent ainsi prêté.

Le budget de 1876, loin de présenter un excédent de recettes de 4 millions sur les dépenses, est donc bien réellement en déficit de 140 millions. Ce déficit, il faudra toujours le combler pour les exercices suivants : différer le paiement d'une dette n'est pas la payer ; emprunter, ce n'est pas augmenter ses recettes : établir ainsi les bases d'un budget, c'est employer des expédients financiers, ce n'est pas équilibrer.

Et, du reste, le ministre est-il bien certain de recevoir intégralement les 50 ou 60 millions provenant de la soulte à payer par ceux qui recevront 30 francs de rente 3 % pour une obligation Morgan? Il est évident que plus la rente montera, plus forte sera la soulte à recevoir; mais si malheureusement, contre toute attente hâtons-nous de le dire, un événement imprévu faisait baisser la rente, que deviendrait cette soulte? Dans ces sortes d'opérations, il faut toujours tenir compte de l'imprévu. Qui ne se rappelle l'ingénieuse opération financière proposée en 1870 au gouvernement par l'honorable M. de Soubeyran? Il s'agissait, au lieu de payer en espèces les annuités dues aux compagnies de chemins de fer, d'effectuer un emprunt en rente 3 %. Les fonds que le gouvernement se serait ainsi procurés, lui auraient coûtés moins cher que la garantie d'intérêt qu'il accordait. Le 3 % était alors à 73 francs ; on pouvait emprunter à ce prix, c'est-à-dire à 4,10 %, lorsque l'État payait 4 1/2 et 5 %. L'économie était grande, réalisable; c'était, à cette époque, une recette assurée. Hélas! ce projet qui séduisait beaucoup de monde, n'a pu être exécuté. Fin juin 1870, il allait être mis à exécution:

quelques jours après la guerre éclatait, le 3 % tombait à
00 et au-dessous.

Qui ne se rappelle encore la combinaison imaginée
par M. Segris, empruntant en bons 5/20 remboursables,
au lieu d'emprunter suivant les voies accoutumées?
Cette innovation financière, empruntée aux Etats-Unis,
pouvait être bonne si la France était sortie victorieuse
de la lutte contre l'Allemagne. C'était une économie
pour le Trésor. Cette innovation a complètement échoué,
tant il est vrai qu'en finances surtout, il ne faut compter que sur le certain et ne rien laisser au hasard, à l'illusion ! Nous souhaitons que la combinaison de M. Léon
Say réussisse; mais, nous le répétons, elle n'a rien de
certain et présente trop de prise à l'aléa.

Quant à la convention nouvelle intervenue avec la
Banque de France, nous la regrettons sincèrement, dans
l'intérêt du public, de l'Etat, de la Banque elle-même.
Si nous pouvons impunément toucher à chaque instant,
à des contrats librement consentis, librement conclus,
nous autorisons toutes les combinaisons possibles que
des financiers peu scrupuleux pourraient plus tard
adopter. C'est un précédent fâcheux. Dieu veuille qu'on
n'ait pas un jour à s'en repentir!

En résumé, le budget de 1876, n'est pas un budget
normal. M. Léon Say, avec sa grande compétence, est le
premier à le reconnaître. Ce budget côtoie les difficultés
financières, il n'en résout aucune; il remet à l'avenir
le soin d'examiner ce qu'il faut faire et les réformes
qu'il convient d'adopter. Il n'indique pas dans quelle
voie économique, industrielle, commerciale, la France
doit marcher; c'est une constatation des dépenses et des
recettes du pays, rien de plus. Or, nous ne saurions trop
le répéter, dans un pays aussi riche, aussi beau, aussi
industrieux, aussi travailleur que la France, le rôle d'un
ministre des finances doit être brillant et glorieux,
si à ses qualités de bon comptable et d'administrateur
vigilant, il ajoute celles qui consistent à développer
encore cette richesse, cette industrie, ce travail, à tirer

*Solutions pro-
visoires.*

tout le parti possible, dans l'intérêt exclusif du pays, de toutes ses ressources. M. Léon Say a un beau rôle à remplir; nous souhaitons qu'il puisse l'accomplir et le mettre en œuvre.

C'est avec raison au contraire que M. Léon Say a repris, non sans courage, un des projets d'impôt jadis proposé par M. Magne. Nous voulons parler de l'impôt sur le sel. On sait quel accueil fut fait à la proposition de l'éminent prédécesseur de M. Léon Say et quels motifs politiques provoquèrent l'échec du projet et, plus tard, la chute du ministre. En dépit des déclamations quelque peu surannées de certains députés sur la gabelle et sa terrible impopularité, l'Assemblée a voté une taxe de 2 centimes 1/2 par kilogramme de sel. Elle a bien fait.

L'impôt sur le sel.

CONSTITUTION FINANCIÈRE

La France vient d'être dotée d'une constitution. Elle ne l'a pas obtenue sans peine; la période de gestation en a été singulièrement douloureuse et longue. Cette constitution a vu le jour au moment même où l'on ne l'attendait plus et les circonstances qui ont entouré sa naissance ont fait l'objet de l'étonnement général. On n'a pas vu, on ne pouvait pas voir sans surprise une majorité se constituer d'une façon aussi imprévue et il y a lieu de croire que, même dans les régions gouvernementales, les prévisions des plus clairvoyants ont été quelque peu déconcertées. Nous ne rechercherons pas quels avantages on peut attendre, quels inconvénients on peut redouter de cette constitution nouvelle; qu'elle soit plus ou moins complète, qu'elle satisfasse plus ou moins les préférences ou les aspirations de chacun, elle n'en est pas moins aujourd'hui la loi du pays, votée, promulguée, définitive. La question gouvernementale est résolue pour nous, pour six ans du moins et sauf revision. Mais, puisqu'on a cru devoir accorder cette large part à la politique, puisque maintenant celle-ci est satisfaite, on va, nous l'espérons du moins, montrer la même sollicitude pour les intérêts économiques, industriels et financiers du pays. On nous a donné un régime politique défini et définitif; on doit se hâter aujourd'hui de constituer un régime financier et, après avoir voté une constitution politique, nos législateurs tiendront à honneur de voter une constitution financière.

Nécessité d'une constitution financière.

Et que l'on ne croie pas que cette œuvre nécessaire soit peu considérable et exempte de difficultés. Il suffit de parcourir la liste si longue et si variée de nos impôts pour reconnaître qu'il n'y a plus de principes fixes dans notre système financier, ou plutôt que nous n'avons plus de système financier. Depuis quatre ans, sans suivre nulle règle, sans aucun plan arrêté fût-il même médiocre, on a cherché des ressources un peu au hasard, ici, là, à droite, à gauche, partout. Il s'est produit au point de vue économique la plus étrange confusion des hommes, des idées et des choses. On a vu les anciens défenseurs du libre échange approuver, voter et appliquer les mesures les plus opposées à leurs convictions et on entend aujourd'hui ces mêmes hommes combattre, au sein des commissions, ces mêmes mesures qu'ils ont prises naguère. Certes nous n'entendons pas rendre les ministres qui se sont succédé au pouvoir absolument responsables de tout ce qui s'est fait ; assurément les difficultés de leur tâche étaient grandes, les besoins étaient urgents, il fallait faire vite ; or, il n'est pas donné à tout le monde de faire à la fois vite et bien. Dans cette nécessité, on en était arrivé à un tel oubli, à un tel dédain des principes les mieux établis, qu'on n'hésitait même pas à nier la vertu d'un contrat librement consenti. La Banque de France a pu un instant, et non sans raison, douter de la valeur des engagements pris par l'État. Nous le répétons, nous n'entendons ni créer des responsabilités, ni chercher les responsables, nous ne voulons que constater, pour les

Œuvre considérable et difficile.

combattre et y remédier s'il est possible, les vices de notre organisation financière.

Y a-t-il vraiment plus de réalité dans les millions que l'honorable M. Mathieu Bodet attend des mesures qu'il propose, qu'il n'y en avait dans les 93 millions de M. Thiers? Y a-t-il vraiment des motifs judicieux de frapper les boissons plutôt qu'autre chose, alors qu'il est probable que toute autre matière imposable donnerait un produit plus élevé?

On recherche l'équilibre du budget, il est vrai, mais on se soucie peu de la qualité des moyens employés. On ne sort pas des expédients; on s'y traîne avec une persistance étonnante.

Défectuosités de notre système d'impôts.

Ce qu'il faut dire, c'est que, si le désordre de notre système d'impôt n'a pas encore eu de conséquences funestes, rien n'assure qu'il n'en puisse avoir bientôt et que, si tant de mesures regrettables sont restées jusqu'ici innocentes, il faut l'attribuer surtout au ressort puissant de la nation. Sans doute ces mesures ont été discutées et votées ; mais ont-elles été étudiées? A-t-on consacré seulement à l'examen de tel ou tel impôt, la dixième partie du temps que l'on a mis à discuter telle ou telle personnalité, telle ou telle élection, telle ou telle question politique?

Cependant des questions nouvelles sont nées, questions qui sont venues s'ajouter à celles qui restaient pendantes. Qui s'occupe de les résoudre? Peut-être quelques esprits isolés dont l'autorité, incontestable pourtant, obtient à peine un semblant de déférence et d'attention. Il serait grand temps de mettre à l'étude toutes ces questions qui sont vitales et capitales pour nous.

Nous venons, dans des circonstances difficiles et cruelles, d'éprouver la puissance de notre crédit. Avant cette expérience la connaissions-nous, cette puissance? La connaissons-nous même aujourd'hui? Savons-nous tout le parti que l'on en peut tirer, jusqu'où on peut aller dans cette voie, où finissent les avantages, où commencent les dangers, et même si ce qui est le salut à un moment donné, n'est pas la ruine à tel autre moment? Qui le sait? Assurément, ce ne sont ni nos gouvernants, ni nos législateurs, quelque autorisés qu'ils soient d'ailleurs. A-t-on recherché l'avis des plus habiles, des plus compétents? Les appelle-t-on? Les consulte-t-on? Et le ministre qui a le plus besoin de lumières, le ministre qui, à l'heure où nous sommes, a le plus de matières nouvelles, non seulement à étudier mais en quelque sorte à découvrir, est le seul qui ne soit pas assisté d'un conseil supérieur analogue à ceux qui renseignent et instruisent les autres ministres. Ce conseil, qu'un Colbert croyait indispensable, que M. Magne voulait constituer sur de larges bases, que M. le marquis d'Audiffret, avec sa grande autorité, recommandait il y a peu de temps encore et, s'il nous est permis de le rappeler, que nous-même avons à plusieurs reprises réclamé, il est encore à organiser officiellement, législativement, d'une manière stable.

Nécessité d'un conseil supérieur des finances.

Que de services un semblable conseil ne pourrait-il pas rendre et quelle grande œuvre serait la sienne! Que de choses à apprendre pour et par nos administrateurs! Que d'obscurités à dissiper et quel questionnaire il serait intéressant et utile de dresser!

Questions à étudier.

Quid touchant les anciens impôts?

Quid touchant les impôts nouveaux?

Quid sur la question des emprunts, sur leur forme, leur mode d'émission, les facilités à accorder à l'épargne, le danger des souscriptions fictives, l'irréductibilité des souscriptions réelles, les commissions aux banquiers?

Quid sur la liberté de notre marché?

Quid sur la concurrence des émissions étrangères à l'égard des émissions françaises?

Quid sur les garanties à exiger pour l'autorisation d'une émission?

Et toutes les considérations que peuvent soulever les

6

projets de conversion éventuelle de notre rente, conversion à laquelle il faudra cependant songer un jour?

Et la question des subventions, des garanties d'intérêt, du retour des grandes lignes à l'Etat?

Et la question des chemins de fer d'intérêt local, de leur fusion, des droits de contrôle que l'Etat peut raisonnablement exercer sur eux?

Et notre législation financière tout entière :

Admission des valeurs à la cote de la bourse ;

Législation des sociétés, constitution, apports, publicité nécessaire pour que le public soit renseigné, mode de confection des bilans;

Revision de la loi de 1836 sur les loteries, dont l'application aux valeurs à lots témoigne d'une organisation financière dans l'enfance?

Quand on considère le nombre de ces grands problèmes dont nous avons à peine commencé l'énumération ; quand on considère les graves difficultés que chacun d'eux présente, difficultés non abordées, à peine entrevues, on commence à comprendre qu'il faut certainement plus d'efforts et de travail pour une telle entreprise que n'en ont pu coûter les quelques articles de notre constitution politique.

Et ici se dresse un autre inconnu.

On sait combien d'orateurs ou d'écrivains, au Parlement, dans les conseils du gouvernement, dans la presse et ailleurs, ont pu parler avec éloquence, avec sagesse, sur ces lois politiques, mais qui pourrait nous dire combien se sentiront assez sûrs d'eux-mêmes, assez compétents, pour traiter de ces rudes, âpres, épineuses questions financières?

Il en est pourtant de ces hommes spéciaux, trop inconnus malheureusement, au concours desquels il convient de faire appel. Ils diront simplement ce qu'il est possible de faire. Et, si l'on a cette condescendance, qui doit être un devoir pour ceux qui se soucient des

intérêts du pays, de les entendre, de les écouter, on
pourra bientôt nous donner ce qui, après tout, vaut bien
une constitution politique, quoique ne passionnant pas
autant une nation, mais l'enrichit et la fortifie : Une
constitution financière!

CE QU'ON APPELLE " LE BUDGET "

Nous avons sous les yeux le budget de 1870. C'est un
gros volume bleu qui ne compte pas moins de 1252 pages.
Ce gros livre, avec lequel les hommes spéciaux sont
seuls familiarisés, est presque inconnu du public. Quelques-uns le reçoivent et le parcourent; d'autres l'ont à
peine entr'ouvert; d'autres encore l'ont seulement vu;
le plus grand nombre ne le connaît que par ouï-dire :
personne ou presque personne ne l'achète. C'est certainement le moins lu des livres. Il s'en faut pourtant
que ce soit le moins instructif, le moins intéressant.

Le livre bleu des comptes du Trésor.

Tout ce que paie la France, depuis la grosse taxe du
grand propriétaire foncier jusqu'au denier du laboureur,
tout y est inscrit, sans grands frais de littérature il est
vrai, mais avec une terrible éloquence. Là se montrent
à plein les milliards qui entrent dans le Trésor de l'État
et qui, malheureusement, en sortent. Mais là aussi se
trouve nettement présenté l'emploi qui a été fait de ces
sommes énormes.

Inventaire gé-néral

Ce que l'on peut apprendre dans ce livre bleu est considérable ; ce qu'il peut fournir d'observations et de
réflexions, les unes heureuses et rassurantes, les autres
amères et inquiétantes, ceux-là seuls qui l'ont profondément fouillé, peuvent le dire. Il y a là tout le travail,
toute la richesse de la nation ; là aussi sont toutes ses
peines et les traces brûlantes de ses malheurs.

Ouvrons donc ce livre.

En tête figure l'exposé dans lequel le ministre des
finances explique comment le budget a été dressé, par

Exposé de la situation finan-cière.

quels moyens l'équilibre pourra être établi entre les recettes et les dépenses.

Dépenses et recettes. Voies et moyens.

Vient ensuite le résumé, par chapitres, du budget général des dépenses; puis, le tableau des contributions directes à imposer en principal et centimes additionnels, la fixation du contingent de chaque département en principal dans les contributions foncière, personnelle-mobilière, des portes et fenêtres et des patentes ; le tableau des droits, produits et revenus dont la perception est autorisée ; l'indication des voies et moyens ; l'état des dépenses sur ressources spéciales et des recettes corrélatives ; l'état des services spéciaux rattachés pour ordre au budget. Après divers documents généraux, se présente le budget des recettes, puis les budgets particuliers des divers ministères.

Dette publique.

L'état de notre dette publique et des dotations vient en premier lieu; il accuse le chiffre effrayant de 1,182,312,281 francs; les dépenses des divers ministères

Services des ministères.

s'élèvent à 1.120,709,171 francs et dans ce chiffre la guerre figure pour 500,037,115 francs; la perception des

Frais de perception des impôts.

impôts coûte 248,403,263 francs ; enfin, avec une légère addition de 17,782,000 francs, on lit un total général de 2,500,206,715 francs !

Impôts et revenus.

Au budget des recettes, les contributions directes figurent pour 384,339,700 francs ; les impôts et revenus indirects, pour 1.911.908,000 francs. Le total général est de 2.573,312,877 francs.

Si nous entrons dans le détail, nous trouvons les renseignements les plus curieux, les plus précis, sur tous les rouages de l'administration, sur tout le personnel du gouvernement et des services de l'État, depuis le président de la République jusqu'au plus modeste employé, jusqu'à l'humble garçon de bureau.

Quelques chiffres.

Le président de la République touche un traitement de 600,000 francs ; on lui alloue 300,000 francs pour les frais de sa maison, autant pour ses déplacements.

Le traitement de chaque ministre est de 60,000 francs.

Le personnel de l'administration centrale du minis-

tère des finances comprend notamment un sous-secrétaire d'Etat qui reçoit 30,000 francs ; deux directeurs
généraux 25,000 francs, deux directeurs 20,000 francs,
un chef de division 15,000 francs, un caissier payeur
central 20,000 francs, etc. Les commis suivant leur classe
touchent de 1,600 à 4,000 francs, les agents de comptoir
de 1,500 à 3,000 francs, quant aux garçons de bureau
leurs salaires varient de 800 à 1,500 francs.

L'administration centrale des finances, dans son ensemble, ne compte pas moins de 1,501 employés ou
agents.

Le ministère des finances dépense 150,000 francs en
frais de bureau ; 90,000 francs pour le chauffage ;
70,000 francs pour l'éclairage.

Nous pourrions parcourir ainsi tous les services des
divers ministères et nous y trouverions plus d'un détail curieux.

Ce qui frappe, en détaillant les nombreux chapitres, La comptabilité
c'est l'admirable clarté avec laquelle est présentée cette de l'Etat.
vaste comptabilité. Assurément la comptabilité n'est pas
tout et l'on sait que, même en tenant bien ses livres,
un particulier peut ne pas faire d'excellentes affaires.
Mais on ne peut nier qu'il y ait là de sérieuses garanties
contre les abus et les malversations. Peut-être serait-il
à désirer que certaines dépenses de nature différente
ne fussent pas groupées sous une seule rubrique. Sans
doute aussi un grand nombre de prévisions doivent
paraître exagérées; quelques-unes même ne semblent
figurer au budget actuel que par cette seule raison
qu'elles figuraient sur les budgets précédents. Il y a
lieu, croyons-nous, à une revision totale des divers
articles du budget par un conseil spécial ; mais, en ne
considérant que la confection matérielle du budget, il
faut, nous le répétons, y voir un excellent système de
comptabilité que des réformes en petit nombre rendraient certainement parfait.

L'ŒUVRE FINANCIÈRE DE L'ASSEMBLÉE NATIONALE

Importance et difficultés de sa tâche.

L'Assemblée nationale, qui vient de se séparer, n'a certes manqué ni de zèle ni de patriotisme; elle a, au cours de cette longue législature, voté beaucoup de lois dont la valeur peut être contestée, dont l'efficacité peut être mise en doute, dont la durée peut n'être pas considérable; mais enfin elle a travaillé et, si les effets n'ont pas toujours répondu aux intentions, on ne saurait cependant, sans injustice, nier que ces intentions fussent bonnes. Il importe du reste de considérer que cette assemblée, qui dès le début assumait sur elle toute responsabilité, a été constituée dans les circonstances les plus difficiles et les plus pénibles. Absolument souveraine, elle a eu le plus sombre avènement qu'on puisse imaginer. La tâche qu'elle avait à remplir était considérable; elle l'a abordée avec courage. Sans doute les passions politiques ont eu trop d'empire sur elle; sans doute elle s'est laissée trop souvent entraîner par l'esprit de parti en dehors de la voie qu'elle-même s'était tracée et il a fallu, plus d'une fois, regretter que les plus graves questions fussent sacrifiées à des préoccupations moins dignes; mais on doit reconnaître qu'en somme elle a fait beaucoup de bien et qu'elle n'a point fait le mal qu'elle eût pu faire. Nous n'examinerons pas si sa carrière politique a satisfait tout le monde, contentons-nous de dire qu'elle n'a découragé personne. Au point de vue économique et financier, elle paraît s'être bornée à parer aux nécessités impérieuses du moment; son patriotisme a été certainement supérieur à sa prudence et s'il est permis de dire qu'elle a voté certaines mesures sans une réflexion suffisamment mûre, on doit être convaincu qu'elle ne les a adoptées ainsi que parce qu'à ses yeux la question d'urgence primait tout.

Lois de finances.

Nous avons examiné successivement, depuis cinq ans, toutes les lois de finances qui ont été discutées et votées; il en est peu qui nous aient paru exemptes de toute

critique; mais il n'en est pas dont les effets aient été
funestes ou vraiment regrettables, du moins immédiatement.

On a pu dire que l'emprunt de 2 milliards, en 1871,   Emprunts.
et celui de 3 milliards 1/2, en 1872, auraient pu sans
doute être effectués dans des conditions plus favorables
et surtout, à moins de frais; mais il fallait, avant tout,
réussir; c'était un intérêt vital pour le pays. De quelque
façon, du reste, qu'on considère ces opérations, on doit
les louer d'une manière presque absolue et reconnaître
que, dans une telle hâte et une si noble impatience de
délivrer le territoire, il n'était guère possible de faire
mieux et plus prudemment. Cette précipitation a pu
sembler excessive, dangereuse même; nous ne nous
sentons le courage de la reprocher ni au chef de l'Etat,
ni à l'assemblée, car ils obéirent en cela à l'esprit
national qui entraînait le pays tout entier.

Après d'immenses désastres, au lendemain d'une   Impôts.
guerre étrangère et d'une guerre civile qui nous coûtaient plus de 10 milliards, il fallait faire face aux nouvelles charges de l'Etat et demander à l'impôt les ressources nécessaires pour remplir les engagements de
la nation. Cette seconde partie de l'œuvre financière de
l'assemblée est certainement la moins heureuse; ici
encore la précipitation, mais une précipitation moins
justifiable, apparaît presque partout. Le soin de la politique, les conflits parlementaires, les questions de partis et de personnes, ont dévoré le meilleur du temps qui
devait être consacré à l'étude des grands problèmes
financiers qui venaient de se poser. L'occasion était
propice pour réorganiser notre système d'impôts; en
mettant à profit tous les instants donnés à de vaines discussions, on eût trouvé plus que le temps nécessaire
pour arrêter un plan rationnel et constituer un ensemble
de projets, où l'ordre et l'unité se fussent manifestés.
Il n'en a rien été. Dans ces cinq années, pas une idée   Mesures provi-
nouvelle n'a surgi; on ne peut voir dans les mesures   soires.
adoptées qu'une série de projets conçus au jour le

jour, sans nul lien qui les rattache l'un à l'autre, sans aucune cohésion. Nous le répétons, la période de réorganisation qu'on a traversée de 1871 à 1876 était exceptionnellement favorable à l'unification de notre régime fiscal. On n'y a même pas tenté. Il faudra cependant y venir et la tâche sera certainement beaucoup plus ardue. Tout ce qui a été fait au point de vue financier a reçu et garde un caractère provisoire qui étonne. Dans le chaos de nos taxes multipliées à l'infini, ce qui apparaît surtout, c'est l'esprit d'expédient et, sans une comptabilité aussi sévère, aussi rigoureusement ordonnée que la nôtre, ces procédés financiers nous eussent infailliblement conduits au désordre le plus complet. On doit assurément faire remonter en partie aux divers ministres des finances qui se sont succédé la responsabilité de cette faute; mais elle pèse principalement sur l'Assemblée nationale qui n'a pas su constituer dans son sein ce grand conseil financier dont nos ministres (sauf M. Magne pourtant) ont jusqu'ici différé la création.

Questions économiques. L'assemblée en dégrevant les matières premières frappées tout d'abord par un vote regrettable a consacré le grand principe de la liberté commerciale, inaugurée sous l'Empire par les traités de 1860 et dont les résultats ont été si féconds pour notre pays. Malheureusement elle a laissé en suspens les principales questions économiques qu'a fait naître notre développement industriel. La législation de nos chemins de fer appelle certainement des réformes importantes; celle qui régit les sociétés anonymes n'est pas moins incomplète; la loi de 1836 sur les loteries réclame tout au moins une interprétation en rapport avec les progrès accomplis; les impôts directs et indirects appellent un sérieux examen; enfin une conversion prochaine de la rente doit être prévue et préparée.

Tâche de la prochaine Chambre. Tous ces desiderata constitueront, nous l'espérons, l'œuvre du nouveau parlement. L'assemblée qui vient d'achever sa carrière a suffisamment déblayé le ter-

rain politique pour que les futurs représentants de la
France comprennent que désormais la meilleure et la
plus grande part de leurs efforts doive être consacrée
à la réorganisation de nos finances, de notre régime
économique et à l'étude non interrompue de ces problèmes vastes et complexes de la solution desquels
dépendent la richesse et la prospérité de la nation. Il
est donc à désirer que, dans les prochaines élections,
les populations préfèrent aux hommes politiques ceux
qui sont capables de représenter le mieux les intérêts
du pays; il importe que les électeurs se persuadent que
la période des polémiques et des compétitions parlementaires est close et qu'il dépend d'eux qu'après une
législature politique, nous ayons une législature d'af- *Législature d'affaires.*
faires.

BUDGET DE 1877

LES LOIS DE FINANCES DEVANT LE PARLEMENT

La Chambre des députés, qui ne se détache pas volontiers des soucis de la politique, a dû cependant se prononcer sur une question financière importante qui présentait un certain caractère d'urgence : elle a voté le projet de loi relatif au nouvel emprunt de la ville de Paris. Cette discussion n'a pas été sans intérêt. Le projet a été très vivement attaqué par M. Allain-Targé qui tenait, ainsi qu'il l'a dit lui-même, à dégager sa propre responsabilité. C'est dans les rangs mêmes de la gauche que le projet a trouvé un défenseur. M. Nadaud, dans un discours plein de verve, dont l'éloquence simple et pratique a produit le plus grand effet, a réfuté les arguments de M. Allain-Targé. Aux considérations générales et aux lieux communs à effet dont on abuse volontiers à la tribune, il a opposé des raisons nettes, précises, topiques. Il est entré en homme du métier dans l'examen des faits et son langage limpide, substantiel, qui éclairait si bien les côtés positifs et vrais de la question a arraché à un des membres de l'assemblée cet aveu bon à retenir : « C'est véritablement la première fois que nous parlons d'affaires ! » Le discours de M. Nadaud et cette exclamation de M. le duc de Feltre, sont encore, croyons-nous, ce que nous avons entendu de meilleur depuis l'ouverture de la session.

Ainsi, le fait est avéré, la Chambre des députés a une première fois « parlé affaires. » Il semble que cette unique et récente épreuve ait été assez heureuse pour donner enfin à notre parlement le goût de ces utiles

L'emprunt de la ville de Paris.

On a parlé « affaires ».

discussions ; elle a prouvé que les vrais orateurs pouvaient briller autant, sinon mieux, que dans les plus importants tournois politiques. Cependant, il se répète de toutes parts que les Chambres, se hâtant d'en finir avec les propositions secondaires qui leur sont soumises, se sépareraient dès le mois prochain et ajourneraient toutes les questions importantes au mois d'octobre.

S'il en devait être ainsi, il serait permis de se demander ce qu'il adviendrait des lois financières. Et la réponse serait prompte ; évidemment ce qu'il en est advenu depuis cinq ans; nos budgets continueraient à être votés au pas de course.

Et comment en serait-il autrement d'un budget présenté en fin de session? Il importe ici de noter que, sous la constitution qui nous régit, la précipitation devrait être d'autant plus grande que ce n'est plus à une assemblée unique que le budget doit être soumis. Volé d'abord par la Chambre des députés, il doit être ensuite examiné par le Sénat. A quoi, demanderons-nous, servira cette précaution législative si, au lieu d'une discussion approfondie, nous n'avons à assister qu'à deux défilés successifs et vertigineux de chapitres et d'articles? N'y aurait-il en France, pour nos lois de finances, qu'une formalité de plus. Dans ce cas, il faut sincèrement plaindre la représentation nationale de n'avoir pas acquis, depuis nos désastres, plus d'esprit pratique.

Nécessité de la présentation du budget en temps utile.

Il semblait pourtant, il y a peu de temps encore, que les nouvelles chambres fussent disposées à rompre avec de regrettables errements. La commission du budget de la Chambre des députés avait été presque tout entière recrutée parmi les hommes nouveaux; elle avait placé à sa tête un esprit actif, hardi, que l'on ne pouvait accuser d'être hostile à toute tentative de réformes. Cette commission avait même fait montre d'un zèle fort louable ; elle avait renoncé à ses vacances de Pâques pour que ses travaux ne fussent pas interrompus. Elle semblait avoir ainsi voulu prouver qu'elle mesurait toute

Intentions de la commission du budget.

l'étendue de sa tâche et qu'elle ne se faisait aucune illusion sur la responsabilité qui lui incombait. Cette commission avait eu la sagesse de ne rien vouloir précipiter ; elle comprenait qu'on ne transforme pas en un jour le régime financier d'une nation et elle avait annoncé qu'en respectant l'économie générale du budget, elle se bornerait à proposer quelques modifications pour le présent, mais qu'en même temps elle indiquerait les réformes importantes jugées nécessaires pour l'avenir.

Pas de résultats.

Que produiront ces belles promesses, ce déploiement insolite d'activité, ces conférences multipliées à Versailles, à Paris, si tout doit rester à l'état d'intention, de projet vague et, pour tout dire, de lettre morte? Il n'en saurait être autrement, en effet, si les lois de finances ne doivent venir qu'à la fin d'un exercice, devant des assemblées lasses de discours et de combinaisons politiques, pressées d'en finir, et à la veille du jour où l'urgence rendra indispensable un vote immédiat.

Verrons-nous encore nos représentants reculer dix mois devant ce gros livre bleu qu'on appelle le budget, se résigner ensuite à écouter quelques amendements inutiles ou ridicules, puis approuver en bloc, par indifférence ou par satiété ?

Le Sénat cependant avait cru devoir prendre à cet égard quelques précautions. Au cours de la discussion de son règlement, plusieurs de ses membres avaient demandé qu'une commission bien préparée pour l'élaboration des divers projets financiers se trouvât prête à examiner le budget lorsque, voté par la Chambre des députés, il viendrait devant la Chambre haute. Mais à quoi bon de telles précautions si le budget n'est discuté par la Chambre des députés qu'au mois de novembre et s'il n'est soumis au Sénat qu'au commencement de décembre? Que pourront faire les commissions, si préparées qu'elles soient, et le Sénat lui-même en dépit de ses excellentes dispositions ?

On allègue, il est vrai, que les Chambres ne s'ajourneraient que dans le but de différer la discussion des ques-

tions irritantes. Qu'elles ajournent donc ces terribles
questions, mais sans se séparer, et que d'un commun
accord elles donnent le pas aux discussions utiles, salutaires. Qu'elles donnent au pays cette joie de les entendre
« parler affaires » au moins une seconde fois. Ou, si les
esprits sont à ce point surexcités que les vacances paraissent un calmant indispensable, qu'on sache, du moins,
quel est le résultat des réflexions, des conférences, des
travaux de cette laborieuse commission du budget ;
qu'on sache du moins en quoi consistent ses résolutions
pour le présent et ses projets pour l'avenir. Les hommes
spéciaux, les économistes, les financiers, les publicistes
pourront utilement examiner ces essais, ces tentatives,
et émettre quelque conseil utile ou quelque idée heureuse avant que les Chambres se voient forcées de voter
encore un nouveau budget au pas de course.

Qu'on reparle « affaires ».

RÉFORMES ENCORE AJOURNÉES

On discute le budget de 1877, ou plutôt une partie
seulement de ce budget. On devait tout d'abord, on
l'assurait du moins, ajourner cette discussion à la session extraordinaire. Nous nous étions vivement élevé
contre cet ajournement, nous redoutions en effet d'assister encore une fois à la fin de l'exercice au défilé rapide de chapitres adoptés à la hâte sans examen sérieux.
On a renoncé à ce projet et nous nous en félicitions
déjà lorsque s'est ouverte la discussion devant la Chambre des députés. Malheureusement on n'a changé que
la date de cette discussion et l'on n'a pas rompu avec
les habitudes parlementaires prises dans ces dernières
années. Le budget de 1877 eût été discuté au mois de
décembre qu'il ne l'eût été ni plus sommairement, ni
plus légèrement. Il aura été voté, par la Chambre des
députés, en quelques séances ; mais, pas plus cette
année que les années précédentes, il n'aura été réformé.

On discute le budget.

On le vote en quelques séances. Pas de réformes.

Les contribuables continueront à payer purement et simplement, sous diverses formes, directes ou indirectes, plus de 2 milliards 600 millions.

Promesses des candidats. Réformes des impôts, réformes financières, toutes ces promesses que l'on a vues pompeusement étalées dans de nombreuses professions de foi, sont ajournées... à une prochaine session. Où sont-elles ces économies qui devaient être réalisées dans tous les services ministériels? Où sont-elles ces économies que la plupart des nouveaux députés ont promises à leurs électeurs? Il en est, hélas! aujourd'hui, comme il en était hier, comme il en sera demain. Aspire-t-on à être député? Les promesses paraissent faciles. On insiste sur la nécessité d'aligner les recettes et les dépenses, on promet d'alléger les impôts, de ne pas les accroître, de n'en pas créer de nouveaux.

Abstention des élus. A peine est-on député, on nie la possibilité d'opérer aucune économie, de réformer le plus petit impôt, de se passer de la plus faible des contributions. On remet à d'autres temps les projets de réforme et l'on colore du nom de prudence ce qui, en réalité est un manque de fermeté, de courage. On s'aperçoit surtout bientôt que ne touche pas qui veut aux questions de finances, car pour en parler, pour les traiter, il faut étudier, étudier sans relâche, étudier toujours. La plus imprévue, la plus petite des questions qui s'agitent dans un parlement peut faire d'un député, inconnu la veille, un homme politique très écouté, célèbre le lendemain. Les questions financières, économiques, industrielles, commerciales, ne s'apprennent pas en un jour; il ne suffit pas d'être très versé en politique pour résoudre facilement, c'est-à-dire sans travail, sans études, ces grands problèmes qui, suivant la solution qu'ils reçoivent, enrichissent ou ruinent une nation.

Nous ne saurions trop regretter, dans l'intérêt de notre pays, que les budgets soient votés avec autant de précipitation. Chaque année, nous formulons ce

même reproche et nous paraissons condamnés à d'éternelles redites.

Un simple dé-
filé.

L'examen de ces nombreux chapitres sur lesquels il
y a tant d'observations à présenter au seul point de vue
financier et économique, se réduit à une simple et
monotone lecture; si, parfois, on fait halte sur un
point de détail, c'est que quelque intérêt politique est
en jeu, c'est que les questions de partis dominent.

Quelles sont
les idées écono-
miques et finan-
cières du Parle-
ment?

Il eût été cependant intéressant de connaître les théories et les idées économiques et financières de la nouvelle Chambre des députés; il eût été utile de connaître, en matière de finances, son plan, ses intentions,
son but. Et quelle plus belle occasion, pour les députés
nouveaux, que de profiter de la discussion du premier
budget présenté sous le régime de la constitution votée
par l'Assemblée nationale, pour démontrer que les
lois de finances seraient longuement approfondies, sérieusement discutées, votées après de mûrs débats?
Ces débats eussent été la véritable pierre de touche
des hommes politiques qui peuvent revendiquer le
droit d'administrer leur pays; on eût vu chacun à
l'œuvre et le bon sens public eût promptement discerné
ce que pouvaient avoir de pratique les divers systèmes
mis en présence.

C'était à propos du budget que les partisans de certaines théories plus ou moins hardies, plus ou moins
neuves, plus ou moins heureuses, pouvaient exposer
leurs idées et développer leurs plans, en montrer les
avantages, en faire ressortir l'utilité, l'opportunité. Ce
budget devait être la grosse affaire de la première session de notre nouvelle législature; il devait ouvrir

Occasion four-
nie par le budget
de les produire.

un large champ aux orateurs des diverses écoles économiques et sociales qui se trouvent représentées au
sein de notre parlement. La loi de finances embrasse
tout le vaste ensemble de notre organisation politique,
administrative, industrielle et commerciale; il n'est
personne, parmi ceux auxquels la nation a remis le
soin de ses intérêts, qui n'eût pu trouver dans cette

discussion l'occasion de faire profiter nos deux assemblées parlementaires du fruit de ses études générales ou spéciales, de ses méditations sur une partie quelconque, fût-elle la moindre, de notre système fiscal.

Temps perdu.

Au lieu de cela, qu'a-t-on fait? On a dévoré quatre grands mois en questions politiques, électorales, individuelles ; on a multiplié les enquêtes et les invalidations. En même temps s'est déchaîné le torrent de plus en plus grossi des questions, des interpellations, des propositions émanant de l'initiative parlementaire. C'est ainsi qu'après avoir beaucoup disputé, beaucoup controversé, beaucoup questionné, interpellé et répondu, on en est arrivé à voter en huit jours la moitié d'un budget colossal.

Pratiques regrettables.

C'est là, nous ne saurions trop le redire, une pratique profondément regrettable. Le budget c'est presque toute la vie d'une nation, son histoire pendant une année, le compte de sa richesse, de sa prospérité, de ses souffrances, de ses charges, de son travail, de ses efforts. Cela vaudrait bien, croyons-nous, que les représentants de la nation s'y arrêtassent pour penser, pour juger, pour faire œuvre de bons législateurs.

Il faut, nous le voyons bien, renoncer pour cette année à une satisfaction sur laquelle nous comptions. Souhaitons que le budget de 1878 inspire plus de zèle et plus de sollicitude, car, « avec des budgets bien employés, disait Napoléon Ier, on créerait le monde. »

DÉGRÈVEMENTS ET CONVERSION

Questions étudiées.

Pendant les deux mois et demi qui se sont écoulés entre la fin de la session ordinaire des deux Chambres et l'ouverture de leur session extraordinaire, le pays, en somme, ne s'est que bien peu préoccupé des questions de politique intérieure. Ce temps a été heureusement consacré à l'élaboration de projets utiles qui auront, nous le croyons, des résultats heureux. Le ministre des finances a pu, en présence d'une situation fiscale vraiment prodigieuse, préparer certaines réformes que l'opinion publique lui indiquait depuis longtemps. La belle et pacifique entreprise de l'exposition universelle de 1878 s'organisait en silence et avec une si louable activité que les divers services sont aujourd'hui prêts à fonctionner. D'autre part, les grandes compagnies de chemins de fer concluaient avec des compagnies secondaires d'importants traités que le parlement va pouvoir examiner utilement. Enfin la commission du budget recherchait les modifications que notre système d'impôt lui paraissait susceptible de recevoir. Sans doute ces divers travaux n'ont ni une même portée, ni une égale valeur et ils peuvent à plusieurs points de vue soulever des objections nombreuses. Nous n'en devons pas moins constater que les vacances parlementaires ont été bien employées et que cette période a été consacrée presque tout entière à cette politique qui est à notre avis la plus profitable, celle des grands intérêts du pays, celle des affaires : la politique financière.

Si le projet de M. Gambetta de frapper d'un impôt la rente française a été unanimement et justement blâmé par la presse et par l'opinion publique, il faut du moins lui reconnaître un mérite, celui d'avoir obligé le gouvernement à rompre le silence qu'il avait observé jusqu'à ce jour sur une question qui avait beaucoup préoccupé et préoccupe encore les esprits : la conversion de la rente. Répondant aux théories émises par M. Gambetta, le ministre des finances, M. Léon Say, a démontré clairement que l'impôt sur la rente détruirait tout le bénéfice de la conversion, conversion dont on ne peut fixer la date, mais qui n'est plus aujourd'hui qu'une question de temps et d'opportunité.

Déjà, quelques jours auparavant, le *Journal des Débats*, oubliant sans doute la note qu'il avait précédemment publiée sur les projets de conversion, repro-

7

duisait, en l'approuvant, le remarquable discours de
M. Henri Germain, député de l'Ain et membre de la
commission du budget, discours dans lequel la conversion de la rente était magistralement exposée et
traitée.

Enfin, dans une des dernières réunions de la commission du budget, M. Gambetta a essayé de réfuter les
solides arguments que le ministre des finances avait
développés en combattant les projets financiers et les
théories économiques du président de la commission
du budget, et il a voulu démontrer que l'impôt sur la
rente était préférable à la conversion.

Nous sommes donc en droit de répéter encore, après
les faits que nous venons de citer, que la conversion de
la rente n'est plus qu'une affaire de temps, d'opportunité. Les rentiers qui, jusqu'à ce jour, ont douté de la
réalisation possible de cette grande opération doivent
désormais se tenir pour avertis : après les paroles prononcées au sein de la commission du budget par les
personnages les plus autorisés, après des discours aussi
sensés, aussi sages et aussi profondément vrais que
ceux de MM. Germain et Léon Say, comment pouvoir
douter de la conversion de la rente 5 % ?

Conditions né-
cessaires au suc-
cès de la conver-
sion.
Comme nous l'avons toujours dit, la conversion n'est
possible qu'à la condition d'être pratiquée au milieu de
circonstances politiques et financières qui en assurent
le succès. Il faut que le calme le plus complet règne à
l'intérieur du pays et que les capitalistes et les rentiers
ne soient pas troublés par la perspective de complications à l'extérieur. Ces circonstances favorables sont,
nous l'espérons, à la veille de se réaliser. La question
d'Orient est entrée dans une voie d'apaisement. Notre
situation financière intérieure est en tous points satisfaisante. L'argent abonde et ne sait sur quelles valeurs
se porter. Les impôts rentrent avec la plus grande facilité ; le budget de 1876 se soldera par un excédent de
recettes considérable, excédent qui, ajouté aux bénéfices certains que l'État recueillera dans la conversion

de la rente 5 %, permet d'entrevoir, dans un avenir prochain, des dégrèvements d'impôts et la suppression de
taxes qui entravent les affaires et arrêtent l'essor industriel du pays. Ces taxes, en effet, ne procurent au Trésor
que de minces avantages, tandis qu'elles créent des
difficultés sans nombre au commerce et à l'industrie,
qu'elles mettent dans un état complet d'infériorité vis-
à-vis de la concurrence étrangère.

Parmi les impôts dont la suppression ou la diminution nous paraît absolument nécessaire, nous indiquerons, en toute première ligne, celui qui frappe les transports par petite vitesse, le droit de timbre sur les effets
de commerce, l'augmentation du tarif postal. Viennent
ensuite les droits d'entrée sur les houilles étrangères,
droits de statistique, droits sur les savons, droits sur
les papiers, augmentation du tarif des dépêches télégraphiques. Tel est, à notre avis, l'ordre dans lequel
les dégrèvements d'impôts peuvent s'opérer. Ces réformes entraîneront pour le Trésor une perte de 120 à
150 millions environ ; mais cette perte peut être facilement compensée tant par la plus-value des recettes
pendant le premier semestre de 1876, qui n'est pas
moindre de 70 millions, que par l'économie certaine
que procurera la conversion. Cette économie, suivant les
évaluations mêmes de M. Léon Say, ne sera pas inférieure à 34 millions ; elle pourrait s'élever, d'après
l'opinion de M. Germain, à 70 millions si le gouvernement a la patience d'attendre « encore quelque temps
pour réaliser cette opération ». M. Germain estime
qu'au lieu de proposer aux rentiers une réduction de
1/2 %, on peut facilement aller jusqu'à 1 %.

On le voit, tout s'enchaîne en finances et nous ne
pouvons espérer arriver à effectuer dans les prochains
budgets les dégrèvements nécessaires qu'en y employant les excédents probables de ces mêmes budgets
et surtout en comptant sur le bénéfice de la conversion. Voilà pourquoi encore la conversion s'impose
d'elle-même au gouvernement s'il a la volonté de réduire

Dégrèvements
ou suppression
d'impôts

les charges qui pèsent sur le pays, s'il entend diminuer les impôts vexatoires dont nous avons donné plus haut une courte énumération.

A nos yeux, le plus grand avantage que l'on doit rechercher dans la conversion, celui qui doit attirer toute l'attention, c'est la baisse de l'intérêt de l'argent. La rente est devenue le moteur principal des capitaux, le véritable régulateur de l'intérêt. Lorsque la rente est à un taux élevé, le taux général de l'intérêt des capitaux baisse sur tous les marchés et cette baisse du loyer de l'argent est un bienfait pour l'agriculture, le commerce et l'industrie, puisqu'elle offre partout à bon marché des instruments de travail et permet d'activer les affaires.

L'intérêt de l'État, l'intérêt des contribuables, l'intérêt du commerce, de l'agriculture et de l'industrie, exigent la conversion de la rente. Quels avantages l'État doit-il faire aux rentiers qui accepteront cette conversion et quelle forme convient-il de donner aux titres de rentes qui seront délivrés en échange du 5 % ?

Les rentiers, qu'on ne l'oublie pas, doivent être traités avec beaucoup de ménagements : ce sont eux qui remplissent les caisses du fisc et répandent l'aisance sur toutes les industries que la consommation alimente. Si l'on pouvait suivre dans toutes les voies multiples qu'elle parcourt cette masse de revenus payés annuellement aux créanciers de l'État, c'est-à-dire aux porteurs de titres de rentes, on admirerait la somme de richesse et d'activité que cette répartition répand dans le commerce, dans l'industrie, dans toutes les transactions : elle ajoute aux produits de l'impôt par l'accroissement de toutes les valeurs; elle donne un irrésistible élan à la consommation et, après avoir parcouru les vastes canaux de la circulation, elle retourne au Trésor qui la restitue bien vite à de nouveaux services.

La plus légère atteinte portée au bien-être des rentiers aura donc toujours un contre-coup funeste, puisque, créanciers de l'État, ils sont, à leur tour, débiteurs au moins de tous ceux qui ont aidé à leurs dépenses, c'est-

à-dire qui leur ont fourni leurs denrées, leur travail,
leur temps et qui ont eux-mêmes des engagements semblables à remplir.

Ces principes admis, l'Etat, pour être juste, doit aux
rentiers en dédommagement d'une réduction sur l'intérêt, la chance d'une augmentation sur le capital. Pour
nous, tous les avantages sont dans la conversion du
5 % en 3 %, aussi bien pour l'Etat que pour les contribuables et pour les rentiers. La principale objection des
adversaires de la conversion du 5 % en 3 % est que l'Etat
en convertissant le 5 % en 3 % augmente le capital nominal de la dette d'un tiers. Cet argument a déjà été
mis en avant, quoique sans valeur, et il y a été victorieu-
sement répondu. Nous ne nous y arrêterons pas.

Comment on doit faire la conversion.

ILLUSIONS

En 1870, quelques mois avant la déclaration de
guerre à l'Allemagne, l'honorable M. de Soubeyran,
député au Corps législatif, déposait un amendement tendant à faire payer en capital et non plus en intérêts les
subventions accordées par l'Etat aux compagnies de
chemins de fer. Voici quelle était l'économie de ce projet : les compagnies de chemins de fer étant autorisées
à émettre 100 millions d'obligations à 5 1/2 %, productives d'intérêts garantis par une subvention budgétaire.
l'Etat se procurait lui-même le capital nécessaire aux
compagnies. Au lieu de payer 5 1/2 %, s'il trouvait des
prêteurs à un taux moindre, 4 1/2 % par exemple, il
économisait 1 % par cette combinaison qui substituait
son crédit direct aux réalisations indirectes effectuées
par des sociétés particulières.

A cette époque, le 3 % se négociait entre 72 francs
et 75 francs, ce qui représentait un taux d'intérêt de
4 à 4,25 %. Tous frais compris, l'Etat aurait donc pu se
procurer 100 millions à 4 1/2 %. La garantie d'intérêt

*Les garanties d'intérêt.
La proposition de Soubeyran, en 1870.*

consentie aux compagnies lui coûtait, dans ces conditions, une annuité de 4 millions 1/2, tandis que la somme de 100 millions étant réalisée par les compagnies à 5 1/2 %, occasionnait à l'Etat un débours annuel de 5 millions 1/2.

On voit, combien ce projet pouvait paraître avantageux, mais il reposait sur une illusion que, quelques mois après, les événements se chargeaient de démontrer. La guerre survenait ; la rente baissait au-dessous de 60 francs : si le projet de M. de Soubeyran avait été adopté, ce n'est plus à 4 1/2, 5 % ou 5 1/2 que le Trésor aurait pu se procurer les sommes nécessaires, mais bien au-dessus de 6 %, taux auquel ont été négociés les deux grands emprunts de 1871 et 1872.

Le projet de M. de Soubeyran ne pouvait réussir qu'à cette seule condition que son exécution eût pu être immédiate et que les circonstances n'eussent entravé en rien sa réalisation.

Projets de M. Léon Say.
Système identique.

Ce que se propose aujourd'hui M. Léon Say se rapproche beaucoup de l'amendement de M. le baron de Soubeyran.

A la date du 1er janvier, en résumant les chiffres qui se rapportent aux engagements du Trésor soit pour le remboursement d'avances faites à l'Etat, soit pour l'exécution de divers travaux publics, nous trouvons que l'Etat s'est engagé pour un capital d'un milliard 6 millions, se subdivisant ainsi qu'il suit :

	Millions de francs
Routes	45.0
Ports	97.0
Edifices publics.	25.0
Canaux et rivières	135.0
Chemins de fer	704.0
Ensemble	1.006.0

L'Etat avait deux manières de se libérer : 1° au moyen des allocations spéciales inscrites annuellement au budget ; 2° par le remboursement des avances qui lui ont été faites moyennant une série d'annuités.

Or, suivant en cela l'opinion exprimée en 1870 par M. le baron de Soubeyran, le ministre des finances est d'avis que l'Etat, en s'adressant directement au public, obtiendra des conditions plus favorables que celles que pouvaient obtenir les compagnies concessionnaires qui se chargeaient précédemment d'émettre, en représentation des subventions et des annuités qui leur étaient accordées par les lois de concessions, des obligations dont le service incombait à l'Etat.

En conséquence, M. Léon Say a demandé à être autorisé à négocier, au mieux des intérêts du Trésor, des obligations, amortissables par tirages semestriels dans une période qui n'excédera pas 1912, et dont le produit lui permettra de faire face aux engagements que l'Etat a pris envers les compagnies de chemins de fer, ainsi qu'à ceux qu'il pourra prendre pour l'exécution de travaux extraordinaires aux rivières et canaux.

Voici comment le ministre répartit entre les six prochains exercices la somme correspondante aux travaux, dès aujourd'hui fixée :

	Millions de francs.
1877	105.2
1878	69.0
1879	69.0
1880	69.0
1881	69.0
1882	48.2
Total	929.1

Le ministre n'ayant demandé l'inscription au budget de 1877 que de la somme nécessaire au service de l'intérêt et de l'amortissement des obligations afférentes aux opérations comprises dans ce tableau, on est amené à penser que son intention est de ne procéder qu'à des émissions partielles.

Quelle est, en résumé, l'économie du projet ministériel?

Au lieu de servir une annuité de 5 ou de 5 1/2 % à des compagnies qui se chargeraient, à leurs risques et périls, de se procurer les 420 millions nécessaires pour exécuter les travaux que le ministre veut entreprendre de 1877 à 1882, l'Etat empruntera directement, par voie d'émission ou de négociation d'obligations trentenaires, à un taux bien inférieur ; les sociétés emprunteraient à 5 1/2, l'Etat trouvera des prêteurs à 4 1/2 et 5 % : donc, économie certaine pour le Trésor.

Mêmes avantages. Mêmes risques.

C'est, on le voit, la mise à exécution du système de M. de Soubeyran. Le projet présente les mêmes avantages ; il expose aussi l'Etat aux mêmes risques. L'Etat peut facilement placer aujourd'hui des titres garantis par lui à 4 1/2 %, mais le crédit est de sa nature extrêmement variable et rien ne prouve que dans six mois, un an, deux ans, par suite d'un événement imprévu, l'argent ne soit devenu plus cher et la réalisation des emprunts d'Etat plus difficile à effectuer. Lorsqu'en 1870, M. de Soubeyran faisait la proposition que nous avons rappelée plus haut, il ne prévoyait pas que, quelques semaines plus tard, le crédit de l'Etat supporterait d'aussi cruelles atteintes. Nous souhaitons que rien ne vienne déranger les combinaisons financières de M. Léon Say, mais on avouera qu'il y a là un aléa, un risque, avec lequel il faut compter. Pour que l'Etat, dans cette combinaison, réalise un bénéfice certain, il faut qu'il soit absolument sûr de trouver toujours au même taux les capitaux qu'il s'est engagé à fournir aux compagnies : que les circonstances changent, l'économie espérée par M. Léon Say disparaît. Vous pouvez emprunter actuellement à 4, à 4 1/2 % : êtes-vous certain qu'en 1877, en 1878, en 1880, les mêmes conditions vous seront faites par les prêteurs? Pouvez-vous prédire que les faits politiques et économiques seront uniformément favorables pendant six longues années?

Les craintes que nous émettons sont-elles justifiées?

Des événements récents répondent pour nous. Un dé-Un dilemme.
puté vient de déposer un projet de loi tendant à la
conversion de la rente 5 % en 3 %. Le ministre des
finances a immédiatement demandé le renvoi de la
proposition à la commission d'initiative parlementaire,
chargée de statuer sur la prise en considération. Ce
n'est pas que le ministre des finances soit opposé à
la conversion, bien au contraire, puisque les résultats
à provenir de cette conversion ont été déjà l'objet d'un
plan financier discuté au sein de la commission du
budget, mais il a jugé que la proposition était inop-
portune, que son heure n'était pas venue, et, en cela,
M. Léon Say a raison. Et, en effet, pour qu'une conversion réussisse et s'opère dans des conditions favorables,
il faut, comme nous n'avons cessé de le dire, que le
calme le plus complet règne à l'intérieur du pays ; il
est nécessaire que les capitalistes et les rentiers ne
soient pas troublés par la perspective de complications
politiques extérieures et que la paix et la tranquillité
règnent au dehors comme au dedans.

Si donc on trouve le moment inopportun et les circonstances mal choisies pour effectuer la conversion,
comment se fait-il qu'on juge les circonstances assez
favorables pour effectuer des emprunts, ou plutôt des
émissions partielles d'obligations, émissions se chiffrant au total par 429 millions de francs? De deux
choses l'une : ou bien la situation générale est peu
satisfaisante et, dans ce cas, comment espérer réaliser
des emprunts à des taux modérés, comment croire que
le taux de l'argent ne se modifiera pas ; ou bien, la
situation générale est bonne et, s'il en est ainsi, pourquoi retarder indéfiniment la conversion, opération qui
doit procurer au minimum à l'Etat une économie
annuelle de 34 millions, soit un capital de 800 millions?
On ne peut échapper à ce dilemme.

Le monde financier s'est ému des projets de M. Léon Impression du monde financier.
Say ; il voit avec peine le ministre des finances, dont
personne assurément ne méconnaît le désir de bien

faire, vouloir, en matière de finances, tenter des expériences, pratiquer des innovations, au lieu de s'en tenir à un système financier longuement préparé, reposant sur la réalité des faits et non sur l'illusion des doctrines et des théories. Il y a longtemps déjà qu'on a dit que les matières de finances étaient celles qui prêtaient le plus aux illusions, et que c'étaient elles, en définitive, qui pouvaient le moins s'en contenter.

Ces paroles sont toujours vraies. Qu'on se rappelle ce qui s'est passé pour l'emprunt Morgan, pour les emprunts contractés à la Banque, qu'on rembourse d'une main, alors qu'ils coûtent seulement 1 % d'intérêt, et que, de l'autre, on en contracte de nouveaux, en émettant des bons du Trésor à long terme qui réclament à l'État 4 1/2 % et 5 %.

Ces paroles restent vraies quand on entend dire que les circonstances sont peu favorables pour effectuer la conversion et qu'elles sont bonnes, au contraire, pour emprunter ; vraies, quand on parle toujours d'excédents dans les recettes du Trésor et qu'on fait entrevoir des diminutions d'impôts, alors que chaque budget grossit à vue d'œil et que de nouveaux impôts s'ajoutent à ceux que l'on promet de supprimer ; vraies, quand on parle de la situation florissante du commerce, parce que les impôts qu'il paie rentrent facilement, alors que les états de douane constatent le ralentissement considérable de nos échanges avec l'étranger ; vraies enfin, lorsqu'on considère comme un signe manifeste de la prospérité publique, l'abondance inouïe des capitaux inactifs, sans emploi, sommeillant dans les caves de la Banque et des grands établissements de crédit.

Optimisme imprudent.

A notre sens on s'abuse sur la signification des faits économiques et financiers qui se produisent depuis un an environ; on les interprète avec une complaisance qui n'a d'autre justification que le désir de trouver que tout est pour le mieux. Cependant nous passerions peut-être condamnation sur cet optimisme en ce qui

touche le présent ; mais nous pensons que c'est une
hérésie économique de croire que toutes les années à
venir seront également prospères, également heureuses, également favorables aux émissions, aux emprunts, aux diverses combinaisons de nos ministres
des finances. Nous nous sommes élevé jadis contre la
déplorable pratique budgétaire des présomptions de
recettes. Il y a quelque chose de plus dangereux que
de penser qu'on verra toujours s'élever les revenus
publics, c'est de croire qu'on pourra toujours emprunter
à son gré, à son aise et au taux qu'on voudra.

L'INTÉGRALITÉ DU BUDGET

On ne peut se faire une idée exacte des dépenses
publiques de la France si, à celles inscrites au budget
général de l'Etat, on n'ajoute pas les dépenses des départements et des communes qui se paient au moyen
des impôts. Elles s'élèvent à environ 385 millions qui,
additionnés avec les 2,732 millions du budget général,
représentent une somme de 3,117 millions, vrai total de
toutes les dépenses nationales, départementales et communales de notre pays.

3 milliards 117 millions, voilà ce que nous, contribuables, payons d'une façon directe ou indirecte au
gouvernement, pour faire face à l'ensemble des services
publics. En présence de ce chiffre formidable, qui
n'avait pas encore été atteint et qui malheureusement
sera encore dépassé, nous comprenons la fine repartie
de M. Pouyer-Quertier, ancien ministre, président de la
commission des finances du Sénat. On s'étonnait devant
lui, on s'inquiétait même de ce que le budget de 1877 se
soldait par un léger déficit de 300,000 francs. « Bah ! répartit M. Pouyer-Quertier, qu'est-ce donc que cette
somme de 300,000 francs? la France les paie en une
heure ! » Ces paroles sont vraies. Un budget de

3,117 millions représente une dépense de 259,750,000 fr. par mois, de 8,658,330 francs par jour et de 360,000 francs par heure !

L'observation de M. Pouyer-Quertier fixe, d'un mot, l'étendue des charges qui incombent aux contribuables français : 360,000 francs, voilà ce qu'ils versent par heure dans les caisses du Trésor public.

Le gouvernement, du moins, songe-t-il à dégrever quelque peu ces contribuables? A-t-il un système financier qui permette d'espérer que par l'augmentation du travail, par le développement des affaires, des transactions, du commerce et de l'industrie, ces contributions seront moins lourdes et plus supportables ? Qui ne se rappelle les promesses électorales faites autrefois ! Diminutions d'impôts, réformes financières, réductions des charges qui pèsent sur le petit commerce ! Nous avons aujourd'hui un budget comme tant d'autres ; seuls, les chiffres ont grossi, et à quel point !

Rien ne ressemble au budget d'autrefois comme le budget d'aujourd'hui. Nous voyons bien l'accumulation des charges que nous ont laissées la guerre et la Commune ; nous voyons bien des impôts ; mais nous cherchons, en vain, ces réductions considérables dans les services publics, tant réclamées autrefois! Les ministères ont le même personnel : leur état-major n'a guère changé et nous pouvons dire que la machine gouvernementale coûte toujours autant à faire fonctionner. Les fonds secrets, ces fameux fonds secrets du chapitre 13 du ministère de l'Intérieur contre lesquels se sont escrimés sous l'Empire tous les orateurs de l'opposition, subsistent toujours. Pour qui ne suivrait point les événements et se bornerait à comparer les chiffres du budget actuel à ceux inscrits dans les budgets des années précédentes, il reconnaîtrait que là où se démontrait naguère que de grandes économies étaient possibles. on ne trouve point d'économies ; là, où l'on demandait des attributions de fonds considérables, comme pour les travaux publics, l'instruction publique. on ne trouve que des augmentations minimes comparativement à la progression considérable des budgets.

Si les budgets se ressemblent et par l'absence de réductions et par la modicité de certaines allocations, ils se ressemblent davantage encore par la façon dont ils sont dressés.

Que n'a-t-on pas dit autrefois et avec raison, que n'a-t-on pas écrit contre la fameuse théorie des présomptions de recettes ? Qu'on lise le discours de M. Léon Say prononcé à la Chambre des députés le 8 décembre dernier : d'après lui, le règlement du budget de l'exercice 1878 exige 100 millions de dépenses de plus que celui de 1877 : pour équilibrer ce budget, le ministre présume que les évaluations de 1878, par rapport aux évaluations de 1877, donneront un excédent de 40 millions, dont 25 millions sur les contributions indirectes. Nous savons bien qu'il peut paraître légitime de prévoir pour un exercice futur des produits égaux à ceux de l'exercice écoulé. Mais enfin quelle assurance certaine en a-t-on ? Et n'est-ce pas là, vraiment, une simple présomption de recettes !

Les présomptions de recettes.

Combien n'a-t-on pas aussi protesté autrefois contre la division du budget en budget ordinaire et budget extraordinaire ! « Le secret des présentations budgétaires sous l'Empire, disait M. Thiers le 20 juin 1871, à la tribune de l'Assemblée nationale aux applaudissements de la majorité, c'était de diviser le budget en plusieurs parties, de manière à rendre la totalisation difficile, laborieuse tout au moins, et de tromper ainsi le pays sur la réalité et l'étendue de la dépense qu'il devra faire. »

La division des budgets.

Nous aussi nous avons applaudi à ces paroles qui n'étaient, pour ainsi dire, que la reproduction d'un discours prononcé en 1868 au Corps législatif par M. Thiers, discours dans lequel celui-ci protestait avec raison contre la « fabrication » et la « division » des budgets. Nous retrouvons dans la *Revue contemporaine* quelques lignes que nous écrivions en juillet 1868 et qu'il ne nous semble pas inutile de rappeler :

Opinion de M. Thiers.

« On doit surtout, disions-nous, s'attacher à présenter aux députés de la nation des budgets dressés de telle façon que, dès le premier examen, ils puissent saisir l'ensemble des dépenses, l'ensemble des recettes, l'importance des déficits. Diviser la comptabilité, c'est un expédient peu digne qui n'a d'autre but que de rendre le contrôle moins sûr et d'éparpiller l'attention en la portant sur des objets plus nombreux. »

Et nous réclamions, surtout, une classification des dépenses claire, logique et simple.

Compte de liquidation.

Nous n'avons plus aujourd'hui de budget extraordinaire, mais nous avons le compte de liquidation, les comptes de liquidation pourrions-nous dire, car le premier n'est pas encore soldé et le second fonctionne chaque jour.

Dette flottante.

Que n'a-t-on pas dit autrefois contre l'augmentation de la dette flottante ? Or, on a émis et créé des obligations du Trésor, à cinq et six ans de date, pour 276 millions en 1876, sur 385 millions de crédits votés; pour 1877, le ministre demande, au titre du compte de liquidation, l'ouverture de nouveaux crédits s'élevant à 400 millions. Si à ces chiffres de 385 millions d'une part, de 400 millions de l'autre, nous ajoutons les 450 millions dus à la Banque de France, nous arrivons à un chiffre de 1,235 millions qui n'est autre chose qu'une dette flottante, à laquelle il convient encore d'ajouter les 87 millions de bons du Trésor émis sur les 400 dont l'Assemblée nationale avait autorisé l'émission en 1871 et 1872. La dette flottante dépasse donc, en réalité, 1,300 millions de francs.

On critiquait les emprunts nombreux émis de 1852 à 1870; on déclare bien haut qu'après les grands emprunts de 1871 et 1872, on ne veut plus rouvrir le grand livre de la dette publique. Que fait-on? On augmente la dette flottante par des émissions successives de bons du Trésor, d'obligations du Trésor à cinq et six ans d'échéance, d'obligations du Trésor quinzennaires et trentenaires : on n'ouvre plus le grand livre, c'est vrai, mais on ouvre des livres auxiliaires.

Il faut lire, dans son entier, le lucide exposé financier que le ministre des finances a fait à la Chambre des dé-

putés le 8 décembre dernier, pour juger des charges
nombreuses qui pèsent sur le pays et pour comprendre
aussi combien sont vaines les promesses faites aux électeurs. Il ne faut pas s'attendre à voir, de longtemps, les
impôts diminuer ; la vie, en France, est devenue plus
chère et, dit le ministre, « nous ne pouvons pas faire
que la vie soit moins chère, tant que nous serons obligés de demander au pays des sacrifices aussi considérables que ceux qu'il est obligé de supporter ».

Nous sommes loin, bien loin, on le voit, des déclarations qui étaient faites par tous les organes officieux,
avant les élections générales de 1876, que jamais la situation financière, commerciale et industrielle de la
France, n'avait été aussi belle et aussi florissante.

Situation géné-
rale. Indices éco-
nomiques   peu
satisfaisants.

« Tous les signes extérieurs, dit M. Paul Leroy Beaulieu dans un
excellent travail publié par le *Journal des Débats*, tous les signes extérieurs qui servent à mesurer la prospérité publique ont donné pour 1876
des indications peu satisfaisantes. Nos exportations sont, pour les onze
premiers mois, inférieures de 274 millions à celles des mois correspondants de l'année précédente. Pendant les trois premiers trimestres, nos
20,270 kilomètres de chemins de fer d'intérêt général ont produit à peine
5 millions de plus que les 19,307 kilomètres exploités en 1875, de sorte
que la moins-value kilométrique a été d'environ 3 %. Le rendement
de nos impôts semble faire exception : il a offert relativement aux évaluations budgétaires une plus-value qui, d'après les derniers renseignements,
est d'environ 130 millions de francs ; mais, comme l'a fort bien expliqué
M. Léon Say, cet excédent vient de ce que les évaluations étaient trop
faibles : la plus-value n'est guère que de 1 1/4 % relativement aux résultats de 1875, c'est-à-dire qu'elle est inférieure à la plus-value normale,
qui est de 3 ou 4 % par an. »

Un programme
financier ?

On doit savoir gré au ministre des finances de sa
franchise : mais il convient aussi de connaître le programme financier et économique du gouvernement.
Savoir équilibrer un budget, enregistrer des recettes et
contrôler des dépenses, c'est bien : développer les
affaires, ranimer le commerce, encourager l'industrie,
protéger l'agriculture, en un mot, faire des affaires, c'est
mieux. Voilà ce que le pays demande, voilà ce que le
pays réclame en compensation des charges énormes
qu'il acquitte tous les jours. Administrer un pays ne
consiste pas seulement dans l'art de payer et de rece-

voir. « Sous le point de vue le plus général, a dit un de nos plus illustres hommes d'Etat, un de nos plus grands historiens (1), l'administration consiste dans un ensemble de moyens destinés à faire arriver le plus promptement possible, la volonté du pouvoir central dans toutes les parties de la société, soit en travail, soit en argent. » Quels sont ces moyens dont le gouvernement entend disposer ? En compensation des sacrifices très lourds que supporte le pays, l'Etat doit lui donner le bien-être matériel en développant, en stimulant l'agriculture, l'industrie, le commerce, la marine, et seconder les progrès intellectuels en favorisant les sciences, les lettres, les arts, la religion. Voilà le programme que nous voudrions voir appliquer par nos ministres, programme bien simple assurément mais qui vaudrait mieux que toutes les grandes discussions politiques qui inquiètent et agitent une nation. « Lorsqu'une administration se rapproche de cet idéal, elle mérite bien du pays ; elle obtient l'adhésion et l'amour du peuple, qu'elle protège et qu'elle enrichit, qu'elle éclaire et qu'elle améliore (2). »

(1) Guizot. *Histoire de la civilisation en Europe*, XIV⁰ leçon.
(2) Chéruel. *Administration de Louis XIV*, pages 10 et 11.

BUDGET DE 1878

I

Dans la séance du 11 janvier 1877 M. Léon Say, ministre des finances, a déposé sur le bureau de la Chambre des députés le projet de budget pour l'exercice 1878. De justes applaudissements ont salué la présentation, inattendue à pareille époque, de notre loi de finances et nous nous associons pleinement aux louanges qu'a méritées la prévoyante impatience du ministre.

M. Léon Say a compris que, si les pouvoirs publics établis par la nouvelle constitution avaient été presque fatalement entraînés, au début d'un nouvel ordre de choses, par les émotions politiques, il n'en pouvait pas être de même quand, la première expérience achevée, le fonctionnement normal de ces pouvoirs devait paraître assuré.

La précipitation avec laquelle le ministre des finances a présenté le budget nous semble avoir une éloquence supérieure à celle de bien des discours. Dire aux deux assemblées : voici notre budget, nous sommes prêts à en discuter les divers chapitres, n'est-ce pas leur dire : « Vous avez assez donné à la politique, assez agité toutes les questions qui pouvaient nous diviser, nous passionner, nous irriter; vous avez assez argumenté sur les élections plus ou moins régulières, sur les agissements des partis, sur les ambitions du clergé, sur l'action que peuvent avoir quelques aumôniers militaires et sur ce qu'ils nous peuvent coûter, sur les enter-

Présentation du budget à l'ouverture de la session ordinaire.

Acte éloquent.

8

rements civils et sur les honneurs publics qu'on doit leur accorder.

« Ne remuons plus ces questions dangereuses, n'ayons plus de ces discussions qui ne sont pas seulement orageuses, mais qui sont onéreuses, qui troublent les esprits, inquiètent les intérêts, et grâce auxquelles des milliards restent sans emploi dans les caisses de nos établissements de crédit.

« Donnons l'exemple. Parlons d'affaires. Discutons sérieusement et tout de suite la loi qui prime et domine toutes les autres : la loi de finances. Contributions directes, impôts de consommation, droits qui grèvent le commerce, l'industrie, la marine, les échanges, les transports, les communications postales et télégraphiques, sont autant de sujets intéressants qui fourniront à chacun l'occasion de dire ce qu'il sait sur la matière, et à tous celle d'être utile à la nation. L'éloquence est partout; elle trouvera à se déployer à propos du moindre des crédits proposés et, à défaut de tournois oratoires, nous offrirons ce beau spectacle d'une lutte calme où seuls le bon sens, la raison pratique et le sage patriotisme triompheront. »

Tel est, à notre sens, le discours que M. Léon Say a tacitement prononcé, en déposant le budget de 1878 sur le bureau de la Chambre des députés.

Devoirs des Chambres

Il appartient maintenant aux deux assemblées de répondre aux vœux impérieux de tout ce qui laboure, travaille, navigue, échange et produit dans notre pays.

Et que les partisans sincères des institutions actuelles ne se méprennent point sur l'étendue de la responsabilité qui leur incombe. Le plus dangereux, le plus terrible et le plus puissant argument qui ait été invoqué contre le régime républicain, celui qui plusieurs

Gouvernement d'affaires, Régime d'affaires.

fois en France l'a fait condamner, est tiré des considérations d'intérêts matériels. Il faut être un régime d'affaires, un gouvernement d'affaires, ou ne pas être.

Il y a là un devoir qui s'impose nécessairement aux deux chambres, un devoir qui s'impose surtout à ceux qui ont contribué à l'œuvre constitutionnelle accomplie, un peu rapidement, peut-être, par l'Assemblée nationale.

Agriculture, chemins de fer, navigation intérieure, marine marchande, routes, douanes : la matière est vaste, la tâche lourde; et, d'autre part, les besoins sont urgents, les dangers prochains, les crises imminentes. Le pays a bon courage, bonne volonté; il n'a point fléchi sous le poids des charges énormes que les conséquences des événements lui ont imposées ; il paie et veut payer. Mais il a le droit d'exiger de ses représentants au moins autant de vertu, d'émulation et de conscience. Il veut qu'on fasse ses affaires et qu'on lui en parle; c'est ainsi seulement qu'on contribuera à l'enrichir et qu'on l'encouragera à persister dans son œuvre de relèvement et de reconstitution.

Vœux du pays.

II

D'après les prévisions du ministre, les recettes de l'exercice 1878 atteindront 2 milliards 791 millions; les dépenses seront de 2 milliards 785 millions. Si nous y ajoutons les 400 millions des budgets départementaux et communaux, nous trouvons que le pays paie, en somme, près de 3 milliards 200 millions. La France possède 36 millions d'habitants. La charge contributive de chacun peut donc être évaluée à 88 francs, chiffre considérable qui n'est atteint dans aucun pays. On voit que la progression des dépenses et des charges de chacun est constante et il est à craindre que les budgets prochains ne soient encore plus gros que les précédents. C'est la marée montante ; il serait temps assurément de s'arrêter sur la pente où nous glissons. Le seul budget de l'Etat, si nous n'y prenons garde, atteindra avant deux ans 3 milliards !

Un budget de plus de 3 milliards.

La marée montante.

Tel qu'il est présenté, le budget de 1878 doit donner un excédent de 6 millions. C'est assurément peu de

chose, mais dans cet excédent le ministre ne fait pas
entrer en ligne de compte la plus-value qu'il espère
sur les impôts.

**Évaluations de
recettes.** Pour arriver à chiffrer cet excédent de 6 millions, le
ministre a admis les évaluations suivantes : les recettes
de l'exercice 1878, évaluées d'après les produits constatés en 1876, s'élèveront à 2,804,130,804 francs. Il faut
y joindre les ressources à attendre de divers droits de
douane pour une somme de 9 millions et les produits
extraordinaires provenant de l'exposition universelle
pour 10 millions ; ensemble 19 millions. Le total des
recettes de l'exercice sera, dans ces conditions, de
2,823,130,804 francs, soit un excédent de 86,888,842 fr.
sur les dépenses votées pour 1877.

Cet excédent serait appliqué, jusqu'à concurrence de
49,368,751 francs, à des augmentations de dépenses.

Sur le surplus, soit 37,520,091 francs, une somme de
31,709,000 francs couvrirait les dégrèvements d'impôts.

L'excédent serait ramené ainsi à 5,811,091 francs,
et cette somme constituerait pour le budget une réserve
destinée à parer aux éventualités.

**Prévisions de
dépenses.** Les prévisions de dépenses de l'exercice 1878 dépassent de 49 millions celles de 1877. Défalcation faite de
toutes les dépenses, la somme disponible sur les recettes ne serait plus que de 28 millions 1/2. A ces 28 millions 1/2 M. Léon Say ajoute 9 millions qu'il espère
retirer du remaniement de divers droits de douane.
Nous arrivons ainsi à 37 millions 1/2. Il consacre sur
**Dégrèvements.
Sel. — Huiles.
— Savons.** ces 37 millions 1/2, 32 millions à des diminutions
d'impôts, et il garde le solde, soit environ 6 millions,
pour constituer l'excédent provisoire du budget de
1878.

Les diminutions d'impôts que propose le ministre
des finances seront bien accueillies. Nous ne parlerons pas de la suppression demandée par la Chambre
et acceptée par M. Léon Say, de 2 décimes 1/2 sur le
sel. A notre avis, c'est un impôt inoffensif dont les
partis politiques se sont toujours servis pour entretenir

leur popularité, mais qui, en somme, pèse peu sur le contribuable. Ce dégrèvement ne fera pas que le prix du sel soit plus ou moins élevé, et nous pensons qu'on aurait pu supprimer des taxes beaucoup plus préjudiciables à tout le monde, beaucoup plus nuisibles aux ouvriers, bien plus gênantes pour le développement commercial et industriel du pays.

La suppression de l'impôt sur les huiles et sur les savons est une excellente mesure. C'était, principalement pour nos usines du Midi, une lourde charge, un fardeau pesant qui, pendant le peu de temps qu'il a été appliqué, a causé des maux nombreux. La réduction du tarif postal est une mesure non moins satisfaisante et nous sommes convaincus que, par le développement de la correspondance, le Trésor retrouvera facilement ce qu'il abandonne aujourd'hui. Il faudrait aussi diminuer le prix de la correspondance télégraphique. Nous savons bien qu'on ne fait pas tout en un jour ; mais il n'y a que le premier pas qui coûte. Ce sont là des sacrifices passagers que le Trésor s'imposerait. Nous payons 25 centimes pour le port d'une lettre circulant d'un point de la France à l'autre ; en Angleterre, ce même coût d'une lettre est d'un penny, soit 10 centimes. On voit que nous avons, sur ce point, beaucoup à faire.

Tarif postal.

Nous ne parlerons que pour mémoire de la réduction sur la redevance de la Compagnie des allumettes. Espérons que bientôt on arrivera à supprimer totalement un des plus curieux impôts, pour ne pas le qualifier autrement, que le génie fiscal ait inventé.

Les allumettes.

Enfin, le ministre des finances propose d'abaisser à 4 % c'est-à-dire de diminuer de 1 % l'impôt sur la petite vitesse. C'est un commencement de suppression; nous en sommes heureux pour le commerce et pour l'industrie qui n'ont cessé de le combattre, pour les grandes compagnies de chemins de fer qui attribuaient à cet impôt, créé dans des circonstances difficiles, les diminutions de leur trafic.

La petite vitesse.

Les réductions ou suppressions d'impôts que, tout récemment, nous réclamions, sont précisément celles que le ministre des finances propose aujourd'hui. Ces premières réformes nous donnent donc toute satisfaction ; mais elles ne sont pas encore suffisantes. Il est absolument nécessaire, en présence des charges croissantes du budget, de la cherté continue de la vie, que le pays produise, travaille et gagne davantage. Il faut que les affaires reprennent et qu'on aide à leur reprise. Que fait-on pour cela ? n'hésitons pas à le dire : peu de chose. On fait beaucoup de politique ; on change souvent de ministres ; on se querelle sur des mots ; on fait naître des crises politiques pour interpréter un mot d'une constitution ; mais de programme financier et économique, mais de programme d'affaires, nous n'en avons point. Voilà pourquoi nous voyons les millions s'accumuler et rester inactifs dans les caisses des établissements publics; voilà pourquoi nous voyons le commerce diminuer considérablement ses échanges avec l'étranger ; voilà pourquoi nous entendons quiconque s'occupe d'affaires, grandes ou petites, se plaindre du marasme du commerce et de l'industrie.

Programme nécessaire. Nous souhaitons que nos députés, à l'occasion de la discussion du budget, tracent enfin un véritable programme économique et financier et s'attachent ensuite à le réaliser. La situation générale des affaires est malheureusement plus tendue qu'on ne le croit; il est grand temps qu'on s'en préoccupe.

NÉCESSITÉ DE VOTER LE BUDGET

Dangers d'un ajournement. La nécessité de voter le budget de 1878 dans le plus bref délai possible, après l'avoir attentivement examiné, apparaît avec évidence, si on veut bien considérer les circonstances dans lesquelles il se présente cette année. Il a été sérieusement question de renvoyer cette discus-

sion à une session supplémentaire. Ce serait infiniment regrettable.

Qu'on se rappelle ce qui est advenu du budget de
1877. La session extraordinaire de 1876 devait être
uniquement consacrée à l'examen de cette loi capitale ;
or la discussion n'en a commencé que tardivement à la
Chambre des députés et elle n'a été soumise au Sénat
qu'au dernier moment, alors qu'il restait à peine à la
commission le temps de préparer ses rapports et à
l'assemblée quelques jours tout au plus pour les parcourir et les voter à toute vapeur. Aussi qu'arriva-t-il ?
La discussion ne porta que sur les points où des conflits pouvaient éclater. Ils éclatèrent en effet et, s'ils
furent résolus pacifiquement, cela tint non pas aux
sentiments de conciliation qui animaient l'une et l'autre
Chambre, mais à une sorte de honte commune de
réduire le gouvernement à l'extrémité des douzièmes
provisoires.

Procéder en 1877 comme on a fait en 1876 nous
paraît donc fort dangereux.

Et tout d'abord le budget de 1878 contient des modifications importantes qui appellent un examen attentif. Il soulève la question de réduction de taxes qui
pèsent sur le commerce et l'industrie. Il convient d'examiner si les réductions proposées sont sages, si elles
sont opportunes, si elles sont suffisantes, si on n'en
pourrait effectuer d'autres qui seraient plus efficaces.
En présence des événements qui se déroulent, on ne
saurait rechercher avec trop de soin tout ce qui peut
atténuer les difficultés que vont rencontrer notre commerce et notre industrie. Assurément les prévisions
que l'on peut fonder sur la prochaine campagne d'affaires ne sauraient être extrêmement favorables ; il
est donc indispensable de donner quelque secours et
quelque encouragement à tous ceux qui les premiers
porteront le poids de cette situation.

Il est nécessaire aussi, au point de vue financier,
d'éclairer le plus promptement possible l'opinion pu-

Modification
que contient le
budget de 1878.

blique en France et à l'étranger sur l'état de notre budget. Il importe qu'on sache au plus tôt s'il s'établira en équilibre et si cet équilibre sera sérieux et stable. Quand, dans des temps comme les nôtres, la guerre sévit sur un point quelconque de l'Europe, guerre qui peut prendre des proportions considérables, l'alarme se répand facilement. Tous les marchés financiers se montrent plus ou moins agités. Qui ne comprend que, dans un tel moment, l'État a un intérêt considérable à entretenir, à raffermir la confiance qu'il inspire ; qui ne comprend que le public lui-même a besoin d'être rassuré, d'avoir confiance ?

Enfin, — il faut tout prévoir, lorsqu'on est en face de l'inconnu — l'État ne doit-il pas, en vue de complications éventuelles, apporter un soin extrême à l'entière conservation de son crédit dans de semblables conjonctures ? Sans doute la France reste en dehors des événements qui s'accomplissent, elle se renferme dans son attitude de réserve et de recueillement, mais le gouvernement a le devoir de compter avec l'imprévu, et de ne point laisser s'amoindrir la confiance qui doit lui assurer les ressources de l'avenir.

Ainsi, à quelque point de vue qu'on se place, il est nécessaire, il est urgent de discuter notre loi de finances, d'en bien établir les bases. Il faut que nous ayons un bon budget, solidement équilibré, et qu'on se le dise et que tous le sachent. Il ne faut pas laisser planer sur lui l'incertitude des conflits de la dernière heure. Qu'on discute dès maintenant ; si des conflits s'élèvent, ce sera assurément un fait regrettable, mais on les résoudra du moins en temps opportun. S'il ne s'en élève point, tout sera pour le mieux : on sera plus promptement et plus complètement rassuré.

Parlons affaires.

Que les colères s'apaisent donc, que les vaines susceptibilités s'effacent, que les ressentiments fassent trêve. Ne parlons plus des partis, des groupes, des nuances, des sectes politiques ; ne parlons plus de leurs griefs ni de leurs querelles : *parlons affaires !*

LE REFUS DU BUDGET

On se préoccupe toujours, dans le monde des affaires aussi bien que dans le monde politique, de l'éventualité du refus du budget par la majorité de la nouvelle Chambre des députés.

A la vérité, sans croire que l'esprit de conciliation ait dès à présent prévalu dans certains groupes de la gauche, nous ne pensons pas que le désir d'une rupture violente et immédiate entraîne la majorité vers une résolution extrême qui, en aucun cas, ne saurait être une solution.

On a cité, à ce sujet, divers précédents et particulièrement celui qu'a fourni la Chambre des députés de Prusse en 1803. Il n'est pas inutile, puisque ce rapprochement a été fait, de se reporter aux documents officiels relatifs à cet événement parlementaire et de rappeler les objections que M. de Bismarck lui-même opposait aux députés prussiens qui avaient affirmé, dans l'adresse à la Couronne, le droit de la Chambre des députés de refuser le budget à un ministère qui n'avait point sa confiance.

Si vous aviez le droit, disait alors le ministre prussien, le droit exclusif d'établir définitivement le budget dans son ensemble et dans tous ses détails; si vous aviez le droit de demander à S. M. le Roi la démission des ministres qui n'ont pas votre confiance, le droit de fixer par vos résolutions à l'égard du budget le contingent et l'organisation de l'armée, le droit aussi de contrôler les rapports du pouvoir exécutif de l'État avec ses organes, vous seriez alors en possession de tout pouvoir de gouvernement en ce pays... C'est-à-dire que ce que vous réclamez peut, en pratique, se résumer dans ces quelques mots : « Par cette adresse, sommation est faite à la maison de Hohenzollern de transférer ses droits constitutionnels à la majorité de cette Chambre. »

Ces paroles de M. de Bismarck s'appliqueraient exactement, on le voit, aux prétentions d'une majorité qui, par le refus du budget, mettrait en demeure les deux autres pouvoirs d'avoir à se soumettre et s'arrogerait ainsi toute la puissance gouvernementale.

Et M. de Bismarck ajoutait :

L'article 62 de la constitution dit que pour qu'une loi quelconque, par conséquent aussi la loi du budget, devienne loi, il faut l'accord de la Couronne et des deux Chambres.

De ces droits concurrents, chacun des trois est illimité en théorie et l'un est aussi fort que l'autre. Au cas où les trois pouvoirs ne peuvent s'accorder, la constitution ne contient aucune disposition qui décide lequel d'entre eux doit céder. On a fait vraiment bon marché de cette difficulté; pour la résoudre, on a simplement admis, d'après l'analogie de certains pays, que les deux autres pouvoirs doivent céder à la Chambre des députés et que si, entre la Couronne et cette Chambre, l'entente sur le budget est impossible, la Couronne elle-même, non seulement doit se soumettre et renvoyer les ministres qui n'ont pas la confiance de la Chambre des députés, mais aussi contraindre la Chambre des seigneurs à se mettre au niveau des députés.

On le voit, en 1863, la situation parlementaire en Prusse était absolument semblable à celle où notre parlement se trouve aujourd'hui et le problème se posait dans des termes identiques.

Naturellement le ministre prussien n'entendait pas abandonner les droits de l'exécutif. Il les maintenait dans leur intégrité. Il affirmait qu'en théorie la Couronne pouvait empêcher l'établissement du budget pour la moindre divergence d'opinions. Il reconnaissait qu'en théorie aussi la Chambre des députés pouvait rejeter tout le budget afin d'amener le licenciement de l'armée et la dissolution de tous les conseils du gouvernement. Mais il n'admettait pas que cela fût possible en pratique et c'est sur le terrain de la pratique qu'il appelait la Chambre des députés, lui faisant comprendre avec énergie que c'était d'elle seule qu'on devait attendre des concessions.

On ne peut fermer les caisses publiques.

Je m'en tiens, disait-il, à cette nécessité : l'État existe et ne saurait, dans les pires éventualités, laisser advenir ce qui arriverait le jour où on fermerait les caisses publiques.

La vie constitutionnelle n'est que compromis.

Il insistait ailleurs sur cette nécessité, il citait les paroles d'un homme d'Etat de grande expérience en matière de constitution qui a dit que toute la vie constitutionnelle n'est qu'une suite de compromis.

Que l'un des pouvoirs, objectait-il ensuite, veuille persister dans ses propres vues avec un absolutisme doctrinaire, la série des compromis se

trouve interrompue ; à leur place naissent les conflits et, comme l'existence de l'Etat ne peut s'arrêter, les conflits dégénèrent en questions de
pouvoirs, celui qui a le pouvoir en sa main continue à avancer dans
le sens qui est le sien, parce que, je le répète, la vie de l'Etat ne peut
s'arrêter un instant.

Et il faisait observer à la Chambre des députés que
ses décisions en elles-mêmes, tant qu'elles restaient
isolées, n'avaient pas force de loi ; qu'elle ne pouvait,
par ses seuls votes, ni autoriser le gouvernement à faire
une dépense quelle qu'elle fût, ni déterminer la limite
légale jusqu'à laquelle, en l'absence d'une loi de budget, les nécessités de l'Etat pouvaient être satisfaites.

Ce sont là autant d'observations et d'arguments qui,
dans le conflit que soulèverait le refus du budget par
notre Chambre des députés, pourraient être invoquées
avec raison.

M. de Bismarck regardait comme révolutionnaire le
droit que la Chambre s'arrogeait de mettre obstacle à
tout fonctionnement régulier du mécanisme gouvernemental. Ce qui en 1863 était révolutionnaire en Prusse, *Le refus du*
serait tel en France en 1877 et nous ne pouvons croire *budget est un*
acte révolution-
qu'une majorité qui a protesté à diverses reprises de *naire.*
son esprit de modération, prenne une résolution si contraire aux intérêts du pays et au bien de l'Etat.

BUDGET DE 1879

***

I

Le ministre des finances n'a pas voulu que les Chambres entrassent en vacances sans avoir été saisies du nouveau projet de budget pour l'année 1879. On ne saurait trop féliciter M. Léon Say de l'activité qu'il a mise à préparer et à présenter la loi annuelle de finances; cette hâte prévoyante porte en soi un utile avertissement. Trop longtemps la Chambre des députés a laissé en souffrance l'examen du budget; trop souvent elle en a différé la discussion, pour le voter ensuite avec une précipitation déplorable. Assurément, si l'on doit avoir encore recours pour 1879 aux douzièmes provisoires, ce sera à la Chambre seule qu'il faudra s'en prendre, car elle aura été, dès la fin du premier trimestre de 1878, mise à même d'étudier le nouveau budget avec tout le soin et toute l'attention qu'il appelle. La responsabilité du ministre des finances à cet égard est donc complètement dégagée et la présentation du nouveau budget est une invitation tacite, mais non déguisée, faite à nos législateurs, à examiner, à discuter et à voter en temps opportun une loi d'une importance si considérable.

Prévisions budgétaires. D'après les prévisions budgétaires pour 1879 :

	Francs
Les recettes s'élèveraient à	2.714.694.014
Les dépenses à	2.713.145.548
Suit un excédent de recettes de	1.546.466

Excédent minime et qui devrait paraître bien ins-

table, bien précaire, si l'on ne savait qu'avec une prudence très louable le ministre des finances n'a voulu
prévoir pour 1879 que des recettes inférieures à celles
de 1878. En agissant ainsi, M. Léon Say, se conforme
aux véritables règles d'une bonne comptabilité d'Etat.
Nous nous sommes, en toute occasion, élevé contre le
système des présomptions d'accroissement de recettes,
pratique qui entretient de funestes illusions et ne procure que des mécomptes. Evaluer moins en se basant
sur une moyenne fixe, avec probabilité de réaliser
davantage, est infiniment plus sage que d'établir des
évaluations brillantes basées sur les résultats d'un exercice favorable et que des circonstances nombreuses et
diverses peuvent démentir.

Les principales dépenses prévues pour 1879 se répartissent ainsi :

*Principales dé-
penses.*

Francs.

Guerre.	553.013.150
Marine	192.327.012
Instruction publique.	57.073.114
Cultes	53.973.045
Travaux publics.	156.206.798

Nous remarquons ici des augmentations de dépenses
assez sensibles. Elles s'élèvent à 14 millions pour la
guerre, à 2,700,000 francs pour la marine, à 4 millions
pour l'instruction publique, aggravations contre lesquelles nous nous garderions bien, en ce moment, de
produire des objections.

Augmentations.

Le budget de l'exercice 1878 s'élevait, en dépenses,
à 2,781.035,000 francs, celui de 1879 ne prévoit que
2,713,145,000 francs. C'est une différence en moins de
08 millions environ, mais cette atténuation n'est qu'apparente si l'on tient compte des nouvelles charges qui
ont été inscrites au budget extraordinaire.

Car, c'en est fait, nous avons un budget extraordinaire!

II

Création du budget extraordinaire. Décision regrettable.
Les budgets extraordinaires nous ont, en tous temps, inspiré une vive défiance. C'est que créés, on l'assurait du moins, en vue d'établir une classification plus claire des ressources et des dépenses, ils ne servaient, en somme, qu'à favoriser l'abus d'un artifice financier absolument blâmable.

Grâce à cet artifice, un ministre adroit dressait un budget ordinaire, agréable et brillant à l'œil, présentant un excédent de recettes notable ; ce budget, en effet, pouvait paraître séduisant, une fois allégé de dépenses encombrantes qu'on reportait allègrement au budget extraordinaire. Plus que tout autre, un tel système conduisait à l'erreur et à l'illusion. Le budget ordinaire offrait un excédent ou un équilibre fictif, tandis que l'autre budget ne renfermait de réellement extraordinaire que les ressources proposées et quelques-unes seulement des dépenses qui y devaient être imputées.

Un certain nombre de journaux officieux ont salué la mesure prise par M. Léon Say dans la division du budget du nom d'innovation; ils ont même affirmé que cette innovation était importante. Importante, il est vrai, et c'est parce qu'elle l'était trop qu'on l'a reprochée jadis aux ministres de l'Empire.

Opinion de M. Thiers.
De quel œil M. Thiers considérerait-il aujourd'hui l'innovation que nous offre la nouvelle loi de finances? Oublierait-il ses discours de 1868 et de 1869? La majorité actuelle, elle-même, oublie-t-elle les paroles prononcées naguère par l'habile homme d'État, paroles que la plupart des siens applaudissaient? Oublie-t-elle ce que disait M. Thiers dans la séance du 20 juin 1871, à la tribune de l'Assemblée nationale, sur ce trop commode système des budgets extraordinaires? Il est bon de le rappeler :

Ce qu'il en di-
sait au Corps
législatif.

Le secret des présentations budgétaires sous l'Empire, c'était de diviser le budget vrai, — il n'y a de budget vrai que celui qui comprend toutes les dépenses de l'État — le secret de ces présentations, dis-je, c'était de diviser le budget en plusieurs parties, de manière à en rendre la totalisation difficile, ou laborieuse du moins, et de tromper ainsi le pays sur la réalité et l'étendue de la dépense qu'il devait faire...... Ce système, c'était de faire un budget ordinaire, duquel on écartait une foule de dépenses inévitables, permanentes, qui méritaient, par conséquent le nom de nécessaires, et de les reporter au budget dit « extraordinaire »...

Voilà le système des illusions et des illusions coupables; car il y avait quelque chose de volontaire et d'intentionnel dans cette manière de présenter les dépenses du pays. Nous ne retomberons pas dans cette faute. (Très bien ! très bien !)

Et M. Thiers, applaudi, poursuivait :

Non, Messieurs, nous ne renouvellerons pas l'exemple des illusions que nous avons condamnées. J'en prends l'engagement. Je crois l'avoir dit : au pouvoir, je ne ferai pas ce que j'ai condamné quand j'étais dans l'opposition, de même que, dans l'opposition, je me suis attaché à ne soutenir que des choses que, plus tard, j'aurais pu réaliser au pouvoir, (Approbation.) (1)

Quant à nous, nous n'en doutons pas, M. Thiers s'il vivait, et en cela il se fût fait écouter de la majorité actuelle, M. Thiers eût empêché le gouvernement de rentrer dans la voie des errements anciens si énergiquement condamnés jadis par l'opposition.

Raisons du ministre des finances. Nécessité de les connaître.

Pour que le ministre des finances se soit résigné à s'engager dans ce sens, il faut qu'il ait eu des raisons bien considérables et tout à fait décisives. Ces raisons il les fera connaître à la commission du budget qui en appréciera la valeur et les invoquera sans doute dans son rapport. Jusqu'à ce moment, nous nous abstiendrons de toute autre considération ; nous nous bornerons à exprimer de nouveau la défiance que nous a toujours inspirée la division des budgets et surtout cette distinction qu'on rétablit aujourd'hui, que l'on regarde comme une innovation, et qui nous paraît n'être qu'un retour dangereux à un système décrié.

(1) Annales de l'Assemblée nationale, pages 521 et 522. (Séance du 20 juin 1871.)

III

L'attention du
parlement.

Cette question seule, jointe à tant d'autres qui n'ont pas été résolues au cours de la discussion de nos derniers budgets, est de nature à appeler sur la nouvelle loi de finances, l'attention spéciale du parlement.

La loi de finances est considérable, elle embrasse une somme énorme de matières, toutes dignes d'un examen approfondi. Nous ne croyons pas qu'aucune fraction de la Chambre doive s'en désintéresser. La lumière peut

Le rôle de la minorité.

jaillir utilement de partout. La minorité, à cet égard, n'a pas moins de devoirs à remplir que la majorité; le budget peut offrir à son activité un champ très digne et très vaste.

Cette minorité compte dans son sein des hommes expérimentés, qui ont été au pouvoir, qui savent les affaires, qui y sont rompus. Pourquoi, délaissant les questions purement politiques, les questions de personnes et de parti, cette minorité ne s'adonne-t-elle pas résolûment aux questions d'affaires? Pourquoi se renferme-t-elle dans une abstention presque absolue sur ces matières si importantes, familières à la plupart de ses membres? Ne se rappelle-t-elle pas ce que put autre-

Les cinq du Corps législatif.

fois la faible opposition des *cinq* ?

La commission du budget appartient à la gauche, il est vrai; mais rien n'empêche la droite de former dans son sein une sorte de contre-commission qui étudierait toutes les questions budgétaires, préparerait des ré-

Résultats utiles.

formes, les proposerait, les défendrait. Un tel travail, une telle tâche, ne seraient pas utiles à elle seule; ils profiteraient à tous. La gauche, dit-on, ne l'écouterait pas. Mais le pays l'entendrait; mais une foule d'idées aujourd'hui obscurcies, aujourd'hui négligées, se feraient de nouveau jour dans l'opinion publique. Une telle opposition que la minorité de gauche a pu souvent faire jadis utilement, serait certes féconde en résultats; elle serait en tout cas préférable à l'abstention.

LE BUDGET VOTÉ AU PAS DE CHARGE

La discussion générale du budget s'est ouverte à la Chambre des députés le 21 novembre dernier. En moins de trois heures, elle a été épuisée et close et on a pu, en outre, aborder sur-le-champ la discussion des budgets particuliers des ministères.

Le 30 novembre, c'est-à-dire, à peine dix jours plus tard, la Chambre des députés avait voté le budget des dépenses tout entier. Huit séances lui avaient suffi pour scruter en ses profondeurs ce vaste amas de matières délicates et de chiffres redoutables.

En comptant exactement la moyenne du temps accordé par séance à l'examen de ce lourd et complexe budget, on reconnaît que la Chambre des députés lui a consacré un peu plus de vingt-quatre heures.

Nous nous plaignions, nous nous attristions, chaque année, de voir le budget « voté au pas de course ». Cette expression qui n'était pas exagérée est aujourd'hui insuffisante. On ne vote plus le budget « au pas de course », mais, comme le dit spirituellement M. de Mazade, dans sa chronique de la *Revue des Deux Mondes*, on le discute « au pas de charge ».

La commission du budget, formée tout entière de membres appartenant à la majorité, avait sans doute sérieusement élaboré la loi de finances; on a évidemment pensé que c'était, pour la Chambre des députés, une assez large part d'action que de ratifier purement et simplement le travail de cette commission et les conclusions des rapporteurs.

La minorité s'est plainte, non sans raison, d'avoir été exclue des travaux préparatoires de la commission du budget. M. de Soland a fait remarquer très justement combien il était, à tous égards, regrettable de voir soustraire le budget au légitime contrôle de la

Un budget voté en 24 heures.

La minorité de la Chambre. Son exclusion de la commission du budget.

partie de la Chambre qui, actuellement, constitue l'opposition.

M. Gambetta a répondu que cette exclusion n'était point le fait de la majorité, mais le résultat, en quelque sorte naturel, de la procédure parlementaire. Les membres de la commission ont dû être nommés par les bureaux; ceux-ci ont désigné, chacun, ceux de leurs membres qui leur paraissait le mieux représenter leur opinion; rien de plus régulier. Cette observation, juste quant au fait, ne détruit pas ce qu'ont de fondé les revendications de la minorité. Il est évident qu'il est dangereux, pour le présent comme pour l'avenir, que les recettes et les dépenses de l'État soient fixées exclusivement par des hommes appartenant au même groupe politique et qui n'ont devant eux aucun contradicteur.

Cependant, disons-le, la tâche du législateur ne consiste pas uniquement dans le travail qui s'accomplit au sein des commissions. Ce travail n'a pour objet qu'une élaboration aussi attentive que possible de la matière législative, mais il ne comporte en soi, rien de définitif. À la majorité de la Chambre aussi bien qu'à la minorité incombe le devoir de compléter ce travail, de le contrôler avec soin, de le discuter, de le rectifier. Une commission ne peut qu'appuyer ou présenter des propositions et poser des conclusions. C'est à la Chambre tout entière, majorité et minorité, de délibérer et de juger en dernier ressort.

Rôle utile à remplir dans la discussion publique. Dans cette épreuve définitive, la minorité peut utilement et efficacement intervenir; la minorité actuelle ne paraît pas s'en préoccuper suffisamment.

On peut être exclu d'une commission, on peut même l'être de toutes. Étant donnée une telle éventualité qui peut si souvent se réaliser, une minorité n'a-t-elle donc plus qu'à se résigner ou à se contenter de faire entendre de platoniques protestations? Assurément non. Il lui reste toujours la discussion publique.

Il n'est pas absolument indispensable pour étudier un budget, pour le scruter, pour le sonder, pour en

saisir les défectuosités d'ensemble ou de détail, pour
pouvoir enfin le discuter, éloquemment même, à la
tribune, il n'est pas absolument indispensable, disons-
nous, de faire partie de la commission. Sans doute, on
manquera de certains documents, sans doute on n'en-
tendra pas à l'avance certaines explications, mais incontestablement, si l'on a travaillé, si l'on a lu et vu, si
"on sait" en un mot, on aura toujours abondance de
remarques et d'observations intéressantes à produire
dans la discussion publique.

Dans l'œuvre d'un parlement, la plus grande part doit *L'utilité du tra-
sans doute être faite au travail collectif; mais le tra- *vail individuel
des députés.
vail individuel doit en avoir une très large; c'est lui
surtout qui développe les talents et les personnalités ;
c'est lui qui fait naître les idées les plus fécondes
comme les plus ingénieuses. Il est rare que le projet
d'une grande réforme sorte de la délibération d'un
groupe, conseil ou commission; elle jaillit le plus souvent de l'intelligence d'un homme et se mûrit ensuite
dans les diverses épreuves qu'elle traverse avant de se
formuler législativement.

On ne saurait donc trop recommander, aussi bien à
la majorité encore neuve sur beaucoup de matières
qu'à la minorité qui se voit fermer les commissions,
le travail individuel, l'étude du budget en dehors des
bureaux et des commissions, cette étude attentive sans
laquelle les hommes spéciaux eux-mêmes ne peuvent
prendre utilement part à une discussion aussi grave,
aussi importante que celle de la loi de finances.

La majorité ne doit pas se montrer si sûre d'elle- *Les cinq du
Corps législatif.
même, qu'elle dédaigne de se familiariser avec des
questions devant lesquelles hésitent les plus habiles.

La minorité ne doit pas renoncer au rôle vraiment
nécessaire qu'elle peut jouer dans le fonctionnement
de nos institutions parlementaires. Elle voudra se rappeler la part considérable que prit jadis le fameux
groupe des *cinq* dans les discussions financières qui se
déroulèrent devant le Corps législatif.

BUDGET DE 1880

PENSONS AUX CONTRIBUABLES

I

« On peut, disait Turgot à ses collègues, donner de fort bonnes raisons pour soutenir que toutes les dépenses particulières sont indispensables, mais comme il n'y en a point pour faire ce qui est impossible, il faut que toutes ces raisons cèdent devant la nécessité absolue de l'économie. »

Ces sages paroles, vieilles d'un siècle, nous venaient à l'esprit en étudiant le lourd budget de 1880 que, dans une louable hâte, le ministre des finances vient de déposer sur le bureau de la Chambre.

Jamais, en effet, la nécessité de faire des économies ne s'est davantage imposée à nos gouvernants ; jamais, en effet, il n'a été plus nécessaire de s'efforcer d'opérer dans les dépenses de l'Etat toutes les réductions compatibles avec le bon ordre et l'intérêt des services publics. Ajourner celles qui ne sont pas d'une urgence absolue ; diviser en plusieurs années les améliorations trop lourdes pour un seul exercice ; écarter, dans tous les cas, la prétention de tout faire et tout vouloir entreprendre à la fois ; s'appliquer, s'il faut faire des dépenses, à dépenser mieux pour dépenser moins : tel doit être aujourd'hui le souci de ceux qui ont la charge de diriger les finances de notre pays. C'est en s'inspirant de ces principes, dont l'application est plus opportune que jamais, que nous pouvons espérer voir bientôt

sonner l'heure des dégrèvements d'impôts. « Dégrever,
dégrever, et encore dégrever, écrivait un jour M. Gladstone, voilà toute la science d'un ministre des finances! »

Le budget de 1880 ne nous paraît malheureusement
pas nous rapprocher de cette heureuse époque, si impatiemment attendue et désirée par les contribuables.

II

Le budget de 1880 réclame 2,756 millions pour les
dépenses ordinaires, 561 millions pour les dépenses sur
ressources extraordinaires. Voilà déjà une somme bien
ronde de 3,317 millions. Ne nous arrêtons pas en si
beau chemin, tournons les pages de ce budget ; nous ne
sommes pas au bout. Le budget des dépenses sur ressources spéciales, qui comprend les recettes que les
agents du Trésor encaissent pour les départements et
les communes, s'élèvera, en 1880, à 406 millions. Les
services rattachés pour ordre au budget, réclament 54 millions moins quelques centaines de francs. Pour ces
deux chapitres, nous obtenons un total de 460 millions.

Ainsi : 3 milliards 317 millions d'une part, 460 millions, d'autre part, nous voilà déjà arrivés au chiffre de
3 milliards 777 millions.

Est-ce tout ? Hélas, non. A ces 3 milliards 777 millions,
il faut ajouter les produits des octrois, soit 230 à 235 millions. Ajoutons encore les taxes municipales de tout
genre, autres que les octrois, et qui produisent au minimum 180 millions ; nous arrivons à un total de 410 à
415 millions. Additionnons maintenant ces 410 millions
avec les 3 milliards 777 millions, décomptés plus haut,
et nous obtenons le total majestueux de 4 milliards
187 millions.

Est-ce tout ? Pas encore. Il faut tenir compte également de tous ces petits emprunts que, suivant en cela
l'exemple donné par les grandes villes, nos communes
et nos bourgades effectuent. Pour l'année 1880, ces petits

Un budget de 4 milliards.

emprunts absorberont encore 70 ou 80 millions. Faisons maintenant la récapitulation de toutes les sommes que nous venons d'énumérer, la conclusion est celle-ci : pour l'année 1880, les dépenses publiques de la France s'élèveront, au minimum, à 4 milliards 250 millions !

III

Lourdes charges, conséquence des emprunts.

Qui donc paie ces sommes énormes, sinon fabuleuses? Les contribuables. Ne serait-il pas temps, grand temps vraiment, de songer à eux.

C'est à partir de 1873 que nos emprunts libératoires ont été complètement encaissés et que nous avons payé notre rançon. Quel cri de joie, dans toute la France, lorsqu'on sut que les fameux 5 milliards étaient payés ! Aujourd'hui encore, on admire notre pays, — nous nous admirons même un peu trop — d'avoir payé une rançon aussi considérable.

Les contribuables commencent à sentir le poids des lourdes charges, conséquence de ces emprunts. Le produit des impôts et revenus indirects n'est pas très satisfaisant, en effet, pour le commencement de cette année.

C'est là, assurément, une indication dont il convient de tenir compte ; c'est un symptôme non équivoque du poids de nos impôts. Nous ne voudrions pas dire, comme le faisait récemment observer M. Paul Leroy-Beaulieu, que « partout s'annonce le coulage » ; mais il faut, plus que jamais, prendre garde que l'équilibre de nos budgets ne soit compromis, si maintenant le rendement des impôts n'allait plus correspondre à l'augmentation annuelle de nos dépenses publiques.

On a changé seulement de créanciers.

En empruntant pour se libérer envers l'Allemagne, la France n'a fait, au fond, que changer de créanciers. Ce qu'elle devait, elle le doit encore ; elle le doit aux porteurs des titres des emprunts contractés. Si le capital a cessé d'être remboursable à échéance fixe, elle en doit la rente à perpétuité. Il a fallu créer des impôts pour payer cette rente. Il a fallu en créer encore pour faire face à toutes les dépenses qui ont été votées, en sus du paiement des frais de la guerre.

Rien de plus instructif, de plus triste pourrions-nous ajouter, que cette progression annuelle continue des impôts.

La progression des impôts.

Nous en avons fait le relevé, année par année, depuis 1873 et, vraiment, les chiffres que nous avons puisés dans les documents officiels n'ont qu'une trop grande éloquence.

	Francs.
En 1873, les impôts directs produisaient.	671.578.000
En 1878, ils ont fourni	716.204.700
Augmentation.	44.026.700
En 1873, les impôts indirects produisaient.	1.807.706.000
En 1878, ils ont donné.	2.161.747.000
Augmentation.	354.041.000
En 1873, la taxe sur le revenu des valeurs mobilières produisait.	31.760.000
En 1878, le même impôt a rendu.	34.274.000
Augmentation.	2.514.008

Voici quel est, année par année depuis 1873, le montant global des ressources provenant de l'impôt.

Années.	Résultats globaux.
	Francs.
1873	2.511.014.000
1874	2.567.973.000
1875	2.768.480.000
1876	2.830.521.800
1877	2.824.060.200
1878	2.912.225.700

De 1873 à 1878, l'augmentation est donc de 400 millions.

Si nous comparons le produit de ces divers impôts fin 1878 aux résultats de l'année 1869, année qui a précédé la guerre, l'augmentation paraîtra plus effrayante encore.

1809-1878. Un
surcroît de char-
ges d'un milliard.

En 1869, le produit des divers impôts, contributions directes, taxes spéciales, contributions indirectes, etc. s'élevait au total à   1,847.135.107

En 1878, les impôts produisent 2,912.225.700

Soit une augmentation de 1,065.090.593

Un milliard soixante-cinq millions !

IV

Conclusion : Il
faut économiser.

Ces chiffres portent avec eux leur enseignement.

Lorsque les dépenses publiques d'un pays s'élèvent à 4,250 millions ; lorsque, dans ce même pays, le produit des impôts a été augmenté, en moins de dix années, de plus d'un milliard, qui ne voit qu'un fardeau semblable est écrasant, qu'il pèse sur tous, sur le producteur qui a des charges accablantes à payer, sur le consommateur qui paie tout ce dont il a besoin bien plus cher qu'autrefois, en raison de l'augmentation des frais de production et des impôts ?

Il faut donc, à tout prix, s'arrêter dans la voie des dépenses, créer un peu moins de places nouvelles et songer enfin à ces contribuables qui paient ces impôts énormes. Dans l'exposé des motifs du budget précédent, M. Léon Say disait avec grande sagesse : « Nous pouvons bien supporter les réductions déjà opérées sur les impôts, mais nous ne pouvons, même dans la plus faible mesure, en consentir de nouvelles. »

Quoi, depuis huit ans, on a dégrevé seulement les contribuables de 60 millions d'impôts sur un milliard créé depuis 1870, et on déclare que tout dégrèvement nouveau est impossible ? N'est-ce pas là le signe de gêne le plus évident et n'est-il pas grand temps de ralentir les dépenses et de faire des économies ?

Trop de dé-
penses.

La France ressemble actuellement à un fils de famille qui aime à la fois les constructions, les beaux-arts, les fêtes, qui est très charitable, ne se prive de rien, satisfait tous ses goûts et n'a qu'une seule préoccupation :

recevoir à échéance fixe, pour le dépenser aussitôt, l'argent que lui compte son père.

Ce père, qui aime son fils jusque dans ses défauts et approuve tout ce qu'il dit, tout ce qu'il fait, tout ce qu'il demande, sans s'apercevoir de ce que lui coûte ce charmant et généreux enfant, ce père, disons-nous, ressemble fort au contribuable et le fils de famille à grand nombre de nos députés, qui, avec les meilleures intentions du monde, sollicitent et font voter chaque année des crédits nouveaux et des dépenses nouvelles. Il est cependant grand temps qu'une telle situation change et que le contribuable, qui est électeur, sache imposer à son mandant le soin de faire des économies dans les dépenses de l'État et réclame une réduction dans les impôts.

Aujourd'hui, le gouvernement est bien au complet. Tous les désirs de la majorité doivent être, au point de vue politique, complètement satisfaits. Les trois grands pouvoirs de l'État marchent d'accord. Eh bien ! on ne s'expliquerait pas, on ne comprendrait pas que les questions politiques ne fussent pas désormais abandonnées pour s'occuper, comme l'a si justement demandé le nouveau président de la Chambre des députés, « de toutes les questions économiques, commerciales, financières, industrielles », pour qu'on ne songeât pas un peu à effectuer toutes les réformes réclamées depuis longtemps et toujours laissées en suspens.

Questions politiques et questions d'affaires.

Faites des économies surtout, nous permettrons-nous de dire aux représentants du pays ; pensez un peu, s'il vous plaît, au contribuable ; diminuez ses impôts et ses charges ; occupez-vous de ses affaires, des affaires de la nation, vous rappelant ces belles paroles d'un grand penseur :

Pensons aux contribuables.

La tyrannie d'un prince ne met pas un État plus près de sa ruine que l'indifférence pour le bien commun n'y met une République. L'avantage d'un pays libre est que les revenus y sont mieux administrés ; mais lorsqu'ils le sont plus mal, l'avantage d'un État libre est qu'il n'y ait pas de favoris ; mais quand cela n'est pas, et qu'au lieu des amis et des parents du prince, il faut faire la fortune des parents et des amis de tous ceux qui ont part au gouvernement, tout est perdu (1).

A TRAVERS LE BUDGET

I

Ce qu'on sait du budget.

On sait que le budget de 1880 a été déposé par le ministre des finances sur le bureau de la Chambre des députés. On sait cela, et c'est à cela que se borne à peu près tout ce qu'on sait de ce budget.

Depuis plusieurs années on vote cette loi de finances si considérable, si importante, avec une telle rapidité qu'il est permis de douter que ceux même qui la votent aient une parfaite connaissance des différents documents qui font partie intégrante du projet et qui, réunis, forment un volume de quatorze cents pages.

Ce volume est très exactement distribué à chacun des membres du parlement. Combien en est-il qui l'étudient? Combien en est-il qui le lisent attentivement? Combien qui le parcourent seulement? Et combien qui ne l'ouvrent même pas? C'est là une statistique que nous n'entreprendrons pas de dresser; elle pourrait entraîner à des conclusions qui paraîtraient quelque peu irrévérencieuses. Disons que, quoi qu'on en puisse penser, tous nos législateurs sont "censés" avoir au moins feuilleté ces 1,400 pages, bourrées de chiffres intéressants, et que, lorsqu'ils adoptent un chapitre, on doit supposer qu'ils soupçonnent ce que ce chapitre peut renfermer.

Quelques chiffres.

Il y a lieu de croire que chacun des hommes politiques qui exercent une part quelconque des pouvoirs publics sait ce qu'il coûte à l'État, c'est-à-dire aux contribuables.

Les dotations.

Le président de la République touche un traitement annuel de 600,000 francs, plus 300,000 francs pour les

1 Montesquieu. *Grandeur et décadence des Romains*, ch. iv.

frais de sa maison et 300,000 francs encore pour déplacement et représentation. C'est en tout 1,200,000 francs, somme extrêmement minime et qui doit certainement être de beaucoup insuffisante. Il est évident que si le chef de l'État ne jouit pas d'une fortune personnelle qui lui donne de grands revenus, il reste au-dessous des nécessités de sa situation.

Le Sénat est inscrit au budget pour 4,300,000 francs ; soit en moyenne 14,300 francs par sénateur.

La Chambre des députés coûte 6,521,000 francs ; soit un peu plus de 12,500 francs par député.

Chaque ministre touche 60,000 francs de traitement ; les présidents de l'une et l'autre Chambre touchent environ 72.000 francs. Les sous-secrétaires d'État touchent de 20,000 à 30,000 francs.

Ces quelques chiffres donnent une idée approximative de ce que l'on peut appeler le budget gouvernemental.

On a, dans ces derniers temps, beaucoup parlé de la magistrature, il n'est peut-être pas inutile de dissiper les illusions que l'on paraît entretenir sur les charges qu'elle impose à l'État.

Nous venons de dire qu'un président de la Chambre des députés ou un ministre coûte de 60 à 72,000 francs, qu'un sous-secrétaire d'État en coûte 30,000. Eh bien, le personnage le plus élevé, le plus considérable dans l'ordre de la magistrature, le premier président de la Cour de cassation ne touche qu'un traitement de 30,000 francs. Un président de chambre à la même Cour reçoit 25,000 francs ; les conseillers, hommes éminents et comptant pour la plupart de longs services, ne touchent que 18,000 francs. La Cour de cassation ne figure au budget, toutes dépenses comprises, que pour un crédit de 1,181,000 francs. Ce corps illustre coûte au pays quatre fois moins que le Sénat et six fois moins que la Chambre des députés.

Dans les cours d'appel, le traitement des premiers présidents varie de 25,000 francs à 15,000 francs ; celui des présidents de chambre, de 13,500 francs à 7,500 francs ; celui des conseillers de 11,000 à 5,000. On descend rapidement vers les traitements infimes : un substitut auprès d'une cour d'appel ne touche annuellement que 3,750 francs.

Toutes les cours d'appel, ensemble, et toutes dépenses comprises, ne coûtent à l'État que 6,518,510 francs, c'est-à-dire un peu moins que ne coûte à elle seule la Chambre des députés.

Dans les tribunaux de première instance, sur 350 présidents, un seul touche un traitement de 20,000 francs ; il en est 175 qui ne reçoivent annuellement que 3,000 francs. Sur les 703 juges attachés à ces tribunaux, il en est 349 qui sont payés 2,700 francs et 203 qui ne touchent que 2,400 francs.

Anomalies. Les juges de paix. Parlerons-nous de ces malheureux juges de paix qui depuis deux ans ont subi de si dures vicissitudes ? Sur 2,860 juges de paix, il n'en est que 20, ceux des vingt arrondissements de Paris, dont le traitement atteigne 8,000 francs, et il en est plus de 2,000 qui ne reçoivent par an que 1,800 francs.

Ainsi voilà des hommes dont on exige des grades universitaires, de l'intelligence, de la science, de la considération, un certain décorum, une assiduité constante et une intégrité à toute épreuve : le tout à raison de « cent cinquante francs par mois » !

Encore leur situation n'offre-t-elle plus ni sécurité, ni stabilité. Lorsqu'un de ces juges si modestes et si utiles est soudainement déplacé, on imagine facilement le trouble, le désordre, qu'une pareille mesure jette dans ses humbles finances. Pour beaucoup d'entre eux c'est la ruine. 1,800 francs, c'est un peu moins que les appointements d'un concierge de ministère, encore celui-ci est-il logé, chauffé, éclairé ! Quel homme d'une intelligence ordinaire et d'une instruction médiocre se contenterait de si peu dans les carrières industrielles et commerciales ?

Cette simple lecture du budget fait, on le voit, soup-

çonner bien des misères. On sait combien est digne Les desservants.
d'intérêt la situation des pauvres desservants chargés
d'années et dont le traitement annuel est si notoirement,
si cruellement insuffisant. Rappellerons-nous que le
traitement du plus grand nombre des pasteurs protestants atteints à peine le chiffre de 1,000 francs par an?
que celui des rabbins communaux est, dans le plus
grand nombre des cas, inférieur même à ce chiffre et
que les émoluments des ministres officiants du culte
israélite varient entre 2,000 francs et 600 francs par an?

Il n'est pas de budget ministériel qui ne soulève de
semblables remarques et n'éveille la pitié sur certaines
situations vraiment misérables.

Sait-on ce que, dans le service de la navigation, gagne Les éclusiers.
un éclusier ? Lorsqu'il est de première classe son traitement varie de 550 à 650 francs par an ; s'il est de troisième, il ne gagne que 450 à 550 francs ; le traitement
des gardiens de phares varie entre 900 et 525 francs
par an.

Lorsqu'en parcourant les nombreux chapitres du bud- Revision né-
cessaire.
get, le regard tombe et s'arrête sur de pareils chiffres ;
lorsqu'on réfléchit que, dans ces 1,400 pages d'impression, il y a à relever une multitude de faits identiques,
de choses aussi choquantes, aussi déplorables ; lorsqu'on rapproche ensuite certaines allocations infimes
des crédits énormes ouverts pour des dépenses d'une
urgence et d'une utilité contestables, on reste convaincu
que vraiment tout n'est pas pour le mieux, même dans
un budget en équilibre. On comprend qu'il y a beaucoup
de grandes réformes et un nombre considérable de
petites à apporter dans tous les services. On pense que
vraiment il serait temps d'ouvrir enfin ce gros livre, de
le lire sérieusement, de l'étudier, de le discuter et de
faire en sorte qu'à l'avenir la lecture en soit moins
attristante.

II

Les services de l'Intérieur.

Le budget du ministère de l'intérieur est un des plus onéreux parce qu'il est aussi un des plus importants. Pour l'exercice 1879, les dépenses inscrites au budget général ne s'élèvent pas à moins de 67 millions; les dépenses sur ressources spéciales réclament, d'un autre côté, 212 millions. Les deux budgets forment donc un total de 280 millions environ.

On sait combien sont nombreux les services que ce ministère embrasse.

Il faut d'abord pourvoir aux dépenses de l'administration centrale qui comprend les traitements du ministre et du haut personnel résidant à Paris.

Administration générale.

Vient ensuite l'administration générale, c'est-à-dire tous les fonctionnaires administratifs des départements : préfets, sous-préfets, conseillers de préfectures, inspecteurs, etc., etc. Il faut faire face ensuite aux dépenses nécessaires pour la sûreté publique ; commissariats de l'émigration, commissaires de police ; subventions à la ville de Paris pour la police municipale ; frais de police de l'agglomération lyonnaise ; dépenses secrètes. Ce dernier chapitre relatif à la sûreté publique ne s'élève pas à moins de 12 millions, y compris les 2 millions de « fonds secrets » qui ont toujours donné lieu à tant de réclamations — quand la majorité actuelle faisait partie de l'opposition, — dont on demandait la suppression, mais que l'on conserve toujours et non sans raison. On s'aperçoit, quand on fait partie du gouvernement qu'il y a nombre de dépenses d'autant plus nécessaires bien souvent qu'elles sont plus cachées.

Prisons.

Dans les attributions du ministre de l'intérieur, se trouve le service des prisons. C'est un des plus coûteux. Il n'exige pas moins de 25 millions par an. Et ce chiffre n'est nullement exagéré. Il faut d'abord payer le personnel du service pénitentiaire ; payer l'entretien des détenus ; payer le transport des détenus et des libérés.

Ces trois chapitres seuls coûtent annuellement plus de 18 millions ! Mais il ne suffit pas d'avoir des prisons, d'en payer les gardiens, d'y entretenir les détenus ; il faut aussi pourvoir aux réparations dont ces prisons ont besoin : travaux ordinaires aux bâtiments pénitentiaires, mobilier du service pénitentiaire, acquisitions et constructions diverses pour ces services : tout cela réclame encore près de 3 millions de faux frais par an. Les 4 millions restants sont affectés aux remboursements sur le produit du travail des détenus.

Le ministère de l'intérieur consacre par an près de 9 millions en subventions et secours divers, aux départements, aux établissements généraux de bienfaisance, en frais d'inspection et de surveillance des enfants assistés, en frais de protection des enfants du premier âge, en secours personnels à divers titres, frais de rapatriement, secours aux réfugiés étrangers. Dans la nomenclature des subventions et secours, le chapitre 19 est consacré au matériel des cours d'appel et grève de 530,000 francs le budget du ministère de l'intérieur. Il nous semble que ce chapitre serait mieux à sa place dans le budget du ministère de la justice. Nous ferons la même observation pour le chapitre 31 compris dans le « service extraordinaire » et qui comprend une somme de 505,000 francs pour travaux des palais de justice de Paris, d'Amiens, d'Angers et de Dijon. Il nous paraît que la surveillance de ces travaux incomberait plus justement soit au ministère des beaux-arts, soit au ministère des travaux publics, soit à celui de la justice.

Le ministre de l'intérieur reçoit un traitement de 60,000 francs par an. Le sous-secrétaire d'Etat touche 25,000 francs. Le chef du cabinet du ministre 10,000 fr.

Le cadre des bureaux de l'administration centrale du ministère comprend 367 personnes.

Il y a cinq directeurs de services qui sont ceux de la presse, du secrétariat et de la comptabilité, de l'administration départementale et communale, de l'administration pénitentiaire, de la sûreté générale.

Bienfaisance.

Administration centrale.

Les directeurs ont 15,000 francs de traitement. A ces directeurs sont adjoints 30 chefs de bureaux, dont 4 sous-directeurs, 41 sous-chefs de bureaux, 1 caissier, 1 sous-caissier, 1 chef du service intérieur, 218 commis principaux et employés et 69 huissiers, concierges et gardiens de bureaux.

Le traitement des chefs de bureaux varie de 7,000 à 10,000 francs; celui des sous-chefs de 4,500 à 8,000 francs celui des commis principaux et employés de 1,800 à 4,000 francs. Les huissiers, concierges, gardiens de bureaux touchent de 1,200 à 2,000 francs.

Chefs de bureaux et magistrats.

Si nous comparions les différents émoluments accordés dans le ministère à certains traitements alloués dans d'autres services, nous verrions quelles différences sensibles existent, quelles réformes appelle un semblable état de choses. Voilà, par exemple, un chef de bureau au ministère de l'intérieur qui reçoit 10,000 francs par an. C'est, à 500 francs près, le même traitement que celui alloué aux présidents de chambres des cours d'appel de Bordeaux, Lyon, Rouen, Toulouse. C'est 2,500 francs de plus que le traitement alloué aux présidents de chambre de toutes les autres cours d'appel ; c'est le double du traitement des conseillers de ces mêmes cours. Comparez d'une part la facilité avec laquelle on peut nommer des chefs de bureau dans un de nos ministères aux difficultés, au travail, à la science qu'exigent des fonctions aussi considérables que celles incombant aux magistrats et vous verrez s'il n'y a pas là une réforme à introduire. Et si nous étendions cette comparaison aux traitements accordés aux magistrats qui composent les tribunaux de première instance, quelles anomalies étranges aurions-nous à constater ! Voilà, par exemple, la sixième classe des tribunaux. Cette classe comprend 175 tribunaux. Comme les tribunaux de première instance siégeant en France sont au nombre de 359, on voit de suite que la sixième classe est la plus importante par le nombre de villes où elle fonctionne.

Or, veut-on savoir quel est le traitement des magistrats attachés à ces 175 tribunaux?

Le président et le procureur de la République reçoivent chacun 3,000 francs : c'est 400 francs de moins qu'un commis principal du ministère de l'intérieur. Un juge ou un substitut touche 2,400 francs! Que l'on compare maintenant ces faibles traitements à ceux que nous citons plus haut et qu'on juge s'il n'y a pas là quelque chose de particulièrement anormal !

Les traitements et indemnités des fonctionnaires administratifs des départements coûtent plus de 5 millions par an. Ces fonctionnaires sont le préfet de la Seine, le préfet de police, les préfets et sous-préfets, les secrétaires généraux. Les frais d'administration des préfectures et sous-préfectures coûtent plus de 6 millions. Au total, l'administration départementale est inscrite au budget du ministère de l'intérieur pour 12 millions environ.

C'est le préfet de la Seine qui reçoit le traitement le plus élevé : 50,000 francs. Après lui, vient le préfet de police avec 40,000 francs.

Préfets et généraux.

Il y a, comme on sait, trois classes de préfectures et de sous-préfectures. A chacune de ces classes sont alloués des traitements différents. Un préfet de 1re classe reçoit 35,000 francs par an ; de 2e classe, 24,000 francs ; de 3e classe, 18,000 francs.

Veut-on que nous comparions ces traitements des fonctionnaires de l'ordre administratif à ceux qui sont alloués au ministère de la guerre pour nos officiers généraux? Un maréchal de France, en activité de service, reçoit 30.122 fr. 45 ; un général de division : 19.836 fr. 73 ; un général de brigade : 13.224 fr. 10. Les généraux de division commandant un corps d'armée, reçoivent une indemnité de 11.500 francs, qui, ajoutée à leur traitement de 19,836 fr. 73, forme un total de 31,336 fr. 73.

Ces comparaisons de chiffres font ressortir tout de suite quelles inégalités de traitement existent entre les

fonctionnaires selon qu'ils appartiennent à l'ordre administratif, judiciaire ou militaire.

Comparaisons
et inégalités.

Prenons un exemple :

La ville de Châlons-sur-Marne est le chef-lieu d'un
département et la résidence d'un préfet; dans cette ville,
se trouve le commandant en chef du 6e corps d'armée ;
dans cette ville encore siège un tribunal de première
instance.

Les trois représentants de l'État, dans le département,
les chefs hiérarchiques, sont donc : le préfet du département; le général de division commandant le corps
d'armée ; le président du tribunal civil.

Quels sont les traitements alloués à ces hautes fonctions ? Le préfet (3e classe) reçoit 18,000 francs ; le
général commandant 31,396 fr. 73 ; le président du
tribunal a seulement 8,000 francs.

Si nous choisissions comme exemple, une ville dans
laquelle se trouve une préfecture de 1re classe et une
cour d'appel et qui soit en même temps le siège d'un
commandement de corps d'armée, les inégalités de
traitement ne paraîtraient pas moins choquantes.

Qu'on en juge :

Bordeaux est une préfecture de 1re classe ; elle a une
cour d'appel et un commandement de corps d'armée.
Le préfet reçoit 35,000 francs ; le général 31,396 fr. 73 ;
le premier président de la cour touche seulement
20,000 francs.

————

LOIS D'AFFAIRES

Les Chambres vont se réunir en une session extraordinaire qui sera, il est vrai, de courte durée, mais à
laquelle succédera presque immédiatement la session
ordinaire de l'année 1880. Pendant ces deux sessions,
ce n'est assurément pas la matière législative qui fera
défaut à notre parlement. Tout d'abord le Sénat aura à

discuter le budget de 1880 qui doit être voté avant
la fin de l'exercice. Si cet examen a lieu comme par
le passé, nous savons qu'il suffira de quelques courtes
séances pour en finir avec cette loi de finances si importante, si grave, si digne d'être, une fois au moins,
étudiée de près et discutée à fond. Nous voudrions
donc pouvoir espérer que le Sénat consacre à la discussion du budget la plus large part du mois de décembre.
Pendant ce temps la Chambre des députés pourrait rechercher, toutes préoccupations politiques cessantes,
les questions d'affaires dont tant de signes manifestes,
tant de symptômes alarmants et tant de faits nouveaux,
survenus depuis la dernière session, ont démontré l'urgence.

Dans quelle situation en effet, les Chambres, revenant siéger, trouvent-elles le pays ?

Les conditions économiques se sont-elles sensiblement améliorées ? Le commerce, l'industrie ont-ils cessé
de souffrir ? Leurs souffrances sont-elles moins vives
parce que leurs plaintes sont moins bruyantes ? Est-
il survenu quoi que ce soit qui ait atténué leurs maux,
ranimé leur activité ou allégé leurs charges? Il est impossible de ne pas reconnaître combien est déplorable
l'incertitude qui règne sur notre législation internationale. Il est impossible qu'on veuille entretenir, perpétuer une situation si dommageable et se contenter
d'une vie précaire faite de délais et d'atermoiements.
Que deviennent nos relations commerciales ? Quelle
sécurité a-t-on assurée à nos transactions ? Quand les
commissions et les sous-commissions parlementaires
auront-elles fini de délibérer ? Où est enfin ce tarif
général qui doit servir de base à des négociations éter-
nellement futures ? Il serait cependant nécessaire de
savoir tout au moins où l'on en est, ce qu'il y a de fait,
ce qu'il reste à faire et de se mettre en mesure d'aboutir
à un résultat quelconque.

Et la question des chemins de fer? La Chambre se
dispose-t-elle à la résoudre ? N'ose-t-on plus l'aborder et

la discuter ? Que fait l'Etat de ce réseau qu'on a voulu quand même racheter ? En est-il satisfait ? En tire-t-il des produits abondants ou seulement suffisants ? L'expérience qu'on a faite a-t-elle été démonstrative ? Encourage-t-elle les pouvoirs publics à persévérer dans cette voie et à procéder au rachat progressif des grandes lignes ? Il y a là des intérêts considérables en jeu : ceux de notre industrie, de notre commerce, de notre agriculture, ceux de cette masse d'actionnaires et d'obligataires dont la fortune est engagée dans les entreprises de chemins de fer. Sur une question de cette importance le silence et l'inertie ne sont plus possibles.

Marché finan-cier.

La situation financière du pays s'est-elle tellement améliorée depuis la fin de la dernière session qu'il n'y ait plus lieu de s'en occuper ? Il est cependant permis de croire que les événements qui se sont produits sur notre marché financier dans ces derniers temps méritent bien d'éveiller l'attention et de stimuler la vigilance de nos législateurs. Il est malheureusement certain que si, depuis longtemps, on avait eu la prudence de réformer la loi de 1867 sur les sociétés, loi dont les lacunes ont été si nettement signalées, on eût empêché bien des abus et prévenu bien des ruines. Aujourd'hui on se trouve en présence de faits matériels dont la signification est assez claire et on peut juger ce qu'il en peut coûter de persister dans l'abstention et l'inaction. C'est ainsi que l'on peut compromettre l'exécution des projets les plus utiles, les plus sages, les plus opportuns, de ceux auxquels nos ministres se sont le plus sérieusement attachés.

Il y a quelque temps déjà, alors que le marché financier était en pleine effervescence de hausse, nous nous demandions pourquoi le gouvernement ne profitait pas des circonstances exceptionnellement favorables qui s'offraient pour réaliser tous les grands projets qu'il avait à effectuer et qu'il devra tôt ou tard mettre à exécution.

Nous pressentions alors la crise qui vient d'avoir lieu et nous regrettions que le gouvernement n'ait pas pris en main la direction de l'épargne en présentant aux capitaux libres, en quête d'emploi, des affaires fructueuses et sûres pour lesquelles il faudra plus tard qu'il leur fasse appel.

Crise de spéculation.

La spéculation, que rien ne modérait, que rien n'enrayait, a profité de cette abstention pour s'emparer du marché et s'y déployer en pleine licence, au risque de gaspiller les trésors de crédit qu'il offrait. La crise, sans doute, ne sera que passagère et ses effets seront, il faut l'espérer, relativement limités.

Rien n'est compromis, mais il faut considérer cette courte épreuve comme un avertissement sérieux. Nous avons trop de confiance dans la perspicacité du ministre des finances pour n'être pas convaincu qu'il juge sainement la situation et qu'il ne se laissera pas surprendre par les événements. On peut être assuré que M. Léon Say doit être le premier à désirer que les questions financières urgentes soient enfin résolues. L'activité de M. de Freycinet hâtera, nous n'en doutons pas, la solution de la question des chemins de fer ; enfin l'honorable M. Tirard, qui a une parfaite connaissance des besoins de notre commerce et de notre industrie, s'efforcera d'activer les travaux préparatoires qui ont retardé jusqu'ici la discussion de la question économique.

Sérieux avertissement.

BUDGET DE 1881

QUELQUES CHIFFRES A PROPOS DU BUDGET

I

Apport tardif du budget au Sénat.

Les Chambres viennent d'être convoquées en session extraordinaire. Le Sénat, après la Chambre, devra étudier les volumineux documents qui composent le budget de 1881 et le voter à son tour. C'est vraiment une habitude prise de se préoccuper bien peu du Sénat lorsqu'il s'agit de l'examen des lois de finances. Depuis plusieurs années, le budget n'a pas été voté une seule fois dans la session ordinaire des Chambres. Chaque année, cette discussion a été reportée à la session extraordinaire; chaque année aussi, le Sénat a eu tout au plus une huitaine de jours pour enregistrer les décisions budgétaires de la Chambre. Il en sera encore de même cette fois.

On sait que les lois de finances doivent être promulguées au plus tard le 31 décembre pour pouvoir être mises à exécution le premier jour de l'exercice. Sur les 51 jours que doit durer la session, il ne faut pas en compter plus de 36 où les Chambres siégeront effectivement. De ces 36 jours, combien faudra-t-il en déduire pour les discussions politiques, les interpellations, les questions? Nous ne serons pas taxé d'exagération en disant qu'il faudra s'estimer heureux si le budget peut commencer à être discuté, au Sénat, vers Noël, c'est-à-dire vers le 25 décembre. Du 25 au 31 décembre, on

voit ce qu'il restera de jours et d'heures à la haute assemblée pour examiner un budget de plus de 3 milliards.

II

Si les électeurs et les contribuables pouvaient lire
dans un budget, si celui-ci était mis entre les mains de
tous ceux dont sénateurs, députés, ministres et chefs
d'Etat tiennent leurs pouvoirs d'une façon plus ou
moins directe, ils ne comprendraient certainement pas,
après avoir jeté les yeux sur les documents curieux qu'il
contient, comment les millions et les milliards peuvent
être votés avec une semblable hâte.

Tous les ans, ce gros volume bleu est distribué gratuitement aux membres des deux Chambres et aux
principaux fonctionnaires publics. Pourquoi, en définitive, n'est-il pas de même attribué à tous les contribuables qui ont bien le droit de savoir ce qu'ils paient,
comment ils paient, pour qui et pourquoi ils paient ?
Sans doute, moyennant la somme de 12 francs, on peut
se procurer ce gros volume à l'Imprimerie nationale.
Mais n'y aurait-il pas lieu d'examiner s'il ne serait pas
juste, utile, de faire distribuer gratuitement ce document, ramené à des proportions moindres, présenté
sous une forme succincte et sommaire, à chaque contribuable, comme on lui remet un bulletin de vote ou une
feuille de contributions?

Il serait facile de résumer, dans un volume plus por-
tatif, moins compact tous les renseignements que renferme le budget.

Une telle pratique serait, à notre avis, une des meilleures leçons de politique que le peuple, les électeurs
et les contribuables pourraient recevoir. Ils apprendraient là ce que coûte le fonctionnement de cette
énorme machine qui s'appelle l'Etat ; ils verraient ce
que rapportent les places administratives, ce qu'elles
coûtent aussi ; ils se rendraient compte des traitements

de tel ou tel fonctionnaire ; ils verraient de quelles siné-
cures sont grevées les administrations publiques. Ils
sauraient ce que coûtent les guerres, les révolutions;
les changements de gouvernements ; ils apprendraient
enfin où vont s'engouffrer les impôts considérables
qu'ils paient tous, impôts qui ne sont, en somme, qu'un
prélèvement fait par l'État sur la fortune, le travail ou
les économies de chacun.

III

Quel est actuellement l'état de nos budgets ? Quelle
est la quantité d'impôts que nous payons ? Quelle a été
la progression des anciens et des nouveaux impôts ?
Tels sont les points que nous nous proposons d'examiner rapidement.

Les crédits demandés pour 1881 sont portés pour
2.777,193,903 francs au budget ordinaire et pour
580,900,523 francs au budget extraordinaire, soit un
total de 3 milliards 307 millions en chiffres ronds.

Ce n'est pas tout.

Nous avons encore le budget des dépenses sur ressources spéciales qui comprend les recettes que les
agents du Trésor encaissent pour les départements et
les communes et qui s'élève à 413 millions.

Ce n'est pas tout encore.

Les budgets annexes rattachés pour ordre au budget
général sont évalués à 56 millions. Ces deux catégories
de dépenses réunies s'élèvent à 469 millions qui, venant
s'ajouter aux 3.367,000,000 des deux budgets ordinaire
et extraordinaire, forment un total de 3,836,000,000.

Nous ne sommes pas encore au bout.

A ces chiffres majestueux, il convient d'ajouter
500 millions environ que nous payons individuellement
dans toutes les villes et communes de France, soit
comme droits d'octroi, soit comme taxes municipales
de tout genre. Ajoutons encore 100 à 150 millions d'em-

prunts que la plupart des départements, villes et communes doivent réaliser dans le cours de l'année, et nous constaterons que, pour l'année 1881, les charges publiques en France ne s'élèvent pas à moins de 4,500 millions.

Et qui donc paie ces sommes colossales, fabuleuses ? Les contribuables, nous tous.

En s'en tenant seulement aux chiffres indiqués dans le budget ordinaire de 1881, en comparant ces chiffres à ceux du dernier budget normal de l'Empire, celui de 1869, nous payons à l'heure actuelle 1 milliard d'impôts de plus qu'il y a dix ans.

En effet, le budget ordinaire des recettes de l'exercice 1881 est évalué à 2,777,193,903 francs, tandis que le total général des recettes de l'exercice 1869, déduction faite des territoires cédés, s'élevait à 1,847,117,102 francs.

La différence, *1,014 millions*, représente ce que nous payons d'impôts à l'État, sous une forme ou sous une autre, *de plus qu'en 1869*.

Dans ce milliard d'impôts, l'amélioration des anciennes taxes qui existaient avant la guerre représente 340 millions ; le produit des nouveaux impôts est de 674 millions.

IV

Quels sont les chapitres du budget qui absorbent des ressources aussi grandes ? Nous n'en nommerons que trois : la dette publique, la guerre, la marine.

Les gros dépensiers: dette, guerre et marine

En 1869, on dépensait pour le ministère de la guerre 383 millions et pour le budget de la marine 175 millions, soit un total de 558 millions. Dans le budget ordinaire de 1881, les crédits demandés pour le ministère de la guerre sont de 574 millions : pour le ministère de la marine, y compris le service colonial, 198 millions. Ces deux seuls chapitres réclament donc 772 millions, soit 214 millions de plus qu'en 1869.

Mais c'est surtout sur les crédits nécessaires au minis-

tère des finances que les différences avec l'exercice 1869
sont le plus sensibles. En 1869, le service de la dette
publique (capitaux remboursables, dette viagère, dotations) réclamait 531 millions. Les crédits demandés
pour 1881 s'élèvent à 1,244 millions, soit une augmentation de 713 millions. Sur ces 713 millions, l'augmentation de la dette publique consolidée n'est pas moindre
de 400 millions (347 millions en 1869 ; 746 millions
en 1881).

V

La charge des
emprunts de li-
bération du ter-
ritoire.

Cette augmentation de 400 millions dans le service de
la dette publique représente les arrérages annuels, à la
charge du budget, des quatre emprunts contractés
en 1870, 1871, 1872 : emprunt de 750 millions, au commencement de la guerre (loi du 12 août 1870) ; emprunt
de 2 milliards du 27 juin 1871 ; emprunt de 3 milliards
de 1872 et emprunt Morgan de 1870.

Le produit net de ces quatre emprunts fut de
6,557,301.721 francs. Les frais exposés pour les réaliser
se sont élevés à 180.000.913 francs.

En comparant le produit de ces emprunts au total des
arrérages nécessaires pour le paiement des intérêts, on
voit que le taux moyen pour cent auquel ressort ce produit net est de 6.10.

390 millions ! Voilà ce que depuis bientôt dix ans,
l'État paie chaque année aux porteurs de titres de rentes,
aux souscripteurs de ces quatre grands emprunts nationaux. Lorsque la France a emprunté pour se libérer
envers l'Allemagne, elle n'a fait, comme nous l'avons
dit souvent, que changer de créanciers. Ce qu'elle devait et qu'elle a payé à l'Allemagne, elle le doit encore
et en paie les intérêts aux porteurs de titres de rentes.
On a payé 5 milliards en capital à l'Allemagne ; mais,
depuis ce paiement, nous aurons bientôt payé, aux
souscripteurs de nos emprunts, une seconde fois 5 mil-

liards rien que pour les intérêts de ces emprunts, intérêts qui s'élèvent, comme on le voit, à près de 400 millions de francs par an.

VI

Ce qu'il faut constater malgré ces charges qui sont considérables puisque, en dix ans, le budget a doublé, les impôts ont été augmentés de plus d'un milliard, la dette publique a presque triplé (si l'on ajoute à la dette consolidée le montant des capitaux remboursables à diverses échéances) ce qu'il faut constater, disons-nous, c'est le relèvement financier du pays. Tandis que le pays faisait face à de si lourdes nécessités fiscales, toutes ses forces vitales il faut le reconnaître, se sont développées. Pour être juste, il convient de placer en regard des augmentations budgétaires, l'augmentation de notre commerce général, l'accroissement des recettes de nos chemins de fer, le chiffre colossal des capitaux à employer, l'expansion de notre crédit.

Compensations.

Le tableau comparatif suivant, dans lequel nous avons rapproché les cours des rentes et des principales obligations de chemins de fer au 30 octobre des années 1869, 1870, 1871, 1872, de ceux du 15 octobre 1880, permettra d'apprécier à quel point le crédit public s'est amélioré, malgré toutes les charges qui depuis dix ans pèsent sur tout le monde :

Rentes et obligations de chemins de fer. Cours comparés.

INDICATIONS DES VALEURS	1869	1870	1871	1872	1880 (15 octobre)
3 %..........	71 575	61 95	57 825	53 095	85 85
4 ½..........	101 195	" "	84 50	76 75	114 75
4 %..........	" "	" "	93 275	84 60	120 30
Obligations Est.....	335 50	27? 00	296 75	271 875	391 00
Lyon....	311 00	286 00	296 75	276 375	391 00
Midi....	327 016	283 60	299 75	273 25	389 00
Nord....	339 125	300 00	300 875	289 875	396 00
Orléans..	335 00	283 375	305 00	277 00	892 75
Ouest...	329 60	292 60	296 175	273 00	390 00

C'est là un tableau consolant qui permet d'espérer qu'avec l'ordre, la paix, le travail, l'épargne, la sagesse dans la politique intérieure et extérieure, la modération dans les dépenses, notre pays pourra bientôt arriver à réparer complètement les désastres qu'il a subis et à alléger les charges qui pèsent encore sur lui.

UNE TRADITION A REPRENDRE

Revues de fin d'année.

En rédigeant, en fin d'année, l'exposé des principaux faits de 1881 et de ses résultats, nous avons été, une fois de plus, vivement frappé du dénûment absolu de documents officiels et de renseignements authentiques dans lequel se trouvent, à un moment si intéressant, les spécialistes, la presse, le public tout entier.

La plupart des journaux font des revues de fin d'année, répondant en cela à un besoin connu de leurs lecteurs, qui désirent trouver condensée, en un très court espace, la substance essentielle de la vie politique, commerciale et financière du pays pendant l'année qu'on vient de traverser.

Insuffisance des documents officiels.

Or, à cette époque, les renseignements certains, les documents autorisés, les tableaux exacts faisant défaut, on se voit obligé, pour faire une revue complète de l'année, de s'en tenir à des notes personnelles, à des renseignements particuliers, à des collections de journaux, informations incertaines, éparses et sans lien, qu'il faut réunir à grand'peine pour en tirer des conclusions auxquelles on voudrait donner la plus entière précision.

Situations périodiques autrefois publiées.

Autrefois, avant la fin de l'année, avant l'ouverture d'une nouvelle session parlementaire, le gouvernement avait coutume de rassembler dans un recueil spécial, dont la collection est aujourd'hui précieuse, tous les faits, chiffres et renseignements qui pouvaient permettre d'apprécier les progrès réalisés dans toutes les

branches des services publics et les développements
successifs de l'activité nationale.

Ce recueil qui, sous le précédent régime, était intitulé : *Exposé de la situation de l'Empire*, rendait, dans
cet ordre d'idées, les plus sérieux services. Il est évident
qu'il faisait surtout ressortir les faits favorables et les
résultats heureux ; mais qu'importait qu'il fût discu-
table, puisqu'il pouvait être discuté. Il fournissait, du
moins, sous un volume assez réduit, les éléments d'une
étude d'ensemble, d'une vue générale, qui, en rectifiant
partout où il convenait, offraient une exactitude très
satisfaisante.

Nous ne sommes pas, au dépens du temps présent,
admirateur prévenu des choses de jadis; mais nous
croyons qu'il y a là une tradition à reprendre, un
usage à faire revivre, dans tous les cas une publication
à continuer, à la fois utile et commode pour les publicistes contemporains et pour les historiens de l'avenir.

La confection de ce travail, presque toujours fort bien
fait, était d'ailleurs, au point de vue matériel d'une
grande simplicité. Chaque département ministériel faisait dresser son exposé spécial dans le bureau où se
concentrent les renseignements qui lui sont propres.
Ces exposés étaient examinés et rassemblés dans le
ministère principal, où devait s'effectuer la revision
finale. En tête de cette série on plaçait un exposé de
la situation générale ; on présentait ainsi un tout complet, bien équilibré, et d'un vif intérêt.

Ce recueil était distribué aux membres du parlement,
aux fonctionnaires, aux journaux et, soit à la fin de
l'année, soit au début d'une session, les uns et les
autres se trouvaient en mesure de juger, selon leurs
tendances et leurs opinions respectives, de la valeur
et de l'importance des résultats acquis.

En dehors de toute préoccupation politique, c'était
là une coutume excellente, que personne ne pouvait
critiquer, contre laquelle personne ne s'est élevé, et qui
n'offrait que des avantages pour tous.

Tout gouvernement, quel qu'il soit, doit avoir le légitime désir et la juste satisfaction de constater et de montrer à des époques périodiques, les résultats heureux qui ont été obtenus sous ses auspices.

Tout ministre en exercice, quel qu'il soit, doit tenir à honneur et à profit, ne fût-ce que pour sa propre édification, de faire observer avec soin tout ce qui, sous son administration, s'est produit de favorable, d'utile et de fécond dans son département.

Tout homme politique, tout économiste, tout publiciste, doit se féliciter de pouvoir considérer, au terme d'une année, un tableau général, rassemblant, dans un cadre restreint, une multitude d'observations et de renseignements dispersés de toutes parts et qu'on ne peut grouper qu'au prix de recherches fastidieuses et d'un temps précieux.

Déclarations et messages.

Pendant quelques années, certains documents officiels, certaines déclarations publiques ont pu tenir lieu de cet exposé de la situation du pays : les messages présidentiels de M. Thiers, par exemple, ont parfois, comme vue d'ensemble, comblé, en partie du moins, la lacune que nous signalons. Aujourd'hui ce vide est plus sensible que jamais et la nécessité de le remplir doit, ce nous semble, frapper encore plus le monde gouvernemental et parlementaire que celui de la presse.

Exposé de la situation de la République. Sa distribution nécessaire.

Ce n'est pas une réforme que nous demandons ici, mais le retour pur et simple à une excellente tradition administrative. Une publication de cette nature ne saurait, au point de vue politique, porter ombrage à aucun parti ; elle crée, pour le présent, un élément d'appréciation dont le défaut se fait sentir chaque année d'une manière très sensible et, pour l'avenir, une série de documents historiques qui auront un jour une incontestable valeur. Elle n'exige qu'une petite somme d'efforts et ne doit imposer qu'une besogne légère aux rédacteurs d'expérience et de talent qui sont nombreux dans nos administrations publiques. Elle serait, enfin, peu coûteuse à l'État et rendrait de grands services.

BUDGET DE 1882

LES LOIS DE FINANCES

DEVANT LA NOUVELLE CHAMBRE

On a souvent regretté, au cours de la législature qui vient de se clore, que les questions de politique pure aient presque exclusivement absorbé l'attention de la Chambre des députés aux dépens des questions d'affaires et au grand détriment des vrais intérêts du pays.

La politique pure et les affaires.

Les chefs mêmes de la majorité ont déploré cette tendance et se sont, mais en vain, efforcés de réagir contre elle. En vain on a préconisé la politique des résultats ; en vain on a cherché à faire avorter, ou tout au moins à abréger les discussions irritantes. Les passions et les animosités de parti, bien plus, les questions de personnes, l'ont toujours emporté sur les préoccupations qu'imposait ou que devait imposer notre situation économique et financière.

Ce délaissement des questions d'affaires, cette indifférence si visible qu'on a apportée dans les quelques discussions qui ont eu lieu sur des sujets de cet ordre, dont plusieurs étaient d'une importance capitale, l'indolence presque générale que la minorité, aussi bien que la majorité, a témoignée dans les rares débats de ce genre, seraient de nature à inspirer de sérieuses appréhensions pour l'avenir si de tels errements devaient se perpétuer.

Une semblable abstention, en des matières si graves et si difficiles, ne saurait, on le comprend du reste, se prolonger sans que la gestion même des finances publiques en soit notablement altérée. Des faits très nombreux et très significatifs attestent que les négligences passées ont eu, à cet égard, une fâcheuse influence et avertissent clairement que, si l'on continuait dans cette voie, on arriverait bientôt à rendre tout contrôle illusoire et inefficace.

Pendant les quatre années qui se sont écoulées depuis la constitution de la dernière Chambre, aucun budget, on peut l'affirmer, n'a été l'objet d'une discussion publique attentive et consciencieuse.

Sans doute une commission du budget, dont on ne conteste point le zèle, a fonctionné régulièrement et examiné, de plus ou moins près, les clauses des projets de lois de finances annuels. La majorité s'est contentée, le plus souvent, de ratifier purement et simplement les propositions de cette commission ; quant à la minorité, elle a laissé échapper la plupart des occasions qu'elle a eues de montrer en quoi peut être vraiment utile une opposition active et vigilante.

La comptabilité de l'État.

C'est à la faveur de l'indifférence de tous qu'ont pu se glisser des procédés et des pratiques qui, condamnés d'ailleurs en d'autres temps, ne sauraient sans péril passer en habitudes et acquérir l'autorité des précédents ou des traditions.

Il importe, il est nécessaire, indispensable même, que la prochaine Chambre fasse rentrer nos finances dans les voies fixées par les lois et les règlements généraux qui régissent la comptabilité de l'État.

Multiplicité et fractionnement des budgets.

On a fort reproché aux ministres des finances du second empire, et non sans raison, la multiplicité et le fractionnement des budgets, et particulièrement l'existence du budget extraordinaire. Sur plusieurs des points signalés et des vices incriminés, on obtint alors de réelles satisfactions.

Mais, depuis plusieurs années, les défectuosités et les irrégularités budgétaires tant reprochées jadis, ont reparu, se sont reproduites et répétées, avec un caractère peut-être plus grave et une importance plus considé-

rable. A peine quelque voix isolée s'est-elle élevée pour
défendre l'ordre de nos finances et l'intégrité du contrôle législatif.

Il est certain que le budget extraordinaire, tel qu'il
est dressé actuellement au point de vue des dépenses
et tel qu'il est pourvu à celui des recettes, mérite toutes
les critiques dont étaient l'objet les budgets extraordinaires du régime précédent.

Il est certain que, pour une bonne part, ce budget
extraordinaire n'est que l'ancien compte de liquidation
éternisé sous une autre forme et présenté avec une nouvelle dénomination.

Il est certain que ce budget extraordinaire comporte des crédits qui avaient toujours été classés, à
juste titre, parmi les dépenses ordinaires

Il est certain encore que, contrairement à ce qui devrait être, aucune portion importante des ressources
ordinaires ne lui est affectée et qu'il n'est réellement et
constamment alimenté que par l'emprunt. L'excédent
du produit des recettes ordinaires sur les dépenses de
même ordre devrait, dans une très large mesure, atténuer les charges de ce budget.

Ici une revision minutieuse, une refonte entière et
radicale sont absolument nécessaires. Sinon, ce qu'on
appelle l'équilibre budgétaire ne sera désormais qu'une
fiction.

Cet équilibre, d'ailleurs, lorsqu'il est annoncé au
moment du dépôt du projet de loi est presque constamment menacé, souvent rompu. On prévoit, par exemple,
un excédent plus ou moins réel, plus ou moins étendu
de recettes. Quelque loi particulière votée incidemment entraîne certaines dépenses nouvelles non prévues, qui ne figurent point au budget, qui, par conséquent, anéantissent l'excédent et détruisent l'équilibre ;
et pourtant l'illusion subsiste. A l'excédent s'est substitué un déficit. Personne n'y prend garde.

On ne prend pas garde non plus à l'abus incessant,
perpétuel, des ouvertures de crédits supplémentaires

Le budget ex-
traordinaire.

L'équilibre
budgétaire.

Les crédits
supplémentaires.

11

et extraordinaires, grâce auxquels on pourvoit aux charges non prévues dans la loi de finances, crédits demandés le plus souvent lorsque la dépense est obligée, engagée ou même complètement faite, et que la Chambre ne peut se refuser à les voter. Le pouvoir législatif est ainsi compromis, atteint ; il a la main forcée et son contrôle est complètement annihilé.

Vérification des exercices clos.

Encore si les comptes définitifs des exercices écoulés étaient clos dans les délais prescrits, si la vérification finale avait lieu en temps utile, il n'y aurait que demi-mal. Mais quel exercice la Chambre a-t-elle régulièrement apuré pendant le cours de la dernière législature? Aucun.

La vérité est que, depuis dix ans, un seul rapport a été fait sur le projet de loi relatif à la clôture d'un unique exercice : celui de 1870 ! Et ce rapport n'a pas même été l'objet d'une discussion! Ainsi, la sanction législative dernière manque à tous les budgets successivement présentés depuis la dernière guerre!

Reconnaît-on là l'esprit d'ordre et de prévoyance qui devrait présider à l'administration des finances de l'Etat ? Les expédients sont la pire chose en semblable matière ; mais encore pourrait-on en atténuer le danger ou en prévenir le retour, si le contrôle législatif était effectif et s'exerçait en temps utile. Or il n'en est rien. On a eu assurément des ministres intelligents et habiles, des ministres intègres, mais s'il en avait été autrement, où serait le remède ?

Il n'y a de remède et de sécurité possible que dans l'énergie et la vigilance même du parlement qui renonce vraiment avec trop de facilité à l'exercice d'un de ses droits les plus précieux et les plus tutélaires.

Le rôle de la nouvelle Chambre.

La nouvelle Chambre se montrera sans doute plus jalouse de ses prérogatives, à chacune desquelles est attaché un devoir strict et impérieux. Elle voudra s'appliquer avec conscience à l'étude de ces graves questions de finances qui, pour être sagement résolues, exigent plus de patience et d'attention que de talent.

C'est dans cette vue qu'elle devra apporter un soin particulier à la composition de sa commission du budget. Le rôle réservé à cette dernière, si elle veut fermement le remplir, sera considérable.

Elle aura pour mission d'appeler sur les lois de finances la pleine lumière et le grand jour. Après avoir mûrement examiné les questions et les projets qui lui seront soumis, elle tiendra à provoquer la discussion publique, sérieuse et complète, sur ses propositions. Elle ne se croira pas uniquement tenue à l'examen des problèmes qui lui auront été déférés ; elle voudra avoir une certaine initiative et l'exercera avec profit en éclairant le ministre des finances, en l'avertissant des dangers probables, en lui inspirant des mesures prévoyantes et opportunes.

Dans la Chambre même, la majorité ne voudra pas se borner à être purement passive ; elle donnera à ses votes la portée et le poids qu'ils doivent avoir en les motivant sérieusement par une discussion sincère et complète ; la minorité aura une part très importante à prendre à l'activité législative, si elle veut, elle aussi, étudier résolument les questions, les approfondir et les discuter ensuite à la tribune. Elle aidera très efficacement à l'heureuse exécution de réformes urgentes et ne perdra rien de son prestige en sortant d'une opposition muette qui pourrait la laisser à la longue, soupçonner d'indifférence ou d'ignorance.

Toute considération politique écartée, c'est donc une Chambre d'affaires, une Chambre de travail et d'étude qu'on souhaite et qu'on attend.

Une Chambre d'affaires.

BUDGET DE 1883

L'ESPRIT DE SUITE

I

Lorsqu'on suit assidûment et qu'on observe avec
attention la marche et la succession des faits de l'ordre
économique, de tous ceux qui influent sur le développement de la production ou de la prospérité nationale,
lorsqu'on examine et qu'on passe en revue les projets
qui, émanant de l'initiative gouvernementale ou de l'initiative parlementaire, se sont produits depuis plusieurs
années, sur les questions de finance, de commerce, d'industrie ou de douanes, on est frappé de l'extrême mobilité, de l'extrême instabilité des opinions et des idées qui
ont tour à tour prédominé dans les conseils de l'Etat.

Ministres et fonctionnaires changent très fréquemment, non sans qu'il résulte de ces perpétuels mouvements des perturbations répétées dans l'administration
de la chose publique. Mais ce qui est plus grave, c'est
qu'avec les personnes, les idées, les intentions et les
projets changent. Autant de ministres, autant de systèmes nouveaux, autant de façons d'envisager des questions économiques et financières sur lesquelles tout gouvernement doit avoir, à quelques nuances près, une
opinion bien fixée et peu susceptible de variation.

S'agit-il, par exemple, du budget de l'Etat ? Il semble,
à ne considérer que la confection matérielle de ce budget et toute considération politique écartée, que, sur ce
point du moins, l'accord devrait être constant. Il en de-

vrait être ainsi sur l'emploi des excédents de recettes, sur la dette flottante, et sur d'autres questions budgétaires qui, dans l'état actuel de la science économique, ne souffrent pas des solutions fort diverses. Or, que se passe-t-il depuis seulement quelques années, en matière budgétaire ?

II

Il n'y a pas si longtemps que M. Léon Say déclarait qu'on ne pouvait faire un centime de dégrèvement ; qu'à partir de 1880, les budgets seraient difficiles à établir et à équilibrer. « Nous pouvons bien, disait-il, dans l'exposé des motifs du budget de 1879, supporter les réductions déjà opérées sur les impôts ; mais nous ne pouvons, dans la plus faible mesure, en consentir de nouvelles. »

Voilà qui est net, clair, précis.

Le ministère change : à M. Léon Say succède M. Magnin ; celui-ci n'hésite pas à consentir et à effectuer de nouveaux dégrèvements. D'autre part, il est vrai, les emprunts et la dette flottante augmentaient.

Surviennent les élections générales de 1881 : c'est à qui fera ressortir de la manière la plus éclatante combien est prospère et florissante la situation financière du pays. Les journaux publient les états des dégrèvements effectués, parlent de l'augmentation prodigieuse des recettes du Trésor. Tout est pour le mieux dans nos finances publiques.

Arrive un nouveau ministre des finances, M. Allain-Targé. Ce dernier reste au ministère tout juste le temps nécessaire pour préparer le budget de 1883, que son successeur devait se hâter de retirer. D'après M. Allain-Targé, la façon dont les budgets étaient préparés avant lui n'était pas conforme à la stricte vérité. On s'était payé d'illusions. On avait porté au budget extraordinaire des dépenses qui auraient dû figurer depuis

Dégrèvements. Opinion de M. Léon Say.

Opinion de M. Magnin.

Opinion de M. Allain-Targé.

Dépenses ordinaires ou extraordinaires ?

longtemps au budget ordinaire. On ne pouvait avec plus
de netteté, quoique discrètement, blâmer et condamner
les actes des ministres précédents.

Revirements et remaniements.

Le cabinet présidé par M. Gambetta se retire.
M. Allain-Targé est, à son tour, remplacé par M. Léon
Say. Aussitôt, revirement soudain dans la façon d'or-
donner nos finances.

Le budget préparé par M. Allain-Targé et déposé par
lui au nom de M. le président de la République sur
le bureau des Chambres, est immédiatement, sur nouveau décret, retiré par M. Léon Say et remanié de fond
en comble.

Évaluations et illusions.

Et ce budget que M. Léon Say prépare « ne se prêtant
plus aux illusions », suivant l'expression du *Journal
des Débats* contient, paraît-il, des révélations dont auront lieu d'être surpris ceux qui, sur la foi de tant de
déclarations rassurantes, pensaient que tout était pour
le mieux dans la situation financière de l'État. On se
trouve en présence d'une dette flottante énorme, près
de 3 milliards où se trouvent compris 700 millions provenant de « découverts antérieurs », alors qu'on croyait
que, depuis plusieurs années, les budgets se soldaient
en excédent.

Les évaluations de recettes du budget doivent être rec-
tifiées. C'était une faute de les évaluer sur celles des budgets d'il y a deux ans : il vaut mieux les évaluer sur
celles du budget précédent. Et le *Journal des Débats*,
toujours bien renseigné, auquel nous empruntons ces
renseignements, s'écrie : « Il n'y avait pas à se dissimuler que cette situation ne pouvait se prolonger longtemps (1). »

III

Tot capita, tot sensus.

Ainsi, en trois années, on a vu trois ministres des
finances envisager d'une manière différente les ques-

(1) *Journal des Débats*, 28 février 1882.

tions budgétaires les plus graves et les plus sérieuses.

M. Magnin n'avait pas les mêmes idées que M. Léon Say ; M. Allain-Targé établissait le budget d'une façon tout autre que M. Magnin ; M. Léon Say remanie, de fond en comble, le budget préparé par M. Allain-Targé. *Tot capita, tot sensus.*

On peut se montrer légitimement étonné de rencontrer tant d'avis — et de si différents — sur les points capitaux de notre comptabilité publique.

De telles divergences d'idées et d'appréciations entre un ministère qui arrive aux affaires et celui qui le précède ou celui qui le suit, sont particulièrement frappantes lorsqu'il s'agit de matières très connues sur lesquelles les règles sont déjà fixées.

Ne pourrait-on pas, en vérité, comparer l'incertitude des évaluations et des procédés budgétaires de l'État, à celle que témoignent parfois certaines sociétés de crédit qui ne savent si elles doivent faire figurer dans leur bilan les valeurs qu'elles possèdent pour le prix qu'elles leur ont coûté ou pour celui qu'elles coûteraient au cours du jour? L'indécision de ces sociétés peut s'expliquer, sinon se justifier ; mais l'instabilité des principes dans les finances de l'État, dans le mode de confection du budget, dans le mode d'évaluation des recettes, est certainement inexplicable. On devrait, une fois pour toutes, obéir à des règles fixes, précises et ne les modifier que quand le temps et l'expérience en auraient démontré la nécessité.

IV

La question des chemins de fer, celle des traités de commerce, ont montré les mêmes divergences d'opinion, selon les ministères et les ministres qui se sont succédé aux affaires.

La question des chemins de fer.

Tout le monde connaît les services considérables que les grandes compagnies de chemins de fer ont ren-

Services des compagnies.

dus et rendent tous les jours au commerce et à l'industrie. Depuis la guerre de 1870, après avoir renouvelé une grande partie de leur matériel, exécuté de nombreux travaux de réfection de leurs voies, comblé les pertes sensibles que ces cruels événements leur avaient fait subir, ces sociétés commençaient, qu'on nous passe l'expression, à respirer. Elles ne se bornent pas à réparer les pertes ; dès qu'elles voient leur prospérité renaître, elles s'efforcent de faire bénéficier le public, le commerce, l'industrie, de l'amélioration survenue dans leur propre situation. Elles abaissent successivement leurs tarifs. Il semble qu'il n'y avait qu'à laisser vivre et se développer paisiblement ces puissantes compagnies auxquelles le pays tout entier devait être reconnaissant des efforts tentés.

Campagne contre le monopole. Les politiciens s'aperçurent bientôt que, derrière ces compagnies, ne se trouvaient que des ennemis du gouvernement ; que c'étaient ces ennemis, — administrateurs, employés, actionnaires mêmes — qui bénéficiaient de tous les avantages du « monopole ». Les abaissements successivement consentis dans les tarifs servirent de prétexte à en réclamer encore d'autres. La guerre fut déclarée.

Dès 1875, elle commença. On voulut tout d'abord imposer aux compagnies la charge d'une foule de petites lignes locales sans trafic, sans avenir, onéreuses par conséquent pour l'exploitation. Un peu plus tard, on constitua un réseau d'État et cette création eut tout le caractère d'une menace. Ce réseau formé de lignes rachetées à des compagnies secondaires en faillite ou en liquidation, ce réseau fait de pièces et de morceaux n'était pas viable. On le comprit bien vite, mais on se hâta d'attribuer sa faiblesse à la prétendue concurrence des grandes compagnies. Ce fut alors qu'on proclama la nécessité de racheter d'abord une partie du réseau de l'Orléans, puis ce réseau tout entier.

Rachètera-t-on ? On manifesta promptement l'intention d'en arriver, dans un avenir peu éloigné, au rachat général.

En dépit de l'ardeur des discussions qui eurent lieu
à cette époque et dans lesquelles les adversaires des
grandes compagnies se signalèrent, les projets de rachat soulevèrent dans le pays une si vive réprobation,
qu'il fallut céder au courant de l'opinion publique. Si
bien qu'à la fin de l'année 1880, le ministre des travaux
publics, M. Carnot, déclarait que les projets de rachat *Opinion de M. Carnot.*
devaient être abandonnés, « qu'on se bornerait à amélio-
rer ce qui existait, que le gouvernement enfin était suffisamment armé contre les grandes compagnies (1). »

Il semblait que tout fût dit ; que ces vastes entreprises industrielles, ainsi rassurées, allaient pouvoir reprendre et poursuivre en paix le cours normal de leurs
développements.

Il n'en fut rien. La lutte recommença bientôt. On prêta
au successeur de M. Carnot des projets de rachat plus
larges, plus hardis.

A un nouveau changement de ministère, on se rassure
encore. Mais, bien qu'il ne s'agisse plus de rachat, cette
fois, on soulève une autre question, celle des tarifs
spéciaux. Nouvelles pressions exercées sur les compagnies, nouvelles inquiétudes ; on reste dans le transi-
toire, le provisoire, l'inconnu, l'imprévu !

Et ainsi, toujours ainsi, de ministère en ministère, la
question des chemins de fer s'est déroulée de rachat
partiel en rachat total, de rachat total en tarifs généraux,
de tarifs généraux en tarifs spéciaux. Et ensuite ? Aujourd'hui on est passé à un tout autre ordre d'idées :
faire exécuter par les compagnies les grands travaux
publics que l'Etat ne peut effectuer.

V

Tant de variations, tant de divergences, tant d'idées et *Variations re-*
tant de projets contradictoires, sur une seule et unique *grettables.*
question économique, une de celles que la science mo-

(1) Chambre, *Débats parlementaires*, 17 déc. 1880.

derne a le mieux étudiées et élucidées : c'est de quoi
faire redouter toute évolution gouvernementale, tout
mouvement ministériel.

On peut craindre, en effet, qu'ainsi ballottées de projet en projet, de menace en menace, toutes les grandes
entreprises dont les destinées sont liées, de près ou de
loin, à celles de l'État ne se découragent et ne se lassent.

Dans cet ordre de faits, un exemple bien frappant
nous est fourni par une de nos plus puissantes institutions de crédit, le Crédit foncier de France. Le projet
d'augmentation du capital social de cet établissement,
selon la composition des ministères qui se sont succédé
depuis qu'il a été formulé, a vu tour à tour diminuer ou
s'accroître ses probabilités d'exécution.

Tel ministre l'a soumis au Conseil d'État, sans affirmer nettement ses intentions ; tel autre s'est montré disposé à l'autoriser; tel autre enfin l'a abandonné et a con-
seillé l'adoption d'un tout autre projet.

Toutes les modifications, toutes les améliorations que
comportent les institutions qui sont, par un lien quelconque, rattachées à l'État, doivent-elles être ainsi subor-
données et assujetties aux fluctuations de la politique ?

VI

Relations exté-
rieures.
Cette constante mobilité de pensées, de vues, de projets, a exercé sur les relations extérieures la plus fâcheuse influence. Peu importe, en somme, aux autres
gouvernements que, dans le nôtre, les hommes changent si les principes, ou au moins certains principes,
subsistent. Mais quelle garantie offrent pour négocier
des ministres qui, renversés à bref délai, sont rempla-
cés par des ministres pensant et agissant, ou du moins
tenant à penser et à agir tout différemment ?

La marche et l'issue des négociations relatives au
traité de commerce avec l'Angleterre a bien attesté le
fait. Pourparlers engagés, interrompus, repris, suspen-

dus, ajournés, rouverts : telles sont les phases que cette
grande question internationale traverse depuis tant de
mois pour n'aboutir qu'à un résultat négatif. Croit-on
que les négociations n'eussent pas été conduites avec
plus de décision et de sûreté par un cabinet unique
ayant des éléments de vitalité et empruntant à sa solidité même une autorité réelle ? Croit-on que beaucoup
d'affaires internationales ne gagneraient pas à être trai-
tées par un cabinet ayant déjà fait ses preuves et présentant ainsi une consistance dont les cabinets étrangers doivent nécessairement tenir compte ?

A chaque changement ministériel qui se produit en
France, toutes les questions en cours de négociations
doivent être reprises sur de nouvelles bases, étudiées à
nouveau. C'est un perpétuel recommencement qui doit
indisposer bien des volontés et nous aliéner bien des
sympathies.

Dans le fonctionnement de notre organisme gouvernemental, ce qui fait le plus défaut, on le voit, c'est l'esprit de suite, cet esprit sans lequel on ne saurait accomplir aucune œuvre durable.

Un ministère vient-il à changer, un ministère est-il
renversé par un vote essentiellement politique, on voit
immédiatement le ministère qui suit prendre, en toutes
matières, administratives, commerciales, financières, industrielles, le contrepied de ce qu'avaient fait ses prédécesseurs.

Tant d'alternatives peuvent à la longue, en se répé-
tant, déterminer une désorganisation profonde dans
toutes les branches des services publics. Pouvons-nous,
en effet, avoir de bonnes finances si les règles qui doivent présider à leur gestion prudente, à la perception
des impôts, au crédit, aux emprunts, sont à chaque instant modifiées ? Et, ce que nous disons des finances,
nous pouvons l'appliquer également au commerce, à
l'agriculture, aux affaires étrangères ?

Il est vraiment à désirer que nous ayons enfin moins
d'instabilité politique pour avoir une plus grande stabi-

lité, une ligne de conduite plus assurée dans tout ce
qui touche aux finances et aux affaires commerciales du
pays.

ILLUSIONS ET RÉALITÉS

I

L'exposé de
M. Léon Say.

S'il est un reproche que ne mérite pas l'exposé des
motifs du budget de 1883, présenté aux Chambres par
M. Léon Say, c'est bien celui de manquer de sincérité
et de franchise. Il est difficile d'exposer aussi nettement, sans moins de détours ni de circonlocutions, la
situation de nos finances. Cet exposé causera une
grande émotion dans le parlement et dans le pays.

Brusque fran-
chise.

Nous craignons bien que M. Léon Say ne s'aperçoive
bientôt que, suivant le vieux proverbe, toutes les vérités ne sont pas bonnes à dire. Ses amis politiques lui
reprocheront sa brusque franchise; ils lui diront qu'il
a exagéré la situation et l'a dépeinte sous de trop som-
bres couleurs; ils lui reprocheront, non d'avoir caché la
vérité, mais de l'avoir dite assez clairement pour des-
siller les yeux de ceux-là mêmes qui ne veulent rien
voir. Ses adversaires n'auront qu'à lire l'exposé des
motifs du budget pour y puiser des arguments officiels
sur la gravité de la situation financière du pays; ils y
trouveront la confirmation des critiques que, depuis
plusieurs années, ils ont fait entendre. Les observations
présentées naguère au Sénat et à la Chambre par les
orateurs de l'opposition trouveront leur justification
dans les chiffres mêmes du budget de M. Léon Say.

Nos lecteurs se rappellent peut-être les observations
que publiaient, il y a environ un an, les journaux
anglais, à propos d'un rapport d'un secrétaire de léga-
tion anglaise, M. Adams, sur les finances françaises. La

conclusion de ce rapport qui fut très discuté, en raison surtout de l'émotion qu'il produisit, était que « avec la dette qui existe, les charges ordinaires de la marine et de l'armée qui dépassent 2 milliards de revenu, on pouvait considérer les finances de la France comme sérieusement surchargées, en dépit de l'apparente facilité avec laquelle la nation a supporté jusqu'ici ces charges inouïes ».

Ces conclusions qui paraissaient être, il y a un an, trop pessimistes, sont, en réalité, presque celles auxquelles conduit l'exposé financier de M. Léon Say.

Conclusions pessimistes

II

Ce n'est pas nous qui reprocherons à l'honorable M. Léon Say d'avoir exprimé sa pensée entière en ne craignant pas de déchirer quelques illusions. Il s'est rappelé sans doute ces paroles d'un de ses éminents prédécesseurs, M. Magne, qui répétait sans cesse que « les matières de finances étaient celles qui prêtaient le plus aux illusions, qui étaient cependant celles qui pouvaient le moins s'en contenter ». Un véritable homme d'État doit toujours dire à son pays ce qu'il pense être la vérité, sans se préoccuper si cette vérité ne lui aliène pas quelques amis ou ne lui crée pas des ennemis. Entretenir les illusions, c'était chose facile; mais il était plus difficile de s'en contenter pour faire de bonnes finances; c'était certainement les exposer à de sérieux dangers; c'était engager les députés et les pouvoirs publics à persévérer dans la voie des dépenses inutiles, des demandes perpétuelles de crédit et des faux dégrèvements. M. Léon Say a sagement fait en montrant notre situation budgétaire telle qu'elle est, sous son jour véritable. On dira qu'il a jeté un cri d'alarme; qu'il a fourni des armes aux adversaires des institutions politiques existantes; que jamais plus sévères critiques n'ont été faites, même par les ennemis du gouvernement.

M. Léon Say a sagement fait.

Tout cela est fort possible; mais M. Léon Say n'en a que plus de mérite d'avoir agi comme il vient de le faire. On pourra discuter la valeur pratique des propositions de M. Léon Say : mais il n'en est pas moins vrai qu'il a donné au pays un avertissement sérieux et véritablement nécessaire. Un danger prévu est à moitié conjuré. Il était utile qu'une voix autorisée déclarât enfin que « dégrever n'est permis que lorsque le dégrèvement est une conséquence des faits; qu'il y a une politique d'équilibre qui conduit au dégrèvement; qu'il n'y a pas à proprement parler de politique de dégrèvement ».

Il était nécessaire d'apprendre officiellement que les charges de la dette flottante dépassent 3 milliards et que « c'est la première fois, depuis qu'il existe en France des budgets et des comptes publics, que la dette flottante — que M. Léon Say qualifie plus loin de " dette exorbitante " — prend une semblable extension ».

III

Le total des dépenses. Nous ne ferons pas défiler ici tout le détail des chiffres énormes de ce budget. Qu'il nous suffise de dire que le total des dépenses prévues dépasse 3, 200 mil- La dette flottante. lions; que la dette flottante, si elle n'était remaniée suivant les projets de M. Léon Say, dépasserait 3 milliards; que l'État ne peut, dans les circonstances actuelles, disposer de ressources suffisantes pour continuer les travaux publics qu'il avait entrepris et que, pour se procurer ces ressources, il est obligé de demander aux grandes compagnies de chemins de fer le remboursement par anticipation des sommes dont elles sont redevables au Trésor.

Les recettes. Pour subvenir aux dépenses du budget, les impôts actuels et les autres recettes du Trésor suffisent, mais il ne faudrait pas que le moindre mécompte se

produisit dans les rentrées des impôts : en effet, les
recettes sont évaluées sur celles du budget de 1882 et
non, comme le faisaient les précédents ministres, sur
celles de l'avant-dernier budget; cette façon de décomp-
ter les recettes produit une augmentation de 85 millions et c'est grâce à cette probabilité d'augmentation
que le budget est équilibré.

Pour arrêter l'augmentation de la dette flottante, Consolidation
partielle de la
dette flottante
M. Léon Say en consolide une partie, 1,200 millions; il
crée, pour pareille somme, des titres de rente 3 % amortissable, qui seront remis à la Caisse des dépôts et
consignations en garantie : de son compte courant, qui
s'élève à 450 millions ; de 300 millions de bons du
Trésor qu'elle possède et qui arrivent à échéance ; de
250 millions provenant des dépôts de fonds des caisses
d'épargne ; de 200 millions déposés, soit à titre de cautionnement, soit sous diverses formes, au Trésor public.

Ces nouvelles rentes amortissables seront affectées à
la garantie de la partie de la dette flottante que nous
venons d'énumérer. Comme ces rentes seront immobi-
lisées et ne seront pas mises autrement en circulation,
c'est, dans l'esprit du ministre et suivant les expressions de l'exposé des motifs, « non seulement faire
comme si ces titres n'existaient pas, mais aussi donner
l'assurance que ces titres ne fourniront pas la matière
d'une émission ».

Ce procédé n'est pas à l'abri de critiques, notamment
l'emploi des 250 millions pouvant provenir, pour 1882,
des déposants aux caisses d'épargne. On sait que ces
fonds sont versés à la Caisse des dépôts et consignations qui les tient, sous la garantie de l'État, à la disposition des caisses d'épargne, afin d'assurer à tout
moment le service des retraits s'il convenait aux déposants de retirer leur argent.

Or, de tout temps, la Caisse des dépôts faisait ses
placements en valeurs d'État, afin d'obtenir des intérêts rémunérateurs et une sécurité absolue. Ces placements étaient effectués par achats faits à la bourse. On

comprend facilement de quel secours étaient pour le marché des fonds d'État, de nos rentes, ces achats presque quotidiens, se chiffrant en fin d'année, par plusieurs centaines de millions. Au lieu de procéder ainsi, la Caisse des dépôts s'adressera désormais à la caisse centrale du Trésor public qui lui remettra purement et simplement de nouveaux titres de rente, créés dans ce but et immobilisés dans les conditions que nous venons d'indiquer.

Nous ne voulons pas prévoir une crise qui effraierait tout le monde, obligerait les déposants à retirer leurs fonds des caisses d'épargne, et ces dernières à réclamer ces fonds à la Caisse des dépôts. Comment pourrait faire la Caisse des dépôts lorsqu'il s'agirait de négocier ces rentes qui « ne doivent pas fournir la matière d'une émission »? En admettant que ces rentes fussent négociables, comment et à quel taux pourrait-on les négocier dans un moment de panique? On dira bien que ce sont là des éventualités trop pessimistes pour en prévoir la réalisation! Nous l'admettrons volontiers; il nous semble toutefois qu'en matière aussi grave, on doit envisager toutes les éventualités, surtout les plus mauvaises; c'est le moyen le plus sûr d'éviter de cruelles déceptions.

Si nous nous plaçons dans l'hypothèse la plus favorable, si nous admettons que tous ces dangers soient exagérés, ce mode de procéder nuira au classement des rentes anciennes existantes, puisqu'au lieu de laisser la Caisse des dépôts continuer ses achats en bourse, on en créera tout exprès de nouvelles pour les lui remettre.

Conventions avec les compagnies de chemin de fer. La meilleure combinaison du ministre des finances est celle relative aux conventions intervenues avec les grandes compagnies de chemins de fer. L'État se procure ainsi des ressources certaines qui lui permettront d'exécuter ou de faire exécuter des travaux urgents; il assure, pendant quelques années au moins, la paix et la tranquillité à de grandes compagnies dont la pros-

périté est intimement liée au développement de notre
commerce et de notre industrie.

IV

Tel est, esquissé à grands traits, le projet de budget
de 1883. Il ne satisfera personne. Ce ne sera pas
cependant M. Léon Say qu'il faudra accuser de l'état
de choses qu'il révèle, mais bien ceux qui, avant lui,
députés, membres de la commission du budget, ministres, se sont payés d'illusions et n'ont cessé d'entretenir le pays dans cette pensée que les finances publiques étaient dans une situation prospère. M. Léon Say
a raison, répétons-le, de ne pas craindre de mécon-
ter ses amis, de satisfaire ses adversaires, et de se créer
de nombreuses inimitiés en exposant nettement la situation et en indiquant non moins nettement les mesures
qu'il croit utiles pour la bonne organisation des finances
de l'Etat, pour, comme il le dit lui-même, « fonder la
politique du gouvernement républicain sur de bonnes
finances ».

Une maxime de
Léon Say :
« Il faut fon-
der la politique
du gouverne-
ment sur de bon-
nes finances. »

Il n'est que temps, en effet, depuis douze ans que le
gouvernement républicain existe de nom, depuis sept
ans qu'il existe en fait et en droit en vertu de la constitution de 1875, il n'est que temps d'avoir de bonnes
finances et nous nous estimerions heureux si, par surcroît, nous avions de bonne politique.

Pour tous ceux qui, sans parti pris, dégagés des préoccupations d'esprit qui font envisager les choses sous un
aspect différent suivant que l'on appartient à telle ou
telle opinion politique, auront étudié le budget de
M. Léon Say, la conclusion sera que notre situation
financière est grave, qu'elle mérite la plus sérieuse attention.

Situation
sérieuse.

Faire des économies, s'abstenir de dépenses qui ne
seraient pas absolument urgentes et nécessaires, vivre
en paix avec les grandes compagnies, renoncer pour

le moment à tout dégrèvement d'impôt : telle paraît
être la conclusion ou, pour mieux dire, la morale à tirer
des chiffres de M. Léon Say.

Politique d'éco-
nomie à poursui-
vre.

Ce n'est assurément pas un tableau des plus flatteurs,
ni une perspective des plus agréables; il faut aujour-
d'hui savoir économiser beaucoup et dépenser peu; tandis que, depuis longtemps, on dépense beaucoup sans
rien économiser; il faut, en ce qui concerne les évaluations des recettes, abandonner « un système qui prépa-
rait des apparences très nuisibles au jugement qu'on
pouvait porter, au cours de l'exercice, sur la situation
des finances », car, ajoute le ministre :

Tous les trimestres paraissent à l'*Officiel* des tableaux du rendement
des impôts indirects dans lesquels on constate des plus-values considérables; *ces plus-values n'existent que parce que le terme de comparaison
est manifestement trop bas*, et ce terme de comparaison n'est trop
bas que parce qu'il est calculé conformément à des règles devenues
inexactes.

L'inexactitude à laquelle nous faisons allusion est connue de tout le
monde; on fait fond sur les différences qui en résultent. On les escompte,
et on bouleverse au fur et à mesure toutes les combinaisons du budget
préalable. Continuer à suivre cette règle, c'est ouvrir en quelque sorte
aux chapitres de la dépense un crédit intitulé : *réserve indéterminée*,
pour être employée à ce que l'on voudra.

Il faut revenir à la vérité. La vérité n'est pas dans l'observation
d'une règle ancienne ; elle est dans l'observation d'une règle conforme à
la réalité.

Illusion et
réalités.

Que d'illusions M. Léon Say détruit en ces quelques
lignes que nous reproduisons textuellement d'après
l'exposé des motifs de son budget ! Quelle sévère critique contre les procédés employés par ses prédécesseurs aux Finances, et cependant approuvés par les
Chambres! Nous serions bien surpris si, au moment
de la discussion du budget, ceux qui ont préconisé les
systèmes anciens gardaient le silence et ne venaient
pas les défendre. Après les illusions d'hier, il faut
revenir aux réalités d'aujourd'hui.

LES CONVENTIONS DE CHEMINS DE FER

ET LA COMMISSION DU BUDGET

C'était avec un vif intérêt et même avec une certaine impatience qu'était attendue la nomination de la commission du budget. Les choix qui devaient être faits dans les bureaux de la Chambre avaient d'autant plus d'importance qu'on avait antérieurement prêté une signification très accentuée à la nomination des membres de la commission chargée d'examiner la proposition de M. Papon, relative au rachat des chemins de fer. Cette élection avait semblé attester une hostilité très marquée à l'égard des projets du ministre des finances.

Telle qu'elle se présente actuellement, c'est-à-dire à ne juger que par les opinions connues des membres qui la composent, la commission du budget est en grande majorité favorable aux projets purement financiers de M. Léon Say. Elle paraît, au contraire, devoir être, dans une mesure qu'on ne saurait encore préciser, opposée aux conventions à intervenir avec les compagnies.

Dispositions favorables de la commission.

Quand des explications amples et catégoriques auront été fournies, quand on aura compris la nécessité de résoudre les difficultés budgétaires récemment signalées, l'esprit de conciliation l'emportera sans doute. La commission du budget atteste déjà, sinon un revirement dans les dispositions de la Chambre, du moins une intention très louable de concorde et d'entente.

Nous persistons à espérer que ceux qui ne partagent pas complètement les idées du ministre des finances, auront le courage de se résoudre à des sacrifices qui peuvent seuls conjurer une crise plus redoutable peut-être que celle qui vient de sévir récemment sur le marché financier.

Il sera certainement difficile à la commission du budget de se montrer favorable aux propositions d'ordre budgétaire et défavorable aux arrangements préparés avec les compagnies. Il n'y a pas, quoi qu'on ait pu dire, d'illusion à se faire sur la connexité de ces deux questions. On peut bien, il est vrai, les rendre matériellement distinctes ; mais, de quelque façon qu'on parvienne à les scinder, elles resteront moralement unies par les liens les plus étroits.

Extrême bonne volonté des compagnies.

Il est un fait frappant, qu'on n'a pas suffisamment mis en relief et qui cependant se renouvelle sans cesse depuis que s'est ouverte la lutte contre les grandes compagnies : c'est la différence profonde, significative, qui apparaît entre l'attitude de ces compagnies et celle de leurs adversaires.

Depuis plusieurs années, il n'est pas d'obsessions, d'accusations et de taquineries dont les compagnies n'aient été l'objet. Après les menaces de rachat partiel ou total dix fois renouvelées, après les attaques et les objurgations soulevées sur la question des tarifs, on a retrouvé encore disposées à la conciliation ces grandes entreprises qui, pour se développer pleinement, ont cependant besoin de calme et de sécurité.

On n'a pas fait réflexion qu'au cours même de cette lutte, les grandes compagnies avaient rendu des services considérables, réalisé de nombreux progrès et d'importantes réformes, effectué spontanément de larges abaissements de tarifs, offert au commerce, à l'industrie, aux voyageurs, des facilités nouvelles, des réductions notables.

Elles ont, au milieu même de leurs vicissitudes, écouté avec une incomparable patience les projets, les propositions de toute sorte des divers ministres, satisfait aux vœux du public, répondu à des exigences souvent excessives.

Personne ne leur en a tenu compte.

Ce qu'elles pouvaient faire.

Les compagnies ont, il faut bien le reconnaître, montré une longanimité, une condescendance, dont bien des sociétés industrielles moins puissantes, mais moins complaisantes, n'eussent sans doute pas fait preuve.

Ce qu'elles pouvaient dire.

Que fût-il advenu cependant si, lasses de ces récriminations incessantes, de ces attaques sans répit, de ces prétentions toujours renaissantes, elles s'étaient renfermées dans une abstention absolue et dans une inertie complète?

On imagine facilement le langage qu'elles eussent pu tenir : « Vous exigez des réductions de tarifs ? Vous n'en aurez point. — Vous exigez des réformes ? Nous ne voulons rien faire et nous ne ferons rien. — Vous voulez que nous remboursions vos avances ? Nous ne rembourserons qu'à la limite définie par nos conventions. — Vous voulez nous racheter ? Rachetez-nous : vous le pouvez en observant les engagements pris envers nous. — Nous ne voulons plus avoir en vue que le salut de nos actionnaires ; nous existons et nous exploitons en vertu d'un contrat, nous nous bornerons à l'observer ; le reste nous importe peu. »

On eût trouvé sans doute ce langage arrogant et hostile. Mais qu'aurait-on pu y reprendre au point de vue du droit strict ?

Attitude et services à apprécier.

Les compagnies pouvaient certes parler ainsi. Elles pouvaient, sans même lutter, se borner à une résistance passive et se renfermer dans une immobilité absolue. Elles n'en ont rien fait.

Elles se sont, au contraire, montrées soucieuses des intérêts du pays, déférentes envers les pouvoirs publics, généreuses même envers leurs adversaires, empressées enfin à mettre au service de l'État les ressources et le crédit dont elles disposent.

Cet exemple de modération, d'esprit de concorde et d'apaisement ne doit-il pas être suivi ?

Ne doit-on pas savoir gré à ces grandes compagnies qu'on prétend si orgueilleuses de ne s'être ni lassées, ni découragées, ni irritées ?

Un peu plus de justice.

Qu'on revienne donc enfin à de plus justes sentiments ; qu'on apprécie mieux les services rendus ; qu'on mesure la gravité des partis extrêmes auxquels une résistance sérieuse eût pu conduire les esprits ; et qu'on ne laisse pas dire que la prospérité acquise et les progrès futurs ont été compromis pour des théories vaines, pleines de périls, et qui d'ailleurs sont en complète opposition avec les vœux du pays.

UN CONSEIL SUPÉRIEUR DES FINANCES

Nécessité de sa création.

On a pu constater avec quelle dangereuse et inquiétante facilité l'illusion — et la pire de toutes, celle qui endort — s'était glissée dans les finances de l'État. Un ministre est venu qui, franchement, loyalement, a éclairé la situation, montré les vides, les lacunes, les déficits accumulés et dissipé les mirages par lesquels, il faut bien le dire, on avait mis quelque complaisance à se laisser séduire. Ce ministre a soulevé le voile, pourtant bien léger, qui couvrait la vérité.

Et cependant, si ce ministre n'était pas venu? S'il n'avait pas parlé? S'il en était venu un autre, très sincère aussi peut-être, mais abusé, mais plein lui-même de cette terrible et commode illusion qui pare jusqu'aux misères de nos budgets? Si enfin tout le monde s'était tu? On aurait donc pu continuer à vivre ainsi? On eût persisté à considérer comme absolument vrais, fidèles et irréprochables, des budgets dont en effet l'apparence semblait brillante?

Cette question s'impose invinciblement à la suite des étonnements et des émotions qu'ont soulevés les aveux du ministre des finances.

Quoi, l'opinion publique, les deux Chambres et les ministres mêmes qui se sont succédé, ont pu être égarés à ce point et si longtemps, sans qu'il se trouvât une institution, un corps organisé, un comité spécial d'où pût leur venir un avertissement opportun !

On comprend immédiatement notre pensée : il est nécessaire, il est indispensable de constituer un conseil supérieur des finances.

Si l'idée d'une telle création, qui d'ailleurs, ne serait pas une nouveauté, avait besoin d'être justifiée, elle ne le serait jamais mieux que par les faits financiers et les incidents parlementaires qui se sont produits dans ces derniers temps.

Cette idée, disons-nous, n'est pas neuve : il y a, en effet, bientôt dix ans que nous l'avons formulée dans diverses publications.

Depuis cette époque, nous avons, à diverses reprises et chaque fois que l'occasion nous a paru favorable, reproduit cette proposition.

Elle avait été entendue et accueillie dès 1873, par un des ministres les plus éminents et les plus habiles qui, depuis un demi-siècle, aient eu à administrer et à employer les deniers de l'Etat. M. Magne, en effet, dont l'esprit élevé était ouvert à toutes les idées libérales et justes, comprit bien l'utilité de la réforme que nous proposions et se hâta de la réaliser. Un conseil supérieur des finances fut formé ; il n'était pas, il est vrai, établi par décret ; mais il était certain qu'après expérience faite il serait définitivement institué dans la même forme que les autres conseils supérieurs qui fonctionnent auprès des ministres de la guerre, du commerce et de l'instruction publique (1).

1) D'autres éminents esprits avaient partagé et préconisé la même idée. Le marquis d'Audiffret, l'un des créateurs de la science des finances a, lui aussi, demandé un conseil supérieur des finances, mais en y attachant peut-être un caractère trop administratif. Enfin nous croirions manquer à la mémoire de M. Ernest Picard qui fut un ministre habile et une intelligence pratique, si nous ne disions qu'il avait immédiatement compris l'utilité et la nécessité de l'institution que nous réclamions.

Voici d'ailleurs ce qu'il nous écrivait à la date du 13 février 1874 :

« Je n'ai pas oublié les considérations que l'état de notre dette publique vous a inspirées.

« Je pense comme vous que les projets financiers devraient être précédés

Les vicissitudes de la politique ayant éloigné M. Magne des affaires, le conseil supérieur des finances partagea les destinées du ministre : il fut promptement éliminé. On pouvait être assuré qu'il se reconstituerait dès que M. Magne reviendrait au pouvoir. La mort de cet homme d'Etat si expérimenté et si profondément sincère anéantit cette espérance. La réforme qu'il avait tentée fut abandonnée. Nous ne doutons pas cependant de sa réalisation future, sinon prochaine. Ce qu'un esprit si juste et si pratique avait trouvé nécessaire, indispensable même, apparaîtra tel, un jour ou l'autre, à quelque administrateur prudent et soucieux des responsabilités qu'impose la gestion des finances de l'Etat.

Compétence et indépendance. Il ne s'agit donc pas d'innover, mais de reprendre le projet accueilli et réalisé par M. Magne en 1873 et 1874. Il s'agit de constituer sur des bases nouvelles et solides un conseil supérieur des finances, composé d'hommes d'une compétence incontestable et d'une indépendance complète et de donner à cette institution, en même temps qu'un caractère de permanence, des garanties suffisantes de durée.

Nos assemblées législatives devraient se dégager des préoccupations politiques, accorder un peu plus de travail, de temps et de soin aux questions d'affaires et à l'étude des finances publiques. Une expérience de douze années ne permet malheureusement pas de croire que ce vœu sera moins déçu dans l'avenir que dans le passé. Or, il est certain, il est de toute évidence que tous les projets économiques et financiers se présentent à la discussion publique dans un état insuffisant de préparation, d'élaboration et d'examen. Il est certain que, dans les commissions parlementaires,

d'un examen minutieux et être soumis aux hommes compétents avant de venir en discussion devant l'assemblée.

« Les chefs de service peuvent faire partie de ce conseil ; mais d'autres éléments y devraient être admis et j'espère que l'idée juste et simple dont vous vous êtes fait le promoteur sera définitivement adoptée en un jour prochain. »

les soucis et les intérêts politiques dominent et écartent les considérations d'un autre ordre.

Dans les questions budgétaires, par exemple, et sans contester un seul instant la compétence des hommes de valeur qui composent la commission du budget, ce n'est pas auprès de cette commission que le ministre des finances peut être assuré de prendre un avis dégagé de tout esprit de parti, de tout engouement théorique et ayant une valeur pratique réelle. Les commissions du budget ont d'ailleurs pu fonctionner avec zèle et assiduité sans que les expédients et les artifices budgétaires aient cessé d'être employés.

Ce qui paraît plus que jamais urgent, aujourd'hui, c'est de créer auprès du ministre des finances une source abondante et constante d'avis éclairés, d'informations sûres, de renseignements sérieux, de conseils pratiques fondés sur l'expérience acquise, sur la connaissance approfondie de la situation économique et financière de la France et des autres nations. Son objet.

Une commission parlementaire n'offre à cet égard aucune des conditions désirables ; une commission purement administrative et absolument dépendante du ministre ne peut non plus répondre au but qu'on se propose.

L'élément administratif devra-t-il donc être exclu de ce conseil supérieur des finances dont nous persistons à demander la création définitive ? Assurément non ; il doit y occuper la place qu'il mérite et y apporter une part très honorable de travail et de collaboration. Il n'est pas douteux que les chefs de service les plus expérimentés peuvent être consultés avec grand profit sur notre organisation financière et le fonctionnement de notre système fiscal. Sa composition.

Mais dans la composition de ce conseil supérieur des finances devront entrer en grande majorité les hommes de valeur, dénués d'attaches politiques ou administratives, qui par leur science, par leur longue pratique des affaires et des opérations financières, par des apti-

tudes spéciales et des talents que rehaussera une hono-
rabilité notoire, offriront les garanties de mérite et
d'indépendance qui doivent donner à leurs avis le poids
et l'autorité nécessaires.

Il ne sied pas, on le conçoit, de limiter en aucune
façon le choix du chef de l'Etat et du ministre pour la
formation de ce conseil dont la création doit recevoir
la sanction d'un décret. Tous ceux que la considération publique, la réputation, les succès obtenus au
cours d'une longue carrière, désigneront à leurs suf-
frages : économistes distingués, industriels habiles,
commerçants notables, financiers respectables, estimés,
détachés de tout intérêt personnel, pourront entrer
dans ce conseil supérieur des finances qui, nous en
sommes convaincu, est appelé à rendre les plus grands
services.

**Responsabilité
et isolement du
ministre des fi-
nances.**

La vérité est que, de tous les ministres, c'est le
ministre des finances qui, tout en portant la plus
lourde responsabilité, reste le plus dépourvu d'éléments d'information, d'éléments d'appréciation, de renseignements autorisés, d'avis éclairés et motivés. Et il
faut noter qu'il est le ministre le plus circonvenu, le
plus sollicité, le plus obsédé, et en même temps le
plus désarmé contre les demandes, les sollicitations
et les obsessions.

On peut affirmer qu'un ministre de la guerre, par
exemple, peut s'il le veut, s'il est vigilant et prudent,
obtenir sur la chose militaire, quelque projet ou quelque réforme qu'il prépare, des informations à peu près
complètes.

Il n'en est pas de même du ministre des finances.

Si celui-ci n'est pas, comme l'est M. Léon Say, un
économiste de talent et un administrateur rompu aux
grandes affaires, où pourra-t-il puiser ce qu'il ne trouvera pas en lui-même ? Et encore, eût-il toutes les qualités qu'on se plaît à reconnaître au ministre actuel,
devra-t-il toujours se croire infaillible, ne se trouvera-
t-il jamais en proie au doute, à l'indécision ? Que fera-

t-il en pareil cas ? Il fera, ainsi que cela arrive d'ordinaire, appeler quelque grand banquier, il aura recours à quelque sommité de la finance, que nul lien, nulle obligation ne rattacheront à lui ? L'avis pourra être utile, excellent ; quelle force morale et quelle autorité ajoutera-t-il à la décision du ministre ?

Il faut donc, nous le répétons, adjoindre au ministre des finances un conseil supérieur non pas temporaire, non pas révocable par simple arrêté, mais durable, mais permanent, auquel dans tous les cas difficiles, embarrassants, délicats ou douteux, il soit possible de recourir avec certitude de recueillir des avis sinon agréables, du moins utiles et motivés.

Ce conseil supérieur, nous n'en doutons pas, donnerait au ministre un concours précieux. Ses avis, ses déclarations, atténueraient certainement les responsabilités; ses avertissements préviendraient sans nul doute les expériences fâcheuses, les essais malheureux, les tentatives inutiles.

Le conseil supérieur saurait rappeler à l'occasion les règles et les principes budgétaires ; il garderait les saines traditions de la comptabilité publique : il ferait ouvrir les yeux sur les déficits dissimulés, sur les excédents fictifs, sur les équilibres douteux, sur les présomptions téméraires de recettes, sur les dégrèvements illusoires, sur le danger des crédits supplémentaires, etc., etc.

Une conversion serait-elle désirable ? Il dirait comment elle pourrait s'effectuer ; quel serait le taux de la réduction ; quelles précautions il faudrait prendre : quelle occasion il conviendrait de choisir, quelles seraient les dispositions des marchés étrangers.

Un emprunt serait-il à prévoir ? Le conseil supérieur des finances dirait sous quelle forme il pourrait se produire avec succès ; quelles proportions il devrait prendre ; quelle faculté d'absorption aurait le public : quelle part l'étranger en pourrait souscrire.

Nous ne continuerons pas cette énumération des mille circonstances dans lesquelles l'utilité du conseil supérieur des finances pourrait et devrait s'exercer. Mais de nombreuses fautes financières, de nombreuses erreurs récemment commises, d'étonnantes illusions longtemps entretenues et qui ne sont pas totalement dissipées, attestent assez la nécessité d'une institution que nous n'avons possédée que juste assez de temps pour déplorer qu'elle ne fût pas fondée d'une façon durable et graduellement complétée, successivement améliorée. Cependant nous avons pleine confiance : cette œuvre aura son jour.

LES CONVENTIONS DE CHEMINS DE FER

DEVANT LA CHAMBRE

La discussion du budget s'est ouverte devant la Chambre des députés avec un éclat inusité; on peut dire qu'on a fait, cette fois, à notre loi annuelle de finances un honneur auquel elle n'était plus accoutumée.

Intervention de M. Allain-Targé.

MM. Allain-Targé, Haentjens, Daynaud, ont brillamment engagé cette discussion. Loin de redouter l'essor d'idées ou de théories auxquelles nous ne saurions nous associer, nous croyons qu'il est nécessaire qu'elles se produisent entièrement, pleinement; la lumière n'en doit être que plus complète et c'est ainsi seulement, à notre avis, qu'on peut arriver à ce résultat si rare, si précieux, si difficile à obtenir : la vérité budgétaire.

Toutefois, de ces débats, au cours desquels le projet de budget a déjà été examiné à divers points de vue, nous ne retiendrons, quant à présent, que les arguments qui en ont marqué le début et que M. Allain-Targé a développés à la tribune avec un incontestable talent et une très énergique éloquence.

Dans l'habile discours de M. Allain-Targé, c'est la politique financière de M. Léon Say qui est tout entière attaquée ; on doit reconnaître qu'elle ne pouvait trouver d'adversaire plus redoutable ni plus convaincu.

En quittant le ministère des finances, M. Allain-Targé n'a pas abandonné les idées qu'il y avait apportées, idées singulièrement contradictoires, puisqu'il était à la fois partisan de la conversion et partisan du rachat des chemins de fer : principes financiers diamétralement opposés et qui jurent de se trouver accouplés dans un même programme.

Deux thèmes opposés : conversion et rachat.

Qui dit conversion, dit en effet réduction des charges annuelles, dégrèvements, allègements.

Qui dit rachat des chemins de fer, dit aggravation énorme de la dette, élévation des charges, oubli des droits des contribuables et des intérêts d'une grande partie du public.

On imagine difficilement l'exécution parallèle et simultanée de deux projets aussi profondément contraires. Il ne semble pas d'ailleurs que M. Allain-Targé ait jamais fait un effort sérieux pour les faire entrer l'un et l'autre dans la période de réalisation.

La question du rachat ne serait-elle pas secondaire, en réalité, pour M. Allain-Targé et celui-ci ne la sacrifierait-il pas assez facilement si, comme compensation, on lui assurait la ruine et l'asservissement des grandes compagnies. On est tenté de le croire.

Le véritable objectif.

Çà et là, en effet, dans ce long et ardent réquisitoire on surprend une sorte d'aveu. Lorsque M. Allain-Targé explique, par exemple, pourquoi il avait choisi, lui et ses adhérents, la compagnie d'Orléans comme sujet d'expérience et son réseau comme champ d'expérimentation, ses paroles sont significatives. Nous citons textuellement (1) :

Dans les mains du ministre ce magnifique outillage de la compagnie d'Orléans, si bien administrée, qui a un personnel si admirable, auquel il faut rendre hommage, en s'appuyant sur cette situation, sur cette sorte

(1) *Journal officiel.* 23 juillet 1882.

de place d'armes, je dis que le ministre pouvait étendre son administration, sa concurrence et son contact sur tous les réseaux, comme une pieuvre immense étendant ses tentacules. Il se serait trouvé en état de faire capituler les compagnies.

« Faire capituler les compagnies. »

Faire capituler les compagnies! Voilà le secret dévoilé! Voilà le rêve longuement caressé, l'espérance intime qui explique bien des attaques, bien des combinaisons parlementaires, bien des hostilités ouvertes ou sourdement conduites. La tentative faite contre la compagnie d'Orléans n'était qu'une déclaration de guerre à la grande industrie privée, une escarmouche précédant un engagement général. Faire capituler les compagnies! C'était là un triomphe flatteur, par lequel on entendait affirmer la puissance de l'État.

Or, c'est chose grave lorsque l'État éprouve le besoin d'affirmer sa puissance, et ce n'est jamais sans crainte qu'on le voit se préparer à en user. A vrai dire, dans l'espèce, qu'il s'agit de contrôle, de trafic ou d'améliorations matérielles, il était facile de démontrer que l'État n'avait qu'à laisser cette puissance qu'il détient s'exercer naturellement d'elle-même, pour obtenir les concessions, les réformes, les réductions, qu'on pouvait légitimement désirer. Les faits d'ailleurs l'ont bien prouvé et les esprits que la passion n'aveuglait pas se sont, en très grande majorité, rangés du côté des compagnies.

L'honorable M. Allain-Targé paraît croire, il est vrai, que ce grand courant d'opinion aurait été déterminé, provoqué, alimenté par les libéralités des compagnies.

On imaginera difficilement que ces compagnies qu'on dit si prodigues aient acheté à beaux deniers comptants la conscience et le concours de tant de conseils généraux, de tant de chambres de commerce qui se sont prononcés en pleine connaissance de cause et avec une compétence parfaite.

Conseils généraux, chambres de commerce, opinion publique, esprits pratiques, hommes de travail et d'expérience ont considéré autre chose que la vaine satisfaction de faire capituler les compagnies ; ils ont considéré les intérêts du pays, ceux du commerce et de l'industrie, ceux des millions d'actionnaires et d'obligataires intéressés dans ces vastes entreprises, ceux enfin de la masse des contribuables. Ce sont ces considérations auxquelles eussent dû plus souvent s'arrêter les partisans obstinés du rachat. Ils eussent vu au delà de ces compagnies que poursuit leurs ressentiments; ils eussent vu derrière elles cette foule d'intéressés de tout ordre, la plupart gens de labeur et d'épargne, qui sont bien, on ne le contestera pas, des Français, des citoyens, des électeurs, des contribuables et qui sont innombrables. C'est ce que M. Allain-Targé et ses adhérents ont négligé d'examiner.

Quant à M. Allain-Targé lui-même il devait renoncer au projet de rachat par les mêmes raisons qui lui faisaient désirer et réclamer la conversion.

Cette conversion était possible, facile même à effectuer en 1879. Elle n'est plus praticable en ce moment. M. Allain-Targé se montre peut-être bien sévère lorsqu'il reproche au ministre actuel de ne l'avoir pas effectuée entre les effarements du krach et les menaces redoutables de la question égyptienne. M. Allain-Targé n'a sans doute pas pensé un seul instant qu'une telle opération pouvait être improvisée ainsi, à la légère, prestement, entre deux catastrophes. Il a pu, au reste, apprécier par lui-même combien une si importante et si grave mesure était difficile à élaborer, puisque, pendant toute la durée de son séjour au ministère, il n'a pas eu le loisir d'exécuter cette conversion qu'il désirait.

Conversion actuellement non praticable.

Toutefois, il faut, nous le répétons, se féliciter que la discussion ait mis en lumière toutes les objections que peut soulever le projet soumis au Parlement ; il était nécessaire que les opinions se produisissent avec clarté et netteté ; elles sont de part et d'autre soutenues avec grand talent, la solution y gagnera en valeur et en autorité.

LES PRINCIPES FINANCIERS

Le tumulte des luttes parlementaires ne doit pas nous faire perdre de vue les règles, les principes, qui, en matière financière, ont été si nettement affirmés et si clairement exposés par M. Léon Say. Il nous semble, au contraire, opportun de placer à l'abri de toute confusion les vérités qui ont été mises en lumière par le ministre des finances.

Possibilité de la conversion. Une question des plus importantes, soulevée par M. Allain-Targé, appelait tout d'abord les observations de M. Léon Say qui avait à se défendre du reproche d'avoir, dès son arrivée aux affaires, exclu la conversion de son programme. Sa justification était facile. Il était évident qu'au moment où il entrait au ministère, la situation du marché financier ne permettait pas de songer de longtemps à effectuer une opération si vaste.

Cette situation exigeait les plus grands ménagements ; on devait s'efforcer de rassurer les esprits, de rassurer les intérêts, d'épargner toute préoccupation aux rentiers et aux capitalistes. Enfin les complications extérieures s'étaient déjà trop accentuées pour qu'il fût possible de trouver une heure favorable pour mener à bien une grande entreprise financière, quelle qu'elle fût : emprunt ou conversion.

Ce qu'on doit appeler : « Une conversion mal faite. » Autrefois on avait eu cette heure propice et on n'avait pas su en profiter. L'occasion enfuie ne devait pas se retrouver de sitôt. Aujourd'hui il ne viendra à personne l'idée que cette conversion soit réalisable. Nous n'entendons pas dire par là qu'on n'ait pu et qu'on ne puisse encore la mal faire. M. Léon Say a bien dit ce qu'était une conversion mal faite : « C'est celle qui n'a pas été préparée précédemment, et qui est opérée sans qu'on ait choisi le moment favorable. » Il a fait prévoir les conséquences d'une conversion faite de la sorte, c'est-à-dire « la désorganisation du crédit pour des années ».

Abordant la question de l'emprunt, il a montré que, là aussi, l'élaboration était nécessaire ; que l'opportunité y jouait un rôle considérable ; que l'improvisation y était sinon impossible, du moins autoritaire et dangereuse. Il a montré la nécessité de compter avec les faits, car « en finances, plus qu'en toute autre matière, on ne peut pas se mettre à l'abri des faits ».

Possibilité d'emprunt.

Il est certain que, dans la préparation de son budget, M. Léon Say avait tenu le plus grand compte des faits et qu'en présence de la situation financière du marché, de celle du pays et des conditions politiques de l'Europe, il avait eu, avant tout, en vue, deux nécessités principales : réserver toutes les grosses opérations et faire en sorte qu'elles ne devinssent point nécessaires, en demandant à la dette flottante des ressources suffisantes pour opérer les consolidations dont on aurait besoin pour parer aux dépenses de travaux publics.

Nécessités prévues par M. Léon Say.

Un autre point important a fixé l'attention de M. Léon Say et il s'est expliqué très nettement à cet égard ; nous voulons parler du mode d'évaluation ordinairement adopté. Ce système lui a paru suranné ; il lui a semblé qu'il ne donnait plus la vérité. Il a, en conséquence, posé une règle nouvelle, que nous ne discutons pas ici, qui peut troubler certaines habitudes, mais qui permet assurément une approximation très grande de la réalité. Quel que soit d'ailleurs l'effet du nouveau procédé d'évaluation, on ne peut qu'applaudir à cette recherche attentive de la vérité budgétaire.

Évaluation des recettes. Procédé à suivre.

Sur ce point, le langage de M. Léon Say, quelque précaution oratoire qu'il ait pu prendre, n'en a pas moins été très catégorique. Il a fait sentir que déjà les ministres avaient à provoquer eux-mêmes bien des dépenses et qu'ils avaient aussi à se défendre contre de grandes exigences et de vifs entraînements.

Si nous sommes obligés, disait-il à la Chambre, de prendre l'initiative de beaucoup de dépenses, encore ne faut-il pas que vous exagériez le mouvement ; encore faut-il prendre des précautions pour que ce mouvement n'aille pas trop loin et pour que le public, plus ou moins excité par la vue d'excédents apparents qui ne sont pas libres, ne nous pousse pas à faire plus de dépenses qu'il ne nous paraît nécessaire.

Freins nécessaires. C'est ainsi que le ministre expliquait pourquoi il cherchait à introduire dans le budget « des freins qui ne sont pas autre chose que l'expression de la vérité ». « Je voudrais, ajoutait-il, qu'on connût à chaque instant l'inconvénient qu'il y a à aller trop vite, les difficultés que l'on crée à un budget en cours et qu'il faut bien achever, lorsqu'on pousse à l'augmentation trop rapide des dépenses. »

Rien de plus heureux, rien de plus rassurant pour l'avenir des finances de l'État que cette préoccupation chez nos ministres de se soustraire à l'illusion, aux apparences, au mirage des excédents plus ou moins fictifs.

Éviter les présomptions de plus-value dans les recettes, se prémunir contre les atténuations complaisantes dans les prévisions de dépenses, rechercher partout l'évaluation la plus rapprochée de la vérité : telle est la règle stricte à laquelle les Chambres, aussi bien que les ministres, doivent s'astreindre.

Classification des recettes et des dépenses. M. Léon Say a reconnu aussi combien la classification des recettes et des dépenses importait à cette précieuse sincérité des budgets. Il a fait comprendre la nécessité de faire une distinction plus sévère entre les dépenses selon leur nature, selon leur caractère de durée et de permanence, et il a ramené ainsi notre comptabilité à un principe qu'on a trop souvent méconnu dans ces dernières années. Cette première tentative, qui a rencontré des résistances, sera sans doute encore timide et incomplète ; c'est beaucoup que, dans cet ordre d'idées, on revienne aux vraies règles et aux pratiques scrupuleuses.

En rappelant et en insistant sur ces principes,

M. Léon Say a invoqué la mémoire et l'autorité de
M. Thiers dont il a reçu les leçons. Il s'est souvenu
des reproches de M. Thiers qui, lui conseillant la « férocité » en matière budgétaire, l'accusait de ne l'avoir
pas assez dans son caractère. Il s'est souvenu aussi de
cette maxime « que le premier devoir d'un ministre des
finances, c'est la sincérité ». Cette qualité n'est-elle pas
la garantie la plus sûre contre les entraînements et les
illusions ?

Férocité et sin-
cérité.

INSTABILITÉ FINANCIÈRE, INSTABILITÉ POLITIQUE

Un des graves reproches qu'on adresse au régime
parlementaire, c'est de changer trop souvent le personnel ministériel; c'est, au moment où des réformes
utiles peuvent être appliquées, au moment précis où
elles ont été étudiées par un ministre et approuvées
par un cabinet, de renvoyer ministre et cabinet et
de remettre en question tous les projets qu'ils étaient
à la veille de réaliser.

Conséquences
de l'instabilité
ministérielle.

Cette instabilité est une cause de malaise, car les
affaires commerciales, industrielles, financières, réclament la sécurité du lendemain; aucune entreprise ne
peut être tentée, aucune réforme ne peut être appliquée,
si, à chaque instant, de nouveaux projets surgissent
rejetant dans l'oubli ceux qui avaient été préparés et
sur lesquels on comptait.

Y a-t-il des questions plus sérieuses, plus graves et
plus controversées que celles du budget, de la conversion, des emprunts, du régime des chemins de fer?
Depuis plusieurs années les ministres ont succédé aux
ministres ; chacun d'eux a voulu réformer l'œuvre de
son prédécesseur et, finalement, où en est-on arrivé ?
A l'heure où nous sommes, le budget de 1883 n'est pas
encore voté. Quel sera ce budget? Personne ne le sait.

Sur la solution
des questions
budgétaires et
financières.

M. Allain-Targé, en novembre 1881, comprenait l'établissement du budget d'une façon tout autre que M. Magnin. En janvier 1882, arrive M. Léon Say, qui, dans son exposé budgétaire, bouleverse de fond en comble les *chiffres*, les combinaisons de son prédécesseur. M. Léon Say abandonne la place à M. Tirard et, depuis l'arrivée aux affaires du nouveau ministre des finances, on cherche à connaître quelles peuvent être ses idées personnelles; on se demande s'il soutiendra le projet de budget de M. Léon Say ou s'il le remaniera. Et alors quand sera-t-il volé?

D'un autre côté, s'il y a des projets qui n'ont pas besoin, lorsqu'ils ont été étudiés par les ministres compétents, de subir encore devant les Chambres et devant le pays un très minutieux examen, ce n'est pas le cas de ce budget de 1883, le plus lourd que la France ait jamais eu, le plus difficile qui se soit encore présenté à équilibrer, le plus complexe à étudier en raison des combinaisons financières et économiques qu'il nécessite, et qui vraiment mériterait mieux qu'un examen aussi sommaire, aussi superficiel que celui auquel se livre la Chambre des députés.

Charges actuelles du pays. Le budget ordinaire s'élève à 3 milliards 207 millions; le budget extraordinaire réclame 520 millions; celui sur ressources spéciales, 417 millions. Au total, 4 milliards 153 millions, et ce n'est pas tout.

Les budgets annexes réclament 84 millions; celui de l'Algérie 38. Les dépenses des départements atteignent 200 millions; celles des communes s'élèvent, en chiffres ronds, à 1 milliard.

Avant quelques années, à en juger par la folie de dépenses qui atteint les grandes comme les petites municipalités, ce budget aura doublé.

Le chiffre global des dépenses *annuelles* du pays se fixe ainsi à 5 milliards 475 millions !

Ce que commande cette situation. Voilà, ce que nous tous, contribuables, commerçants, industriels, travailleurs de tout ordre et de tout rang, payons, bon an mal an, à l'État, aux départements, aux

communes ! Est-il admissible, en présence de pareils
chiffres, que les projets financiers qui peuvent assurer
l'équilibre de ce colossal budget, soient sans cesse remis en question? Si jamais l'esprit de suite, la fixité
dans les règles, la méthode, une ligne de conduite prudente et sûre ont été nécessaires, n'est-ce pas, ne de-
vrait-ce pas être surtout dans les matières budgétaires?

Comment s'étonner, en présence de l'incertitude qui
règne dans les projets financiers du ministère, dans l'attitude et les intentions de la Chambre des députés, que
nos rentes ne retrouvent pas l'élan qu'elles avaient dans
ces dernières années ?

Influence sur le marché finan-cier.

Dans ces derniers jours, n'a-t-on pas parlé tout à la
fois et de la conversion de la rente 5 %, et d'un nouvel
emprunt en rentes amortissables, et du rachat des
grandes compagnies de chemins de fer ? Rien ne prouve
mieux l'indécision des esprits que ce va-et-vient perpétuel de nouvelles qui, lorsqu'on veut bien y réfléchir,
se démentent réciproquement.

Comment veut-on que le gouvernement, — quand la
situation commerciale n'est pas aussi favorable qu'on le
voudrait, quand les questions de politique extérieure
sont à l'état aigu, — puisse songer à faire la conversion
d'une dette qui représente 8 milliards? On ne peut effectuer une opération semblable qu'avec la certitude absolue de la réussir et, pour la réussir, il est indispensable
que le baromètre politique et financier soit au " beau
fixe " et ne soit pas malheureusement comme aujour-
d'hui à " variable ".

En admettant même la possibilité de cette opération,
est-ce que le gouvernement pourrait, tout à la fois, convertir sa dette 5 %, en réduire les intérêts, puis emprunter pour payer le rachat des grandes compagnies de
chemins de fer ? Qu'on soutienne la nécessité d'effectuer la conversion, soit : c'est une question d'appréciation, d'opportunité ; mais qu'on veuille, en même
temps, emprunter et se lancer dans l'inconnu en mena-

çant du rachat les grandes compagnies, en voulant même effectuer ce rachat, ce sont là des opérations tout à fait contradictoires. Ce serait, comme l'a si nettement déclaré M. Léon Say, une véritable atteinte à la fortune publique.

Il est temps, grand temps qu'on en finisse avec toutes ces tergiversations. Le pays paie assez d'impôts et supporte avec assez de courage le poids de charges qui, il y a moins de dix ans, auraient paru au-dessus de ses forces, pour avoir le droit de réclamer de ses mandants, de ses députés, une politique financière, une ligne de conduite financière, économique, commerciale et industrielle. Ce que M. Thiers, dont on invoque souvent le témoignage mais dont on oublie trop vite les sages conseils et les leçons dictées par l'expérience, recommandait sans cesse, c'était la prudence et la sagesse. Qu'il parlât de la forme du gouvernement, du crédit de l'État, des impôts, ce que M. Thiers ne cessait de dire, c'était qu'il fallait être sage. Eh bien! c'est manquer de sagesse et de prudence que de laisser en suspens un budget aussi colossal que le nôtre; c'est nuire au crédit de l'État, que de laisser dans l'incertitude du lendemain, des millions de citoyens, de capitalistes, de rentiers, qui s'appellent porteurs de rentes, actionnaires et obligataires des grandes compagnies de chemins de fer; c'est discréditer la forme même du gouvernement, que de laisser se perpétuer l'instabilité financière, instabilité qui peut mener droit, qu'on en soit convaincu, à l'instabilité politique.

Ce que recommandait M. Thiers : « Il faut être sage! »

POLITIQUE FINANCIÈRE DE LA FRANCE

I

Le *Journal des Économistes* vient de publier un
article important qui produira certainement une vive
sensation. Cet article a pour titre : *La politique financière de la France* ; il est signé : Léon Say.

C'est indubitablement là qu'on doit chercher l'expression exacte des idées de M. Léon Say sur les questions brûlantes du jour, sur celles qui, dans les préoccupations du public, dominent déjà les questions politiques.

Au début de ce travail, M. Léon Say se reporte à une
précédente étude publiée il y a un an et dont il rappelle les conclusions : « ni émission, ni conversion, ni
rachat », conclusions qui, ajoute-t-il, sont devenues
« un programme de gouvernement ».

Programme de M. Léon Say.

Ce programme, M. Léon Say le maintient absolument
en toutes ses parties. Il croit qu'en l'abandonnant, on
s'est exposé aux plus graves dangers, parce qu'on se
nourrit d'illusions funestes. Ces illusions, il avait bien
cherché à les dissiper quand, ministre des finances, il
présentait en tête du projet de budget un exposé qu'on
n'a pas oublié, mais il n'avait qu'à demi découvert les
mystères de la situation financière : cette fois il lève
entièrement le voile.

II

M. Léon Say examine tout d'abord les conditions du
marché des capitaux ; c'est sur ce point surtout qu'on
s'abuse. La récente crise n'aurait, selon lui, que des conséquences et une portée restreintes si elle avait eu sim-

Conditions du marché des capi-taux.

(1) *Journal des Économistes*, 15 novembre 1882.

plement pour effet de transférer à des gagnants ce que
d'autres avaient perdu. Le mal a été autrement profond
et autrement grave :

> Le fond de l'affaire c'est que, depuis deux ans, la France avait mis ses
> épargnes dans des entreprises improductives ou imaginaires et qu'elle les
> avait perdues. Si l'effondrement de cette banque ne s'était pas produit,
> il se serait produit autre chose. Il est certain qu'il ne pourrait y avoir un
> mode pire pour liquider le marché que celui que les événements ont
> amené, mais si la spéculation ne s'était pas fourvoyée dans cette voie,
> elle se serait fourvoyée dans une autre. Il n'y avait pas d'issue et le
> pays était acculé à liquider les pertes immenses qu'il avait subies.
>
> C'est comme une nouvelle rançon de plusieurs milliards payée à la spé-
> culation, comme la rançon de 1871 a été payée aux Allemands. Notre pre-
> mière perte, celle de 1871, nous l'avons couverte et comblée par des épar-
> gnes nouvelles accumulées en 1872, 1873 et 1874 et qui ont refait la fortune
> du pays ; la perte que nous venons de subir, celle de 1881 et 1882, nous
> ne pourrons la couvrir et la combler que par la continuité des épargnes
> en 1882, 1883 et 1884.

Il faut ramener « le réservoir de la fortune publique »
à son ancien niveau avant d'y puiser.

L'emprunt n'est pas possible. M. Léon Say considère donc l'emprunt comme tout
aussi impossible aujourd'hui qu'il y a dix mois.

Si ce fait est exact, si cette appréciation est juste,
on conçoit combien il serait déraisonnable de voter
des dépenses extraordinaires si on ne peut en même
temps créer de nouvelles ressources.

Dette flottante, elle manque d'élasticité. Une dette flottante très basse, très légère, offre parfois une élasticité qui peut permettre de lui demander
beaucoup. La nôtre n'en est pas là ; elle est lourde,
surchargée à l'excès et ne « peut plus rien absorber
d'extraordinaire ». La surcharger, c'est se condamner
à un emprunt intempestif, c'est l'annoncer à l'avance,
et, M. Léon Say l'affirme, dans les conditions actuelles
cet emprunt est impossible.

Procédés à adopter. M. Léon Say revient à ses propres projets : il avait
fait deux parts des ressources à affecter au budget
extraordinaire : d'un côté, les ressources déjà créées par
les Chambres, mais non encore employées ; de l'autre,
des ressources nouvelles à trouver. Ces dernières, limi-
tées à une somme fixe, devaient être fournies par le

remboursement des avances faites aux compagnies de chemins de fer, dont la dette « ferme quant à la somme » restait « indéterminée quant à l'échéance ». Il suffisait d'assigner, après entente préalable, une date à ce recouvrement.

M. Léon Say reconnaît les difficultés en présence desquelles s'est trouvé son successeur, privé du concours du président de la commission du budget. Il regrette pourtant que M. Tirard, qui eût été secondé par M. Ribot, ne se soit pas senti assez fort pour réaliser l'œuvre de son prédécesseur. Il prévoit qu'on va laisser les choses en suspens, voter des dépenses extraordinaires sans avoir de ressources. Incidemment, il signale le danger des bons spéciaux dont on a parlé et qui seraient gagés sur la dette des compagnies de chemins de fer, il rappelle, en passant, une conversation de M. Laurier et de M. Magne à la fin de 1870.

M. Laurier et M Magne.

M. Laurier demandait à M. Magne si, pour mieux déterminer la Banque de France à faire de nouvelles avances à l'État, on ne pourrait pas lui donner comme garantie le produit d'un impôt spécial, par exemple celui des postes.

Gardez-vous en bien, répondit M. Magne. Tous les revenus de l'État sont le gage commun de ses créanciers ; l'affectation d'un impôt spécial est, pour un État, le signe d'un crédit de décadence.

Assigner des bons portant la signature de l'État sur une rentrée quelconque, c'est avouer que la signature du Trésor a besoin d'être doublée d'une valeur réelle ; c'est la décadence du crédit.

Aussi M. Léon Say ne croit-il pas que cet expédient puisse être proposé à la Chambre. On s'adressera à la dette flottante, parce qu'on ne pourra faire autrement tant qu'on ne voudra pas aborder la question des chemins de fer dans un esprit « pratique et impartial ».

III

M. Léon Say considère que, de cette question, dépendent les destinées des finances de l'État et le sort des budgets ; il déplore que la Chambre ne soit pas pénétrée de cette vérité.

La question des chemins de fer. Sa connexité avec le budget.

Il aborde lui-même cette question et la traite d'une plume vraiment magistrale. Il fait ressortir tous les vices de l'exploitation par l'Etat en constatant les résultats obtenus sur le réseau qu'il exploite :

Le réseau de l'Etat.
« Modèle à ne pas suivre. »

L'échec, dit-il, est absolu, irrémédiable. Le budget est grevé, c'est évident; les populations qu'on dessert ne sont pas contentes, c'est certain; on n'y a donc trouvé ni avantage économique, ni avantage politique. On ne peut continuer, à moins que ce ne soit pour faire les expériences les plus douteuses et les plus coûteuses aux frais des contribuables. C'est un désastre. En quatre ans, le produit net des chemins, formant ce qu'on appelle l'ancien réseau de l'Etat, a diminué de plus de 90 %. La proportion de la dépense aux recettes monte d'année en année ; de 78,76 % en 1878, elle s'est élevée à 81,63 % en 1881. En trois ans, le déficit de l'opération a été de 40 millions de francs. Les contribuables ont fait les frais de cette expérience en sortant de leur poche 40 millions de francs et ils sont exposés à payer tous les ans, pour couvrir les pertes, des sommes toujours croissantes. »

Le maintien de cette institution sans racines et sans raison, ressemble à la prolongation d'existence de certaines entreprises industrielles qu'on n'ose pas liquider, pour ne pas en faire ressortir les pertes dans les écritures, et qu'on fusionne successivement avec une série d'entreprises nouvelles, pour passer à d'autres la responsabilité de la liquidation définitive.

On voulait, naguère, se servir du réseau de l'Etat comme modèle. « C'est un modèle à ne pas suivre », ajoute spirituellement M. Léon Say.

Il fait justice aussi de tout ce qui a été imaginé, combiné, rêvé, pour constituer l'égalité des tarifs, pour assimiler les frais de transport à une sorte d'impôt et les faire finalement supporter par l'Etat.

On voulait encore, dit-il, conserver ce réseau comme une arme. Cette arme ne devait servir sans doute qu'en vue du but à poursuivre, c'est-à-dire l'achèvement du réseau classé des voies ferrées. Mais comment négocier avec des compagnies privées lorsqu'on a, pour exemples à leur montrer, les fâcheux résultats obtenus sur le réseau de l'Etat ?

Construction par l'Etat.

La construction par l'Etat vaut-elle mieux que son exploitation ? Voici la réponse de M. Léon Say :

On a ouvert des chantiers sur toute la surface du pays ; on a tout entamé à la fois et on n'a rien achevé nulle part. Il n'y a pas 100 kilomètres terminés de tout le grand plan de travaux publics voté par les

Chambres et, au lieu de 120 ou 150,000 francs de dépense prévue, on dépense 240,000 francs par kilomètre.

L'ancien ministre des finances rappelle les aggravations successives qu'ont subies les évaluations primi-
tives de nos grands travaux publics. De 4 milliards
annoncés tout d'abord, on s'est élevé à 6 milliards,
puis à 7; aujourd'hui on déclare qu'il en faudra 9.

Aggravation du plan primitif. Révision à effectuer.

Il faut exiger au nom des intérêts financiers de ce pays et de son crédit,
au nom de ses intérêts politiques les plus chers, qu'on mette en vente le
réseau de l'État, et qu'on revise les projets des chemins de fer classés,
non seulement pour ne pas augmenter la dépense, mais encore pour la
réduire.

Il propose d'exécuter partout où on le pourra des
chemins de fer économiques. Comme exemple, il en cite
un qui n'a coûté que 70,000 francs le kilomètre.

Construire des chemins de fer économiques.

On pourrait trouver 3,000 kilomètres du réseau classé, surtout dans les
pays de montagne, à construire sur ce modèle. Si on en évalue la dépense
à 80.000 francs le kilomètre au lieu de 240,000, on pourrait économiser
quatre à cinq cents millions de francs. Il faut y regarder de très près, car
il devient urgent de ménager le capital national; si les épargnes du pays
n'avaient pas été englouties, depuis deux ou trois ans, dans des affaires
improductives, on pourrait aller plus largement, mais nous savons aujour-
d'hui que ce n'est pas le cas. Non seulement le public a perdu plusieurs
milliards d'économies réalisés, et mal placés dans des entreprises où les
capitaux ont été dissipés, mais on n'a pas pu faire des épargnes nouvelles,
parce qu'il y a eu une série de mauvaises récoltes qui ont successivement diminué tantôt le produit de la récolte du blé, tantôt celui de la
récolte du vin.

IV

Il est des dépenses d'autre sorte que M. Léon Say
voudrait voir aussi restreindre largement, entre autres
celles qu'entraîne la construction des nouvelles maisons, des " palais " d'école. Il s'élève très spirituellement contre la prodigalité déployée dans ces bâtiments.

Les « palais scolaires ».

Quand on parcourt un département, on est frappé, toutes les fois qu'on
traverse une commune, de l'aspect grandiose d'une construction neuve;

cette construction neuve, c'est toujours l'école. Elle domine le village comme autrefois le château ; on peut même trouver dans cette idée un thème très oratoire à développer. C'est l'instruction qui règne sur nous et nous n'avons rien perdu en changeant de seigneur. J'applaudis de tout mon cœur à cette transformation, mais ce n'est pas une façon de faire les comptes. Il faut être bien mal avisé pour dépenser un milliard, si pour remplir le même objet on peut ne dépenser que la moitié. Moins on dépensera dans chaque école, plus on pourra en augmenter le nombre, et le but poursuivi ne sera que plus sûrement atteint.

Dépenser moins. Dépenser mieux. Il est douteux que les observations de l'ancien ministre des finances soient fort goûtées dans certains groupes parlementaires ; elles n'en sont ni moins exactes, ni moins judicieuses.

Il faut à tout prix se résigner à dépenser moins, à dépenser mieux, c'est-à-dire avec prudence et mesure.

M. Léon Say craint qu'on ne se dispose à ne rien faire, à se laisser glisser sur la pente de l'ajournement jusqu'à la nécessité d'arrêter tous les travaux publics et de fermer tous les chantiers.

Car il ne faut pas se faire d'illusion, c'est à la suspension des travaux de nos ports, de nos chemins de fer, de nos écoles, de nos chemins vicinaux qu'on sera infailliblement amené, si on ne prend pas des résolutions énergiques, si on ne sort pas de l'ornière dans laquelle on se débat depuis plusieurs années, en faisant montre d'une impuissance déshonorante.

Concession des travaux aux compagnies. La désorganisation du budget. Et M. Léon Say conclut sur cette question des chemins de fer en réclamant la vente du réseau de l'Etat, la conclusion avec les compagnies privées de conventions assurant l'achèvement du réseau classé, en cours d'étude et de construction.

Mais pour obtenir ces résultats, pour pouvoir aussi améliorer nos ports et notre système de voies navigables pour les travaux qui ne peuvent être exécutés qu'à l'aide des capitaux de l'Etat, « il faut, écrit énergiquement M. Léon Say, s'arrêter dans la voie de désorganisation du budget dans laquelle on est entré ».

V

Les dépenses ordinaires doivent être maintenues dans les plus strictes limites. Il ne faut pas compter avant deux ans sur des plus-values d'impôts. Ne pouvant compter sur des ressources nouvelles pour 1884, il faudra donc s'abstenir de toutes nouvelles dépenses. Les Chambres, et plus particulièrement les députés devront avoir le courage de ne point abuser de ce droit d'initiative auquel M. Léon Say voudrait bien que l'on renonçât.

Limitation nécessaire des dépenses) ordinaires.

Ce serait, remarque-t-il, une réforme bien nécessaire et bien naturelle, car c'est une chose étrange que de voir la nation envoyer au siège du gouvernement des agents d'excitation à la dépense. L'opinion publique ferait vite volte-face, si on pouvait lui faire comprendre que les agents à l'excitation de la dépense ne sont pas autre chose que des agents d'excitation à l'augmentation des impôts.

Il signale un danger non moins redoutable, et ici c'est l'administrateur habile qui parle; il montre les services menacés par la désorganisation du personnel, soumis à une sorte d'épuration politique. Mais citons textuellement :

Les fonctionnaires.

On a remplacé en masse, et comme par fournées, les agents des régies les plus rapprochés des contribuables, et on a recherché les relations que les enfants de 10 ans pouvaient avoir avec des adversaires du gouvernement, avant de les admettre, comme surnuméraires, dans les bureaux de l'enregistrement ou des contributions indirectes. On a surexcité outre mesure l'esprit de dénonciation et développé toutes sortes de mauvais sentiments, qui sont très contraires à l'intérêt du gouvernement républicain.

Il faut avoir passé par les affaires pour avoir une idée du nombre de gens dont la révocation est demandée par ceux qui veulent les remplacer.

Ainsi les agents expérimentés disparaissent et le recrutement des nouveaux employés se fait mal.

On ne sollicite pas seulement des places, mais encore des diminutions d'impôt, des réductions de patentes,

Les sollicitations des membres du parlement.

des remises d'amendes, des abandons de procès-verbaux. Les fraudeurs trouvent des recommandations, et de fort nombreuses, et de fort instantes.

> Du train où vont les choses chez nous, écrit finement M. Say, il sera bientôt très bien porté de faire partie du monde des fraudeurs. Les gens seuls qui n'auront pas de crédit s'en trouveront exclus.

Tous les ressorts administratifs s'énervent et se détendent ; la statistique du nombre décroissant des contraventions constatées en fournit la preuve :

> En 1870, on constatait encore 13.270 contraventions au droit de circulation sur les vins ; en 1881, le nombre des contraventions constatées tombe à 6,138. C'est la moitié. Les débitants de boissons, qui sont très nombreux, mais qui sont toujours l'objet des sollicitations les plus pressantes, échappent de plus en plus à l'action de la régie. En 1870, on constatait encore contre eux 17,308 contraventions, on n'en a plus constaté en 1881 que 5,134 ; c'est une diminution de près des trois quarts. Le total général des constatations de contraventions, en matière de boissons, était de 46,843 en 1870, il est tombé à 18,585 en 1881 et encore il n'y a eu sur ce total que 16,277 procès-verbaux qui aient été suivis d'effet.

Comment on
remplit le mieux
son office.

M. Léon Say insiste sur cette intervention des membres du parlement ; il répète une anecdote qui, dit-il, court les couloirs des ministères :

> Plusieurs directeurs du personnel appartenant à diverses administrations se disputaient un jour à qui remplissait le mieux son office ; mais comme il est difficile, dans ces matières, de mesurer le mérite des gens, chacun maintenait sa supériorité en l'affirmant, à défaut de preuves matérielles. L'un d'eux eut l'idée de faire une statistique. Il compte le nombre de recommandations adressées par les députés et le nombre des réponses favorables que chacun des directeurs a pu y faire. Il avait donné 60 % de satisfaction, tandis que les autres n'atteignaient qu'une proportion de 40. Le procès s'est trouvé jugé du coup ; ceux qui n'avaient donné que 40 % de satisfaction ont courbé la tête et se sont inclinés devant la supériorité de leur heureux confrère.

VI

On voit combien il est difficile de défendre le budget et de préserver les intérêts du Trésor.

Mais ce qui est non moins menaçant pour les bud-

gets que l'exagération des dépenses ou les difficultés
de perception, c'est cette tendance à mettre constamment en avant cette formule générale et vague qui sé-
duit les esprits superficiels ou crédules : « la politique
de dégrèvement ».

M. Léon Say la repousse en termes fort vifs. Il déclare qu'il ne reconnaît qu'une politique vraie en matière de finance : « La politique d'équilibre, qui conduit
aux dégrèvements lorsqu'il y a des surplus, mais qui
affirme l'ordre et la régularité qui repose sur le crédit
et qui, inspirant la confiance, contribue à développer
la richesse publique. »

L'attachante étude de M. Léon Say, toute pleine d'un
intérêt passionnant, se ferme sur une péroraison dans
laquelle on retrouve l'expression des grands principes
économiques que l'ancien ministre des finances a toujours représentés et défendus avec tant d'autorité. Il
termine par ces paroles d'espérance :

L'ère des difficultés que nous traversons aujourd'hui peut être franchie
beaucoup plus aisément qu'on ne pense, si tous ceux qui ont l'amour de
l'ordre dans les finances, qui ont foi dans l'avenir économique de notre
pays, qui ont horreur de l'esprit de système, s'attachent à chercher des
solutions dans le développement de plus en plus libre de l'industrie et du
commerce.

On dira peut-être qu'il faut être optimiste pour croire que les idées que
nous venons d'exprimer triompheront aisément des préjugés dont le pays
a tant à souffrir. Mais l'avenir appartient aux optimistes, c'est-à-dire à
ceux qui croient à l'efficacité de leur politique.

Les conseils que M. Léon Say vient de donner, dans
cette étude si remarquable, seront-ils écoutés ? Il faut
l'espérer dans l'intérêt du crédit et des finances de
notre pays. Il était impossible d'exprimer avec plus de
clarté, plus de fermeté, plus de vérité, les dangers de la
situation financière actuelle. Si sévère que puisse paraître le tableau que M. Léon Say trace de nos finances,
on se sent cependant rassuré, après une telle lecture,
en pensant qu'il est encore des hommes soutenant les
vraies doctrines et qui savent les appliquer le jour où
cette lourde mission leur est confiée.

BUDGET DE 1884

Dépôt du budget ordinaire de 1884.

Le ministre des finances a déposé sur le bureau de la Chambre des députés, le 3 mars 1883, le projet de budget ordinaire pour 1884. La Chambre, par de nombreux applaudissements, a rendu un hommage mérité au zèle et à l'empressement de M. Tirard ; elle a montré ainsi qu'elle comprenait ce que valait l'exemple qui lui était donné.

Le budget extraordinaire n'est pas prêt.

Toutefois le ministre des finances a dû expliquer pour quel motif c'était le budget ordinaire seul qu'il présentait : le budget extraordinaire n'est pas prêt. On attend, dit-on, pour l'établir définitivement, le résultat des négociations avec les compagnies de chemin de fer. Nous ne pensons pas que ce soit la nouveauté de ce mode de procéder qui ait été saluée par les applaudissements des députés. C'est, en effet, la première fois, croyons-nous, qu'on voit l'Etat scinder ou ajourner une partie de sa comptabilité budgétaire pour attendre la solution de négociations qui ne sont pas encore commencées et dont personne ne connaît les bases premières.

Sur ces affaires de chemins de fer, tous les ministres présents, passés ou futurs, ont, ont eu, ou auront la tentation d'engager " des négociations ". Au lieu d'améliorer ce qui existe, tous ceux qui arrivent au pouvoir veulent tenter l'impossible ; ils ont, à cet effet, leurs combinaisons toutes prêtes. Nous souhaitons que, cette fois, les parties finissent par se mettre d'accord et que les plans ministériels concordent avec les plans des compagnies. S'il n'en devait pas être ainsi, le budget extraordinaire risquerait fort d'attendre longtemps sa présentation aux Chambres !

Quoi qu'il en soit, on sait que, d'habitude, les membres de la commission du budget sont nommés par la Chambre dès le dépôt du projet de budget.

On peut se demander, en vérité, comment cette commission pourra être nommée en connaissance de cause. Le budget ordinaire, malgré ses 3 milliards de dépenses, ne présente malheureusement qu'un des côtés de notre situation financière ; la vérité, c'est dans le budget extraordinaire qu'il faut la chercher. C'est par les chiffres de ce budget que nous verrons ce que l'État entend faire et pour les travaux publics, et pour les chemins de fer, et pour les emprunts ; à l'heure actuelle, le principal élément de discussion du budget de 1884 fait défaut.

Comment nommer la commission du budget.

Est-il besoin de rappeler que toutes les difficultés budgétaires dont on s'est tant ému, l'année dernière, tiennent précisément à ces dépenses extraordinaires qu'on ne sait encore comment régler et auxquelles on n'a pu, jusqu'ici, pourvoir que par des mesures provisoires?

Le budget ordinaire n'est pas, du moins au point de vue financier, celui qui prête le plus à la critique et à la discussion. En tout cas il ne soulève pas de question urgente. Il mérite assurément d'être en diverses parties remanié, amendé, revu de très près dans ses détails ; mais c'est là un travail qui se fera à son temps et à son heure. Quelque modification qu'il ait à subir, le plan financier d'un ministre et d'un gouvernement n'en saurait dépendre. Il n'est point, au contraire, de solution budgétaire possible, sans ce budget extraordinaire dont dépend vraiment la solidité de l'édifice financier de l'État.

Le ministre des finances a déposé son budget ordinaire le 3 mars, tandis qu'à cette même date, l'année

précédente, M. Léon Say déposait et le budget ordinaire et le budget extraordinaire de 1883, alors qu'il
avait dû remanier de fond en comble, en un mois tout
au plus, — du 20 janvier au 3 mars — le projet préparé par M. Allain-Targé. Il eût été à désirer que les
députés eussent mis le même empressement à s'occuper de ce budget. Il n'en fut rien. Ce budget de 1883
fut voté par la Chambre dans les derniers jours de la
session extraordinaire ; le Sénat n'en fut saisi que dans
la seconde quinzaine de décembre et il eut juste le temps
d'entendre la lecture des articles de ce formidable budget qui fut enfin promulgué à la limite extrême de
l'année. On évita à grand'peine la nécessité des douzièmes provisoires.

Nous souhaitons au projet de budget de 1884 préparé
par M. Tirard de ne pas subir les mêmes retards, les
mêmes ajournements. Il serait nécessaire, au contraire,
que ce projet fût discuté à fond, aussi bien à la Chambre qu'au Sénat ; si les députés ont bien fait de se réjouir de sa présentation en temps utile, ils feraient
encore mieux d'avoir le souci de n'en pas ajourner la
discussion et le vote.

Urgence du
dépôt du budget
extraordinaire.

Mais, nous le répétons, il n'y a pas d'examen possible de la situation générale des finances de l'État sans
le budget extraordinaire.

Des conditions dans lesquelles se présentera ce budget extraordinaire dépend le sort des grands projets
financiers dont on s'est tant préoccupé dans ces derniers
temps : la conversion et l'emprunt, séparés ou simul-
tanés, successifs ou combinés.

La conversion, sans doute, paraît surtout intéresser le
budget ordinaire ; mais comment tenter une conversion, comment la projeter même en face d'un budget
extraordinaire surchargé de dépenses, démuni, ou mal
muni de ressources?

Souhaitons donc que ce dernier soit promptement
dressé, promptement déposé et surtout que les diverses
questions qui s'y rattachent soient sans retard étu-

dliées et discutées avec toute la maturité qu'elles comportent.

On comprend aussi l'importance qu'aura, particulièrement cette année, l'élection des membres de la commission du budget dont la composition est toujours
attentivement observée par le monde des affaires. Les
déterminations de cette commission peuvent peser d'un
grand poids sur l'avenir financier du pays ; il est donc
désirable que le choix de ses membres soit l'effet d'un
jugement sérieux et solidement fondé.

La question des chemins de fer attend depuis des   *La question des chemins de fer.*
années une solution. On devra décider si les travaux
publics seront exécutés par l'Etat ou si, au contraire, les
compagnies se chargeront d'une partie ou de la totalité
de ces travaux. Ainsi, emprunt public pour atténuer
l'augmentation de la dette flottante, conversion de la
rente 5 %, grands travaux publics à exécuter par l'Etat
ou par des compagnies privées : telles sont les principales discussions qu'à l'occasion du budget de 1884, la
Chambre pourrait utilement aborder. Et, comme tout
se tient en matière financière et économique, il n'est pas
une question budgétaire qui ne tire après elle plusieurs
autres questions petites ou grandes, dignes toutes de
l'intérêt de la commission et de la sollicitude de la
Chambre.

N'y a-t-il pas en suspens plusieurs projets de loi qui   *Les marchés à terme.*
intéressent vivement le monde des affaires et qui pour-
raient être discutés et votés ? Qu'attendent les députés
pour s'occuper de la loi relative à la reconnaissance des
marchés à terme ? Et les réformes de la loi de 1807 sur
les sociétés, quand seront-elles appliquées ?

La commission extra-parlementaire qui avait été char-   *Le régime des sociétés.*
gée, au commencement de l'année 1882, de rédiger un
projet de loi sur les sociétés a terminé ses travaux ; le
nouveau texte est prêt (1). Faudra-t-il que de nouveaux
krachs avertissent le parlement de la nécessité d'appliquer des réformes qui semblaient urgentes, dès le mois

(1 *Revue des Sociét.*, pages 136 et 193.

de novembre 1881, lors de la formation du ministère Gambetta, c'est-à-dire, il y a seize mois ?

Il n'y a vraiment aucune raison de différer plus longtemps la discussion de projets urgents qui sont arrivés à un tel degré d'élaboration.

Groupement des discussions connexes. Il serait désirable, mais peut-être est-ce là un vœu chimérique, qu'il y eût un certain ordre, une certaine suite dans les travaux législatifs et que, par un accord tacite ou une entente concertée, les projets de nature analogue fussent, dans les débats publics, rapprochés autant que possible. L'étroite connexité de diverses questions que le hasard des événements a soulevées presque en même temps justifierait une procédure de ce genre. Il est évident par exemple que, lorsqu'une assemblée législative vient de discuter un projet de loi sur les sociétés, elle est naturellement préparée à examiner et à discuter un projet sur les marchés à terme, ou sur les institutions de prévoyance, d'assurance, etc.

Les questions d'affaires. Ces rapprochements, ces groupements entre projets semblables seraient, croyons-nous, faciles à réaliser, pour peu qu'on le voulût. Ce qui serait surtout souhaitable, c'est qu'après avoir assisté à une longue série de discussions politiques, on pût enfin compter sur une période non interrompue de discussions d'affaires, de questions d'intérêt économique et financier, de solutions pratiques et de résultats heureux pour la prospérité de la nation.

LES IDÉES NOIRES

I

Les impressions pessimistes dominent depuis plusieurs mois et le public y cède avec autant d'entraînement qu'il en mettait naguère à se laisser aller aux illusions les plus séduisantes.

On a certes des raisons d'être prudent et circonspect; on a le droit d'exiger plus d'ordre et de vigilance dans la gestion des deniers de l'Etat, deniers qui sont ceux des contribuables, et jamais on n'a mieux compris la nécessité d'une surveillance assidue sur le maniement et l'emploi des ressources du Trésor.

Préoccupations légitimes.

Assurément ces préoccupations sont légitimes au moment où la vérité sur la situation financière de l'Etat se fait jour de tous côtés et ne laisse plus de doute sur les erreurs et les imprudences commises.

On ne peut se dissimuler non plus que les transactions languissent, que les affaires se raréfient, que les capitaux s'immobilisent, enfin que notre commerce et notre industrie sont sérieusement menacés par la concurrence ardente des nations voisines.

Tout cela est grave, dangereux même; tout cela mérite attention. Ce n'est pas cependant aussi imprévu qu'on semble le croire.

II

Les symptômes du malaise actuel ont été constatés et mis en évidence, au fur et à mesure qu'ils se produisaient, de même que les signes précurseurs des complications qui se sont produites. Les avertissements n'ont pas manqué.

Pessimisme exagéré.

Cette vérité qu'on connaît aujourd'hui et qui est suffisamment noire, il ne faudrait pas s'ingénier à l'assombrir encore. Il est aussi dangereux d'exagérer le bien que d'exagérer le mal. Les optimistes à l'excès de l'an dernier ressemblent, en beaucoup de points, aux pessimistes de cette année. Il ne faudrait pas, redescendant brusquement l'échelle qu'on avait si témérairement gravie, croire et répéter que tout maintenant est perdu.

Tout pourrait être perdu, en effet, si on ne savait où est le mal, si on continuait à feindre de l'ignorer et de ne pas le voir. C'est beaucoup de le connaître et de le reconnaître. Il faut, pour y porter remède, l'envisager tel qu'il est, sans atténuation, mais sans exagération.

Il faut absolument rompre avec les errements et les expédients du passé, moins abuser de l'initiative parlementaire, des crédits extraordinaires, moins charger la dette flottante, moins dépenser, et surtout ne faire emploi que de ressources certaines et réelles.

En rentrant ainsi dans l'ordre et la régularité, les dangers qu'on redoute dans l'avenir seront conjurés.

Dépenses excessives.
Ce que fait un particulier.
Ce que fait l'État.

On peut assez justement comparer la situation financière du pays à celle d'un particulier qui, d'ordinaire, vit largement et dans l'abondance. Tout à coup il songe qu'en augmentant son train de maison, en faisant des frais inaccoutumés, il étendra ses relations, multipliera ses affaires et récoltera avec usure bien au delà de ses nouvelles dépenses. Mais ces dépenses ne sont point couvertes par des rentrées assurées, elles ne sont point compensées par des recettes certaines. Il y a l'expédient de l'emprunt; mais il est difficile, il est cher et discréditera peut-être l'emprunteur. Que fera notre homme s'il est sage, s'il ne veut pas se trouver bientôt dans la gêne et l'embarras? Il reviendra à l'existence plus modeste et plus sûre qu'il menait naguère; il restreindra ses dépenses et ses frais; bientôt, les causes du mal étant supprimées, ce mal lui-même sera presque réparé.

Les finances de l'État en sont là. La France est riche, mais ses représentants dépensent trop. Il faut avoir le courage de faire beaucoup de *meâ culpâ* et se résigner à entreprendre, non pas ce qui est le plus beau, le plus grand ou le plus agréable, mais uniquement ce qui est indispensable et possible.

On doit ramener les dépenses aux forces de la nation.

Il faut limiter absolument les dépenses de l'État aux forces de la nation et ne pas croire qu'on peut dépenser toujours et aussi toujours emprunter.

Les pouvoirs publics pourraient, en déployant beaucoup de fermeté et de prudence, rétablir promptement la situation financière. Ce résultat, il n'est pas défendu de l'attendre du bon sens et du patriotisme de tous.

III

Ce n'est pas en se livrant au découragement qu'on retrouvera le ressort nécessaire pour faire disparaître la trace des désordres reconnus.

Et pourquoi se découragerait-on? Les embarras actuels sont-ils donc si redoutables? La France n'en a-t-elle point supporté de plus graves? Les sources vives de sa richesse sont-elles taries?

On nous a montré, et on a eu raison, tout ce que nous avions perdu, tout ce que nous étions menacés de perdre. Ces révélations courageuses, opportunes, ne doivent cependant pas nous faire oublier tout ce que nous avons conservé, tout ce que nous possédons encore, tout ce qui nous est resté d'intact et de précieux.

Le mal de l'un, dit-on, ne guérit pas celui de l'autre; toutefois la comparaison est permise, ne fût-ce que pour ne point perdre la conscience de ce qu'on vaut. Eh bien! si nous regardons autour de nous, quel est le pays qui nous offre une situation tout à fait enviable, une situation financière exempte d'embarras, d'irrégularités et de déficits? Où est la nation dont le crédit repose sur des bases beaucoup plus solides, qui ait mieux respecté sa signature, mieux rempli ses engagements?

On citera immédiatement l'Angleterre dont la prospérité semble en effet si grande. Mais elle-même ne s'illusionne pas sur les dangers qui menacent son immense empire colonial, sur les résistances qu'au cœur même du Royaume-Uni, elle rencontre en Irlande; elle ne s'abuse pas sur la valeur de son système fiscal et la répartition des charges entre ses sujets; elle sait enfin ce que coûtent les expéditions lointaines, les répressions violentes, les entreprises aventureuses.

Et, après elle, quel est l'Etat qui pourrait nous servir

de modèle et témoigner d'une sagesse et d'une économie dont nous puissions être humiliés?

Est-ce l'Italie? Est-ce par son organisation financière
qu'elle nous est supérieure? Est-ce par sa répugnance
pour les déficits, par le soin d'éviter les dépenses impru-
dentes, par la rareté et le peu d'étendue de ses emprunts,
par son habileté à régir ses chemins de fer, par son
respect du droit des actionnaires et des porteurs de
titres?

Est-ce la Russie dont les budgets sont difficiles à comprendre, plus difficiles encore à établir, à équilibrer,
dont le Trésor est toujours embarrassé, dont le papier
surabonde et se déprécie?

Est-ce l'Allemagne que sa gloire militaire n'a point
rassasiée, que les milliards français n'ont point enri-
chie et qui augmente bien plus ses armements que
son commerce et son industrie? Quant à la Prusse en
particulier, on sait comment ses budgets sont dressés
et de quelle façon ils sont contrôlés.

Citerons-nous l'Autriche-Hongrie, cet empire qui,
après tant de malheurs, a fait de si louables efforts pour
se reconstituer? Là encore, malgré les nombreuses ressources du pays, le déficit dans les budgets règne à
l'état permanent, se creusant d'année en année sans
que l'emprunt puisse le combler.

Est-ce enfin la Turquie? Ici nous nous arrêtons.

IV

La situation en
France est meil-
leure.

Mais qui ne voit que la France, même éprouvée, même
exposée à une crise budgétaire, ne craint encore nulle
comparaison avec les nations qui l'entourent? Quel est
le pays où les capitaux soient aussi abondants que chez
nous? La Banque de France a reconstitué son encaisse
en or, ses ressources sont considérables, les fonds des
petits capitalistes affluent aux caisses d'épargne; les
dépôts dans les principales sociétés de crédit atteignent

bien près d'un milliard, ils seraient plus nombreux
encore sans la crise de bourse du commencement de
cette année, crise dont les sociétés de crédit sont les
premières à souffrir et qui a éloigné d'elles et de leurs
caisses de nouveaux déposants; d'autre part, le public,
inquiet de la baisse persistante des valeurs, a préféré
garder ses fonds et ses épargnes plutôt que d'effectuer
de nouveaux placements. On peut donc affirmer que les
capitaux ne manquent pas en France, qu'ils sont toujours abondants. D'autre part, le taux de l'escompte à
3 1/2 % — quand il est à 4 1/2 % à Bruxelles, à 5 % à
Londres, à Amsterdam, en Allemagne, à Vienne, à
Madrid, à Rome, à 6 % à Saint-Pétersbourg, — n'est pas
plus élevé que l'an dernier. Comme nous venons de le
montrer, il est plus bas que sur aucune des places de
l'Europe. En 1878 et 1879, à pareille date, il était de
3 %. D'autre part encore, nous voyons que le prix du
quintal de blé est plus de 5 francs meilleur marché
qu'en 1881, 3 francs meilleur marché qu'en 1880 et 1878,
6 francs meilleur marché qu'en 1879. La prime sur l'or
qui faisait 5 et 6 francs pour 1,000 francs depuis trois ans
dépasse à peine 1 franc. Est-ce là une situation monétaire et économique, dangereuse, grosse de périls? Sans
doute, toutes les valeurs sont en baisse : les deux
3 % sont à 80 francs, en perte de 6 francs sur leurs plus
hauts prix; mais ce cours de 80 francs n'est-il pas, en
somme, après toutes les épreuves que le pays a traver-
sées depuis douze ans, des plus satisfaisants ? Qu'on
consulte la cote et on verra que pendant de longues
années, les prix de 70, 71, 72, 75 francs étaient considérés comme les colonnes d'Hercule de nos fonds d'Etat.

V

D'où viennent donc tous les embarras financiers dont
nous souffrons? D'où viennent ces inquiétudes qui para-
lysent tout? De l'excès des dépenses publiques: du

Causes des em-
barras actuels.

manque de ligne de conduite, d'esprit de suite, de plan financier dans la direction des finances de l'Etat. Le gouvernement a voulu faire trop de choses à la fois. Il a dépensé sans compter, et pour la guerre, et pour les travaux publics au lieu de laisser faire l'industrie privée, et pour les traitements et pour les améliorations dans les services des différents ministères.

Nous dépensons 800 millions par an pour la guerre et la marine, soit 300 millions de plus que sous l'Empire; nous consacrons, pour intérêt et amortissement des capitaux du budget sur ressources extraordinaires, 240 millions cette année; que sur ce dernier chapitre seulement on soit un peu plus ménager des ressources et moins prodigue; qu'on confie à l'industrie privée, aux grandes compagnies, injustement attaquées, ces travaux que l'Etat ne peut faire, on verra de nouveau le budget se solder en excédent. La situation générale de nos finances exige une grande prudence, sans doute; mais de là à prétendre que nous marchons à la banqueroute, que tout est perdu, c'est exagérer le mal à plaisir; c'est engager nos capitalistes soit à vendre toutes leurs valeurs et à garder leurs fonds improductifs, soit à confier leurs économies à l'étranger. Nous venons de comparer la situation de la France à celle de plusieurs nations étrangères. Ne pourrions-nous pas ajouter que la France n'en a pas été réduite comme la plupart d'entre elles à se dépouiller de ses revenus nationaux, à affermer ses tabacs, ses postes, à vendre ses domaines, à engager par lambeaux ses impôts, qui sont, dans leur intégrité, la garantie générale et la base assurée de son crédit. Elle n'a pas frustré ses rentiers, annulé ses dettes, rompu ses contrats, pratiqué l'emprunt usuraire et ruineux; elle a fait face aux plus mauvais jours de son histoire, malgré la guerre et la commune, à tous ses engagements; elle n'a rien perdu de sa réputation de solvabilité, non plus que de son amour pour le travail et de son ardeur à épargner.

En ce moment si, au point de vue financier, la France

paraît avoir décliné, elle n'est inférieure qu'à elle-même, non à aucune autre nation.

Elle peut, par son labeur, par son activité et son intelligence, réparer promptement le mal, si les pouvoirs publics se montrent parcimonieux de son argent, soucieux de son avenir et de son crédit. Il faut qu'on se rappelle les conseils autrefois donnés par M. Thiers : « Tâcher de prouver au pays le grand bienfait de l'économie, non pas de cette économie qui consiste à torturer les services et quelquefois à les désorganiser, pour n'obtenir finalement aucune réduction sérieuse de dépense. Je parle de cette grande économie qui consiste dans l'ordre des finances, dans la clarté des comptes, et surtout dans la bonne direction imprimée aux affaires et à la politique du pays (1). »

Ce que M. Thiers entendait par « économie ».

DEUX PLANS FINANCIERS

I

La conversion effectuée à une heure propice, faite en vue d'un allégement réel à apporter aux charges des contribuables, la conversion pratiquée de telle sorte que le rentier lui-même eût dû la trouver équitable : telle était l'opération qu'on attendait depuis plusieurs années pour être faite dès le retour de circonstances favorables.

M. Tirard et M. Léon Say.

Ce n'est pas ainsi que l'a comprise le ministre des finances et la discussion qui vient de se dérouler devant la Chambre des députés a bien fait ressortir sa véritable pensée à cet égard. A ses yeux, la conversion n'est qu'un procédé budgétaire.

Ces débats ont d'ailleurs nettement accentué l'oppo-

(1 Discours au Corps législatif, sur la dette flottante, 24 décembre 1863.

sition des deux politiques financières en présence : celle
de M. Tirard et celle de M. Léon Say.

On les a constamment rapprochées l'une de l'autre
sans qu'elles aient été cependant définies aussi clairement qu'elles méritaient de l'être. Il est important de les
préciser en s'appuyant à la fois sur les déclarations récentes du ministre actuel et sur ce qui a transpiré des
projets et des idées du ministre ancien.

II

M. Tirard va
au jour le jour.

A bien comprendre les paroles de M. Tirard, sa politique financière ne comporte pas de plan arrêté, de
dessein médité. Elle paraît avoir surtout pour règle la
nécessité ; pour motif déterminant, l'occasion ; pour
horizon, le besoin le plus urgent, celui du jour ou du
lendemain. On ne sait pas au juste comment on se tirera
d'affaire, mais on trouvera bien quand le moment sera
venu. N'a-t-on pas naguère arraché des ressources à la
dette flottante? Il faut combler un autre vide de quelques millions, on a la conversion sous la main; plus
tard on verra.

On ne va pas au delà des exigences immédiates du
présent pour sortir d'un embarras passager, on n'hésite
pas à exécuter une vaste opération qui, tentée opportu-
nément, eût pu et dû avoir des résultats féconds. On
l'effectue dans un moment où les affaires sont languis-
santes, où l'industrie, le commerce et l'agriculture souffrent, où les pertes sont nombreuses et les gains nuls.
Et l'on fait en sorte que le rentier, frappé en tant que
rentier, ne peut même pas se réjouir en tant que contribuable.

On ne se préoccupe ni de raffermir le marché financier, ni d'entretenir le crédit de l'Etat. En pleine discussion d'un projet de conversion en 1883, on ne craint
pas de faire prévoir un emprunt en 1884 et de laisser
deviner qu'une fois les 35 millions trouvés et absorbés.

on ne saura plus comment faire. On ne craint pas d'effrayer les capitaux, de les détourner de nos rentes, de
toutes nos grandes valeurs nationales et de les rejeter
en dehors du pays. C'est l'incertitude constante, sans
aucune part faite à la confiance, à la sécurité des intérêts.

Et l'on se console des déficits probables en se remé-
morant ceux des régimes antérieurs. S'il y a là une politique financière, c'est bien celle de la vie au jour le
jour.

III

Mais en voici une autre bien différente, politique inspirée par les considérations d'avenir, satisfaisant aux
besoins du présent, appuyée sur un ensemble de projets étroitement liés entre eux. C'est le plan qu'eût suivi
M. Léon Say.

Résoudre, sans plus tarder, la question des chemins
de fer. Recouvrer par anticipation, en traitant avec les
grandes compagnies, la créance que l'Etat a sur elles ;
constituer ainsi une ressource d'environ 600 millions.
En finir bien entendu avec les chimères du rachat ; négocier, au contraire, la rétrocession du réseau de l'Etat,
qui a coûté plus de 600 millions. Réaliser en même
temps l'économie de ce que fait perdre tous les ans ce
réseau. Consacrer aux exigences budgétaires les millions fournis annuellement par ces ressources nouvelles.
Apaiser ainsi toutes les inquiétudes nées de nos difficultés financières, ranimer l'activité du marché et le
mouvement des affaires stimulées par l'exécution de
ces projets et par le retour à la sécurité. Laisser les
rentes s'élever graduellement et, au moment propice,
lorsque les rentes 3 % auraient atteint de plus hauts
cours, opérer résolûment la conversion du 5 % ; trouver
encore ainsi une large ressource annuelle pour dégrever
l'agriculture et soulager l'industrie.

Prévoyance de
M. Léon Say.

Tel était le plan que M. Léon Say eût vraisemblablement exécuté.

Il était simple en ses grandes lignes ; il était en
même temps pratique et réalisable. Suivi avec résolution, il eût certes donné des résultats considérables
et nous eût peut-être rapprochés des années de prospérité, qui, espérons-le, sont encore réservées à notre
pays. On rompait avec les témérités dangereuses des
théoriciens ; on rentrait dans le domaine de la réalité ;
on revenait aux vrais principes économiques; on rame-
nait dans nos finances l'ordre, la stabilité et l'esprit de
prévoyance.

LA PROGRESSION DES DÉPENSES PUBLIQUES
ET LES CONVERSIONS DE RENTES

I

**Budgets com-
parés. Utilité de
ces comparai-
sons.**
C'est une étude curieuse et attachante, remplie d'enseignements utiles, que celle des budgets de l'État, surtout lorsqu'on les compare entre eux pendant une longue suite d'années. On assure qu'il est facile de faire
dire aux chiffres ce qu'on désire qu'ils prouvent et, par
un groupement habile, de mettre en évidence ceux qui
donnent plus de force à votre raisonnement.

Quand les chiffres servent d'argument aux partis politiques, on ne manque pas de les faire parler comme on
désire qu'ils parlent. Les budgets du premier Empire,
ceux de la Restauration, ceux de Louis-Philippe, ou
bien ceux de la République de 1848 et du second Empire, seront toujours discutés et appréciés suivant le
point de vue politique auquel on se placera. Pour tel
écrivain, la situation des finances sera bonne ; pour tel
autre, elle sera mauvaise. Mais si les avis diffèrent sur
la façon de gérer les finances publiques, il est un point

cependant sur lequel tout le monde est d'accord, c'est la progression constante des dépenses publiques ; sur ce point, en effet, malgré toute la bonne volonté imaginable, il est impossible de retirer aux chiffres leur signification exacte et véritable. Sous n'importe quel gouvernement, monarchie ou république, les dépenses de l'État ont toujours été moins élevées au début qu'à la fin de chacun de ces régimes : la marée montante des budgets a été, sans cesse, en grossissant.

II

En 1804, les dépenses totales de l'État s'élevaient à 919 millions ; à la chute de Napoléon Ier, en 1815, elles atteignent le premier milliard. En 1830, les dépenses étaient d'un milliard 95 millions; elles montaient à 1 milliard 170 millions en 1848.

En 1852, les dépenses s'élèvent à 1 milliard 513 millions; elles atteignent 2 milliards 209 millions en 1869.

Le budget ordinaire de 1883 s'élevait à 3 milliards 44 millions; le budget extraordinaire, à 529 millions; celui sur ressources spéciales, à 416 millions : soit, pour les trois budgets, un total de 3 milliards 989 millions; nous pouvons dire 4 milliards.

Depuis le commencement de ce siècle, les dépenses de l'État dépassent, pour les exercices antérieurs à 1879, plus de 125 milliards : la totalité des revenus publics ordinaires s'est élevée pendant la même période à près de 109 milliards. Entre les recettes et les dépenses, il existe donc un écart d'environ 16 milliards qui a été comblé, partie par les ressources extraordinaires affectées législativement à ces budgets, soit 14 milliards, et partie par les déficits accumulés auxquels le Trésor a dû fournir, représentant environ deux milliards et demi. Ces découverts eux-mêmes ont été atténués, par des ressources diverses et à diverses époques, de plus de 1,700 millions et laissaient encore à la charge de la dette flottante plus de 800 millions (809,214,219 fr. 04) au 1ᵉʳ janvier 1879 (1).

Tous ces chiffres donnent le vertige : les millions du commencement du siècle sont devenus des milliards. Les villes, les communes, les bourgades ont suivi ce mouvement prodigieux de dépenses ; nous ne citerons qu'un seul exemple. En l'an 1800, le budget total de la France était de 825 millions : à l'heure actuelle, la ville de Paris possède à elle seule, un budget qui s'élève à plus du tiers de cette somme, 263 millions.

III

La dette consolidée et les dépenses totales du budget.

Si les dépenses générales de l'Etat ont augmenté dans d'aussi fortes proportions, les dettes publiques ont suivi la même aggravation. Voici, sur ce sujet, quelques chiffres instructifs. Nous indiquons, d'une part, le montant de la dette consolidée, à différentes dates ; d'autre part, le montant des dépenses totales du budget. On se rendra compte ainsi plus facilement de la proportion qui existe entre le montant de la dette et celui des dépenses publiques :

ANNÉES	DETTE CONSOLIDÉE	DÉPENSES TOTALES du budget
	millions de francs.	millions de francs.
1825.............................	195	981
1830.............................	201	1.096
1848.............................	96	1.770
1852.............................	206	1.613
1869.............................	341	2.165
1881.............................	741	3.989

En 1825, la dette publique consolidée représentait à peu près la cinquième partie du montant total des dépenses ; en 1883, la proportion, en ce qui concerne seu-

(1) *Les budgets de la France depuis le commencement du XIXᵉ siècle*, par Charles Nicolas, page 4.

lement la dette consolidée, n'a pas sensiblement
changé : mais si à cette dette on ajoute la dette viagère
et les capitaux remboursables à divers titres, on constate que ces trois seuls chapitres s'élèvent à 1,317 millions (741 millions, dette publique ; — 389 millions,
capitaux remboursables ; — 187 millions, dette viagère, etc.), ce qui représente près du tiers de l'ensemble
des dépenses budgétaires. Sur un budget de 4 milliards,
la dette publique, la dette viagère, les capitaux remboursables, absorbent 1,317 millions, la guerre et la marine
830 millions, soit un total de 2,147 millions : c'est plus
de la moitié des dépenses totales.

Armée et marine.

L'armée et la marine ont entraîné, de tout temps, de
lourdes dépenses qui ont grevé nos budgets. Nous dépensons, à l'heure actuelle, 830 millions par an et, sur
les 125 milliards de dépenses de l'État depuis le commencement de ce siècle, pour combien sont comprises
celles qui incombent aux armements, aux guerres, aux
expéditions !

Expéditions militaires.

Nous ne citerons que quelques chiffres que nous em-
prunterons encore à l'ouvrage si remarquable de M. Nicolas. Sans parler des guerres du premier empire, l'occupation d'Ancône de 1836 à 1838 a coûté 2,200,000 fr. ;
l'occupation de Rome, de 1849 à 1870, 132 millions ; les
expéditions de Chine, Cochinchine et Syrie, 20; la campagne de Crimée, 672; celle de l'Italie, près de 283; celle
du Mexique, 298.

Les dépenses totales pour les diverses opérations de
guerre et d'effectif s'élevaient : à 218 millions en 1826 ;
421 en 1848; 459 en 1869; 825 en 1880.

En moins de cinquante ans les dépenses de la guerre
ont quadruplé ; elles ont presque doublé depuis quinze
ans. En 1836, l'effectif s'élevait à 280,405 hommes,
53.808 chevaux ; en 1848, l'effectif était de 444,738 hommes et 90,282 chevaux ; en 1869, 425,726 hommes et
89,712 chevaux ; en 1880, les dépenses de la guerre s'appliquent à un effectif moyen de 497,073 hommes et
123,013 chevaux.

IV

Ne voulant pas fatiguer le lecteur par une trop longue énumération de chiffres, nous nous bornons à mettre en relief ces charges principales de nos budgets.

En constatant, d'un côté, la progression énorme des dépenses publiques et, d'autre part, les minuscules économies que les conversions avaient procurées aux gouvernements emprunteurs, au détriment de millions de rentiers, nous nous demandions si ces conversions valaient bien la peine d'être réalisées. Elles n'ont pas arrêté la progression des dépenses publiques : le bien qu'elles auraient pu faire aux contribuables ne vaut certes pas le mal qu'elles ont fait aux porteurs de rentes.

Depuis cinquante ans, chaque fois que les charges publiques ont augmenté, les gouvernements ont toujours eu une pensée : réduire les intérêts de leurs dettes en procédant à des conversions de rentes ; réduire les dettes publiques, pour faire des économies.

Quelle est la vérité ?

Il a été effectué, en France, quatre conversions de rentes, en 1825, en 1852, en 1862 et en 1875 avec l'emprunt Morgan. Ces conversions ont-elles arrêté le flot des dépenses ? Ont-elles engagé les gouvernements à être plus économes, à « moins dépenser, comme le disait Turgot, pour dépenser mieux »? Qu'on en juge.

En 1825, on fait une conversion : le Trésor y réalise une économie de 6,230,177 francs, les dépenses totales du budget s'élevaient à 981 millions ; l'année suivante — après la conversion, — ces dépenses avaient diminué de 5 millions, mais quatre ans après, en 1830, les dépenses s'élevaient à 1,005 millions. On avait dépensé le bénéfice de la conversion et 104 millions en plus.

En 1852, seconde conversion. Le Trésor y gagne 17 millions de rentes. D'une année à l'autre, de 1852 à 1853, le service de la dette diminue de 234 millions à

220 millions, soit en moins 14 millions. Les dépenses totales du budget étaient de 1,513 millions en 1852 ; cinq ans après, en 1857, elles avaient augmenté de 379 millions et atteignaient 1,892 millions.

En 1862, troisième conversion. Elle procure au Trésor une ressource, en capital, d'environ 157 millions. De 1862 à 1863, le service de la dette diminue de 25 millions, mais les dépenses générales du budget augmentent de 42 millions. En 1861, les dépenses s'élevaient à 2,170 millions ; en 1863, elles étaient à 2,287 millions : augmentation des dépenses, 117 millions en trois ans.

En 1875, conversion de l'emprunt Morgan. Cette opération fait gagner au Trésor environ 60 millions. Mais les dépenses générales du budget que deviennent-elles? Elles s'élèvent à 3,025 millions en 1875 ; cinq ans après, en 1880, elles atteignent 3,771 millions ; elles s'élevaient pour le budget de 1883, — budgets ordinaire, extraordinaire et spécial — à 3,980 millions. Augmentation des dépenses 745 millions en 5 ans et 964 millions en 8 ans.

Puisse la conversion du 5 % qui vient d'avoir lieu ne pas suivre, au point de vue de l'augmentation de nos futurs budgets, l'exemple des conversions antérieures ! Plus que jamais les économies sont nécessaires ; on a toujours de fort bonnes raisons pour dépenser, nos législateurs feront sagement d'en trouver aussi pour économiser.

Depuis 1825, les diverses conversions de rentes, y compris celle à laquelle M. Tirard a attaché son nom, ont procuré au Trésor environ 57 millions d'économies en rentes et un bénéfice de 217 millions en capital. Mettez en parallèle la progression effrayante de la dette publique et du budget et comparez. On a gagné 57 millions en rentes et 217 millions en capital en 50 ans ; mais, malgré ces bénéfices et pendant ce même laps de temps, de 1825 à 1884, la dette publique consolidée a augmenté de 545 millions; les dépenses totales du budget ont passé de 981 millions à 3,989 millions, soit une augmentation de 3 milliards 8 millions ! En présence des économies minuscules que les conversions ont procurées et des aggravations aussi considérables de la dette et des dépenses de l'État, ne peut-on pas dire que les conversions de rentes diminuent les charges publiques absolument comme une goutte d'eau diminue le volume de l'Océan?

Opinion de M. de Molinari.

Comme le dit si justement M. de Molinari, on peut se demander « si les gouvernements emprunteurs ont bien intérêt à faire pâlir les rentiers, ne fût-ce qu'une fois tous les dix ans »? Sans doute, la conversion procure une économie au Trésor. Comme aurait dit Bastiat : c'est « ce qu'on voit ». Mais voici « ce qu'on ne voit pas » : c'est que la convertibilité d'un fonds constitue un risque et que tout risque se couvre nécessairement au moyen d'une prime. Or, cette prime, qui la paie? Le gouvernement emprunteur...

« En présence de cette situation, et de la nécessité plus ou moins prochaine de demander encore milliards sur milliards au crédit, ne serait-il pas sage d'éviter désormais de faire pâlir les rentiers (1)? »

———

CE QUE COUTE LA PAIX A L'EUROPE

I

Un camp armé.

L'Europe ressemble, depuis quelques années, à un vaste camp armé, toujours prêt à se mettre en mouvement pour se former en ligne de bataille. Ouvrez une carte d'Europe : il n'est pas un pays qui n'ait fait et ne continue des armements considérables en prévision de graves événements extérieurs; il n'en est pas un qui ne s'attende à de prochaines complications. Voyages et entrevues de rois et d'empereurs, grand étalage de forces militaires, alliances préparées, conclues ou prorogées, tout cela n'indique pas, chez nos voisins, un

(1) *Journal des Économistes*, 1er juin 1883.

violent amour de la paix. Entre temps, cependant, on accuse notre pays, qui est certainement le plus franchement pacifique de ceux qui l'entourent, de vouloir la guerre, de s'y préparer, tandis qu'en Allemagne, en Russie, en Autriche, en Italie, en Angleterre, on ne parle que d'alliances offensives et défensives, non pour la paix assurément mais en vue de la guerre.

On s'étonne que les affaires ne marchent pas; que les transactions industrielles et commerciales manquent d'entrain. Comment pourrait-il en être autrement? Il n'est personne, en Europe, qui envisage l'avenir avec confiance; partout dominent l'inquiétude, la menace de complications, l'attente d'un inconnu, que l'on pressent gros de dangers. Et, chaque année, le maintien de cette paix précaire entraîne l'Europe entière à des dépenses énormes.

Pourquoi les affaires ne marchent pas.

Nous avons essayé de déterminer exactement ce que coûte cette paix armée; c'est le résultat de cet examen que nous nous proposons de résumer en quelques pages (1).

Il se dépense annuellement, en Europe, pour l'entretien des armées de terre et de mer, près de 4 milliards 1/2; les hommes sous les armes se chiffrent à près de 3,200,000; la marine militaire européenne compte près de 1,800 navires tant à vapeur qu'à voile.

Frais globaux.

En Angleterre, on dépense annuellement 712 millions pour la guerre et la marine : le ministère de la guerre coûte 440 millions, celui de la marine 271; sur le pied de paix, l'Angleterre a 11,302 officiers, 227,752 soldats; soit en tout 240,000 hommes. Son armée territoriale présente un effectif de 400,000 hommes, sans compter le corps de police qui s'élève à 13,000. Sa marine militaire se composait, en 1881, de 75 navires blindés, d'en-

Angleterre.

(1) Nous avons puisé nos chiffres à des sources officielles, soit dans les budgets mêmes des pays dont nous avons étudié la situation financière, soit dans le *Bulletin de statistique du ministère des finances*, soit dans les *Annuaires d'économie politique* et le *Journal des Économistes*.

Pour rendre ce travail plus facile à lire, nous avons évalué en francs les chiffres que nous avons relevés dans les budgets étrangers.

viron 360 navires à vapeur, de 120 navires à voiles. Le nombre des navires en service actif était de 240.

Allemagne. En Allemagne, d'après le budget de 1882-1883, les dépenses pour la guerre et la marine s'élèvent à 514 millions : 467 millions 1/2 pour la guerre, 46 millions 1/2 pour la marine. A ces chiffres, il convient d'ajouter les dépenses de la Prusse qui atteignent 135 millions environ. Nous arrivons ainsi à un total de 650 millions.

Sur le pied de paix, les forces militaires de l'Allemagne comprennent 427.274 hommes dont 18,128 officiers.

Sur le pied de guerre, sans la landsturm, l'Allemagne peut disposer de 1.450.077 hommes, commandés par 35,427 officiers.

La marine militaire allemande possède 81 bâtiments de guerre, armés de 538 canons, montés par 16,099 hommes.

Autriche-Hongrie. D'après le budget de 1882, commun à l'Autriche et la Hongrie, les dépenses de la guerre et de la marine s'élèvent à 315 millions. Sur le pied de paix, l'armée compte 275,521 hommes dont 16,035 officiers; sur le pied de guerre, 1,013,953 hommes, y compris 29,053 officiers. La marine militaire comprend 43 vapeurs blindés et non blindés, 16 vaisseaux-écoles, 5 tenders, 1 remorqueur, soit en tout 65 navires.

Russie. La Russie consacre annuellement (budget de 1883) 772 millions à la guerre et 122 millions à la marine, soit en tout 894 millions.

Son armée régulière, sur le pied de paix, s'élève à 840,000 hommes et à 2.204,000 sur le pied de guerre. Sa cavalerie, qui compte sur le pied de guerre 258,000 chevaux, est, après celles de la France et de l'Allemagne, la plus puissante de l'Europe. Non moins puissante est sa marine : dans la Baltique, dans la mer Noire, dans la mer Caspienne, dans le lac d'Aral, en Sibérie, la Russie peut mettre en ligne 380 navires armés de 836 canons et ayant près de 43,000 hommes d'équipage.

Italie. L'Italie inscrit 200 millions à ses deux budgets de la guerre et de la marine : son armée active est de

264,000 hommes, sa marine comprend 38 navires de guerre, 29 de transport, soit en tout 67, armés de 478 canons.

Espagne. La guerre et la marine coûtent chaque année 156 millions à l'Espagne (budget de 1883-1884) : son armée est d'environ 90,000 hommes et sa marine de 120 vapeurs et de 523 canons.

Turquie. La Turquie, malgré le triste état de ses finances, dépense annuellement 115 millions pour la guerre et la marine. On évalue l'armée turque à une centaine de mille hommes, non compris les irréguliers.

Grèce. La Grèce a une armée de 15,000 hommes et une marine composée de 21 vaisseaux. Elle dépense pour leur entretien, 76 millions 1/2, dont 71 millions pour le département de la guerre et 5 millions pour celui de la marine.

Autres pays. La Belgique, les Pays-Bas, la Suède, la Norvège, le Danemark, le Portugal, la Roumanie, la Suisse, dépensent en tout 203 millions par an pour les services de la guerre. Sur le pied de paix, les troupes de ces divers États s'élèvent à 420,000 hommes, y compris 210,490 hommes dont se compose l'armée fédérale de Suisse. Les navires de guerre de ces divers états sont au nombre de près de 400. La Suède a 44 vapeurs, 10 voiliers, 87 chaloupes; la Norvège, 30 vapeurs, 2 voiliers, 103 chaloupes et canonnières. La marine des Pays-Bas se compose de 103 vapeurs de toutes grandeurs et de 17 voiliers.

Tous les petits États ont, on le voit, suivi l'exemple des grandes puissances. Il semble même, quand on examine la situation de ces pays, que les dépenses militaires y ont été, relativement, plus nombreuses et surtout plus lourdes. Pour résister de leur mieux contre une attaque de leurs grands voisins, les faibles ont voulu, eux aussi, augmenter leur armée et leur marine et n'ont pas regardé aux dépenses à faire.

Cette revue serait incomplète si nous n'indiquions

pas ce que le budget de la guerre et de la marine coûte à notre pays.

France.

D'après le budget ordinaire de 1883, les dépenses pour la guerre s'élèvent à 584 millions 1/2 et à 205 millions pour la marine, soit en tout 789 millions 1/2. Nous ne parlerons pas des dépenses inscrites au budget extraordinaire. Sur le pied de paix, notre armée, y compris les états majors, officiers, la gendarmerie et la garde républicaine, monte à 499,961 hommes; 182,000 chevaux sont entretenus au compte du budget. Notre marine compte 174 bâtiments armés et 104 en réserve, soit en tout 278 navires de guerre ayant 30,518 hommes d'équipage.

III

Dépenses totales en hommes et en argent.

Ainsi, plus de 3 millions d'hommes sous les armes, plus de 4 milliards de dépenses annuelles, voilà ce que coûte à l'Europe la paix dont elle jouit. Et ces dépenses qui les paie? les contribuables, les commerçants, tous ceux qui travaillent. Les bénéfices et les économies de tous sont atteints, en majeure partie, par les impôts qu'il faut prélever pour y faire face.

Cette paix armée, qui est malheureusement devenue la condition ordinaire de l'Europe, pèse lourdement sur le monde des affaires. Elle lui enlève des capitaux considérables, constitués par le travail et l'épargne annuels, pour entretenir des soldats, acheter des fusils, des canons, des munitions, construire des forteresses, des navires, au lieu de laisser servir ces sommes à développer le commerce, l'industrie, la production.

Intérêts des dettes publiques.

Si, en regard des dépenses de la guerre, nous plaçons celles qu'exigent, dans les divers pays de l'Europe, les intérêts des dettes publiques, nous trouvons, — le parallèle mérite réflexion — que chaque année l'Europe paie environ 4,050 millions à ses créanciers détenteurs de titres de rente, alors que le seul entretien des troupes et des flottes européennes coûte, *sur le pied de paix*, 4,500 millions.

Ce serait se bercer d'une dangereuse illusion que de croire à la pacification générale de l'Europe, au désarmement; mais n'est-il pas vrai de dire que si les peuples, au lieu de vouloir s'entre-déchirer et se préparer à des luttes gigantesques, consacraient aux travaux de la paix les sommes qu'ils dépensent pour se préparer à la guerre, les dettes publiques, dans l'Europe entière, et les impôts, pourraient être réduits à leur plus simple expression?

Travaux de la paix et préparation à la guerre. Comparaisons.

En voici la preuve :

L'Angleterre dépense pour le service de sa dette publique 780 millions ; l'Italie 355 millions ; la Russie 800 millions; l'Autriche-Hongrie 568 millions; l'Espagne 274 millions; la Suède et la Norvège 27 millions : rapprochez de ces chiffres ceux que nous indiquions plus haut pour les dépenses militaires et vous arriverez à cette conclusion que, partout et de tout temps, c'est la guerre et toujours la guerre qui redoit aux budgets.

N'est-il pas, en effet, affligeant de voir la Russie, par exemple, obligée de payer tous les ans 800 millions à ses créanciers et consacrer près de 900 millions aux dépenses militaires? L'Italie paie annuellement 355 millions à ses rentiers et consacre à la guerre et à la marine 200 millions. L'Angleterre dépense pour les intérêts de sa dette publique 780 millions par an et son armée et sa marine lui en coûtent 771. En France, l'armée et la marine absorbent annuellement, non compris le budget extraordinaire, 800 millions, tandis que les intérêts à payer aux porteurs de rentes 4 1/2 et 3 % atteignent à peine 750 millions et que le chiffre total inscrit au budget pour la dette publique, les dotations et dépenses des pouvoirs législatifs, ne dépasse pas 1,353 millions. Le royaume des Pays-Bas doit seulement 47 millions à ses rentiers et dépense annuellement 81 millions pour la guerre. Le Danemark a une dette publique annuelle de 12 millions et dépense tous les ans 21 millions pour son

armée. De quelles ressources énormes ne disposerait-
on pas pour diminuer la dette et les impôts de tous les
pays, si ces dépenses de guerre, contractées en pleine
paix, n'étaient pas aussi lourdes, aussi exagérées?

IV

Cette situation peut-elle durer ? Est-il possible que
l'Europe continue d'aussi colossales dépenses ? Est-il
possible que, pendant longtemps encore, les budgets
européens continuent à s'accroître, que les impôts succèdent aux impôts, et que les ressources les plus précieuses s'épuisent en armements ?

*Cette situation
ne peut durer.
Conséquences.*
La situation financière de l'Europe ne le permet certainement pas. Sans doute, plusieurs États sont encore
assez riches pour pouvoir attendre et choisir leur temps
et leur heure pour entreprendre une guerre offensive
ou défensive ; mais les finances de l'Europe, dans leur
ensemble, sont tellement obérées qu'on peut craindre
— et cette crainte demeure une cause permanente de
malaise — qu'elles ne conduisent fatalement les peuples et les gouvernements à se demander si la guerre,
avec ses tristes éventualités et ses chances heureuses,
ne doit pas être préférée au maintien d'une paix précaire et aussi coûteuse.

UN PLAN DE FINANCES

I

Les finances publiques traversent une période de crise
et depuis trois ans les budgets annuels deviennent de
plus en plus difficiles à établir et à régler. Grâce à l'énergie, aux efforts et à l'immense talent de M. Thiers, il

avait été possible, de 1871 à 1874, de créer des impôts,
d'emprunter, de réorganiser le pays, d'effectuer la libération du territoire. De 1875 à 1880, le règlement de nos
budgets, sauf celui de 1878, s'était fait sans difficultés ;
nous avons eu des excédents de recettes magnifiques, et
c'est là peut-être une des causes principales de l'accroissement des dépenses publiques. Ces excédents qui se
sont régulièrement produits pendant plusieurs années
ont engagé nos gouvernants à ne pas regarder aux dépenses et à oublier que le premier devoir était d'économiser. A partir de 1881, nous sommes arrivés à une véritable gêne ; les budgets de 1882 et de 1883 ont été
présentés en équilibre, Dieu sait au prix de quels efforts et de quels maniements et remaniements de chiffres. Quant au budget de 1884, il n'est plus possible de
méconnaître qu'il accuse un déficit considérable.

Des excédents
à la gêne et de
la gêne au déficit.

II

Sans doute, le projet déposé par M. Tirard, présentait en équilibre ce malheureux budget de 1884 ; mais
par quels moyens ce résultat était-il obtenu?

L'équilibre du
budget de 1884.

1° On escomptait une plus-value des recettes, alors
que, loin de progresser, celles-ci sont en diminution ;

2° On faisait état de 34 millions, montant de remboursements anticipés des compagnies de chemins de fer.
Par suite des nouvelles conventions, ces remboursements anticipés disparaissent ;

3° On réduisait de 170 à 100 millions le crédit porté au
budget ordinaire pour le remboursement des obligations à court terme qui venaient cette année à échéance,
le surplus devant être remboursé sur les fonds de la
dette flottante. C'était là forcément l'abandon du plan
d'amortissement des obligations du Trésor.

4° Certaines dépenses prévues étaient inscrites pour
des chiffres tellement minimes que des demandes sup-

plémentaires de crédit devaient se produire. C'est ce qui eut lieu.

Aussi la commission du budget a-t-elle dû remanier les chiffres primitifs du budget de 1884. Le projet s'est trouvé complètement bouleversé et un déficit énorme est apparu. Après avoir discuté sur le mode d'évaluation des recettes, bataillé sur le plan de M. Léon Say, adopté un nouveau mode d'évaluation, la commission prit une résolution héroïque : il lui manquait une cinquantaine de millions pour mettre le budget sur ses pieds ; elle diminua d'autant les remboursements de bons du Trésor à opérer cette année sur les ressources du budget ordinaire. Au lieu de rembourser 100 millions, on remboursera 50 millions seulement ; il faudra proroger 50 millions de bons ou, ce qui revient au même, emprunter à la dette flottante 50 millions nouveaux pour les rembourser. Le moyen est, on le voit, fort commode ; ce qui nous étonne, en vérité, c'est que la commission du budget n'ait pas purement et simplement décidé qu'on ne rembourserait rien. Pourquoi 50 millions plutôt que 20, plutôt que 10? Le budget ordinaire, au lieu d'être seulement équilibré, aurait ainsi présenté des excédents !

Le ministre des finances a, avec raison, vivement protesté ; il a démontré combien de tels procédés étaient dangereux pour le crédit public. La commission a passé outre et, à notre avis, elle a eu tort.

III

M. de Villèle. Causes et effets.

« Tout est lié dans le bien comme dans le mal, dans le vrai comme dans le faux, disait M. de Villèle : entrez dans la bonne voie, tous les résultats sont bons ; égarez-vous dans la mauvaise, tout vous tournera à mal. » Ces paroles sont toujours exactes.

Nous nous rappelons qu'en 1874, au mois de juillet, à la suite d'une proposition de M. Wolowski tendant à

diminuer de 200 à 150 millions par an le remboursement
des sommes dues à la Banque, M. Magne, qui repous-
sait énergiquement cette mesure, donna sa démission.
Nous disions alors que si une assemblée pouvait modifier, du jour au lendemain, des contrats librement
consentis et acceptés, il n'y aurait plus de sécurité pour
nos finances.

Cette assertion a été complètement confirmée par les
faits.

Que de traités n'a-t-on pas conclus, modifiés, prorogés
avec la Banque ?

A quelles modifications la création et le remboursement des obligations sexennaires, quinzennaires, trentenaires n'ont-ils pas donné lieu ?

M. Tirard se plaint, avec raison, de la modification
apportée par la commission du budget dans le remboursement des bons ; mais cette commission peut répondre
qu'elle ne fait, en somme, que suivre les errements du
passé et des exemples récents.

Est-ce qu'au mois de mars, dans son premier projet de budget, le ministre des finances ne réduisait pas
de 170 à 100 millions le remboursement de ces mêmes
bons ? Est-ce qu'il ne disait pas que « cette réduction,
assurément regrettable, est commandée par l'exiguïté
des ressources que nous avons à opposer aux dépenses
nouvelles du budget de 1884. » Il y avait alors 170 millions de bons à rembourser. M. Tirard déclarait qu'il
serait pourvu à la différence de 70 millions « *soit* par
des excédents de recettes en fin d'exercice, *soit* en cas
d'insuffisance par une nouvelle émission d'obligations..., etc. (1) ».

La commission du budget ne peut-elle pas expliquer
la résolution qu'elle a prise par les raisons mêmes invoquées par M. Tirard? Ne peut-elle pas dire, elle
aussi, que cette réduction nouvelle est regrettable, mais
que la nécessité fait loi?

(1 *Exposé des motifs*, page 11.

IV

Expédients.

Les petits moyens et les expédients qu'on emploie aujourd'hui pour atténuer les difficultés budgétaires, prouvent une fois de plus que, dans les affaires financières, commerciales, économiques, nous n'avons malheureusement ni système, ni programme, ni esprit de suite.

Nous vivons au jour le jour, sans souci du lendemain. Et cependant, si l'on veut résolument sortir d'embarras, il est nécessaire d'avoir une politique financière et économique, très nette et très ferme.

Ce qu'il faut faire.

Ce que devrait être, selon nous, cette politique, on le sait de longue date : depuis des années, nous n'avons cessé de l'exposer telle que nous la comprenions et on nous permettra de la recommander encore à l'attention de ceux qui ont charge des finances publiques.

Ce programme peut se résumer aux points principaux suivants :

Cession du réseau de l'Etat.

1° Rétrocéder le réseau de l'Etat. — Le Trésor peut ainsi se procurer un capital de 500 millions et économiser, tous les ans, les 20 millions *au minimum* que lui coûte le réseau. Rappelons incidemment que nous nous sommes tout d'abord élevé contre la création du réseau d'Etat et que nous avons toujours demandé, depuis qu'il existe, qu'on le rétrocédât aux compagnies, seul moyen de libérer le budget d'une charge accablante.

La trésorerie confiée à la Banque de France.

2° Charger la Banque de France des services financiers du Trésor ; en faire la caissière de l'Etat, comme en Angleterre et en Belgique. — Cette réforme amènera graduellement la suppression des trésoriers généraux et des receveurs particuliers ; elle permettra à l'Etat de réaliser 15 à 20 millions d'économie par an.

Voici en effet le détail des crédits alloués à ce service (1) ;

(1 *Budget du ministère des finances*, chapitres 56, 57 et 58.

Francs

Frais de trésorerie	900.000
Traitements et émoluments des trésoriers-payeurs généraux et receveurs des finances	6.816.700
Remises aux percepteurs et frais divers	12.215.782

Si le ministre des finances veut bien s'adresser à l'un de ses prédécesseurs, l'honorable M. Magnin, il trouvera, dans un des cartons du ministère, un travail complet sur les relations de la Banque et de l'Etat, en Belgique.

Cette étude, faite au point de vue des réformes et des économies à effectuer dans notre pays, est concluante : elle indique les bénéfices et les économies que l'Etat belge a réalisés en chargeant la Banque de ses services financiers et de l'encaissement de ses impôts.

Pour nous borner à citer quelques exemples, extraits de ce travail, disons que l'Etat a droit dans les bénéfices de la Banque : à 1/4 % sur le bénéfice excédant 6 % du capital des actionnaires ; — à 1/4 % sur l'excédent des intérêts perçus au delà de 6 % ; — à 1/4 % de bonification par semestre sur l'excédent de la circulation moyenne des billets au delà de 275 millions ; — au produit du placement des fonds disponibles du Trésor ; — enfin elle économise la plus grande partie des frais de perception de ses impôts.

Une semblable réforme peut être appliquée sans inconvénient, sans dangers, dans notre pays ; elle mérite un sérieux examen, au moment surtout où le gouvernement s'occupe de la Banque de France au point de vue de la circulation de ses billets.

3° Diminuer les frais d'administration dans les services généraux des ministères. — La machine administrative coûte, d'année en année, plus cher. Si l'on déduit du budget de 1883 les sommes nécessaires au service de la dette publique, on constate, d'après le rapport de M. Ribot que « les services des ministères exigent en 1883 une somme supérieure de près de

Frais d'administration.

600 millions de francs à la dotation qui leur était allouée en 1869 (1) ».

4° Diminuer les frais de perception des impôts. — La proportion entre les recettes et les frais de perception est de 11,55 % alors qu'elle est à peine de 5 % en Angleterre.

On sait que, dans ce pays, c'est la Banque qui, au moyen de ses succursales, est chargée de recevoir des mains de collecteurs particuliers la totalité de l'impôt. Dans ces conditions la perception revient seulement à 4 % (2).

Si, au lieu de 11,55 %, la perception des impôts coûtait seulement 10 %, nous pourrions économiser de ce chef près de 50 millions par an.

5° Réduire le nombre des employés dans les ministères, exiger d'eux une somme plus grande de travail.

6° Reviser les traitements et les mettre mieux en rapport avec la situation de ceux qui les reçoivent. Dans certains services, on remarque les anomalies les plus bizarres ; c'est ainsi qu'on voit, par exemple, des juges de paix moins convenablement rémunérés que des garçons de bureau.

7° Diminuer les dépenses des constructions d'écoles. — Il résulte d'un rapport des ministres de l'instruction publique et des finances que, de 1878 à 1882, 20.007 communes ont emprunté à la Caisse des écoles, lycées et collèges (3).

La dépense totale s'est élevée à 275,550,505 francs. La dépense restant à faire pour l'installation des écoles et des salles d'asile en France et en Algérie, s'élève, d'après les documents transmis par les préfets, à 716.630.738 francs.

La part contributive probable des communes est évaluée, d'après le rapport que nous citons, à 294,681,052 fr.; celle des départements à 21,406,100 francs, ensemble

(1) Pages 15 et 16.
(2) Victor Bonnet, de l'Institut. *Le crédit et les finances*, page 28.
(3) *Bulletin administratif du ministère de l'instruction publique*, 24 février 1883, n° 533.

316,087,152 francs. Pour l'État, la dépense totale à prévoir est d'environ 400 millions de francs.

Est-ce que ces dépenses, étant donnée la situation financière du pays, ne doivent pas être sensiblement réduites ? Est-il utile de construire des palais pour instruire nos enfants ?

Dans plusieurs villages et petites bourgades, la construction de ces écoles a coûté des sommes énormes. Ne vaudrait-il pas mieux augmenter l'outillage pédagogique, le matériel scolaire et, dans certaines communes un peu trop négligées, le traitement des instituteurs et des institutrices ?

8° Supprimer le budget extraordinaire ; ne pas commencer de travaux neufs avant d'avoir achevé les anciens ; faire, une fois pour toutes, le devis de ce que réclame notre organisation militaire ; effectuer un emprunt pour liquider le passé, l'arriéré.

Supprimer le budget extraordinaire.

9° Instituer, près du ministre des finances, le conseil supérieur des finances composé de personnages complètement indépendants par leur position, exclusivement recommandables par leur mérite personnel, d'hommes d'expérience et de savoir qui approfondiraient les problèmes multiples touchant à cet immense réseau des finances, réforme des impôts, organisation financière du pays, développement de ses ressources, économies à faire, etc., etc. (1).

Créer un conseil des finances.

V

Ces réformes principales que nous précisons aussi succinctement que possible, auraient pour premier résultat de faire réaliser des économies au Trésor et de remettre nos finances en bon état. Mais, pour réussir, elles ont besoin d'être complétées par d'autres mesures d'un ordre plus général.

Il serait à désirer, tout d'abord, que les ministres spéciaux demeurassent plus longtemps en fonctions.

Stabilité des ministres spéciaux.

(1) Voir *supra*, page 182.

Depuis 1870, nous avons eu 15 ministres des finances qui sont restés, en moyenne, dix mois à peine, aux affaires. Pendant quinze ans, Napoléon Ier s'était contenté d'un seul : Gaudin, duc de Gaëte.

En quinze ans encore, la Restauration eut seulement 9 ministres : le comte Roy garda le portefeuille des finances trois ans et le comte de Villèle sept ans.

De 1830 à 1848, le gouvernement de Juillet employa 18 ministres des finances ; la République de 1848 en usa 11 en trois ans ; sous l'Empire, de 1851 à 1870, 10 ministres se sont succédé aux finances.

Il est donc incontestable qu'avec la rapidité avec laquelle nos ministres passent maintenant au pouvoir, — en moyenne dix mois chacun — le temps matériel leur manque pour appliquer les réformes qu'ils jugeraient utiles. Pour un fait indépendant de son administration, le ministre des finances quitte les affaires et se trouve remplacé par un homme politique qui a des idées tout autres.

Comment veut-on, dans ces conditions, que les finances soient dirigées avec ordre, méthode, esprit de suite et de durée ?

Relations avec les grandes sociétés. Il est nécessaire aussi que le gouvernement vive en paix avec les compagnies industrielles et financières; qu'il ne traite pas en ennemis les capitaux que l'association a groupés et qui se trouvent dans les mains d'innombrables rentiers, sous forme d'actions ou obligations. Le crédit de l'Etat se ressent de toutes les attaques dirigées contre les grandes sociétés.

Politique commerciale. Il faut avoir une politique commerciale nette et bien définie et en terminer avec nos traités de commerce qui sont en suspens; ne pas hésiter, même au prix de quelques sacrifices, à négocier avec l'Angleterre un traité sur les bases des conventions de 1860. Depuis que nos traités sont rompus avec elle, nous rencontrons l'hostilité de cette puissance dans le monde entier; notre isolement devient chaque jour plus complet.

Nous avons inauguré une politique coloniale ; nous allons un peu partout, en Tunisie, au Sénégal, au Congo, au Tonkin, à Madagascar. Une telle politique ne s'improvise pas et, lorsqu'elle est engagée, il faut la suivre avec méthode, savoir exactement ce que l'on veut, où l'on va, où l'on s'arrêtera. Développer les colonies que nous possédons, faire en sorte que nos produits commerciaux y puissent lutter avantageusement contre la concurrence étrangère, tel devrait être notre premier souci. Si nous continuons la politique inaugurée depuis quelques années, nous devons, sur ce point, essayer d'imiter nos voisins et prendre, chez eux, des exemples dont nous pourrions profiter.

Politique coloniale.

En Angleterre, dans toutes les questions qui intéressent ses colonies, rien ne se fait sans l'avis préalable du *Colonial office*, véritable organisation nationale qui survit à tous les changements ministériels et parlementaires et ne s'occupe que d'une chose : la prospérité des colonies anglaises.

Sur la proposition de M. Félix-Faure, le gouvernement a récemment institué un conseil supérieur des colonies. C'est une bonne mesure, mais qui a besoin d'être complétée. Dans ce conseil, une part trop large a été réservée à l'élément administratif. On y voit beaucoup de sénateurs, de députés, faisant déjà partie d'une quantité d'autres commissions et qui n'ont certainement pas le don de pouvoir tout faire, tout connaître, tout savoir. L'élément commercial s'y trouve insuffisamment représenté ; il aurait dû, au contraire, y occuper une place prépondérante.

Le conseil supérieur des colonies.

Enfin, et surtout, nous devons avoir une politique de paix : paix à l'extérieur avec nos voisins et paix avec nous-mêmes, car aujourd'hui les divisions de partis sont infinies ; les gauches et les droites se partagent en une multitude de branches plus divisées les unes que les autres ; c'est à se demander, en vérité, si nous ne sommes pas, avant tout, Français.

Paix intérieure et extérieure.

Telles sont les lignes principales d'un plan économique et financier qui, suivi avec sagesse et persévérance, pourrait nous aider à relever nos finances. Pour
être mises en pratique, ces réformes exigent une ferme
volonté et un grand esprit de suite. Il est plus facile,
sans doute, de faire de la politique pure, de négliger les
affaires, de vivre au jour le jour, au hasard, à la merci
des événements, mais les expédients ne sauraient toujours suffire ; ce serait, à bref délai, la ruine du pays.

LE RAPPORT DE M. ROUVIER

*Budget rectifica-
tif de 1884.*

Le rapport de M. Rouvier sur le budget rectificatif de
1884 vient d'être distribué. Ce document très substantiel,
quoique très succinct, fait connaître les motifs qui ont
décidé la commission à modifier d'une manière sensible
certaines dispositions du nouveau projet.

La commission n'a pas trouvé satisfaisantes les évaluations adoptées pour le budget primitif ; elle a choisi
pour base de ses prévisions les résultats des douze derniers mois connu. Elle a ainsi fait disparaître une majoration de 45 millions que le projet rectifié avait laissé
subsister dans le budget des recettes. Le total des recettes fixé par la commission s'élève à 2,981,206,617 fr.

Les dépenses s'élevant à 3,024,366,781 francs, il en
résulte un déficit de 43,160,164 francs, ramené à 40 millions environ par diverses réductions.

*Impossibilité
d'un nouvel im-
pôt.*

La commission reconnaît l'impossibilité d'un nouvel
appel à l'impôt ; d'autre part on ne saurait réduire de
nouveau les dépenses des ministères sans compromettre
les services publics. Elle s'est arrêtée, pour combler
le déficit, à la réduction de l'amortissement des obligations à court terme ; elle a observé que la dotation de
l'article 3 du chapitre 5 des dépenses du ministère des
finances était d'ordinaire inférieure au montant de

l'échéance des obligations à court terme à laquelle elle pourvoit. Cet écart est, à ses yeux, sans inconvénient et présente même une flexibilité assez grande pour qu'on puisse réduire de 40 millions le crédit affecté à l'échéance de 1884. Ce crédit est donc ramené à 60 millions. D'ailleurs la commission ne considère pas cette mesure comme une restriction de l'amortissement : « Il s'agit simplement, déclare le rapporteur, de modifier un article d'écriture du budget, de façon à rapprocher davantage les prévisions de la réalité des faits. »

Le budget ordinaire, ainsi révisé par la commission se règle ainsi : recettes, 2,981,206,617 francs ; dépenses, 2,979,923,806 francs ; soit un excédent de recettes de 1,282,811 francs.

La commission a admis la proposition du ministre relativement à la circulation des billets de la Banque de France, mais elle n'a pas voulu qu'elle devînt illimitée ; elle a décidé que la limite serait seulement reculée.

La circulation des billets de la Banque de France

Le budget extraordinaire ne soulève d'observations de détail qu'en ce qui concerne la Caisse des écoles. Le gouvernement n'avait pas pourvu dans le budget à la dotation nouvelle de cette caisse ; il se proposait de demander isolément un crédit de 30 millions qui ne devait pas être dépensé en 1884, mais qui permettrait au ministre de prendre de nouveaux engagements envers les communes. La commission a cru plus régulier d'inscrire immédiatement ce crédit au budget extraordinaire et de le reporter ensuite à l'exercice suivant, puisqu'il ne doit pas être dépensé cette année. Le budget extraordinaire, tel qu'il est réglé par la commission, s'élève à 290,284,208 francs.

Le chiffre de l'emprunt, primitivement fixé à 300 millions, devra être porté à 350 millions que le ministre a déclaré ne devoir point dépasser. La commission s'est préoccupée du mode d'émission de cet emprunt et a montré une prédilection marquée pour le procédé qui était préconisé lorsque la création du 3 % amortissable fut proposée, c'est-à-dire le placement de l'emprunt par

Le chiffre de l'emprunt.

l'intermédiaire des agents des finances. Nous avons souvent reproché à l'Etat de ne pas utiliser aussi complètement qu'il le pourrait les services de ses trésoriers, receveurs particuliers et percepteurs pour la négociation de ses rentes. Il y a là d'ailleurs une question d'opportunité fort délicate. Le choix du mode d'émission d'un emprunt dépend beaucoup des dispositions du marché et de la situation des capitaux au moment où l'emprunt doit se produire ; ce qu'une excellente situation financière autorise, la prudence parfois l'interdit dans des circonstances moins favorables.

BUDGET DE 1885

LES DÉPENSES ET LES RECETTES BUDGÉTAIRES

LEUR PROGRESSION DEPUIS 1869

I

Le ministre des finances vient de déposer le projet de budget pour l'année 1885.

Economie du budget de 1885.

Les recettes du budget ordinaire sont évaluées à 3,048,720,927 francs ; les dépenses à 3,048,544,744 francs. L'excédent de recettes n'est donc que de 176,188 ; sa faiblesse suffit à montrer combien l'équilibre serait facile à troubler et révèle assez quels efforts on a dû faire, comme on dit vulgairement, pour joindre les deux bouts.

Comparativement à l'exercice 1884, les recettes proposées pour 1885 présentent une augmentation de 22,196,140 francs et les dépenses une aggravation de 23,171.738. Les deux sommes se compensent à un million près.

En ce qui touche le budget ordinaire, l'exposé des motifs fait ressortir les réductions importantes qui ont dû être faites sur les évaluations de certains produits. Les résultats constatés pour le recouvrement des impôts pendant le mois de janvier 1884 commandaient en effet une grande modération. La réduction totale sur les sucres pour le nouveau budget s'élève à 29,536,500 fr. ; l'évaluation des produits de l'enregistrement subit aussi

une diminution de 3,310,000 francs. On réduit également
2 millions sur les droits de douane en raison du ralentissement de l'importation des vins.

Pour compenser ces diminutions et pourvoir en même
temps à diverses augmentations de dépenses, on n'a
pas cru pouvoir recourir, dans l'état économique actuel
du pays, à des taxes nouvelles. On a pensé qu'une
perception plus stricte des taxes existantes et certaines
modifications dans l'application de divers droits don-
neraient des ressources suffisantes pour combler les
vides. Il est grandement à désirer que, de ce côté, on
n'ait pas à éprouver quelques mécomptes.

Les aggravations de dépenses les plus importantes
sont les suivantes : 7 millions pour le service des rentes
amortissables ; environ 3 millions d'augmentation à
la caisse des invalides ; 3 millions et demi pour annuités aux compagnies de chemins de fer par suite des nouvelles conventions ; 2 millions pour nouveaux termes
d'annuités et de garanties d'intérêts exigibles ; environ
un million pour le chemin de fer de Dakar à Saint-Louis ;
près de 3 millions pour surcroît de frais de production
des tabacs ; 800,000 francs pour la télégraphie souter-
raine ; plus d'un million pour augmentation de frais de
justice criminelle; plus quelques autres sommes peu élevées : total 23 millions environ.

Le budget des dépenses extraordinaires s'élève à
208 millions présentant une diminution de près de
49 millions sur les crédits correspondants de l'exercice 1884.

Le budget extraordinaire de la guerre est réduit de
25 millions, celui des travaux publics de 31 millions ;
mais celui de la marine est accru de plus de 10 millions.

Pour faire face à l'ensemble des dépenses extraordinaires, le ministre des finances aura recours à l'émission d'obligations à court terme dont l'échéance ne
pourra dépasser 1890.

Ainsi que l'indique l'exposé des motifs, le montant

des obligations que le Trésor aura à rembourser à partir du 1er janvier se trouvera ainsi porté à 554,886,749 fr.

En adoptant ce procédé, le ministre des finances considère que d'une part, en ce qui concerne la guerre et la marine, c'est un simple retour au mode employé jusqu'en 1879 et que, pour les travaux publics, c'est simplement la substitution d'un amortissement rapide à celui beaucoup plus lent de la rente 3 % amortissable.

Telles sont, en substance, les conditions dans lesquelles se présente le nouveau budget. Cette situation soulève et appelle de sérieuses réflexions.

Pour bien juger de la situation budgétaire, il est nécessaire, croyons-nous, de comparer plusieurs budgets entre eux, sur une période de temps assez étendue. On peut déduire ainsi des enseignements utiles.

Nous examinerons donc tout d'abord, et d'une façon aussi succincte que possible, le relevé des dépenses faites en 1869, dernière année normale de la période impériale ; en 1876, année intermédiaire entre la période des créations d'impôts (1871-1876) et celle des dégrèvements (1877-1881) ; nous indiquerons enfin les dépenses faites en 1884 et celles qui sont prévues pour 1885. *Plan d'étude, Périodes envisagées.*

Nous suivrons le même ordre pour l'examen des recettes perçues à ces trois dates, 1869, 1876, 1884.

Nos chiffres, avons-nous besoin de le dire? sont tous puisés aux sources officielles.

III

En 1869, les dépenses du budget ordinaire s'élevaient à 1,621 millions. *Dépenses.*

En 1876, elles atteignent 2,570 millions.

En 1884, elles s'élèvent à 3,025 millions.

En 1885, le total général des dépenses ordinaires de l'exercice est évalué à 3,048 millions.

Les dépenses prévues pour 1885 font ressortir, par

rapport aux payements effectués en 1869, une augmentation de 1,427 millions.

De 1869 à 1876, l'augmentation a été de 949 millions. Pendant cette période, le service de la dette publique, par suite des grands emprunts qu'il a fallu contracter, augmentait de 664 millions (468-1132) ; les budgets de la guerre, de la marine, de l'instruction publique, des travaux publics ont encore absorbé plusieurs centaines de millions.

De 1876 à 1884, l'augmentation nette des dépenses du budget ordinaire a été de 455 millions.

Pendant cette seconde période, le budget du ministère des finances, déduction faite des 34 millions provenant de la conversion, s'est accru de 147 millions. Il a fallu pourvoir aux pensions militaires et civiles qui ont augmenté de 51 millions ; on a accordé 8,310,000 d'indemnités aux « victimes du 2 décembre », suivant l'expression même employée dans le budget ; le remboursement des capitaux empruntés à divers titres exige une augmentation de crédit de 83 millions, etc.

La guerre et la marine coûtent 160 millions de plus qu'en 1876. Le budget de l'instruction publique a été augmenté de 110 millions ; celui de l'agriculture et du commerce a progressé de 30 millions ; le service des postes et des télégraphes réclame 47 millions de plus en 1884 qu'en 1876.

En résumé, la moyenne de l'augmentation annuelle des dépenses a été en 15 ans — 1869 à 1884 — d'environ 95 millions.

De 1876 à 1884, cette moyenne a été de 57 millions.

De 1876 à 1885, cette moyenne aura été de 53 millions.

IV

Recettes. Pour les recettes, comme pour les dépenses, nous allons comparer les trois exercices 1869, 1876, 1884, déduction faite, pour 1869, du contingent de l'Alsace-Lorraine.

En 1869, les recettes ordinaires de l'Etat étaient évaluées à 1,762 millions.

En 1876, elles atteignaient 2,775 millions.

Pour 1884, les recettes prévues s'élevaient à 3,026 millions.

De 1869 à 1885, les recettes prévues font ressortir, par
rapport aux chiffres de 1869, une augmentation de
1,280 millions.

1869-1885.
Augmentations.

	Millions de francs
De 1869 à 1870, l'augmentation a été d:	1.013
De 1876 à 1884, de.	251
De 1884 à 1885, elle est prévue pour.	22
Augmentation de 1869 à 1885.	1.280

De 1869 à 1884, la progression des recettes a été de
1,264 millions, soit 84 millions par an.

De 1869 à 1885, cette augmentation aura atteint
1,280 millions, soit une moyenne annuelle de 80 millions.

Il convient d'ajouter à ces chiffres le montant des dégrèvements d'impôts qui ont été effectués en 1877, 1878,
1879, 1880, 1881.

Dégrèvements.

Ces dégrèvements se sont élevés à 251,720,204 francs,
savoir :

ANNÉES	SOMMES
	Francs.
1877	7.448.000
1878	48.976.000
1879	53.360.989
1880	134.736.215
1881	7.210.000
Soit au total	251.720.204

Si l'on tient compte, ainsi que nous l'avons indiqué dans le paragraphe précédent, que, de 1876 à 1884, les augmentations de dépenses ont été de. . . . . 458 millions.

Et que, d'autre part,

Les dégrèvements d'impôts, pendant la même période se sont élevés à. . . . . 251 millions.

On voit que, depuis 1877, nos budgets ont subi, tant en augmentation de dépenses qu'en diminution de recettes, une surcharge de. . . . . 700 millions.

Et on comprend, dès lors, qu'à l'heure actuelle, l'équilibre du budget soit difficile à réaliser.

Que l'on suppose un particulier qui aurait démesurément accru ses dépenses, satisfait tous ses goûts, augmenté son « train de maison », ne se serait privé de rien, et qui, en même temps, aurait diminué ses revenus habituels, on serait peu surpris d'apprendre qu'il éprouve quelque gêne pour équilibrer son « doit » et son « avoir ».

Les pouvoirs publics ont agi comme ce particulier dont nous parlons.

Au lieu de diminuer la dépense et augmenter la recette, ils ont augmenté la première et diminué l'autre.

La "politique des dégrèvements".

Nos députés, avec les meilleures intentions du monde, ont voulu tout faire à la fois ; ils ont sollicité chaque année et fait voter des dépenses nouvelles et des crédits nouveaux. En même temps, ils ont voulu inaugurer ce qu'on a décoré du titre pompeux de la « politique des dégrèvements ». Et, comme la poussée des dépenses est toujours plus forte que la progression des recettes, nos budgets se ressentent d'un grand état de gêne.

Il faut maintenant payer toutes les dépenses qu'on a engagées ; et, bien loin de diminuer les impôts, on cherche, au contraire, à en créer d'autres, ou bien à faire rendre à ceux qui existent le maximum de ce qu'ils peuvent produire. Dans l'un et l'autre cas, ce seront les contribuables qui paieront.

V

Dans son exposé des motifs, le ministre des finances dit bien qu'il a cru devoir renoncer à la création d'impôts nouveaux et se borner uniquement à de simples mesures d'ordre intérieur pour percevoir ceux qui existent. Il faut avouer que notre langue française est plus riche que nos budgets.

Remanier les méthodes de perception sur l'alcool, revenir à l'ancienne taxation des liqueurs, fruits à l'eau-de-vie, etc., percevoir les droits de succession en Algérie, frapper d'un impôt de 100 francs par hectolitre l'alcool consommé dans notre grande colonie méditerranéenne, ne sont-ce pas là non des « remaniements » mais bien des impôts nouveaux ?

Euphémismes financiers.

Nous ignorons si les résultats que prévoit l'honorable M. Tirard se réaliseront ; nous n'osons trop l'espérer, mais nous le désirons vivement, car il est essentiel que nos budgets se soldent en équilibre et qu'après avoir voulu inaugurer « l'ère des dégrèvements », nous n'inaugurions pas celle « des déficits ».

Un bon budget, bien établi, bien dressé, abondamment pourvu, exerce sur l'ensemble des affaires d'un pays une influence salutaire. Avec un budget en déficit, difficile à équilibrer, la confiance dans le crédit de l'État diminue ; les rentes baissent et, par contre-coup, le commerce et l'industrie souffrent d'un malaise général. Quand, au contraire, les finances publiques sont prospères, quand les budgets présentent des excédents, le taux du crédit de l'État se relève, les affaires commerciales et industrielles prennent un meilleur aspect; l'esprit d'initiative se développe ; ou envisage l'avenir avec confiance au lieu de le redouter.

Influence d'un bon budget.

Ces vérités sont élémentaires ; ce sont cependant celles qui sont le plus méconnues. Qu'on soit bien convaincu que le malaise dont le pays souffre et se plaint aujourd'hui est causé, pour beaucoup, par la politique financière qui a été suivie depuis plusieurs années, ainsi que, tout récemment encore, nous avions l'honneur de le dire à la commission d'enquête parlementaire. Les intérêts financiers ont été inquiétés et après avoir compté sur des budgets en excédent, le pays a entendu résonner à ses oreilles le mot de déficit.

Pour obtenir cet équilibre budgétaire si nécessaire à la prospérité publique, nous préférerions, quant à nous, relever ou rétablir hardiment la plupart des impôts que, dans un excès d'enthousiasme, les députés ont diminués ou supprimés depuis 1877, plutôt que d'en établir et d'en inventer de nouveaux. Nous voudrions surtout que le parlement eût le courage de ne voter aucune dépense nouvelle et de chercher, au contraire, à retrancher sur celles qui existent.

Il faut, en un mot, se restreindre et ne pas tout entreprendre à la fois. Au lendemain de la guerre, quand il s'est agi de trouver des impôts nouveaux, une véritable fièvre de fiscalité s'empara des pouvoirs publics. Il ne se passait pas de jour sans que les impôts les plus bizarres fussent proposés.

En 1877 et 1878, on mit autant d'ardeur à vouloir les diminuer qu'on en avait apporté à les augmenter. L'intention, certes, était louable; mais, pour qu'elle produisît d'heureux résultats, il ne fallait pas, en même temps, vouloir dégrever d'une main, emprunter de l'autre, et effectuer des dépenses de plusieurs milliards.

« Nous avons dépensé, disait récemment à la Chambre l'honorable M. Tirard, nous avons dépensé de 1879 à 1884 une somme de 2,758,000,000 de francs pour travaux extraordinaires ; 217 millions en subventions et avances pour les chemins vicinaux ; 327 millions en subvention et avances pour la caisse des écoles. Cela fait un total de 3,302 millions. Les dépenses ordinaires se sont élevées, de 1876 à la fin de 1883, de 53 millions en moyenne par année.

« Messieurs, en présence de ces énormes dépenses, le gouvernement n'a-t-il pas l'obligation de vous demander un examen un peu plus attentif des ressources du pays et des intérêts des contribuables ? »

Souhaitons que le vœu du ministre des finances se réalise et félicitons-le de sa louable franchise.

VI

Le ministre des finances a bien fait d'indiquer le mal et de recommander à tous l'économie : mais nous aurions désiré qu'il indiquât également un programme financier et économique que les députés auraient pu discuter, rejeter ou approuver. *Programme financier nécessaire.*

Si l'on veut cependant sortir d'embarras, il est nécessaire, à notre avis, d'adopter un plan de finances et de ne pas continuer à vivre au jour le jour, comme nous le faisons depuis longtemps.

Ce plan de finances, nous l'avons développé à plusieurs reprises. Nous n'avons pas la prétention d'avoir indiqué, dans la rapide énumération que nous avons faite, toutes les réformes financières, économiques et commerciales qui pourraient être accomplies; mais celles que nous avons signalées sont facilement réalisables et seraient, nous en sommes convaincu, profitables au pays.

LES CHEMINS DE FER DE L'ÉTAT ET LE BUDGET

La lecture du tableau comparatif des recettes de l'exploitation des chemins de fer français d'intérêt général pendant les quatre trimestres des années 1883 et 1882 (1), provoque d'inévitables rapprochements

(1) *Journal officiel*, 24 avril 1884;

entre les résultats obtenus par les grandes compagnies, quelle que soit celle à laquelle on s'arrête, et les produits que donne le réseau de l'Etat.

Mais laissons d'abord, par quelques chiffres, juger de la situation respective des diverses exploitations.

Comparaisons. Voici la recette totale par kilomètre pour 1882 et 1883 des lignes qui forment l'ancien réseau des six grandes compagnies.

ANCIEN RÉSEAU

COMPAGNIES	RECETTE KILOMÉTRIQUE	
	1882	1883
	Francs.	Francs.
Nord	102.182	99.937
Est......................................	74.766	74.571
Ouest....................................	96.156	95.708
Orléans..................................	61.068	60.429
Paris-Lyon-Méditerranée.................	67.689	63.980
Midi.....................................	86.537	84.563

La recette kilométrique sur les grandes lignes de l'ancien réseau varie donc, bon an, mal an, entre 60,000 et 100,000 francs.

Que produit le kilomètre du réseau de l'Etat ? En 1882, il a donné 10,409 francs ; en 1883, 10,828 francs.

La distance est grande d'une recette kilométrique de 10,000 francs en chiffres ronds, à une recette de 100,000 ou même de 60,000 francs.

Mais, dira-t-on, il est peu équitable de comparer les recettes du réseau de l'Etat composé en grande partie de lignes construites depuis peu d'années aux recettes de l'ancien réseau des compagnies. Soit ! Prenons donc le nouveau réseau qui contient les lignes les plus nouvelles, les plus onéreuses, les moins productives.

NOUVEAU RÉSEAU

COMPAGNIES	RECETTE KILOMÉTRIQUE	
	1882	1883
	Francs.	Francs.
Nord	27.019	28.275
Est................................	34.893	33.437
Ouest.............................	20.858	20.703
Orléans...........................	22.342	22.443
Paris-Lyon-Méditerranée....	15.545	15.336
Midi	14.833	20.295

Ainsi, sur le nouveau réseau des compagnies, réseau qui, nous le répétons, renferme les lignes les plus ingrates et les moins actives, la recette kilométrique varie entre 15,000 francs au minimum et 35,000 francs au maximum.

La différence est plus frappante encore sur les recettes calculées par jour et par kilomètre. Sur les lignes de l'ancien réseau la moyenne par jour est de 200 francs; sur celles du nouveau réseau elle est de 64 francs; sur le réseau de l'État elle est de 30 francs !

Et le réseau de l'État produit ces 30 francs par kilomètre et par jour sur des lignes qui, pour la plupart, devraient rendre sensiblement plus que la moyenne des lignes formant le nouveau réseau des compagnies.

Y a-t-il, entre l'étendue du réseau de l'État et celle du nouveau réseau des différentes compagnies, une disproportion telle qu'elle empêche de les comparer ? Nullement. Le nouveau réseau compte sur l'Est 2.255 kilomètres; sur l'Ouest, 2,247 kilomètres; sur l'Orléans, 2,342 kilomètres; et le réseau de l'État mesure 2,223 kilomètres ; ces quatre réseaux ont donc la même importance et peuvent être exactement comparés.

Encore n'avons-nous voulu considérer ici que le réseau de l'État proprement dit, c'est-à-dire formant un groupe distinct et compact ; et nous n'y avons pas compris toutes les lignes ou fractions de lignes éparses ou

17

isolées qui sont exploitées par l'Etat ; nous eussions vu la recette kilométrique s'abaisser encore sensiblement.

Résultats né-gatifs.

Cette comparaison, si défavorable au réseau de l'Etat, serait encore plus significative si du chiffre des recettes nous rapprochions celui des dépenses qu'a entraînées et qu'entraîne encore cette ruineuse exploitation.

Concéder le réseau de l'Etat est la vraie solu-tion.

Pourquoi ne pas se rendre à l'évidence ? Pourquoi ne pas renoncer à une entreprise qui, tout le démontre surabondamment, ne peut pas prospérer entre les mains de l'Etat ? Pourquoi ne pas se décharger sur les com-pagnies d'une exploitation qu'elles sauront rendre fruc-tueuse et qui n'est actuellement qu'un fardeau pour l'Etat et pour les contribuables ?

Motifs donnés pour le conser-ver.

On a donné une raison, qui n'est que spécieuse. Il faut, a-t-on dit, que l'Etat garde pour lui une certaine étendue de voies ferrées qui lui servent de champ d'ex-périence et sur lesquelles il réalisera toutes les amé-liorations qu'il voudra, par son exemple, imposer aux compagnies. Or, depuis le temps que l'Etat expéri-mente, essaie, réforme et améliore son réseau, on ne voit pas bien quels avantages *nouveaux, réels et pra-tiques,* il a procurés au public. Les compagnies n'ont jamais *repoussé les projets sérieux d'amélioration ;* elles ne se sont jamais *refusées aux expériences et aux essais* qui pouvaient faciliter un progrès quelconque. Jamais l'Etat, on l'a publiquement reconnu, n'a été à ce point désarmé vis-à-vis des compagnies qu'il ne pût exiger d'elles des transformations reconnues nécessaires.

Réserve de richesse assurée au pays par nos chemins de fer.

M. Balhaut, sous-secrétaire d'Etat aux travaux pu-blics a montré tout récemment (1) quelle immense réserve de richesses la prospérité de nos chemins de fer assurait à la nation pour l'avenir.

Quand, dans soixante ans, les lignes feront retour à l'Etat, leur produit net régulier, qui s'élève déjà à plus de 500 millions lui permettra « de supprimer d'un trait de plume, du jour au lendemain » la dette per-pétuelle dont le service exige 700 millions. Ce résul-

(1) Discours prononcé à l'inauguration de la ligne de Jessains à Eclaron.

tat aura été obtenu sans que l'État ait eu à subir les
soucis et les difficultés d'une exploitation à laquelle
il est impropre ; cette richesse il n'aura qu'à la recevoir
des mains des compagnies. Ce qui est vrai des lignes
qu'elles possèdent ne le serait-il donc pas de celles
que l'État leur céderait en abandonnant son réseau ?
Ce réseau, accru, amélioré, mis en valeur, ne lui revien-
drait-il pas aussi, comme tout le reste, avec les mêmes
avantages, sans bourse délier, sans peine ni souci ? En
ce cas, à quoi bon continuer à s'imposer des charges
et des soins inutiles ? A quoi bon s'assujettir à des
dépenses qu'il est si sage d'éviter, surtout dans un
moment de difficultés budgétaires ?

Et puisque ce mot de budget vient sous notre plume,
disons que c'est l'étude même de la situation financière de l'État qui doit convaincre les esprits prévoyants
de la nécessité de cette rétrocession aux compagnies.
Le budget de l'exercice en cours présente un déficit
notable ; celui de 1885 est difficile à établir ; il offre
lui aussi de larges vides, les uns déjà certains, les
autres fort probables. Il va falloir faire face aux dépenses des expéditions lointaines, à celles qu'exigera
notre matériel de guerre. On se trouvera aussi en
présence de nouvelles aggravations de la dette flottante qu'il faudra consolider. Pour qui ne veut point
fermer les yeux, c'est l'emprunt nécessaire dans un
délai plus ou moins rapproché, mais inévitable.

C'est ce que la commission du budget ne saurait
méconnaître et c'est à elle qu'il appartient de bien faire
sentir à la Chambre des députés les réalités de la
situation actuelle et les exigences de l'avenir. Dès
maintenant, elle sait exactement dans quelles limites
se renferment les économies possibles ; elle sait aussi
à quels mécomptes peuvent donner lieu les évaluations
budgétaires; les recettes de l'État se relèveront, sans
nul doute, mais on ne doit plus désormais faire état
d'augmentations problématiques. Il faut enfin songer à
faire rentrer les finances publiques dans des conditions

La situation
financière rend
la rétrocession
nécessaire.

La commission
du budget doit la
proposer.

normales et, après les comptes de liquidation, en finir
avec les budgets extraordinaires. Tout cela est possible;
on en a le moyen sous la main : la rétrocession du
réseau de l'Etat, qui débarrasse celui-ci d'un inutile surcroît de charges, qui lui donne d'un seul coup des
ressources considérables, suffisantes pour réparer
toutes les fissures de nos budgets et replacer les finances
dans une situation absolument nette. Ce moyen, on
hésite à le proposer. La commission du budget doit
avoir ce courage ; elle ne doit pas reculer, par crainte de
résistances qu'on s'exagère, devant une nécessité qu'il
faudra subir tôt ou tard. On ne gagnera rien à différer ; le mieux est de faire vite et d'agir avec résolution. La commission du budget s'honorera en prenant
hardiment l'initiative d'une mesure éminemment utile
aujourd'hui, peut-être indispensable demain.

LES ENGAGEMENTS DU TRÉSOR

Dans un rapport très lucide et très complet, adressé
à M. le président de la République, le ministre des
finances fait connaître la nature et l'importance des
divers engagements contractés par le Trésor (1). Ces
engagements peuvent être résumés de la manière suivante.

Avances à l'État. En premier lieu, il y a les dettes contractées par
l'Etat à la suite d'avances qui lui ont été faites par
les départements, les communes et divers établissements privés, en vue de l'exécution de travaux publics.
Ces dettes sont en partie antérieures et en partie
postérieures au 4 septembre 1870; elles ont eu pour
objet des travaux extraordinaires en Algérie, des travaux de casernement, quelques travaux sur les routes

(1) *Journal officiel*, 30 octobre 1881.

nationales et surtout des constructions de chemins de
fer. Le capital à rembourser s'était élevé à 359,930,837 fr.
et les annuités à payer pour intérêts montaient à
720,510,211 francs : ensemble 1,080,441,048 francs. Les
remboursements effectués jusqu'au 1er janvier 1884 étant
de 54,728,810 francs en capital et de 170,207,428 francs
en intérêts, il reste à payer 305,202,026 francs en capital et 550,302,783 francs en intérêts, soit un total de
885,504,809 francs.

Viennent ensuite les engagements à long terme que
l'État a dû prendre pour l'amélioration de certains services publics et pour l'acquittement des charges de la
guerre. Ces engagements sont représentés par le 3 %
amortissable, des obligations du Trésor à court terme,
des annuités pour rachat de canaux, des obligations
trentenaires, les annuités de la conversion de l'emprunt Morgan, l'annuité à la compagnie de l'Est, des
annuités aux départements, villes et communes pour
remboursement d'une partie des contributions de
guerre, des annuités pour réparation des dommages
causés par le génie militaire, des annuités aux compagnies de chemins de fer, les intérêts et amortissement de l'emprunt contracté par le gouvernement sarde
pour l'amélioration de l'établissement thermal d'Aix,
l'annuité de la Caisse des dépôts pour le service des
pensions aux anciens militaires de la République et de
l'Empire, l'annuité de la Caisse des dépôts pour le service des suppléments de pensions militaires, les annuités
pour les garanties d'intérêts afférentes aux exercices
1871 et 1872, les subventions payables en annuités
aux compagnies de chemins de fer, les subventions
aux chemins de fer d'intérêt local, la subvention à la
compagnie de la Cluse à Bellegarde. Tous ces engagements montaient en capital à 7,102,129,943 francs et
pour l'ensemble des intérêts à 10,551,085,422 francs, soit
un total de 17,653,215,365 francs. Au 1er janvier 1884,
il avait été effectué pour 818,803,802 francs de remboursements en capital et pour 1,537,170,728 francs de paie-

Charges de la
guerre de 1870.

ments d'intérêts, ensemble 2,355,083,020 francs. La somme de ces engagements se trouve donc ramenée au chiffre de 15,297,231,745 francs.

Si à cette somme de 15,297,231,745 francs, comprenant la seconde partie des engagements du Trésor, on ajoute les 855,504,809 francs montant de la première partie, on a un total de 16,152,736,554 francs.

Services maritimes. Ce n'est pas tout. L'Etat s'est engagé envers les compagnies maritimes à leur payer des subventions. De ce chef, pour une période de dix-huit années de 1884 à 1901, on a un chiffre de 290,164,905 francs.

Caisse des écoles. L'Etat est tenu, en outre, du remboursement à faire par annuités à la caisse des lycées, collèges et écoles primaires : ces annuités, de 1884, à 1907, présentent un total de 236,544,000 francs.

Dette flottante. Dette consolidée. Dette viagère. A côté de ces engagements du Trésor, il y a de plus la dette flottante et la dette consolidée de l'Etat, ainsi que les pensions de diverses natures et les intérêts des capitaux de cautionnements. Pour ces intérêts des cautionnements, les pensions et le paiement des arrérages de la dette consolidée, les sommes inscrites au budget de 1884 s'élèvent à un total de 808,872,338 francs. Quant à la dette flottante, elle atteignait, au 1er janvier 1884, un chiffre de 1,005,733,100 francs, dont le service d'intérêts exige 28,100,000 francs d'après les prévisions du budget de 1884.

Garanties d'intérêt. Enfin les garanties d'intérêts aux chemins de fer en France et en Algérie et aux chemins de fer d'intérêt local constituent encore des engagements très considérables et d'une longue durée. Mais, comme le fait observer le rapport, le total de ces engagements ne saurait être indiqué même approximativement, non seulement parce que le crédit y afférent, à inscrire chaque année, est essentiellement variable, mais encore parce qu'il est matériellement impossible de préciser à l'avance la durée probable des avances du Trésor. On ne peut donc que les mentionner pour mémoire.

Toutes ces charges sont très lourdes. Elles ne dépassent certainement pas les forces du pays ; mais, comme le dit avec raison le ministre en terminant son rapport, « on ne saurait apporter trop de prudence et de circonspection dans l'étude des propositions qui auraient pour effet d'accroître encore les charges actuelles du Trésor ».

LE CRÉDIT DE L'ÉTAT

I

Les difficultés que l'on a rencontrées dans l'établissement et le règlement de nos derniers budgets, les mécomptes qu'ils ont donnés, la peine avec laquelle on est parvenu à leur assurer un équilibre malheureusement incertain, devaient faire naître de légitimes préoccupations. Après plusieurs années d'illusions dangereuses, entretenues par la facilité du recouvrement des impôts et la progression des recettes, des déceptions presque soudaines ont calmé les entraînements irréfléchis et éveillé l'esprit de prévoyance. On s'est alors aperçu de l'énormité des budgets, de l'exagération des dépenses et l'on a compris la nécessité de se restreindre et de pratiquer de sérieuses économies. *Optimisme excessif.*

Ce retour à la prudence et à la sagesse était un signe rassurant et l'on eût dû s'en tenir à ces louables intentions qui, d'ailleurs, ont persisté et se réalisent aujourd'hui. Mais on est allé au delà; de l'illusion dans laquelle on se complaisait naguère, on est passé presque sans transition au pessimisme le plus sombre et aux prévisions les plus décourageantes. Après avoir cru éternelles les plus-values de recettes, voici qu'on s'épouvante de quelques insuffisances et de quelques vides à combler dans le budget de l'État. *Pessimisme exagéré.*

Sans doute ce budget est lourd, sans doute il est

excessif ; certes, on doit regretter à la fois la prodigalité avec laquelle on dépensait pendant les bonnes années et la négligence qu'on a mise à ne pas réaliser toutes les économies qui auraient pu être faites. Mais, enfin, même dans ces budgets péniblement dressés, il n'est rien de si menaçant, qu'on en doive concevoir de vives appréhensions pour l'avenir.

Retour on arrière.

Sans chercher à se dissimuler les embarras et les difficultés de l'heure présente, on peut trouver des consolations rassurantes dans le souvenir des épreuves, autrement graves, que l'on a surmontées dans le passé.

N'avait-on pas, au lendemain de la guerre franco-allemande et de la Commune, bien d'autres raisons de croire la situation du pays compromise sinon désespérée? Et cependant qu'a fait la nation? Que n'a-t-on pas obtenu d'elle?

Deux grands emprunts ont permis de réunir les milliards de la libération.

Les frais de la guerre ont pu être payés, partie en capital, partie en annuités, qui nécessairement ont grevé l'avenir.

On a pu distribuer des indemnités aux villes et aux communes; reconstituer l'armée et le matériel de guerre; entreprendre très rapidement de vastes travaux publics.

Un pays qui, après avoir été réduit aux plus dures extrémités, a pu faire de si grands efforts, trouver et employer des ressources si considérables, sans qu'il en résultât pour lui d'autres maux et d'autres dangers que ceux que révèlent aujourd'hui les défaillances du budget, est certes plein de force et de vitalité.

D'ailleurs, s'il est vrai qu'on n'est et qu'on ne se croit heureux ou malheureux, riche ou pauvre, que par comparaison, il n'est pas inutile de jeter parfois les regards en arrière et de rapprocher de la situation présente celle des années prospères.

II

Si on se reporte à l'année 1869, qui a précédé la guerre, on constate que, depuis cette époque, les divers éléments de production et d'activité de la nation se sont singulièrement accrus.

Indices économiques. Comparaisons.

En 1869 l'industrie privée n'employait que 26,211 machines à vapeur pour une force de 320,147 chevaux ; d'après les derniers résultats connus, en 1882 on comptait 46,289 machines déployant 611,858 chevaux vapeur. Ainsi le montant des machines a augmenté de 77 % tandis que la force produite a presque doublé.

Appareils à vapeur.

En 1869, la production minérale et métallurgique était de 13,464,000 tonnes; en 1882, elle s'élevait à 20,000,000 tonnes. La consommation de ces produits variait, dans le même espace de temps, de 21,438,000 à 31,024,000 tonnes.

Production minérale.

En 1869, la France exportait 4,531,000 kilogrammes de tissus de soie ; en 1883, elle en a exporté 6,198,000 kilogrammes; en 1869, elle exportait 15,334,000 kilogrammes de tissus de laine; en 1883, elle en a exporté 27,554,000 kilogrammes; en 1869, elle exportait 10,053 kilogrammes de tissus de coton ; en 1883, elle en a exporté 19,570,000 kilogrammes. Les grandes industries nationales, loin de péricliter, se sont donc largement développées depuis quinze ans.

Exportations.

La population a-t-elle moins de bien-être ? Consomme-t-elle moins de ce que l'on s'accorde à considérer comme *superflu?* Nullement. De 1869 à 1882, la consommation du café s'est élevée de 50,327 tonnes à 68,256 tonnes; celle du cacao de 8,249 tonnes à 12,800 tonnes; celle du sucre, de 267,000 tonnes à 371,000 tonnes; celle de l'alcool, de 1 million d'hectolitres à 1,420,000 hectolitres; celle du tabac, de 255,707,000 francs à 304,248,000 francs. On voit quel accroissement considérable s'est produit

Consommation.

dans la consommation des choses qui ne sont point absolument nécessaires à la vie.

Caisses d'épargne. Les classes laborieuses qui fournissent aux caisses d'épargne leur clientèle ordinaire ont-elles cessé d'économiser? le nombre des déposants et le montant des dépôts ont-ils diminué? Bien au contraire : en 1869, il existait 2,130,708 livrets de caisses d'épargne, en 1882 on en comptait 4,321,027. La moyenne des livrets, qui était de 333 fr. 16 en 1869, s'est élevée à 404 fr. 02 en 1882. Le solde dû aux déposants à la fin de 1869 était de 711,175,000 francs; il s'élevait à 1,745,758,000 francs en 1882, année que l'on considère non sans raison comme désastreuse au point de vue financier. On n'a donc point cessé en France d'économiser et de confier les épargnes aux caisses publiques.

Capitaux disponibles. Nous pourrions citer encore le montant des capitaux disponibles dans les caisses de nos sociétés de crédit à la fin de 1869 et en rapprocher le chiffre total de ces mêmes capitaux à la fin de 1883 ; on verrait encore combien les disponibilités sont abondantes et quelle somme énorme on pourrait utiliser s'il se produisait une reprise d'affaires.

Transports. Postes. Le développement du commerce se traduit nécessairement par une activité plus grande des relations postales ou télégraphiques, par l'activité aussi de l'industrie des transports. En 1869, la poste avait distribué 352,507,481 lettres ; en 1882 elle en distribuait 582,095,080 ; en 1869 elle délivrait pour 164,430,061 francs de mandats français; en 1882 les mandats délivrés représentaient 511,692,260 fr.; tandis que les mandats internationaux s'élevaient de 8 millions à plus de 66 millions de francs.

Télégraphes. En 1869, il n'existait que 41,513 kilomètres de lignes télégraphiques; en 1882 ce réseau était porté à 87,689 kilomètres, sans compter les lignes souterraines, sous-marines et sous-fluviales.

Chemins de fer. Enfin de 1869 à 1882, le réseau des chemins de fer en exploitation était porté de 17,900 kilomètres à 27,000 kilomètres tandis que le nombre des voyageurs transportés s'élevait de 111 millions à 195 millions.

Ces développements, ces progrès, ces résultats si considérables ne peuvent être regardés comme des signes de décadence et d'appauvrissement ; tous ou presque tous expriment un accroissement de production, un déploiement plus grand d'activité, de force et de travail.

III

Tous ces éléments de richesse que nous venons d'énumérer ne sauraient disparaître soudain; ils sont bien réels, bien tangibles.

Ces 27,000 kilomètres de chemins de fer, par exemple, qui, dans soixante-quinze ans, appartiendront à la nation, ne représentent-ils pas une richesse effective certaine? Et ne pourraient-ils même, en cas de nécessité impérieuse, devenir une ressource immédiate? Est-ce que la rétrocession du réseau de l'État ne serait pas d'un puissant secours pour le budget? Ne soupçonne-t-on pas quel prix on pourrait mettre à une prolongation des concessions si les circonstances l'exigeaient? Il y a là des milliards accumulés, mis en réserve pour l'avenir et dont les générations futures disposeront.

Nous sommes donc loin de cette détresse qu'on semble redouter, parce qu'on a vu se succéder trois années de budgets difficiles et de langueur commerciale.

Il y a dans le commerce, dans l'industrie, de la souffrance, de la gêne, partant des plaintes. Il y a dans le budget des mécomptes, des moins-values, partant des déficits. Comment s'en étonner, lorsqu'on considère l'effort financier ininterrompu, sans relâche ni trêve, que la France soutient depuis quatorze ans.

Ce dont on doit s'étonner et ce qui doit aussi rassurer sur l'avenir, c'est que, malgré ces charges accablantes, malgré même l'exagération des dépenses, on ait pu

Éléments de richesse réels.

Remboursements effectués depuis 1871.

rembourser, à l'aide du budget ordinaire, depuis 1871
jusqu'au 31 décembre 1884, la somme énorme de
2,306,719,350 francs. Ce n'est pas tout. Les intérêts et
arrérages payés pour les charges de la guerre jusqu'au
31 décembre 1884 se sont élevés à 6,077,331,832 francs.
D'autres dépenses, effectuées pour le même motif mais
ne rentrant pas dans le même cadre, ont été payées également ; elles ont encore absorbé 1,014,200,013 francs.
La France a donc dû acquitter, depuis 1870, plus de
9 milliards, comme conséquence de la guerre (1).

Conclusion.
    Quel est le pays qui aurait pu supporter de semblables
fardeaux? Quel est le pays qui, sans avoir aliéné aucune
de ses ressources, aurait pu payer, sans murmurer, ces
sommes énormes dont le chiffre dépasse tout ce que
les plus optimistes auraient pu soupçonner de la
richesse de notre pays?

    Ce ne sont pas les seules observations que nous sug-
gère l'examen de la situation financière actuelle du pays
et nous reviendrons amplement sur ce sujet si important.
Au lendemain de la guerre, quand on s'effrayait de
l'immensité des charges qui pesaient sur nous, quand
on doutait de la possibilité même de trouver et d'acquitter la rançon de 5 milliards, nous avons eu une confiance absolue dans le relèvement du crédit de notre
pays; nous avons fait entrevoir, à une époque où cette
espérance semblait être chimérique, le jour rapproché
où nos rentes dépasseraient le pair et pourraient être
converties. Plus tard, quand, à partir de 1878, on a exagéré tout à la fois et les dégrèvements d'impôts et les
dépenses pour les travaux publics, nous n'avons pas
ménagé les avis sur les dangers qu'une trop grande
confiance dans l'élasticité de nos budgets pouvait faire
courir à nos finances publiques. Aujourd'hui, en présence des inquiétudes qui se propagent nous avons
pensé qu'il était utile de citer quelques faits et quelques
chiffres pour démontrer toute la vitalité de notre pays,

(1) Rapport de M. Jules Roche, député, au nom de la commission du
budget de 1885, pages 10 et 11.

et répéter encore qu'il faut avoir confiance dans le crédit de l'Etat, dans sa solvabilité, dans sa scrupuleuse
honnêteté à remplir ses engagements.

LES ACTES ÉCONOMIQUES ET FINANCIERS

DE LA CHAMBRE DE 1881

I

Nous n'avons pas à nous occuper ici des actes politiques accomplis par la Chambre des députés élue le
21 août 1881, nous voulons nous borner à rappeler les
principales mesures d'intérêt économique et financier
qu'elle a proposées ou adoptées. Cette revue rétrospective permet d'apprécier, par ce qui a été fait jusqu'ici,
tout ce qui reste à faire.

La Chambre des députés a tenu quatre sessions ordinaires et autant d'extraordinaires. Trois présidents ont
successivement dirigé ses travaux : MM. Gambetta, Brisson, Floquet. Cinq ministres ont eu le portefeuille des
finances : MM. Allain-Targé, Léon Say, Tirard, Clamageran, Carnot. Elle a eu six présidents du conseil :
MM. Ferry, Gambetta, de Freycinet, Fallières, Jules
Ferry, Brisson. Elle a successivement renversé quatre
ministères : M. Ferry, sur la question tunisienne ;
M. Gambetta, sur la question du scrutin de liste ; M. de
Freycinet, au sujet des affaires d'Egypte ; M. Ferry, à
propos de celles du Tonkin. Elle a commencé par le ren-
versement du ministère Ferry et c'est par la chute du
même président du conseil qu'elle a, pour ainsi dire,
terminé ses travaux. Elle a repoussé le scrutin de liste
au mois de janvier 1882 ; elle l'a adopté, en 1885, quelques semaines avant de se séparer.

Présidents et ministres.

II

1881.
Traités de commerce.

Pendant la session extraordinaire de 1881, un décret du 14 novembre crée le ministère de l'agriculture. En 1882, une loi du 2 février proroge les traités de commerce en cours ; deux lois, des 20 avril et 11 mai, approuvent les traités de commerce conclus entre la France et l'Italie, la Belgique, l'Espagne et le Portugal, la Suède et la Norvège, la Suisse. De nombreuses conventions relatives à la poste, au télégraphe, aux colis postaux et aux douanes sont approuvées. Le 29 juin est promulguée une loi qui crée des bons de poste de sommes fixes. L'organisation du service des colis postaux est étendue aux colonies. Le travail des enfants dans les manufactures est réglementé (1). Des modifications sont apportées à l'ordonnance royale du 26 mars 1843 sur les mines (2). Enfin, on s'occupe du régime financier des colonies (3).

1882.
Le krach.

C'est pendant cette année 1882, qu'éclate le krach qui a causé de si nombreuses pertes et dont les tristes effets se font encore sentir. A la suite d'une interpellation à laquelle répondit le ministre de la justice, la Chambre des députés fut, pour ainsi dire, officiellement avertie de ces événements qui débutaient par une des crises les plus graves que notre marché financier ait jamais supportées. La chute retentissante de l'Union générale, que devaient bientôt suivre une quantité de sociétés écloses dans une période de fièvre et de feu, jeta le trouble dans les affaires. La Chambre des députés commença, dès lors, à s'occuper de la réforme de la loi de 1867 sur les sociétés. On pouvait supposer qu'un texte nouveau serait bientôt étudié, voté et promulgué. Il n'en fut rien.

(1) Décret du 30 septembre 1882.
(2) Décret du 25 novembre 1882.
(3) Décret du 9 novembre 1882.

Le Sénat a bien voté une loi sur les sociétés, conformément aux conclusions de la commission extra-parlementaire qui l'avait préparée, mais la Chambre des députés s'est séparée en la laissant à son ordre du jour. Le projet du Sénat sera-t-il repris par les législateurs de 1885 ? Nous croyons que tout sera, de nouveau, mis en question.

Deux faits principaux dominent l'année 1883 : la conversion de la rente 5 % et le vote des conventions avec les grandes compagnies de chemins de fer.

1883. La conversion du 5 %. — Les conventions avec les grandes compagnies.

Le 27 avril était promulguée la loi relative à la conversion des rentes 5 % en rentes 4 1/2 %. Cette opération considérable causa une profonde émotion ; elle fut vivement discutée, tant au point de vue de l'opportunité que des conditions dans lesquelles elle était présentée.

Les rentiers, placés dans l'alternative de recevoir un intérêt moindre ou d'être remboursés à 100 francs alors que la rente 5 % se négociait entre 115 et 116 après avoir fait 120 et 121 quelques mois auparavant, acceptèrent la réduction d'intérêts ; mais pendant longtemps les cours des rentes se ressentirent du mécontentement que souleva cette mesure. Les deux 3 % qui, en 1881, atteignaient 86 et 87 francs, descendirent au-dessous de 80 francs et, alors que le prédécesseur de M. Tirard, M. Magnin, émettait un emprunt d'un million en rentes amortissables à 83,25, le gouvernement effectuait, un an à peine après avoir fait la conversion, un emprunt de 350 millions en 3 % amortissable, au prix de 76 fr. 60.

Le vote des conventions intervenues avec les grandes compagnies de chemins de fer a donné lieu, à la Chambre des députés et au Sénat, à de vives et fort intéressantes discussions. Ce vote a mis fin aux luttes qui existaient entre les compagnies et l'État depuis nombre d'années ; comme l'a dit un des rapporteurs, M. Bazille, au Sénat : ces conventions ont été un « mariage de raison ».

Un « mariage de raison ».

La Chambre vote également, pendant cette année 1883, une modification à l'article 1734 du Code civil relatif aux risques locatifs ; une loi relative à l'application de la loi du 9 septembre 1848 sur la durée des heures de travail. La politique coloniale commence à prendre une grande place dans les préoccupations de la Chambre. Le 28 mai parut une loi relative à l'établissement du protectorat au Tonkin ; le 19 octobre, un décret instituait un conseil supérieur des colonies.

1884.
Revision des lois constitutionnelles.
Crise et enquête économique.

L'année 1884 vit se produire de nombreuses questions et interpellations tant sur les événements extérieurs et intérieurs que sur la crise économique. Ce fut pendant cette année qu'eurent lieu le congrès de Versailles, la revision des lois constitutionnelles, la réunion de la grande commission d'enquête économique dite des 44. La Chambre vote les lois relatives aux syndicats professionnels, aux prud'hommes mineurs, au code rural, au divorce. C'est dans cette même année que se déclarent plus ouvertement que jamais les tendances protectionnistes de la Chambre. La session ordinaire de 1884 devait être close par le vote de la loi sur la surtaxe des sucres.

Pendant la session extraordinaire, la Chambre vote les lois relatives aux délégués mineurs, à la responsabilité des accidents ouvriers, aux marchés à terme.

1885.
Modification des droits de douane.
Caisse de retraite pour la vieillesse.

L'année 1885 a vu voter la modification des droits de douane sur les céréales et les bestiaux, la loi sur la caisse de retraite pour la vieillesse et celle sur les incompatibilités parlementaires.

III

Tels sont, résumés à grands traits, les principaux actes économiques et financiers accomplis par la Chambre de 1881.

Krach et conversion.

Au point de vue financier, elle s'est occupée du krach de 1882, de la conversion de la rente 5 %, du

vote des conventions de chemins de fer, des marchés
à terme.

En faveur de l'agriculture, elle a adopté une série
de mesures protectionnistes.

En faveur des ouvriers, elle possède à son actif plusieurs lois importantes, telles que celles sur les syndicats professionnels, sur les prud'hommes et les délégués mineurs, sur les livrets d'ouvriers, la création
des caisses d'épargne postales.

En faveur du commerce et de l'industrie, elle a cherché à ouvrir de nouveaux débouchés par la création de
colonies lointaines, qui malheureusement nous coûtent
et nous coûteront longtemps encore bien plus qu'elles
ne nous rapporteront.

Au point de vue budgétaire, la Chambre de 1881 s'est
trouvée en présence de lourdes difficultés auxquelles
la prochaine législature devra s'efforcer de remédier :
voulant tout à la fois effectuer des réductions d'impôts
et satisfaire à des dépenses plus ou moins nécessaires
et urgentes, elle a vu, d'année en année, le budget des
dépenses augmenter et atteindre aujourd'hui le chiffre
le plus élevé que nous ayons eu.

La Chambre de 1881 s'est occupée, on le voit, de nombreuses questions. Parmi les mesures qu'elle a adoptées, il en est de fort discutables et critiquables; au
fur et à mesure qu'elles étaient proposées ou venaient
en discussion, nous n'avons pas ménagé pour notre part,
ni nos observations, ni nos critiques, mais il en est
aussi d'excellentes et il serait injuste de ne pas reconnaître les efforts qu'elle a tentés et le bien qu'elle a
voulu faire.

La nouvelle Chambre ne devra pas perdre de vue que
plus que jamais les lois politiques doivent céder le pas
aux lois d'affaires, aux questions économiques, commerciales, industrielles et financières. Elle trouvera là une
tâche considérable à accomplir et qui mérite toute la
sollicitude de nos législateurs.

*Droits protec-
teurs.*

Lois ouvrières.

*Commerce et
industrie.*

Budgets.

BUDGET DE 1886

LA POLITIQUE ET LES AFFAIRES

QUELQUES RÉFORMES FINANCIÈRES ET COMMERCIALES

I

Trêve à la politique. Les Chambres viennent de rentrer en session et, s'il faut en croire les partis, on doit s'attendre, pendant le cours de l'année parlementaire, à de vives discussions. Il nous semble cependant qu'on devrait faire trêve à tous les débats irritants et que, depuis plusieurs années, on s'est suffisamment occupé de politique : le pays est las et a le droit de demander que ses représentants s'occupent enfin de questions qui leur paraîtront peut-être un peu terre à terre, nous voulons parler des lois d'affaires et des affaires en elles-mêmes. Depuis un an, nous avons eu successivement des élections sénatoriales, municipales, départementales, législatives. Les pouvoirs de M. le président de la République ont été renouvelés pour sept ans. Ces nombreuses consultations du suffrage universel, à tous les degrés, se sont heureusement passées avec calme. Dans aucun pays, l'élection et la nomination du chef d'une nation ne se seraient effectuées avec autant de tranquillité et de rapidité. Les pouvoirs publics sont donc au complet ; nous avons une constitution qui est la loi pour tous et à laquelle on obéit. Presque tous les grands problèmes politiques sont résolus. Pourquoi différer l'étude des questions d'affaires?

On nous dit bien que Paris « veut sa mairie centrale »; que la France « veut la séparation de l'Eglise et de l'Etat »; qu'il faut encore de nouvelles lois et réformes politiques. Nous avouons franchement que ces desiderata nous laissent parfaitement indifférent ; nous croyons que ce que veut réellement le pays, c'est qu'on s'occupe de ses affaires. Nous risquons d'émietter peu à peu nos forces et de perdre notre vitalité, si nous négligeons ce qui fait, en définitive, les nations riches, prospères, puissantes et considérées, c'est-à-dire nos finances, notre commerce et notre industrie.

Ce qui fait les nations riches et prospères.

II

Il n'est pas, en effet, de questions plus vitales. Le premier ministre devrait être, à notre avis, le ministre des finances. Il faudrait qu'il fût placé en dehors de tous les débats et des crises parlementaires et qu'on lui laissât le temps de préparer, mûrir et mettre à exécution les réformes que réclament les services administratifs et financiers qui dépendent de son ministère. Avoir un budget largement pourvu, augmenter les ressources de l'Etat, chercher à diminuer les dépenses et les impôts, devrait être le premier souci de nos législateurs. Notre système fiscal, sans recourir à l'adoption de l'impôt sur le ou sur les revenus, appelle plusieurs modifications et améliorations : il peut, comme nous l'avons déjà dit, supporter quelques soudures. On ruinerait le pays en adoptant des mesures inopportunes, dangereuses, comme celles de M. Balluc. D'importants traités peuvent être conclus avec des administrations qui sont en rapports constants avec l'Etat. Le renouvellement du privilège de la Banque de France s'impose; plus on attendra, moins sagement on agira. Les conventions qui interviendront, procureront, si elles sont faites à temps, des avantages sérieux à l'Etat, à la Banque elle-même, au public. La diminution dans les frais de per-

Stabilité nécessaire du ministre des finances.

L'impôt général sur le revenu et la proposition Balluc.

Privilège de la Banque de France.

ception des impôts est aussi un grave sujet d'études. Faut-il, si les impôts doivent être remaniés, établir une plus juste proportionnalité entre les impôts directs et indirects ? doit-on diminuer les uns et augmenter les autres ? N'y a-t-il pas quelque chose à faire sur l'impôt foncier, sur l'impôt des boissons ? N'y a-t-il rien à changer dans l'organisation de nos marchés financiers, dans le fonctionnement du monopole des agents de change et du marché libre ? Une étude attentive des diverses opérations qui se traitent à la bourse de Paris ne serait-elle pas très profitable au Trésor, à l'Etat, aux particuliers ?

Marché finan-cier.

Ces réformes que nous indiquons succinctement ne sont pas les seules utiles : combien d'autres restent à résoudre qui intéressent des millions de capitalistes, des millions de citoyens, car elles touchent à la fortune mobilière !

Titres perdus ou volés.

Croit-on qu'il n'y a rien à modifier dans les lois sur les titres perdus ou volés, sur les négociations et transmissions de valeurs mobilières en France et à l'étranger ? Que nos législateurs prennent la peine d'étudier ces questions qui, sans doute, ne peuvent susciter des compétitions politiques, ni renverser des ministères, ils apprendront une quantité de choses qu'ils ignorent et rendront au public d'incontestables services.

Régime des sociétés.

Notre législation sur les sociétés, sur les valeurs mobilières, est à refaire. La loi de 1836 sur les loteries, appliquée aux valeurs à lots, est un anachronisme. Les journaux judiciaires sont remplis chaque jour de comptes rendus de procès qui intéressent tous ceux qui possèdent des titres de rente, actions et obligations. Cette multitude de procès financiers suffirait à prouver combien nos lois d'affaires sont incomplètes ; elles ont été conçues, — et c'est là leur excuse — à une époque où l'on ne pouvait prévoir l'extension prodigieuse que la fortune mobilière a acquise. Aussi n'est-ce pas seulement un nouveau code commercial et financier dont notre pays aurait besoin ; l'idéal serait de formuler et

de faire accepter, par toutes les nations, un véritable
code international pour tout ce qui concerne les émissions, négociations, transmissions, encaissements de
coupons, de valeurs françaises et étrangères.

Les nationaux d'un pays empruntent aujourd'hui aux *Droit public financier interna- tional.*
nationaux d'autres pays ; leurs titres s'achètent et se
vendent sur toutes les bourses. Nous avons un droit
public international ; nous n'avons pas de droit public
financier. La législation française, sur ces matières surtout, est complètement différente de la législation étrangère : aussi, quand il s'agit d'obtenir la revendication
de titres perdus, volés, égarés, détruits, on se heurte à
des difficultés insurmontables ; il semble que les nations civilisées soient, en vérité, des peuplades de sauvages ! Nous pourrions citer des capitalistes et des banquiers français dont les caisses ont été dévalisées, les
titres enlevés, qui savent où résident les voleurs et qui
ne peuvent obtenir justice dans le pays où les voleurs
se sont enfuis et circulent librement, au grand jour !

III

Et au point de vue commercial, que de travaux à *Législation commerciale.*
accomplir !

Des lois urgentes attendent, depuis de longues
années, une solution, entre autres la loi sur les fail-
lites, la réforme des articles 105 à 108 du code de commerce sur les transports. Pour développer nos relations
avec l'étranger, combien sont nombreuses les mesures
qu'il serait bon d'étudier et d'appliquer ! Dans ces derniers temps, il faut le reconnaître, plusieurs améliorations ont été réalisées par les ministres qui se sont succédé au ministère du commerce. M. Rouvier, surtout,
a créé de nombreux services de renseignements qui
faisaient défaut aux industriels et commerçants ; un
plus grand soin a été apporté dans le choix de nos consuls et représentants à l'étranger : les chambres de

commerce, chambres syndicales, chambres consulta-
tives d'arts et manufactures ont des rapports plus suivis avec le gouvernement et les pouvoirs publics. Il
reste cependant beaucoup à faire. Nous devrions avoir,
ainsi que nous ne cessons de le demander depuis bientôt quinze ans, une réunion annuelle de délégués des
chambres de commerce. Ce congrès rendrait de grands
services au pays tout entier. Toutes les nations qui nous
entourent possèdent une institution semblable. Qu'attendons-nous pour l'établir ?

Nous devrions avoir surtout des indications pratiques
sur ce qui se passe à l'étranger, sur les affaires que nos
nationaux pourraient y traiter. Il y a mieux à trouver
Expositions flottantes. que d'organiser des expositions flottantes, inventées par
les Allemands, et que l'honorable M. Dautresme signa-
lait à l'attention des commerçants, dans une des dernières circulaires qu'il ait faites avant de quitter le ministère du commerce. Comme les bâtons flottants du
bon La Fontaine, ces expositions sont, « de loin, quelque
chose, et de près, ce n'est rien ». Ce qu'il faudrait faire,
c'est appliquer au commerce le même système qui a
réussi aux affaires de finance.

Et, en effet, pourquoi les opérations financières internationales ont-elles pris un grand développement ?
Parce qu'elles ont été vulgarisées, démocratisées, si
nous pouvons nous exprimer ainsi. Tous les jours, le
télégraphe apporte les cours auxquels se négocient les
diverses valeurs qui se traitent sur plusieurs marchés ;
on sait combien coûtent les frais d'achat ou de vente,
d'envoi de fonds ou de titres, les risques de transport.
Un calcul suffit à démontrer s'il est plus avantageux
Arbitrages. d'acheter ou de vendre telle valeur sur une place de
préférence à une autre. Ces " arbitrages " sont depuis
longtemps connus par tous ceux qui sont un peu au
courant des affaires financières ; ils procurent souvent
des bénéfices notables et permettent d'entretenir des
relations d'affaires très suivies de place à place, de marché à marché.

Autrefois, ce genre d'opérations était effectué seulement par quelques grandes et vieilles maisons ; maintenant, toutes les banques étrangères ont leurs correspondants à Paris, de même que les banques de Paris
ont leurs correspondants à l'étranger.

C'est grâce à ces arbitrages de fonds publics et titres
internationaux, que les places de l'Europe forment, en
quelque sorte, une grande communauté financière.
Sous l'influence de tel ou tel événement, une valeur
qui se négocie à la fois, à Londres, à Vienne, à Berlin
et à Paris, baisse-t-elle subitement, dans de fortes proportions, sur l'une de ces places : si la cause de la
baisse est purement locale, les achats des autres marchés viendront immédiatement en relever les cours : si,
au contraire, cette cause est d'un ordre général, les
autres marchés se mettront au niveau de celui qui aura
le premier baissé ses prix.

En un mot, la solidarité est telle aujourd'hui que tout
négociant en fonds publics, tout banquier, tout capitaliste peut connaître, à l'heure voulue, à quel prix il peut
acheter ou vendre les valeurs qui se négocient sur plusieurs marchés financiers.

En est-il de même dans les affaires commerciales ?

Le commerçant, l'industriel, le fabricant, le marchand
en gros et en détail sont-ils ou peuvent-ils être aussi exactement renseignés sur ce qui se passe dans les pays voisins ? N'y aurait-il pas un sérieux intérêt, au point de
vue de notre commerce d'exportation, à connaître les
prix de vente des objets de grande utilité, de consommation indispensable, les prix d'achat de telles ou telles
marchandises ? Quels seraient les frais d'envoi ou de
réception ? Quels seraient les modes de paiement ? Il
faudrait, en un mot, donner au commerce français des
renseignements pratiques qu'il n'a pas ; lui montrer,
par des faits et par des chiffres, qu'il peut effectuer tels
achats ou telles ventes plus avantageusement sur tel
marché étranger que sur tel autre. Si ces opérations permettent de réaliser un bénéfice quelconque,

Renseigne-
ments commer-
ciaux.

des arbitrages commerciaux s'effectueront entre Paris et plusieurs places étrangères, tout comme se sont établis des arbitrages de valeurs ou de papiers de change. Dans cette voie pratique, nos consuls et agents à l'étranger devraient renseigner utilement notre gouvernement et nos nationaux. De nombreuses affaires échappent aux commerçants parce qu'ils n'ont pas les renseignements nécessaires, parce qu'ils ne savent où s'adresser pour se les procurer. Le jour où un fabricant saura qu'il peut vendre à l'étranger, sous de bonnes conditions, tel produit de son industrie, de sa fabrication, il s'empressera de se mettre en relations avec cette clientèle nouvelle et cette première opération le stimulera à en conclure d'autres.

Programme modeste. Nous nous bornons à esquisser, pour ainsi dire, quelques-unes des réformes et améliorations qui pourraient être accomplies dans le cours de cette législature, en restant uniquement sur le terrain financier, commercial, industriel. C'est un programme bien modeste. Sans doute, les débats politiques sont plus brillants et parfois plus émouvants ; les discussions d'affaires ne prêtent guère à de grands tournois d'éloquence, mais qui pourrait prétendre qu'elles ne sont pas plus utiles et plus profitables à l'ensemble du pays?

BUDGET DE 1887

UN EMPRUNT D'UN MILLIARD

Le ministre des finances, dans la dernière réunion du conseil des ministres, a terminé l'exposé du budget de 1887.

Le conseil a approuvé définitivement le projet qui lui était soumis et dont voici les lignes générales :

Programme financier de M. Carnot.

Suppression du budget extraordinaire ;

Travaux publics et dépenses coloniales rentrant dans le budget ordinaire, sur lequel des économies notables ont été réalisées ;

Conversion en 3 % perpétuel des obligations à court terme, y compris celles qui figurent au budget extraordinaire de 1880 ;

Remboursement, au moyen d'une émission en 3 % perpétuel, d'une forte partie de la dette flottante;

Mesures pour en restreindre l'extension à l'avenir;

Remaniement de l'impôt sur les boissons. Suppression de l'exercice et du droit de détail. Relèvement de la taxe sur les alcools ;

Pas de conversion de l'ancien 4 1/2 % ni du 4 %.

Un emprunt d'un milliard en rentes 3 % perpétuelles sera prochainement émis. Suivant toutes probabilités, cet emprunt aura lieu dans le courant du mois d'avril. Il fera l'objet d'un projet de loi spécial qui sera déposé après le budget, mais qui sera voté et appliqué avant. Dès que le gouvernement jugera le moment opportun, le projet de loi sera déposé. Après le vote de la Chambre et du Sénat, l'emprunt sera immédiatement réalisé.

Le prochain emprunt.

Il est utile de faire remarquer que cet appel au crédit public, qui entraîne la création de nouveaux titres, ne constitue pas un emprunt dans le sens strict qu'on peut attacher à ce mot mais simplement une transformation de notre dette.

Le produit de l'emprunt servira, en effet, à rembourser les obligations sexennaires et à consolider une partie importante des découverts du Trésor.

L'emprunt projeté, suivant le cours auquel il sera émis, donnera lieu à une dépense annuelle de 36 à 37 millions. Mais, d'une part, les 100 millions que l'Etat consacre chaque année au remboursement des obligations à court terme, deviendront disponibles, en même temps que les 22 millions destinés à payer les intérêts de celles non encore arrivées à échéance.

Cette consolidation, en rentes perpétuelles, des obligations sexennaires et de la partie exigible de la dette flottante, diminuera sensiblement les charges du Trésor. Mais, par suite de la suppression du budget extraordinaire, de l'inscription au budget ordinaire des dépenses des ministères de la guerre, de la marine et des travaux publics, jusqu'alors inscrites au budget extraordinaire, par suite aussi des dépenses nécessitées par l'établissement de notre protectorat au Tonkin et à Madagascar, des ressources nouvelles sont nécessaires pour combler l'écart entre les recettes et les dépenses : ce supplément sera obtenu par une augmentation des droits sur l'alcool.

Les évaluations portées au projet de budget de 1887 ne se trouveront pas modifiées soit par l'inscription en dépenses des charges de l'emprunt, soit par l'augmentation des droits sur les alcools, qui doit procurer au Trésor une plus value de 74 à 75 millions. Les lignes générales du budget restent telles que nous venons de les exposer.

Ajoutons, enfin, que les dispositions inscrites dans la loi de finances de 1887 seront complétées par différentes mesures particulières, touchant notamment le régime fiscal des boissons, et la limitation du chiffre des dépôts des caisses d'épargne entre les mains du Trésor.

Les mesures très nettes proposées par le gouvernement donneront enfin à nos budgets une assiette sérieuse; elles engageront les pouvoirs publics à être d'autant plus économes que la suppression du budget extraordinaire, d'une part, les restrictions apportées à l'augmentation de la dette flottante, d'autre part, ne laissent plus aucune prise à l'imprévu et à l'inconnu. Le fonctionnement du budget extraordinaire a toujours été une cause de trouble dans nos finances, de même que l'abondance des capitaux versés au Trésor par divers comptes et qui viennent ainsi augmenter la dette flottante, ont toujours été aussi un trop grand encouragement à effectuer des dépenses. Ces dépenses auraient été évitées ou ajournées, sans cette abondance de capitaux sur lesquels le Trésor ne comptait pas et qu'il lui fallait quand même, recevoir et employer.

Suppression du budget extraordinaire.

Le budget de 1887 est donc un budget sincère, reposant sur des bases sérieuses. Le ministre des finances a voulu l'établir d'une façon très claire et très précise et on reconnaîtra qu'il a complètement réussi. Economies réalisées, d'un côté, augmentation de ressources effectuées, de l'autre, tel est l'esprit qui se dégage de son système financier.

Le monde financier a fait bon accueil au projet de budget, qui était si impatiemment attendu. La suppression du budget extraordinaire, l'atténuation apportée à la dette flottante, sont des mesures auxquelles on ne saurait trop applaudir. Elles ont toujours été réclamées par les hommes les plus compétents et il convient de féliciter M. Carnot de les avoir prises.

Projet bien accueilli.

L'emprunt obtiendra un grand succès. Les capitaux sont abondants en France et à l'étranger. Nos rentes sont à des cours relativement peu élevés. Quand on voit le 3 % Belge à 93 francs, le 2 1/2 % Hollandais à 72, le 3 % Anglais à 101, le 3 % Egyptien garanti à 100, les fonds allemands rapporter moins de 3 1/2 %.

Pourquoi l'emprunt réussira.

on conviendra que notre 3 %, dans le cours de 80 à 82, est bon marché. A l'étranger, on ne parle que de conversion : conversion italienne, russe, belge, hollandaise, etc. Qui dit conversion dit réduction d'intérêts. Or, notre 3 %, inconvertible tant qu'il n'est pas à 100 francs, est encore de 18 francs au-dessous de ce prix. Il sera recherché par les capitaux de placements français et étrangers et le moment fixé pour l'opération que doit faire le gouvernement est bien choisi.

On nous permettra de rappeler que la solution donnée à l'établissement du budget de 1887 est conforme aux vœux que nous avons plusieurs fois exprimés. Nous avons la satisfaction de les voir réaliser.

——————

LES PROJETS FINANCIERS DU GOUVERNEMENT

DEVANT LA COMMISSION DU BUDGET

Deux systèmes en présence.

Deux systèmes financiers étaient en présence : l'un, consistait à faire, une fois pour toutes, un grand emprunt de liquidation ; renoncer à l'illusion d'amortir tous les ans des obligations du Trésor pour en émettre de nouvelles ou bien en proroger les échéances ; diminuer la dette flottante de toutes les sommes dont l'exigibilité aurait pu, à un moment donné, gêner les finances publiques. Ce système financier, très net, très clair, était celui du ministre des finances, approuvé par tous les membres du cabinet, appuyé par tous ceux qui estiment qu'il faut, en matière financière, éviter les illusions et que le meilleur moyen d'avoir de bonnes finances, c'est de ne pas remettre au lendemain ce que l'on peut faire le jour même.

Le second système, celui de la majorité de la commission du budget, n'est qu'une série de demi-mesures.

Ajourner la conversion des bons du Trésor exigibles en 1887, 1888 et 1889 ; réduire l'emprunt d'autant ; ne faire appel au crédit public que pour consolider une partie de la dette flottante.

Finalement, la commission du budget a voté un emprunt de 900 millions alors que le ministre des finances en demandait un de 1,466 millions, sur lesquels 466 millions n'étaient, en réalité, que la conversion en 3 % des obligations du Trésor à court terme, en circulation.

C'est ce dernier système qui a prévalu : le gouvernement, par esprit de conciliation, s'y est rallié. Nous aurons donc un emprunt de 900 millions en 3 % perpétuel sur lesquels 400 millions seront remis directement à la Caisse des dépôts et consignations à titre de remboursement de ses comptes-courants. Les 500 autres millions seront demandés directement au public.

La commission du budget l'emporte.

Pour le surplus, on avisera quand le budget sera discuté devant la Chambre. Le gouvernement a désiré, avant tout, éviter tout conflit avec une commission dont les idées financières sont aussi variées qu'indécises et qui, tour à tour, se rallie aux résolutions les plus contradictoires?

Elle a commencé par voter que l'emprunt total au lieu d'être de 1,466 millions, serait seulement de 900 millions, puis ces 900 millions ont été réduits à 475.

Elle décide que l'emprunt sera émis en 3 % amortissable et par adjudication. Elle ne parvient pas, enfin, à trouver, dans son sein, un rapporteur.

Le lendemain, changement nouveau. Elle accepte les propositions que nous venons de rappeler plus haut.

Nous ne voulons pas insister, plus qu'il ne convient, sur ces tergiversations qui ont produit, dans le monde des affaires, dans la haute banque, une pénible impression. Au point de vue politique et dans un but de conciliation, le gouvernement a pensé, sans doute, que la consolidation des bons du Trésor pouvait être ajournée et ne présentait pas le même caractère d'urgence que la diminution immédiate de la dette flottante ; il a pré-

Tergiversations regrettables.

féré ne pas insister sur l'adoption intégrale de toutes les combinaisons financières du ministre des finances.

Cette décision est regrettable. Les demi-mesures ne sont pas une solution. Il faudra, tôt ou tard, qu'on en revienne aux projets de M. Carnot. On ouvre le grand livre cette année ; on pouvait et on devait en profiter pour faire une liquidation complète du passé. C'était ce que désirait M. Carnot. Les adversaires du gouvernement ne manqueront pas de dire que l'emprunt qui va être fait sera insuffisant et qu'il faudra bientôt en contracter un second. Le monde financier, la haute banque, les capitalistes et les rentiers, avec lesquels un gouvernement doit toujours compter, — quoi qu'en pensent quelques membres avancés du parlement — aiment les situations nettes ; ils diront, non sans raison, que lorsqu'il faut emprunter, mieux vaut le faire en une qu'en plusieurs fois. Le ministre des finances a fait tout ce qu'il a dépendu de lui pour que ses projets financiers fussent adoptés en entier ; la commission du budget en a décidé autrement. C'est à elle qu'incombera la responsabilité de cette décision.

UNE BRILLANTE DISCUSSION

La discussion du budget est, cette année, très brillante ; elle a fourni à plusieurs orateurs le thème de discours éloquents. Mais, en nous dégageant de tout le charme que peut procurer un discours bien fait et bien dit et en envisageant froidement le fond même de la discussion, que trouvons-nous ?

On cherche des ressources et des impôts. Les partisans de l'impôt sur le revenu et sur le capital se donnent libre carrière. On cherche à imposer, soit les capitaux épargnés, soit ceux qui attendent l'occasion de se placer. En voulant établir un impôt sur le capital ou sur le revenu sous ses différentes formes, on s'expose à créer, comme l'a dit fort spirituellement M. Raoul Duval, « une nouvelle espèce de capital très dangereuse pour nos finances, et qui serait le capital fuyant ».

Capital fuyant

Rien de plus juste, sous sa forme humoristique, que cette expression. Le « capital fuyant », voilà en effet ce qui menace nos finances, notre pays; nos législateurs ont le tort de croire que c'est en s'en prenant à ceux qui possèdent qu'ils équilibreront le budget et feront prospérer le commerce et l'industrie. C'est une illusion, et une dangereuse illusion, que de se figurer qu'il suffit de frapper, d'imposer les revenus ou le capital des valeurs mobilières, par exemple, pour obtenir des ressources nombreuses. Ce que vous croyez gagner d'un côté, vous le perdez de l'autre ; vous perdez même bien plus que vous ne recevez par suite de l'incidence et de la répercussion des impôts.

Voici, par exemple, un de nos jeunes députés, M. Fernand Faure, dont le discours a obtenu un réel succès et qui est venu très tranquillement, très aimablement, proposer de graves modifications à la taxe sur les valeurs mobilières. Il estime que la plupart des valeurs mobilières au porteur échappent au payement des droits de succession, par suite de la mauvaise foi des héritiers. Pour remédier à ces pertes, rien de plus facile d'après M. Fernand Faure. Nous affranchissons ces valeurs au porteur du droit de succession ; en revanche, nous les frappons d'un droit annuel de 20 centimes % de leur valeur réelle en capital. Nous obtiendrons ainsi 42 millions par an, dont la majeure partie est aujourd'hui soustraite au Trésor. Ce n'est pas tout ; cette taxe de 20 centimes % sera pareillement appliquée aux porteurs de rentes sur l'État.

Propositions de M. Fernand Faure.

Les valeurs mobilières et les droits de succession.

Ce n'est pas tout encore : cette taxe annuelle de 20 centimes % du capital sera également payée par les titres de toute nature émis par les gouvernements étrangers, circulant en France, et dont les coupons sont payables en France.

Impôt sur la rente et les titres étrangers.

Ce que l'on voit
et ce que l'on ne
voit pas.

M. Fernand Faure n'a vu, sous sa proposition, que les 40 ou 50 millions à faire encaisser par le Trésor; il n'a pas montré les milliards que perdrait le public par la dépréciation immédiate que subiraient les valeurs. Comme conséquence, diminution de l'aisance publique, diminution dans les impôts de consommation. Quand vous touchez au revenu ou au capital du rentier, ce dernier diminue ses dépenses et se prive; il cherche, lui aussi, à équilibrer son budget. Ayant moins à dépenser, il achète et consomme moins. Tout le commerce se ressent de la gêne de ceux qui possèdent, des ennuis que l'on suscite aux riches, et personne, les pauvres moins que les autres, n'en est plus heureux. Quand le riche est atteint, le pauvre est plus pauvre et plus malheureux.

Les valeurs mobilières françaises circulant en France représentent en chiffres ronds 30 milliards. Ajoutons 20 milliards pour les rentes. Sur ces 50 milliards supposez qu'il existe 25 milliards de titres nominatifs et 25 milliards de titres au porteur. Ces 25 milliards frappés d'un droit annuel de 20 centimes produiraient au Trésor 2 millions par milliard de capital, soit 50 millions pour 25 milliards de capital. Mais de combien baisserait le capital de ces valeurs? Une obligation de chemin de fer, par exemple, cotée 390 francs, reçoit à l'heure actuelle 13 fr. 80 par an; elle aurait à payer 20 centimes pour 100 francs du capital, soit (le titre étant remboursable à 500 francs) 1 franc par an. Un titre de rente 3 % coté 83 francs, rapportant 3 francs, payerait 20 centimes.

C'est absolument comme si on réduisait de 1 franc le revenu annuel des obligations de chemins de fer, et de 20 centimes le revenu annuel du 3 %. Si, avec un revenu net de 13 fr. 80 l'obligation de chemins de fer vaut aujourd'hui 390 francs, elle ne vaudrait plus que 354 fr. 40 avec un revenu réduit à 12 fr. 80. Conséquence : baisse immédiate de 35 francs sur les obligations de chemins de fer. Si, avec un revenu net de 3 francs, le 3 % vaut aujourd'hui 83 francs, il ne vaudrait plus demain que 77 fr. 45, avec un revenu réduit à 2 fr. 80. Conséquence : baisse de 5 fr. 55 sur le 3 %.

Nous ne serons pas taxé d'exagération en disant que si pareilles mesures étaient adoptées, toutes les valeurs mobilières, quelles qu'elles soient, au porteur ou nominatives, actions, rentes ou obligations, tomberaient, du jour au lendemain, de 10 % au-dessous des cours cotés la veille. Une telle dépréciation serait l'équivalent d'une nouvelle indemnité de guerre. Du jour au lendemain, le capital des valeurs mobilières, d'après les cours cotés à la bourse, subirait une moins-value de 5 milliards.

Dépréciation à craindre.

Nous mettons, en fait, qu'avec une pareille proposition, les obligations de chemins de fer tomberaient à 350 francs, peut-être même plus bas ; la rente 3 % redescendrait rapidement au-dessous de 75 francs. Une baisse de 10 % seulement sur les valeurs mobilières et fonds publics français, étant donné le chiffre de 50 milliards que représente le capital de ces valeurs, diminuerait la fortune publique, comme nous venons de le démontrer, de 5 milliards, ni plus, ni moins.

L'État, par les conventions de 1883, s'est entendu avec les compagnies de chemins de fer et leur a garanti un revenu minimum. Les compagnies émettent, bon an, mal an, 350 à 400 millions d'obligations, garanties par l'État. Une dépréciation de 10 %, dans le cours de ces titres, ferait recevoir en moins aux compagnies 35 à 40 millions par an. Qui serait obligé de les payer ? l'État qui est garant.

L'État et les compagnies de chemins de fer.

L'État aura besoin d'émettre avant peu un nouvel emprunt. Avec la consolidation des obligations sexennaires, avec les dépenses nécessitées pour notre matériel de guerre et notre matériel naval, il nous faudra emprunter encore de 600 millions à 1 milliard. Que les rentes baissent de 10 % et se négocient au-dessous de 75 francs, l'État sera obligé d'emprunter à 4 1/4 ou 4 1/2, alors qu'aujourd'hui il peut emprunter à 3 fr. 65 % ou 3 fr. 70 %. La baisse des rentes ferait

L'emprunt.

perdre au Trésor une soixantaine de millions au moins.

« Capital fuyant. »

Voilà, pour nous en tenir à ces deux exemples, ce que produirait immédiatement l'adoption de l'amendement Faure. Quant à atteindre les valeurs étrangères, il n'y faut pas songer. Elles seraient, comme l'a dit M. Raoul Duval, « le capital fuyant » ; les marchés étrangers de Berlin, de Londres, de Francfort, de Vienne, déjà si prépondérants et si puissants, nous ruineraient tout à fait en nous enlevant les meilleures et les plus sérieuses affaires internationales.

Les projets de M. Carnot.

A tous ces projets qui jettent le trouble dans les affaires, effrayent les capitalistes, alarment tout le monde, nous donnons la préférence à ceux que propose l'honorable M. Carnot. Eux, du moins, sont fort simples; ils ne portent atteinte à aucun intérêt sérieux; ils ne risquent pas de compromettre le crédit de l'Etat et la fortune publique; ils ne soulèvent pas contre le gouvernement les animosités que susciterait l'adoption des combinaisons imaginées par ceux qui proposent des impôts sur la fortune acquise, sur le capital, sur le revenu, sur l'épargne.

Qu'on fasse des économies dans les dépenses ; qu'on réduise les frais de perception des impôts ; qu'on améliore, au lieu de détruire et de bouleverser, voilà ce que tout le monde désire et réclame.

Laissez les rentiers tranquilles.

Nous conclurons en deux mots. Au lieu d'attaquer le capital et le revenu de ceux qui possèdent et de les menacer, laissez-les tranquilles, ne les inquiétez pas, ils vous rendront au centuple ce que vous auriez pu obtenir d'eux par la crainte ou la menace.

LE NOUVEAU PROJET DE BUDGET

Programme financier de M. Dauphin.

M. Dauphin, ministre des finances, vient de faire distribuer son projet de budget de 1887 rectifié.

Le budget primitif arrêté par la commission du budget s'élevait en dépenses à 3 milliards 14 millions, sur lesquels la Chambre avait déjà réalisé environ 8 millions d'économies.

Le gouvernement accepte une partie de ces réductions ; il en repousse d'autres. Par contre, il offre une somme égale d'économies obtenues au moyen de la revision des perceptions, de réductions nouvelles sur le budget des cultes. En outre, il fait état, comme ressource, de l'économie à réaliser sur les intérêts des caisses d'épargne par suite de l'abaissement du taux de l'intérêt ; ce bénéfice est évalué à 8 millions pour les dix mois de l'exercice pendant lesquels cette mesure aurait effet.

Tous comptes faits, les produits de l'exercice 1887 seraient de 2,960 millions, soit une insuffisance de recettes de 40 millions environ.

M. Dauphin propose de couvrir ce déficit au moyen d'un prélèvement sur les 70 millions inscrits au chapitre 5 du budget du ministère des finances pour la dotation de l'amortissement.

Le budget serait donc soldé :

1° Par des économies sur les dépenses;

2° Par des augmentations de recettes provenant d'un bénéfice d'intérêts sur les caisses d'épargne ;

3° Par un prélèvement sur le fonds d'amortissement.

Quant au projet de budget extraordinaire, il contient des propositions nouvelles, tant en ce qui concerne les demandes de crédits qu'en ce qui concerne les voies et moyens.

Le ministre des finances réduit de 70 à 55 millions les dépenses pour les travaux publics ; par contre, il propose 86 millions pour les dépenses du ministère de la guerre, dépenses nécessitées pour la réfection de notre armement. Voilà donc déjà 141 millions auxquels le budget extraordinaire devra pourvoir. A ces 141 millions, il faut ajouter 75 millions pour rembourser les obligations à court terme échéant en 1887, plus 167 millions à payer comme garantie d'intérêts des chemins de fer pour 1886 et 1887. L'ensemble de ces dépenses s'élève à 383 millions. Pour se procurer ces 383 millions, le ministre propose de recourir à un type d'obligations, remboursables à 500 francs en 66 ans, rapportant 15 francs net, et calquées en quelque sorte sur les obligations de chemins de fer.

Cette émission n'aurait pas lieu par souscription publique : les titres seraient délivrés aux caisses du Trésor, comme le sont les obligations de chemins de fer aux guichets des grandes compagnies. On estime que les nouvelles obligations du Trésor, remboursables dans 66 ans, à 500 francs et rapportant 15 francs net, pourraient être placées dans les environs de 425 francs. A ce prix, elles rapporteraient net 3,52 % et environ 4 % avec la prime au remboursement.

Objections sérieuses. Le système financier du nouveau ministre des finances, soulève de vives objections. Il est en effet, en plusieurs parties, en opposition complète avec les résolutions votées précédemment par la Chambre, la commission du budget, le Sénat, notamment en ce qui concerne la nécessité d'un nouvel emprunt et les voies et moyens à employer pour le réaliser. Le budget extraordinaire est maintenu et, ce qui est plus grave que le budget lui-même, avec son cortège de dépenses extraordinaires. L'amortissement est réduit à sa plus simple expression. On doit donc s'attendre, sur tous ces points, à de sérieux débats.

Un budget en l'air Il est cependant nécessaire que l'on se hâte. Nous ne pouvons rester avec un budget " en l'air ", pour l'exercice en cours, alors qu'il faudrait déjà s'occuper du budget de 1888. Il est souverainement imprudent de ne pas établir nos finances sur des bases absolument solides, dans un moment où les craintes de complications politiques préoccupent si vivement l'opinion. Plus on avancera dans la discussion du budget, plus on s'apercevra que de tous les systèmes financiers imaginés depuis un an, c'était celui qu'exposait M. Carnot, au mois de mars 1886, qui était préférable.

BUDGET DE 1888

LA PRÉSENTATION, LA DISCUSSION
PARLEMENTAIRE ET LE VOTE DES BUDGETS
EN FRANCE ET A L'ÉTRANGER

I

La discussion du budget de 1888 n'aura lieu, comme les années précédentes, que dans une session extraordinaire.

Discussions budgétaires de plus en plus tardives.

On connaît les divers incidents politiques qui, pour cet exercice encore, ont retardé cette discussion et il semble, en vérité, qu'une sorte de fatalité empêche nos législateurs de voter, autrement que dans les derniers jours de l'année, la loi de finances. Depuis dix ans, sans remonter plus haut, le délai écoulé entre le dépôt du projet et la promulgation des lois n'a pas été moindre de quatre mois (budget de 1878) ; il a été de quatorze mois pour le budget de 1877, de dix-sept mois et douze jours pour celui de 1880, de onze mois pour celui de 1882, de treize mois pour celui de 1887. En admettant que celui de 1888 soit promulgué fin décembre, près de neuf mois se seront écoulés entre son dépôt par le gouvernement et le vote définitif par les Chambres.

Voici quelle est, en France, la procédure parlementaire suivie pour la préparation, la discussion, le vote et la promulgation du budget.

Procédure parlementaire.

L'année financière commence le 1er janvier et finit le 31 décembre. On vote dans l'année en cours le budget

Exercice financier.

de l'exercice suivant. Ainsi, le budget de 1888 doit être présenté aux Chambres et voté par elles en 1887 ; celui de 1889 devra être voté en 1888, et ainsi de suite.

Rôle des ministres. Chaque département ministériel prépare le budget qui lui est propre et le remet au ministre des finances. Celui-ci coordonne tous les budgets transmis par ses collègues et prépare l'état général des recettes et des **Dépôt à la Chambre.** dépenses du budget général qu'il dépose sur le bureau de la Chambre des députés. La Chambre en donne acte au ministre et nomme une commission, dite commis- **Commission du budget.** sion du budget, chargée de l'examiner. Cette commission se compose de 33 membres. Elle nomme dans son sein un président, deux vice-présidents et des secrétaires. Elle désigne des rapporteurs particuliers chargés chacun de l'examen d'un budget ministériel et choisit, en outre, un rapporteur général. La commission du budget appelle devant elle les ministres ou fonctionnaires qu'elle désire entendre pour obtenir les renseignements qui lui sont nécessaires ; elle approuve ou rejette, sans que ses décisions aient force de loi, les propositions ministérielles et les amendements présen- **Rapports et discussion.** tés par les députés. Le rapport général et les rapports spéciaux distribués à la Chambre, celle-ci procède à la discussion et au vote du budget. Une discussion générale est d'abord ouverte qui permet de traiter non seulement les questions soulevées par le projet de budget, mais toutes celles qui s'y rattachent à un degré quelconque. On discute ensuite successivement les budgets des dépenses des différents départements ministériels, puis les voies et moyens et les dispositions spéciales contenues dans la loi de finances.

Au Sénat. Le projet adopté par la Chambre est porté au Sénat par le gouvernement. La Chambre haute suit la même procédure que les députés. Elle nomme une commission des finances, un rapporteur général, des rapporteurs particuliers. Quand le Sénat modifie le budget voté par la Chambre, celle-ci est appelée à statuer à nouveau sur les chapitres ou dispositions modifiés.

Dans ces dernières années, chacune des discussions du budget a soulevé un conflit d'attributions entre le Sénat et la Chambre des députés. Pendant que le Sénat maintient tous ses droits et toutes ses prérogatives et ne veut pas se résoudre à être un simple contrôleur, la Chambre des députés soutient qu'elle seule a le droit d'augmenter ou de diminuer telle ou telle recette ou dépense. Le Sénat a toujours montré un grand esprit de conciliation quand ces incidents irritants se sont produits ; mais il est évident que la question est loin d'être résolue, et qu'il faudra tôt ou tard régler très nettement par une loi les droits et prérogatives budgétaires, financiers et fiscaux de chacune de nos assemblées délibérantes.

Prérogatives de chacune des deux Chambres.

II

Après avoir exposé brièvement comment se préparent et se votent les budgets dans notre pays, il nous a semblé utile d'étendre notre étude et de rechercher quelle était la procédure budgétaire dans les divers pays d'Europe ainsi qu'en Amérique. Nous suivrons dans ce travail l'ordre alphabétique.

A l'étranger.

Nous nous appuierons uniquement sur des documents officiels, sur les travaux publiés par le *Cobden-Club* et sur l'excellent ouvrage rédigé, il y a quelques années, par M. Camille Dreyfus, député de la Seine, ancien chef de cabinet du sous-secrétaire d'Etat au ministère des finances.

En Allemagne, les budgets, soit de l'empire allemand, soit de la Prusse, doivent être déposés par le gouvernement aux Chambres avant l'ouverture de l'exercice, qui commence au 1ᵉʳ avril.

Allemagne.

Ce budget fait état de toutes les recettes et dépenses de l'année ; il est accompagné d'un " plan pour l'administration financière de l'empire ". Ce plan fait connaître la base des évaluations et fournit le détail des recettes et des dépenses.

Pour l'empire allemand le Reichstag et le Bundesrath, en Prusse la Chambre des députés et la Chambre des seigneurs, fixent le budget et lui donnent force de loi.

Une commission du budget, qui se compose de 14 à 35 membres, est nommée par le Reichstag ou la Chambre des députés, mais elle ne connaît ordinairement que des questions qui, de l'avis de la Chambre, demandent un examen minutieux. Des délégués des différents ministères assistent aux débats. La commission arrête les propositions à soumettre aux Chambres et nomme des rapporteurs chargés de donner, soit verbalement, soit par écrit, le compte rendu des travaux. Le président de la Chambre peut, de son côté, nommer des membres particuliers de la Chambre comme commissaires, pour les différents chapitres du budget. La Chambre décide finalement sur les questions qui lui sont soumises, soit par la commission, soit par les commissaires nommés par son président, soit par les délégués du gouvernement.

III

Angleterre.

En Angleterre, les attributions et le fonctionnement des pouvoirs législatifs dans l'établissement de l'impôt et du budget se résument ainsi :

La Couronne demande l'argent, la Chambre des communes l'accorde et la Chambre des lords donne son consentement.

Il n'y a rien de commun, ni dans la forme, ni dans le mode de présentation, ni dans les procédés de discussion, entre le budget anglais et le budget français.

En Angleterre, les recettes et les dépenses publiques sont divisées en deux catégories : dans l'une, on place toutes les dépenses qui ont un caractère permanent et les impôts qui doivent y pourvoir ; dans l'autre, les dépenses variables et les taxes qui doivent servir à l'équilibre du budget : tel l'impôt sur le revenu. Les recettes et dépenses de cette seconde catégorie sont seules soumises au vote annuel du parlement. Les autres sont autorisées par des lois spéciales qui restent en vigueur aussi longtemps qu'elles ne sont pas expressément abrogées. Les impôts permanents forment ce qu'on appelle le "fonds consolidé".

Les lois de finances sont toujours portées en premier lieu à la Chambre des communes. Celle-ci ne reçoit pas, comme les chambres du continent, communication de l'ensemble du budget. Elle ne le connaît que par l'exposé oral que le chancelier de l'Echiquier présente chaque année pour faire connaître les résultats de l'exercice précédent et les évaluations des recettes et des dépenses pour la prochaine année budgétaire, commençant au 1ᵉʳ avril.

Il y a autant de bills ou projets de lois séparés qu'il y a de chapitres de dépenses et d'impôts particuliers.

Il n'est pas nommé de commissions spéciales du budget. L'examen de toutes les questions de finances est fait en " comité de la Chambre entière ", c'est-à-dire en séance plénière, avec un président spécial. Ces séances ne diffèrent des séances ordinaires que par l'objet et le mode de discussion. La Chambre se forme aussi tantôt en comité de dépenses (committee of supply), tantôt en comité de recettes (ways and means). Après discussion et vote, article par article, la séance ordinaire reprend son cours et les décisions prises en comité servent de base à de nouvelles discussions. Puis le bill est adopté, rejeté, ou amendé et, dans ce dernier cas, renvoyé à l'examen en comité.

Il est très rare que les Communes réduisent un crédit demandé par le gouvernement. Le vote des dépenses n'est guère considéré que comme une question de confiance.

Les Chambres qui, en matière législative, ont une initiative illimitée, peuvent tout proposer, excepté une dépense ou une augmentation d'impôt. Le gouvernement a seul l'initiative des demandes de crédit ; le parlement ne peut voter ni un impôt ni une dépense sans une proposition du gouvernement, qui, de son côté, ne peut ni lever un impôt ni faire une dépense sans l'assentiment du parlement.

Le budget des recettes est discuté au commencement de l'exercice. Au lieu de le voter en une fois, on accorde des acomptes provisoires successifs pendant la durée de la session et, vers la fin de celle-ci, une loi générale des voies et moyens, appelée " bill d'approbation ", récapitule toutes les allocations précédemment consenties. Après avoir passé par les trois lectures, elle est renvoyée à la Chambre des lords, qui la vote comme une pure formalité. Puis elle reçoit la sanction royale avant tous les autres bills.

La Chambre des lords, qui n'a jamais renoncé formellement au droit d'initiative et d'amendement en matière budgétaire, ne le revendique jamais en fait ; on peut dire qu'elle a perdu ce droit par non-usage. A plusieurs reprises, elle a rejeté purement et simplement des projets de lois relatifs aux impôts ; le dernier cas, qui a amené un conflit constitutionnel avec la Chambre des communes, s'est produit en 1860, à propos de l'abolition du droit sur le papier, votée par celle-ci et rejetée par la Chambre des lords. Ce conflit aboutit à l'affirmation solennelle, par la Chambre des communes, de sa prérogative en matière de lois budgétaires et à la reconnaissance tacite par la Chambre haute de cette prépondérance exclusive. Celle-ci n'a plus fait usage, depuis, de son pouvoir de refus à l'égard des bills exclusivement financiers.

IV

Autriche-Hongrie.

En Autriche, le ministre des finances présente aux deux Chambres du Reichsrath le projet de budget. La Chambre choisit, dès que le budget est présenté, une commission de finances de 36 membres qui répartit entre chacun d'eux l'étude des divers chapitres du budget. Chaque paragraphe est voté par la commission, qui soumet ensuite le budget total au vote de la Chambre.

Chaque membre du Reichsrath peut assister aux séances de la commission des finances.

Pendant les vacances parlementaires, une commission permanente de contrôle de la dette publique, élue par les deux Chambres, surveille la distribution des fonds de l'Etat. Un rapport est présenté chaque année au Reichsrath sur la répartition et l'emploi des sommes votées l'année précédente.

V

En Belgique, l'année financière ouvre en janvier et se termine en décembre : le budget doit être déposé au moins dix mois avant le commencement de l'année financière.

Le budget général est divisé en autant de budgets spéciaux qu'il y a de ministères. De même qu'en France, chaque ministre prépare son budget, le ministre des finances les coordonne tous et les présente à la Chambre. Cette dernière se divise, au commencement de la session, en six sections. Chacune d'elles examine un budget différent et nomme un rapporteur. Les six rapporteurs se réunissent ensemble et forment une commission centrale qui charge un de ses membres d'élaborer le rapport définitif. Après avoir été voté par la Chambre, le budget est envoyé au Sénat. Celui-ci emploie, pour l'examiner, la même procédure que celle adoptée par la Chambre. Il peut amender ou rejeter les propositions qui lui sont faites par les députés, mais il ne peut proposer aucune nouvelle dépense ni aucune nouvelle ressource : cette initiative n'appartient qu'à la Chambre des députés.

Belgique.

VI

Danemark.

En Danemark, le budget doit être présenté à l'ouverture de la session des États-Généraux, en septembre. Ce budget doit indiquer les prévisions pour l'année suivante et le compte rendu des sommes reçues et payées pendant les deux dernières années. Les mesures financières sont présentées d'abord à la Chambre basse, qui se divise en cinq commissions pour examiner le budget. De même qu'en Belgique, chacune des commissions nomme un rapporteur et, de l'ensemble des observations présentées par chacun d'eux dans les cinq sections, résulte un rapport préparatoire qu'ils communiquent au ministre qui a la faculté de répondre par un autre rapport. Ces discussions préalables préparent l'opinion de la Chambre, dont les membres peuvent proposer les amendements qu'ils jugent convenables quand le budget est discuté devant celle-ci.

Le Sénat n'examine le budget qu'après le vote de la Chambre. En cas de conflit, une commission mixte est nommée et cherche à aplanir le différend.

VII

Espagne.

En Espagne, l'année budgétaire commence au 1er juillet pour se terminer au 30 juin de l'année suivante.

Le ministre des finances, autorisé par un décret royal, présente, au commencement de la session annuelle des Cortès, le projet de loi du budget, qui comprend le budget ordinaire, alimenté par l'impôt, et le budget spécial, dont les ressources sont fournies par les ventes de biens désamortis (biens ecclésiastiques et domaines).

La Chambre des députés nomme une commission générale du budget, qui partage entre ses membres les chapitres du budget relatifs aux services généraux de l'Etat et aux services spéciaux des huit ministères. Après le vote de la Chambre sur le rapport général de la commission, le budget est porté au Sénat, qui suit la même procédure et jouit des mêmes droits d'amendement que la Chambre des députés.

En vertu d'une loi du 20 juin 1850, le ministre des finances présente chaque année, en même temps que le budget, un compte général accompagné des certifications qui s'y rapportent, délivrées par le tribunal compétent, et d'un projet de loi pour son approbation.

La procédure budgétaire régulière n'est suivie que depuis une dizaine d'années ; la plupart des budgets antérieurs ont été, par suite des crises parlementaires ou révolutionnaires, simplement promulgués par décrets du gouvernement du jour.

VIII

En Hollande, le gouvernement soumet, au commencement de chaque session parlementaire, en septembre, le budget de prévision des dépenses pour l'année suivante, commençant au 1er janvier. Ce budget est divisé en chapitres correspondant à peu près aux grands départements administratifs ou ministériels. Une seconde loi spécifie les recettes pour chaque année. {.marginnote Hollande.}

Chaque chapitre du budget forme un projet de loi à part, voté séparément. Il est voté article par article par la Chambre des députés, qui a le droit d'amendement. Il est présenté ensuite à la Chambre haute, qui n'a pas le droit d'amendement et ne peut qu'approuver ou rejeter en bloc, sans modifications.

Dans l'une et l'autre Chambre des Etats-Généraux, les membres de la Chambre sont divisés en cinq commissions ou sections pour l'examen préparatoire. Chaque chapitre est examiné dans les cinq sections, dont chacune nomme un rapporteur ; les cinq rapporteurs forment la " commission pour les chapitres du budget ".

Cette commission rédige un rapport auquel le ministre des finances répond par une note dans laquelle il maintient ses projets ou les modifie conformément aux observations des sections.

On établit un budget spécial pour les Indes néerlandaises ; il est présenté et voté plus tôt dans l'année.

IX

Italie.

En Italie, le ministre des finances doit présenter, dans la première quinzaine de mars, le budget de l'année financière, qui commence au 1ᵉʳ janvier suivant. Il est divisé en dix projets de loi, dont un se rapporte aux revenus et neuf aux dépenses correspondant aux neuf départements ministériels.

Ce budget de prévision doit être approuvé par la Chambre des députés, par le Sénat, par le souverain, et promulgué avant le 1ᵉʳ janvier de l'année à laquelle il se rapporte.

Chacune des dix parties du budget est subdivisée en deux chapitres : l'un pour les recettes et dépenses ordinaires, l'autre pour les recettes et dépenses extraordinaires ; elles sont précédées d'un exposé faisant ressortir les changements survenus d'année en année.

Le ministre des finances dépose, à la même époque, le budget définitif, en recettes et dépenses, de l'année terminée au 31 décembre précédent, accompagné d'un état comparatif des prévisions et des résultats définitifs de ladite année financière.

La Chambre des députés choisit, au commencement de la session, une commission générale du budget, composée de trente membres, qui examine le budget définitif et le budget de prévision.

Cette commission est divisée en sous-commissions, qui se partagent les comptes des divers ministères. Les rapports des sous-commissions, approuvés par la commission générale, sont présentés au nom de cette dernière à la Chambre.

La commission peut proposer des augmentations, des diminutions, ou tout changement qui lui paraît convenable. Chaque député jouit du même droit dans la discussion à la Chambre.

Une fois arrêté par la Chambre, le budget est envoyé au Sénat, qui nomme pour son examen une commission de quinze membres, qui n'est pas divisée en sous-commissions, mais confie à ses divers membres le soin de faire un rapport sur chacun des projets du budget.

Le Sénat jouit, à l'égard du budget, des mêmes droits que la Chambre. En cas de dissentiment, le budget est renvoyé, suivant le cas, à l'une ou l'autre des deux Chambres.

Le budget contient toujours une somme de 160,000 lires comme crédit destiné à couvrir les dépenses imprévues, en outre d'une autre somme de 160,000 lires, qui constitue le fonds de réserve applicable à des dépenses dont la nomenclature figure au budget.

X

En Portugal, le ministre des finances présente, au commencement de chaque session de la législature, le budget des dépenses proposées pour l'année courante.

Les deux Chambres (députés et pairs) nomment des commissions chargées d'examiner les propositions de dépenses.

Le budget du gouvernement est divisé en différents chapitres correspondant aux principaux services publics. Ces divers chapitres sont renvoyés à des commissions séparées.

Les commissions convertissent les propositions en projets de loi avec ou sans modifications, et les soumettent, accompagnées d'un rapport, à l'approbation de la Chambre.

Les décisions des commissions, en ce qui regarde toute réduction de dépenses, sont sujettes à la revision de la Chambre, mais non à celle du gouvernement, qui ne peut que prendre part à la discussion.

XI

Russie.

La Russie est le seul pays d'Europe où le budget ne soit pas soumis au contrôle d'un parlement.

C'est le conseil de l'Empire, composé de membres de l'administration nommés à vie par l'empereur, qui remplit les fonctions de corps législatif. Il est divisé en commissions permanentes ; c'est à l'une d'elles, la commission des finances, que les budgets des différents ministères sont présentés par le ministre des finances, vers le mois de septembre de chaque année, pour l'exercice financier suivant, qui commence au 1er janvier et se termine au 31 décembre.

La commission procède à l'examen des divers budgets en présence du contrôleur de l'Empire. Chaque paragraphe et chaque article sont examinés séparément, et la commission approuve ou modifie la demande ministérielle. En cas de résistance des ministres, la question est portée en assemblée générale du conseil de l'Empire, qui décide à la majorité des voix ; mais le cas se présente rarement.

L'examen détaillé des divers budgets terminé, le ministre des finances dresse le budget général de l'Etat, qui n'est qu'un sommaire des principaux chapitres.

Ce budget est discuté en assemblée générale du conseil, ordinairement vers le 15 décembre ; mais cet examen est de courte durée.

Le budget général est ensuite soumis à la sanction impériale, qui le transforme en loi, et il est publié par le Sénat dans le *Recueil des lois* au commencement de chaque année.

Un ministre a le droit de transporter, dans le cours de l'année, les crédits d'un même paragraphe d'un article à l'autre, mais il ne peut, sans un vote d'autorisa-

tion du conseil de l'Empire, opérer de virement d'un
paragraphe à un autre.

En droit et en fait, la commission des finances du
conseil de l'Empire jouit d'une indépendance complète
vis-à-vis des ministres. Ses votes ne sont jamais méconnus. Mais il est de règle qu'elle ne doit pas prendre
l'initiative d'une augmentation de dépenses.

XII

En Suède, d'après la constitution, les ministres doivent présenter à chacune des deux Chambres, à l'ouverture de chaque session ordinaire du parlement ou
Riksdag, un exemplaire des propositions relatives à la
situation et aux besoins du Trésor pour l'année commençant au 1er janvier suivant, ainsi que les propositions
concernant les moyens d'obtenir les ressources nécessaires. Les dépenses sont rangées sous neuf titres, contenant les divers ministères, la liste civile et les pensions ; les titres sont subdivisés en chapitres détaillés.

Les ministres peuvent en outre, en tout temps, porter devant le Riksdag des propositions de dépenses non
indiquées dans le premier projet du gouvernement.

La Couronne a l'initiative dans les questions de budget. Le Riksdag la possède également, mais ses membres
n'exercent généralement ce droit que dans les dix premiers jours d'une session.

Aucune proposition d'impôt ou de dépense, de la
part du gouvernement ou d'un membre du parlement,
ne peut être prise en considération sans l'avis préalable
de la commission des finances, composée de 24 membres élus par moitié par chaque Chambre. Cette commission a le droit d'examen, mais non de décision. Les
réductions sur les dépenses existantes, dans le cas où
elles rendraient impossible le fonctionnement des services publics, dépendent du consentement royal.

Si, sur un crédit, les deux Chambres arrivent à des

Suède.

20

conclusions opposées, chaque Chambre vote séparément sur la question en litige ; les votes sont ensuite
additionnés et la majorité ainsi obtenue donne la décision du Riksdag. En cas de partage des voix totales, la
décision est en faveur de la Chambre des députés. Celle-
ci, étant plus nombreuse que la Chambre haute, a ainsi
une plus grande influence en matière de finances, en
cas de désaccord. C'est, du reste, la seule prérogative
dont elle jouisse à l'égard du vote du budget.

XIII

Aux Etats-Unis, en ce qui concerne le budget fédé-
ral, le secrétaire du Trésor est obligé par la loi à présenter au Congrès, au commencement de chaque session
régulière, fixée au premier lundi de décembre, le budget des dépenses de chaque département de l'administration, pour l'année fiscale qui commence au 1er juillet de l'année suivante.

Ces budgets sont soumis à la commission des finances
(commission des approbations) de chaque Chambre,
composée de onze membres, nommés au début de la session par le président de la Chambre des représentants,
et par élection dans le Sénat. Les budgets sont commu-
niqués tout d'abord, d'après un usage qui n'est cependant pas obligatoire, à la Chambre des représentants.

Il existe, en outre, dans chaque Chambre du Congrès,
d'autres commissions permanentes chargées de l'examen des dépenses des différents départements gouvernementaux.

Les commissions de finances des deux Chambres agissent indépendamment et ne sont responsables que devant la branche du congrès à laquelle elles appartiennent.

La commission de finances de la Chambre des représentants examine les détails des divers budgets, con-
fère avec les chefs des différents départements ministériels et cite devant elle les témoins dont les déclarations
peuvent être utiles.

Les budgets sont divisés en différents projets de loi.
Chacun de ces projets de loi est présenté, par un rapporteur, à la Chambre constituée en comité général ou
commission d'ensemble. Ce comité de toute la Chambre
examine le projet, discute les amendements dans leur
ordre et les adopte ou les rejette par scrutin secret.

Cet examen achevé, le projet est immédiatement soumis à la Chambre, la séance du comité étant levée et
la Chambre ayant repris son rôle ordinaire et son
bureau. Le budget est alors simplement voté par oui
ou par non sans nouvelle discussion.

Une fois votés par la Chambre, les projets de loi
budgétaires arrivent au Sénat, où ils passent par la
même filière. Quand le Sénat désapprouve un projet de
loi quelconque, on demande une "commission de conférence " composée ordinairement de trois membres de
chacune des deux Chambres, et l'arrangement auquel
on arrive est alors rapporté à chaque Chambre et adopté.

L'accord des deux Chambres est nécessaire avant
qu'une loi budgétaire puisse être soumise à l'approbation du président des Etats-Unis. Ce dernier a un droit
de veto et peut renvoyer la loi aux Chambres avec ses
considérants ; mais une majorité des deux tiers de l'une
ou l'autre Chambre peut faire passer la loi malgré le
veto présidentiel.

La constitution défend à tout département de l'Etat
de faire des dépenses autres que celles légalement autorisées par le congrès.

NÉCESSITÉ D'UN EMPRUNT DE LIQUIDATION

DES MOYENS D'Y POURVOIR

I

Nier la nécessité d'émettre un emprunt de liquidation
et de créer les ressources nécessaires pour y pourvoir,
serait difficile, bien que, depuis plusieurs années, la

Chambre et le gouvernement ajournent la réalisation de ces mesures. Il convient cependant, au lieu de se borner à vivre en quelque sorte au jour le jour, de liquider le passé, de donner aux finances et aux budgets du pays la solidité qu'ils méritent et sont en droit d'avoir. Reculer l'échéance de cette liquidation n'est pas une solution, encore moins une politique : c'est un expédient et un danger. Un ministre a eu le courage de dire hautement qu'il fallait en finir avec les demi-mesures. Il a montré la nécessité d'un grand emprunt de liquidation, qu'il évaluait, dans son projet du 16 mars 1888, à 1,405,977,783 fr. 39. Ce ministre était M. Carnot, aujourd'hui président de la République. La Chambre a fait la sourde oreille à ses avertissements courageux. A M. Carnot ont succédé en dix-huit mois MM. Dauphin, Rouvier, Tirard, Peytral ; autant de ministres des finances, autant de projets, de systèmes financiers, qu'ont emportés les oscillations périodiques d'une Chambre dont l'émiettement politique est facile à constater. Le ministre des finances est un de ceux qui auraient besoin de la plus grande stabilité ; il est le grand pourvoyeur des capitaux du Trésor ; il fait rentrer chaque année dans les caisses de l'Etat plusieurs milliards qui, à leur tour, retournent dans la circulation et servent à acquitter les dépenses publiques. Pendant un passage de quelques mois au ministère, alors qu'il s'est à peine familiarisé avec les nombreux et importants services qu'il doit diriger, quel travail utile, quelle réforme sérieuse peut-il accomplir et réaliser ? Quelle suite peut-il donner aux projets qu'il a conçus ? Sans les fonctionnaires d'élite appartenant à cette belle administration des finances, aidés par les " bureaux ", contre lesquels cependant il est de bon ton de récriminer, pour masquer quelquefois une grande insuffisance, la vie publique s'arrêterait vite en France ; la " machine " fonctionnerait de mal en pis et nous assisterions à un effroyable désordre financier. Il est regrettable que le ministère des finances change trop souvent de titulaire ;

Un emprunt de liquidation s'impose.

Programme de M. Carnot.

mais il est, du moins, fort heureux que le personnel administratif reste à l'abri de ces perpétuels changements, qu'il ne soit pas encore envahi et remplacé par la politique et les politiciens !

Quand donc on veut aujourd'hui étudier notre situation financière et chercher une solution, il faut se reporter tout d'abord aux projets financiers élaborés et soutenus en 1885 et 1886 par M. Carnot et rapprocher, ensuite, de ces propositions le rapport de M. Yves Guyot sur le budget général des dépenses et des recettes de l'exercice 1888. Dans ce document d'une franchise absolue, M. Yves Guyot n'a pas, en effet, caché l'étendue de la dette flottante, et il a montré l'urgence de régulariser la situation. Il n'a pas été plus écouté que ne l'a été M. Carnot. Puissent les députés élus en 1885 n'avoir jamais à s'en repentir !

Opinion de M. Yves Guyot.

Nous avons, quant à nous, et nous nous en faisons honneur, répété sans cesse qu'il fallait en revenir au plus vite au système financier que M. Carnot avait défendu en 1885 et 1886, car il reposait sur la vérité, ne sacrifiait pas à l'illusion et mettait nos finances publiques à l'abri d'une crise.

Il faut revenir au programme de M. Carnot.

II

Lorsque M. Carnot demandait, en mars 1886, un emprunt de 1,465 millions, il voulait :

Remboursements à effectuer.

	Francs
1° Rembourser les obligations du Trésor à court terme pour	466.119.563
2° Remplacer par du 3 % perpétuel les obligations à émettre en 1886	152.828.200
3° Solder le compte de liquidation de la guerre	105.000.000
4° Rembourser une partie des cautionnements des trésoriers-payeurs généraux	12.000.090
5° Rembourser une partie des avances des trésoriers-payeurs généraux	100.000.000
6° Rembourser une partie du compte courant des caisses d'épargne	350.000.000
7° Rembourser une partie du compte courant des caisses de retraites	50.000.000
8° Rembourser une partie des bons du Trésor	230.000.000
Total de l'emprunt	1.465.077.763

En même temps, M. Carnot réalisait 50 millions d'économies dans les dépenses budgétaires. Rien de plus simple et de plus clair que son plan financier. Faire des économies ; en finir avec le budget extraordinaire ; renoncer à l'illusion d'amortir tous les ans des obligations du Trésor pour en émettre de nouvelles, ou bien en proroger les échéances ; diminuer la dette flottante de toutes les sommes dont l'exigibilité aurait pu, à un moment donné, causer des embarras au Trésor. En présence d'un projet aussi simple, il serait trop triste de rappeler les discussions et les décisions de la commission du
budget. Bornons-nous à dire que la Chambre ajourna la conversion des bons du Trésor exigibles en 1887, 1888 et 1889, et réduisit l'emprunt d'autant. Elle vota la création de rentes 3 % à concurrence d'un capital de 400 millions pour les caisses d'épargne et de retraites, et un emprunt de 500 millions effectifs pour :

	Francs
1° Remplacer l'émission d'obligations à court terme autorisée par la loi d'août 1885.	152.828.200
2° Achever la reconstitution du matériel de la guerre. .	105.000.000
3° Atténuer les découverts du Trésor.	242.171.800
Total égal.	500.000.000

C'était adopter des demi-mesures qui, écrivions-nous à cette époque, « ne sont pas une solution. Il faudra tôt ou tard qu'on en revienne aux projets de M. Carnot. On ouvre le grand-livre cette année ; on pouvait et on devait en profiter pour faire une liquidation complète du passé. »

Nous ne nous trompions pas. Un an après, M. Yves Guyot évaluait à 2,135 millions « la dette immédiatement exigible ou exigible à brève échéance » (1), sans compter les fonds des caisses d'épargne. .

Depuis, la situation ne s'est pas sensiblement modifiée.

(1) Rapport sur le budget général des dépenses et des recettes de 1888, par M. Yves Guyot, page 8.

La dette flottante s'élevait, au 31 décembre 1886, à 980 millions. Elle atteignait 1,015,823,900 francs au 31 décembre 1887. Au 1ᵉʳ mai 1888, elle se chiffrait par 977 millions (1) ; avant la fin de l'année, elle dépassera 1 milliard. *Dette flottante.*

Ce milliard ne représente encore qu'une faible partie des engagements de l'État et des remboursements auxquels il pourrait être exposé. Il faut y ajouter :

	Francs.
Les obligations sexennaires émises pour alimenter les derniers budgets extraordinaires	515.000.000
Les obligations sexennaires destinées au service de la garantie d'intérêt des chemins de fer	232,000,000
Les dépôts des caisses d'épargne	3.500.000.000

Avec le milliard de la dette flottante, les engagements à courte ou longue échéance dépassent 4,260 millions. Est-ce tout ? Nous avons encore des centaines de millions à dépenser pour les armements, pour les ministères de la guerre et de la marine ; après avoir à peu près soldé les deux comptes de liquidation, nous sommes à la veille d'en ouvrir un troisième. *Engagements divers.*

Le ministre de la guerre demande 193 millions pour compléter l'armement et blinder les forts ; le ministre de la marine réclame pour deux ports seulement, Brest et Cherbourg, 67 millions, sans compter l'imprévu. Cet "imprévu" n'est que trop connu. On estime, en effet, à près d'un milliard les sommes nécessaires au développement complet de nos armements sur terre et sur mer et à la réfection de la flotte, qui a été si éprouvée au Tonkin. *Dépenses extraordinaires de la guerre et de la marine.*

Un emprunt est donc inévitable pour alléger les engagements de l'État qui se rattachent à la dette flottante et aux opérations de crédit à court terme, et subvenir aux dépenses extraordinaires de la guerre et de la marine. Cet emprunt devrait être, à notre avis, de 1,500 millions, applicables à rembourser une partie de la dette flottante portant intérêt et des obligations sexennaires *Emprunt inévitable.*

(1) *Bulletin de statistique du ministère des finances*, page 39.

en circulation ; il permettrait aussi de faire face aux dépenses militaires les plus urgentes.

A la date du 1ᵉʳ mai 1888, la dette flottante portant intérêt s'élevait à 889,679,500 francs. Sur ce chiffre, il était dû à la Caisse des dépôts et consignations, pour son compte courant, son compte de fonds non employés des caisses d'épargne, son compte des caisses d'épargne postales, de la Caisse de la vieillesse, 458 millions, en chiffres ronds. Il était dû 68 millions aux trésoriers-payeurs généraux ; 165 millions aux fonds des communes et départements ; 120 millions tant à la ville de Paris qu'à des établissements publics.

Tous les ministres des finances soucieux de l'avenir ont maintes fois déclaré qu'à partir du jour où la dette flottante atteignait un milliard, il était prudent, non seulement de ne pas la laisser monter davantage, mais bien de la réduire.

III

Le budget ne saurait être ajourné. Un gouvernement peut parfois, sans grand danger, ajourner des réformes politiques que le pays désire ou qui lui ont été promises : il est toujours périlleux, au contraire, de temporiser lorsqu'il s'agit du budget, des finances et du crédit.

Les raisons ne manquent pas pour justifier l'inexécution de telle ou telle mesure politique ; mais quel motif alléguer pour vivre avec un budget en l'air, une dette flottante excessive, et conserver des engagements qu'il faudra réduire et que l'on sait d'avance devoir transformer en dette à plus longue échéance, sinon perpétuelle?

Événements extérieurs toujours possibles. Nous l'avons dit souvent : dans l'état précaire des relations internationales, quand toute l'Europe se prépare à la guerre, la raison politique devrait se trouver d'accord avec la raison financière pour se prémunir contre l'éventualité d'un conflit européen auquel la France serait

amenée à prendre part, soit directement, soit indirectement, pour garantir sa sécurité et ses intérêts ?

Qu'adviendrait-il, en effet, si demain, dans quelques
semaines ou dans quelques mois, à la suite d'un inci-
dent quelconque, la guerre paraissait inévitable à bref
délai? Demandons-nous quelle serait alors la situation
financière de l'Etat, si, d'ici là, des mesures de prévoyance et de précaution n'étaient pas prises.

Nos députés ne savent-ils pas très bien que la prudence et le souci de l'avenir exigent qu'on régularise,
par un emprunt et par des ressources nouvelles, la
situation financière? Mais beaucoup d'entre eux n'osent
pas le faire, par crainte électorale. Les élections de 1889   L'opinion.
approchent et ils redoutent qu'un emprunt, voté à la
fin de leur mandat, ne fournisse contre eux à l'opposition de nouvelles armes pour les combattre. C'est là une
fausse crainte, un faux jugement. Le pays se doute depuis longtemps qu'un emprunt de liquidation est indispensable ; il approuvera toute solution nette et franche,
car il aime la clarté, la franchise et déteste les faux-
fuyants et les atermoiements. En expliquant la nécessité
d'un emprunt, en disant la vérité, qui, en toutes choses
et surtout en matière de finances, sera toujours la politique la plus honnête en même temps que la plus
habile, pourquoi craindre d'effrayer la nation ? Que la
gestion financière ait été parfois imprudente ; que des
dépenses exagérées ou inutiles aient été faites ; que des
fautes aient été commises, tout le monde le sait : mais
pourquoi ne pas montrer les travaux utiles et coûteux
qui ont été accomplis, travaux réclamés aussi bien à   Causes princi-
droite qu'à gauche ? Pourquoi ne pas montrer que les   pales du déficit.
causes principales du déficit des budgets ont été indé-
pendantes de la volonté du gouvernement : crise commerciale, industrielle et financière ; mauvaises récoltes ;
pertes causées au pays par le phylloxera et que l'on
évalue à près de 5 milliards ? On peut blâmer la construction de chemins de fer sans trafic, l'édification
d'écoles luxueuses, les expéditions lointaines et coû-

teuses, mais combien sont peu nombreux ceux qui, blâmant ces mesures au moment où elles étaient réclamées, ont refusé de voter les crédits demandés! Quel est le département, quelle est la ville ou la commune qui n'a pas impérieusement réclamé son chemin de fer, son école, toutes sortes d'améliorations qui ne pouvaient se faire sans beaucoup d'argent ? Et cependant, malgré les fautes commises et les dépenses faites, malgré toutes les économies qu'on n'a pas réalisées, malgré les augmentations annuelles du budget de la guerre, des travaux publics, de l'instruction publique, des pensions, malgré la crise de 1882 et le phylloxera, il suffirait à un ministre courageux et peu soucieux d'être populaire ou impopulaire, de rétablir purement et simplement dans le budget des recettes le montant des dégrèvements prématurément effectués depuis 1877, pour que nos budgets fussent en excédent.

Charges de la guerre.

Depuis 1871, les charges de la guerre résultant des emprunts contractés représentent plus de 600 millions par an. De plus, il a été dépensé 2 milliards 1/2 pour les budgets extraordinaires de la guerre et de la marine ; plus de 4 milliards pour les travaux publics, les écoles, le ministère de l'instruction publique.

Instruction publique.

Le budget de l'instruction publique coûte aujourd'hui 100 millions de plus qu'en 1869 ; nous payons 100 millions de pensions de plus par an qu'avant la guerre. Malgré ces dépenses colossales, l'outillage commercial et industriel s'est accru d'année en année : nous avions, en 1869, 17,110 kilomètres de chemins de fer ; nous en possédions 33,147 au 1er février 1887, c'est-à-dire près du double ; il existait 2,130,708 déposants aux caisses d'épargne en 1869, auxquels il était dû 711 millions ; ils forment aujourd'hui une armée de 4 millions 1/2 de titulaires auxquels il est dû près de 2 milliards 1/2 ; les dépôts ont presque quadruplé : les déposants ont doublé. Jamais l'épargne française n'a été plus abondante, les capitaux aussi bon marché et les valeurs à un prix plus élevé. Qui ne voudrait avoir en portefeuille des valeurs françaises achetées à leurs plus hauts cours d'avant la guerre, en 1869 ou 1870, soit rente 3 %, soit actions ou obligations de chemins de fer, titres de nos grandes sociétés financières ou compagnies industrielles ?

Notre pays possède une telle vitalité, que les années les plus prospères d'avant 1870 pourraient être considérées comme de mauvaises années, comparées même aux années de crise qui ont eu lieu depuis la guerre. Voilà ce qu'il serait facile de démontrer au public, avec chiffres et documents à l'appui.

IV

C'est précisément parce que la France est pleine d'énergie et possède des ressources telles qu'elles font l'envie des peuples voisins, qu'il faut être d'autant plus ménager de ses richesses et ne pas permettre, alors qu'il est si facile de l'éviter, que ses finances soient exposées à une surprise, à un aléa.

Ressources du pays.

L'emprunt de liquidation s'impose avec toutes ses conséquences : créer des impôts nouveaux ; en finir avec le budget extraordinaire ; faire rentrer à l'ordinaire des dépenses qui se reproduisent tous les ans et qu'il faut acquitter par des ressources normales et régulières et non par des fonds d'emprunt.

On prête à M. Peytral de nombreux projets d'impôts.

Projets d'impôts. Leurs dangers.

Augmentation ou remaniement des taxes qui frappent les valeurs mobilières et les successions ; établissement d'impôts sur le ou sur les revenus, et, en même temps, modifications dans les impôts sur les boissons et suppression de toute taxe sur les vins, cidres, bières. Les taxes nouvelles devraient donc tout à la fois suffire à remplacer les taxes supprimées et à fournir les revenus nécessaires pour gager un nouvel emprunt. Ces combinaisons sont aussi compliquées que dangereuses ; elles n'ont pas, au surplus, le mérite de la nouveauté.

L'impôt sur le revenu ? Est-ce que tous nos impôts

Impôt sur le revenu.

ne sont pas, au fond, des impôts sur notre revenu ? Est-ce que nous ne le payons pas sous mille formes diverses, cet impôt que M. Thiers qualifiait de « déplorable », de « socialisme insidieux de la plus dangereuse espèce » ?

Valeurs mobilières.

Les valeurs mobilières ? Augmenter les droits qu'elles acquittent serait frapper ceux qui possèdent au moment de la création de l'impôt, sans atteindre ceux qui achèteront ensuite ; ce serait augmenter le prix auquel on peut emprunter le capital nécessaire à l'exécution des travaux à entreprendre par les grandes industries ; ce serait, comme le disait un jour à la tribune M. Allain-Targé, frapper « les actions sérieuses et obligations classées dans les portefeuilles de l'épargne » ; et comme le propriétaire du revenu qu'on veut imposer trouvera, en exigeant un plus haut intérêt, le moyen de se soustraire à l'impôt et de le faire payer à l'emprunteur, on n'aura réussi de la sorte qu'à élever l'intérêt de l'argent, tant pour l'État que pour les particuliers.

Le travail industriel.

Frapper les produits du travail industriel ? Comment le saisir ? Où serait la base de la contribution ? Qui peut dire ce que gagnent les marchands, les avocats, les banquiers, les médecins ?

La rente.

Imposer la rente ? Ce serait tuer la poule aux œufs d'or ; ce serait tuer notre meilleure arme de revanche : le crédit. Le public ne comprendrait pas, du reste, que des mesures qu'au lendemain de la guerre, alors qu'il fallait à tout prix créer des impôts et se procurer des capitaux, des hommes comme Thiers et Gambetta repoussaient énergiquement, fussent adoptées, en pleine paix, dans une période normale. La conversion du 5 % inopportunément faite en 1883, au lendemain du krach de 1882, en pleine crise commerciale, industrielle et financière, a créé bien des mécontents ; elle a contribué, en 1885, au succès électoral de près de 200 membres de l'opposition.

Si le ministre des finances veut donner, en 1889, une plate-forme électorale à celle-ci, s'il désire que

la Chambre prochaine contienne un plus grand nombre
d'opposants, qu'il donne suite à ses projets d'impôts
sur le revenu, qu'il augmente les taxes sur les valeurs
mobilières et impose les rentes françaises. La réponse
du pays ne se fera pas attendre.

En voulant augmenter les impôts qui frappent les
capitaux épargnés et nos revenus ; en voulant diviser la
France en deux classes, l'une qui possède et l'autre qui
n'a rien ; en cherchant sans cesse à frapper les rentiers,
à atteindre soit leur capital, soit leur revenu, on s'expose à créer, comme le disait à la Chambre, dans un
de ses derniers discours, M. Raoul Duval, « une nouvelle espèce de capital très dangereuse pour nos
finances : le capital fuyant ». Envisagées au point de
vue politique, ces mesures sont mauvaises : attirer à
soi et se concilier, en leur inspirant une sécurité parfaite, tous ces gens d'épargne, tous ces « petits possesseurs de richesses », comme Necker les dénommait il
y a cent ans, qui possèdent quelques économies en
rentes sur l'État, en actions ou en obligations, sera
toujours, pour un gouvernement, plus habile que de
les inquiéter à chaque instant et de combattre ceux
qui jouissent paisiblement du fruit de leur travail et
de leurs économies.

Impopularité
de ces mesures.

Les « petits
possesseurs de
richesses ».

V

Avant de créer des impôts nouveaux et de susciter
une nouvelle couche de mécontents dans ce pays qui
acquitte déjà les plus lourdes charges qui existent en
Europe, ne serait-il donc pas plus simple de commencer d'abord par faire rendre aux impôts existants tout
ce qu'ils peuvent produire? Au lieu de s'ingénier à
créer des taxes nouvelles dont on ne connaît même pas
la base de perception, taxes qui peuvent profondément
troubler le pays, ne vaudrait-il pas mieux, si la nécessité en est reconnue, rétablir purement et simple-

Faire rendre le
maximum aux
impôts existants.

Rétablir los impôts prématurément supprimés.

ment, par ordre chronologique, ceux qui, depuis 1877, ont été prématurément supprimés, sans profit pour les contribuables ou pour l'Etat, ou remanier quelques-uns de ceux qui existent ?

En quoi et à qui ont servi, par exemple, les dégrèvements effectués par la loi du 19 juillet 1880, notamment dans les droits sur les vins, qui ont diminué annuellement les ressources du budget de 71 millions? Quel avantage en ont retiré les consommateurs ? La plus légère diminution dans les prix de transport des marchandises et des voyageurs n'eût-elle pas été cent fois plus profitable au pays, au commerce, aux particuliers? De tels dégrèvements n'eussent-ils pas été plus utiles et plus productifs ?

On veut frapper la rente et les valeurs mobilières pour obtenir quelques millions supplémentaires : ne vaudrait-il pas mieux se débarrasser du réseau d'Etat, cette vaste folie, comme il a été appelé, qui coûte par an aux contribuables une quarantaine de millions?

S'il est légitime de diminuer les impôts quand un excédent de recettes existe, que dire de dégrèvements sur les vins, cidres, bières, que l'on voudrait opérer en face d'un déficit budgétaire et de la création inévitable de nouveaux impôts? Au lieu de combattre les grandes compagnies de chemins de fer, de les traiter en ennemies, pourquoi ne pas vivre en bonne intelligence avec elles ? Il est commode de se récrier sans cesse contre leurs tarifs ; ne serait-il pas préférable de faire cesser l'inégalité frappante du coût des transports par voies ferrées et de ceux par canaux? L'Etat, en laissant les compagnies de chemins de fer tirer de leur exploitation commerciale tout ce qu'elles sont en droit d'obtenir, serait mieux dans son rôle et y trouverait tout bénéfice pour son budget.

Conversions possibles.

Au lieu de vouloir imposer les rentiers de l'Etat et frapper les rentes françaises, n'y a-t-il pas des économies à réaliser en remboursant une quantité de petits emprunts qui coûtent encore à l'Etat plus de 5 %, tels

que les bons de liquidation et les annuités algériennes.
La conversion de plusieurs petits emprunts pourrait
être facilement réalisée et il serait certainement possible, sans attendre l'échéance de 1803, de proposer et
de réussir une conversion facultative de la rente
4 1/2 % 1883.

Dans le recouvrement des impôts, dans les services
financiers du Trésor, dans les concessions ou renou-
vellements de privilèges et de monopoles que l'Etat
accorde, n'y a-t-il donc aucune économie à faire, aucune
ressource à espérer ? Le privilège de la Banque expire   **Privilège de la
Banque.**
le 31 décembre 1897. Qu'attend le gouvernement pour
s'en occuper et obtenir non seulement des réformes
et des améliorations conformes à des vœux tant de
fois exprimés, mais encore des avantages pour le Trésor ? Cela ne vaudrait-il pas mieux que d'augmenter
ou de créer de nouvelles taxes ?

Si cependant des impôts sont nécessaires, pourquoi   **Impôt sur les
opérations de
bourse.**
ne pas rendre plus équitables, plus proportionnels,
ceux qui existent ? Nous demandons, depuis plusieurs
années, que les droits de timbre des bordereaux des
agents de change et courtiers soient rendus proportionnels, ainsi que cela se pratique sur la plupart des marchés européens. Sans gêner en rien les affaires, cette
modification rapporterait plusieurs millions au Trésor.
Le droit de timbre sur les bordereaux rapporte à
Berlin près de 10 millions. Il a rapporté plus de
900,000 marks, soit plus d'un million de francs, pendant le mois de juillet dernier.

N'avons-nous pas également à rechercher s'il ne conviendrait pas de modifier les lois fiscales relatives à
l'introduction sur le marché, l'émission, la négociation
et l'admission à la cote, des valeurs étrangères ? N'y
a-t-il rien à faire dans l'organisation financière de notre
bourse, et n'y a-t-il pas de nouvelles ressources à en
attendre pour le Trésor, par des modifications bien
entendues ?

Est-il juste de frapper le revenu des valeurs mobi-

Lots et primes.

lières d'un impôt de 3 % et de ne frapper que du même droit les titres qui sortent remboursables avec primes ou lots ?

Croit-on, enfin, qu'il n'y a pas des inégalités choquantes dans les impôts qui frappent la propriété bâtie ?

Équilibre facile.

Les moyens de pourvoir à un emprunt, indispensable répétons-le, ne manquent donc pas et il n'est pas nécessaire, on le voit, de se lancer dans des expériences dangereuses au point de vue financier et politique, de bouleverser notre système fiscal, d'alarmer ceux qui possèdent, pour équilibrer le budget et augmenter les ressources du Trésor. Avec une administration sage et économe, qui repousse tout arbitraire dans la répartition de l'impôt, évite de le faire peser plutôt sur une classe de citoyens que sur une autre, et se rappelle constamment « qu'attaquer le haut, c'est du même coup attaquer le bas » (1), tous les progrès, toutes les améliorations utiles au crédit de l'État, sont faciles à réaliser. Gardons-nous surtout de mettre un impôt sur les rentes et laissons tranquilles rentes et rentiers. Les frapper serait l'équivalent des 45 centimes de 1848 (2). A la veille des élections de 1880, agir comme sous l'ancien régime et leur « retrancher un quartier », ce serait fêter d'une singulière façon l'anniversaire de 1789, en oubliant que le premier soin de l'Assemblée constituante avait été de mettre la dette publique sous la sauvegarde de la nation.

(1) Thiers. *De la Propriété*. Livre IV.
(2) Voir page 429.

BUDGET DE 1889

La présentation du projet de budget de 1889 a été retardée de trois mois sur l'époque ordinaire, à raison du vote tardif du budget de 1888, acquis seulement le 30 mars, et de la discussion préalable du projet de loi relatif au changement du point de départ de l'exercice financier, qui a été rejeté par le Sénat.

Vote tardif du budget de 1888. Répercussion sur le dépôt de celui de 1889.

Les prévisions de recettes ont été basées, conformément à la règle établie, sur les recouvrements de l'exercice 1887. Toutefois, une certaine plus-value a été prévue à raison de l'exposition universelle, selon le précédent de 1878. Cette plus-value porte sur les revenus indirects; elle a été fixée à 12,500,000 francs.

Économie du projet.

Les dépenses ont été évaluées, aussi strictement que possible, dans les limites des crédits votés pour 1888, en tenant compte des dépenses résultant des lois nouvellement votées.

Le budget ordinaire de 1889 s'établit : en recettes à 3,011,302,075 francs; en dépenses, à 3,010,752,052 francs; soit un excédent de recettes de 610,023 francs.

Mais dans ce budget ne sont pas comprises les dépenses extraordinaires de la guerre et de la marine, qui s'élèvent à 192,052,200 francs.

Dépenses extraordinaires de la guerre et de la marine.

Pour faire face à ces dépenses extraordinaires, le ministre y affecte le reliquat du produit de la conversion du 4 % et du 4 1/2 % opérée l'année dernière.

Le produit de cette conversion a été de 251,185,457 fr., sur lesquels 80,353,545 francs ont été prélevés pour les remboursements demandés par un certain nombre

Produit de la conversion.

21

de porteurs de rentes. Le solde disponible se fixe en conséquence à 170,831,802 francs.

Sur cette somme, 118,338,000 francs sont nécessaires pour faire face aux crédits extraordinaires votés ou à voter pour les exercices 1887 et 1888; il reste 52,496,802 francs à appliquer aux dépenses extraordinaires de 1889. A cette ressource viennent s'ajouter 40 millions disponibles provenant de l'emprunt de 500 millions de 1886.

Solde de l'emprunt de 1886.

Le budget extraordinaire de 1889 étant de 192,455,368 fr., il faut encore faire face à 100,455,368 francs de dépenses.

Pas d'émission d'obligations sexonnaires.

Le ministre des finances ne croit plus possible de recourir, comme précédemment, à l'émission d'obligations sexennaires, le budget ne contenant plus le crédit affecté à l'amortissement de ces valeurs. Ces obligations resteront exclusivement affectées au service des avances remboursables faites aux chemins de fer.

Excédent des dépenses extraordinaires laissé à la charge de la dette flottante.

On ne peut, d'un autre côté, songer à recourir à un emprunt en rentes pour une somme de 100 millions seulement. Le ministre croit préférable, par suite, de laisser cet excédent de dépenses extraordinaires à la charge de la dette flottante; il y sera fait face, au fur et à mesure des besoins, par des émissions de bons du Trésor.

Opposition de la commission du budget.

Ce projet de budget, avant qu'il ne soit définitivement adopté par les Chambres, subira, on peut en être convaincu, de profondes modifications. La commission du budget qui vient d'être élue lui est hostile. Les augmentations de dépenses, la suppression des réserves de l'amortissement, l'élévation du budget extraordinaire sans dotation correspondante, sont les points principaux qui ont été à peu près unanimement critiqués dans les bureaux; il est peu probable que la Chambre ne donne pas raison à sa commission et, d'autre part, que le Sénat sanctionne les projets du ministre des finances, s'ils étaient adoptés par les députés. Le budget de 1889 n'est pas près, on le voit, d'être voté.

QUESTIONS DU MOMENT

Les questions fiscales à l'ordre du jour, c'est-à-dire celles dont le parlement est ou sera incessamment saisi sont les suivantes : Projet d'impôt général sur le revenu; — réforme des droits sur les boissons; — réforme du régime fiscal des successions ; — abolition ou réforme partielle de l'octroi.

L'impôt sur le revenu? Nous avons déjà dit les imperfections et les dangers d'une semblable mesure. Aussi avons-nous vu avec une réelle satisfaction que la commission chargée par la Chambre d'examiner le projet de M. Peytral, l'a repoussé à l'unanimité moins une voix. On pense que le projet sera retiré et ne viendra pas en discussion devant la Chambre. La question, comme on le dit en termes parlementaires mais suffisamment expressifs, serait maintenant « enterrée ». *(L'impôt général sur le revenu.)* *(Retrait probable du projet ministériel.)*

Nous souhaitons, au contraire, ardemment, pour notre part, qu'elle ne soit pas aussi facilement conduite à sa dernière demeure. Il est nécessaire, il est utile, qu'après avoir inquiété le pays comme elle l'a fait, la question de l'impôt général sur le revenu soit hautement discutée, défendue par ceux qui l'ont proposée, combattue par ceux qui la repoussent. Il est nécessaire que cette discussion prenne toute l'ampleur qu'elle mérite, pour que le pays puisse juger des arguments qui seront émis et de leur valeur; pour que cet impôt, s'il est repoussé, ne puisse plus être proposé, pour que, plus tard, ses promoteurs ne puissent pas dire que les finances et le crédit de l'Etat auraient eu tout à gagner si leurs projets avaient été adoptés. *(Il faudrait, au contraire, discuter.)*

Il sera utile pour le pays tout entier de suivre cette discussion; il pourra voir le projet du ministre des finances combattu par la plupart de ses prédécesseurs, car ni M. Léon Say, ni M. Tirard, ni M. Allain-Targé,

ni M. Carnot, ni M. Rouvier n'auraient besoin d'un tel
impôt. Le 19 août 1887, M. Rouvier prononçait à l'hô-
tel Continental devant une nombreuse assemblée de
commerçants, un discours où, en parlant de l'impôt
sur le revenu, il s'exprimait ainsi :

Opinion de M. Rouvier.

Parmi ceux qui demandent une répartition plus équitable de l'impôt,
certains envisagent l'établissement d'un impôt sur le revenu reposant sur
la déclaration. Je ne crois pas que ce soit là votre pensée; en tout cas, ce
n'est pas la mienne. Pour ma part, j'estime qu'il vaut mieux s'en tenir à
la tradition de la Révolution française, dont je m'efforce d'être le fidèle
disciple. Lorsqu'elle a créé les quatre contributions directes, elle a voulu
instituer un impôt sur le revenu, mais un impôt en rapport avec les mœurs
de notre pays, respectant ses habitudes, tenant compte de ses répugnances.
C'est à cette époque que l'on a imaginé la théorie des signes extérieurs de
la richesse afin d'atteindre les revenus sans inquisition, sans aucune inves-
tigation dans le domicile, dans les affaires du contribuable. Et, quelle que
puisse être l'opinion d'une certaine école sur ce point, je crois que c'est
encore la meilleure manière d'appliquer cet impôt.

Rien de plus juste que ces paroles qui sont la condamnation du projet préparé par M. Peytral.

La réforme des boissons. Ajournement.

Quant à la réforme des droits sur les boissons, elle
était intimement liée à l'établissement de l'impôt sur
le revenu. Le gouvernement renoncera certainement à
ses projets. Comment, au surplus, pourrait-il, sans compensation aucune, se priver des ressources que lui
procurent les taxes sur les boissons, quand il est si
difficile d'obtenir l'équilibre du budget?

Le régime fiscal des succes-sions.

Que dire de la réforme du régime fiscal des successions? Il ne suffit plus au législateur de nous atteindre
pendant notre vie le plus chèrement possible. Il veut
encore augmenter nos charges après notre mort. On
ne pourra plus désormais économiser pour ses enfants,
le grand héritier sera l'État. Quel encouragement pour
ceux qui travaillent toute leur vie, soutenus par l'espérance de laisser aux leurs un peu de bien-être, un
peu plus d'aisance, pour qu'ils soient plus heureux que
nous ne l'avons été nous-mêmes! L'État intervient pour

augmenter encore les droits qui existent, alors que, dans le monde entier, ce sont les Français qui paient déjà les impôts de succession les plus élevés.

C'est le Français qui paie le plus.

Il est question aussi de la suppression des octrois. Certes, nous sommes, en principe, partisan de cette mesure. Nous n'aimons pas plus les douanes à l'extérieur que celles à l'intérieur; mais c'est là une étude complexe et délicate. Dans l'état budgétaire et financier du pays, il faudra nécessairement remplacer par d'autres taxations les produits que fournissent les octrois; on doit se demander si les nouvelles taxes à créer ne feront pas double emploi avec celles que nous payons déjà ; si, d'autre part, la suppression des octrois exercera une influence, une répercussion, pour employer le terme économique, sur le prix des choses qui nous seront vendues; si nous paierons moins cher tout ce que nous payons aujourd'hui augmenté des droits d'octroi. Il n'est pas douteux qu'un mouvement d'opinion ait été créé autour de cette réforme si étendue, mais la question n'est pas mûre et la solution se fera sans doute attendre encore longtemps.

Les octrois.

Théorie et pratique. Les taxes de remplacement.

La question n'est pas mûre.

On a aussi parlé d'imposer la rente et les valeurs d'État, si l'impôt sur le revenu était rejeté. Ce projet serait une des plus grandes erreurs que les législateurs pourraient commettre. L'État qui aura besoin bientôt d'emprunter 1 milliard 1/2 ou 2 milliards, qui, tous les ans, d'une façon directe ou indirecte, emprunte des centaines de millions, voudrait imposer les rentiers! N'agirait-il pas comme ces sauvages de la Louisiane dont parlait Montesquieu : « Quand ils veulent un fruit, ils coupent l'arbre et cueillent le fruit. » Si l'État imposait les rentes, ce serait absolument comme s'il disait aux capitalistes : « Gardez votre argent ou prêtez-le-moi plus cher. » Et, en effet, si la rente était frappée d'un impôt, aussi faible qu'il soit, toutes objections de principe, de légalité et, ajouterai-je, d'honneur écartées, il est clair que le prêteur donnera

L'impôt sur la rente.

On emprunterait à plus haut prix.

à l'Etat d'autant moins d'argent, que l'intérêt net qu'il recevra sera moins élevé.

Les patentes et les affaires. Impossibilité de proportionner les patentes aux bénéfices.

Enfin, on s'occupe en ce moment même de rechercher, probablement pour modifier et augmenter encore les impôts qui existent, quelle peut être la proportion entre le montant de la patente et celui des affaires et des bénéfices de chaque commerçant. Une telle fixation est impossible à établir : un banquier, un coulissier, un escompteur, un épicier, un tailleur, un boucher, un marchand de grains, un coiffeur peuvent tous payer la même patente, et en supposant, ce qui est impossible, qu'ils fassent tous le même chiffre d'affaires, cela ne prouverait pas qu'ils gagnent ou qu'ils perdent tous la même somme tous les ans.

La chasse à l'impôt parce que nous dépensons trop.

Que prouve toute cette ardeur de fiscalité, cette chasse aux impôts nouveaux? L'Etat a besoin d'argent. Et pourquoi ces besoins d'argent? Parce qu'il dépense beaucoup, disons même, parce qu'il dépense trop.

Ce qu'il faut faire.

Or, que fait un négociant quand il est prudent et se préoccupe de l'avenir, que fait-il quand, ses charges augmentant, ses bénéfices et ses ressources restent stationnaires ou diminuent?

Ce négociant examine de plus près l'état de ses affaires; il considère que tout doit céder à la nécessité de faire des économies; il rogne le plus qu'il le peut sur ses dépenses ; il se restreint, même sur le nécessaire ; il coupe le superflu.

Il examine, d'autre part, si, par une meilleure organisation de ses services, par quelques travaux bien entendus, il ne pourrait pas augmenter ses recettes et ses produits nets. Il apporte la plus vigilante attention dans chacune des branches de son commerce, et c'est ainsi qu'avec de l'économie, de l'ordre et de la prudence, il rétablit l'équilibre de son budget; il voit ses recettes augmenter, et bientôt la prospérité commence à renaître dans sa maison.

L'Etat, dans la gestion des affaires et des deniers publics, ne devrait pas agir différemment.

Nous savons bien que, dans notre volumineux bud- *Charges irré-*
get de plus de 3 milliards, il est une partie qui est pres- *ductibles*
que irréductible. Ainsi, la dette publique absorbe
1,305 millions ; le budget de la guerre et de la marine
réclame 750 millions. Voilà déjà 2,061 millions.

Nous allouons 135 millions à l'instruction publique ;
25 millions de subventions postales ; 14 millions de
subventions à la marine marchande et aux pêches maritimes ; 27 millions d'annuités inscrites au budget du
ministère des travaux publics ; le budget de l'agriculture est doté de 21 millions. Voilà un second total de
222 millions.

Enfin, il faut bien que l'État achète du tabac pour
nous le vendre et en tirer un si gros profit. Or, dans le
budget des dépenses, 45 millions sont inscrits pour ce
service. Additionnez ces trois totaux et vous aurez un
chiffre de 2,328 millions sur lesquels, en vérité, il y a
peu, fort peu à retrancher.

Mais cela ne veut pas dire qu'il n'y a plus d'éco- *Économies et*
nomies à faire, qu'il n'y a plus de dépenses à enrayer. *enrayement des*
Il faut, au contraire, s'opposer énergiquement à toute *dépenses.*
dépense nouvelle, à tout accroissement nouveau de crédits. Il faut, de plus, rechercher s'il n'est pas possible de procurer au Trésor des resssources nouvelles
en améliorant, en réformant, en répartissant d'une manière plus équitable plusieurs des impôts existants.

Enrayer les dépenses actuelles ; réaliser les écono- *Amélioration*
mies les plus strictes, sans que ces économies nuisent *des recettes par*
à la marche et à la régularité des services et des *des réformes*
affaires ; rechercher si les recettes ne peuvent pas être *fiscales.*
augmentées par l'application d'un meilleur système
fiscal ou financier, telle devrait être la préoccupation
des législateurs et des ministres des finances.

Cet objectif serait facilement réalisable si le gouverne- *Une politique*
ment avait une politique financière à l'abri des per- *financière indis-*
pétuels changements que la politique occasionne. C'est *pensable au*
ce qu'on ne doit pas cesser de lui demander. *gouvernement.*

BUDGET DE 1890

Le projet de budget de 1890 a été déposé sur le bureau de la Chambre le 9 février.

Dépôt rapide du budget.

C'est la première fois, depuis 1881, qu'un budget est apporté d'aussi bonne heure au parlement. Le ministre des finances a montré un désir d'autant plus évident, une bonne volonté d'autant plus pratique d'aboutir promptement à un vote du budget avec le moins de dépense de temps possible, qu'il a écarté de son projet toute expérience fiscale, qu'il a évité de le faire dépendre d'un plan quelconque de réforme financière et qu'il n'y est pas question de son système d'impôt sur le revenu, ni du remaniement de l'impôt des boissons.

Les réformes fiscales laissées en dehors du budget.

Ces projets, qu'ils soient abandonnés ou maintenus n'auront rien à faire avec la discussion du budget, qui a été calqué d'aussi près que possible sur le budget précédent de 1889, et qui pourra être examiné et voté, si la Chambre y met autant de bonne volonté que le ministre, avant le début de l'exposition universelle, permettant ainsi la trêve d'affaires et de travail que tout le monde désire avant l'époque légale des élections générales.

Évaluations.

Le budget ordinaire pour 1890 prévoit 3,030 millions de recettes. Il dépasse, en recettes et en dépenses, de 24 millions le budget voté pour 1889. Cette augmenta-

Augmentation de dépenses résultant de lois nouvelles.

tion, inévitable malgré la similitude voulue des deux budgets, provient des crédits rendus nécessaires par de nouvelles lois sur l'unification des soldes, l'augmentation des effectifs, l'enseignement primaire, par l'exécution des conventions avec les compagnies de chemins de fer, etc.

Une somme de 15 millions est inscrite au budget pour l'amortissement des obligations à court terme.

Comme pour 1889, le budget extraordinaire de la marine a disparu ; il ne reste qu'un budget extraordinaire pour l'armée, s'élevant à 180 millions.

Le budget extraordinaire ne comprend plus que les dépenses de l'armée.

Pour couvrir ces dépenses extraordinaires, M. Peytral a proposé de recourir à l'émission d'obligations du Trésor qui ne seront ni des obligations sexennaires, ni des obligations trentenaires comme celles émises en 1877. Il demande l'autorisation de créer des obligations à dix-huit ans de terme, qui auront ceci de commun avec les obligations trentenaires, qu'elles auront la même durée que celle qui reste à courir à ces dernières, et qu'elles expireront en 1907, comme les obligations de 1877.

Émission d'obligations à 18 ans de terme.

Ce moyen terme entre l'émission de titres remboursables à six ans de terme et un titre amortissable en trente ans, est préférable à l'expédient qui aurait consisté en une augmentation de la quantité des obligations sexennaires ; mais il n'est, selon nous, qu'une demi-mesure. Nous aurions préféré la création d'obligations trentenaires ou, surtout, le recours à l'emprunt de liquidation, toujours ajourné mais de plus en plus urgent, qu'il faudra bien faire un jour pour déblayer le terrain, consolider une bonne partie de la dette exigible et assurer les ressources extraordinaires déclarées nécessaires pour les besoins de la défense nationale.

Il serait préférable d'effectuer un emprunt de liquidation.

Parmi les impôts dont la loi de finances doit prévoir la perception, nous remarquons particulièrement les modifications qui seraient apportées à certaines patentes, ainsi qu'à l'impôt sur les cercles.

A partir du 1er janvier 1890, en ce qui concerne la patente les fabricants travaillant exclusivement à métier à façon, dont le droit fixe, calculé conformément au tarif légal, n'excéderait pas 21 francs en principal,

Patentes.

seraient exempts de patente. Par contre, le tableau B de la loi des 15-22 juillet 1880 serait ainsi modifié :

« Les taxes par employé, telles qu'elles sont fixées dans la deuxième colonne du tableau B, seront doublées lorsque le nombre des employés dépassera 200, et triplées lorsqu'il dépassera 1,000. »

Ce sont là des charges nouvelles fort lourdes qui iront frapper les grands magasins, les compagnies industrielles et financières, telles que la Banque de France, le Crédit foncier, la Société générale, le Crédit lyonnais, les six grandes compagnies de chemins de fer, dont le chiffre d'employés est supérieur à 1,000. Si cet impôt rapporte au Trésor, ce sera, en fin de compte, au détriment d'une classe très intéressante, les petits employés, dont les appointements ou gratifications seront réduits proportionnellement à l'impôt nouveau qui atteindra leurs sociétés.

Il n'y a véritablement pas péril en la demeure et il serait sage de ne pas toucher maintenant à la loi des patentes, puisque, l'année prochaine, il doit être fait, aux termes de la loi organique sur les modifications quinquennales du tarif des patentes, une réforme qui est à l'étude. La Chambre, en augmentant l'impôt par tête d'employé, se laissera sans doute guider par son désir d'atteindre les grands magasins ; comme sa commission elle se sentira prise de passion pour les petites boutiques et les détaillants, sans s'apercevoir que ces magasins qui font vivre et travailler une population nombreuse, peuvent vendre à tous d'autant meilleur marché que leurs charges sont moins lourdes.

Le droit sur les cercles n'a pas la même importance : ce droit sera de 10 % lorsque les ressources annuelles de l'établissement seront inférieures à 6,000 francs, et de 20 % lorsqu'elles égaleront ou dépasseront ce chiffre.

UN IMPOT PROPORTIONNEL sur les OPÉRATIONS de BOURSE

Le droit de timbre sur les bordereaux de toutes les opérations au comptant ou à terme qui se font dans les bourses de Paris et des départements, par l'entremise des agents de change, ne produit actuellement au Trésor que la somme annuelle de 750,000 francs.

Le droit actuel sur les bordereaux.

C'est là un rendement vraiment minime, et qui reste stationnaire malgré le développement considérable des transactions.

Proposition de proportionnaliser l'impôt aux transactions.

Au nombre des propositions dont la Chambre est actuellement saisie par sa commission du budget figure un projet d'augmentation proportionnelle du droit de timbre des bordereaux et arrêtés des agents de change et courtiers ou des écrits signés ou non signés en tenant lieu.

Sans changer la base de perception du droit, sans chercher à établir sur les opérations de bourse un droit général similaire à ceux qui ont été établis dans des pays voisins, la commission espère faire rendre à l'impôt un chiffre annuel de 2,350,000 francs, qui constituerait pour le Trésor une plus-value de 1,600,000 fr.

Les dispositions nouvelles doivent être inscrites dans la loi de finances de l'exercice 1890.

Principe excellent.

L'augmentation proportionnelle du droit de timbre sur les bordereaux et arrêtés de compte pour les affaires de bourse a, en principe, toute notre approbation, d'autant plus que nous sommes des premiers, sinon le premier, à en avoir fait ressortir la nécessité logique et le caractère équitable et à avoir recommandé à l'attention des pouvoirs publics, au nom de l'égalité devant l'impôt et dans l'intérêt du Trésor et de la masse des contribuables, cette taxation proportionnelle, dont le produit pourrait être employé à diminuer d'autres charges, celles, par exemple, qui pèsent le plus lourdement sur l'agriculture et sur l'industrie.

Les nations voisines, l'Allemagne, la Suisse, l'Autriche, nous ont donné déjà l'exemple de la mise en pratique de ce système et fourni la démonstration des ressources qu'un État peut tirer d'un impôt sur les opérations de bourse sans porter aucune atteinte au mouvement des affaires.

Mais, pour accepter comme une mesure équitable et féconde un remaniement du droit de timbre actuel, il est essentiel que l'impôt nouveau soit strictement proportionnel aux transactions, qu'il ne soit pas trop lourd comparativement à leur importance, qu'il ne soit pas assez onéreux pour leur nuire.

La proposition adoptée par la commission du budget ne nous paraît pas remplir ces conditions.

Le timbre des bordereaux serait en effet liquidé d'après l'échelle suivante :

			Fr.	c.
Pour les sommes	de 5.000 francs et au-dessus		0	75
—	—	de 5.000 à 10.000 francs	3	»
—	—	de 10.000 à 20.000 francs	4	75
—	—	de 20.000 à 40.000 francs	9	»
—	—	de 40.000 à 60.000 francs	15	»
—	—	de 60.000 à 100.000 francs	24	»
—	—	de 100.000 francs et au-dessus	45	»

Ce qui frappe à première vue, dans cette échelle de l'impôt, c'est l'arbitraire de la gradation établie selon le chiffre des affaires.

Pour 5,000 francs, le droit est de 75 centimes ; pour 5,001 francs, et jusqu'à concurrence de 10,000 francs, il n'est pas doublé, mais quadruplé ; de 10 à 20,000 fr., il est six fois plus élevé que pour 5,000 francs ; à 20,001 francs, il est douze fois plus élevé qu'à 5,000 fr. et deux fois plus élevé qu'à 20,000 francs ; et ainsi de suite : de 60,000 francs à 60,001 francs, on passe de 15 à 24 francs. Enfin, une fois le chiffre de 100,000 fr. dépassé, il n'y a plus ni proportionnalité ni augmentation. Un marché de 1, 2, 10 ou 100 millions, ne payerait pas plus qu'une affaire de 100,000 francs, c'est-à-dire 45 francs seulement.

L'augmentation et la proportionnalité de l'impôt, dans le projet de la commission du budget, s'arrêtent là où elles seraient le mieux justifiées, le plus facile à réaliser sans gêner les transactions et compromettre les intérêts. Jusqu'à 100,000 francs, on peut dire que les transactions de bourse représentent surtout les opérations de l'épargne. C'est le petit capitaliste que l'aggravation ira frapper ; c'est le spéculateur qui sera épargné.

Et quand nous disons que les petites transactions seront frappées, il nous est facile de montrer combien, en effet, l'impôt sera ruineux pour elles, en mettant en regard le taux du timbre et le taux du courtage sur les opérations de bourse.

Pour un achat de 3,000 francs de rente à terme, l'agent de change perçoit une commission de 40 francs ; en coulisse, le courtage est seulement de 25 francs et même de 12 fr. 50. Le timbre sera de 24 francs, c'est-à-dire 00 % du courtage de l'agent de change.

Les fonds étrangers, les valeurs internationales, qui se négocient sur toutes les places de l'Europe, auront à subir un impôt qui peut parfois annuler l'avantage de la transaction et faire pencher la balance en faveur des marchés étrangers pour l'acquisition ou la réalisation de ces valeurs.

Par exemple, 5,000 francs de rente italienne, valant de 90,000 à 100,000 francs, payeront 50 francs de courtage et 45 francs d'impôt : soit, en tout, 95 francs ; le timbre double presque les frais de courtage, alors qu'à Berlin, l'impôt sur la transaction ne serait que de 0.2 pour mille, soit 20 francs pour 100,000 francs de capital.

Les mêmes calculs peuvent être appliqués aux négociations sur les fonds russes, autrichiens, espagnols, etc.

Le timbre proportionnel sur les transactions de bourse n'est supportable et n'est pratique que si la graduation a lieu dans une mesure modérée, de 50 centimes en 50 centimes, par exemple, et que cette progression

Conditions nécessaires pour obtenir un résultat pratique.

ne s'arrête pas à un point arbitrairement fixé ; qu'elle ne frappe pas les affaires ordinaires de l'épargne pour s'abstenir devant les grandes opérations de la spéculation ; qu'elle atteigne dans une équité rigoureuse les affaires à terme et au comptant, et surtout que le produit de l'impôt soit plus en rapport avec le chiffre des affaires faites à la bourse par les agents de change.

Si l'on veut que l'impôt sur les bordereaux de bourse soit productif, il faut qu'il soit modéré. Plus il sera léger, plus il sera fructueux, plus facilement il sera accepté ; si, au contraire, cet impôt est excessif, de deux choses l'une, ou bien il gênera toutes les transactions, à commencer par celles qui se feront sur nos rentes et fonds nationaux; ou bien, il sera un encouragement pour les capitalistes et les spéculateurs à en éviter le payement, et, pour cela, les facilités ne manqueront pas.

Le tarif à adopter.

Nous sommes certain que l'application du tarif élaboré par la commission gênerait les affaires, serait mal accueillie et rapporterait au Trésor bien moins qu'un droit modique, qui frapperait d'une manière égale les petites et les grandes opérations. Et, si cet impôt doit être discuté et voté par la législature actuelle, nous ne pouvons que proposer à nouveau les chiffres que nous avons déjà produits, savoir :

	Fr. c.
De 1 à 10.000 francs	» 75
— 10.001 à 20 000 francs	1 25
— 20.001 à 30.000 francs	1 75
— 30.001 à 40.000 francs	2 25
— 40.001 à 50.000 francs	2 75
— 50.001 à 60.000 francs	3 25
— 60.001 à 70.000 francs	3 75
— 70.001 à 80.000 francs	4 25
— 80.001 à 90.000 francs	4 75
— 90.001 à 100.000 francs	5 25

Et ainsi de suite, à raison de 50 centimes de droit par 10,000 francs d'opérations.

BUDGET DE 1891

Les grandes lignes du projet de M. Rouvier.

Consolidation en 3 % perpétuel des obligations sexennaires émises ou à émettre pour le service des dépenses extraordinaires et, comme conséquence, émission d'un emprunt de 700 millions en 3 % ;

Suppression du budget extraordinaire en faisant rentrer à l'ordinaire les dépenses de la guerre réparties sur plusieurs exercices ;

Dégrèvement de l'impôt foncier au moyen de 15 millions 1/2 prélevés sur partie des ressources que produira la nouvelle évaluation des propriétés bâties;

1 million 1/2 mis à la disposition des communes pour le commencement de la réfection du cadastre ;

Réforme de l'impôt des boissons par la suppression du droit de détail et de l'exercice et par la réglementation du privilège des bouilleurs de cru; — surélévation de 156 fr. 25 à 225 francs des droits sur l'alcool; — augmentation des tarifs de licence des débitants;

Etablissement d'un droit de 10 francs par 100 kilos sur les sucres actuellement exonérés d'impôt, à titre de prime de fabrication ;

Elévation de la patente des grands magasins ;

Telles sont les lignes principales du budget de 1891.

La plupart des mesures proposées par le ministre des finances sont trop conformes aux idées que nous avons souvent exprimées, pour que nous n'y donnions pas notre approbation : mais il nous semble, à première vue, que, dans les projets qu'il soumet à la sanction du parlement, l'honorable M. Rouvier n'a pas montré la « férocité » que M. Thiers recommandait comme la principale vertu des ministres des finances et qu'il n'a

Férocité insuffisante.

pas été aussi loin qu'il aurait pu et voulu le faire dans la voie des réformes, sans doute pour ne pas effaroucher la nouvelle Chambre.

Nous ne sommes pas tenus à la même réserve et nous considérons comme un devoir de dire nettement en quoi nous sommes d'accord et en quoi nous différons sur le projet ministériel.

Consolidation des obligations sexennaires. La consolidation des obligations sexennaires est une excellente mesure : loin d'aggraver les charges budgétaires, elle les diminue plutôt, car l'intérêt à payer sur l'emprunt en 3 % perpétuel sera moins élevé que celui exigé pour le service des obligations sexennaires. Cette consolidation allège la dette remboursable à court terme ; mais, et nous le regrettons, elle ne diminue rien à la dette flottante qui est fort lourde puisqu'elle s'élevait à 941 millions au 1er juin 1880. Sur ces 941 millions, il aurait fallu hardiment rembourser 500 millions et porter, à cet effet, l'emprunt à émettre en 3 % perpétuel à 1 milliard 200 millions.

Incorporation au budget ordinaire des dépenses de la guerre. La suppression du budget des dépenses extraordinaires de la guerre et leur incorporation dans le budget ordinaire est de bonne administration financière : nos dépenses militaires sont malheureusement des charges qui se renouvellent, augmentent et augmenteront tous les ans. Nous craignons qu'à l'avenir, si des dépenses imprévues se produisent, la dette flottante ne soit obligée d'y pourvoir et, dès lors, il faudra, dans peu de temps, consolider cette dette et effectuer un nouvel emprunt.

Impôts fonciers. Dégrèvements et surcharges. Tous les ministres des finances ont toujours considéré comme un danger l'accroissement de la dette flottante, surtout lorsqu'elle atteint le milliard.

Le dégrèvement de la contribution foncière sur les propriétés non bâties, ayant pour contre-partie l'augmentation de celle sur les propriétés bâties, ne satisfera personne.

Ceux qui seront dégrevés trouveront qu'ils ne le sont

pas assez et n'en sauront aucun gré au gouvernement. Ils voulaient un dégrèvement total de 118 millions : on leur accorde un dégrèvement partiel. C'est le doigt mis dans l'engrenage. Attendons-nous à voir les syndicats agricoles, les chambres d'agriculture, les comices, les cultivateurs et les paysans réclamer maintenant, comme une chose due, la totalité de l'exemption de l'impôt foncier.

C'est déjà sur ce terrain que se place *la Démocratie rurale* de notre honorable confrère, M. Kergall.

Quant aux propriétaires dont on relève l'impôt sur les propriétés bâties de 3.03 %, moyenne du taux actuel, à 3,97 % du revenu net, ils réclameront contre la dureté et l'injustice de cette surcharge : à Paris, les réclamations seront vives, car c'est là, surtout, où la surcharge sera la plus forte.

Ce système de moyennes appliqué aux augmentations ou aux diminutions d'impôt peut paraître juste, en théorie ; en pratique, il ne l'est pas et soulève toujours des récriminations : « Savez-vous, disait M. Thiers il y a plus de cinquante ans déjà, savez-vous ce qu'on fait avec des moyennes? On efface la douleur des uns par la satisfaction des autres, et l'on a quelque chose qui n'a ni sens, ni couleur, ni réalité (1). »

Ce qu'on fait avec des « moyennes ».

Tout contribuable, au contraire, dont on augmente la feuille d'impositions, se trouve lésé et injustement atteint.

Ce n'est pas ainsi qu'on accroît le nombre de ses amis politiques ; on accroît, au contraire, celui de ses ennemis et adversaires, car la politique des intérêts est la plus violente et souvent la plus partiale de toutes. Il y a longtemps qu'on a dit qu'on criait plus volontiers : « Vive l'Etat ! » quand il vous faisait gagner quelque argent que lorsqu'il vous en réclamait.

La réfection du cadastre est des plus nécessaires. Elle fera apparaître des ressources dont le Trésor pourra profiter ; mais il faut se demander comment les

La réfection du cadastre.

Annales parlementaires. Chambre des députés, 4 février 1836.

populations accueilleront cette mesure. Les partis politiques s'en serviront comme arme de guerre, en faisant
prévoir, pour l'avenir, des accroissements de charges.
Dans tous les cas, le gouvernement a raison de procéder
à cette statistique ; il sera toujours libre, lorsque ce
travail sera terminé, et c'est une question d'années, d'en
tirer tel parti qu'il jugera convenable.

La réforme des boissons. Nous approuvons la réforme des boissons, nous
serions même allé plus loin dans cette voie, en réta-
blissant les 71 millions d'impôts dégrevés sur les vins
en 1880. Nous ne nous dissimulons pas cependant
toutes les difficultés, surtout en ce qui concerne la
"réglementation" du privilège — et non la suppression
— des bouilleurs de cru. D'autre part, l'augmentation
des droits sur l'alcool et des tarifs de licence des débitants augmentera la fraude. De ce chef, il faudra compter sur une augmentation des frais de perception en
raison de la surveillance qui devra être renforcée.

Les patentes des grands magasins. L'élévation des patentes des grands magasins profi-
tera moins au budget qu'elle ne coûtera au public, aux
employés, aux consommateurs, sur qui elle retombera,
en fin de compte. Nous ne sommes pas partisans de la
campagne, plus politique qu'économique, menée contre
les grandes associations industrielles, commerciales et
financières. A notre avis, l'Etat a plus à gagner en les
laissant se développer librement qu'en faisant obstacle
à leur expansion en les frappant de lourdes charges.

Emprunts et impôts. On voit, par ces quelques réflexions, que le projet de
budget de 1891 donnera lieu à de nombreuses contro-
verses. Il est clair que, pour l'établir, il a fallu tenir
compte de certaines considérations politiques. Il était
difficile, après la malheureuse parole : « Ni emprunts,
ni impôts », de venir dire au pays : « Il faut des emprunts et des impôts! » Cette dernière formule est cependant la vraie et nous félicitons M. Rouvier de la mettre
en pratique, car il nous faut des emprunts et il nous
faut des impôts.

UNE POLITIQUE FINANCIÈRE NATIONALE

LA NOUVELLE CHAMBRE ET LE BUDGET

I

Si elle ne se laisse pas détourner par des préoccupa- *Rôle de la nou-*
tions et des discussions politiques oiseuses, la nouvelle *velle Chambre*
Chambre peut, si elle le veut, accomplir une utile be-
sogne, rendre de grands services, laisser une trace
féconde de son passage aux affaires.

Elle est jeune, c'est-à-dire que les membres qui
la composent appartiennent, en grande majorité, à la
génération qui naissait à peine à la vie politique en
1870, au moment de nos plus poignants malheurs ; mais
sa jeunesse même peut la préserver contre les entraînements, si elle met à profit l'expérience et les enseignements que le passé a dû lui fournir. La Chambre de
1889, plus heureuse que ses aînées, n'a pas, comme
l'Assemblée nationale de 1871, à refaire le pays tout
entier, à réorganiser son administration et ses finances,
à délivrer le territoire de l'occupation étrangère, à lui
rendre, pour ainsi dire, sa vie matérielle et morale.

Elle n'a pas, comme la Chambre de 1877 et de 1878,
à lutter pour la défense des institutions politiques du
pays, à soutenir chaque jour la constitution de 1875
menacée par ceux mêmes qui l'avaient votée et établie.

Elle doit savoir, ce que la Chambre de 1878 et de 1881
a trop facilement oublié, qu'il faut ne jamais se laisser
griser par des budgets se soldant par des excédents de
recettes magnifiques et ne pas croire à des plus-values
éternelles.

Ce n'est pas elle qui a voté les milliards dépensés,
soit dans les travaux publics, dont le plan primitif
déjà fort élevé a été largement dépassé, soit dans des
expéditions lointaines. Ce n'est pas elle qui, après avoir

augmenté les dépenses, a diminué en même temps les ressources budgétaires en opérant près de 300 millions de dégrèvements sinon inutiles, du moins intempestifs, et effectués sans préparation suffisante.

On ne peut lui reprocher, comme à la Chambre de 1885, d'avoir risqué de compromettre le bon ordre de nos budgets, d'avoir repoussé le plan si sage de M. Carnot, alors ministre des finances, et passé une grande partie de son temps dans de vaines agitations politiques.

Ce n'est pas elle, enfin, qui peut se croire liée par cette dangereuse parole : « Ni emprunt, ni impôt. »

II

Terrain déblayé.

La nouvelle législature a devant elle un terrain déblayé ; elle est libre de tout engagement ; elle peut dire, s'inspirant d'une vieille maxime de Colbert : « Que les fautes des temps passés ne soient jamais oubliées dans les temps présents, et que la sage administration des temps présents prévoie les erreurs des temps futurs ; » mais elle sait aussi que du bon ordre dans les finances, de la sage répartition des taxes publiques, de l'emploi judicieux des ressources budgétaires, dépend la prospérité du pays qui l'a élue et l'a chargée du soin de ses intérêts.

Elle sait que la France demande à ses représentants d'enrayer les dépenses et de réaliser de sages économies ; elle sait encore qu'il nous faut une situation financière nette, à l'abri de tout péril en cas de complication extérieure.

Mais, dit-on, la nouvelle Chambre est hésitante, elle cherche sa voie, son orientation politique, et c'est ce qui explique pourquoi, les " groupes " ayant disparu, on essaie de les reconstituer sous forme de " grandes commissions ", pour mieux s'emparer d'elle et la diriger. La seule orientation qu'elle aura raison de

prendre pour guide, c'est la situation financière et économique, le développement commercial et industriel,
les réformes pratiques, utiles au pays. La politique
doit être reléguée au second plan ; toutes les préoccupations des députés nouveaux doivent se tourner vers
les questions économiques et financières. Réformes pratiques.

C'est dans cet ordre d'idées que la Chambre de 1889,
la Chambre du Centenaire, peut faire beaucoup. Qu'elle
accepte ou récuse le bien ou le mal accompli par ses
devancières, une lourde responsabilité pèsera sur elle,
car elle devra prendre parti dans des questions vitales
dont la solution peut développer et améliorer ou compromettre et détruire les finances, le commerce, l'industrie, le crédit du pays.

Il lui faut adopter une politique financière nationale,
et nous entendons par là : assurer, dans le présent et
pour l'avenir, des ressources au Trésor ; débarrasser
le budget de tous ses impedimenta ; réduire la dette
flottante qui, au 1er mars 1889, atteignait 930 millions
et menace de s'accroître ; procurer des ressources nouvelles pour donner au budget un véritable équilibre,
et faire face en même temps aux dépenses malheureusement nécessaires pour mettre nos forces militaires de
terre et de mer, ces dernières surtout, en état de repousser d'injustes attaques. Politique financière nationale.

Ces ressources indispensables dans le présent et
aussi dans l'avenir, la Chambre les trouvera facilement,
car nos budgets, aussi lourds qu'ils soient, les contiennent en réserve et elles peuvent être réalisées dans
la période de calme politique et financier que nous
traversons.

Consolider la dette flottante ;

Convertir en rentes à long terme les obligations à
court terme en circulation ;

Offrir aux rentiers, sans attendre l'échéance de 1893,
la conversion facultative de leurs rentes 4 1/2 %, en
suivant le mode employé, il y a deux ans, lors de la
conversion du 4 1/2 ancien ;

Profiter de l'évaluation nouvelle des propriétés bâties, travail aujourd'hui accompli, pour remanier les
taxes existantes et leur faire rapporter ce qu'elles doivent justement donner ;

Remanier l'impôt sur les boissons et, au besoin,
supprimer le dégrèvement sur les vins opéré en 1881,
dégrèvement mal fait qui a enlevé au Trésor, depuis
huit ans, une recette de 71 millions par an dont les
consommateurs n'ont nullement profité ;

Renouveler le privilège de la Banque de France et
ne pas attendre au dernier moment pour s'en occuper,
de façon à discuter et à concilier équitablement les
nombreux intérêts en présence.

Telles sont, dans leurs lignes principales, quelques-
unes des réformes financières qui peuvent assurer au
Trésor des ressources sérieuses, mettre nos budgets
présents et à venir à l'abri de tout danger imprévu.
On dira peut-être que la Chambre, sous prétexte de remanier des taxes, établit ou augmente des impôts ;
que, sous prétexte de consolider ou de convertir des
dettes anciennes, elle effectue des emprunts nouveaux.
A cela elle répondra que les finances publiques doivent
être exemptes de tout aléa et que, si le pays peut subir
des crises politiques, des crises industrielles, il faut,
avant tout, lui épargner des crises financières : le devoir de la Chambre est d'établir un bon budget, débar-
rassé de toutes les difficultés financières qui le menacent ; car plus les finances publiques seront solidement assises, plus la situation extérieure de la France
sera forte et respectée.

Cette politique financière nationale, qui donc refu-
serait de s'y associer ? Elle est simple, facile à suivre
et vaut mieux que les petits moyens employés par la
précédente Chambre. Il faut en finir, en effet, avec les
menaces d'impôts sur le revenu, les tracasseries contre
les grandes sociétés, contre les gens qui possèdent,
menaces dont les députés élus en 1885 n'ont pas été
avares. Plus les intérêts du riche comme du pauvre

seront sauvegardés et défendus, plus les ressources du Trésor s'accroîtront.

Quand le budget sera fortement équilibré, quand les caisses du Trésor seront amplement garnies, la Chambre aura une grande liberté d'esprit pour étudier tranquillement et discuter avec maturité nos affaires commerciales intérieures et extérieures et, au premier plan, les traités de commerce dont l'échéance est prochaine. Elle devra déclarer si elle veut les renouveler ou rester dans le *statu quo*. Qu'elle se garde bien, surtout, de tout parti pris dans ces questions, d'où dépendent à la fois la prospérité commerciale du pays et peut-être le maintien de la paix extérieure.

III

La vérité, condition de bonnes finances.

Nous venons d'esquisser à grands traits les principales règles de conduite financière et économique dont nous recommandons l'application à nos jeunes législateurs.

M. Léon Say disait au Sénat, en décembre 1883, que « le meilleur moyen de faire de bonnes finances était de bien établir la vérité de la situation, de savoir les raisons pour lesquelles nous sommes entraînés à une progression continue de dépenses, par quels motifs nous avons été amenés à cette augmentation de dépenses, afin que nous puissions distinguer, dans celles que nous ferons à l'avenir, celles que nous pourrons ajourner ».

A ces sages paroles, nous ajouterons que pour faire de bonnes finances, les Chambres ne doivent jamais hésiter à dire la vérité au pays, car il est assez fort aujourd'hui pour pouvoir l'entendre. Si des impôts nouveaux ou des emprunts sont nécessaires, il faut le dire franchement, établir sans crainte ces impôts et contracter ces emprunts ; la pire des politiques est celle qui consiste à ne pas vouloir voir clair, à remettre au lendemain ce que l'on peut faire le jour même, à se figurer qu'en reculant une difficulté on parvient à l'éviter.

Dans la première année de sa législature qui commence, la Chambre de 1889 peut beaucoup ; elle est maîtresse de ses actes et la conduite qu'elle suivra en 1890 permettra de juger ce dont elle est capable en bien ou en mal.

Elle est pleine d'ardeur et de bonne volonté ; elle est encore imbue des désirs de ses électeurs et de ses propres idées : qu'elle profite de ce mouvement et se mette résolument à l'œuvre.

Ce qu'elle fera cette année vaudra mieux que ce qu'elle pourra se promettre de faire l'an prochain, et mieux encore que ce qu'elle promettrait de réaliser dans trois ans. Quand les députés arrivent à la fin de leur mandat, les soucis électoraux arrêtent les meilleures résolutions et, souvent, ils adoptent des mesures hâtives insuffisamment étudiées, parce qu'ils redoutent, devant le corps électoral, les critiques de leurs adversaires politiques. Le budget de 1891 sera, nous ne craignons pas de le dire, la pierre de touche de la Chambre de 1880.

IV

Situation du Trésor. Quelle est actuellement la situation du Trésor ? Quels sont ses engagements ? A quels chiffres s'élève la dette flottante ? Quel est le montant des obligations sexennaires émises ou à émettre ? En un mot, à combien s'élève la dette immédiatement exigible ou exigible à brève échéance ?

Les chiffres, chiffres officiels, que nous empruntons aux rapports généraux sur le budget de 1890, présentés à la Chambre des députés par M. Burdeau, au Sénat par M. Ernest Boulanger, répondent pour nous.

	Francs
Au 1er juin 1889, la dette flottante était de	911.335.000
Les obligations sexennaires émises ou à émettre, moins 189 millions remboursés en septembre 1889 et en 1890, s'élevaient à.	880.(0).000
Les bons du Trésor en circulation représentaient environ	93.000.000
Il est dû à la Banque de France, en vertu de la loi du 13 juin 1878	80.000.000
Sans compter les annuités à payer, soit pour les garanties d'intérêt, soit pour les écoles, la dette immédiatement exigible ou exigible à court terme se fixe à	1.942.335.000

Et nous ne parlons, ni des 2 milliards 500 millions dus aux caisses d'épargne, ni des 537,947,276 francs restant à dépenser sur le second budget extraordinaire, évalué d'abord à 1 milliard 82 millions, et finalement réduit à 770,731,000 francs.

Pour faire face aux intérêts à payer annuellement sur ces 1,082 millions, le budget de 1890 contient les crédits suivants :

	Francs
Dette flottante	24.511.000
Capitaux de cautionnement.	9.250.000
Obligations sexennaires.	46.260.000
	80.021.000

Etant donnée la facilité avec laquelle les impôts rentrent et sont acquittés, le paiement du capital et des intérêts de la dette exigible immédiatement ou à brève échéance est assuré ; mais, ceux qui ont la responsabilité de gérer nos finances publiques, doivent se demander si, dans l'état politique et économique de l'Europe, il est prudent de conserver des engagements aussi considérables exigibles à brève échéance.

V

Il faut voir les faits tels qu'ils sont, sans exagération comme sans faiblesse.

Sans doute, à l'heure où nous sommes, aucun des créanciers du Trésor, soit par suite de versements effectués dans ses caisses, soit par souscriptions ou achats d'obligations sexennaires ou de bons du Trésor n'est en droit de réclamer un centime. Les intérêts qui ont été promis sont régulièrement payés et leur paiement est aussi solidement assuré que possible.

Mais ce n'est pas ce qui se produit dans une époque normale, régulière, que l'homme d'Etat doit se borner à envisager : assurer le présent et préparer l'avenir, penser aux événements qui pourraient survenir à une époque troublée, telle doit être sa constante préoccupation.

Supposons, et malheureusement la supposition n'a rien d'irréalisable, que de graves complications surgissent inopinément en Europe ; qu'une insulte soit faite à notre pays et que, malgré son désir ardent de conserver la paix, la France soit obligée de déclarer ou d'accepter la guerre.

Immédiatement, les capitaux se resserrent ; le crédit se restreint ; l'Etat et les particuliers font argent de tout : et c'est alors que les dettes flottantes exagérées, que les engagements à courte échéance sont le plus menaçants, le plus dangereux pour un pays. Il faut que le Trésor ait des fonds pour rembourser ce qu'il doit et pour payer les dépenses de la mobilisation de l'armée, de l'entrée des troupes en campagne.

Nous ne voulons pas insister plus qu'il ne convient sur ce point délicat : mais, nous posons la question à tous les esprits de sang-froid, et nous leur demandons : « Est-il sage, est-il prudent, de courir les dangers d'une

telle situation, de ne pas y remédier, alors qu'il est possible de les éviter ? »

Qui donc, parmi les hommes d'État véritablement
dignes de ce nom, soutiendrait que nous devons conserver une dette aussi formidable, exigible à brève
échéance ?

Ce n'est pas M. Léon Say, car, depuis 1882, il a jeté
le cri d'alarme : relisez son exposé des motifs du budget
de 1882 et ses remarquables discours au Sénat en décembre 1883.

Ce que pense
M. Léon Say.

Ce n'est pas M. H. Germain : relisez ses discours parlementaires de 1885, les lettres qu'en diverses circonstances il a adressées à ses électeurs de l'Ain : il est
impossible de montrer avec plus d'éloquence, de vérité
et de force, les dangers de notre dette flottante, de nos
engagements, de nos dépenses.

Ce que pense
M. Germain.

Ce n'est pas M. Carnot, alors que, ministre des
finances, il a eu le courage de dire hautement la vérité,
de proposer un plan de finances que la Chambre de 1885
s'est bien gardée de suivre, et qu'il a préféré quitter
le pouvoir plutôt que de ne pas appliquer les réformes
qu'il avait proposées.

Ce que pense
M. Carnot.

Ce n'est pas M. Yves Guyot, aujourd'hui ministre des
travaux publics, qui, dans son rapport général du budget de 1888, détaillait le montant de la dette immédiatement exigible ou exigible à brève échéance, et disait
courageusement aux députés : « Emprunter d'un côté
pour payer de l'autre n'est qu'un artifice de comptabilité. Quand nous sommes obligés de renouveler des
échéances ou de faire des emprunts, nous n'amortis-
sons pas. On n'amortit qu'avec des excédents. »

Ce que pense
M. Yves Guyot.

Ce n'est pas M. Rouvier qui méconnaîtrait les dangers de cette situation, lui qui a montré tant d'énergie
pour arrêter les dépenses, lui qui s'est opposé avec la
plus grande vigueur à toute augmentation de crédits qui
ne serait pas d'une urgence absolue, lui, enfin, qui,
en même temps qu'il réduisait les dépenses, accroissait
les ressources budgétaires et n'hésitait pas à faire la

Ce que pense
M. Rouvier.

conversion du 4 1/2 ancien et du 4 % ancien fonds, opération qui a permis de donner aux ministres de la guerre et de la marine une partie des ressources utilisées en 1888 et 1889.

Ce que pense M. E. Boulanger. Ce n'est pas M. le sénateur Ernest Boulanger, rapporteur de la commission des finances au Sénat, qui, avec sa haute compétence, ménage les avertissements sur l'accroissement de la dette flottante, le danger des annuités, les engagements énormes du budget extraordinaire. Il faut méditer les avis sérieux qu'il donne, et nous voudrions que la Chambre comprît bien tout ce que signifient ces quelques lignes extraites de son rapport : « Pour faire face au crédit nouveau de 154,073,000 fr. proposé pour 1890 (dépenses de la guerre), il n'existe aucune ressource disponible. On doit recourir à l'emprunt (1). »

Ce que pense M. Burdeau. Ce n'est pas, enfin, M. Burdeau, le savant et éloquent rapporteur du budget de 1890, qui voudrait sacrifier à l'illusion. Ce n'est pas lui qui demande que l'on vive au jour le jour, sans se préoccuper du lendemain, lui qui, dans une étude des plus remarquées que nous citions récemment, qualifiait de « politique *plus digne d'autruches* que d'hommes d'Etat » celle qui consistait à dissimuler des besoins inévitables, à faire un budget en apparence réduit... (2)

VI

Urgence de l'équilibre budgétaire. Par la consolidation de la dette flottante, la conversion en une rente à long terme des obligations à court terme en circulation et l'utilisation des ressources latentes que nous avons déjà indiquées, l'équilibre budgétaire peut être facilement réalisé.

(1) Deuxième partie du budget extraordinaire.
(2) *Le Globe*, 13 décembre 1889.

La nouvelle Chambre a donc, entre les mains, les moyens de faire un bon budget : il lui suffit de le vouloir résolument. Le pays aurait le droit de lui reprocher son manque de courage et de volonté si elle ne lui donnait pas des finances libres et fortes. C'est une nécessité pour une grande nation comme la nôtre qui veut garder son rang et compter dans le monde, d'avoir des finances toujours prêtes ; ce n'est pas dans les moments de trouble ou dans la guerre qu'on les fait : c'est dans la paix que l'on accumule les ressources dont le patriotisme peut, à un jour donné, avoir besoin. « *Si vis pacem, para nummos.* »

FINANCES OU POLITIQUE

Le budget de 1891 n'est pas à la veille d'être voté. La commission du budget et le ministre des finances n'ont pu encore se mettre d'accord.

Le désaccord entre la commission du budget et le ministre des finances.

Aux propositions du ministre, la commission répond : « Cherchez des économies, cherchez bien et vous trouverez ; de notre côté, nous nous mettons à votre disposition pour chercher avec vous! » Accord parfait !

Si la commission du budget veut discréditer la Chambre ; si elle tient à ce que le pays pense et dise que, dans sa première année de législature, la Chambre élue en 1889 a été acculée à l'expédient des douzièmes provisoires ; si elle veut obliger le Sénat, suivant l'exemple des Chambres précédentes, à voter le budget au pied levé, en deux temps et trois mouvements ; si elle désire une crise ministérielle en fin d'année, elle a pris le bon moyen.

M. Rouvier avait déposé son projet de budget en février dernier. Ce budget était en équilibre. Le ministre avait le courage de dire tout haut ce que les timides pensaient tout bas, qu'il fallait à la fois un emprunt et des impôts.

Ce que deman-
dait M. Rouvier.

M. Rouvier proposait d'augmenter les droits sur l'alcool et de réglementer le privilège des bouilleurs de
cru. Il dégrevait la contribution foncière en faisant état
d'une partie des recettes que mettait à jour la nouvelle évaluation des propriétés bâties. L'unité du budget était assurée. Le budget extraordinaire était supprimé. Le ministre faisait rentrer à l'ordinaire les dépenses de la guerre réparties sur plusieurs exercices.

Il y avait, sans doute, quelques objections de détail
à faire sur quelques-unes des mesures proposées par
le ministre : nous-mêmes les avons formulées et les
craintes que nous manifestions se sont depuis réalisées ; mais, à un point de vue général, le projet de
budget de M. Rouvier était bien conçu, solide, sincère.

Dans le monde financier, dans le monde politique,
la première impression fut excellente et on loua fort
le gouvernement et le ministre de la netteté de leurs
déclarations.

Ce que fait la
commission.

Arrive la commission du budget. La situation change.
La commission, avec les meilleures intentions du
monde, commence par bouleverser le plan du ministre :
elle ne veut pas d'impôts, sentiment fort louable ; elle
veut le budget en équilibre, ce qui n'est pas moins
digne d'éloges ; mais quand il s'agit de voter les ressources demandées par le ministre, elle veut des économies ou fait la sourde oreille.

En réduisant les dépenses au strict nécessaire, en ad-
jurant ses collègues d'accorder toutes les réductions
compatibles avec la bonne marche des services, le ministre des finances avait fait subir aux premières propositions budgétaires une réduction de 64 millions :
la commission du budget ne se tint pas pour satisfaite
et fit table rase des projets primitifs du ministre.

M. Rouvier voulait imposer l'alcool et réformer l'impôt des boissons.

La commission budgétaire préfère, elle, ménager les

marchands de vins, imposer les rentiers et augmenter la taxe sur les valeurs mobilières.

M. Rouvier voulait dégrever l'impôt foncier à condition de trouver une contre-partie à ce dégrèvement dans une plus juste répartition de l'impôt sur les propriétés bâties.

La commission du budget et la Chambre votent le dégrèvement et suppriment l'augmentation correspondante de ressources.

Avec M. Rouvier, nous avions un budget en excédent, une situation financière nette, l'emprunt de consolidation des obligations sexennaires accompli avec un plein succès.

Aujourd'hui, en présence de quels projets nous trouvons-nous? D'un vote de la commission du budget ainsi conçu :

La commission du budget conserve l'espoir que l'insuffisance des prévisions de recettes pourra être compensée, sans créer d'impôts nouveaux, par de nouvelles économies.
Elle est prête à donner son concours au gouvernement pour les rechercher d'accord avec lui.

C'est bien maigre.

De deux choses l'une : ou bien, depuis le mois de mars dernier, la commission du budget est à même d'indiquer les économies qu'elle désire et, alors, que ne les a-t-elle signalées plus tôt? Que ne les indique-t-elle encore aujourd'hui ?

Ou bien, la commission du budget, qui compte dans son sein des hommes qui ont fait partie des précédentes commissions budgétaires, sait fort bien que le gouvernement et les ministres ont réalisé toutes les économies possibles, et alors à quoi sert cette manifestation?

Si c'est là ce qu'on appelle « faire de la politique », la commission du budget a complètement réussi. Si elle croit, au contraire, « faire de bonnes finances » et avoir l'opinion publique avec elle, elle se trompe!

Nous avons dit que le budget de 1891 serait la pierre de touche de la Chambre de 1889. Nous craignons fort,

Faire de la politique ou faire de bonnes finances.

hélas! que, si la Chambre persévère dans la voie que lui ouvre la commission du budget, la pierre de touche n'indique rien de bon!

DOUZIÈMES PROVISOIRES

Un mélange financier. Nous sommes en décembre : il ne reste plus que quelques jours au Sénat pour examiner, discuter et voter le budget de 1891 qui, présenté en temps utile au mois de février dernier à la Chambre, par le ministre des finances, a subi de telles vicissitudes qu'il est devenu absolument méconnaissable. Le budget actuel, en effet, tel qu'il sort des délibérations de la Chambre, n'est plus ni le budget de M. Rouvier, ni le budget de la commission, ni même celui de la majorité républicaine des députés. C'est, qu'on nous pardonne l'expression, un mélange financier dans lequel les partis politiques, pour faire échec soit au gouvernement, soit au ministre des finances, soit à la commission du budget, ont mis un peu de tout, pour tous les goûts et pour tous les appétits.

Au projet financier si simple du gouvernement et du ministre, la commission du budget a voulu substituer le sien propre. C'était une imprudence, au début d'une législature nouvelle, car les nouveaux députés, voyant avec quelle facilité une commission budgétaire modifiait les projets gouvernementaux, ont voulu, à leur tour, donner un accroc aux propositions de la commission. Qu'on s'étonne, dès lors, des contradictions étranges et des votes bizarres auxquels la discussion a abouti !

M. Rouvier demandait une augmentation des droits sur l'alcool, l'incorporation du budget extraordinaire de la guerre dans le budget ordinaire, la consolidation des obligations sexennaires, l'unité budgétaire.

La commission a repoussé l'augmentation des droits

sur l'alcool ; elle a voulu la suppression du budget extraordinaire et son incorporation dans l'ordinaire, mais, au
lieu des voies et moyens établis par le ministre, elle a
proposé des impôts nouveaux, dangereux au possible,
comme la surtaxe de l'impôt de 3 % sur le revenu des
valeurs mobilières.

Que fait alors la Chambre ?

Que fait la Chambre ?

Elle ajourne l'emprunt de consolidation après l'examen du budget des recettes. Elle décide, — malgré la
commission du budget qui, après avoir repoussé cette
mesure, finit par l'adopter, — une série de conversions
de dettes remboursables à terme, telles que les bons de
liquidation et les obligations trentenaires.

Elle vote cette conversion tout d'abord en dettes perpétuelles, puis, sur l'avis du gouvernement, en rentes
amortissables ; et cette conversion d'obligations remboursables à court terme, qui donc en a énergiquement recommandé l'adoption ? M. Camille Pelletan,

Rapport de M. Camille Pelletan.

alors que, dans un remarquable rapport sur la situation
financière de la France, l'honorable député se plaignait
de l'augmentation énorme de la dette publique, du capital nominal de cette dette, et réclamait de grands et rapides amortissements. Or, les obligations trentenaires,
les bons de liquidation, étaient de véritables dettes amortissables d'ici quelques années. Si ces obligations
avaient été remboursées ou converties en 3 % perpétuel,
on aurait supprimé un amortissement automatique et des
plus prompts. Converties en 3 % amortissable, c'est une
dette échéant en 1898 pour les bons de liquidation et
en 1907 pour les obligations trentenaires, dont on étend
la période de remboursement jusqu'en 1953, époque à
laquelle tout le 3 % amortissable sera amorti et remboursé. Et cette conversion, ou plutôt cette prolongation
d'échéance, par qui a-t-elle été votée ? Par les adversaires mêmes de l'emprunt, par les membres de la
Chambre qui avaient tout d'abord décidé l'ajournement de la discussion de l'emprunt après le vote du budget des recettes.

La discussion sur les caisses d'épargne, qui aurait été mieux à sa place lors de l'examen de la loi réorganisant ces institutions, a été longue, confuse et, disons-le, dangereuse à tous les points de vue. Quand il s'agit d'établissements qui possèdent des milliards appartenant à la petite épargne, on ne saurait apporter trop de prudence, de réserve dans les observations présentées : nos députés ont joué avec le feu.

Le ministre des finances, le président du conseil, M. Léon Say ont tenu le langage de la sagesse et de la raison, mais il s'agit bien de sagesse et de raison ! Autant vouloir se faire entendre quand la mer est déchaînée et que les flots battent la grève avec furie ! La Chambre, elle aussi, est parfois démontée et ne s'appartient plus : elle a les meilleures intentions, mais elle est trop jeune encore, trop inexpérimentée, pour voir les périls qui l'entourent. Un mot, une phrase, une expression échappée à l'improvisation, la tournent et la retournent en quelques secondes ; elle se laisse entraîner aussi bien par la droite que par la gauche, s'aperçoit de son erreur, cherche à la réparer, sauf à recommencer le lendemain de plus belle !

Voilà deux fois déjà, en moins de dix jours, soit à propos du budget des colonies, soit à propos du budget des caisses d'épargne, que nous avons évité une crise ministérielle. L'argumentation serrée et la netteté énergique des déclarations de MM. Rouvier et de Freycinet ont, au dernier moment, rallié la majorité qui se laissait entraîner ; la Chambre a compris qu'elle ne devait pas mêler aux questions budgétaires celles qui touchent à l'organisation de certains services. Elle a renvoyé à l'examen de la commission spéciale les articles qui touchaient à l'organisation même des caisses d'épargne ; elle a fini par où elle aurait dû commencer.

Reste maintenant la discussion des impôts et celle de l'emprunt.

Comment aboutira-t-elle ? Quel est le sort réservé aux projets d'impôts présentés par la commission du budget et que le gouvernement, dans un esprit d'entente et de conciliation, avait acceptés presque à regret?

Que fera, à son tour, le Sénat? Voudra-t-il avoir, lui aussi, un budget à proposer? Acceptera-t-il les résolutions de la Chambre, ou celles de la commission, ou celles primitivement proposées par le ministre des finances? Fera-t-il une cote plus ou moins mal taillée de ces propositions, de ces votes, et renverra-t-il le tout, ainsi amendé, à un nouvel examen de la Chambre? S'il en est ainsi, le vote des douzièmes provisoires sera malheureusement inévitable. Brillant début pour la nouvelle législature !

Que fera le Sénat?

LA QUESTION DES CHEMINS DE FER

I

La question des chemins de fer, qui a déjà soulevé de si nombreux débats, va de nouveau occuper l'opinion. On se rappelle qu'au cours de la discussion du budget de 1891, l'honorable ministre des finances a pris l'engagement de dégrever les tarifs de chemins de fer en supprimant la surtaxe de 10 % ajoutée, par la loi du 16 septembre 1871, aux impôts de grande vitesse. En vertu des conventions de 1883, les compagnies se sont engagées « à réduire les surtaxes applicables aux voyageurs à plein tarif de 10 % pour la 2ᵉ classe et de 20 % pour la 3ᵉ classe, ou suivant toute autre formule équivalente arrêtée d'accord entre les parties contractantes ». Si cette modification a lieu dans ces termes, les voyageurs de première classe et les transports à grande vitesse bénéficieraient d'une détaxe de 10 %; ceux de seconde classe, de 20 % et ceux de 3ᵉ classe de 30 %.

Dégrèvement des tarifs de grande vitesse.

Prenons, pour rendre l'application de ce système plus

facile à comprendre, le coût d'un billet de chemin de fer de 1re, 2e et 3e classes sur une distance égale, de Paris à Châlons-sur-Marne, par exemple.

On paie actuellement 21 fr. 30 en 1re classe ; — 16 fr. en 2e classe ; — 11 fr. 70 en 3e classe.

Avec la réduction projetée, le parcours en 1re classe coûterait 19 fr. 17 ; en 2e classe, 12 fr. 80 ; en 3e classe, 8 fr. 19.

II

Avantages pour le public. Cette détaxe, dont profiteraient les voyageurs et les marchandises, intéresse donc le pays tout entier ; le public, le commerçant, l'industriel, l'agriculteur, l'Etat, les compagnies.

Pour le public, l'intérêt de la réforme est tellement clair, tellement important, qu'il est inutile d'insister sur ses avantages et ses conséquences. La diminution des frais de transport opérerait certainement une véritable révolution dans nos habitudes. Moins élevé sera le prix des places de chemins de fer ou le tarif d'expédition des marchandises, plus actifs et répétés seront les voyages, plus nombreux sera le trafic.

Toutes les fois que, par des billets d'aller et retour, des billets de bains de mer, des billets de famille, des trains de plaisir, les compagnies ont facilité les voyages et les transports, immédiatement le public a répondu avec empressement en multipliant ses déplacements. Depuis plusieurs années, les compagnies ont donné pleine satisfaction aux goûts du public et, l'an dernier, l'exposition universelle, avec ses 90 millions d'excédent sur les recettes des chemins de fer, a fourni l'occasion de juger l'influence heureuse qu'exercent sur les transports des voyageurs les réductions de prix. L'agriculteur, de son côté, tirerait un profit considérable d'une réforme qui dégrèverait dans une mesure importante le prix de transport des denrées, légumes, fruits, etc.

Mais ce n'est pas sans de lourds sacrifices qu'une telle

modification peut s'accomplir : sacrifices pour l'Etat, pour les compagnies et, finalemnet, pour les contribuables si la réforme était mal conçue, mal appliquée. Le dégrèvement doit être calculé de telle sorte qu'il soit supportable par le Trésor et par les compagnies et, loin d'être coûteux, ait pour conséquence de devenir productif en provoquant un accroissement de voyages, un déplacement plus grand des marchandises. Quand les tarifs postaux ou télégraphiques ont été abaissés, les recettes des postes et télégraphes se sont développées avec une merveilleuse élasticité : il est nécessaire que le même effet se produise sur les recettes des chemins de fer.

III

Diminution de recettes pour l'Etat.

En supprimant l'impôt de 10 % établi en 1871, l'Etat supportera une diminution de recettes qui s'élèvera à environ 50 millions. Comme les impôts et revenus indirects en 1890 ont donné une plus-value de 80 millions, et que, d'après la règle établie, les recettes de 1890 doivent servir de base aux prévisions de recettes de 1892, l'équilibre budgétaire n'aura pas à souffrir de ce dégrèvement.

Diminution de dividendes pour les actionnaires.

Quant aux compagnies, il n'en est pas de même. La réforme, dès les débuts de son application, se traduira pour elles par une diminution de recettes, jusqu'au jour où l'accroissement de voyageurs et de marchandises, conséquence de la réduction des prix de transport, aura atténué et comblé les insuffisances que produira une réduction de 10 % sur les prix de 2ᵉ classe et de 20 % sur ceux de 3ᵉ classe.

C'est donc, pour les actionnaires, un ajournement momentané de leurs espérances légitimes d'accroissement de dividende ; c'est également pour l'Etat un ajournement dans le partage des bénéfices avec les compagnies.

Il ne faut pas perdre de vue, en effet, que moins ces dernières, qui sont placées sous le régime de la garantie d'intérêts, réaliseront de recettes, plus elles devront de-

mander d'argent au Trésor pour couvrir leurs insuffisances. C'est une éventualité qui doit engager le gouvernement à apporter beaucoup de circonscription et de
quelles se fera l'application de l'article des conventions
de 1883, qui prévoit ce dégrèvement. Il s'agit de trouver
la formule, la « formule équivalente », suivant les
termes mêmes de cet article, qui permette de concilier
ménagement dans les négociations actuellement ouvertes avec les compagnies sur les conditions dans les-
les divers intérêts en présence.

Question com-
plexe.

On voit par ce qui précède, sous quels aspects la question de l'abolition de l'impôt, véritable « impôt de
guerre », établi en 1874 sur les chemins de fer, peut être
envisagée, tant au point de vue de l'intérêt public et
privé qu'au point de vue du Trésor, c'est-à-dire des contribuables, de nous tous. Un dégrèvement mal fait est
inutile et dangereux. Nous en faisons la triste expérience depuis l'abolition de l'impôt sur les vins qui,
depuis 1880, a fait perdre inutilement au Trésor, sans
profit pour les contribuables, une recette annuelle de
71 millions.

IV

Influence des
tarifs sur le
trafic.

Il n'est pas de problème économique plus ardu que
celui des tarifs de chemins de fer. Les diverses solutions
qu'il comporte ont une influence incontestable sur la
marche progressive d'un pays et sur le résultat de la
lutte commerciale et industrielle que soutiennent les
nations modernes.

S'il était nécessaire de démontrer combien, de tous les
modes d'organisation de l'industrie des chemins de fer,
le régime appliqué en France est celui qui présente le
moins d'inconvénients, la facilité avec laquelle une réforme de cette nature va s'accomplir en serait la preuve.

Si l'on supprimait ce régime, il faudrait choisir entre
deux systèmes : l'exploitation d'État et l'indépendance
absolue des compagnies.

L'exploitation d'Etat est jugée : on sait, chez nous, ce qu'elle coûte ; en Allemagne, en Belgique, où fonctionne ce système, il cause de continuels mécomptes.

L'indépendance des compagnies et la liberté des exploitations existent en Angleterre et en Amérique. On s'est figuré que la liberté des compagnies entretiendrait des concurrences dont le commerce profiterait. Mais les compagnies étrangères ont compris qu'il leur serait plus avantageux de s'unir que de se combattre. Les expéditeurs ont été rançonnés. On a vu, aux Etats-Unis, des tarifs varier de semaine en semaine. En Angleterre, les abus ont été si choquants que le parlement a dû intervenir.

Notre organisation, qui se résume dans l'association de l'Etat et des compagnies, est donc certainement la meilleure, car elle offre toute sécurité aux intérêts nationaux. C'est elle qui a facilité la construction des 35,000 kilomètres établis depuis 1842 ; c'est elle qui, par un simple article inséré dans les conventions de 1883, si injustement attaquées et méconnues, permet d'associer les compagnies à l'Etat pour les détaxes à consentir au profit des voyageurs. La part de sacrifices de chacune des deux parties a été précisée et peut maintenant servir d'indication et de base pour les négociations à intervenir.

Ces négociations, nous en avons la confiance, aboutiront à un heureux résultat. Elles ne peuvent être en meilleures mains. L'honorable M. Rouvier a été rapporteur des conventions de 1883 ; il considère, avec raison, qu'en les défendant, il a rendu service au pays. Il sait que le concours des compagnies de chemins de fer est acquis à l'Etat dès qu'il s'agit des grands intérêts nationaux. Il sait aussi que, dans cette tâche difficile, il sera particulièrement secondé par son collègue des travaux publics, l'honorable M. Yves Guyot qui apporte tant de soins, d'esprit, de méthode et de suite dans la direction des grandes affaires qui lui sont confiées.

BUDGET DE 1892

LE DÉGRÈVEMENT DES TRANSPORTS

I

Le projet de budget de 1892 continue l'œuvre de réformes et de bonne gestion financières entreprise par M. Rouvier.

Son trait caractéristique est, d'une part, l'abolition de l'impôt sur la grande vitesse pour le transport des voyageurs à plein tarif, une réduction importante sur le prix des billets à prix réduit et, pour les marchandises, non seulement l'abolition de la surtaxe créée en 1871, mais encore la suppression de la totalité de l'impôt.

Ces réformes seront accueillies avec la plus vive satisfaction par le public tout entier et surtout par nos agri-

culteurs. C'est une véritable « révolution économique » qui se produit, suivant la juste expression que M. Rouvier, rapporteur des conventions de 1883, employait, lorsqu'il prévoyait pour l'avenir — et cet avenir est maintenant l'heure présente — les réductions possibles des frais de transport.

Il ne faut pas perdre de vue cependant que cette réforme impose de lourdes charges au Trésor et aux compagnies de chemins de fer. Le Trésor, comme nous l'avons précédemment expliqué, y fera face par ses plus-values budgétaires; mais, pour les compagnies, c'est un surcroît de dépenses, un fardeau même qu'elles s'imposent pour donner satisfaction aux intérêts généraux du pays et qui retarderont le moment trop hâtivement espéré des accroissements de dividendes pour les actionnaires.

II

Les conventions de 1883 stipulaient que, dans le cas où l'Etat supprimerait la surtaxe ajoutée par la loi du 16 septembre 1871 aux impôts de grande vitesse sur les chemins de fer, les compagnies s'engageaient à réduire les taxes applicables aux voyageurs à plein tarif de 10 % pour la 2ᵉ classe et de 20 % pour la 3ᵉ classe.

Cette disposition était donc spéciale aux transports des voyageurs. Les transports des marchandises n'y étaient pas compris. Et, en ce qui concerne même les billets des voyageurs, la stipulation n'avait pas prévu ceux d'aller et retour.

Sur ces divers points, par conséquent, il a été nécessaire d'engager des négociations avec les compagnies. Elles ont abouti à une entente définitive.

Conventions du 1883.

III

M. Félix Faure a lu à la commission du budget son rapport sur le dégrèvement des transports par grande vitesse. Les chiffres définitifs qui y sont constatés diffèrent sur certains points de ceux précédemment donnés au cours des négociations entre le gouvernement et les compagnies.

L'abandon par l'Etat de l'impôt de la grande vitesse, en tant qu'elle s'applique aux voyageurs, représente une réduction de 9 % pour les places de 1ʳᵉ classe, 10 % pour la 2ᵉ classe, et 11 % pour la 3ᵉ classe. Les compagnies, de leur côté, consentent une réduction de 8 % sur la 2ᵉ classe et 16 % sur la 3ᵉ classe.

Économie de la réforme.

Le résultat total est donc le suivant :

	Réduction.	Ancien tarif kilométrique.	Nouveau tarif kilométrique.
		Centimes.	Centimes.
Première classe	9 %	12.32	11.20
Deuxième classe	18 %	9.24	7.56
Troisième classe	27 %	6.776	4.928

Les billets d'aller et de retour continueront à bénéficier d'une réduction de 20 % sur le prix total des deux voyages, basé sur le nouveau tarif.

Les messageries et denrées, qui sont actuellement confondues, seront désormais distinctes : on appliquera aux unes et aux autres des tarifs décroissant selon la distance.

Les messageries par expédition de plus de 40 kilos, qui paient actuellement par tonne kilométrique 35 c. 71 et avec l'impôt 0 fr. 44 uniformément, paieront désormais :

Par tonne et par kilom.

	Fr. c.
Jusqu'à 100 kilomètres	0 32
Par kilomètre en sus de 101 à 300 kil.	0 30
— — de 301 à 400 kil.	0 28

et ainsi de suite, avec une réduction de 0 fr. 02 par kilomètre d'excédent, par chaque distance nouvelle de 100 kilomètres, jusqu'à 0 fr. 16 pour 1,001 kilomètres et au delà.

Les expéditions de messageries au-dessous de 40 kilos, qui paient uniformément, au taux actuel, 0 fr. 55 (impôt compris) par tonne et par kilomètre, paieront :

Par tonne et par kilom.

	Fr. c.
Jusqu'à 200 kilomètres	0 35
De 200 à 300 kilomètres	0 32
De 301 à 400 —	0 31

et ainsi de suite, par diminutions successives, jusqu'à 1,000 kilomètres et au delà.

Enfin, les denrées, qui paient aujourd'hui 0 fr. 44 par tonne et par kilomètre, paieront 0 fr. 24 jusqu'à 100 kilomètres, 22 c. 5 de 101 à 300 kilomètres, 0 fr. 21 de 301 à 500 kilomètres, et ainsi de suite jusqu'à 10 c. 5 à partir de 1,000 kilomètres.

Le rapporteur compare les prix de transport des messageries et denrées, sous le tarif actuel et sous le tarif à introduire :

	Distance kilométrique.	Prix actuel par tonne.	Prix nouveau par tonne.
		Fr. c.	Fr. c.
Messageries	200	84 »	63 »
—	400	176 »	120 »
—	600	204 »	171 »
Denrées	200	84 »	46 50
—	400	176 »	90 »
—	600	204 »	130 50

De plus, pour le calcul des distances, l'ensemble des lignes des compagnies est considéré comme un réseau unique, de sorte que le tarif décroissant s'applique aux distances parcourues par un même envoi sur des lignes appartenant à diverses compagnies.

La réforme opérée sur ces bases aura pour conséquence, en partant du trafic actuel, une perte de 55 millions que l'impôt rapportait au budget de l'État, et un abandon de 42 millions de recettes (le dixième environ de la recette totale de la grande vitesse) par les compagnies, soit au total un dégrèvement de 97 millions pour le public.

Le rapporteur signale plusieurs lacunes dans ce projet de réforme des tarifs ; il se plaint qu'on n'y ait pas introduit des réductions spéciales pour le trafic de banlieue de Paris et des grandes villes, et que, notamment, on n'ait pas touché aux tarifs d'abonnements, et enfin que les réductions sur les messageries et denrées ne portent que sur les tarifs généraux et ne fassent pas mention des tarifs spéciaux.

Le rapport conclut à la ratification des propositions présentées par le gouvernement d'accord avec les compagnies.

La commission, après avoir entendu le ministre des travaux publics, a adopté les conclusions du rapport de M. Félix Faure ; c'est, en somme, l'adoption du projet du gouvernement.

Adoption du projet par la commission du budget.

IV

Conséquences
du dégrèvement
pour les compa-
gnies.

Quelles seront, pour les six grandes compagnies de chemins de fer et pour chacune d'elles en particulier, les conséquences du dégrèvement partiel des transports à grande vitesse ? Dans quelle mesure leurs recettes actuelles seront-elles atteintes ? Ce sont là des questions qui intéressent et préoccupent à bon droit les porteurs de titres et auxquelles il est utile de répondre en s'appuyant sur des documents officiels.

Si nous nous reportons aux rapports publiés lors des réunions annuelles des actionnaires, nous trouvons des appréciations qu'il est intéressant de mettre sous les yeux des lecteurs.

Cie de l'Est. Voici ce que disait la compagnie de l'Est dans son rapport du 30 avril 1891 :

Ces concessions qui, dans leur ensemble, constituent un sacrifice considérable de notre part, seront sans doute favorablement accueillies par les Chambres et par le public.

Quelles en seront les conséquences immédiates au point de vue de nos recettes ? Il nous est, vous le comprendrez, impossible de répondre à cette question. Appliquées à l'exercice 1888, nos taxes modifiées eussent entraîné une perte d'environ 4,400,000 francs ; mais il nous semble probable que des dégrèvements de cette importance favoriseront le développement du trafic des voyageurs et des marchandises à grande vitesse, et que des accroissements de recettes compenseront, dans une certaine mesure, les déficits qui, tout d'abord, auront pu se produire. Cependant, d'une part, nous devons nous attendre à certaines augmentations dans les frais d'exploitation ; d'autre part, la situation géographique de notre réseau ne nous permet pas de vous faire entrevoir des perspectives trop optimistes : il pourra, en effet, arriver que les mesures de rigueur récemment appliquées sur notre frontière soient maintenues, ou que les conséquences des futurs tarifs douaniers atteignent le trafic international qui entre pour une part importante dans nos recettes de voyageurs et de marchandises. Par ces divers motifs, nos sacrifices ne trouveront peut-être pas, au moins pendant quelques années, leur compensation dans l'extension de trafic qu'ils devraient normalement provoquer. (Page 54 du rapport.)

Ce n'est pas, on le voit, sans appréhension, que la compagnie de l'Est envisage les conséquences de cette

réforme, elle a grand soin de chiffrer approximativement
la perte qu'elle subirait si cette détaxe portait sur les
résultats de l'exercice 1888 : elle l'évalue à 4,400,000 fr.,
ce qui correspondrait à une perte, par action, de 7 fr. 50,
en supposant que les détaxes n'apporteraient aucune
compensation, soit comme nombre de voyages et de
voyageurs, soit comme tonnage de marchandises.

La compagnie de Paris à Lyon et à la Méditerranée
dans son rapport du 28 avril 1891, dit :   Cⁱᵉ P. L. M

> Il est impossible d'évaluer, surtout en présence des nombreux aléas
> de la question, quelle sera la conséquence finale de cette importante ré-
> forme.

Elle pense néanmoins que l'augmentation du mouvement qui résultera sans doute de ces importants abaissements se traduira nécessairement par une augmentation
de la circulation de matériel et de trains entraînant un
accroissement de dépenses. Aussi, pour faire face à ce
mouvement nouveau, la compagnie a eu la précaution
de commander « 600 véhicules de grande vitesse ».

La compagnie du Midi, dans son rapport du 21 avril   Cⁱᵉ du Midi.
1891, ne se montre pas très rassurée sur les résultats
pécuniaires de la réforme :

> Il est à craindre, dit le conseil d'administration, qu'elle ne se traduise,
> surtout en ce qui concerne les recettes-voyageurs, par une diminution
> sensible, et que les compensations à attendre d'un plus grand développe-
> ment du trafic ne se produisent pas dès le début. Nous avons cru cepen-
> dant devoir nous associer aux projets du gouvernement et assurer ainsi
> au public des avantages très considérables dont nous pouvons espérer
> ressentir plus tard les bons effets.

L'opinion de la compagnie du Nord est d'un grand   Cⁱᵉ du Nord.
poids, car, des six grandes compagnies, elle est la
seule qui, n'ayant jamais fait appel à la garantie d'intérêts de l'État, a la liberté de ses dividendes, dont le
montant annuel est fixé d'après les recettes nettes de
son trafic.

Or, M. le baron A. de Rothschild, qui présidait la
dernière assemblée du Nord, s'est exprimé comme
suit au sujet des réformes de tarifs de transport :

La plus-value disponible de nos recettes aurait été bien plus considérable sans le prélèvement de 2,900,000 francs que nous avons eu à opérer pour rectifications de comptes réclamées par l'administration des finances. Ces réclamations n'auraient jamais été soulevées si nous n'avions pas eu la bonne chance d'échapper à la garantie d'intérêts.

Quoi qu'il en soit, nous avons pu porter notre dividende à 70 francs, tout en mettant encore 2,500,000 francs à la réserve.

La réserve s'élèvera à 11 millions. Nous avons d'autant moins hésité, encore cette année, à la renforcer que, ainsi que vous venez de l'entendre, dans le projet de budget déposé à la Chambre des députés, le ministre propose la suppression de l'impôt sur la grande vitesse, voyageurs et marchandises.

Les compagnies se sont engagées à s'associer à cette mesure dans des conditions que nous ne pouvons pas vous indiquer parce qu'elles ne sont pas encore déterminées. Ce grand abaissement des tarifs aura, sans aucun doute, pour effet de donner une vive impulsion à cette catégorie de transport ; cependant l'expérience nous a démontré qu'il ne fallait pas prévoir immédiatement un développement du trafic suffisant pour couvrir la grande différence de recettes qui pourrait en résulter. D'ailleurs, Messieurs, l'accroissement de nos réserves est le témoignage le plus manifeste de la prospérité de la Compagnie, et nous ne pouvons que nous féliciter de pouvoir les agrandir encore davantage, sauf chaque année à être en mesure de soumettre à votre approbation un dividende qui puisse vous paraître satisfaisant.

Cie d'Orléans.

La compagnie de Paris à Orléans déclare, dans l'assemblée des actionnaires du 28 mars 1891, — sans nier les avantages que le public, en général, recueillera, — qu'il faudra du temps pour compenser l'effet des abaissements de prix consentis par elle :

On ne saurait se dissimuler l'importance du sacrifice immédiat que s'impose la Compagnie, mais il s'agit d'une réforme d'un intérêt considérable pour le public en général, et en particulier pour les agriculteurs, qui ne peuvent manquer d'apprécier les avantages importants résultant pour eux du nouveau tarif applicable aux transports de denrées. Nous sommes fondés à espérer que l'augmentation du trafic viendra, au bout d'un certain temps, compenser l'effet des abaissements de prix que la Compagnie n'a pas hésité à consentir pour seconder les vues du gouvernement et servir les intérêts généraux du pays.

Cie de l'Ouest.

La compagnie de l'Ouest qualifie d'un mot le dégrèvement des transports :

C'est, dit-elle dans son rapport du 31 mars 1891, « une véritable révolution » dans l'ensemble des transports à grande vitesse, et dont il paraît très difficile d'apprécier à l'avance l'influence sur les recettes de notre Compagnie, d'autant plus que les résultats dépendront beaucoup plus de l'état économique du pays dans les prochains exercices à envisager.

Nous pensons toutefois que la diminution des recettes et, par suite,
l'aggravation de la garantie d'intérêt qu'il est prudent de prévoir au
début, sera promptement couverte, et certainement compensée dans la
suite par le développement de la circulation des voyageurs et du transport des marchandises en grande vitesse. (Page 55 du rapport.)

V

On voit, par ces citations, avec quelle circonspection
les grandes compagnies envisagent les conséquences pécuniaires du dégrèvement de la grande vitesse. Elles ne
se font, à cet égard, aucune illusion; elles ont le soin
louable d'avertir leurs actionnaires et de les mettre en
garde, eux surtout, contre un optimisme exagéré.

L'importance des sacrifices consentis par les compagnies est énorme : ils se chiffrent par 42 millions et
résultent, d'une part, des engagements pris lors des
conventions de 1883 et, d'autre part, des concessions
faites par les compagnies au cours des négociations avec
les représentants du gouvernement. Pour la première
partie (réduction des prix de la 2ᵉ et 3ᵉ classes et des
billets d'aller et retour), c'est 23 millions environ de
recettes que les compagnies abandonnent. Pour la seconde partie (abaissement du tarif des marchandises-
denrées), c'est encore 19 millions de concessions supplémentaires.

L'État, de son côté, n'abandonne pas moins de 53 millions de recettes. En ce qui concerne les voyageurs et
leurs bagages, il laisse subsister l'impôt de 12 % qui
existait avant la guerre et supprime la surtaxe établie
en 1871. Mais il abandonne, en outre, tous les impôts sur la grande vitesse pour le transport des messageries et des denrées, impôts qui, en 1890, ont produit 49,091,486 francs, dont 35,884,667 francs pour les
voyageurs et 13,206,819 francs pour les marchandises.
Comme les compagnies abaissent leurs tarifs, la taxe
de 12 % dont ils seront grevés diminuera proportionnellement, et, de ce chef, la perte supplémentaire que
subira l'État peut être évaluée à 4 millions.

Importance
globale du dégrè-
vement.

Ainsi : 42 millions de diminutions de tarifs consenties par les compagnies, d'une part; 53 millions de recettes abandonnées par le Trésor d'autre part; c'est un dégrèvement total de 95 millions consenti au public par les compagnies et par l'Etat.

Chiffres com-
parés.

Le tableau qui suit permettra de se rendre compte des réductions dont les voyageurs bénéficieront.

VOYAGES DE	COUT ACTUEL			COUT DU VOYAGE à partir DU 1er AVRIL 1892		
	1re classe	2e classe	3e classe	1re classe	2e classe	3e classe
	fr. c.	fr. c.	fr. c.	fr. c.	fr. c.	fr. c.
Paris à Châlons-s.-Marne	31 80	16 »	11 70	19 40	12 80	8 40
— Nancy	43 60	32 60	23 90	39 30	26 55	17 80
— Calais	36 85	27 25	19 95	32 72	21 80	16 95
— Amiens	16 10	12 10	8 85	14 65	9 90	6 45
— Lyon	63 06	47 30	34 70	56 40	38 80	25 45
— Bordeaux	71 20	53 40	39 15	63 70	43 70	28 50

De plus, comme les compagnies ont consenti, pour les billets d'aller et retour, une réduction qui sera de 20 % sur les 2e et 3e classes, par rapport aux prix nouveaux des billets simples, il en résulte que, pour les 2e et 3e classes surtout, les réductions de prix sont considérables et que cet abaissement de tarif engagera grand nombre de voyageurs à prendre la 2e classe de préférence à la 1re classe, et la 3e classe de préférence à la 2e classe.

Si le nombre des voyageurs, malgré ces réductions, ne s'accroît pas, les compagnies et l'Etat supporteront une perte sèche énorme : les compagnies, en vertu des conventions de 1883, ayant un dividende minimum garanti à leurs actionnaires, se tourneront vers l'Etat et feront appel à sa garantie sous forme d'avances remboursables.

Si le nombre des voyageurs s'accroît dans une proportion telle que cette augmentation procure un total

de recettes égal à celui actuellement perçu, le matériel
des compagnies sera insuffisant; on augmentera le
nombre des trains; les frais de surveillance, de trac-
tion, de contrôle seront accrus; on voudra rendre plus
confortables les compartiments de 2° et de 3° classes.
Il faudra, comme conséquence, effectuer de nouvelles
dépenses et ces dépenses diminueront d'autant le produit futur des lignes, d'où ajournement inévitable dans
l'accroissement entrevu des dividendes des compagnies.

Si l'on veut remarquer, enfin, que les diminutions
consenties pour les marchandises, selon leur poids ou
selon la nature des denrées, sont très fortes (un colis,
par exemple, pesant 20 kilos coûte à l'heure actuelle-
9 fr. 60 de Paris à Marseille et ne coûtera plus que
5 fr. 40), on conviendra, comme l'a dit justement le
conseil d'administration des chemins de fer de l'Ouest,
que c'est une « véritable révolution » qui s'accomplit
dans les transports.

VI

La question des chemins de fer s'ouvre donc à nou-   Conclusion.
veau devant le pays : les résultats pécuniaires de cette
réforme peuvent être des plus graves pour les compagnies et pour l'État. Ce n'est pas sans danger que
l'on se prive d'un total de recettes de 95 millions;
il faut désirer ardemment, dans l'intérêt de nos finances
publiques, comme le croient la commission du budget
et le gouvernement, comme l'espèrent très timidement
les compagnies de chemins de fer, que l'augmentation
de recettes résultant d'un afflux de voyageurs et de marchandises compense les sacrifices réels qui sont consentis. Mais il faut prendre garde d'aller trop loin et
trop vite dans cette voie de dégrèvement. Il convient de
se rappeler que tous les dégrèvements ne produisent
pas les mêmes effets et que, depuis 1880 surtout, il

en a été effectué qui ont privé le Trésor de ressources réelles, sans compensation aucune, ni pour lui ni pour le consommateur. Le dégrèvement de 71 millions sur les vins, par exemple, a enlevé une recette assurée au Trésor et n'a nullement profité au public, producteur ou consommateur.

Il faut, en outre, éviter de nouvelles demandes, — comme se proposent de le faire plusieurs députés qui trouvent que les nouveaux tarifs ne sont pas suffisamment abaissés, — de porter atteinte au crédit des compagnies, car ce serait aussi porter atteinte à celui de l'Etat : le Trésor gagne d'autant plus que les compagnies sont prospères. On doit y regarder à deux fois avant de toucher à des sociétés dont les actions et les obligations sont réparties à l'infini dans les plus petits portefeuilles, à l'égal de la rente elle-même. Ces sociétés, par la force de leur crédit, par la confiance qu'elles inspirent à l'épargne tout entière, ont doté notre pays de 35,000 kilomètres de voies ferrées ; pour l'exécution de cet immense réseau, elles ont émis plus de 33 millions de titres, 3 millions d'actions et 30 millions d'obligations, représentant, aux cours actuels, une valeur de plus de 16 milliards ; elles ont aidé au développement du commerce et de l'industrie ; elles procurent annuellement au Trésor, sous forme de redevances, de taxes, d'impôts divers, près de 300 millions de recettes alors que les actionnaires se partagent à peine 160 millions. Par les titres qu'elles ont émis et placés, elles ont fait pénétrer, dans toutes les classes de la société, le goût de l'épargne et de l'économie. Gardons-nous, par des réformes et des réclamations exagérées, d'affaiblir ces associations puissantes par les capitaux qu'elles ont groupés autour d'elles et dont elles ont la garde, puissantes par les intérêts nombreux qu'elles représentent dans le commerce et l'industrie, car les affaiblir ce serait affaiblir l'Etat lui-même qui, dans soixante ans, sera propriétaire, sans sacrifice aucun, de toutes ces richesses accumulées.

BUDGET DE 1893

I

Depuis plusieurs années, le budget présente un trait qui le caractérise et le distingue de ceux qui l'ont précédé. A partir du jour où, élaboré par le ministre des finances, il est déposé sur le bureau de la Chambre, puis transmis à la commission qui doit l'examiner, on a pour lui, qu'on nous permette la comparaison, les mêmes préoccupations que celles dont la fête du 14 juillet est l'objet. Tous les ans, en effet, aux approches du mois de juin, on se demande quel sera le « clou » de la fête nationale, quelle statue, quel monument, quelle rue ou quel boulevard on inaugurera. Nos budgets n'échappent pas à cette tendance, à ces dispositions d'esprit. Un budget, sans épithète, purement et simplement en équilibre, solidement assis sur ses pieds, c'est-à-dire décomptant strictement les dépenses à faire, se gardant de majorer les recettes à encaisser, ne suffit plus à l'ambition de quelques législateurs. Il leur faut du « nouveau », une réforme, une innovation quelle qu'elle soit.

Nous avons fermé l'ère des budgets « d'expédients » pour ouvrir celle des budgets « de principe ». Nous avons connu les budgets « d'attente », de « comptabilité ». On a défendu et combattu à la tribune le budget « d'opposition », le budget « radical », le budget de « pénitence » et le budget « républicain » tout court. C'est à croire que tout serait perdu compromis à jamais, si le budget ne portait pas un qualificatif pour le désigner immédiatement à l'attention.

Le budget de 1801 a été celui de « l'unité budgétaire »

Le « clou ».

Dénominations de budgets.

par la suppression du budget extraordinaire. Celui de 1892, qui vient d'être promulgué, pourrait, à lui seul, porter bien des noms, car il fourmille de réformes, d'innovations et contient d'importants dégrèvements : incorporation au budget ordinaire des dépenses de la garantie d'intérêt ; réforme partielle des frais de justice ; suppression de l'impôt sur la grande vitesse, etc. C'est pour la première fois, croyons-nous, que l'on voit une loi de finances aussi longue que celle de cette année. Elle comprend (1) des dispositions qui seraient mieux à leur place dans le code de procédure civile ; c'est pour la première fois aussi que figurent, dans un tableau spécial, les comptes de l'Algérie, bien que ces comptes soient englobés dans l'ensemble des recettes et des dépenses totales de l'exercice. Est-ce un premier pas fait en faveur du budget spécial de notre grande colonie ? Dans ces conditions, l'innovation serait, à notre avis, dangereuse : des colonies qui disposent de budgets spéciaux et tiennent, pour ainsi dire, les cordons de la bourse, sont tentées, parfois, au moindre vent mauvais qui souffle, de rêver d'autonomie politique, administrative et fiscale : de là à se séparer de la métropole, il n'y a pas loin.

II

Danger des innovations.

Ces innovations budgétaires, aussi justifiées, aussi bonnes qu'elles puissent paraître, nous inquiètent et nous troublent lorsqu'elles se produisent à chaque instants, sans trêve ni merci. Nous aimons le progrès et les réformes, mais nous croyons qu'en matière de finances, il ne faut s'avancer qu'avec la plus grande prudence et surtout ne pas céder aux illusions. Quand, dans quelques jours, les députés seront de retour, le budget de 1893 sera prêt à être déposé sur le bureau de la Chambre. A peine celui de 1892 est-il promulgué, qu'il faut

(1) Art. 1 à 25.

déjà songer à étudier et à discuter celui de l'exercice
suivant.

Que sera ce budget de 1893 ? Quel sort lui est réservé?
A quelle réforme attachera-t-il son nom ? Il n'a pas encore vu le jour, mais des parrains nombreux et empres-
sés attendent sa naissance et, comme de bonnes fées,
se préparent à veiller sur son berceau. Ils l'appellent
déjà le budget de la réforme de l'impôt sur les boissons,
sans compter d'autres noms et prénoms qui sont tenus
en réserve.

Nous avons, sur ce budget de 1893, des visées plus
modestes. Nous voudrions qu'il fût, tout simplement,
un budget calme, tranquille, un budget de bon père de
famille. Il est facile d'imaginer une infinité d'expériences fiscales, de supprimer une taxe pour la remplacer par quelque autre plus ou moins incertaine ; mais
ne vaudrait-il pas mieux, tout d'abord, savoir comment
se comportera le budget de l'année en cours, ce que
produiront les réformes qu'il contient ?

Est-ce trop demander ?

Que donneront les recettes des chemins de fer, après
le dégrèvement d'environ 100 millions consenti par
l'État et par les compagnies ? Ces recettes sont-elles
appelées à s'accroître, à rester stationnaires ou à diminuer ? Quelle sera leur influence sur le compte de la
garantie d'intérêts et sur l'ensemble même du budget ?

Quelles seront les conséquences budgétaires de la
réforme partielle des frais de justice ? Quels en seront
les résultats fiscaux, en tenant compte des relèvements
de taxes établis par voie de compensation ?

Et nos douanes ? Elles ont été évaluées, au jugé, à
407,700,700 francs. Que donneront-elles avec l'application des nouveaux tarifs ? Que produira et où nous
mène la politique commerciale prohibitive, au seul point
de vue des recettes budgétaires ?

III

Ce n'est pas tout. L'Etat a consenti cette année 77 millions de dégrèvements. Il s'est ainsi privé, pour le budget de 1893, d'une ressource certaine, connue. Pendant que, d'un côté, ces 77 millions lui feront défaut, il devra payer 103 millions de bons du Trésor arrivant à échéance cette année. Sans doute, les facilités de crédit, les disponibilités et les moyens d'action du Trésor sont tellement puissants qu'il n'y a pas lieu de s'inquiéter de ce remboursement. Il n'en est pas moins vrai qu'avec les dégrèvements consentis, il s'agit pour lui de gagner d'abord les 77 millions qu'il ne recevra pas, et de se procurer ensuite 103 autres millions, soit, au total, 240 millions. Aussi optimiste que l'on soit, ce n'est pas là, on en conviendra, une « quantité négligeable ».

Budget d'attente. Ne serait-il donc pas sage de laisser le budget de 1893 suivre tranquillement son chemin, sans l'alourdir, sans risquer de l'entraver par de nouvelles et grosses réformes qui peuvent en compromettre l'équilibre ?

Ne serait-il pas prudent, comme l'a demandé le ministre des finances, d'établir ce budget sans aucune augmentation de dépenses, de s'opposer à tout accroissement de charges, d'attendre que les recettes produisent tout leur plein, sans éparpiller nos ressources et nos forces dans des dégrèvements ou des innovations fiscales et financières qui n'offrent aucun caractère d'urgence ?

N'avons-nous pas besoin, en présence du chiffre respectable de nos budgets, de l'importance de la dette publique, de constituer un fonds de réserve puissant ? Dégrever peut être une politique ; mais amortir en est une qui a son prix, et n'y aurait-il pas lieu d'examiner sérieusement s'il ne serait pas temps d'accroître les amortissements ?

Nous connaissons l'objection que présentent les amatours de réformes et de progrès ininterrompus, à jet continu. « Nous pouvons, disent-ils, envisager l'avenir avec une entière confiance et nous livrer à de nombreux dégrèvements. Notre budget contient une « réserve latente », une grosse ressource dont le Trésor pourra bientôt faire état : cette ressource, c'est la conversion de la rente 4 1/2 %, que le gouvernement pourra effectuer en 1893. » Sans doute, cette ressource existe : nous sera-t-il permis de répondre à ceux qui l'escomptent déjà et, à un franc près, en supputent les bénéfices, que nous saurons ce qu'elle nous donnera... quand elle aura été réalisée? Une conversion qui comprend 305 millions de rentes et roule sur un capital de près de 7 milliards est très facile à faire en théorie et sur le papier : en pratique, elle exige beaucoup d'habileté, beaucoup de prudence et ne s'exécute pas aussi facilement qu'on le croit. Le ministre qui aura la responsabilité de cette grave opération, devra compter sur une foule de circonstances qui peuvent déjouer les prévisions et les calculs les plus sérieux. Il faut l'étudier longuement, la préparer, la mûrir : c'est le devoir du gouvernement et ce doit être le souci du ministre des finances ; mais moins on en parlera, moins on en escomptera les résultats, plus grandes seront ses chances de succès. On peut dire des bénéfices éventuels de la conversion ce que Turgot disait de la soupe des Cordeliers : « Elle est à eux quand ils l'ont mangée ». Que nos députés, eux aussi, comme les bons Cordeliers de Turgot, veuillent bien, avant de manger la soupe, attendre au moins qu'elle soit trempée. Qu'il leur suffise, en attendant, lorsqu'ils examineront le budget de 1893, de ne pas réclamer à l'étourdie des réformes dangereuses, coûteuses; de ne pas proposer des dépenses ou improviser des recettes budgétaires dans l'intervalle d'une séance à l'autre ; et, au moment où nous sommes, alors que le budget de 1892 se solde par un petit excédent de 337,778 francs, qu'ils veuillent bien ne pas se lancer dans de trop nombreuses expériences budgétaires : ce

Réserve latente.

La « soupe des Cordeliers ».

sera le commencement de la sagesse. Ne mangeons pas
notre blé en herbe et, sans les perdre de vue, n'escomp-
tons pas trop tôt les bénéfices futurs et éventuels de la
conversion de la rente 4 1/2 %.

IV

Comment
« boucler » le
budget.
On plaisante très agréablement le gouvernement, le
ministre des finances, la commission du budget sur les
moyens employés pour « boucler » le budget de 1893,
c'est-à-dire en assurer l'équilibre. « C'est un jeu, dit-on,
qui rappelle à certains égards celui des cordons bleus,
prenant une pincée de sel ici, une cuillerée de beurre
là, pour les jeter dans la casserole. On rogne quelques
crédits d'un côté ; on fait quelques petites conversions
de l'autre ; on ajourne cette dépense-ci ; on amorce celle-
là mais en en réduisant le montant ; on relève l'évaluation d'une taxe ; on crée un petit impôt nouveau et
le plat se trouve dressé, tout prêt à être servi. »

Tout cela peut être spirituel, mais ne prouve absolument rien contre la situation excellente de nos finances.

Dans un pays où la somme des impôts payés à l'État,
aux départements, aux communes approche beaucoup
de 3 milliards 1/2, — ce qui, étant donné le chiffre officiel de la population de 38,343,000 habitants, représente
par tête d'habitant une charge moyenne de 90 à 91 francs
— comment s'étonner que, sous l'influence de telle ou
telle cause plus ou moins accidentelle et passagère, une
dépression de quelques millions se produise dans la rentrée des recettes budgétaires ? Comment s'étonner que
des dépenses urgentes surgissent et, dès lors, ne convient-il pas d'y satisfaire, sous peine de tout désorganiser ?

Les mécomptes
du produit des
douanes.
Sans parler des 31 millions de dépenses pour le ministère de la marine, des 25 millions que réclame le
ministre des travaux publics pour supplément de la

garantie d'intérêts, — conséquence de l'erreur commise par la Chambre, qui a modifié les conventions de 1883, en ce qui concerne les insuffisances portées au compte d'établissement, — une des causes des difficultés budgétaires, c'est le mécompte que donne le produit des douanes et, malheureusement, la politique économique due aux partisans de la protection, nous causera encore des déceptions de ce genre, il faut bien s'y attendre.

On a frappé de droits élevés les marchandises et produits étrangers qui entrent en France. Plus nombreux seront nos besoins de ces marchandises et de ces produits, plus élevées seront nos recettes douanières et budgétaires ; mais plus dure aussi sera la situation des acheteurs et des consommateurs de ces produits venant de l'étranger. Est-ce là ce que demandent ceux qui critiquent la façon dont le budget a été « bouclé » ? Désirent-ils que nous ayons une récolte tellement mauvaise qu'elle nous force à acheter d'énormes quantités de céréales qui, frappées de droits à leur entrée en France, produiraient au Trésor un supplément considérable de ressources ?

Étant donné le peu de temps qui restait aux Chambres et au Sénat pour examiner et voter le budget, il ne convenait pas de s'attarder trop longtemps au choix des moyens pour obtenir l'équilibre. Entre la commission du budget et le gouvernement, l'entente s'est faite. Que n'aurait-on pas dit si le gouvernement avait accepté de présenter au vote des Chambres un budget en déficit ! Que de récriminations ! Quelles dissertations sur la gestion déplorable des finances publiques !

Le choix des moyens.

On a fait pour le mieux et on a bien fait, car les moyens ne manquent pas pour procurer largement au Trésor toutes les ressources — et bien au delà — qui lui sont nécessaires. Ces ressources, le ministre des finances les a immédiatement indiquées à la commission : la conversion de la rente 4 1/2 % les fournira.

Et, en effet, la question de la conversion a été officiellement posée, avec franchise et netteté ; les déclarations de M. Rouvier ont frappé tout le monde, car il faut qu'un ministre des finances, qu'un homme d'Etat, soit bien sûr de la situation de son pays, au point de vue financier et politique, pour annoncer à l'avance, une opération considérable.

V

Conversion du 4 1/2 %.

La conversion de la rente 4 1/2 %, c'est là, suivant nous, le point important qui ressort de la discussion du budget de 1893 devant la commission de la Chambre. Autrefois, pour des raisons qui, sans doute, avaient leur valeur, les ministres des finances, le gouvernement, les Chambres prenaient mille et une précautions pour laisser, le plus longtemps possible, les rentiers dans l'incertitude et le doute des résolutions qui devaient être prises à leur égard.

On niait la conversion... jusqu'au jour où elle était annoncée officiellement. Que la rente hausse ou baisse, que les rentiers soient inquiets ou confiants, peu importait. La suprême habileté financière consistait à garder le silence, à éviter l'ombre même d'une conversation sur un sujet aussi brûlant. D'une façon fort discrète, les ministres cherchaient à se renseigner et à être renseignés sur l'état de l'opinion, sur l'impression que produirait l'éventualité de telle ou telle combinaison financière ; mais ils trouvaient préférable de ne rien dire et de laisser les porteurs de rentes, les capitalistes, les banquiers, les spéculateurs s'agiter, se débattre, avoir confiance ou se désespérer. M. Rouvier a pensé que la plus sage et la plus avisée des politiques était de dire la vérité. Aussi, grâce à la franchise du ministre des finances, la question de la conversion est aujourd'hui officiellement posée : ses avantages ont été nettement indiqués : accroissement et mise au jour de ressources budgétaires importantes ; constitution de fortes réserves pour l'amortissement de la dette publique et pour des besoins utiles. N'est-ce pas là le système que nous avons fait prévoir et soutenu ?

Désormais, les rentiers sont avertis : contrairement à ce qui se passait lors des précédentes conversions, les déclarations du ministre ne les ont nullement inquiétés; ce qui le prouve, c'est la fermeté des rentes 3 % et des 4 1/2 % qui seront converties.

Restent à déterminer l'époque précise et les conditions dans lesquelles s'effectuera cette conversion ? Ce sont là des questions dont la solution doit être entièrement laissée à l'initiative gouvernementale.

Nous avons indiqué nos préférences et notre système : nous y reviendrons encore plus d'une fois. La conversion du 4 1/2 % en 2 1/2 %, à raison de 3 fr. 25 de rente 2 1/2 % contre 4 fr. 50 de 4 1/2 %, que nous avons recommandée, projet qui rencontre aujourd'hui dans la presse, dans le monde politique et financier de nombreux partisans, serait tout à la fois avantageuse à l'Etat et aux rentiers. Le 2 1/2 %, nous ne cesserons de le répéter, c'est le fonds de l'avenir et d'un avenir prochain.

Comment elle doit être faite.

Ses avantages au point de vue économique et financier, au point de vue du Trésor et des rentiers, sont incontestables.

L'intérêt du crédit veut, pour maintenir les fonds publics dans un état de vigueur et d'activité, qu'ils soient toujours à distance « du pair ». Cette tendance continuelle à toucher au but, c'est-à-dire au cours de 100 fr., leur donne une élasticité qui est un des principaux ressorts du marché. Convertir un fonds au-dessus du pair par un autre fonds parvenu lui-même « au pair », et convertible lui aussi, c'est immédiatement frapper de stagnation les cours de toutes les rentes : ce serait tout à la fois une mauvaise opération et une faute. En dédommagement de la réduction sur l'intérêt qu'ils consentent ou subissent, les rentiers désirent avoir au moins la chance d'une augmentation sur le capital : or, avec la conversion du 4 1/2 % en 2 1/2 % dans les conditions que nous avons exposées, l'Etat peut leur accorder cette juste compensation, sans qu'il lui en coûte un centime.

VI

Influence de la situation financière sur les prochaines élections.

Quant au côté politique de la question, il mérite qu'on s'y arrête. La fin de la législature de 1885 approche : l'année prochaine, de nouvelles élections auront lieu. Quelle force pour une Chambre et pour un gouvernement, quelle récompense pour un ministre qui a eu la lourde responsabilité de gérer les finances publiques, que de pouvoir dire :

« Sous aucun régime et à aucune époque, les capitaux n'ont été aussi abondants ; la rente est au pair ; nos forces militaires sont reconstituées, nous avons dépensé et payé 18 milliards ; l'instruction publique est mise à la portée de tous, nous lui consacrons 186 millions en 1892 au lieu de 54 millions en 1869 ; le développement de nos voies ferrées est assuré et les prix de transport des voyageurs et des marchandises ont été considérablement diminués; les budgets extraordinaires n'existent plus ; de 1888 à 1893, nous avons incorporé dans le budget ordinaire 220 millions de dépenses qui faisaient partie des budgets extraordinaires ; les revenus permanents de l'Etat suffisent à toutes nos dépenses ; les armements de la guerre et de la marine sont payés par nos budgets ordinaires, ce qui n'a lieu ni en Allemagne, ni en Italie, ni en Autriche-Hongrie, ni en Russie ; l'amortissement est relevé et nous consacrons à la diminution de la dette publique, avec une partie des bénéfices provenant de la conversion, de nouvelles et importantes ressources. Avons-nous mérité votre confiance ? »

BUDGET DE 1894

Le projet de budget pour 1894 s'équilibre par 3,437,463,955 francs de recettes et 3,437,251,404 francs de dépenses, laissant ainsi un léger excédent de recettes de 212,851 francs. Le total des dépenses prévues dépasse celui de l'exercice 1893 de 80 millions de francs, chiffre rond, dont 59 millions seulement, comme il est dit dans l'exposé des motifs, constituent une véritable augmentation, les 21 autres millions de dépenses étant la conséquence de la liquidation des chemins vicinaux et des écoles et se compensant par un accroissement de recettes de la même origine.

Augmentations de dépenses.

Les augmentations de dépenses proviennent de diverses sources : 12 millions pour le ministère de la marine, 2 millions pour celui de la guerre, 2,360,000 fr. pour l'instruction publique, 4,600,000 francs pour les postes et télégraphes, 109,800,000 francs pour le service de la garantie d'intérêts aux chemins de fer. Il y a, en outre, pour 149,859,000 francs d'obligations sexennaires qui arrivent à échéance en 1894, les unes le 1er mars et les autres le 1er septembre ; elles ne seront pas remboursées, le ministre demande l'autorisation de renouveler simplement les échéances.

Réformes.

Deux réformes principales sont introduites. celle des boissons et celle de la contribution des portes et fenêtres.

Régime des boissons.

Les dispositions relatives à la réforme des boissons, qui ne figureront dans le texte de la loi de finances que quand le Sénat les aura votées, se résument ainsi : application d'un droit de 200 francs par hectolitre d'al-

cool pur, au lieu du droit actuel de 156 fr. 25 ; suppression de l'exercice et du droit de détail ; maintien du
droit actuel de circulation ; dégrèvement de près des
deux tiers en ce qui concerne le droit sur les bières ;
abandon du droit sur les pommes à cidre et sur les
vendanges ; et, enfin, pour les bouilleurs de cru, adoption de mesures destinées à réprimer la fraude par
l'obligation d'une déclaration et par quelques formalités
imposées aux marchands et détenteurs d'appareils de
distillation. Le ministre des finances estime que, si ces
dispositions qu'il propose sont adoptées, les dégrèvements seront à peu près exactement compensés par les
augmentations de recettes.

Contribution
des portes et fe-
nêtres.

L'autre réforme, celle de la contribution des portes et
fenêtres, fait l'objet des articles 6 à 16 du projet ministériel. Aux termes de l'article 6, cette contribution est
supprimée et elle est remplacée, à partir du 1er janvier
1894, par une taxe représentative calculée sur le revenu
net qui sert de base à la contribution foncière des propriétés bâties.

Conformément à l'article 1er de la loi du 18 juillet
1892, l'impôt actuel est remplacé par une taxe représentative calculée sur le revenu net des immeubles. Toutefois, l'application du taux uniforme de 2,40 % prévu
par cette loi aurait eu pour résultat de surcharger d'une
façon excessive les grandes villes où, depuis le commencement du siècle, la propriété foncière a pris une
plus-value considérable, tandis que la taxe sur les
portes et fenêtres restait invariable. A Paris, notamment, la contribution eût été augmentée de 93 %.

Pour atténuer ces résultats dans la plus large mesure, le projet de loi établit quatre taux différents suivant les catégories de population ; le taux le plus élevé
sera de 2,70 % pour les communes rurales ; le plus
bas, de 1,50 % pour Paris ; c'est également à ce dernier
taux que seront imposées les usines et manufactures.
Dans ce système, 59 départements se trouvent dégrevés,

28 seulement rehaussés, dont 16 dans une proportion inférieure à 10 %.

Il faut signaler encore, parmi les dispositions relatives aux contributions directes, la substitution du nouveau principal à l'ancien pour le calcul des centimes additionnels portant sur l'impôt foncier et celui des portes et fenêtres ; certaines modifications dans l'assiette de la taxe des usines destinées à en activer le recouvrement ; enfin, pour la taxe militaire, l'exonération des hommes exemptés pour infirmités graves et la suppression de la responsabilité des ascendants au delà du premier degré.

Au total, le produit de la nouvelle taxe sera de 43,836,852 francs ; les résultats, au point de vue financier, sont donc sensiblement les mêmes.

Le projet de loi, outre ces deux grandes réformes, contient d'autres innovations de moindre importance et, notamment, il remanie l'assiette de l'impôt du timbre sur les affiches, il change la perception de la taxe militaire, il modifie les conditions de fonctionnement de la Caisse nationale d'assurances en cas de décès, il réduit de 1,000 à 500 francs le maximum des sommes qui peuvent être versées dans une année au compte de la même personne à la Caisse nationale des retraites pour la vieillesse, enfin il opère la liquidation de la Caisse des chemins vicinaux et celle de la Caisse des constructions scolaires.

Les élections générales devant avoir lieu le 20 août, il était nécessaire que le budget fût voté ce mois-ci : ministre des finances, rapporteur général, membres de la commission du budget, députés et sénateurs, tout le monde s'est mis d'accord pour terminer au plus vite la loi de finances de 1894. C'est un budget de départ que nous laisse la Chambre ; elle ne s'est pas piquée de rechercher quelles pouvaient être les améliorations financières à réaliser ; elle ne s'est pas demandé si l'équilibre budgétaire qu'elle vote est bien réel. Ce sera l'affaire des nouveaux élus ; elle n'avait plus ni le temps matériel, ni la liberté d'esprit nécessaires pour s'occuper à fond de sujets aussi sérieux. Toutes les fois qu'un budget sera mis en discussion presque à la veille des élections générales, il en sera toujours ainsi. Celui de 1894 se présente avec un excédent de recettes de 674,907 francs : dépenses, 3,438,251,969 francs ; recettes, 3,438,920,876 francs. Cet excédent, en réalité, n'a été obtenu qu'en ajournant l'incorporation de toutes les dépenses qui auraient dû se trouver comprises dans les dépenses. Comme le déclare avec une grande loyauté le

Ce qu'en pense le rapporteur général.

rapporteur général, M. Antonin Dubost, le budget ainsi réglé ne tient compte ni de la somme de 50,817,000 fr., montant des arriérés dus depuis la suppression des comptes d'exploitation partielle à la compagnie Paris-Lyon-Méditerranée, ni des obligations à court terme, émises par le Trésor précisément pour le paiement des garanties d'intérêt antérieures à l'incorporation de cette dépense au budget ordinaire et venant à échéance en 1894 pour une somme de 149,859,110 francs. Ces obligations s'élèvent à la somme de 207,355,110 francs, payables : 149,859,110 francs en 1894 et 57,496,000 francs en 1895. Déjà, ajoute le rapporteur, « en 1893, l'échéance de 163 millions n'a pu être payée tout entière à l'aide des ressources libres et on ne saurait songer à couvrir l'échéance de 1894 à l'aide des ressources du budget ». Une somme de 113 millions a été imputée sur les excédents de 1890 et de 1891 ; mais, pour la différence de 50 millions, il a fallu faire appel aux ressources de la dette flottante. Il en sera de même en 1894, car, à l'époque de l'année où nous sommes parvenus, les moins-values constatées dans le rendement des impôts s'élèvent à 25 millions et les crédits supplémentaires votés dépassent 50 millions. Aussi la commission propose-t-elle d'autoriser « le ministre des finances à pourvoir au remboursement des obligations échues, au moyen d'une émission d'obligations de même nature dont l'échéance ne pourra dépasser l'année 1900 ».

Cette situation financière aurait mérité une étude et

des réformes approfondies : ce sera l'œuvre de la prochaine législature.

M. A. Dubost, dans son rapport, estime que le budget ainsi établi ne laisse, en aucune manière, un avenir inquiétant. « Le produit d'une conversion prochaine, dit-il, que tout le monde escompte, il est vrai, pour la réalisation des projets les plus divers, procurera à nos budgets futurs l'élasticité dont ils auront besoin, et ne peut servir qu'à cela, il importe de le déclarer dès à présent. » Les porteurs de rentes 4 1/2 % sont, à nouveau, avertis.

Signalons, enfin, dans le rapport de M. Antonin Dubost, les comparaisons très intéressantes qu'il a faites entre le budget de 1869 et le budget actuel. Il a voulu ainsi montrer les causes qui expliquent et justifient les augmentations de dépenses qui se sont produites, les améliorations de toute nature dont le pays a profité.

Ce travail, qui avait été déjà fait par M. le sénateur Boulanger et dans l'exposé général du projet de loi du budget de 1893 présenté par M. Rouvier, est toujours utile. Il montre l'immense effort que la France a accompli pour réparer ses désastres et se relever, effort tel, suivant l'expression de M. Antonin Dubost, « on peut le dire avec fierté, qu'il n'y en a pas d'autre exemple en Europe et qu'on ne saurait le comparer qu'à celui des États-Unis après la guerre de sécession ».

Pas d'avenir inquiétant.

Comparaisons intéressantes. Budget de 1869 et budget de 1891

BUDGET DE 1895

I

« Le budget de M. Burdeau est peut être le plus intéressant de ceux qui ont été soumis aux Chambres françaises depuis plus de vingt ans. C'est un budget de
réformes sérieuses et bien conçues, préparées avec beaucoup de réflexion, d'audace et de modération, avec une
simplicité dont l'effet est saisissant. »

C'est ainsi que, dans une étude magistrale (1), s'exprime M. Léon Say. Quel témoignage plus autorisé et
plus flatteur pour l'œuvre considérable que vient d'accomplir le ministre des finances, quand on connaît les
difficultés que présentait l'établissement de ce budget,
pour subvenir à tous les besoins reconnus nécessaires,
effectuer les réformes fiscales réclamées depuis longtemps et apporter enfin un peu de justice distributive
dans l'impôt !

Nous n'examinerons pas en détail toutes les parties
importantes du budget de M. Burdeau ; mais il en est
une, tout à fait spéciale, qui intéresse au plus haut
degré le crédit public, les actionnaires et obligataires
des compagnies de chemins de fer, l'avenir surtout de
nos finances, et qu'il convient, à notre avis, de mettre
en évidence.

Chemins de fer
et garanties d'in-
térêt.

Il s'agit des chemins de fer et des garanties d'intérêt,
question capitale s'il en fut, car. on l'a dit bien souvent, l'Etat et les compagnies sont des associés : leur

(1) *Journal des Débats*, 18 avril 1894.

intérêt est de s'aider mutuellement, de marcher d'accord, au profit du pays tout entier.

L'Etat, pour des causes diverses, a dépensé beaucoup pour la construction et l'exploitation des chemins
de fer. A côté du grand réseau exploité par nos six
compagnies françaises, se trouvent les lignes algériennes, tunisiennes, celles d'intérêt local, les tramways, les chemins de fer de Dakar à Saint-Louis, du
port de la Réunion, les lignes placées sous séquestre
administratif, etc. Les annuités et subventions à la
charge de l'Etat ainsi que les intérêts et amortissements
incombant à la garantie d'intérêt, ont suivi une progression continue. Tous les capitaux avancés sous forme de
garanties d'intérêt étaient incorporés, depuis deux ans,
comme dépenses ordinaires, dans le budget ordinaire :
c'étaient, en réalité, comme nous n'avons cessé de le
faire remarquer (1), des amortissements véritables,
amortissements intensifs, à vrai dire, que l'Etat effectuait et qu'il mettait en réserve pour le jour où il en
aurait besoin. Mais ce système, justifiable et défenda-
ble quand le budget est en excédent ou n'est pas trop
surchargé, devient dangereux, voire même impraticable,
quand les besoins de l'Etat sont tels qu'il faut augmenter ou remanier les impôts pour assurer l'équilibre budgétaire.

L'Etat est créancier des compagnies pour les capitaux qu'il leur a avancés; il s'est engagé, en outre, à
leur fournir les sommes qu'elles lui réclameraient à
titre de garanties d'intérêt. Quoi de plus naturel, qu'au
lieu d'emprunter ou d'accroître sa dette flottante, il
cherche à rentrer dans les capitaux qu'il a prêtés ? Se
trouvant, en présence de sociétés qui ont su élever leur   Crédit des
crédit à un si haut degré qu'elles trouvent — comme   compagnies.
le démontre le taux de placement et de négociation de

(1) Alfred Neymarck, *Le crédit des compagnies de chemins de fer français; leurs placements et amortissements*, 1892.

Cette communication a donné lieu à la Société de statistique de Paris,
dans la séance de mai 1892, à une intéressante discussion (*Journal de
la Société de statistique de Paris*, juin 1892).

leurs obligations — des capitaux à aussi bon compte
que l'Etat lui-même, quoi de plus juste que l'Etat leur
demande de se procurer elles-mêmes les sommes que
le Trésor public pourrait être obligé de leur avancer
dans l'avenir, et s'engage à leur garantir l'intérêt et le
remboursement des capitaux ainsi empruntés par elles ?
C'est le système auquel s'est arrêté l'honorable ministre
des finances : il charge les compagnies d'emprunter les
capitaux qu'elles doivent au Trésor et ceux que le
Trésor pourrait être, éventuellement, appelé à leur avancer : il a pensé, avec raison, que ces compagnies avaient
un crédit assez puissant pour que, sans nuire à celui
de l'Etat, à l'expansion de nos rentes, elles fassent appel,
avec le plus grand succès, aux capitaux de l'épargne.

Emprunts directs.

II

Causes de pro-gression des ga-ranties.

Les causes de la progression considérable et continue
des garanties d'intérêt, expliquées par M. Burdeau,
dans l'exposé des motifs du budget, avec une franchise,
une netteté incomparables, sont les suivantes :

1° Suppression ou modification, si justifiée en elle-
même, des comptes d'exploitation partielle ;

2° Construction de lignes peu productives, alors que
le développement du réseau, qui aggrave si lourdement les charges du capital n'apporte pas une augmentation correspondante ;

3° Concurrence de la batellerie. Depuis vingt ans tandis que les voies ferrées, tout en s'accroissant en longueur de 100 % (17,438 kilomètres en 1872 ; 34,881 en
1892) n'augmentaient leur trafic que de 56 % (7 milliards
725 millions de tonnes kilométriques en 1872 ; 12 milliards 150 millions en 1802), les voies navigables, au
contraire, avec le développement de 15 % en longueur,
ont doublé leur tonnage (1 milliard 830 millions de
tonnes kilométriques en 1872 ; 3 milliards 609 millions
en 1892).

Ce n'est pas tout. Dans l'intervalle, les droits de navigation ont été abolis. Par rapport au produit de 1879, ce fut un sacrifice de 4,390,781 francs au profit de la batellerie : ce sacrifice représenterait aujourd'hui 8 millions par an. De plus, les dépenses d'entretien et de grosses réparations au profit de l'Etat, qui a dépensé pour les voies navigables environ 1 milliard 300 millions, sont de 11 millions par an en moyenne ;

4° Les tarifs douaniers de 1801 ont coïncidé avec une diminution de recettes brutes de la petite vitesse, en même temps que la suppression de l'impôt sur la grande vitesse exerçait son influence sur les revenus nets des compagnies.

Toutes ces causes réunies expliquent l'accroissement de la garantie d'intérêt des chemins de fer. Leur montant, en ce qui concerne les chemins de fer français, s'élevait à 80,800,000 francs en 1894.

Avec les chemins de fer tunisiens et algériens, les lignes d'intérêt local et tramways, les chemins de fer de Dakar à Saint-Louis, du port de la Réunion, avec l'insuffisance des chemins non concédés, des lignes placées sous séquestre administratif, on arrive à un total de 116 millions en chiffres ronds. En 1895, d'après les demandes du ministre des travaux publics, la garantie d'intérêts s'élève, pour les grandes compagnies à environ 100 millions et à 135 millions pour l'ensemble total des lignes tunisiennes, algériennes, chemins secondaires et autres.

Si à ce total on ajoute les dépenses incombant encore aux comptes d'exploitation partielle, aux lignes secondaires d'intérêt général, d'intérêt local et aux tramways, les charges résultant de la garantie s'élèveront avant peu à 160 millions, sans compter les travaux neufs et complémentaires à effectuer par les compagnies, lesquels exigeront 100 millions par an et augmenteront de 4 millions, chaque année, le montant croissant de la garantie.

Est-ce tout ? Pas encore. Les annuités dues à diverses

compagnies et certaines autres dépenses figurent, en outre, au budget de 1894 pour une somme de 117,460,000 francs. Dans ces 117 millions, se trouvent compris 91 millions affectés pour travaux et études, rachat de lignes, travaux complémentaires du réseau de l'État, intérêt des obligations à court terme, annuités pour garanties d'intérêt de 1871 et 1872, annuité spéciale à la compagnie de l'Est ; annuités résultant des conventions autres que celles approuvées par les lois du 20 novembre 1883.

Les dépenses réelles, provenant des conventions de 1883, sont les suivantes :

Annuités résultant des conventions de 1883	23.500,000
Soulte payée à la Compagnie d'Orléans, pour les lignes échangées entre elle et l'État	2.500,000
Total	26,000,000

Le budget de 1895 ajoutera encore à ces chiffres 11,980,000 francs sur lesquels 600,000 francs sont destinés à payer des annuités pour conventions antérieures à 1883, et 2,380,888 francs pour études et travaux. Enfin, la dépense restant à faire par l'État, d'après les conventions de 1883, est de près d'un milliard, ce qui exigera une nouvelle annuité de 40 millions et élèvera cette dépense annuelle à 170 millions. Le total, en 1895, pour toutes ces causes diverses, sera de 264,630,000 francs, avec la perspective, prévue par le ministre, d'arriver avant peu « au total énorme de 330 à 370 millions ».

Importance actuelle des garanties.

« Il n'est pas de budget qui puisse résister longtemps à une pareille aggravation de dépenses pour la seule industrie des chemins de fer. » Telle est la conclusion du saisissant exposé de M. le ministre des finances, conclusion à laquelle on ne refusera pas le mérite de la franchise, de la sincérité.

III

Remédier à une telle situation en cherchant à ralentir la progression des annuités et subventions à la charge de l'Etat, ainsi que des intérêts et amortissements incombant au compte de la garantie d'intérêt ; proportionner aux ressources du budget les charges de cette garantie ; s'entendre avec plusieurs compagnies pour les inviter à rembourser à l'Etat, à diverses échéances, le montant de la dette contractée par elles du chef de la garantie d'intérêt ; leur demander, en outre, de se procurer, au besoin, par émission de leurs propres obligations, tout ou partie des sommes que l'Etat aura à leur payer ultérieurement à titre de garantie d'intérêt ; telle est la solution à laquelle le ministre s'est immédiatement arrêté.

L'Etat, le budget, le crédit public, ne pouvaient souhaiter une combinaison financière plus favorable à leurs intérêts.

L'Etat dit aux compagnies du Midi et d'Orléans :
« Vous me rembourserez les avances que je vous ai faites, telles qu'elles résultent du compte courant arrêté le 31 décembre 1894.

« D'autre part, vous vous procurerez, par vous-mêmes, les capitaux que vous auriez pu me demander de vous avancer pour les insuffisances, qu'en vertu de la garantie d'intérêt, je pourrais avoir à vous payer pour les exploitations postérieures à 1893.

« Les titres que vous émettrez auront tout d'abord ma garantie pour gage. Je vous verserai, chaque semestre, à titre d'avances qui formeront l'objet d'un compte spécial non productif d'intérêts, le montant des intérêts des titres que vous aurez créés :

« Ces titres auront en plus pour gages « *d'une valeur indiscutable* » et, dès à présent, certaine, les annuités disponibles des dernières années des conces-

Rembourse-ments par les compagnies.

Proposition de l'Etat.

sions de vos compagnies, lorsque la totalité des actions et la plus grande partie de vos anciennes obligations auront été remboursées par le jeu naturel de l'amortissement.

« Si, par impossible, les disponibilités dont il s'agit se trouvaient insuffisantes, je me porte garant du remboursement. »

En obtenant, par cette combinaison, le payement des avances de garantie dues par les compagnies d'Orléans et du Midi, l'Etat recouvrera ainsi un capital de près de 300 millions.

En autorisant ces deux compagnies jusqu'à concurrence de 140 millions pour le Midi et de 250 millions pour l'Orléans, à se procurer elles-mêmes les fonds nécessaires pour couvrir les insuffisances des exercices à venir, le Trésor est dispensé ainsi, pendant une période plus ou moins longue, de verser, en capital, le montant des insuffisances qui pourraient se produire.

Mêmes procédés pour les caisses des écoles et des chemins vicinaux.

Tel est le procédé ingénieux que M. Burdeau adopte avec les compagnies des chemins de fer du Midi et de l'Orléans ; et, comme l'Etat a déboursé de même des sommes importantes pour la caisse des écoles et les chemins vicinaux, il emploie une combinaison financière, à peu près analogue, avec la Caisse des dépôts et consignations, et assure ainsi la rentrée dans les caisses du Trésor des capitaux qu'il avait avancés.

IV

Avantages de ces combinaisons pour l'Etat.

Quels sont en résumé, les avantages de cette combinaison, aussi simple que pratique ?

L'Etat rentre immédiatement dans une créance qui n'était exigible et remboursable qu'à long terme ; il agit comme un particulier qui, au lieu d'emprunter à nouveau, préfère demander à son banquier les fonds que ce dernier lui doit.

Il se procure des capitaux sans avoir besoin d'ouvrir le Grand-Livre.

Il évite un emprunt.

Avec les fonds que les compagnies lui remboursent, il diminue la dette flottante, qui, au 1er février 1894, s'élevait à 1,194,406,100 francs, soit 1 milliard 200 millions en chiffres ronds.

Il se procure les capitaux nécessaires pour rembourser les obligations du Trésor à court terme, restant actuellement en circulation, et qui s'élèvent à 207,029,110 fr. 93.

Il donne à la trésorerie une grande élasticité ; et, en assurant « des bases durables à la solidité du crédit public, proclamée naguère avec un nouvel éclat par le succès de la conversion », en ménageant ce crédit avec un soin jaloux, le ministre des finances a mis en pratique une politique budgétaire droite, sage, et nous nous permettrons d'ajouter, la plus habile, car elle sera la plus fructueuse pour nos finances. *Bases durables à la solidité du crédit.*

Pas d'emprunt nouveau : sans doute, cette perspective n'est pas faite pour plaire à la spéculation, qui répétait que la conversion devait être suivie d'un gros appel au crédit, mais n'est-ce pas assurer à nos rentiers, en l'absence de tout événement imprévu, non seulement le maintien des hauts cours obtenus par nos rentes, mais faciliter encore une plus-value nouvelle? Cette plus-value qu'il n'est pas téméraire de prévoir, quand le 2 3/4 anglais, qui sera du 2 1/2 avant peu, est coté au-dessus de 100 francs, quand le 2 1/2 % belge vaut 98 francs et le 3 % belge 103 francs, n'est-ce pas notre rente 3 % s'élevant et se consolidant au-dessus du pair ? *Pas d'emprunt.*

N'y a-t-il pas là des horizons nouveaux pour le crédit public, et, suivant une expression que nous avons souvent employée avant la conversion du 4 1/2 %, des " réserves latentes " pour les budgets futurs? *Horizons nouveaux.*

Les nouvelles conventions intervenues avec les deux compagnies du Midi et d'Orléans ont une portée considérable pour nos finances publiques. Elles laissent

« Si nous som-
mes sages ! »

intacts les droits de l'Etat ; elles lui assurent des avantages immédiats. Elles consolident et affirment la « solidité du crédit public » ; si « nous sommes sages »,
comme le recommandait autrefois M. Thiers, si nous
devenons un peu moins dépensiers, si nous voulons
être plus économes des ressources magnifiques de notre
pays, elles lui ménagent le plus brillant avenir.

V

Ce que le mi-
nistre des finan-
ces aurait pu dire
et ce qu'il n'a
pas dit.

Supposez que le ministre des finances, en présentant
le projet de budget de 1895, soit venu dire au Parlement : « Nous avons une dette flottante écrasante : elle
atteint 1 milliard 200 millions. Nous devons rembourser,
à bref délai, 204 millions d'obligations sexennaires en
circulation. Un gros emprunt de liquidation est nécessaire ! »

Quelles tempêtes ce langage n'aurait-il pas soulevées !
Oser ouvrir le Grand-Livre au lendemain de la conversion ! Surcharger encore le poids déjà si lourd de la
dette publique !

Ne convient-il pas de s'arrêter dans cette voie ? Il ne
faut ni emprunts, ni impôts. Que pensera le pays, que
diront les électeurs, si la nouvelle législature, dès ses
débuts, commence par faire un gros appel au crédit?

Supposons toujours que le ministre des finances ait
ajouté : « Le budget de 1895 est le plus difficile qui se
soit rencontré depuis de longues années. Nos prédécesseurs lui ont légué de fortes charges auxquelles
nous devons faire honneur : pour commencer, essayons
de vivre avec le budget de l'exercice précédent. Nous
étudierons, cette année, ce que nous pourrons faire...
l'an prochain! »

Que d'objections encore, que de reproches ! Et les
réformes fiscales, tant de fois promises, tant de fois
ajournées ? Et la plus juste répartition des impôts? Et
l'équilibre du budget ? Qu'en faites-vous, monsieur le
ministre ?

Supposez enfin que ce ministre, plus soucieux de son repos que du bon ordre de nos finances, ait dit encore : « Les travaux publics nous coûtent cher. Les garanties d'intérêt auxquelles nous sommes tenus, accroissent le budget ordinaire. Revenons aux anciens procédés : retirons les garanties d'intérêt du budget ordinaire, rétablissons le budget extraordinaire. Nous y pourvoirons plus tard ! »

Quel concert de récriminations ! « Y pensez-vous, monsieur le ministre ? Rétablir le budget extraordinaire ? C'est la fin des fins. Ne plus faire de travaux ? C'est la misère en perspective pour les travailleurs. Transporter les garanties d'intérêt du budget ordinaire au budget extraordinaire, c'est ouvrir à nouveau l'ère des emprunts, c'est reconstituer des caisses occultes, c'est fausser la réalité du budget ! »

VI

Opposition de la commission du budget.

Il faut peu connaître le ministre des finances pour supposer qu'ayant la lourde responsabilité d'établir le budget, il se serait contenté d'ajourner les difficultés, et d'employer des demi-mesures ; il faut peu connaître aussi le cabinet, à la tête duquel se trouve un homme de valeur comme M. Casimir-Perier, pour supposer qu'il aurait donné son approbation à un programme financier qui n'aurait pas été sincère, nettement réformateur.

Pourquoi cette attitude.

Comment donc se fait-il que, dès la première réunion de la commission du budget, les projets de M. Burdeau aient été si combattus ? Un des membres les plus distingués du Parlement, ancien rapporteur général du budget, ancien et... futur ministre, M. R. Poincaré, a *Ce qu'on pense M. Poincaré.* défini avec une douce philosophie cet état des esprits : « Si d'aventure, dit-il, il se trouve un cabinet qui apporte mieux qu'une espérance, un plan complet de remaniement des impôts, gare à lui ! Les uns lui reprocheront ses audaces, les autres sa pusillanimité, et ceux qui ne lui reprocheront rien n'en préféreront pas moins, dans l'intimité de leur amour-propre, leurs conceptions aux siennes (1). »

Rien de plus juste et de plus vrai.

Opinion de M.
Léon Say. Le ministre des finances a présenté un budget en équilibre, sans cacher aucune des charges qu'il contenait, sans masquer la vérité. Ce budget est « le plus intéressant de ceux qui ont été remis aux Chambres françaises depuis plus de vingt ans » a écrit (2) un bon juge en pareille matière, M. Léon Say. Il est plein de réformes sérieuses, étudiées depuis longtemps, préparées avec méthode, hardies sans aucun doute, mais ne présentant pas les dangers politiques et fiscaux de celles que nous promettent des réformateurs impatients.

Ce budget est équilibré sans emprunt ; avec les compagnies des chemins de fer, l'Etat conserve ses droits intacts ; rien ne peut l'empêcher, s'il lui convient un jour ou l'autre, de commettre semblable folie, d'effectuer le rachat des chemins de fer ; mais, en attendant, il rentre dans les créances que lui doivent deux compagnies ainsi que la caisse des écoles et celle des chemins vicinaux : le montant de ces créances est appliqué au remboursement d'une partie de la dette flottante et des obligations du Trésor en circulation. Eviter un emprunt public, diminuer la dette flottante, rembourser des obligations qui arrivent à échéance, n'est-ce pas favoriser le crédit public ? N'est-ce pas mettre en réserve, pour les budgets futurs, des ressources « latentes » auxquelles on pourra faire un jour appel. Ces ressources sont certaines, si nous savons profiter du crédit puissant de l'Etat, de la confiance qu'il inspire, si nous avons la sagesse de ne pas inquiéter les rentiers, les porteurs de titres, ces millions de petites gens, qui possèdent, à l'heure actuelle, sans parler des

(1) *Le Matin*, 27 avril 1894. *Contradictions*, par M. R. Poincaré.
(2) *Journal des Débats*, 18 avril 1894.

20 milliards de rentes françaises 3 %, 3 1/2 %, 3 %
amortissable, 19 milliards d'actions et d'obligations de
chemins de fer français. Ménager le crédit de l'État en
allégeant la dette flottante, en rendant à notre service
de trésorerie l'élasticité dont il a besoin ; ne pas nuire
à la bonne tenue de nos fonds publics en « émiettant
le crédit de la France », suivant une heureuse expression de M. Rouvier, par des petits emprunts périodiques pour payer les garanties d'intérêt ; n'est-ce pas résoudre avec prudence de bien grosses difficultés,
n'est-ce pas agir avec sagesse, satisfaire aux besoins du
présent et sauvegarder l'avenir? n'est-ce pas là une politique de réformes sérieuses, donnant au budget « un
équilibre d'autant plus assuré qu'il ne doit rien à l'emprunt » (1) ?

*« Ne pas émiet-
ter le crédit de
la France. »*

VII

Mais alors, apparaît le chœur des mécontents pour
qui — écoutons encore M. R. Poincaré — : « les réformes ne sont parfaites qu'à l'état d'idées pures... Une
solution désirée, entrevue dans le lointain d'un rêve, a
l'attrait de l'inconnu et le charme de la nouveauté ;
une solution proposée, précisée, concrète, soulève
immédiatement l'opposition des intérêts qu'elle menace,
des vanités qu'elle froisse, des aspirations qu'elle ne
satisfait point » (2).

*Le chœur des
mécontents.
Ce qu'en pense
M. Poincaré.*

— Votre budget, s'écrient-ils, est plein « d'artifices ».
Vous faites « un emprunt déguisé ». Pourquoi n'effec-
tuez-vous pas un emprunt public? Voyez quel magnifique succès obtiendrait un appel au crédit, étant donné
le cours des rentes !

Vos réformes fiscales ? Elles sont anodines. Vive l'impôt sur le revenu ! Vive l'impôt progressif ! recherchons
les catégories de revenus qui ne sont pas imposées — ce

(1) *Exposé des motifs*, page 12.
(2) *Le Matin*, 29 avril 1891. *Contradictions*, par M. R. Poincaré.

qui veut dire : recherchons si *tous* les citoyens paient bien quelque chose pour *tous* leurs revenus. — Les riches ne paient pas assez : c'est à eux qu'il faut s'en prendre, de même qu'à tous ces fainéants qui ont l'audace de posséder des rentes, des actions et des obligations, des valeurs mobilières ou immobilières, alors que tant de gens n'ont rien !

Les garanties d'intérêt ? La créance de l'Etat sur les chemins de fer ? Pourquoi s'en préoccuper ? Ne voyez-vous pas la « féodalité financière » qui vous menace ? N'est-il pas temps de la combattre ? Ne voyez-vous pas « l'empressement significatif » que les compagnies du Midi et d'Orléans ont mis à signer les conventions ? Elles ont donc « trouvé intérêt » à la combinaison projetée ? Et si c'est leur intérêt, n'est-ce pas l'Etat qui sera dupe ? Pourquoi un intermédiaire entre l'Etat et le public, pour emprunter ?

— Pardon, répondent les défenseurs du projet ministériel, nous n'empruntons pas, nous rentrons dans une créance qui nous est due. Au lieu de continuer à nous endetter nous-mêmes, pour faire de nouvelles avances de fonds et grossir ainsi le montant de notre créance, nous autorisons simplement les compagnies à se procurer les fonds nécessaires pour nous rembourser ce qu'elles nous doivent.

— Du tout, c'est vous, Etat, qui empruntez, et « cela se paie toujours très cher, un prête-nom ! »

— Erreur encore, répondent les partisans des conventions : les obligations que créeront les compagnies pour payer le Trésor lui rapporteront, tous les ans, des droits de mutation, transfert, taxes sur le revenu, etc. En supposant que, pour payer les 300 millions qu'elles doivent, les compagnies créent 600,000 à 700,000 titres, c'est, pour le fisc, un revenu assuré, annuel, d'au moins un million. Que rapporterait, au contraire, une émission de 300 millions de rentes ?

— Peu importe, répondent d'autres réformateurs zélés : rachetez donc les compagnies : exploitez-les vous-mêmes et vous n'aurez plus de garanties d'intérêt à payer !

Telle est, brièvement résumée, la situation. La commission du budget, heureusement, n'est pas la Chambre, et le gouvernement peut toujours faire appel de l'une à l'autre. Il est rare, du reste, que la commission accepte les projets ministériels sans y faire quelques retouches ; il n'est pas rare non plus que la Chambre les repousse ou les amende, de même qu'elle ne se gêne guère de bouleverser ceux qui émanent de la commission : c'est ce qui s'appelle faire acte d'indépendance. Aussi, avons-nous l'espoir que la Chambre, mieux informée, se ralliera aux vues exprimées par le ministre des finances et ratifiera ses projets. L'honorable député des Basses-Alpes, M. Paul Delombre, qui a été élu membre de la commission du budget et rapporteur du budget du ministère des finances, a défini très justement, avec un grand sens politique, le rôle qui convient à la Chambre et l'esprit général du budget.

Opinion de M. Paul Delombre.

« Il est important au début d'une législature, a-t-il dit dans la commission, de donner au budget un caractère tel que le pays y voie la volonté marquée du gouvernement et des Chambres d'accomplir toutes les réformes compatibles avec l'équilibre du budget et avec le maintien du crédit public.

« La loi de finances ne doit pas, certes, dégénérer en loi politique, mais elle doit indiquer nettement à quelles idées générales, à quels principes, à quelle politique le gouvernement se rattache.

« A l'heure présente, alors que les institutions républicaines sont au-dessus de toute contestation, il ne peut y avoir qu'une politique, celle des réformes sérieuses et des progrès durables. »

C'est là le langage de la raison et de la sagesse : espérons encore qu'il prévaudra sur les théories creuses et les projets mal conçus.

LE BUDGET DES FINANCES

Le rapport de M. Paul Delombre.

Le rapport de M. Paul Delombre, député, sur le budget du ministère des finances, vient d'être publié ; il est conçu tel qu'on était en droit de l'attendre de la part d'un des hommes que la presse s'honore, à juste titre, de compter parmi ses membres et pour qui les questions financières, économiques, budgétaires et commerciales ne peuvent avoir et n'ont pas de secrets. Il a examiné les cent neuf chapitres de ce budget les uns après les autres, les détaillant par le menu, ne laissant aucun chiffre dans l'ombre. Il semble dire au lecteur : « Examinez bien ce crédit et suivez-le avec moi : en voici l'origine ; en voici les causes ; voici les raisons qui réclament son maintien, sa réduction, son retranchement; voici les réformes que le parlement peut accomplir pour modifier tout ou partie du chapitre qui le renferme. » Et, chemin faisant, c'est toute l'histoire de la dette publique, de la dette remboursable à terme ou par annuités, de la dette viagère, des dépenses des pouvoirs publics, des services généraux du ministère, des frais de régie et de perception des impôts, que M. Paul Delombre explique et commente. Ce n'est pas après l'avoir lu qu'on pourra dire que les chiffres sont « arides ». Il a su les faire parler dans son intéressant exposé. Faut-il féliciter l'honorable député des Basses-Alpes de la clarté, de l'élégance du style, de la méthode qu'il a apportées dans son rapport ? Ce sont là, chez lui, des dons naturels ; il fait bénéficier le parlement de ses précieuses qualités. Ce dont nous le félicitons surtout avec tous les contribuables, c'est d'avoir indiqué, dans le budget qu'il propose, une diminution de 3,112,010 francs sur les crédits demandés.

Nous reviendrons souvent, dans le cours des discussions budgétaires, sur le remarquable travail de M. Delombre.

Trois chapitres, surtout, appellent une grande attention : ceux relatifs à la rente amortissable, aux annuités dues aux compagnies de chemins de fer, à la dette flottante. Comme nous l'avons soutenu maintes fois, en nous appuyant sur les textes mêmes que M. Delombre invoque à l'appui de son opinion, l'honorable rapporteur déclare qu'on « est bien forcé de reconnaître que le 3 % amortissable échappe à des opérations de la nature de celles qui, sur d'autres rentes, ont eu des résultats si avantageux ».

L'inconvertibilité de la rente amortissable.

Au sujet des annuités dues aux compagnies de chemins de fer — il faudrait citer le chapitre tout entier — M. Delombre estime qu'on peut « entrevoir une atténuation de ces annuités », et il engage le gouvernement à y songer.

Les annuités de chemins de fer.

En ce qui concerne la dette flottante, il l'examine, la dissèque par le menu, et, avec la réserve et la discrétion qu'il convient à un rapporteur dont les moindres paroles peuvent avoir, au dehors, une grande influence, il montre les dangers de l'accroissement de cette dette. « La dette flottante, dit-il, a cette séduction qu'elle coûte, en général, moins que l'autre..., mais il en est un peu, à cet égard, des bons du Trésor comme des billets de banque : il n'y a pas d'instrument de crédit plus commode et il n'en est pas de plus dangereux. »

La dette flottante: instrument de crédit commode et dangereux.

Le tableau qu'il publie de la dette flottante depuis 1832 est singulièrement instructif. Elle s'élevait au 1er janvier de cette année à 1 milliard 146 millions; au 1er mai à 1 milliard 357 millions. Au 1er novembre, d'après le ministre des finances, elle était de 1 milliard 270 millions. Il est difficile, dit M. Delombre, « de ne pas être frappé de l'augmentation accusée pour l'année 1894. » « Une tendance existe, dit-il encore dans son rapport, la plus fâcheuse du monde, qui consiste à éluder, grâce à cet appui provisoire, la nécessité de solutions financières définitives. Mais ajourner les difficultés, ce n'est pas les résoudre ; en matière de crédit, c'est le plus souvent, les grossir. »

Ses mouvements depuis 1832.

Ce n'est pas nous qui contredirons à ces sages paroles. Aussi répéterons-nous, une fois de plus, que la
dette flottante est à un chiffre exagéré, qu'il faut la
réduire et, pour cela, ne pas hésiter à effectuer ouvertement, au grand jour, un emprunt de 800 millions à
1 milliard.

DES FINANCES LIBRES ET FORTES?

I

Le budget de
M. Burdeau.
Ce qu'il on ad-
vint à la Cham-
bre.

Le 17 mars 1894, le regretté M. Burdeau présentait
à la Chambre des députés le projet de loi portant
fixation du budget général de 1895. Ce budget contenait
d'importantes innovations au système de nos contributions directes. M. Burdeau abordait la transformation
de la contribution personnelle-mobilière et la suppression de la contribution des portes et fenêtres. Il demandait d'établir au taux commun de 4 %, les taxes frappant la propriété bâtie, la propriété non bâtie, les valeurs mobilières. Il traitait, de main de maître, la question des retraites ouvrières ; les impôts indirects, par
les taxes d'accroissement et les alcools, devaient donner un supplément de ressources ; par une entente avec
la Caisse des dépôts et consignations et avec les compagnies de chemins de fer, il faisait rentrer au Trésor
les sommes avancées soit pour la construction d'écoles
et de chemins vicinaux, soit à titre de garantie d'intérêts ; il allégeait ainsi la dette flottante et, finalement, son projet de budget comportait en recettes,
3,424,408,631 francs et, en dépenses, 3,423,893,762 francs
laissant un excédent de 513,869 francs.

M. Burdeau résolvait, avec habileté et prudence, de
graves questions financières : sans ouvrir le grand-livre
de la dette publique, l'équilibre budgétaire était réalisé,

la dette flottante était diminuée, des réformes fiscales
étaient accomplies.

Ce budget ne fut pas discuté.

II

La commission du budget est élue le 26 avril. Elle
examine les projets du ministre et les diverses propositions parlementaires qui lui sont renvoyées. Le 22 mai
elle entend M. Burdeau. Pendant qu'elle l'écoute, le
cabinet donne sa démission. Le 30 mai, un nouveau
ministère est constitué et, le 7 juin, le successeur de
M. Burdeau, M. Poincaré, fait connaître que, sans abandonner les réformes fiscales, il ne maintient pas toutes
les propositions de son prédécesseur. Il renonce à la
taxe d'habitation; il propose de remanier les taxes
successorales; il conserve, dans le projet de réforme
de l'impôt des boissons, le privilège des bouilleurs
de cru.

Le budget de M. Poincaré a le même sort.

Le projet de loi rectifié, portant fixation du budget
général de 1895, fut déposé à la Chambre par M. Poincaré dans la séance du 24 juillet 1894.

Ce projet s'élevait, en recettes, à la somme de . . . 3.428.520.998 »
Et en dépenses, à la somme de. . . . . 3.428.176.808 »

Faisant ressortir un excédent de recettes de . . . .   344 190 »

Mais, de même que celui de M. Burdeau, ce projet
de loi ne fut pas discuté. La Chambre prit ses vacances.
On espérait qu'en octobre et novembre, elle aurait le
temps de l'examiner. Il n'en fut rien. Les semaines et
les mois se passèrent en interpellations et questions
qui n'avaient rien de budgétaires. Arrive fin décembre.
Il fallut recourir à deux douzièmes provisoires. Les
droits sur les successions et ceux sur les alcools devaient, si le budget de M. Poincaré avait été voté, procurer au Trésor une ressource supplémentaire. Il fallut
non seulement y renoncer, mais s'occuper de boucher

le trou que faisait dans les recettes l'absence de ces produits sur lesquels on comptait. M. Poincaré, pour obvier
à ce nouveau déficit, présenta un second projet de loi,
rectifiant son premier projet rectifié.

Pour commencer l'année 1895, ce malheureux budget,
tiraillé à droite et à gauche, ballotté en tous sens, avait
déjà subi trois remaniements, trois éditions! Il n'était
pas arrivé au bout de ses épreuves.   .

III

Le budget de
M. Ribot.

Survient, en effet, la crise ministérielle, accompagnée
de la crise présidentielle. M. Ribot est nommé président
du Conseil et prend le portefeuille des finances. Quatrième édition du budget de 1895 ! Etait-il possible, au
mois de février, alors que le deuxième douzième provisoire est aux trois quarts dépensé, de faire un budget
de réformes, en adoptant celles de M. Burdeau ou celles
de M. Poincaré ? Etait-il possible de discuter les questions que soulève l'impôt sur *le* ou *les* revenus, la réforme des droits de succession ou l'impôt sur les boissons ? Assurément non. Ce n'est pas en quinze jours,
ni en un mois, qu'on peut, avec maturité, se prononcer sur des sujets aussi complexes. Et le Sénat ? N'aurait-il pas *le droit de se plaindre* si, à la dernière heure,
on le conviait à approuver un tel budget? Sans abandonner aucune des réformes fiscales demandées par la
Chambre, M. Ribot a pris un parti très simple : il disjoint de la loi de finances les questions spéciales qui
pouvaient entraver encore le vote du budget de 1895.

Néanmoins, tout en ajournant pour le moment, les
réformes fiscales, le ministre s'est trouvé fort embarrassé pour équilibrer les recettes et les dépenses. En
l'absence du projet de M. Poincaré sur les taxes successorales, les prévisions budgétaires se trouvaient diminuées de 17 millions ; avec quelques autres modifi-

cations de détail, il fallait trouver 25 millions. Pour les avoir, voici comment M. Ribot a procédé.

Nous arrivons ainsi au quatrième et dernier projet de loi, espérons-le — du budget de 1895.

Comment il est établi.

Le ministre des finances fait état de certains bonis résultant de l'épuration de vieux comptes de la Caisse des dépôts et consignations. On a découvert, comme le disent *les Débats*, que « cette Caisse est plus riche qu'on ne le croyait ». Elle a une réserve d'environ 50 millions pour faire face aux intérêts arriérés de ses dépôts, alors que les réclamations auxquelles elle peut être exposée de ce chef, s'élèvent à un chiffre fort inférieur. D'autre part, elle sera autorisée, à partir de 1900, à appliquer la prescription trentenaire aux comptes qui, n'ayant pas été réclamés depuis trente ans, peuvent être considérés comme abandonnés. Ces doubles ressources — 12 millions 1/2 d'un côté, sur le montant total de la réserve, 14 millions 1/2 prélevés sur les comptes tombant sous la prescription trentenaire, — forment un total de 27 millions. Cette somme suffit à équilibrer le budget.

IV

Objections que soulève ce projet de budget.

Sans doute, il y a beaucoup à dire pour et contre ce procédé. Doit-on équilibrer le budget avec des ressources occasionnelles et non permanentes ? Est-il bien sage et politique de se servir ainsi, presque à chaque instant, de la Caisse des dépôts et consignations ? Un jour, le gouvernement traite avec elle comme s'il s'agissait d'un établissement privé, ayant toute son indépendance et sa liberté d'action. Une autre fois, le gouvernement fait état, pour l'équilibre de son budget, de ressources qui, en fait, devraient rester dans les comptes et dans les caisses des dépôts et consignations. Les projets de M. Ribot ne sont donc pas l'idéal que nous désirons pour nos budgets futurs, et M. le président du conseil est le premier à le reconnaître ; mais, dans la situation où nous sommes, après les événements politiques qui, depuis l'an dernier, se sont succédé sans interruption, il fallait agir au plus pressé. Or, il n'y a rien de plus urgent que d'en finir avec le budget de 1895. Il faut en sortir et souhaiter que celui de 1896 — qui devrait déjà être déposé sur le bureau de la Chambre — ait un meilleur sort.

Urgence d'en finir.

Que l'on s'occupe des réformes fiscales, que l'on examine ultérieurement de nouveaux projets sur les successions, sur l'impôt des boissons, sur la réforme de la contribution mobilière, de l'impôt des portes et fenêtres, et de bien d'autres propositions, nous n'en méconnaissons ni l'utilité, ni les avantages. Mais, à l'heure actuelle, il faut voter le budget de 1895 et promulguer la loi de finances le plus tôt possible. Ceci fait, la préoccupation dominante devrait être d'assurer à notre pays, non seulement un équilibre budgétaire stable, mais, surtout, suivant une expression frappante de justesse et de vérité, que nous lisions dans un discours que prononçait M. Ribot, il y a quelques années, « des finances libres et fortes ! »

Or, il ne faut pas se dissimuler que notre situation financière n'est pas brillante. Nous avons une dette flottante énorme qu'il est absolument urgent de réduire. C'est un point noir, gros de périls, que nous ne devrions pas perdre de vue. Les ressources liquides et disponibles du Trésor sont des plus faibles : il suffit de jeter un coup d'œil sur son compte courant à la Banque pour voir combien ses disponibilités sont maigres. En vue de l'avenir, le Trésor devrait regorger de capitaux inactifs : il est presque obligé de vivre au jour le jour parce qu'il n'ose pas ouvertement faire un appel public aux capitaux de l'épargne, c'est-à-dire un emprunt.

Ce que font les États étrangers.

En Allemagne, en Russie, en Autriche-Hongrie, en Italie, en Espagne, en Belgique, en Hollande, en Suède et en Norvège, au Danemark, tous les gouvernements ont une préoccupation constante : amasser dans leurs

caisses la plus grande somme de ressources. Nous hésitons à faire pour nous ce que les autres pays font pour
eux ; sous un prétexte ou sous un autre, tantôt pour
une conversion suivie d'un emprunt, tantôt pour un
emprunt suivi ensuite de conversion, les gouvernements
étrangers s'adressent ou songent à s'adresser à nos
rentiers et capitalistes pour se procurer les capitaux
qui leur sont nécessaires. D'ici le mois de mai, nous
avons en perspective 1 milliard à 1 milliard 500 millions d'emprunts étrangers qui, directement ou indirectement, seront effectués en France — nous pourrions en
indiquer le relevé, pays par pays — et, pendant ce
temps, quelles sont les disponibilités du Trésor? Son
compte courant à la Banque de France atteint à peine
130 millions ! Nous n'hésitons pas à dire que c'est là
une imprévoyance absolue !

Nous devrions, nous aussi, avoir le souci de garnir *Nécessité*
notre Trésor de tous les capitaux dont il a et peut *d'avoir des capi-*
avoir besoin, absolument comme nous n'hésitons pas *taux en réserve.*
à emplir nos arsenaux de munitions. Nous devrions toujours nous dire : « Qu'arriverait-il si demain un inci-
dent politique extérieur éclatait? Sur quelles disponibilités immédiates pourrions-nous compter ? » Ne fer-
mons pas notre marché aux emprunteurs étrangers ;
soit, mais ne nous oublions pas nous-mêmes. Un emprunt, — emprunt de prévoyance, — est nécessaire.
Nous l'avons démontré et réclamé plusieurs fois ; la
sagesse, la prudence la plus élémentaire, le bon ordre
de nos finances, le souci de l'avenir, en réclament la
réalisation dans le plus bref délai possible.

Finissons-en avec le budget de 1895, le plus tôt
sera le mieux; mais puisse le budget de 1896 nous donner, comme le disait M. Ribot le 12 novembre 1884,
« des finances libres et fortes! »

BUDGET DE 1896

I

Le budget de 1895 a été voté à Pâques de cette année ; celui de 1896 risque fort de l'être, l'an prochain, à la Trinité.

À la commission du budget : pas de programme financier.

La nouvelle commission est hostile aux projets présentés par le ministre des finances. Elle est d'accord pour tout repousser, pour vouloir... autre chose ; c'est ainsi déjà que le budget de 1895, ballotté de M. Burdeau à M. Poincaré et à M. Ribot, a subi de tels remaniements que, finalement, il n'a ressemblé en rien au projet primitif. Il n'en pouvait être autrement.

Une réflexion de M. Poincaré.

Si, d'aventure, écrivait un jour avec infiniment d'esprit M. Poincaré, « il se trouve un cabinet qui apporte mieux qu'un programme, mieux qu'une espérance, un plan complet de remaniement des impôts, gare à lui. Les uns lui reprocheront ses audaces, les autres sa pusillanimité et ceux qui ne lui reprocheront rien n'en préféreront pas moins, dans l'intimité de leur amour propre, leurs conceptions aux siennes ». M. Burdeau et M. Poincaré lui-même ont pu voir combien ces réflexions étaient fortes et vraies.

La nouvelle commission du budget de 1896 indique-t-elle, du moins, un programme financier et économique que le gouvernement, la Chambre, dont elle est l'émanation, le pays, pourront accepter sans réserve ? En aucune façon. Elle est d'accord pour tout critiquer, mais serait-elle d'accord, à l'unanimité, sur un système quelconque ? Pas davantage.

« La critique est aisée, mais l'art est difficile. »

Que veut-elle ? Le nouveau président de la commission, M. Lockroy, l'a déclaré en excellents termes : des économies. « Nous n'avons pas le droit, a-t-il dit, d'imposer de nouvelles charges aux contribuables français, déjà accablés d'impôts si lourds, avant qu'il soit démontré par des faits et d'une manière irréfutable, que toute dépense inutile a été supprimée, que toutes les économies possibles ont été réalisées. » Belles paroles, qui devraient être gravées dans la salle des séances ! Sentiments des plus louables ! Qui donc ne veut pas, ne réclame pas des économies ! Il ne faut pas cependant se payer de mots. Les membres des précédentes commissions du budget, rapporteurs, ministres des finances, tous ceux qui ont précédé M. Lockroy ou M. Ribot, ont fouillé les coins et les recoins du budget : ils auraient bien voulu découvrir des économies à faire, mais leurs recherches ont été vaines. M. Cochery, le consciencieux rapporteur général du budget de 1895, que la commission de 1896 vient d'élire vice-président, mériterait, en vérité, d'être décrété d'accusation, si, ayant connu quelques économies à réaliser dans le budget qu'il a rapporté, il ne les avait pas indiquées ! M. Poincaré, le prédécesseur de M. Ribot, devrait subir le même sort ! Le plus piquant, c'est que, à diverses reprises, le rapporteur général, M. Cochery, a donné sa démission parce que ses collègues de la Chambre bouleversaient, à chaque instant, par de nouvelles demandes de crédit, par de nouvelles dépenses, l'équilibre budgétaire si difficilement obtenu.

La vérité, tous les ministres l'ont dit et répété à satiété, c'est qu'à moins de changer de système, de méthode, de conduite, notre colossal budget de 3 milliards 1/2 ne se prête guère à de sérieuses économies.

On peut y faire, de droite et de gauche, quelques grappillages ; il est impossible d'y trouver les centaines de millions d'économies que bien des gens entrevoient. Ce sont des visions, des chimères.

Si, depuis dix ans seulement, MM. Dauphin, Peytral,

Peut-on faire de grosses économies ?
Ce qu'en pensent tous les ministres.

Grappillages.

Rouvier, Burdeau, Poincaré, avaient pu découvrir ces merveilleuses économies que l'on rêve, croit-on, en toute sincérité, qu'ils se seraient refusé le mérite de les effectuer ?

La vérité, c'est qu'on peut... essayer d'arrêter le flot des dépenses, la marée montante du budget, comme on l'appelait sous l'Empire. On peut vouloir, comme l'a fait courageusement et avec succès M. Rouvier en 1888, s'opposer à tout nouveau crédit, se limiter aux dépenses actuelles : mais pour réussir dans cette nouvelle tentative, il faudrait changer radicalement les habitudes de la Chambre, faire comprendre aux députés qu'ils n'ont pas été nommés uniquement pour réclamer des crédits, accroître les dépenses, modifier à chaque instant, par leurs demandes incessantes, l'équilibre budgétaire arrêté par le ministre des finances, approuvé par la commission du budget. Il ne faut donc pas compter que la commission de 1896, pas plus que ses devancières, fera de grosses réductions de dépenses sur celles qui existent : elle n'y réussira pas.

Demander des économies ! cela fait très bien dans un programme électoral, dans un discours, dans un article de journal ; mais les trouver et les réaliser, c'est une autre affaire !

II

Sans doute, des économies, des réductions de dépenses seraient possibles, si, comme nous le disions plus haut, on changeait de " système ". On peut, en effet, se demander si, fin 1895, nous avons besoin de la même machine administrative qu'à la fin du siècle dernier. Avons-nous besoin de 86 départements et de tous les rouages administratifs, politiques, judiciaires, financiers, fiscaux, qu'ils comportent ? La France serait-elle à plaindre si deux ou trois départements étaient administrés par un seul préfet? si les trésoriers-payeurs généraux et receveurs particuliers étaient moins nombreux ? si l'organisation judiciaire ne comportait pas autant de tribunaux ? si les frais de perception des impôts étaient diminués par une sage réorganisation des services?

Cette réforme, qui donc osera la tenter ? Quel est le député, quel est le membre de la commission du budget qui osera priver sa ville et ses électeurs, d'une préfecture ou sous-préfecture inoccupée, d'administrations coûteuses ou peu utiles, dont les travaux pourraient être aussi bien et aussi vite faits au chef-lieu ? Et ce chef-lieu, lui-même, quel est le député ou le sénateur qui, de gaieté de cœur, consentira à en priver son département, pour en doter le voisin ! Cette réforme radicale qui donnerait alors des millions d'économies, ne sera jamais faite, pas plus par une Chambre issue du scrutin d'arrondissement que par une Chambre issue du scrutin de liste. Que diraient les électeurs !

Le ministère qui la proposerait serait, pour le premier prétexte venu, renversé immédiatement, et c'est à qui viendrait crier « haro » sur lui!

Est-ce en établissant l'impôt sur le revenu, avec toutes ses conséquences, — déclarations du contribuable et vérifications des agents du fisc, sans parler de l'inquisition administrative, de la délation des contribuables et des partis politiques — que l'on aura les millions rêvés ?

On ne peut obtenir de grosses recettes par l'impôt sur le revenu ou celui sur la rente.

Erreur, profonde erreur. Quand on publiera les travaux sténographiés de la commission extra-parlementaire de l'impôt sur les revenus, on sera pleinement édifié! L'impôt sur le revenu, à moins d'en faire un impôt de superposition, à moins d'établir des taxes progressives, exorbitantes, et en supposant que ces taxes pussent être payées, rapporterait moins que nos impôts actuels. C'est ce que nous disons et répétons à satiété. L'impôt sur le revenu le plus productif pour le Trésor est notre système fiscal actuel qui frappe l'individu, depuis le jour de sa naissance jusqu'à sa mort.

Le système fiscal actuel est le plus productif.

Est-ce l'impôt sur la rente qui enrichirait nos budgets ?

Erreur encore. Ce serait manquer aux engagements les plus solennels; ce serait porter un coup terrible au crédit public.

Peut-on faire des économies sur la guerre et la marine ?
Opinion de M. Doumer.

Peut-on songer à faire des économies sur la guerre et la marine? Ce sont là des dépenses sacrées. « Ce n'est qu'à force de sacrifices, de sacrifices d'argent surtout, disait M. Doumer, — qui sera probablement élu rapporteur général du budget, — qu'on peut entretenir sur le pied de paix une armée formidable qui puisse être à la hauteur de toutes les tâches (1). »

Est-ce donc en surchargeant encore d'impôts les patentés, les commerçants, les industriels, en s'attaquant à tous ceux qui possèdent, à la « richesse acquise », suivant l'expression, si fin de siècle, que l'on emploie maintenant, que les millions cherchés afflueront dans les caisses du Trésor? Il n'y faut pas songer davantage. La France est obérée, accablée d'impôts. Il est, nous ne dirons pas impossible, mais des plus dangereux, d'aller plus loin dans cette voie. Tout le monde souffre et se plaint. Le contribuable demande grâce et le rentier voit ses revenus s'effriter entre ses mains !

III

Ce que l'on peut faire.

— Alors, nous dira-t-on, vous faites comme la commission du budget, vous aboutissez à une formule négative ? Vous critiquez, vous repoussez tout ; vous n'indiquez rien? Il n'y a, suivant vous, rien à faire?

— Non, ce n'est pas là notre opinion. On peut, on doit reviser, examiner par le menu les dépenses les unes après les autres, les impôts, les sources des revenus : il y a là quelques économies à faire, quelques augmentations de recettes à espérer ; mais c'est un tra-

---

(1) Conférence de M. Doumer, député, à Châlons-sur-Marne, sous la présidence de M. Léon Bourgeois (29 décembre 1894).

vail de longue haleine que ni la commission du budget, ni la Chambre ne peuvent entreprendre, car elles ne le termineraient pas. Ce devrait être, entre autres attributions, l'œuvre d'un conseil supérieur des finances.

Pourquoi ne pas en revenir simplement au projet de budget préparé par le regretté M. Burdeau ! Ce budget a été attaqué, discuté, comme l'a été celui de M. Poincaré, comme l'est celui de M. Ribot, comme le sera celui du ministre de demain. Et cependant, on le reprend par le menu. On critique l'ensemble, mais on ne se gêne guère pour en prendre les morceaux. On a mis à exécution le projet de traité avec la Caisse des dépôts et consignations ; on a proposé l'impôt sur les domestiques, mais en oubliant — faute que n'avait pas commise M. Burdeau — la réforme de la contribution mobilière. Pourquoi ne pas reprendre, en outre, le projet complet de ce ministre, dont la perte se fera bien souvent sentir au parlement et dans le pays, de ce travailleur acharné qui avait étudié son budget dans tous ses détails et, ne laissant rien au hasard, n'avait pas sacrifié aux chimères ?

Nous avons une créance de 600 millions, à titre de garanties d'intérêt, sur les compagnies de chemins de fer : pourquoi se donner le luxe du déficit et laisser la dette flottante s'accroître démesurément, quand il est possible, par une entente avec les compagnies, de rentrer dans ces avances ?

Les garanties d'intérêt payées par le Trésor, tous les ans, aux compagnies, sont des avances remboursables : pourquoi l'Etat fait-il payer ces avances par l'impôt en les inscrivant au budget ordinaire ?

— Ce serait, nous dit-on, ouvrir à nouveau un budget extraordinaire ?

— Préférez-vous, répondrons-nous, vivre avec le déficit, continuer à émettre et à laisser en circulation des obligations du Trésor qui, de l'aveu des ministres des finances, des rapporteurs du budget à la Chambre et au Sénat, ne sont gagées par rien ?

Il faut revenir au projet Burdeau

Ce système ne serait pas, sans doute, l'idéal : il n'y a rien de parfait, pas plus en politique qu'en finances ; mais ne serait-il pas préférable à tout accroissement d'impôts, au déficit, au mauvais jour que cette situation projette sur nos finances ? Ne donnerait-il pas le temps de chercher, d'étudier des réformes plus complètes et d'établir, enfin, une ligne de conduite financière, un plan de finances ?

IV

Décisions à prendre. Quel que soit le système qu'adopteront le gouvernement, la commission du budget, la Chambre des députés, il est urgent de s'arrêter dans la voie dangereuse où nous sommes engagés et où nous risquons de nous enliser.

Laisser les contribuables en paix. Les contribuables, les patentés, les rentiers, les capitalistes, les riches comme les moins fortunés, les travailleurs comme les oisifs, il faut les laisser tranquilles! Pour avoir de bonnes finances, laissez en paix chaque citoyen, laissez-le vivre, travailler, — voire même ne rien faire, — sans lui donner la préoccupation incessante du fisc, sans le troubler dans ses affaires par telle ou telle mesure législative. On n'entend parler que d'impôts. C'est là le grand remède ! On guette le contribuable, le rentier, celui qui possède, — « la richesse acquise », répéterons-nous encore, — comme le chat guette la souris. Que font-ils, nos grands législateurs, pour accroître le commerce du pays ? étendre nos relations extérieures ? donner de la confiance aux entreprises qui pourraient se fonder avec l'appui de nos capitalistes que l'on se borne à effrayer ? Des interpellations, des questions, des crises ministérielles.

Voilà le système qu'il conviendrait de changer de fond en comble et, — conclusion à laquelle nous revenons sans cesse, — trois mesures aussi urgentes, qu'in-

dispensables, s'imposent à la Chambre et au gouvernement :

1° Equilibrer le budget coûte que coûte et, à défaut *Equilibre du budget.*
d'autre moyen plus pratique, faire sortir du budget ordinaire les garanties d'intérêt, dette due à l'Etat et qu'il
fait payer par l'impôt, au lieu de la compter comme
une créance remboursable ;

2° Consolider une partie de la dette flottante ; accroître *Consolidation de la dette flot-tante.*
les ressources du Trésor ; lui assurer des disponibili-
tés qui peuvent, à un moment imprévu, lui faire défaut. Ne pas hésiter à contracter un emprunt de 800 millions à un milliard ;

3° Proroger le privilège de la Banque de France ; ne *Prorogation du privilège de la Banque.*
pas laisser livré à tous les hasards de la politique inté-
rieure et extérieure un établissement dont la circulation est de 3 milliards 1/2, dont l'encaisse or est la plus
forte de toutes les banques, établissement auquel la
France ne peut rien reprocher, car il a toujours eu le
souci constant de ses intérêts. C'est le crédit même du
pays qui est en jeu. La Banque de France est indispensable au commerce, au monde des affaires, à l'Etat
qui, à certaines heures, a des besoins de crédit
qui doivent passer avant toute autre préoccupation. Ne
laissons pas affaiblir une telle force.

CE QUE NOUS APPREND LE BUDGET

I

Le total général des dépenses budgétaires de la France *Dépenses et recettes.*
et de l'Algérie, y compris les budgets annexes, ressort,
d'après les crédits votés pour l'exercice 1896, à
3,507,554,983 francs.

L'ensemble des recettes budgétaires, y compris les
budgets annexes, a été fixé comme suit pour 1896 :

	France et Algérie réunies. Francs
Recettes du budget général	3.393.511.841
— des budgets annexes	114.365.902
Total général des recettes.	3.507.677.743
Excédent des recettes sur les dépenses. . .	322.700
Total des dépenses.	3.507.554.983

Décomposons un peu ces gros chiffres.

II

Dépenses publiques. Les dépenses publiques se répartissent en trois grandes sections :

	Francs
Budget général des dépenses (France).	3.321.057.812
— — — (Algérie).	72.131.269
Budgets annexes, rattachés pour ordre au budget général	114.365.902
Total général des dépenses	3.507.554.983

Les 3,321,057,812 francs du budget général des dépenses de la France se répartissent ainsi :

	Francs
Dette publique.	1.217.281.990
Dotation des pouvoirs publics.	13.171.720
Services généraux des ministères.	1.677.531.184
Frais de régie, de perception et d'exploitation des impôts et revenus publics.	371.616.756
Remboursements, restitutions, non-valeurs et primes.	41.456.162
Total général des dépenses (France). . . .	3.321.057.812

III

Dette publique. La dette publique représente, on le voit, près de 37 % des dépenses du budget. Elle se subdivise en :

	Francs
Dette consolidée	693.761.924
Dette remboursable à terme ou par annuités	297.503.537
Dette viagère.	226.016.529
Total.	1.217.281.990

Les rentes 3 1/2 % (nouveau fonds) et les rentes 3 % composent la dette consolidée. Elles s'élèvent aux chiffres suivants :

NATURE DES RENTES	TOTAL des RENTES	VALEUR au COURS NOMINAL de 100 francs	VALEUR AU COURS ACTUEL de la bourse 108 et 102 francs
	francs.	francs.	francs.
Rentes 3 1/2 %.........	287.639.182	9.896.900	7.197.072.360
Rentes 3 %.............	455.122.742	15.204.091	15.341.473.228
TOTAUX.........	643.761.924	22.037.991	22.638.545.578

A partir de 1902, la rente 3 1/2 % peut être convertie à nouveau.

La rente 3 % peut être convertie depuis le jour où elle a dépassé le pair. Bien qu'aucun amortissement ne fonctionne pour diminuer cette dette consolidée qui représente, au cours nominal de 100 francs, un capital de 22 milliards et, au cours de la bourse, un capital de près de 23 milliards, les conversions ont été le plus puissant agent de réduction de cette masse compacte.

Depuis 1883, en effet, les conversions successives du 5 % en 4 1/2 et en 3 1/2 % ont enlevé aux rentiers 101 *millions de rentes*, représentant un capital de plus de 3 *milliards* 150 *millions*.

On peut prévoir le moment où les deux rentes 3 1/2 et 3 % seront converties en 2 1/2 % : c'est ce que les ministres des finances et les membres des commissions du budget appellent, dans un langage imagé, « les ressources *latentes* » du budget.

Le chapitre de la dette remboursable à terme ou par annuités renferme les principaux amortissements en fonction actuellement.

D'abord, les rentes 3 % amortissables qui, créées en 1878, s'élèvent à 142,635,513 francs de rente, y compris 24 millions d'amortissement.

La dette totale doit être amortie en 1954. Elle ne peut

27

être convertie ou remboursée obligatoirement par anticipation.

Au cours nominal de 100 francs, les 142,635,513 francs
de rentes 3 % amortissables représentent un capital de
4,754,517,100 francs.

En ajoutant à ce chiffre les 22 milliards 1/2 de la dette
consolidée, on peut dire que la dette publique, constituée en rentes sur l'Etat, s'élève à près de 27 milliards,
capital nominal, et à 28 milliards, au cours de la bourse.

D'autres annuités, attribuées à l'emprunt Morgan, aux
obligations émises pour les garanties d'intérêt et travaux de chemins de fer, aux compagnies de chemins de
fer pour travaux, à la compagnie de l'Est pour le rachat
de son réseau d'Alsace-Lorraine, aux départements, aux
communes, aux chambres de commerce, doivent s'étein-
dre successivement dans le cours du siècle prochain,
par le seul effet de l'amortissement dont elles sont
dotées.

L'annuité de conversion de l'emprunt Morgan est inscrite au budget pour 15,792,409 francs ; elle sera totalement amortie en 1914.

L'annuité de 20,500,000 francs due à la compagnie de
l'Est sera amortie totalement en 1954.

C'est également à ce chapitre que sont portés les intérêts de la dette flottante du Trésor (22 millions 1/2) et
des capitaux de cautionnement (9,162,000 fr.).

On peut considérer que les 297 millions, en chiffres
ronds, qui composent notre dette remboursable à terme
ou par annuités sont des réserves pour l'avenir : si
elles sont régulièrement aménagées, elles pourront procurer aux budgets futurs d'importants soulagements.

Notre dette viagère progresse avec une rapidité inquiétante. Elle s'élève à 226 millions.

Elle comprend les pensions militaires des armées de
terre et de mer, 126 millions ; les pensions civiles,
69 millions ; les traitements viagers des membres de
la Légion d'honneur et des médaillés militaires,
10,992,105 francs ; les indemnités viagères aux victimes

du coup d'Etat, 5,025,000 francs, etc. Ces dépenses diverses sont réparties en 22 chapitres.

IV

La deuxième partie du budget des dépenses comprend les dotations des pouvoirs publics. Ces dépenses s'élèvent au total à 13,171,720 francs : elles comprennent la dotation du président de la République, les frais de maison, les frais de voyages, de déplacement et de représentation du président, les dépenses administratives et indemnités des sénateurs et des députés.

La dotation du président de la République, avec les frais de maison, voyages, représentation, s'élève à 1,200,000 francs ; le Sénat coûte 4,600,000 francs, la Chambre des députés, 7,371,720 francs.

V

Les services généraux des ministères forment la troisième partie du budget des dépenses. Les 1 milliard 077 millions qui s'y trouvent inscrits s'appliquent aux dépenses annuelles de l'Etat, représenté par les différents ministères de la justice, affaires étrangères, intérieur, finances, guerre, marine, instruction publique, commerce industrie postes et télégraphes, colonies, agriculture, travaux publics.

Moyennant une redevance annuelle de 1 milliard 077 millions, l'Etat nous donne une armée, une flotte, des routes, des canaux, des églises, des musées, des écoles, des tribunaux, des commissaires de police, des ambassadeurs, des gendarmes, sans oublier ce que nous payons pour nous servir de la poste, du télégraphe, du téléphone, ou, pour fumer du tabac et des cigares, et avoir des allumettes qui coûtent 200 et 300 % plus cher que dans les pays où le monopole d'Etat n'existe pas.

Chacun de ces organismes, c'est-à-dire chacun des ministères, nous coûte les sommes suivantes :

	Francs
Justice	35.213.000
Affaires étrangères	15.000.000
Protectorats	875.000
Intérieur	75.788.000
Instruction publique — Cultes — Beaux-arts	247.000.000
Finances	19.471.000
Commerce — Postes, télégraphes et téléphones	30.700.000
Guerre	651.000.000
Marine	272.814.000
Colonies	79.018.500
Agriculture	30.000.000
Travaux publics	270.000.000

Dans ces chiffres sont comprises certaines dépenses extraordinaires : la guerre, 42 millions ; les travaux publics, 188 millions.

Existe-t-il de grosses économies à faire dans ces différents services ?

Nous ne le pensons pas, tant qu'il ne sera pas effectué une grande décentralisation administrative. La France pourrait être administrée à moins de frais, avec un moins grand nombre de fonctionnaires, mieux rétribués qu'ils ne le sont aujourd'hui, bien qu'ils coûtent fort cher au budget.

VI

Frais de régie, de perception et d'exploitation des impôts et revenus publics. La quatrième partie du budget général des dépenses englobe l'ensemble des frais de régie, de perception et d'exploitation des impôts et revenus publics. Elle contient 29 subdivisions détaillées : les remises des percepteurs, les frais de perception des centimes de l'instruction primaire, les indemnités et secours aux porteurs de contraintes, les dépenses du personnel de l'administration de l'enregistrement, des domaines et du timbre, de l'administration des douanes, des contributions indirectes, des manufactures de l'Etat, les achats des tabacs et d'allumettes chimiques, les achats et transports, etc.

Sur le total de 190,302,391 francs, les chapitres qui absorbent les plus grosses sommes sont les suivants :

	Francs
Remises des percepteurs et frais divers.	11.080.000
Personnel de l'enregistrement.	15.703.500
— des douanes	30.370.489
— des contributions indirectes	31.737.890
— des manufactures de l'Etat	2.220.050
— — Gages et salaires.	18.007.000
Achats de tabacs et d'allumettes.	1.165.000
Achats et transports	49.172.000

Si l'on prend, en bloc, le chiffre de 190 millions des frais de régie et qu'on le rapproche du montant total des recettes budgétaires (3,393,511,841 fr.) on voit que ces frais représentent environ 5,58 % du montant des recettes réalisées.

VII

La cinquième partie du budget contient cinq chapitres, s'élevant au total à 32,851,000 francs dont l'intitulé explique la raison d'être : dégrèvements et non-valeurs sur contributions directes et taxes assimilées ; remboursements sur produits indirects; remboursements divers; répartition de produits d'amendes; primes à l'exportation de marchandises, remboursements partiels.

Remboursements, restitutions, non-valeurs et primes.

VIII

Les budgets annexes sont ceux de services autonomes qui se règlent, tant en recettes qu'en dépenses, en dehors du budget général.

Budgets annexes.

Ces budgets annexes atteignent, au total, près de 114 millions et demi. En voici le détail :

	Francs
Monnaies et médailles.	1.684.100
Légion d'honneur.	10.242.700
Imprimerie nationale.	7.220.800
Caisse des invalides de la marine	18.454.009
Ecole centrale des arts et manufactures.	705.000
Caisse nationale d'épargne.	20.503.000
Chemin de fer et port de la Réunion.	4.438.800
Chemins de fer de l'Etat.	41.100.000

Ce sont là encore de très gros chiffres.

Les chemins de fer de l'Etat représentent, à eux seuls, 36 %. Ces chemins de fer rapportent, d'après le budget de 1890, 9.027.000 francs; mais est-ce bien là une véritable recette, un véritable produit. Il ne faut pas perdre de vue, en effet, qu'ils ont coûté, en chiffres ronds 900 millions. Or, l'Etat ne tient pas compte de l'intérêt et de l'amortissement de ce qu'il a emprunté pour acheter ou construire son réseau. Comme ce réseau lui a coûté 900 millions, au minimum, ce qui représente, à 4 %, une annuité de 36 millions, on peut dire que le réseau des chemins de fer de l'Etat coûte par an, aux contribuables, plus de 27 millions net, et nous sommes bien certainement au-dessous de la réalité.

IX

Recettes du budget général.

Les recettes du budget général sont classées pour la France sous sept paragraphes comprenant de nombreuses subdivisions. La même classification est appliquée aux produits de l'Algérie.

Voici cette nomenclature :

PRODUITS	FRANCE	ALGÉRIE
	francs.	francs.
Contributions directes.....	474.180.508	8.673.691
Taxes assimilées.....	47.920.586	30.929.278
Impôts et revenus indirects.............	2.016.804.380	8.864.795
Produits de monopoles et exploitations de l'État.	648.287.791	8.002.380
Produits et revenus du domaine de l'État......	45.771.480	1.073.040
Produits divers du budget...............	67.797.878	»
Ressources exceptionnelles	»	3.305.180
Recettes d'ordre........	66.752.073	
RECETTES TOTALES...............	3.341.171.687	62.337.274

X

Les contributions directes se divisent en impôts de
répartition et en impôts de quotité.

Impôts directs.

		Francs
Impôts de répartition.	Contribution foncière	198.050.000
	— personnelle mobilière.	90.470.476
	— des portes et fenêtres	58.425.474
Impôts de quotité.	Contribution des patentes	125.580.403
	Taxes assimilées: mines, biens de mainmorte, billards, cercles, vélocipèdes, voitures, chevaux, etc.	37.020.585

Au premier abord, les 512 millions de produits des
contributions directes, y compris les taxes assimilées,
semblent occuper une petite place dans l'ensemble des
recettes budgétaires : mais il ne faut pas oublier que
les centimes départementaux et communaux doublent,
à peu près, le chiffre des perceptions et le portent à près
de 1,100 millions.

En outre, un grand nombre d'impôts, classés parmi
les *indirects*, frappent *directement* le contribuable; tels
sont, par exemple, les droits d'enregistrement et de timbre, la taxe sur les valeurs mobilières. Il serait à désirer qu'une nouvelle classification des recettes de l'État
fût entreprise, indiquant les impôts qui grèvent les capitaux, les revenus, les actes et affaires, les consomma-

tions, etc. On s'apercevrait alors que l'inégalité entre les impôts directs et indirects n'est pas aussi grande qu'on se plaît à le répéter.

Un ministre des finances ne doit « se brouiller ni avec l'impôt direct, ni avec l'impôt indirect. Les budgets modernes embrassent des dépenses d'ordre très différent et dont le total grossit sans cesse. L'utopie de l'impôt direct comme unique dotation de tant de besoins ne résiste pas à cet accroissement qui est comme la règle scrupuleusement et respectueusement observée des budgets modernes (1). »

XI

Impôts indi-
rects. Les impôts classés sous la rubrique d'impôts indirects se subdivisent de la manière suivante :

		Francs
Enregistrement		531.189.800
Timbre		188.402.500
Taxe sur le revenu des valeurs mobilières		66.920.000
Produits des douanes		446.230.230
Produits des contributions indirectes.	Boissons	456.599.800
	Sels	9.932.600
	Huiles, stéarines, bougies, vinaigres, transports, droits divers	121.817.600
	Sucres	196.473.000
	Total	2.016.864.230

Les droits de l'enregistrement et de timbre sont des plus onéreux.

La taxe de 4 % sur le revenu des valeurs mobilières, tout le monde la connaît : mais elle est loin de représenter tous les impôts qu'acquittent les valeurs mobilières. Les produits des douanes sont des plus importants et on pourrait rechercher dans quelle mesure leur productivité nuit à l'activité du commerce français ou bien augmente encore le coût de la vie pour les contri-

(1) Léon Say, *les Finances*, page 92.

buables. Les droits sur les boissons rapportent presque
autant que les douanes. Il est toujours question d'en
supprimer une partie. Ce serait une grosse fissure dans
les recettes du budget. Les droits sur les sucres ont
été bien souvent remaniés et, jusqu'à présent, rien n'indique qu'ils ne seront pas encore modifiés.

XII

L'ensemble des monopoles et exploitations industrielles de l'Etat produit 641 millions 3 bruts, savoir :

Monopoles et exploitations industrielles de l'Etat.

	Millions de francs
Allumettes, tabacs, poudres	416.0
Postes, télégraphes, téléphones.	215 0
Exploitations diverses.	10.3
Total égal.	641.3

Si on déduit de ces produits les frais d'exploitation,
on constate qu'en chiffres ronds, les tabacs, sur 376 millions bruts, donnent 300 millions nets au Trésor ; les
postes et télégraphes, sur 215 millions bruts, donnent
net une trentaine de millions.

Les produits de diverses exploitations comprennent
le produit du câble du Tonkin, le produit de la fabrication des monnaies et médailles, de l'Imprimerie nationale, de l'exploitation des chemins de fer de l'Etat,
de l'exploitation en régie des journaux officiels.

XIII

Les produits et revenus du domaine de l'Etat se divisent : 1° en produits du domaine autre que le domaine
forestier; 2° en produits des forêts.

Produits et revenus du domaine de l'Etat.

Les forêts avec leurs 25,910,000 francs de coupes de
bois et produits accessoires, forment la grosse part des

deux chapitres. Mais, de ces recettes, il faut déduire les dépenses et le résultat final est d'année en année moins productif.

XIV

Les produits divers du budget, les ressources exceptionnelles, les recettes d'ordre fournissent, ensemble, 123 millions répartis en une infinité de chapitres. C'est un compte général qui comprend des recettes de nature bien différentes. On y trouve inscrits çà et là, à la suite les uns des autres, le produit des chancelleries diplomatiques, les bénéfices réalisés par la Caisse des dépôts et consignations, les revenus ordinaires de l'Académie de France à Rome, le produit du concours général d'animaux de boucherie, le produit du travail dans les prisons, maisons de force, les prix des insignes du Mérite agricole, les redevances pour certificats généalogiques d'animaux, les produits universitaires, les retenues opérées pour le service des pensions civiles, le produit des amendes, etc. Il serait vraiment utile de mettre un peu d'ordre dans ces divers chapitres et de les rattacher aux ministères d'où ils dépendent. Les 123 millions de recettes qu'ils renferment mériteraient un examen minutieux que nous recommandons aux députés patients, chercheurs et travailleurs.

XV

Telle est, sans entrer dans plus de détails et en nous bornant à en expliquer les principaux chapitres comme s'il s'agissait d'un bilan de société, l'ossature du budget, en recettes et dépenses. Ajoutons qu'à côté de ses recettes courantes, provenant du produit des taxes et contributions publiques, l'État est obligé, quand ces revenus sont, à certaines époques, insuffisants, de recourir à des opérations de trésorerie pour se procurer des fonds au moment de ses besoins.

C'est ainsi que sans être obligé de demander une autorisation au parlement le Trésor peut disposer des fonds
qui lui sont versés en compte courant, en vertu des
lois et règlements, et qu'il s'en sert pour faire face
temporairement à ses besoins lorsqu'ils se produisent.
Ces comptes courants font partie de ce qu'on appelle
la dette flottante. En plus de ces ressources, le Trésor
agissant comme un banquier, met sous le nom de
bons du Trésor, des effets en circulation; mais, chaque
année, la loi de finances fixe le montant des bons du
Trésor qui pourront être émis.

Depuis 1872, voici le montant de la dette flottante, au
1er janvier de chaque année :

ANNÉES	SOMMES millions de francs.	ANNÉES	SOMMES millions de francs.
1872	1.090	1885	1.189
1873	1.328	1886	1.294
1874	1.167	1887	1.009
1875	1.021	1888	955
1876	1.359	1889	914
1877	1.084	1890	998
1878	1.101	1891	1.098
1879	1.191	1892	977
1880	1.206	1893	967
1881	1.529	1894	1.146
1882	1.736	1895	1.300 (1)
1883	2.386	1896	1.138 (2)
1884	1.896		

On voit que, malgré les emprunts de consolidation
qui ont été faits pour l'atténuer, la dette flottante, cette
dette qui, suivant l'expression de Léon Say « tantôt
s'élève et tantôt s'abaisse comme un navire sur les
flots (3) », est toujours importante. A peine diminue-
t-elle une année, qu'elle reprend, l'exercice suivant, sa
marche ascensionnelle : l'accroissement de cette dette
serait, en temps de crise surtout, un des gros périls

(1) Au 1er avril 1895.
(2) 968.576.100 fr. portant intérêts.
    150,010.800 fr. sans intérêts.
(3) Léon Say, les Finances.

pour nos finances. A cette dette, on peut ajouter les comptes du Trésor avec la Caisse des dépôts et consignations et surtout les dépôts des caisses d'épargne : que ces dépôts soient placés en rente, ou en compte courant au Trésor, ou en bons, ou en obligations du Trésor, ils constituent toujours des exigibilités qui, dans un moment de crise, pourraient causer de sérieux embarras.

Tous les projets de loi portant fixation du budget général de l'exercice contiennent un relevé bien intéressant : c'est l'état C, ou tableau des droits, produits et revenus dont la perception est autorisée, conformément aux lois existantes, au profit de l'Etat, des départements, des communes, des établissements publics et des communautés d'habitants dûment autorisées.

Nous voudrions que cet état fût distribué à tous les contribuables, en même temps que leurs feuilles de contributions, et affiché dans toutes les communes de France. Il produirait plus d'effet que bien des discours politiques. C'est, en quelque sorte, le résumé philosophique et pratique du budget. Quand on le parcourt, on se demande quelle est la matière imposable qui a échappé au fisc.

Depuis 1830, les impôts directs ont augmenté de 260 millions à 541 millions ; les indirects, de 400 à 1 milliard 991 millions ; le produit des monopoles et exploitations industrielles de l'Etat s'est élevé de 105 à 657 millions. Les ressources totales du budget qui étaient de 962 millions en 1830, sont prévues pour 3 milliards 392 millions dans le budget de 1897 (1).

Et il se trouve des législateurs qui voudraient encore, par surcroît, nous gratifier de l'impôt global et progressif sur le revenu !

Une publication sur le régime fiscal de la France.

(1) Voir le travail des plus intéressants de M. Léon Salefranque : État général et comparatif du régime fiscal de la France, publié dans la Revue politique et parlementaire (Juin-Juillet 1895).

LES QUARANTE-CINQ CENTIMES EN 1848

Nous avons eu l'occasion de rappeler, à propos des projets financiers actuellement soumis au parlement, la fameuse imposition extraordinaire de quarante-cinq centimes en 1848, et de signaler les conséquences politiques que cette mesure malencontreuse avait eues pour la deuxième République.

Il nous a paru intéressant de dire dans quelles conditions fut établie cette contribution.

La loi de finances de 1848.

Votée par les deux Chambres au cours de leur session ordinaire de 1847, la loi de finances de l'exercice 1848 avait été promulguée dès le 8 août 1847. Cette loi assurait la marche régulière des différents services et les évaluations budgétaires présentaient, pour le budget ordinaire, une marge active de près de 10 millions. Quant au budget extraordinaire, il atteignait à peine 85 millions et il est juste de reconnaître que, s'il était gagé sur des ressources d'emprunt, il était payé en fait par l'impôt ; car le budget des dépenses prévoyait un amortissement de 117,500,000 francs, très supérieur, par conséquent, aux sommes demandées à l'emprunt.

Voici d'ailleurs les résultats généraux du budget tels qu'ils se trouvent inscrits dans la loi de finances :

NATURE des OPÉRATIONS	SERVICE ORDINAIRE	SERVICE EXTRAORDINAIRE		TOTAL.
		TRAVAUX imputables sur le produit de l'emprunt en rentes	TRAVAUX imputables sur les ressources de la dette flottante	
	francs.	francs.	francs.	francs.
Recettes.........	1.370.978.010	20.298.500	"	1.391.276.510
Dépenses	1.361.881.670	20.298.500	64.230.000	1.446.210.170
Excédent { Recettes.	9.296.340	"	"	
présumé { Dépenses	"	"	64.230.000	

La situation, à l'ouverture de l'exercice 1848, se présentait donc absolument normale.

* *

Cependant, quelques semaines après la proclamation de la République, le *Moniteur* publiait un décret du gouvernement provisoire établissant une imposition extraordinaire. En voici la teneur :

« Le Gouvernement provisoire,

« Considérant que l'intérêt de la République exige que de puissants secours soient immédiatement donnés au travail, à l'industrie, au commerce ;

« Considérant qu'il n'est pas moins nécessaire ni moins urgent de réorganiser les forces militaires de la République ;

« Décrète :

« Il sera perçu temporairement et pour l'année 1848 seulement quarante-cinq centimes du total des rôles des quatre contributions directes de ladite année.

« Les centimes portant sur la contribution foncière seront à la charge du propriétaire seul, nonobstant toute stipulation contraire dans les baux et conventions.

« Le montant des centimes temporaires sera immédiatement exigible sans qu'il soit besoin de nouveaux avertissements aux contribuables.

« Les frais de perception de ces mêmes centimes sont pris, par les percepteurs, au quart du taux déterminé pour les contributions ordinaires ; il ne sera alloué aucuns frais aux receveurs généraux et particuliers.

« Fait en conseil de Gouvernement, le 16 mars 1848.

« *Les membres du Gouvernement provisoire,*
« ARAGO, DUPONT *(de l'Eure),* ALBERT, MASSÉ, MARRAST, LEDRU-ROLLIN, GARNIER-PAGÈS, LAMARTINE, FLOCON, CRÉMIEUX, LOUIS BLANC. »

Quelles graves nécessités avaient décidé le Gouvernement à prendre cette décision dictatoriale sans attendre la réunion de l'Assemblée constituante? Le décret les indique d'un mot : secours au travail, réorganisation *militaire*. Mais, ces deux considérations sont longuement commentées dans le rapport de Garnier-Pagès, ministre des finances, et qui précède ce document.

Le ministre rappelle tout d'abord les dispositions déjà prises en vue de créer de nouvelles ressources : l'aliénation des diamants de la couronne et de 100 millions de bons de l'Etat. On aurait obtenu ainsi, en ajournant d'un autre côté certaines dépenses, des sommes suffisantes pour dégager complètement la situation, « si la confiance s'était plus promptement rétablie ». Dans ces conditions, de plus urgents besoins se manifestent, « il ne faut pas s'en étonner, mais y pourvoir ».

Le rapport de M. Garnier-Pagès.

« Le travail, ajoute Garnier-Pagès, est suspendu sur un grand nombre de points. Si nous n'y avisons, il le sera partout. De là, plusieurs périls : pour les ouvriers, la misère ; pour les chefs d'industrie, la ruine ; pour l'Etat, des troubles inévitables, qui achèveraient de tout paralyser et plongeraient dans un abîme de maux un pays dont la richesse et la puissance ne demandent qu'à grandir. »

En ce qui touche les forces militaires, le ministre se borne à affirmer la nécessité de leur réorganisation.

Ces points admis, à quelles ressources peut-on faire un appel ?

La dette flottante ? — Mais, loin de pouvoir apporter aucun secours utile à la situation, elle pèse au contraire sur celle-ci et c'est d'elle que proviennent nos embarras financiers.

L'emprunt ? — Mais les banquiers sont impuissants, et l'emprunt de 250 millions ne se couvre pas.

L'impôt ? — C'est évidemment le seul moyen ; mais quel impôt ?

Garnier-Pagès examine alors la question de savoir s'il

y a lieu de créer quelque chose de nouveau ou d'augmenter partiellement et temporairement les contributions actuelles. L'impôt sur le revenu, « juste en principe et plus juste que tous les autres, pour les raisons
qui sont aujourd'hui connues de tout le monde, et en
outre d'une perception facile », aurait eu toutes ses préférences ; mais il faudrait trop de temps pour le mettre
en vigueur, et il y faut renoncer pour le moment.

« Reste l'impôt direct. Les rôles de 1848 sont faits ; ils
sont en cours de recouvrement. Par l'addition de quarante-cinq centimes au montant des quatre contributions on obtiendra, en peu de temps, les ressources
dont la République a immédiatement besoin. »

Ce système de surtaxe est sans contredit le plus commode et, tant sous le régime impérial qu'en 1871, lorsqu'il a fallu faire face aux lourdes charges de l'époque,
nous l'avons vu appliquer, sous forme de décimes, aux
impôts indirects.

En terminant son exposé, le ministre des finances
accorde quelques bonnes paroles aux contribuables qui
auront à payer l'imposition extraordinaire dont il demande l'établissement et il semble qu'il veuille, en
même temps, se justifier à lui-même la mesure proposée.

« Certes, dit-il, il eût été désirable d'éviter aux propriétaires un supplément de charge ; mais, *après tout*,
c'est la propriété qui a le moins à souffrir des altéra-
tions du crédit. » D'un autre côté, « la dernière récolte
a été bonne ». Enfin, « la propriété a déjà contribué
après 1830 » et « le rétablissement du travail lui donnera
une plus-value ; les propriétaires seront ainsi indem-
nisés de leurs sacrifices ».

Ces affirmations ne devaient pas persuader les contribuables du bonheur que leur procurait ainsi le Gouvernement.

C'est qu'en effet la charge est lourde. Si on se reporte à la loi de finances du 8 août 1847, on constate que

les produits des contributions directes étaient évalués pour l'exercice 1848, et cela pour la seule par de l'Etat, à............................fr. 420.669.956

La surtaxe de *quarante-cinq centimes* ne représentait donc pas moins de.............. 189.301.480

Le rendement de la contribution fut immédiatement escompté par le gouvernement qui, par un second décret du 16 mars, ouvrit aux comptoirs nationaux d'escompte, dont il venait d'autoriser la création, un crédit de 60 millions.

Cependant l'impression produite étant défavorable, un décret du 6 avril 1848 constate que la mesure n'a pas été comprise et, afin d'atténuer la mesure, au moins en apparence, décide que « les contribuables qui seraient hors d'état de supporter la contribution extraordinaire de 45 centimes en seraient dégrevés dans une équitable mesure ».

Dans le projet de budget rectifié, soumis à l'Assemblée constituante en juin 1848, le chapitre des dégrèvements fut majoré de 29 millions. C'était encore 160 millions demandés définitivement à la contribution extraordinaire imaginée par le gouvernement provisoire.

Discuté seulement pendant la session d'hiver, le budget rectifié fut admis sans grande discussion. L'année était sur le point de finir, la contribution à peu près recouvrée et il en fut peu parlé.

On était unanime à reconnaître que la perception ne pouvait en être continuée et la loi de finances du 12 décembre 1848 régularisa purement et simplement la situation.

Le *compte définitif des recettes* de 1848 permet un rapprochement intéressant sur le déplacement d'incidence de l'impôt pendant cet exercice.

28

Francs
—

Les contributions directes accusent une augmentation
par rapport à l'exercice 1847 de. 8.967.942
Les 45 *centimes* fournissent. 192.064.733

Ensemble. 201.032.675
Dégrèvement et non-valeurs. 32.000.000

Net 169.032.675

tandis que, d'un côté, une moins-value générale est constatée sur les autres produits.

Francs
—

La diminution par rapport à 1847 est :
Pour les domaines et forêts de 764.351
Pour les impôts et revenus indirects de. .   141.077.110
(Enregistrement, 50 millions; timbre, 12;
douanes, 55; contributions indirectes, 22; etc.)
Pour divers autres produits. 3.555.000

Ensemble. . . . . .   145.976.461 ci 145.499.461

Moralité   Les *quarante-cinq centimes* avaient bouleversé le régime fiscal, inquiété au plus haut point les contribuables
et porté un coup funeste à la République de 1848.

BUDGET DE 1897

LA DIMINUTION DES REVENUS PRIVÉS
L'AUGMENTATION DES DÉPENSES PUBLIQUES

I

Pendant qu'il n'est question que d'impôts nouveaux, progressifs, proportionnels ou autres, et d'accroissements de dépenses, malgré les promesses faites sans cesse d'enrayer les uns et les autres, les charges publiques augmentent d'année en année, les revenus privés diminuent.

Plus le budget grossit et s'arrondit, marchant à toute vitesse, avec les dépenses communales et départementales, vers le chiffre énorme de 5 milliards, plus les revenus des particuliers s'amincissent et se réduisent.

Quelques chiffres officiels que la Direction générale de l'enregistrement des domaines et du timbre public sur les *Produits de l'enregistrement des domaines et du timbre constatés en France pendant l'année 1894* (1), sont, à ce point de vue, un avertissement sérieux.

Les revenus taxés sur les valeurs mobilières françaises et étrangères se sont élevés, au total, en 1894, à 1,655,481,124 francs ayant produit, au Trésor, à raison de 4 %, une somme de 66,208,178 francs.

Or, ces mêmes revenus taxés s'élevaient, en 1891, à 1 milliard 778 millions et avaient produit au Trésor 70 millions en chiffres ronds.

Accroissement des charges publiques; diminution des revenus privés.

En 1892, ils tombent à 1 milliard 748 millions ; en 1893, à 1 milliard 676 millions ; en 1894, à 1 milliard 655 millions ; et tout naturellement, les droits perçus par le Trésor s'abaissent successivement de 70 millions en 1891 à 67 millions en 1893 et 66 millions en 1894.

Depuis trois ans, les valeurs sur lesquelles la taxe de 4 % sur le revenu des titres mobiliers a été établie, sont tombées de 1 milliard 778 millions à 1 milliard 655 millions, soit une diminution de 123 millions.

Or, sait-on ce que représente, en capital, cette diminution de 123 millions dans le revenu des valeurs mobilières ?

Capitalisée à 3 %, c'est une somme de 4 milliards 100 millions ;

Capitalisée à 4 %, c'est un total de 3 milliards 75 millions;

Capitalisée à 5 %, elle représente 2 milliards 460 millions.

En prenant un chiffre moyen parmi ces divers taux de capitalisation, nous serons dans la stricte vérité en disant que la diminution de 123 millions dans les revenus des valeurs mobilières taxées, diminution officiellement constatée de 1891 à 1894, représente, au minimum, un appauvrissement de 3 milliards dans la fortune mobilière de la France.

II

les dépenses budgétaires.

Parallèlement à ces diminutions du capital et du revenu des rentiers, les dépenses budgétaires s'accroissent.

	Francs
En 1891, les dépenses du budget ordinaire étaient de	3.247.512.835 (1)
En 1892, les crédits ouverts pour les dépenses générales ont été fixés à	3.254.524.074 (2)

(1) *Bulletin de statistique et de législation comparée*, avril 1892, p. 472.
(2) *Idem*, février 1892, page 139.

France
—

En 1893, les crédits ouverts pour les dépenses générales ont été de 3.347.094.488

En 1894, les crédits ouverts pour les dépenses générales ont été fixés à 3.439.020.623 (1)

Pour 1896, les crédits ouverts pour les dépenses
générales du budget s'élèvent, d'après le projet de loi
actuellement en discussion à 3.400.104.797 (2)

Sans les 68 millions d'économie réalisée, — au détriment des rentiers et au bénéfice du Trésor, — par la
conversion du 4 1/2 effectuée en janvier 1894, les crédits
à inscrire au budget auraient atteint, au minimum,
3 milliards 500 millions.

En nous bornant à comparer seulement les chiffres
définitifs des budgets de 1891 et de 1894, l'accroissement
des dépenses a été de 102 millions.

Pendant la même période, comme nous l'avons démontré plus haut, les revenus des valeurs mobilières
soumises à la taxe de 4 % ont baissé de 123 millions,
correspondant à un capital minimum de 3 milliards.

Ce n'est pas tout. A ces chiffres, il faudrait ajouter les
diminutions de revenus produites par la conversion de
la rente 4 1/2 % et par les conversions de rentes étrangères non atteintes par la taxe de 4 % sur le revenu des
valeurs mobilières. Depuis 1891, on peut affirmer sans
crainte que les revenus des rentiers ont diminué de
250 millions au minimum et qu'en même temps les
dépenses budgétaires ont augmenté, en chiffres ronds,
de 200 millions.

III

« Nous dépensons trop », a dit courageusement le
rapporteur général et président de la commission du
budget de 1896, M. Georges Cochery.

Un mot de M.
G. Cochery:
« Nous dépen-
sons trop. »

(1) *Bulletin de statistique et de législation comparée*, août 1893, p. 129.
(2) *Journal officiel.* — Documents parlementaires, page 957, 23 novembre 1895.

« Nous sommes dans une situation financière difficile », répète-t-il, à chaque instant, en s'opposant, avec
énergie, à tout accroissement de crédit réclamé par
les députés.

« Nos revenus diminuent », peuvent dire, à leur tour,
les rentiers et porteurs de valeurs mobilières.

« Nos impôts augmentent », peuvent ajouter les contribuables.

Il faut enrayer les dépenses, dirons-nous à notre tour,
et, loin de songer à créer des impôts nouveaux, à chercher partout la matière imposable, à se demander s'il
faut établir l'impôt sur le ou sur les revenus, et à quelle
sauce il convient de manger les rentiers, ces « plouto-
crates » si enviés, il est urgent de s'arrêter dans la voie
où les finances publiques et privées sont engagées.

Les revenus privés diminuent.

La fortune mobilière s'amoindrit.

Les impôts et les dépenses budgétaires augmentent.

C'est ce que prouvent les quelques chiffres que nous
venons de relever d'après des documents officiels.

C'est ce que les députés et tous ceux qui prennent
une part quelconque à la direction des affaires publiques devraient avoir présent à l'esprit, car s'ils ne
changent pas de système et de méthode, ils risquent
de lancer le pays dans des aventures autrement dangereuses que la crise de crédits et de spéculation que le
marché financier vient de traverser.

BUDGET DE 1898

CE QUE REÇOIVENT NOS FONCTIONNAIRES

Ce qu'il faut penser des « gros traitements ».

On peut être assuré de voir chaque année, au cours de la discussion budgétaire, quelques membres du Parlement monter à la tribune pour dénoncer les *gros traitements* touchés par nos fonctionnaires, prébendes aussi excessives que nombreuses qu'il importerait, d'après eux, de supprimer sans délai.

Il suffit cependant de jeter un coup d'œil sur un compte de finances pour constater combien peu sérieuses sont ces affirmations, qui peuvent prêter aux phrases sonores mais restent sans valeur dans une discussion d'affaires.

A part, en effet, quelques rares unités dans chacun des grands services publics, auxquelles sont alloués des émoluments relativement élevés mais non exagérés cependant, on constate, au contraire, combien sont faibles les traitements attribués par l'État à ses agents.

Les mêmes connaissances acquises, la même somme de travail fournie, seraient certainement beaucoup mieux rémunérées dans la banque, le commerce ou l'industrie et on ne peut qu'être étonné de voir si recherchées encore les fonctions publiques, dont les plus importantes ne fournissent le plus souvent qu'à la fin de la carrière des avantages en rapport avec les services rendus.

Le tableau suivant en fournit une démonstration complète en même temps qu'il fait ressortir, à quelque point de vue qu'on se place, des rapprochements imprévus.

Nous n'avons pas la prétention d'être complets. Nous avons même dû, afin d'être toujours exacts, éliminer certaines catégories de fonctions. C'est ainsi que nous avons laissé de côté les agents qui reçoivent des remises proportionnelles ou ceux qui, à un traitement fixe, voient s'ajouter des accessoires qui en modifient trop complètement les bases.

Néanmoins, le lecteur, en parcourant ce *long ruban de nos fonctionnaires*, pourra faire d'utiles constatations que nous le mettrons, d'ailleurs, à même de compléter en lui faisant connaître dans une seconde étude *ce que nous coûtent ces fonctionnaires*.

I. — 600,000 francs.

De 600,000 fr.
à 50,000 fr.

Le Président de la République (1).

II. — 100,000 francs.

Gouverneur général de l'Algérie.

III. — 72,000 francs.

Présidents du Sénat et de la Chambre des députés

IV. — 60,000 francs.

Ministres.

V. — 50,000 francs.

Consuls généraux (2) (M) (3) ;
Préfet de la Seine.

(1) Frais de maison : 300,000 francs. — Frais de voyages et de représentation : 300,000 francs.

(2) *Pour les consuls, les frais de représentation ne figurent pas, comme pour les ambassadeurs, dans un chapitre distinct, ils continuent à faire partie du traitement : ce qui explique les chiffres élevés que nous constatons.*

(3) Lorsque des traitements s'échelonnent pour le même emploi entre plusieurs chiffres, nous mentionnons le *maximum* et le *minimum*, sauf dans quelques cas où il a paru intéressant de suivre les variations. Nous indiquons le *maximum* par la lettre (M), le *minimum* par celle (m).

VI. — 40,000 francs.

Ambassadeurs (1) ;
Consuls (M) ;
Grand Chancelier de la Légion d'honneur ;
Préfet de police.

De 40,000 fr.
à 25,000 fr.

VII. — 35,000 francs.

Préfets de 1re classe.

VIII. — 30,000 francs (2).

Gouverneur général de l'Indo-Chine (3) ;
Ministres plénipotentiaires de 1re classe ;
Premiers présidents et procureurs généraux de la Cour de
cassation et de la Cour des comptes.

IX. — 25,000 francs.

Directeurs généraux de la comptabilité publique au ministère des finances — des contributions directes; — des contributions indirectes ; — des douanes ; — de l'enregistrement,
des domaines et du timbre ; — des manufactures de l'Etat ;
— des postes et des télégraphes ;
Premier président et procureur général de la Cour d'appel
de Paris ;
Présidents de chambre de la Cour de cassation et de la Cour
des comptes ;
Vice-président du Conseil d'Etat.

X. — 24,000 francs.

Ministres plénipotentiaires de 2e classe ;
Préfets de 2e classe.

De 24,000 fr.
à 20,000 fr.

(1) Frais de représentation des ambassadeurs
Berlin, 100,000 francs. — Berne, 20,000 francs — Constantinople,
90,000 francs. — Londres, 160,000 francs. — Madrid, 70,000 francs. —
Rome (Vatican), 70,000 francs. — Rome (Quirinal), 70,000 francs. — Saint-
Pétersbourg, 210,000 francs. — Vienne, 130,000 francs. — Washington,
50,000 francs.
Dans les légations, ces frais varient de 12,000 francs (m), à Caracas, à
55,000 francs (M), à Pékin.
(2) La solde des maréchaux de France et des amiraux s'élevait à
30,315 fr. 80.
(3) Frais de représentation : 60,000 francs

XI. — 22.000 francs.

Chef d'état-major général de l'armée ;
Directeurs au ministère des affaires étrangères (M) ; — au ministère de la guerre, lorsqu'ils ont le grade de général de division.

XII. — 20,000 francs.

Avocats généraux à la Cour de cassation ;
Caissier payeur central du Trésor ; — Chef d'état-major de la marine ; — Consuls généraux (m) ;
Directeurs au ministère des affaires étrangères (m) ; — au ministère des finances ; — au ministère de la guerre, lorsqu'ils ont le grade de général de brigade ; — au ministère de l'intérieur ; — au ministère de la marine ; — Directeur de l'administration des monnaies et médailles ; — Directeur inspecteur général des poudres et salpêtres au ministère de la guerre ; — Drogmans (M) ;
Généraux de division (1) ;
Inspecteurs en chef des services administratifs de la marine ;
Médecin-inspecteur général du service de santé de la guerre ;
Président et procureur de la République du tribunal civil de la Seine ;
Président du conseil de préfecture de la Seine.

XIII. — 18,000 francs.

De 18,000 fr. à 12,000 fr.

Chef de service au ministère des finances (agent judiciaire du Trésor) ; — Conseillers d'ambassade ; — Conseillers à la Cour de cassation ; — Conseillers-maîtres à la Cour des comptes ; — Contrôleurs généraux de 1re classe de l'administration de l'armée ;
Directeurs au ministère de l'instruction publique ; — au ministère des travaux publics ; — Directeur du commerce extérieur au ministère du commerce et de l'industrie ;

(1) Tous les généraux de division (et en général tous les officiers de même grade) touchent la même solde. Ce sont *les frais de service* qui font varier le *quantum* reçu d'après l'emploi occupé.
Le chef d'état-major général de l'armée reçoit à ce titre 14,038 francs. Il en est de même des membres du Conseil supérieur de la guerre, inspecteurs d'armée. Le gouverneur de Paris reçoit 25,582 francs ; les commandants de corps d'armée, 16,380 francs ; le secrétaire général de la présidence de la République, 5,901 francs.

Préfets de 3ᵉ classe ; — Premiers présidents et procureurs généraux des cours d'appel autres que celles de Paris ; — Présidents de section au Conseil d'État ;

Recteurs d'académie (M) et vice-recteur de Paris ;

Secrétaire général de la Grande Chancellerie de la Légion d'honneur ; — Secrétaire général de la préfecture de la Seine.

XIV. — 17,000 francs.

Directeur du commerce intérieur au ministère du commerce et de l'industrie.

XV. — 16,000 francs.

Conseillers d'État.

Sous-chef d'état-major général de l'armée et sous-directeurs militaires au ministère de la guerre.

XVI. — 15,000 francs.

Administrateur de la Bibliothèque nationale; — Administrateurs de 1ʳᵉ classe de la Caisse d'épargne postale ; — des contributions directes ; — des contributions indirectes ; — des douanes ; — de l'enregistrement, des domaines et du timbre ; — des manufactures de l'État ; — des postes et télégraphes; — Archevêques ;

Chefs de division au ministère des travaux publics ; — Contrôleur central du ministère des finances ;

Directeurs au ministère de l'agriculture ; — au ministère de la justice ; — de l'Imprimerie nationale ; — de l'Observatoire;

Greffier en chef de la Cour des comptes ;

Inspecteurs généraux des finances ; — Inspecteur général de l'hygiène au ministère de l'intérieur ; — Inspecteurs généraux des mines de 1ʳᵉ classe ; — Inspecteurs généraux des ponts et chaussées de 1ʳᵉ classe ; — Inspecteurs généraux des ponts et chaussées et conducteurs des travaux hydrauliques de la marine ; — Inspecteurs généraux des postes et télégraphes de 1ʳᵉ classe ;

Météorologistes du Bureau central météorologique de France ;

Payeur central de la dette publique au ministère des finances;

Recteurs d'académie (m);

Secrétaire général de la préfecture de police.

Vice-amiraux.

XVII. — 14,000 francs.

Chefs de division au ministère des affaires étrangères (M) ;
Inspecteur général du génie maritime au ministère de la marine ;
Présidents de chambre à la cour d'appel de Paris ;
Secrétaire de l'académie de Paris.

XVIII. — 13,000 francs.

Administrateurs, chefs de bureau au ministère de l'agriculture (M) ; — Avocats généraux près la cour d'appel de Paris ;
Généraux de brigade (1);
Intendants militaires (1) ;
Médecins-inspecteurs du service de santé de la guerre (1) ;
Pharmaciens-inspecteurs du service de santé de la guerre (1).

XIX. — 12,000 francs.

Administrateur de 2ᵉ classe de la Caisse d'épargne postale ; — Administrateurs, chefs de bureau au ministère de l'agriculture (m); — Administrateur du Collège de France ;
Administrateurs de 2ᵉ classe des contributions directes ; — des contributions indirectes ; — des douanes ; — de l'enregistrement, des domaines et du timbre ; — des manufactures de l'État ; — des postes et des télégraphes ; — Administrateur du territoire de Belfort ; — Avocat général à la Cour des comptes ;
Chefs de bureau *militaires* au ministère de la guerre (M) ; — Chefs de division au ministère des affaires étrangères ; — Chefs de division au ministère de la justice ; — Commissaires généraux de 1ʳᵉ classe de la marine ; — Conseillers référendaires de 1ʳᵉ classe à la Cour des comptes (2) ; — Consuls (m) ; — Contre-amiraux ; — Contrôleurs généraux de 2ᵉ classe de l'administration de l'armée;
Directeur des Archives nationales ; — Directeurs de 1ʳᵉ classe des constructions navales; — Directeurs de 1ʳᵉ classe des contributions indirectes ; — de la culture des tabacs ; — des douanes ; — Directeur de l'École française de Rome ; — de l'École normale ; — Directeur des études à l'École polytechnique ; — Directeurs de 1ʳᵉ classe de l'enregistrement, des

(1) 13,263 francs.

(2) Préciput compris.

domaines et du timbre ; — des manufactures de l'Etat ; — Directeurs des musées nationaux ; — Directeur du personnel au ministère du commerce et de l'industrie ; — Directeurs de 1re classe du service de santé de la marine ;

Grand-rabbin de France ;

Inspecteur en chef de 1re classe des services administratifs de la marine ; — Inspecteurs généraux de 1re classe de l'enseignement secondaire ; — Inspecteurs généraux de 2e classe des mines ; — des ponts et chaussées ; — des postes et des télégraphes ;

Secrétaires d'ambassade de 1re classe ; — Secrétaire général du Conseil d'Etat ; — Sous-chefs d'état-major général de l'armée ; — Sous-directeurs au ministère des finances (m) ; — Sous-directeurs militaires au ministère de la guerre (m) ; — Sous-directeurs au ministère de la marine (M) ;

Vice-consuls (M).

XX. — 11,000 francs.

De 11,000 fr. à 8,000 fr.

Chefs de bureau à la direction générale des postes et des télégraphes (M) ; — au ministère de la marine (M) ; — Chefs de bureau *civils* au ministère de la guerre (M) ; — Chefs de division au ministère du commerce et de l'industrie ; — Conseillers à la Cour d'appel de Paris ; — Conservateurs des forêts (M) ;

Directeur du *Journal officiel* ;

Inspecteurs généraux des forêts ;

Sous-directeurs au ministère des affaires étrangères (M) ; — et au ministère de la marine (m) ; — Substituts du procureur général près la cour d'appel de Paris.

XXI. — 10,000 francs.

Astronomes de l'Observatoire de Paris ;

Chanceliers des ambassades et légations (M) ; — Chefs de bureau au ministère de la marine (M) ; — au ministère des finances et aux directions générales des administrations financières (M) ; — au ministère de l'instruction publique (M) ; — au ministère de l'intérieur (M) ; — Chef de division au ministère de la justice (m) ; — Commissaire général de 2e classe de la marine ; — Conseillers de préfecture de la Seine ; — Conservateurs de la Bibliothèque nationale ;

Directeur du bureau central météorologique de France ;

Directeurs des constructions navales de 2e classe ; — Directeurs de 1re classe des contributions directes (1) ; — de 2e classe des contributions indirectes ; — de la culture des tabacs ; — des douanes ; — de l'enregistrement, des domaines et du timbre ; — des manufactures de l'Etat ; — Directeur du laboratoire central des contributions indirectes de Paris ; — Directeur du Muséum d'histoire naturelle de Paris ; — Directeurs des postes et télégraphes (M) ; — Directeurs de 2e classe du service de santé de la marine ;

Examinateurs à l'Ecole polytechnique ; — Evêques ;

Généraux de division du cadre de réserve des troupes de la marine ;

Ingénieur en chef inspecteur des manufactures de l'Etat ; — Ingénieur hydrographe en chef de la marine ; — Inspecteur en chef de 2e classe des services administratifs de la marine ; — Inspecteurs généraux de l'enseignement primaire ; — Inspecteurs généraux de 2e classe de l'enseignement secondaire ; — Intendants généraux du cadre de réserve ;

Juges d'instruction au tribunal de la Seine ;

Maîtres de conférence à l'Ecole normale (M) ;

Présidents de chambre aux cours d'appel autres que celle de Paris ; — Présidents et procureurs de la République tribunaux civils ayant leur siège dans les villes de 80,000 habitants et au-dessus (2) ; — Professeurs au Collège de France ; — à l'Ecole polytechnique ; — des facultés ; — Secrétaires d'ambassade de 2e classe ; — Sous-chefs de bureau au ministère de la marine (M) ; — Sous-directeurs au ministère des affaires étrangères (m) ; — au ministère de l'intérieur ; — Vice-amiraux du cadre de réserve ; — Vice-présidents du tribunal de 1re instance de la Seine.

XXII. — 9,500 francs.

Chefs de bureau au ministère de la justice (M).

XXIII. — 9,000 francs.

Chefs de bureau au ministère de l'agriculture (M) ; — au ministère du commerce et de l'industrie (M) ; — au ministère des travaux publics ; — Chefs de bureau *militaires* au ministère de la guerre (m) ; — Chefs de division au ministère des travaux publics ;

(1) Mais les directeurs des contributions directes touchent, en outre, des allocations particulières assez élevées.

(2) Villes assimilées : Alger, Nice et Versailles.

Députés ; — Directeurs des contributions directes de 2º classe ;

Inspecteurs des finances de 1ʳᵉ classe ; — Inspecteur général des bibliothèques publiques ;

Receveurs principaux, receveurs entreposeurs et entreposeurs spéciaux des contributions indirectes ;

Sénateurs.

XXIV. — 8,800 francs.

Contrôleurs généraux de 1ʳᵉ classe du cadre de réserve ;
Généraux de division du cadre de réserve.

XXV. — 8,700 francs.

Chefs de bureau à la Grande Chancellerie de la Légion d'honneur (M).

XXVI. — 8,600 francs.

Colonels (1) ; — Contrôleurs de 1ʳᵉ classe de l'administration de l'armée ;

Médecins principaux de 1ʳᵉ classe du service de santé de la guerre ;

Pharmaciens principaux de 1ʳᵉ classe du service de santé de la guerre.

Sous-intendants militaires de 1ʳᵉ classe.

XXVII. — 8,000 francs.

Avocats généraux près des cours d'appel autres que celle de Paris ;

Capitaines de vaisseau ; — Chefs de bureau au ministère des affaires étrangères (M) ; — au ministère de l'agriculture (m) ; — Chefs de service aux Archives nationales ; — Commissaires de la marine ; — Conseillers référendaires de 2º classe à la Cour des comptes (2) ; — Conservateurs des forêts (m) ; — Contre-amiraux du cadre de réserve ;

Directeurs de 3º classe des contributions directes ; — des contributions indirectes ; — de la culture des tabacs ; — des douanes ; — de l'enregistrement, des domaines et du timbre ; — des manufactures de l'État ;

Greffier en chef de la cour d'appel de Paris ;

(1) 8,564 francs.
(2) Préciput compris.

Ingénieurs de 1re classe des constructions navales ; — Ingénieurs en chef de 1re classe des mines (1) ; — Ingénieurs en chef de 1re classe des ponts et chaussées (1) ; — Ingénieurs hydrographes de la marine ; — Ingénieurs des ponts et chaussées, conducteurs des travaux hydrauliques de la marine ; — Inspecteurs d'académie de Paris ; — de l'enseignement primaire de la Seine (M); — des postes et télégraphes (M); — des services administratifs de la marine ;

Juges au tribunal civil de la Seine ; — Juges de paix de 1re classe (Paris) ;

Maîtres des requêtes au Conseil d'Etat ; — Médecins en chef de la marine ;

Parquet de la Cour des comptes : divers (M) ; — Pharmaciens en chef de la marine ;

Receveurs des postes (bureaux composés) (M) ;

Substituts du procureur de la République près le tribunal de la Seine.

XXVIII. — 7,500 francs.

De 7,500 fr. à 5,000 fr.

Chefs de bureau de la Grande Chancellerie de la Légion d'honneur (m) ;

Inspecteurs d'académie autres que ceux de Paris (M) ;

Professeurs à l'Ecole des langues orientales (M).

XXIX. — 7,000 francs.

Administrateur de l'Ecole polytechnique ; — Astronomes adjoints de l'Observatoire de Paris (M) ; — Astronomes de l'Observatoire de Paris (m) ;

Capitaines de frégate ; — Chefs de bureau au Conseil d'Etat (M) ; — à la direction générale des postes et des télégraphes (m) ; — au ministère des finances et aux directions générales des régies financières (m) ; — au ministère de l'intérieur (m) ; — au ministère de l'instruction publique (m) ; — au ministère de la marine (m) ; — Chefs de bureau civils au ministère de la guerre (m) ; — Conseillers des cours d'appel autres que celle de Paris ; — Conservateurs adjoints à la Bibliothèque nationale ; — Conservateurs des musées nationaux (M) ; — Contrôleurs de 2e classe de l'administration de l'armée ; — Contrôleurs des manufactures de l'Etat (M) ;

Directeurs de 4e classe des contributions directes ; — Directeur de l'Ecole des chartes ;

Ingénieurs de 2e classe des constructions navales ; — Ingénieurs hydrographes de la marine ; — Ingénieurs des manu-

(1) 8,000 et 7,000 francs.

factures de l'Etat (M) ; — Inspecteurs de la culture des tabacs (M) ;

Lieutenants-colonels (1) ;

Médecins principaux de 2° classe du service de santé de la guerre (1) ;

Pharmaciens principaux de 2° classe du service de santé de la guerre (1) ; — Présidents et procureurs de la République ; des tribunaux civils dans les villes de 20,000 à 80,000 habitants (2) ;

Secrétaires généraux des préfectures (M) ; — Sous-intendants militaires de 2° classe ; — Sous-préfets (M) ;

Vice-consuls (m) ; — Vice-présidents des tribunaux civils ayant leur siège dans des villes de 80,000 habitants et au-dessus (3).

XXX. — 6,500 francs.

Chefs de service de l'Imprimerie nationale ;

Directrices de 1re classe des lycées de jeunes filles, ayant le grade d'agrégées ;

Juges d'instruction des tribunaux civils ayant leur siège dans des villes de 80,000 habitants et au-dessus ;

Sous-chefs aux Archives nationales (M) ; — Sous-chefs de bureau *civils* au ministère de la guerre (M).

XXXI. — 6,000 francs.

Chefs de bureau au ministère du commerce et de l'industrie (m) ; — au ministère de la justice (m) ; — au ministère des travaux publics (m) ; — Contrôleur général de 2° classe de l'administration de l'armée du cadre de réserve ;

Directrices des lycées de jeunes filles, ayant le grade d'agrégées, de 2° classe, ou le grade de licenciées, de 1re classe ; — Directeurs des postes et des télégraphes (m) ; — Drogmans (m) ;

Généraux de brigade du cadre de réserve ; — Grands rabbins, autres que le grand rabbin de France (M) ; — Greffier en chef du tribunal civil de la Seine ;

Ingénieurs de 2° classe des mines ; — Ingénieurs de 2° classe des ponts et chaussées ; — Ingénieurs en chef de 2° classe des ponts et chaussées, conducteurs des travaux hydrauliques de la marine ; — Inspecteurs d'académie, autres que ceux de

(1) 6,834 francs.

(2) Villes assimilées : Blidah, Bône, Chambéry, Constantine, Oran et Tlemcen.

(3) Villes assimilées : Alger, Nice et Versailles.

Paris (m) ; — Inspecteurs adjoints à l'inspection générale des postes; — Inspecteurs de 1re classe des contributions directes; — des contributions indirectes (M) ; — de la culture des tabacs (M) ; — des douanes (M) ; — de l'enregistrement, des domaines et du timbre (M) ; — Inspecteurs de l'enseignement primaire de la Seine (m) ; — Inspecteurs des finances de 2e classe ; — Inspecteurs des forêts (M) ; — Inspecteurs de 1re classe, sous-chefs de bureau au ministère de l'agriculture ; — Inspecteurs du travail des enfants dans les manufactures (M) ;

Juges des tribunaux civils ayant leur siège dans des villes de 80,000 habitants et au-dessus ;

Présidents et procureurs de la République de certains sièges algériens (1) ; — Professeurs à l'école des chartes (M) ;

Sous-chefs aux Archives nationales (m) ; — Sous-chefs de bureau à la direction générale des postes et télégraphes (M) ; — au ministère de l'agriculture ; — au ministère des finances et aux directions générales des régies financières (M) ; — au ministère de l'instruction publique (M) ; — au ministère de l'intérieur (M) ; — au ministère de la justice (M) ; — au ministère des travaux publics (M) ; — Sous-directeurs de 1re classe des contributions indirectes ; — Substituts des procureurs généraux près les cours d'appel autres que celle de Paris : — Surintendante des maisons d'éducation de la Légion d'honneur.

XXXII. — 5,800 francs.

Chefs de bataillon ou d'escadron et assimilés (2) ; — Contrôleurs adjoints de l'administration de l'armée.

XXXIII. — 5,500 francs.

Commissaires adjoints de la marine ; — Conservateurs des musées nationaux (m) ;

Directrices des lycées de jeunes filles, ayant le grade d'agrégées, de 3e classe ; — ou ayant le grade de licenciées de 2e classe ; — ou brevetées de 1re classe ;

Inspecteurs adjoints des services administratifs de la marine ; — Inspecteurs des bureaux ambulants des postes (M) ; — Inspecteurs de 2e classe, sous-chefs de bureau au ministère de l'agriculture ; — Intendante de la maison d'éducation de la Légion d'honneur d'Écouen ;

(1) Batna, Bougie, Guelma, Mascara, Mostaganem, Orléansville, Philippeville, Sétif, Sidi-bel-Abbès et Tizi'Ouzou.
(2) 5,797 francs.

Médecins principaux de la marine ;

Pharmaciens principaux de la marine ;

Sous-chefs de bureau de la Grande Chancellerie de la Légion d'honneur (M) ;

Vice-présidents des tribunaux civils dans les villes de 20,000 à 80,000 habitants.

XXXIV. — 5,400 francs.

Sous-chefs de bureau au Conseil d'Etat (M) ;

XXXV. — 5,000 francs.

Aides naturalistes au Muséum d'histoire naturelle de Paris ; — Archivistes aux Archives nationales (M) ;

Bibliothécaires à la Bibliothèque nationale (M) ;

Chanceliers des ambassades et légations (m) ; — Chefs de bureau au Conseil d'Etat (M) ;

Commis-greffiers de la Cour de cassation et de la cour d'appel de Paris ; — Consuls suppléants ; — Contrôleurs de comptabilité de l'enregistrement (M) ; — Contrôleurs des manufactures de l'Etat (m) ;

Directrices des lycées de jeunes filles, ayant le grade d'agrégées, de 4e classe ; — ou le grade de licenciées, de 3e classe ; ou brevetées, de 2e classe ;

Entreposeurs des tabacs en feuilles (M) ;

Gardes-magasins, surveillants, contrôleurs et autres, à l'Atelier général du timbre (M) ; — Gardes-magasins du timbre dans les départements (M) ;

Ingénieurs des manufactures de l'Etat (m) ; — Inspecteurs de 2e classe des contributions directes (m) ; — de l'enregistrement, des domaines et du timbre (m) ; — Inspecteurs de l'enseignement primaire, dans les départements autres que la Seine (M) ; — Inspecteurs du travail des enfants dans les manufactures (m) ; — Intendante de la maison d'éducation de la Légion d'honneur des Loges ;

Juges d'instruction dans les villes de 20,000 à 80,000 habitants ; — Juges de paix de 2e classe ;

Membres du Bureau des longitudes ;

Présidents et procureurs de la République des tribunaux civils, dans les villes n'ayant pas 20,000 habitants ; — Professeurs à l'Ecole des chartes (m) ; — à l'Ecole des langues orientales ;

Receveurs particuliers des contributions indirectes (M) ;

Secrétaires d'ambassade de 3e classe ; — Secrétaire perpétuel de l'Académie de médecine ; — Sous-chefs de bureau à la direction générale des postes et des télégraphes (m) ; — au ministère des finances et aux directions générales des régies financières (m) ; — au ministère de la marine (m) ; — Sous-chefs de bureau *civils* au ministère de la guerre (m) ; — Sous-directeurs de 2ᵉ classe des contributions indirectes ; — Sous-inspecteurs de la culture des tabacs (M) ; — Substituts du procureur de la République près des tribunaux civils ayant leur siège dans les villes de 80,000 habitants et au-dessus ;

Traducteur de langues étrangères au Bureau de statistique et de législation comparée du ministère des finances.

XXXVI. — 4,900 francs.

De 4,900 fr. à 3,000 fr.

Sous-chefs de bureau de la Grande Chancellerie de la Légion d'honneur (m).

XXXVII. — 4,800 francs.

Contrôleurs des contributions directes (M) ;
Premiers commis des directions des contributions directes (M) ;
Sous-chefs de bureau au ministère de l'intérieur (m).

XXXVIII. — 4,500 francs.

Commis de contrôle de l'enregistrement (M) ; — Commis des directions des douanes (M) ; — Commis principaux des postes et des télégraphes (M) ; — Conservateurs adjoints des musées nationaux ; — Contrôleurs des douanes (M) ;

Directrices des lycées de jeunes filles, ayant le grade de licenciées de 4ᵉ classe ; — ou brevetées, de 3ᵉ classe ;

Entreposeurs des tabacs en feuilles (m) ; — Expéditionnaires de la direction générale de l'enregistrement (M) ; — Expéditionnaires au ministère de la marine (M) ;

Ingénieurs ordinaires de 1ʳᵉ classe des mines ; — Ingénieurs ordinaires de 1ʳᵉ classe des ponts et chaussées ; — Ingénieurs ordinaires de 1ʳᵉ classe des ponts et chaussées, conducteurs des travaux hydrauliques de la marine ;

Receveurs particuliers des douanes (M) ; — Receveurs principaux des douanes (m) ; — Rédacteurs à la direction générale de l'enregistrement (M) ; — au ministère de la guerre (M) ; — au ministère de l'instruction publique (M) ; — au ministère de la justice (M) ; — au ministère de la marine (M) ; — Rédacteurs principaux au ministère des finances (M) ;

Secrétaires d'Académie, autres que Paris ; — Secrétaires
généraux des préfectures (m) ; — Sous-chefs de bureau au
ministère du commerce et de l'industrie (M) ; — au ministère
de l'instruction publique (m) ; — Sous-inspecteurs de la culture des tabacs (m) ; — Sous-inspecteurs de l'enregistrement,
des domaines et du timbre (M) ; — Sous-préfets (m) ;
Vicaires généraux (M).

XXXIX. — 4,400 francs.

Commis de la Grande Chancellerie de la Légion d'honneur.

XL. — 4.300 francs.

Capitaines ayant plus de 13 ans de grade (1) ;
Juges d'instruction de certains tribunaux algériens (2) ;
Sous-chefs de bureau au ministère de la justice (m).

XLI. — 4,000 francs.

Agents de l'Atelier général du timbre (M) ; — Auditeurs de
1re classe au Conseil d'Etat ;
Capitaines, après 10 ans de grade (3) ; — Chefs de brigade
des bureaux ambulants des postes ; — Chef de bureau au
ministère des affaires étrangères (m) ; — Commis de direction
et de sous-direction des contributions indirectes (M) ; —
Commis principaux au ministère de l'intérieur (M) ; — Commis principaux des postes et télégraphes (M) ; — Conseillers
de préfecture, autres que ceux de la Seine (M); — Contrôleurs
des douanes (m) ; — Directrices des lycées de jeunes filles,
brevetées, de 4e classe ; — Directrices des collèges de jeunes
filles, de 1re classe ;
Employés du ministère de l'agriculture (M) ; — du ministère du commerce et de l'industrie (M) ; — Employés du ministère de l'instruction publique (M) ;
Gardes-magasins des manufactures de l'Etat (M) ; — Grands
rabbins, autres que le grand rabbin de France (m) ; — Greffiers en chef des cours d'appel autres que celle de Paris ou
des chambres du tribunal de la Seine ;
Ingénieurs de l'Imprimerie nationale ; — Inspecteurs adjoints, rédacteurs au ministère de l'agriculture (M) ; — Inspec-

(1) 4,307 francs.
(2) V. supra.
(3) 3,978 francs.

teurs des contributions indirectes (M) ; — Inspecteurs de 3e classe des finances ; — Inspecteurs des forêts (m) ;

Juges des tribunaux civils dans les villes de 20,000 à 80,000 habitants ;

Membres de l'Ecole française d'Athènes et de l'Ecole française de Rome ;

Premiers commis des manufactures de l'Etat ;

Rédacteurs au ministère des affaires étrangères (M) ; — au ministère des travaux publics (M) ;

Sous-chefs de bureau au ministère de l'agriculture (m) ; — au ministère du commerce et de l'industrie (m) ; — au ministère des travaux publics (m) ; — Ingénieurs des manufactures de l'Etat ; — Sous-inspecteurs de 2e classe de l'enregistrement ;

Vice-présidents des tribunaux civils, dans les villes n'ayant pas 20,000 habitants.

XLII. — 3,800 francs.

Juges de certains sièges algériens (1) ;

Professeurs des lycées de jeunes filles, ayant le grade d'agrégées.

XLIII. — 3,700 francs.

Sous-ingénieurs des ponts et chaussées.

XLIV. — 3,600 francs.

Agents de comptoir de la caisse centrale du Trésor ;

Capitaines après six ans de grade ; — Conducteurs de 1re classe des ponts et chaussées ;

Sous-chefs de bureau au ministère des affaires étrangères (M).

XLV. — 3,500 francs.

Astronomes adjoints de l'Observatoire de Paris ;

Capitaines des douanes (M); Commis d'académie (M) ; — Commis au Conseil d'Etat (M); Commis greffier des cours d'appel ; — Commis principaux des postes et des télégraphes ; — Conducteurs principaux de 1re classe des travaux hydrauliques de la marine ; — Contrôleurs de 1re classe des contributions indirectes ; — Contrôleurs de la culture des tabacs ;

(1) Voir supra. — 3,750 francs.

Directrices de 2ᵉ classe des lycées de jeunes filles ;

Expéditionnaires au ministère de la justice (M) ;

Gardes-magasins des manufactures de l'État (m) ;

Ingénieurs ordinaires de 2ᵉ classe des mines; — Ingénieurs ordinaires de 2ᵉ classe des ponts et chaussées ; — Ingénieurs ordinaires de 2ᵉ classe, conducteurs des travaux hydrauliques de la marine ;

Juges d'instruction des tribunaux ayant leur siège dans les villes de moins de 20,000 habitants; — Juges de paix de 3ᵉ classe;

Lieutenants de vaisseau de 1ʳᵉ classe ;

Médecins de 1ʳᵉ classe de la marine ; Muphtis (M) ;

Pharmaciens de 1ʳᵉ classe de la marine ; — Premiers Commis des manufactures de l'État (m) ;

Rédacteurs à la direction générale de l'enregistrement (m) ; —Rédacteurs principaux au ministère des finances (m) ;

Secrétaires d'académie autres que de Paris (m) ; — Sous-commissaires de la marine de 1ʳᵉ classe ; — Sous-ingénieurs de 1ʳᵉ classe du génie maritime ; — Sous-ingénieurs hydrographes de 1ʳᵉ classe de la marine ; — Sous-inspecteurs de 3ᵉ classe de l'enregistrement; — Substituts du procureur de la République, dans les villes de 20,000 à 80,000 habitants ; — Substituts du procureur de la République de certains tribunaux algériens (1).

Vérificateurs des douanes.

XLVI. — 3,400 francs.

Inspecteurs adjoints, rédacteurs au ministère de l'agriculture ;

Maîtresses chargées de cours dans les lycées de jeunes filles, ayant le grade de licenciées ou brevetées, de 1ʳᵉ classe;

Professeurs des collèges de jeunes filles, de 1ʳᵉ classe ; — Professeurs de 1ʳᵉ classe d'écoles normales d'instituteurs, ayant le grade de licenciés ; — Professeurs de 3ᵉ classe des lycées de jeunes filles, ayant le grade d'agrégées.

XLVII. — 3,300 francs.

Bibliothécaires adjoints à la Bibliothèque nationale (M) ;

Receveurs ambulants des contributions indirectes (M).

XLVIII. — 3,200 francs.

Auditeurs de 1ʳᵉ classe à la Cour des comptes (2) ;

(1) Voir *supra*.

(2) Préciput compris.

Capitaines, jusqu'à six ans de grade (1) ; — Conducteurs de 2° classe des ponts et chaussées ;

Directrice des études de la maison d'éducation de la Légion d'honneur de Saint-Denis ;

Professeurs des lycées de jeunes filles, ayant le grade d'agrégées, de 1re classe.

XLIX. — 3,100 francs.

Commis ordinaires des postes et télégraphes (M) ; — Conducteurs principaux de 2° classe des travaux hydrauliques de la marine ;

Expéditionnaires au ministère des finances (M).

Lieutenants de vaisseau de 2° classe ;

Maîtresses, chargées de cours dans les lycées de jeunes filles, ayant le grade de licenciées ou brevetées, de 2° classe ;

Professeurs de 2° classe des collèges de jeunes filles ; — Professeurs d'Ecoles normales d'instituteurs de 2° classe ;

Rédacteurs au ministère des finances (M) ;

Sous-commissaires de 2° classe de la marine ; — Sous-ingénieurs de 2° classe du génie maritime ; — Sous-ingénieurs hydrographes de 2° classe de la marine.

L. — 3,000 francs.

Bibliothécaires à la Bibliothèque nationale (m) ;

Commis des manufactures de l'Etat (M) ; — Commis principaux des contributions indirectes (M) ; — Conseillers de préfecture, autres que ceux de la Seine (m) ; — Contrôleurs de 2° classe des contributions indirectes ;

Directrices de 3° classe des collèges de jeunes filles ; — Directrice des études de la maison d'éducation de la Légion d'honneur d'Ecouen ;

Expéditionnaires au ministère de la guerre (M) ; — au ministère des travaux publics ;

Inspecteurs des finances de 4° classe ; — Inspecteurs de l'enseignement primaire de la Seine (m) ;

Juges de paix de 4° classe ; — Juges des tribunaux civils dans les villes n'ayant pas 20,000 habitants ;

Pasteurs protestants (M) ; — Professeurs des écoles normal d'instituteurs de 1re classe ; — Professeurs des lycées de jeunes filles, ayant le grade d'agrégées de 4° classe ;

Rabbins (M) ; — Receveurs des postes (bureaux composés) (m) ; — Receveurs buralistes des contributions indirectes (service des sucres) (M) ; — Receveurs principaux, receveurs en-

(1) 3,221 francs.

treposeurs et entreposeurs spéciaux des contributions indirectes (m); — Rédacteurs au ministère des affaires étrangères (m);

Sous-chefs de bureau au Conseil d'Etat (m); — au ministère des affaires étrangères (m); — Sous-ingénieurs des manufactures de l'Etat (m); — Sous-Inspecteurs des bureaux ambulants des postes (m);

Vérificateurs de la culture des tabacs.

LI. — 2,900 francs.

Commis à la Bibliothèque nationale (M); — Conducteurs de 1re classe des ponts et chaussées;

Professeurs de 3e classe des écoles normales d'instituteurs.

De 2,900 fr. à 1,000 fr.

LII. — 2,800 francs.

Lieutenants en premier, ou de la première moitié de la liste (1);

—Maîtresses chargées de cours dans les lycées et collèges de jeunes filles, ayant le grade de licenciées de 3e classe;

Professeurs de 3e classe des collèges de jeunes filles; — Professeurs de 2e classe d'écoles normales d'institutrices;

Receveurs-rédacteurs et receveurs-contrôleurs de l'enregistrement (M);

Substituts du procureur de la République dans les villes de moins de 20,000 habitants.

LIII. — 2.700 francs.

Capitaines des douanes (m); — Chefs de brigade des bureaux ambulants des postes; — Commis ordinaires des postes et des télégraphes (m); — Commis principaux des postes et des télégraphes (m);

Institutrices primaires de 1re classe des lycées de jeunes filles;

Juges de paix de 5e classe;

Professeurs de 4e classe d'écoles normales d'instituteurs;

Receveurs des postes (bureaux simples) (M);

Surveillante générale (inspectrice) de la maison d'éducation de la Légion d'honneur de Saint-Denis.

LIV. — 2,600 francs.

Directrices de 4e classe des collèges de jeunes filles;

Lieutenants en second ou de la seconde moitié de la liste (2);

(1) 2,812 francs.
(2) 2,652 francs.

Professeurs de 3e classe d'écoles normales d'institutrices ;
Surveillante générale (inspectrice) de la maison d'éducation de la Légion d'honneur d'Écouen.

LV. — 2,500 francs.

Aides-commissaires de la marine ; — Archivistes aux Archives nationales (m) ;
Commis-greffiers des tribunaux civils ayant leur siège dans des villes de 20,000 à 80,000 habitants ; — Commis principaux au ministère des affaires étrangères (M) ; — Conducteurs ordinaires de 1re classe des travaux hydrauliques de la marine ;
Directrice et surveillante générale (inspectrice) des études de la maison d'éducation de la Légion d'honneur des Loges ;
Enseignes de vaisseau ;
Ingénieurs ordinaires de 3e classe des mines ; — Ingénieurs ordinaires de 3e classe des ponts et chaussées ; — Ingénieurs de 3e classe des ponts et chaussées et conducteurs des travaux hydrauliques de la marine ; — Inspecteurs des postes (m) ;
Maîtres de conférences à l'École normale supérieure (m) ;
— Médecins de 2e classe de la marine ;
Pharmaciens de 2e classe de la marine ; Professeurs de 5e classe d'écoles normales d'instituteurs ; — Professeurs titulaires de 4e classe des collèges de jeunes filles ;
Sous-ingénieurs de 3e classe du génie maritime ; — Sous-ingénieurs hydrographes de la marine ;
Vicaires généraux (m).

LVI. — 2,400 francs.

Bibliothécaires adjoints à la Bibliothèque nationale (m) ;
Chanoines (M) ; — Commis de la culture des tabacs (M) ;
— Contrôleurs de 2e classe des ponts et chaussées ;
Greffiers des tribunaux civils dans les villes de 80,000 habitants et au-dessus ;
Institutrices primaires de 2e classe des lycées de jeunes filles ; — Institutrices de 1re classe des collèges de jeunes filles ;
Juges de paix de 6e classe ;
Lieutenants des douanes (M) ;
Maîtresses de 2e classe chargées de cours dans les collèges de jeunes filles ;
Professeurs de 4e classe d'écoles normales d'institutrices ;
Receveurs ambulants des contributions indirectes (m) ; —

Receveurs buralistes des contributions indirectes (sucres)
(m) ; — Receveurs particuliers sédentaires des contributions
indirectes (m) ; — Sous-lieutenants (1).

LVII. — 2,300 francs.

Expéditionnaires au ministère des affaires étrangères ;
Gens de service au ministère de l'agriculture (M).

LVIII. — 2,200 francs.

Conducteurs ordinaires de 2ᵉ classe des travaux hydrauliques de la marine ;
  Gardes généraux des forêts (M) ; — Gens de service du
ministère du commerce et de l'industrie (M) ;
  Instituteurs adjoints de 1ʳᵉ classe des écoles primaires supérieures ; — Institutrices-adjointes de 1ʳᵉ classe des écoles
primaires supérieures ;
  Professeurs de 5ᵉ classe des écoles normales d'institutrices ;
  Rédacteurs au ministère de la justice ;
  Vérificateurs des douanes.

LIX. — 2,100 francs.

Employés du ministère de l'agriculture (m) ;
  Huissiers et gardiens de bureau au ministère de l'intérieur (M) ;
  Institutrices primaires de 3ᵉ classe des lycées de jeunes
filles.

LX. — 2,000 francs.

Agents trieurs des postes (M) ; — Attachés au ministère des
affaires étrangères (M) ; — Auditeurs de 2ᵉ classe au Conseil d'État ; — Auditeurs de 2ᵉ classe à la Cour des comptes ;
  Commis d'académie (m) ; — au Conseil d'État (m) ; — Commis-greffiers des tribunaux dans les villes de moins de
20,000 habitants ; — Commis principaux des contributions
indirectes (m) ; — Conducteurs de 3ᵉ classe des ponts et
chaussées ; — Conducteurs ordinaires de 3ᵉ classe des travaux hydrauliques de la marine ;
  Dames institutrices des maisons d'éducation de la Légion
d'honneur ;

(1) 2,403 francs.

Elèves ingénieurs des manufactures de l'Etat ; — Expéditionnaires de la direction générale des postes ; — Expéditionnaires au ministère de la justice ;

Huissiers au Conseil d'Etat (M) ; — Huissiers de la Cour des comptes (M) ; — Huissiers et garçons de bureau au ministère de la justice ;

Instituteurs de 1re classe ;

Rédacteurs au ministère de la guerre (m); — Receveurs-contrôleurs et receveurs-rédacteurs de l'enregistrement (m) ; — Rédacteurs au ministère des travaux publics (m).

LXI. — 1,900 francs.

Adjoints à l'inspection générale des finances ;

Commis ordinaires de la direction générale des postes (m) ; — Contrôleurs des contributions directes, des contributions indirectes (m) ;

Expéditionnaires des directions générales ; — des contributions directes ; — des douanes ; — de l'enregistrement et des domaines ; — des manufactures de l'Etat ; du ministère des finances (m) ;

Instituteurs adjoints de 2e classe des écoles primaires ; — Institutrices adjointes de 2e classe des écoles primaires supérieures ;

Premiers commis des directions des contributions directes (m);

Rédacteurs au ministère des finances.

LXII. — 1,800 francs.

Aspirants de vaisseau de 1re classe (1);

Commis des contributions indirectes (M) ; — de la Grande Chancellerie de la Légion d'honneur (m) ; — Commis principaux au ministère de l'intérieur (m) ;

Dames employées dans les postes et télégraphes (M) ;

Elèves ingénieurs du génie maritime ; — Elèves ingénieurs hydrographes de la marine ; — Elèves commissaires de la marine ; — Employés du ministère du commerce et de l'industrie (m) ; — Employés titulaires du ministère de l'instruction publique (m) ; — Expéditionnaires du ministère de la guerre ;

Facteurs-Chefs des postes (M);

Gardes généraux des forêts (m) ; — Gardes-magasins des douanes (M) ; — Gardes stagiaires des forêts ;

Huissiers de la Cour des comptes (m) ; — Huissiers de la direction générale des postes (m).

Instituteurs de 2ᵉ classe ; — Institutrices primaires de
3ᵉ classe des collèges ; — Institutrices primaires de 2ᵉ classe
des lycées de jeunes filles ;

Juges de paix de 7ᵉ classe (m) ;

Pasteurs protestants (m) ;

Rédacteurs au ministère de la marine (m);

Sous-lieutenants des douanes (m).

LXIII. — 1,700 francs.

Commis des manufactures de l'Etat (m) ; — Conducteurs
de 4ᵉ classe des ponts et chaussées ;

Expéditionnaires au ministère de la marine (m) ;

Timbreurs et tournefeuilles, dans les départements.

LXIV. — 1,600 francs.

Agents de comptoir de la caisse centrale du Trésor (m) ; —
Agents auxiliaires de comptoir de la caisse centrale du Trésor (l) ;

Chanoines (m) ; — Curés (M); — Commis à la Bibliothèque
nationale (m); — Commis de contrôle et contrôleurs de comptabilité de l'enregistrement (m) ; — Commis des directions
des douanes (m) ;

Gardes-magasins, surveillants, contrôleurs et autres à l'atelier général du timbre (m) ; — Gardes-magasins du timbre
dans les départements (m) ; — Gardiens de bureau faisant
fonctions d'agents auxiliaires de comptoir de la caisse centrale du Trésor (l) ;

Instituteurs adjoints et institutrices adjointes de 3ᵉ classe
des écoles primaires supérieures; — Institutrices de 1ʳᵉ classe;
— Institutrices primaires de 4ᵉ classe des collèges de jeunes
filles ;

Maîtresses suppléantes des maisons d'éducation de la Légion d'honneur (M);

Receveurs particuliers des douanes (m).

LXV. — 1,500 francs.

Attachés au ministère des affaires étrangères (m);

Commis des services des contributions indirectes (m) ; —
Commis ordinaires des postes et télégraphes (m) ; — Commis
stagiaires des manufactures de l'Etat ;

Employés du greffe de la Cour des comptes (m) ; — Employés stagiaires au ministère de l'instruction publique ; —

Expéditionnaires au ministère des travaux publics (m) ;
Gardiens de bureau au ministère des travaux publics (M) ,
— Gardes-magasins des douanes (m) ; — Gens de service au
ministère de l'agriculture (m) ; — Greffiers des tribunaux
dans les villes de 20,000 à 80,000 habitants ;
Huissiers au Conseil d'Etat (m) ;
Imans (M) ; — Instituteurs de 3ᵉ classe ; — Institutrices
de 2ᵉ classe ;
Vérificateurs stagiaires de la culture des tabacs.

LXVI. — 1,400 francs.

De 1,400 fr. à 1,000 fr.

Gens de service du ministère du commerce et de l'industrie; — Instituteurs adjoints et institutrices adjointes de
4ᵉ classe des écoles primaires supérieures ; — Institutrices
de 3ᵉ. classe.

LXVII. — 1,300 francs.

Brigadiers des douanes (M) ; — Concierge et gardiens de
bureau de la Cour des comptes (M) ; — Gardiens de bureau
au ministère de la guerre (m) ; — Huissiers et gardiens de
bureau au ministère de l'intérieur (m) ; — Préposés des contributions indirectes (M).

LXVIII. — 1,200 francs.

Agents trieurs des postes (m) ; — Commis de culture des
tabacs (m) ; — Curés (m) ; — Greffiers des tribunaux civils
des villes au-dessous de 20,000 habitants ; — Huissiers de
la direction générale des postes (m) ; — Instituteurs adjoints
et institutrices adjointes de 5ᵉ classe des écoles primaires supérieures ; — Institutrices de 4ᵉ classe ; — Maîtresses suppléantes des maisons d'éducation de la Légion d'honneur (m) ;
— Muphtis (m).

LXIX. — 1,100 francs.

Brigadiers des douanes (m) ; — Commissaires stagiaires de
la culture des tabacs ; — Préposés des contributions indirectes (m).

LXX. — 1,000 francs.

Agents de l'atelier général du timbre (m) ; — Aspirants de
vaisseau de 2ᵉ classe ; — Concierge et gardiens de bureau

de la Cour des comptes (m) ; — Expéditionnaires de la direction générale des postes (m) ; — Facteurs-chefs des postes (m) ; — Instituteurs et institutrices de 5ᵉ classe.

LXXI. — 900 francs.

Instituteurs et institutrices stagiaires.

De 900 francs et au-dessous.

LXXII. — 850 francs.

Facteurs des postes (M) (1).

LXXIII. — 800 francs.

Dames employées dans les postes et télégraphes (m) ; — Receveurs des postes (bureaux simples) (m) ; — Timbreurs et tournefeuilles des départements (m).

LXXIV. — 600 francs.

Huissiers et gardiens de bureau au ministère de la justice (m) ; — Surnuméraires des régies financières (les 100 plus anciens seulement).

LXXV. — 400 francs.

Facteurs des postes (m) (1).

LXXVI. — 100 francs.

Imans (*minimum*).

(1) Haute paye : 50 à 150 francs.

FONCTIONNAIRES ET RETRAITÉS

Le flot des dépenses.

On se préoccupe toujours au parlement et dans certains milieux, du flot montant des dépenses administratives et de l'inquiétante augmentation du nombre des fonctionnaires et employés. On cherche, par une décentralisation bien entendue, à supprimer les rouages inutiles et à alléger les charges de l'Etat. On escompte certaines réformes partielles pour arriver à faire des économies de quelques millions; dans chaque ministère notamment, l'administration vient offrir à la commission du budget l'holocauste de quelques centaines de mille francs, voire de quelques milliers de francs prélevés péniblement sur le budget du personnel, car il n'y a pas de petites économies.

Mais, si l'on veut faire de grosses économies, il faut trouver autre chose, car chaque administration, chaque service se défend, non sans raison peut-être, et, somme toute, après avoir scruté toutes les organisations, après avoir supprimé quelques emplois, on arrivera peut-être à arrêter tout avancement, à décourager de vieux serviteurs, sans pour cela arriver à réduire d'une façon sensible les dépenses du personnel administratif.

Le mal est plus haut, il est plus grand qu'on ne pense, car le montant total des traitements augmente d'année en année, d'une façon continue, bien que le traitement moyen revienne aussi bas qu'il est possible de le concevoir, étant donnée l'augmentation du coût de la vie en général.

D'un autre côté, parallèlement au chiffre des dépenses du personnel actif de l'administration, grandit encore plus vite le budget des pensions, celui-là insaisissable et inconvertible. Cette partie de la dette nationale, à laquelle on ne songe guère, grandit sans bruit et atteint aujourd'hui le chiffre annuel de 200 millions...

C'est de cette partie de notre dette que nous nous proposons de nous occuper aujourd'hui, en étudiant rapidement chacune des natures de pensions et en examinant, pour les plus importantes, le nombre des rentiers qui en bénéficient, le montant de la dépense qu'ils nécessitent et leur répartition géographique sur le territoire de la France. *Sources de cette étude.*

L'*Annuaire statistique de la France* fournit, pour la première fois, des renseignements complets sur les pensions inscrites au Trésor. Nous mettrons largement à contribution les tableaux statistiques que cet annuaire présente sur cette intéressante et nouvelle enquête.

Mais auparavant, conformément au titre de cet article, nous devons rechercher combien il y a de fonctionnaires et d'employés en France, combien ils coûtent, et combien ils versent au Trésor en vue d'alléger les dépenses faites par celui-ci pour le service des rentes viagères de retraite. C'est encore l'*Annuaire statistique* qui nous renseignera à cet égard.

Nous avons précédemment dressé, sous forme d'énumération complète, la nomenclature des fonctions, si nombreuses, et des fonctionnaires, en indiquant le montant de leurs traitements (1). Il s'agit maintenant de présenter une synthèse de cette enquête : Comment connaître, pour chaque année, le montant total des émoluments touchés par la nombreuse armée administrative?

On sait que, depuis que le gouvernement impérial, en quête de ressources, a mis, en 1853, la main sur les caisses de retraites si florissantes des employés, professeurs, fonctionnaires, une retenue de 5 % est prélevée sur chaque traitement ou salaire d'employé ou fonctionnaire commissionné. Ces versements, dont le montant figure aux recettes d'ordre du budget général, permet donc de rétablir, approximativement tout au moins, le chiffre du montant global des traitements sur lesquels ils ont été effectués. *Caisses spéciales de retraites.*

Suppression.

Retenues.

(1) Voir *supra* p. 439.

Calcul des traitements.

Nous avons relevé avec soin les sommes prélevées annuellement depuis l'année 1854 et calculé ainsi le chiffre total des traitements correspondants ; puis nous avons rapproché, pour chaque année, de ces deux nombres, le montant des pensions civiles payées par l'Etat qui s'est substitué, à partir de cette année 1854, aux caisses de retraites supprimées.

De cette façon, nous avons pu connaître la proportion des dépenses du personnel administratif de l'Etat par rapport au budget général ; la proportion du montant des retenues versées par rapport au montant des pensions ; et, enfin, la proportion des dépenses effectuées pour le service des pensions par rapport aux dépenses effectuées pour les traitements.

Comparaison des divers éléments.

Ces calculs font l'objet du tableau suivant que nous avons établi pour les années 1854, 1860, 1865, 1869, 1870, 1875, 1880, 1885, 1890, 1893.

Il convient de faire remarquer préalablement que, aux termes de la loi du 9 juin 1853, le premier douzième de chaque traitement de début et de chaque augmentation, et certaines retenues ou amendes, sont imputables également au chapitre des recettes pour le service des pensions civiles en plus des 5 % du traitement. Par contre, un certain nombre de fonctionnaires ne subissent aucune retenue. Il y a donc compensation et la multiplication par 20 du montant des retenues représente bien, à très peu près, le montant total des traitements.

[TABLEAU]

ANNÉES	MONTANT TOTAL			PROPORTION		
	Des RETENUES	Des TRAITEMENTS	Des PENSIONS en cours de payement	Des dépenses pour traitement p. 100 fr. du budget général	Des RETENUES p. 100 fr. de pensions payées	Des DÉPENSES p. pension p. 100 fr. de traitement
	millions de francs.	millions de francs.	millions de francs.			
1854	13.322.904	260.468.098	28.113.027	18.50	67.9	8.7
1860	13.415.829	264.812.586	28.554.519	12.80	67.»	8.7
1865	14.089.721	292.794.437	25.649.682	18.60	57.1	8.8
1869	16.378.640	307.670.818	29.882.877	14.40	51.5	9.7
1870	14.821.728	296.434.178	30.683.789	5.40	48.6	10.3
1875	18.391.241	307.894.822	39.601.904	12.10	46.2	10.8
1880	22.041.046	440.820.902	47.391.425	11.7	46.5	10.8
1885	23.728.818	474.470.364	56.818.768	12.0	42.0	11.8
1890	24.982.060	498.641.201	61.732.822	14.6	40.8	12.8
1898	25.862.844	517.266.887	63.218.961	14.7	40.9	12.2

Il convient maintenant d'examiner les résultats quelque peu arides présentés par ce tableau : tout d'abord, le nombre des fonctionnaires. Il résulte d'un relevé que nous avons effectué sur le budget, que la moyenne des traitements est actuellement de 1,300 francs (et l'on parle de la plaie des gros traitements !). Il s'ensuit que le nombre des employés et fonctionnaires de l'État se monte à 400,000 ; telle est la part de l'État. Il résulte, d'autre part, d'enquêtes spéciales, mentionnées par M. Ballue, en 1880, dans son rapport sur la réforme de l'assiette de l'impôt (1), et dans *la France économique*, de M. de Foville (2), que le nombre d'agents payés par les communes s'élève à 118,000, pour une somme de 104 millions et que celui des employés et fonctionnaires départementaux est de 9,000, touchant ensemble 16 millions de francs.

Nombre des fonctionnaires. Leurs traitements.

(1) Chambre, *Documents parlementaires*, 1886, n° 1314.
(2) Page 62.

Réunissons ces trois catégories :

	Nombre d'employés	Montant des traitements
		Millions de francs
État	400,000	517
Départements.	9,000	16
Communes	118,000	104
Total.	527,000	637

Voilà notre armée administrative et son budget ; elle est bien aussi nombreuse que l'armée préposée à la défense nationale, mais coûte deux fois moins cher.

Pour le moment, et faute de documents précis sur le personnel communal et départemental, nous ne nous occuperons que du personnel de l'État et nous examinerons comment a varié la dépense qu'il absorbe depuis quarante années : en 1854, il coûtait 200 millions, ce qui dénotait un nombre de 200,000 fonctionnaires ; aujourd'hui, ce nombre est de 400,000, coûtant 518 millions, juste le double. Le besoin du pays, la superficie à administrer, la matière imposable, le nombre d'habitants a donc doublé ? Nullement, la population a augmenté d'un dixième, le territoire a diminué, seul le budget a doublé. Voilà donc la situation : si l'armée des fonctionnaires avait conservé la proportion qu'elle avait par rapport au pays, il y a quarante ans, il y aurait de ce chef une économie annuelle de plus de 200 millions. La chose vaut la peine d'être signalée.

Il y a quarante ans, la dépense faite pour le personnel de l'administration comprenait un dixième du budget général, aujourd'hui, cette dépense atteint 15 % (14.7 en 1893, d'après le tableau qui précède).

Pourcentage des dépenses. Quant aux retenues effectuées pour le service des pensions civiles, elles venaient, au lendemain de la suppression des caisses libres de retraites, atténuer la dépense des pensions servies dans la mesure de 57 % : 13 millions de retenues pour 23 millions de pensions payées. Aujourd'hui, les retenues produisent 25 millions et les pensions coûtent 63 millions. L'atténuation produite (nous ne parlons que des pensions civiles) par les versements de retenues n'est que de 40 % et les contribuables doivent verser 38 millions pour payer les engagements contractés par l'État envers ses serviteurs.

Les pensions augmentent, elles, encore plus vite que les fonctionnaires ; elles ont triplé depuis 1853. Cela tient autant à l'accroissement de la longévité des vieillards, dont il faut certes se féliciter, qu'à l'abaissement de la limite d'âge pour la mise à la retraite, ou pour mieux dire, à l'admission prématurée à la retraite de nombreux fonctionnaires, par suite de réformes et d'épurations récentes. Ces réformes, ces épurations étaient peut-être nécessaires, mais leur conséquence a été d'obérer le budget des pensions. Un chef de bureau d'un ministère est, par exemple, mis à la retraite à 50 ans, il vivra vingt-cinq ans et, pendant ces vingt-cinq ans, un autre chef de bureau jouira du traitement de l'ancien titulaire. Le Trésor aura à payer à la fois une retraite et un traitement d'activité.

Cela est si vrai que, il y a quarante ans, la proportion des pensions payées était de 8 % du montant des traitements : aujourd'hui, bien que la dépense pour les traitements ait doublé, la proportion des pensions dépasse 12 % de ces mêmes traitements. Nous nous permettons d'appeler sur ce phénomène la sérieuse attention de nos législateurs. Les mises à la retraite de fonctionnaires qui peuvent encore rendre de réels services, bien qu'ils aient atteint la limite d'âge, sont parfois abusives et excessives : le budget en souffre et nous approuvons complètement le président de la commission du budget, M. Cochery, d'avoir protesté contre ces errements.

Voici maintenant quelle est, pour chaque ministère, la consistance de son personnel administratif et le montant de la dépense qu'il entraîne.

Répartition par ministère.

	Nombre d'agents	Montant des traitements Millions de francs
Intérieur. { État.	11.000	23.0
Départements.	9.000	16.0
Communes.	118.000	104.0
Ensemble.	138.000	143.0
Finances.	66.000	105.0
Justice.	10.000	31.0
Instruction publique	146.000	116.0
Cultes.	38.000	40.0
Beaux-Arts.	1.650	3.4
Agriculture.	7.000	10.1
Commerce et industrie.	1.300	3.0
Postes et télégraphes.	52.000	60.0

Nous avons omis volontairement dans cette énumération les ministères de la marine, de la guerre et des colonies, sur lesquels les données sont assez difficiles à recueillir, surtout en ce qui concerne la ventilation entre les services militaires et les services civils.

Les plus gros ministères sont ceux de l'intérieur, des finances, de l'instruction publique, du commerce (à cause des postes et télégraphes); vient ensuite l'administration des cultes, qui compte 38,000 ministres ou desservants. Ce sont, naturellement, ces gros ministères qui accusent les moyennes de traitement le plus faible, car, s'il est vrai que les services des douanes, des postes, des cultes, de l'enseignement primaire, se chiffrent par des centaines de millions, les traitements y sont infimes. Ce n'est pas de ce côté qu'il conviendrait de chercher des économies à faire; ces traitements sont irréductibles. Ce n'est guère sur le nombre ou sur le montant des gros traitements qu'on doit chercher d'un autre côté à faire des économies : outre que ces économies seraient très faibles, étant donné le petit nombre, à coup sûr inattendu, des titulaires de gros traitements (et dans l'administration, sont considérés comme gros traitements ceux de 6,000 francs, 7,000 francs, 8,000 fr. et au-dessus) et la désorganisation certaine qui suivrait si on supprimait un trop grand nombre de ces places.

Au surplus, voici un classement, que nous avons effectué, des fonctionnaires et des employés de l'Etat, d'après les données fournies par le budget. Ce classement établit des catégories de fonctions distinguées par le traitement de 1,000 en 1,000 francs.

	NOMBRE DES AGENTS et fonctionnaires	MONTANT TOTAL du traitement	TRAITEMENT MOYEN
		francs	francs
Au dessous de 1.000	188.760	140.070.000	766
De 1.000 à 1.999	105.257	126.900.000	1.170
— 2.000 à 2.999	27.607	63.700.000	2.310
— 3.000 à 3.999	10.851	38.600.000	3.550
— 4.000 à 4.999	4.998	4.800.000	4.360
— 5.000 à 5.999	2.472	13.500.000	5.485
— 6.000 à 6.999	1.226	7.900.000	6.460
— 7.000 à 7.999	419	3.200.000	7.650
— 8.000 à 8.999	1.088	9.189.000	8.485
— 9.000 à 9.999	205	2.819.000	9.555
— 10.000 à 19.999	1.555	19.485.000	12.450
— 20.000 à 100.000	212	5.777.000	26.800
1.200.000 (Président de la République)......		1.200.000	

Ce classement, établi laborieusement, indique bien quelle est la situation de l'employé en général. Elle est très modeste, le gros traitement est l'exception, et il montre qu'une retenue de 100 francs sur les gros traitements supérieurs à 10.000 francs serait moins productive qu'une retenue de 10 francs sur les petits employés touchant moins de 1,000 francs. L'économie n'est pas à faire de ce côté et c'est dans l'organisation même des rouages administratifs, dans une meilleure distribution du travail, et non dans la rémunération des agents, que l'on doit rechercher le remède à la situation, assez grave, que nous signalons.

Réformes d'organisation des services.

Il était utile, par ces chiffres précis, officiels, de montrer le danger et de dire d'où il vient. Nous terminons par cette réflexion le court aperçu synthétique que nous

Conclusion.

désirions faire du dénombrement des professions administratives en France.

Toujours est-il qu'une très appréciable partie de la population vit de professions administratives ou de fonctions militaires et qu'une autre, non moins importante, vit des rentes acquises par le travail et les services rendus à l'État. Ces rentes, connues sous le nom de pensions, constituent une part importante du budget, car elles se chiffrent par près de 200 millions répartis chaque année entre 242,000 ayants droit, ce qui accuse une moyenne de 820 francs par tête. Ajoutons que, pour la plupart, cette rente constitue à peu près la seule ressource dont ces intéressants rentiers peuvent disposer pour assurer leurs vieux jours.

CE QUE COUTENT NOS FONCTIONNAIRES

La revue des traitements alloués à *nos fonctionnaires* (1) démontre péremptoirement, qu'à part quelques rares unités dans chacun des grands services publics, qui reçoivent des émoluments relativement élevés mais non exagérés cependant, la masse de nos fonctionnaires ne se voit attribuer qu'une rémunération très faible, parfois insuffisante.

Et cependant quels gros crédits réclame le payement de ces traitements par suite du nombre considérable des parties prenantes! Tout le monde s'en doutait; mais personne n'avait guère cherché à l'établir exactement. Nous avons montré dans notre étude *Fonctionnaires et retraités* (2) quelle grande armée représentait le fonctionnarisme.

Nous nous proposons maintenant de rechercher ce *que coûtent nos fonctionnaires*. C'est aux comptes mêmes de l'administration des finances que nous l'avons

(1) Voir *supra*, page 439.
(2) Voir *supra*, page 464.

demandé. Nous y avons relevé à cet effet les dotations
affectées aux pouvoirs publics; les dépenses afférentes
aux divers départements ministériels; les crédits alloués
pour les retraites et les pensions. Ce travail nous permet d'indiquer chaque fois que cela est possible, le
nombre des fonctionnaires entre lesquels se distribue
chacune des allocations inscrites au budget (1).

Nous présenterons dans les tableaux qui suivent un
inventaire très approximatif de nos fonctionnaires quant
au nombre, et le montant, plus approximatif encore,
de ce qu'ils nous coûtent.

Nombre des parties prenantes.		Montant des dépenses.

I. — POUVOIRS PUBLICS.

Francs

1	Le Président de la République...............		1.200.000
	Le Sénat :		
300	Indemnités des sénateurs...........	2.799.000	3.565.000
—	Services administratifs..............	766.000	
	La Chambre des députés :		
581	Indemnités des députés.............	5.328.000	6.143.000
—	Services administratifs..............	815.090	
	Total pour les POUVOIRS PUBLICS...		10.908.000

II. — SERVICES GÉNÉRAUX DES MINISTÈRES.

1. — *Ministère des affaires étrangères.*

50	Administration centrale du ministère (2).........	808.000
631	Agents diplomatiques et consulaires, chanceliers.	6.714.000
—	Personnel auxiliaire.............................	631.000
	Total pour le ministère des affaires étrangères.	8.153.000

(1) Les différences de chiffres qu'on peut constater avec nos précédents
articles, proviennent, d'une part, de ce que nos relevés ont été effectués
sur des documents plus récents parus depuis et, d'autre part, sur ce fait
que nous avons fait rentrer dans la catégorie des *fonctionnaires*, pour les
ministères de la guerre et de la marine, les officiers et assimilés auxquels
appartient en réalité ce caractère à raison de la permanence de leurs services.

(2) Dans chaque ministère le *ministre* figure dans l'administration centrale pour une *unité* et un *traitement de* 60.000 *francs.*

2. — *Ministère de l'agriculture.*

		Francs
160	Administration centrale du ministère.....	794.000
4.057	Forêts (1)	5.258.000
1.030	Haras (2)...	1.561.000
—	Autres services	2.268.000
	Total pour le ministère de l'agriculture......	9.881.000

3. — *Ministère des colonies.*

127	Administration centrale du ministère.............	690.000
9.700	Gendarmerie et troupes aux colonies.............	10.897.000
1.004	Commissariat colonial et services civils	6.312.000
238	Service des cultes.......................	585.000
	Total pour le ministère des colonies........	18.484.000

4. — *Ministère du commerce, de l'industrie, des postes et des télégraphes.*

1° COMMERCE ET INDUSTRIE.

98	Administration centrale du ministère.............	591.000
988	Caisse nationale d'épargne......................	3.205.000
236	Enseignement industriel et commercial (3).......	2.733.000
384	Autres services	1.737.000
	Ensemble...........	8.266.000

2° POSTES, TÉLÉGRAPHES ET TÉLÉPHONES.

69.635	Postes et télégraphes (4)...........	101.060.000	104.806.000
1.889	Téléphones	3.746.000	
	Total pour le ministère du commerce, de l'industrie, des postes et des télégraphes.......		113.074.000

(1) Agents : 2.520.000 francs (747 parties prenantes); préposés : 2.593.000 francs (3.310 p. p.).

(2) Personnel de l'administration : 330.000 francs (100 p. p.); sous-agents : 1.223.000 francs (936 p. p.).

(3) Conservatoire national des Arts et Métiers : 229.000 francs (77 p. p.); École centrale des Arts et Manufactures : 602.000 francs; Écoles nationales d'arts et métiers : 584.000 francs (115 p. p.); Écoles de Cluses, de Cluny, etc.

(4) Agents des services généraux : 45.989.000 francs, (20.270 p. p.); Sous-agents : 53.192.000 francs (38.648 p. p.); Administration centrale: 1.909.000 francs (711 p. p.).

5. — *Ministère des finances.*

                                      Francs

881	Administration centrale du ministère.........	3.656.000
—	Administration des monnaies et médailles (1)......	330.000
215	Cour des comptes.........................	1.806.000
87	Inspection générale des finances	801.000

Régies financières :

6.505	Contributions directes (2).............	16.647.000
11.584	Contributions indirectes (3)..............	32.173.000
22.451	Douanes (4).....................	30.720.000
1.128	Enregistrement, domaines et timbre (5)..........	16.285.000
—	Manufactures de l'État (6)....................	20.450.000

Trésorerie :

450	Trésoriers généraux et receveurs particuliers...............	1.983.000	4.883.000
—	Bureaux des trésoreries générales....	2.900.000	

         Total pour le ministère des finances........   **127.151.000**

6. — *Ministère de la guerre.*

519	Administration centrale du ministère.............	3.591.000
405	Écoles militaires.	8.803.000
4.390	État-major général, service d'état-major et états-majors particuliers......................	23.770.000
20.879	Officiers et personnel des autres services et des troupes	90.764.000

         Total pour le ministère de la guerre........   **126.928.000**

(1) Administration : 63.000 francs (17 p. p.); Exploitation : 267.000 francs.

(2) Service de l'assiette : 3.999.000 francs (1.305 p. p.); Service de la perception : 12.474.000 francs (5.137 p. p.); Administration centrale : 183.000 francs (33 p. p.).

(3) Services généraux : 31.733.000 francs (11.670 p. p.); Administration centrale : 440.000 francs (114 p. p.).

(4) Services généraux : 30.365.000 francs (22.371 p. p.); Administration centrale : 355.000 francs (80 p. p.)

(5) Services généraux : 15.595.000 francs (4.172 p. p.); Atelier général du timbre : 305.000 francs (185 p. p.); Administration centrale : 385.000 francs (71 p. p.).

(6) Personnel de l'administration : 2.208.000 francs (778 p. p.); Gages et salaires : 18.007.000 francs; Administration centrale : 235.000 francs (46 p. p.).

7. — *Ministère de l'instruction publique, des beaux-arts et des cultes.*

1° Instruction publique.

		Francs
253	Administration centrale du ministère.............	1.020.000
400	Administration académique, inspection générale et conseil supérieur.............................	1.984.000
208	Archives nationales et bibliothèques publiques (1)..	853.000
217	Écoles et établissements de haut enseignement (2)..	3.083.000
706	Enseignement supérieur (facultés)	9.068.000
—	Enseignement secondaire (3)	16.384.000
91.000	Enseignement primaire........................	130.100.000
274	Institut de France............................	697.000
—	Autres services..............................	346.000
	Ensemble..............	163.535.000

2° Beaux-arts.

45	Administration centrale....................	220.000
209	Bâtiments civils et palais nationaux.............	530.000
204	Établissements et écoles de haut enseignement (4..	783.000
326	Manufactures nationales.....................	979.000
279	Musées nationaux..........................	558.000
—	Autres services	127.000
	Ensemble.............	3.197.000

(1) Archives nationales : 200.000 francs (23 p. p.); Bibliothèques nationales : 430.000 francs (33 p. p.), etc.

(2) Bureau des longitudes : 148.000 francs (23 p. p.) ; Bureau central météorologique : 182.000 francs (18 p. p.); Collége de France : 509.000 francs (51 p. p.); École des Chartes : 71.000 francs (9 p. p.); Écoles d'Athènes et de Rome : 150.000 francs (14 p. p.); École des hautes études : 322.000 francs; École normale supérieure : 519.000 francs; Langues orientales vivantes : 154.000 francs; Muséum d'histoire naturelle : 391.000 francs (80 p. p.); Observatoire : 537.000 francs.

(3) Lycées nationaux : 10.820.000 francs; Collèges : 3.593.000 francs; Collèges de jeunes filles : 1.971.000 francs.

(4) Académie de France à Rome : 13.000 francs (2 p. p.); Conservatoire de musique : 193.000 francs (90 p. p.); École nationale des beaux-arts : 272.000 francs (54 p. p.), etc.

3° Cultes.

		Francs
55	Bureaux des cultes............................	125.000
42.410	Culte catholique (1)............................	36.859.000
57	Culte israélite...............................	131.000
700	Culte protestant.............................	1.281.000
	Ensemble............	38.302.000
	Total pour le ministère de l'instruction publique, des beaux-arts et des cultes..	305.021.000

8. — Ministère de l'intérieur.

		Francs
305	Administration centrale du ministère..............	1.401 010
—	Bureaux des préfectures et des sous-préfectures.	4.882.000
710	Fonctionnaires administratifs dans les départements (2................................	5.081.000
4.356	Service pénitentiaire........................	4.929.000
—	Services de la police et de la sûreté.............	16.749.000
—	Autres services	2.034.000
	Total pour le ministère de l'intérieur	35.135.000

9. — Ministère de la justice.

		Francs
122	Administration centrale du ministère.............	537.000
151	Conseil d'État.............................	1.058.000
76	Cour de cassation...........................	1.147.000
704	Cours d'appel..............................	6.206.000
5.764	Justices de paix............................	8.421.000
2.933	Tribunaux civils de première instance	11.481.000
225	Tribunaux de commerce.......................	185.000
117	Tribunaux de police	93.000
	Ensemble............	29.070.000
—	Grande Chancellerie de la Légion d'honneur......	533.000
—	Imprimerie nationale........................	2.841.000
	Total pour le ministère de la justice.........	32.492.000

(1) Archevêques et évêques : 925.000 francs (84 p. p.); chanoines et vicaires généraux : 974.000 francs (880 p. p.); curés : 4.421.000 francs (4.430 p. p.); desservant et vicaires : 31.257.000 francs (38.002 p. p.).

(2) Préfets : 2.005.000 francs (88 p. p.); secrétaires généraux : 494.000 francs (88 p. p.); sous-préfets : 1.435.000 francs (273 p. p.); conseillers de préfecture : 902.000 francs (300 p. p.).

10. — Ministère de la marine.

Francs

303	Administration centrale du ministère............	1.422.000
—	Caisse des invalides de la marine................	448.000
5.270	Officiers de vaisseau et des troupes de la marine et personnel des divers services autres que ceux ci-après..............................	31.454.000
3.866	Services administratifs et financiers..............	6.043.000
	Total pour le ministère de la marine.......	39.367.000

11. — Ministère des travaux publics.

279	Administration centrale du ministère..........	1.309.000
—	Chemins de fer (1)............................	32.336.000
5.757	Ponts et chaussées et mines..................	18.137.000
4.304	Services de la navigation, de la pêche, des phares, etc.	3.891.000
	Total pour le ministère des travaux publics..	55.763.000

12. — Algérie.

—	Agriculture (2)................................	1.207.000
—	Commerce, industrie, postes et télégraphes (3)....	3.602.000
—	Finances (4)...................................	5.665.000
—	Instruction publique, beaux-arts et cultes........	5.851.000
513	Intérieur (adm. centrale et gouvernement général).	4.250.000
—	Justice.....................................	2.504.000
—	Travaux publics..............................	1.389.000
	Total pour l'Algérie...............	24.588.000

(1) Chemins de fer concédés : 1.695.000 francs ; Chemins de fer de l'État : Administration : 529.000 francs; Exploitation : 30.112.000 francs ; ensemble, 30 641.000 francs.

(2) Dont 1.210.000 francs pour le service des Forêts.

(3) Postes et Télégraphes : 3.355.000 francs; Téléphones : 81.000 francs; ensemble, 3.436.000 francs.

(4) Contributions directes : 722.000 francs; Contributions diverses 1.098.000 francs; Douanes : 1.259.000 francs; Enregistrement, Domaines et Timbre : 722.000 francs; Impôts arabes : 1.329.000 francs; Trésorerie : 535.000 francs.

III. — RÉCAPITULATION.

	France	Algérie	Totaux
Affaires étrangères.........	8.153.000	»	8.153.000
Agriculture.................	9.881.000	1.267.000	11.148.000
Colonies....................	18.484.000	»	18.484.000
Commerce, industrie, postes et télégraphes......	112.072.000	3.602.000	116.674.000
Finances	127.451.000	5.665.000	133.116.000
Guerre......................	121.924.000	»	120.924.000
Instruction publique, beaux-arts et cultes	205.024.000	5.851.000	210.875.000
Intérieur..................	35.135.000	4.250.000	39.385.000
Justice................... .	32.492.000	2.564.000	35.056.000
Marine.....................	39.307.000	»	39.307.000
Travaux publics...........	55.763.000	1.389.000	57.152.000
Totaux.......	771.750.000	24.588.000	796.338.000
Report des *dotations des pouvoirs publics*.....			10.908.000
Ensemble.........			807.246.000

De plus, pour savoir exactement *ce que coûtent nos fonctionnaires*, il convient d'ajouter aux dépenses courantes le montant des retraites et pensions ; mais, en ce qui concerne les retraites militaires, les documents officiels ne permettent pas une ventilation exacte de celles payées aux sous-officiers et soldats et qu'il y a lieu d'éliminer de nos calculs.

	Francs
83.560 pensions civiles..........	65.526.000
136.833 pensions militaires. 123.046.000 francs (3/4)..	92.284.000
Total (évaluation)......	157.810.000
Report.................	807.246.000
Total général en ce qui concerne le budget de l'État...	965.056.000

Francs

Ainsi ce que coûtent nos fonctionnaires se chiffre à un total de plus de neuf cent soixante millions. Si nous y ajoutons les traitements des 9,000 fonctionnaires payés sur les budgets départementaux, soit.... .... **16.000.000**

Et des 118,000 autres dont les traitements sont inscrits dans les budgets communaux pour.................... **104.000.000**

Ainsi que nous l'avons précédemment noté, nous atteignons le chiffre global de................... ...... **1.085.056.000**

Le milliard se trouverait ainsi sensiblement dépassé.

Ce chiffre est énorme ; il ne paraît pas douteux que, dans l'Europe entière, nous tenions le premier rang à cet égard et cependant, avec le nombre si élevé des parties prenantes, on a vu combien peu recevait chacune d'elles.

Sans compter les traitements de la guerre et de la marine, rappelons qu'il y a près de 200,000 fonctionnaires qui reçoivent moins de 1,000 francs par an ; plus de 100,000 dont le traitement moyen n'atteint pas 1,200 francs (exactement 1,170 francs) ! Grand nombre de magistrats, de directeurs de services reçoivent des traitements infimes qui ne représentent pas même l'intérêt du capital dépensé par eux ou par leurs familles pour leur permettre d'acquérir les connaissances indispensables à leurs fonctions!

Ce qu'on appelle les gros traitements ce sont ceux de 9 à 10,000 francs : or, il n'y en a pas en tout 300 !

De 10,000 à 20,000 francs, on compte tout au plus 160 fonctionnaires qui reçoivent en moyenne 12,450 fr.! Nos chiffres relevés avec soin et par le menu, concordent, dans leur ensemble, avec ceux qui ont été établis par la statistique générale de la France. Dans l'*Annuaire* de 1895-1896 qui vient de paraître, sans comprendre les pouvoirs publics, le président de la République, le parlement, les ministres ni la solde de l'armée et de la marine, le nombre des fonctionnaires et employés est évalué à 405,071 pour un montant total de traitements de 615,350,653 francs, soit un traitement moyen de 1,490 francs.

Cet état de choses est aussi fâcheux pour l'Etat que pour les fonctionnaires : l'Etat dépense des sommes considérables, les fonctionnaires sont trop nombreux et ils sont insuffisamment payés.

Est-il possible d'administrer la France avec un moins grand nombre de personnes, mieux rétribuées, sans faire souffrir les services publics ? Quelles mesures pourrait-on adopter pour porter remède à cette situation ? Ce sont là des questions dont la commission de décentralisation et les Chambres feraient bien de s'occuper.

BUDGET DE 1899

I

Le ministre des finances, dans son intéressant exposé des motifs du projet de loi portant fixation du budget général des recettes et des dépenses de l'exercice 1899, relève tout d'abord le caractère « de simplicité » qu'il a voulu donner à la loi de finances dans le double but de faciliter la tâche des membres du parlement, à une époque aussi avancée de l'année, et de permettre d'assurer en temps utile le vote du budget, tout au moins dans ses lignes essentielles, toutes propositions accessoires ou connexes devant être soumises à des commissions spéciales.

II

Le ministre constate que les relèvements de crédits proposés, au 30 juin dernier, pour 1899, par les divers départements ministériels, ne s'élevaient pas à moins de 127 millions, les crédits totaux étant de 3,560,015,114 fr. L'honorable M. Peytral, à la suite d'un examen approfondi, a pensé qu'ils pouvaient être réduits en les limitant, pour la majeure partie, aux engagements antérieurs, à 86,466,721 francs, soit près d'un tiers en moins, sans que la marche régulière des services en souffrit. Sur ces 86,466,721 francs, les dépenses nouvelles n'entrent que pour 31,466,104 francs, correspondant au dé-

veloppement normal de certaines dépenses. Le ministre
a pu compenser cette augmentation de crédits jusqu'à
concurrence de 45,790,937 francs provenant de diverses
réductions et, notamment, pour 26,671,395 francs d'économies réalisées.

L'accroissement définitif du budget de 1899 se trouve
donc, en réalité, exactement réduit à la somme de
40,675,784 francs, par rapport aux allocations comparées du dernier budget voté. Si importante relativement
que soit encore cette augmentation, elle est cependant
inférieure à celle du budget de 1898, qui était de
48,050,911 francs, par rapport au budget de 1897.
M. Peytral constate mélancoliquement et déplore cet
accroissement régulier des dépenses « en quelque sorte
fatal », et qui a fait passer le budget des dépenses
de 3 milliards 357 millions, en 1893, à 3 milliards
433 millions en 1898, soit plus de 70 millions d'augmentation qui, ajoutés aux 65 millions d'économies
réalisées par la conversion de 1894, forment un total de
141 millions d'augmentation.

Tout en tenant compte de ce fait, l'incorporation totale
au budget ordinaire des dépenses extrabudgétaires et
des crédits spéciaux pour amortissement (30 millions),
il ne faut pas se dissimuler que l'accroissement est absolument nécessité par la préoccupation légitime de la
sécurité nationale — guerre, marine et colonies,
83.223,424 francs en plus pendant cette période, — et
le développement intellectuel et moral de la nation, instruction publique, 24 millions en plus, dont 18 millions
pour le seul enseignement primaire.

Rendons cette justice à M. Peytral, c'est qu'il a tout
fait pour limiter ces accroissements dans la juste
mesure que comporte la nécessité des dépenses de cette
nature en présence de l'état si coûteux et si dangereux
de paix armée et de l'état social actuel de l'Europe ; et
ajoutons, comme contre-partie plus rassurante, qu'il
constate également que les recettes s'accroissent parallèlement d'une façon normale, et qu'il n'y a aucune rai-

*Défense natio-
nale.*

*Instruction pu-
blique.*

*Recettes.
Accroissement
normal.*

son de supposer que cette activité progressive des recettes s'arrêtera ; seulement, comme il le reconnaît avec une réelle sagacité et beaucoup de justesse, pour que la persistance de ce double phénomène, accroissement normal des dépenses et des recettes, se maintienne dans un équilibre constant, il est une condition indispensable que l'on ne doit pas perdre de vue : d'une part, prévoir les recettes avec une grande réserve, ne pas escompter imprudemment les plus-values ; d'autre part, préparer et examiner les demandes de crédits en s'inspirant de la plus scrupuleuse économie.

III

Évaluations.

Mettant ici immédiatement en pratique les principes qu'il vient d'énoncer, l'honorable M. Peytral s'est attaché, dit-il, à ne calculer les recettes qu'avec une modération « plutôt excessive ».

Examinant successivement les deux grandes classes de recettes — produits directs, produits indirects — il déclare qu'aucune observation n'est à présenter au sujet de la première catégorie de recettes, dont les évaluations étaient tout d'abord supérieures de 2,957,995 fr. aux évaluations correspondantes de 1898.

Quant aux produits indirects, évalués d'après les bases du dernier exercice connu, la majoration qui ressortait des lois votées en cours d'exercice et de l'accroissement normal s'élevait à 35,039,822 francs ; de telle sorte que l'augmentation de l'ensemble de ces deux classes de recettes apparaissait de 37,997,817 francs. Mais, en vue de la parfaite sincérité de la loi budgétaire, tenant compte des aléas des récoltes, comme aussi des compensations qui peuvent en résulter, et du jeu des droits de douanes, le ministre a fait subir à ces prévisions d'augmentation, probable ou possible, une réduction de 18,174,000 francs du chef des céréales et vins, ce qui fixe à 19,823,817 francs la plus-value acceptée

définitivement. Il restait à trouver 21 millions (exactement 20,157,179 francs) pour balancer l'augmentation
des dépenses. Le ministre y a pourvu de la façon suivante :

1° Il a fait état d'une somme de 14,804,993 francs, solde,
au 31 décembre 1896, du montant total de mandats impayés, jusqu'à concurrence de 14 millions de francs.

2° Il a fait figurer une recette qu'il qualifie lui-même,
avec raison, « d'événement », sur laquelle il appelle
l'attention particulière des membres du parlement, et
qui, peu importante par elle-même, a une portée considérable pour l'avenir, puisqu'elle est contraire à toutes
les prévisions ne datant que de quelques années.

Cette recette, tout à l'honneur de la compagnie des
chemins de fer Paris-Lyon-Méditerranée, est le premier
versement de partage des bénéfices avec le Trésor, que
les grandes compagnies doivent effectuer, à partir de
certains chiffres de recettes, aux termes des conventions de 1883.

Ces conventions « scélérates » non seulement commencent à se réhabiliter aux yeux des plus prévenus
contre elles, mais à fructifier au profit du Trésor !

Grâce à cette modeste et première recette de
500,000 francs, évaluation qui sera très probablement
dépassée, dit le ministre, on peut bien augurer de l'avenir, si les conditions de prudente gestion et d'économies souhaitées par M. Peytral pour le budget de l'État,
et mises à exécution par les grandes compagnies de
chemins de fer, continuent à se produire comme jusqu'à ce jour et ne sont pas bouleversées et entravées
par des propositions, fiscales ou autres, inconsidérées.

3° L'équilibre du budget a été ensuite complètement
assuré par une recette de 6,400,000 francs que le ministre trouve dans un relèvement du prix de vente des
cigares de la Havane et des tabacs supérieurs ou étrangers.

Mandats-poste
impayés.

Versement par
le P.-L.-M. à titre
de partage des
bénéfices avec
l'État.

Tabacs.

IV

Balance.

Ces divers éléments de recettes et de dépenses, toutes compensations et prévisions établies, font apparaître ainsi qu'il suit l'équilibre budgétaire :

```
                                                    francs
Recettes. . . . . . . . . . . . . . .   3.171.837.000
Dépenses. . . . . . . . . . . . . .     3.174.094.179
        Excédent de recettes. . . .         742.821
```

Le ministre affirme que le budget ainsi fixé ne doit donner lieu à aucun mécompte.

Il s'appuie pour formuler ces conclusions sur ce que les évaluations de recettes ont été calculées par lui avec prudence ; les dépenses prévues pourvoient à tous les besoins indispensables des services publics, sauf les circonstances exceptionnelles et imprévues ; les dépenses hors budget n'existent pas. malgré les augmentations considérables pour l'armée de terre et l'activité des constructions navales ; le fonctionnement des amortissements directs ou automatiques est maintenu et le total en atteint 96,088,927 francs. Il espère même que les résultats favorables de l'année 1898, au point de vue notamment des récoltes, laissent espérer un excédent presque certain, ces plus-values « latentes » devant se révéler plus tard et produire cet excédent par suite des évaluations dites « de la pénultième année, » qui ont servi de base à l'établissement des recettes.

Excédents de recettes.

C'est ainsi que l'exercice 1897 se soldera par un excédent de recettes d'environ 4 millions de francs ; que l'excédent de l'exercice en cours s'élève déjà à 52,707,921 francs, auxquels il y a lieu d'ajouter 8,665,495 francs, différence des dégrèvements fonciers réellement alloués et de ceux prévus, soit un excédent total en cours de 61,400,000 francs. Le ministre propo-

sera d'appliquer d'abord ces excédents au remboursement immédiat des différentes dettes afférentes à la
dette flottante et l'excédent probable de 1899 au remboursement des obligations à court terme venant à
échéance au 1ᵉʳ juillet et au 1ᵉʳ septembre 1899.

V

Conclusion.

En terminant son remarquable exposé des motifs,
dont on ne saurait trop le féliciter, l'honorable
M. Peytral affirme de nouveau, ainsi qu'il vient de le
prouver, les caractéristiques principales de son projet
de budget :

Sincérité absolue des dépenses ;

Modération des évaluations de recettes ;

Et, d'autre part, incorporation complète de toutes les
dépenses nouvelles « réclamées par les nécessités de la
défense nationale ou pour l'achèvement des grandes
entreprises de travaux publics qui ne pouvaient être
ajournées sans dommage pour le développement économique du pays ».

LES FINANCES DE LA FRANCE

SOUS LA TROISIÈME RÉPUBLIQUE ET M. LÉON SAY (1)

I

M. André Liesse, professeur d'économie industrielle
et de statistique au Conservatoire des arts et métiers,
l'un de nos plus érudits confrères, a reçu la mission
délicate et difficile de publier les œuvres de M. Léon
Say. Il s'acquitte de ce soin pieux avec une activité et

1 *Œuvres de M. Léon Say*, publiées par les soins de M. André Liesse.

un talent auxquels nous tenons à rendre hommage.
Nous le félicitons surtout de la méthode qu'il suit dans
cette publication des travaux d'un homme qui a étendu
ses études, ses investigations sur des sujets multiples,
à qui rien n'était étranger et qui, partout et en toutes
occasions, portait la bonne parole, c'est-à-dire le langage de la science, de la vérité, de la liberté économique
et politique, de l'amour du pays.

M. André Liesse n'avait pas de meilleur plan à suivre
que celui qu'il a adopté et qu'il réalise à la grande
satisfaction de tous ; mais si, au lieu de diviser cette
œuvre en plusieurs parties, il avait été possible de montrer jour par jour les occupations variées auxquelles se
livrait M. Léon Say, on admirerait la souplesse d'esprit, la facilité avec lesquelles il passait de l'examen
des plus grandes affaires à la discussion des moindres
détails, remuant et élucidant cent questions diverses,
faisant l'ordre et la lumière sur tous les sujets dont il
s'occupait, obéissant à une unité de vues et de doctrines
que rien n'a pu ébranler et dont il ne s'est jamais
écarté.

II

Au lendemain de la guerre 1871-1876.

Le premier volume, paru l'an dernier presque à pareille époque, nous montrait les finances de la France
au lendemain de la guerre, depuis 1871 jusqu'à 1876.
Il contenait trois notes inédites de M. Léon Say sur

Comptes de la guerre.

les comptes de la guerre à Bordeaux et à Tours ; deux
rapports, l'un sur la situation financière en 1871, l'autre
sur les opérations de trésorerie ; puis, plusieurs dis-

Budgets

cours sur les budgets de 1873, 1874, 1875, l'exposé des
motifs du budget de 1874, une proposition relative à
la fraude sur les alcools, des discours concernant les
droits sur les alcools, la circulation des vins, le privilège des bouilleurs de cru, etc. Ce volume s'ouvrait par
une étude sur les budgets devant les Chambres, étude

parue en 1885 dans la *Revue des Deux-Mondes* et dont
le retentissement fut considérable : c'était, en effet,
l'exposé scientifique de l'application que l'on doit faire
des principes relatifs à un budget d'Etat dans un gouvernement parlementaire, principes malheureusement
de plus en plus méconnus, qui mériteraient cependant,
aujourd'hui plus que jamais, d'être suivis.

M. Léon Say avait formulé quatre règles budgétaires *Règles budgétaires essentiel-
les.*
essentielles dont il ne fallait pas s'écarter : le budget
devait avoir de l'unité, car le principe de l'unité est
un principe de clarté ; il devait être annuel : le pays *Unité. Clarté.
Annualité.*
ne doit pas être engagé pour un trop long espace de
temps, aussi l'autorisation de percevoir les impôts doit-
elle être annuelle; le budget devait être préalable, c'est le
troisième principe budgétaire de M. Léon Say, principe
qui, disait-il, « est tout bonnement la prévoyance dans
l'administration des finances ; rien de plus, rien de
moins. » Le budget devait être enfin une personnalité *Personnalité
comptable.*
comptable (1). c'est-à-dire qu'il doit avoir une vie qui
lui soit propre. On lui ouvre « un compte dans les balances du Trésor ; il a une dotation et, par contre, il
a des charges ; les dotations sont les impôts ; les charges
sont les dépenses. » Que dirait-il aujourd'hui s'il voyait
avec quelle désinvolture le budget se vote ou plutôt
ne se vote pas, comment on s'acharne pour détruire
un équilibre péniblement obtenu, à quels moyens on a
recours pour mettre ce malheureux budget sur ses
pieds ! M. Léon Say écrivait un jour, en rendant compte
des discours parlementaires de M. H. Germain, qu'on
faisait du budget « une véritable personne dont on prévoit la naissance, la dot, la vie et la mort (2) ». Que
dirait-il aujourd'hui de ces douzièmes provisoires qui
deviennent l'état normal de nos budgets auxquels on
accorde ainsi, comme par grâce, les moyens d'existence ?

(1) *Revue des Deux-Mondes*, 15 janvier 1885. — Voir également l'introduction du tome I⁰ʳ.

(2) *Journal des Débats*, 13 janvier 1890.

Douzièmes provisoires.

Depuis 1871, on a voté 1 douzième provisoire pour 1884 et 1892 ; 2 douzièmes pour 1887 ; 3 douzièmes pour 1872, 1885, 1888, 1897; 4 douzièmes pour 1893 et 1898. Pour 1890, nous en sommes à 6 douzièmes : nous tenons le record et le budget n'est pas encore examiné par le Sénat (1) ! Pour peu que cette situation dure, le vote régulier du budget sera l'expédient, celui des douzièmes provisoires, au contraire, deviendra la règle; et on se demandera alors, comme l'a déjà fait prévoir du reste M. R. Stourm, dans son ouvrage classique sur *le Budget*, si le pays ne pourrait pas vivre et marcher sous un régime de douzièmes provisoires votés régulièrement et en temps.

Indemnité de guerre.

Ce volume contenait, en outre, le rapport sur le payement de guerre à l'Allemagne : c'est l'œuvre maîtresse de M. Léon Say, chef-d'œuvre de science, d'exposition claire et précise, dont la publication produisit un effet considérable en France et à l'étranger. M. Léon Say a été, avec MM. Thiers, Pouyer-Quertier, de Goulard, l'un des plus grands artisans de la libération du territoire. Or, dans son rapport, il rendit hommage aux collaborateurs de tous ordres qui, de près ou de loin, avaient facilité l'exécution de cette œuvre gigantesque.

Rôle de M. Léon Say dans l'œuvre de libération du territoire.

Quant à sa part de collaboration, il se garda d'en dire un mot. Réparons son oubli volontaire qu'expliquent sa grande réserve et son exquise modestie. Tout le monde sait aujourd'hui que, par l'ensemble des mesures qu'il avait prises et qui sont un des chapitres les plus curieux et les plus instructifs de l'histoire économique de notre temps, il avait accompli une œuvre qui semblait irréalisable : la France était libérée de son énorme indemnité de guerre sans qu'elle parût affaiblie, appauvrie ; l'immensité des efforts réalisés avait été telle que « la noble blessée », comme l'appelait M. Thiers, avait provoqué l'admiration même de ses ennemis, qui croyaient son effondrement inévitable.

(1) Alfred Neymarck. *Vocabulaire-manuel d'économie politique.*

III

Le second volume, qui vient de paraître, ne le cède en rien comme intérêt : le premier était l'histoire financière de l'Assemblée nationale; celui-ci, c'est l'historique de l'œuvre même de M. Léon Say au ministère des finances. Il comprend la période de 1876 à 1882. Questions monétaires, questions de chemins de fer, création du 3 % amortissable, plan Freycinet, difficultés budgétaires qui apparaissent et, avec elles, leur cortège de propositions et projets fiscaux, nous sont rappelés par les études, discours, projets et rapports de M. Léon Say.

M. Léon Say au ministère des finances.

Nous n'avons pu, sans une émotion profonde, relire ces discours de l'illustre maître que nous lui avions entendu prononcer à la Chambre et au Sénat. Nous le voyons encore à la tribune, maître de son auditoire, expliquant, comme en se jouant, avec une clarté lumineuse et dans tous leurs détails, les problèmes économiques et financiers les plus ardus, les plus enchevêtrés de chiffres, semant en prodigue les traits d'esprit, tenant l'assemblée sous sa parole précise, faisant comprendre à tous, dans un langage simple, les questions les plus difficiles.

Ses discours au Sénat sur la question monétaire, en 1876, sur la fabrication des monnaies et les modifications de la convention monétaire en 1879, sont encore actuels : il n'y a pas un mot à y retoucher.

Question monétaire.

Et ses discours sur le programme financier de M. Gambetta, sur l'exposé de la question financière, à propos du budget de 1877, sur l'impôt sur le capital, sur le revenu et les impôts indirects, en 1876 et 1877, quelles admirables pages, pleines de vérité, de bon sens ! On parlait d'imposer la rente française et M. Léon Say rappelait « la loi qui a déclaré que la rente serait à tout jamais exempte d'impôt ; que quand bien même on ne craindrait pas de blesser la conscience

Question financière.

Impôts sur le capital et le revenu.

Impôt sur la rente.

publique, il y aurait encore une raison de ne point imposer la rente, c'est que ce serait une mauvaise affaire
d'argent (1). » Jamais il n'a été possible de répondre
à cet argument.

Ce qu'on de-
mandait et ce
qu'on demande.
L'obsession fis-
cale.

On demandait, tout comme de nos jours, — l'obsession fiscale commençait, — la réforme de nos impôts,
aussi bien des directs que des indirects ; on se plaignait, — on s'en est toujours plaint, — de leur poids
excessif. Des députés réclamaient des dégrèvements sur
le sucre, sur la chicorée, sur une quantité d'objets de
consommation ; on disait, comme aujourd'hui, que
la vie était trop chère et qu'il fallait dégrever les contribuables, les consommateurs. M. Léon Say, certes,
n'était pas le défenseur de la fiscalité ; les impôts, quels
qu'ils fussent, n'avaient, pour lui, rien de séduisant :
mais il était homme de gouvernement, c'était un véritable homme d'Etat : il savait que ce qui importe le
plus dans un pays, c'est d'avoir des finances libres,
un budget solide, un crédit hors de conteste. Aussi in-
sistait-il sur ce point, — il ne prévoyait que trop l'avenir — et répétait-il sans cesse qu'un gouvernement républicain devait résister à tous ces entraînements qui
le conduiraient fatalement à compromettre l'équilibre
du budget. Il se rappelait que M. Thiers lui disait souvent, qu'un « ministre des finances devait être féroce »,
tout en ajoutant amicalement que la « férocité » n'était
pas dans son caractère, et à tous les réformateurs trop
pressés et zélés, il répondait par ces paroles toujours
vraies :

Augmenter le
travail et la pro-
duction.

Nous sommes comme un homme qui a trop de charges de famille ; il ne
peut faire que cela ne soit pas, il ne peut rétablir son équilibre qu'en ga-
gnant davantage. D'où je conclus que tout ce qui, dans nos réformes, est
de nature à augmenter le travail, la production, mérite seul de nous attacher en premier lieu. Nous y trouverons des résultats beaucoup plus certains, quoique indirects, que si nous nous adressons à la réforme directe,

(1) *Finances de la France sous la 3e République*, tome II, page 118.
Observations à la commission du budget, 27 octobre 1876, lors de l'exa-
men du programme financier de M. Gambetta.

eu demandant un dégrèvement, par la raison que certains impôts de consommation sont très lourds, trop lourds si vous voulez (1).

Est-ce que ce langage n'est pas la raison même ?
N'est-il pas la pure vérité ? Ne croit-on pas que si notre
pays travaillait davantage et d'une manière plus productive, si ses affaires commerciales, industrielles,
financières s'accroissaient, le poids des impôts, aussi
durs qu'ils soient, ne serait pas plus facile à supporter ?
Et dès lors, le véritable programme économique gouvernemental ne devrait-il pas consister à susciter partout l'esprit de travail, d'entreprise, d'accroître la
production, au lieu de l'empêcher trop souvent de se
développer, voire même de naître, en inquiétant tout
le monde par des projets fiscaux qui naissent et revien-
nent périodiquement, par une intervention trop active
et trop fréquente dans les affaires qui dépendent de
l'initiative privée ?

Quelques années plus tard, en juillet 1882, la question
de l'impôt direct et indirect revint incidemment en discussion à propos du budget. Les deux discours de
M. Léon Say sont admirables. Plusieurs objections lui
avaient été très sensibles ; on lui avait reproché « de
n'être pas un économiste ». M. Allain-Targé considérait
que son budget était anti-démocratique, contradictoire;
M. Rouvier avait paru vouloir le mettre en contradiction avec J.-B. Say : on lui reprochait aussi de n'être
pas d'accord avec les principes de M. Thiers (2). Il
opposa la correspondance qui eut lieu entre son illustre
grand-père J.-B. Say et Dupont de Nemours, dans la
grande querelle des impôts directs et indirects ; et, à ce
sujet, il faut relire son discours pour voir avec quel esprit, avec quelle finesse, avec quel « humour » il fit intervenir M. Rouvier dans la discussion, le couvrant de
fleurs, l'appelant « mon cher maître », lui demandant
pourquoi il ne comparait pas son rôle à celui de Dupont

Impôts directs et indirects.

J.-B. Say et Dupont de Ne-mours.

(1) *Finances de la France sous la 3e République*, tome II, page 155,
Chambre des députés, 8 décembre 1876
(2) *Ibid.*, page 617, 27 juillet 1882....

de Nemours, puisque « vous avez été l'un et l'autre
rapporteurs des impôts indirects. » Ce fut un magnifique cours d'économie politique, un modèle du genre,
sur les avantages et les inconvénients des impôts directs
et indirects. Puis, prenant à partie M. Allain-Targé,
qui avait appelé son budget un budget « censitaire,
juste-milieu », il répondit en appelant le budget Allain-
Targé, un budget de « bonne humeur ». Parlant enfin
de M. Thiers, des leçons qu'il en avait reçues, de la
ligne de conduite qu'il avait suivie :

A-t-on davantage le droit de dire, s'écria-t-il, que je ne suis pas le
disciple de M. Thiers ? Non, je n'ai pas partagé ses opinions économiques,
mais j'ai su apprendre, sous sa direction, comment il fallait défendre l'organisation de nos finances, j'ai appris de lui l'importance de l'ordre dans
la comptabilité publique, comment il fallait résister à certaines exigences
qui peuvent être légitimes en elles-mêmes, mais qui ne s'accordent pas
avec l'intérêt général. . . .

Ce que j'ai appris de lui, c'est que le premier devoir d'un ministre des
finances, c'est la sincérité ; ce que je vous dois, c'est de dire la vérité ; je
dois la vérité au pays et je la lui dirai toujours, quand bien même elle
pourrait déplaire. C'est mon devoir le plus strict.

Et il terminait son discours en rappelant l'épitaphe
du tombeau du Libérateur du territoire :

« Veritatem coluit,
« Patriam dilexit. »

IV

Cette séance est tout entière présente à notre esprit :
M. Léon Say avait occupé la tribune pendant deux
jours, tenant ses auditeurs sous le charme. Quand, en
terminant, il vint à parler de M. Thiers, de grosses
larmes coulaient sur son visage ; sa voix était entre-
coupée de sanglots ; son émotion avait gagné toute la
Chambre qui restait suspendue aux lèvres de l'orateur :

Vous ne serez pas étonnés, disait-il, si je ne puis contenir mon émotion en évoquant le souvenir de ce grand maître et en rappelant les leçons de sincérité qu'il m'a données, auxquelles je serai toujours fidèle...
Il faut que vous suivions son exemple et que nous sachions faire le bien
de notre pays en lui disant la vérité.

M. Léon Say obtint ce jour-là un de ses plus grands succès parlementaires, un de ses plus beaux triomphes oratoires. Et, certes, on lui rendra la justice que, cette « vérité » qu'il réclamait, il l'a toujours recherchée, toujours voulue, et toujours dite.

Le premier devoir est la vérité.

Il faut lire aussi dans ce second volume de l'œuvre parlementaire de M. Léon Say, tout ce qui a trait à la création de la rente amortissable, à la question des chemins de fer, aux propositions et projets relatifs à la conversion des rentes. C'est l'histoire économique et budgétaire de notre époque, vécue, parlée : c'est une source considérable de faits et d'enseignements précieux à laquelle il faudra toujours se reporter et que les hommes politiques devraient bien souvent consulter.

Chemins de fer. Rentes et conversions.

Pourquoi, hélas, de tels maîtres sont-ils enlevés si tôt à la patrie, à leur famille, à leurs amis, à leurs disciples ? Dans quelques jours, il y aura trois ans que M. Léon Say a été ravi à l'affection de tous; combien de fois, dans les discussions budgétaires, fiscales, économiques, au parlement, dans les grandes commissions, dans les sociétés savantes comme dans la presse, n'avons-nous pas entendu répéter, et combien longtemps on répétera encore avec raison : « Ah ! si M. Léon Say était là ! »

BUDGET DE 1900

I

L'exposé des motifs de l'honorable ministre des finances, M. Caillaux, indique tout d'abord la pensée du gouvernement, dont le ministre s'est inspiré pour établir ce budget de 1900 qui prêtera peu à la discussion : « Assurer l'application des lois votées, l'exécution des engagements pris par le parlement et les pouvoirs publics, pourvoir aux besoins les plus impérieux des services de l'Etat, poursuivre la politique de l'unité budgétaire, inaugurée avec tant de bonheur il y a quelques années, en incorporant dans le budget jusqu'à des dépenses tout accidentelles ; tel a été le programme, dit-il, que le gouvernement s'est tracé. »

II

Les dépenses s'élèvent à 3,522,616,010 francs, soit 517,245 francs d'excédent sur les recettes prévues à 3,523,133,264 francs.

Voici les grandes lignes du projet :

L'accroissement des dépenses, par rapport au budget de 1899, est de 47,380,487 francs, chiffre ramené à 41,054,709 francs, en ce qui concerne les augmentations et réductions normales résultant de lois votées et d'engagements pris. En y ajoutant 17 millions, en chiffres ronds, montant des augmentations régulières dues au développement forcé de certains services, tels que les postes, télégraphes et téléphones, l'amélioration et l'extension des ports maritimes — pour lesquelles l'Etat est déjà en retard quant aux subventions promises, — on trouve un total de 58 millions d'augmentation normale sur 1899. D'autre part, un accroissement exceptionnel de 6,142,835 francs résulte des crédits à allouer spécialement en vue de l'exposition universelle de 1900.

M. Caillaux fait observer très justement, que la progression annuelle des dépenses rend impossible la politique de dégrèvements qui a été pratiquée jadis et qu'il serait indispensable de tenter d'enrayer ces augmentations croissantes. Mais il ajoute, avec non moins de raison, qu'il ne faut pas s'en dissimuler la réelle difficulté : en effet, si l'on divise en quatre parties les dépenses publiques, « l'une pour les charges de la dette publique que le passé nous a léguées, la seconde pour les frais de la défense nationale, la troisième pour les dépenses qui ne sont que la contre-partie de certaines recettes, telle que les achats des matières premières pour les manufactures de l'Etat, ou qui sont la conséquence de la politique douanière dont il a été fait choix (les primes par exemple), la dernière enfin, pour les services civils dont le bon fonctionnement assure la vie administrative et économique de la nation, on n'a pas de peine à apercevoir que, sur un budget de 3 milliards 512 millions (1), les dépenses de la dernière catégorie ne représentent qu'un total de 727 millions » !

La progression des dépenses en contradiction avec la politique de dégrèvements

Il en conclut que, s'il y a des économies possibles encore dans cette dernière catégorie, économies qu'un corps de contrôle bien organisé pourrait trouver, il n'en existe pas moins une impossibilité de voir diminuer sensiblement de ce côté les augmentations du budget, certains des services étant dotés de façon insuffisante.

Dotation insuffisante de plusieurs services.

Or, là seulement il saurait être question de modérer les accroissements ; le service de la dette est « incompressible » ; et quant aux dépenses pour la défense nationale, il est bien difficile de « marchander les sacrifices » à faire, bien que les 36 millions d'augmentations

Incompressibilité de dépenses de la dette et de la défense nationale.

(1) Exposition déduite.

brutes par rapport à 1899, constituent une lourde charge supplémentaire que l'on voudrait exceptionnelle afin de ne pas « accroître, de façon excessive, le fardeau qui pèse sur les citoyens ».

III

Comment il parera au supplément de charges. Le supplément de charges s'élève au total de 64 millions 1/2 environ, le ministre y pourvoit de la façon suivante :

Des économies ont été opérées sur les crédits attribués à certains services jusqu'à concurrence de 19 millions 1/2. Dans ces « économies » figurent, en réalité, des réductions de crédit, qui, classées sous cette rubrique, ne sont que des rectifications et régularisations de chiffres et non pas des économies proprement dites. Le résultat est, d'ailleurs, le même, quelle que soit la formule.

Ainsi, sur les chapitres 1 et 2 (dette consolidée), une réduction de 1,500,000 francs correspond à la portion de crédit d'arrérages de rentes qui demeure inutilisée au terme de la déchéance quinquennale, le ministre faisant ainsi état, comme il l'explique, dans les prévisions budgétaires, d'une annulation certaine en fin d'exercice.

D'un autre côté, le ministre propose de ramener au taux de 1 1/2 %, au lieu de 2 %, l'intérêt accordé aux caisses d'épargne privées et à la caisse nationale pour leurs fonds en compte courant ; ici, il s'agit bien d'une économie, mais que l'on ne peut guère considérer comme définitive.

Recettes. Déduction faite des 19 millions 1/2 de réductions diverses, il reste une augmentation nette de 45 millions environ. En appliquant, pour les recettes prévues, la règle de la pénultième année, on obtiendrait, non seulement l'équilibre budgétaire, c'est-à-dire que ces 45 millions seraient couverts par l'évaluation des recettes normales, mais on obtiendrait même un excédent de plus

de 44 millions, laissant de larges disponibilités. Le
ministre estime que, exceptionnellement, il ne faut pas
appliquer avec rigueur cette règle en ce qui concerne
l'intégralité des recettes douanières, les recettes de 1898
ayant été particulièrement accrues par les importations
considérables de céréales, provenant de la suspension
momentanée des droits sur les blés, nécessitée par la
pénurie de nos récoltes en 1897. Par suite, il y a lieu
d'évaluer à environ 44 millions la diminution des
recettes douanières de ce chef par rapport à 1898. D'où
l'équilibre ci-dessus fixé entre les recettes et les
dépenses pour 1900, comportant un excédent de
517,245 francs.

IV

Les réformes, très modestes, inscrites au budget de   Réforme
1900 se réfèrent à : 1° la plaque de contrôle des vélocipèdes, qui portera désormais les mentions d'identité, ce
qui permet de supprimer le paiement nouveau que l'on
exigeait en cas de perte de cette plaque, et qui sera
valable pour une durée de quatre années, à partir du
1ᵉʳ mai 1900 ; 2° l'établissement de rôles supplémentaires pour la taxe des prestations ; 3° la répartition de
certaines dépenses civiles et militaires des colonies, que
le gouvernement pourra inscrire désormais au budget
local comme obligatoirement mises à la charge de ce
budget ; 4° enfin, la faculté pour les ministres de modifier, par simple décret non rendu en Conseil d'Etat et
sous leur responsabilité devant le parlement, « ce, au
mieux des intérêts dont ils ont la charge », la répartition
des fonctionnaires et agents de leur département entre
les différents services qui le composent, mais sans pouvoir augmenter de cette façon le personnel des chefs de
service.

V

L'exposé des motifs est libellé, on le sent, par un homme d'Etat *du métier*, et, au point de vue administratif, au point de vue de la bonne gestion des finances, il est heureux que le ministre, par ses fonctions habituelles, ait la parfaite connaissance des services qu'il dirige, toute la compétence voulue pour y apporter les modifications utiles au pays. Il n'a pas dépendu de lui que le budget de 1900 ne contînt d'importantes réformes.

Mais il a introduit, dans son projet, une innovation ; il a présenté le tableau de la dette publique de la France, dont le montant total s'élève, dit-il, à 30 milliards environ (exactement 29 milliards 948 millions). Ce calcul a été précédemment fait par des économistes tels que MM. E. Cheysson, de Foville, Delombre, Leroy-Beaulieu, Levasseur, Frédéric Passy, Stourm, etc., et aussi par les rapporteurs parlementaires, MM. Pelletan, en 1890, Poincaré, en 1893, par M. Morel, au nom de la commission des finances du Sénat.

Tableau de la dette publique de la France.

Le ministre se félicite de ce chiffre, inférieur de 5 milliards environ aux évaluations courantes, et qui comprend : la dette consolidée (3 et 3 1/2 % perpétuels), au capital de 22 milliards environ ; la dette flottante qui, au 1er janvier 1899, s'élevait à 1 milliard 15 millions ; enfin, la dette remboursable à terme, au moyen d'obligations à court terme ou d'annuités, qui diminue d'année en année, jusqu'en 1923, dette s'élevant de 6 à 7 milliards environ. D'où vient donc cette différence ? C'est qu'il n'a pas tenu compte, d'une part, de la dette viagère, qu'il estime « le complément de nos dépenses budgétaires plutôt qu'une partie de la dette », dette trop réelle pourtant et susceptible seulement de s'accroître avec l'accroissement obligé des services et des fonctions pour ces services, qui exige annuellement plus de 215 millions, d'après le tableau annexé à l'exposé des

motifs ; ni, d'autre part, des dettes communales qui
s'élèvent au moins à 3 milliards 1/2. En ajoutant cette
double dette on voit que le chiffre de 35 milliards serait
bien dépassé. On a, de cette façon, la véritable situation
financière totale du pays, au point de vue de sa dette.

VI

Il faut reconnaître, avec le ministre, que cette situa- Annuités de
chemins de fer.
tion serait plus satisfaisante si les annuités des
emprunts faits par l'intermédiaire des compagnies de
chemins de fer diminuaient et étaient incorporées, pour
achever complètement l'unité budgétaire, au budget
ordinaire et couvertes par les ressources normales.

Toutefois, faisons remarquer que l'Etat rentrera, à la
fin des concessions, dans un domaine considérable qui
constitue pour lui un actif budgétaire futur dont il ne
faudrait pas abuser dès maintenant en surchargeant les
compagnies, en réduisant d'une façon excessive leurs
tarifs, mais qu'il est nécessaire, au contraire, de ménager comme une réserve destinée à rendre moins lourdes
les charges publiques de cette époque relativement peu
éloignée.

Faisons observer aussi que le capital de la dette consolidée n'apparaît aussi écrasant que par la fiction de
son remboursement : le 3 % amortissable, les obligations du Trésor, les annuités à échéance fixe, sont seuls
remboursables en capital ; la dette 3 % et 3 1/2 étant
perpétuelle, le capital n'est que nominal, l'Etat ne
devant, en réalité, que les intérêts ; et ceux-ci peuvent
diminuer, comme le rappelle le ministre, par des conversions imposées par le crédit public.

En terminant, le ministre s'élève contre l'usage des Comptes spé-
ciaux.
comptes de services spéciaux, pente glissante, dit-il,
pour le rétablissement abusif de comptes en dehors des
incorporations budgétaires ; il désire en supprimer et
les limiter à quelques-uns seulement, tels que les cau-

Conclusion.

tionnements, fonds de concours, etc. Bref, ce qu'il veut, ce qu'il s'est efforcé de faire dans le projet de budget pour 1900, c'est, conformément au programme indiqué en tête de l'exposé des motifs : « Réduire les augmentations de dépenses, incorporer dans le budget jusqu'à des frais tout exceptionnels, pourvoir à l'ensemble de ces charges à l'aide des recettes ordinaires évaluées avec une modération que certains pourraient taxer d'excessive ; enfin, consacrer à l'amortissement une très large dotation. »

Telle est la conclusion de l'exposé des motifs du budget de M. Caillaux. Nous l'approuvons entièrement.

Nous avons retrouvé, dans ce document, les qualités maîtresses de l'ancien inspecteur des finances, du professeur de l'Ecole des sciences politiques, de l'auteur des *Impôts en France* (1), la clarté dans l'exposition, la fermeté dans les doctrines. M. Caillaux ne se livrera jamais, on peut en être sûr, à des expériences économiques et financières pouvant porter atteinte au crédit public. Avec lui, les finances de l'Etat sont en bonnes mains.

UN DISCOURS DE M. LOUBET A MÉDITER

Visées contradictoires.

Un personnage considérable, ami et défenseur du gouvernement s'il en fut, prononçait au Sénat, le 3 avril 1895, un discours particulièrement remarquable. L'affichage de ce discours, dont le retentissement a été considérable, fut prononcé, sur la proposition de M. Le Royer, aux acclamations unanimes des sénateurs.

Ce discours est des plus utiles à méditer.

La Chambre et le Sénat sont saisis à chaque instant des projets et propositions de loi les plus divers.

S'agit-il des chemins de fer ? On réclame sans cesse

(1) *Les Impôts en France*, par MM. Caillaux, Touchard et Privat-Deschanel, inspecteurs des finances.

aux compagnies des sacrifices nouveaux et de nouvelles
dépenses. On leur demande de diminuer les tarifs et,
en même temps, de créer des trains supplémentaires,
d'augmenter leur matériel roulant, de renforcer leur
personnel, de remédier aux défectuosités de leur administration et de leur organisation. On les menace de
faire racheter leurs réseaux par l'Etat, remède qui con-
duirait les finances publiques aux pires dangers.

S'agit-il des impôts ? L'obsession fiscale agite de nom- Toujours l'obsession fiscale.
breux députés qui sont de véritables touche-à-tout.
Contributions directes, contributions indirectes, propriété mobilière et immobilière, régime des successions,
octrois, tarifs de douane, etc., il faut tout modifier,
tout changer. Chacun a son petit ou gros projet en
poche; chacun promet d'alléger le contribuable, de
diminuer ses impôts et, malgré cela, de faire grossir
les revenus de l'Etat.

En même temps, on veut que l'Etat crée de nouvelles
places ou fonctions ou augmente les traitements des
fonctionnaires en exercice ; on veut que les caisses des
retraites pour la vieillesse, que les versements affectés
aux sociétés de secours mutuels soient augmentés ; on
demande que l'Etat, que les départements et les communes augmentent encore leurs allocations pour subvenir aux besoins et aux misères de la vieillesse du personnel ouvrier.

Il faut, en un mot, que l'Etat dépense beaucoup, diminue les charges fiscales, accroisse les recettes, fasse
le bonheur de tout le monde. Il faut qu'il s'occupe de
tout, subvienne à tous les besoins et s'arrange de façon à satisfaire tous les citoyens et à avoir des budgets
en excédent.

Sur tous ces points et sur bien d'autres encore, le dis- Une réponse
topique.
cours auquel nous faisons allusion, a répondu, il y a
cinq ans, et les réponses sont d'une actualité saisissante.

Discours pa-
triotique.

Ce discours magistral, patriotique, d'une éloquence
saisissante par la simplicité même et par la force des arguments, est de M. Loubet, président de la République,
qui était alors président de la commission des finances
du Sénat. Nous venons de le relire et la forte impression que nous avons éprouvée est restée la même
qu'il y a cinq ans. Lorsqu'il fut prononcé, nous disions
« qu'il était très courageux et qu'on lui reprocherait de
voir la situation trop en noir, mais qu'on ne lui reprocherait pas d'avoir ménagé les vérités... Il est des circonstances, ajoutions-nous, où il faut savoir mettre de côté
tout optimisme. C'est ce que vient de faire M. Loubet
et nous l'en félicitons ».

Voici l'analyse de ce discours, le commenter serait
l'affaiblir. Nous nous bornerons à engager les membres
du parlement à le relire, à le méditer, à s'inspirer des
sages conseils qu'il renferme : ils ne sauraient mieux
faire.

I

Causes princi-
pales de l'ac-
croissement des
dépenses.

M. Loubet, président de la commission des finances
du Sénat, après avoir rappelé que, loin de le nier, il
avait constaté à plusieurs reprises que la situation des
finances était embarrassée et que, notamment, à la
veille d'une élection, quatorze ans avant, c'est-à-dire dès
1881, il s'était efforcé de prémunir ses collègues « contre
les entraînements de dépenses et contre les entraînements, plus graves encore peut-être, de dégrèvements
qui régnaient à ce moment », déclare toutefois qu'il ne
faut pas exagérer cet embarras, mais simplement chercher à y remédier. Deux causes principales de cet état
de choses sont relevées par lui : d'une part, les dépenses
colossales du matériel de guerre et de l'exécution des
grands travaux publics ; d'autre part, l'accroissement
successif et continu des dépenses dans tous les ministères.

II

En ce qui concerne les dépenses des travaux publics, c'est-à-dire l'exécution notamment du plan des chemins de fer dit programme Freycinet, M. Loubet déclare que ce programme, qui a subi plus tard une étendue exagérée, ne dépassait pas tout d'abord de justes limites, et que cette extension des chemins de fer, votée presque unanimement, était demandée par tous ; de même, pour les grands ports, les rivières et les canaux. Les quelques milliers de kilomètres ajoutés au programme Freycinet, programme contresigné par M. Léon Say « qui n'a ja-« mais passé pour un homme enclin à gaspiller la for-« tune publique », l'ont été malgré le désir du gouvernement de restreindre l'excès des travaux. En tout cas, si cette charge a été lourde pour les finances, il en est aussi résulté une prospérité nouvelle pour le pays.

Ainsi, en 1875 ou 1876, le nombre de tonnes kilométriques transportées s'élevait à 6 milliards ; en 1895 le chiffre atteint est de 14 milliards ; pour la navigation, les chiffres sont : 1 milliard 1/2 tonnes kilométriques en 1876, 3 milliards 600 millions en 1895.

Sans doute, il y a eu excès, on est allé trop vite, ce que l'honorable président de la commission des finances n'a cessé de dire de 1881 à 1895, notamment dans son rapport budgétaire de 1887, comme l'ont également constaté MM. les rapporteurs Millaud et Boulanger. Leurs avertissements d'avoir à modérer les dépenses, en limitant les travaux, — l'effort considérable demandé au pays pour sa défense et pour l'amélioration de ses moyens de transport ne pouvant pas indéfiniment durer, — ont été formels ; ils ont été renouvelés chaque année. Le résultat a été l'incorporation progressive de ces dépenses dans le budget ordinaire, comme le demandaient les rapporteurs et, par suite, la cessation de l'emprunt pour les travaux, ces dépenses étant soldées par les ressources ordinaires.

Ces incoporations, qui en 1895 représentaient 252 millions de francs, ont provoqué un grave embarras financier, auquel il faut apporter un remède énergique. L'incorporation ne pourra être totale que si l'on trouve les ressources ordinaires suffisantes ; or, il y avait encore, d'après le rapporteur, au moins 100 millions, d'autres disaient 200 et même 300 millions de dépenses en dehors du budget ordinaire et, malgré la ferme intention de la commission des finances d'arriver à cette incorporation, la situation financière était trop mauvaise, reconnaissait M. Loubet, pour y songer.

III

L'impôt global sur le revenu. Les droits de succession.

Parmi les projets d'impôts destinés à procurer des ressources nouvelles figurait celui d'un petit impôt global sur le revenu, dans l'efficacité duquel M. Loubet ne croyait guère ; puis, la taxe d'habitation, projet de M. Burdeau. Le gouvernement se gardera bien, ajoutait M. Loubet, d'apporter des projets de cette nature, lui qui a demandé à la Chambre la disjonction du projet sur les successions, « projet que je me propose de combattre ». M. Loubet déclare que ce projet, en effet, a soulevé, de tous les points de la France, les protestations des établissements de bienfaisance qui reçoivent des dons et legs. L'un de ses inconvénients réside dans l'exagération des taxes qu'il contient « au moment où la fortune mobilière se développe et où la fortune immobilière se déprécie » ; — un autre inconvénient, plus grave encore, c'est qu'il frappe justement « ceux qui sont le plus dignes d'intérêt, c'est-à-dire les mineurs, les interdits, les femmes mariées, ceux qui ne peuvent pas dissimuler leur patrimoine, ou les propriétaires de biens fonciers qu'on ne peut pas transporter de l'autre côté de la frontière, tandis que les grosses fortunes mobi-

lières trouveraient tant de facilités pour se dérober à
la taxe... »

IV

A quel impôt pourrait-on donc s'adresser pour créer
des ressources nouvelles, se demande l'honorable président de la commisison des finances ? A l'impôt foncier ? mais il supporte déjà une charge démesurée ;

A l'impôt des patentes ? mais il est affligé aussi de ce
« fléau des centimes additionnels, qui est un large tri-
but prélevé sur le bénéfice commercial et industriel de
ce pays » et, en l'élevant, on porterait atteinte au développement du commerce, de l'industrie et de l'agriculture, c'est-à-dire au produit de nos recettes indirectes ;

A l'impôt indirect ? mais on ne parle que de sa suppression, notamment (à ce moment) de l'impôt sur les
boissons hygiéniques.

En réalité, les charges des contribuables sont considérables ; on a atteint la limite extrême, et « la dépasser
dans une mesure appréciable constituerait un danger
pour la prospérité du pays ».

A quels impôts s'adresser?

V

Que faut-il donc faire ? D'abord, diminuer les dépenses. Et comme M. Ribot, président du conseil des mi
nistres, interrompant M. Loubet, s'écriait : « Ce n'est
pas facile du tout ! », — « Sans doute, répondait le président de la commission des finances, c'est très difficile
et, pour l'essayer, permettez-moi de vous dire qu'il faut
que le ministre des finances se résigne à devenir momentanément l'homme le plus impopulaire de France. »

La difficulté de réduire les dépenses est grande, mais
il y a des efforts possibles : non du côté des intérêts de
la dette, on ne peut songer à y toucher et l'on doit

*Que faire ?
la diminution
des dépenses.*

*« L'homme le
plus impopulaire
de France. »*

ussurer le respect des contrats ; non du côté des postes,
de la guerre et de la marine, où il s'agit plutôt de modérer l'accroissement nécessaire des dépenses ; mais du
côté des administrations de nos divers départements
ministériels où, en présence du déficit budgétaire, les
augmentations de traitements viennent peser uniquement sur le contribuable et, aussi, du côté du budget des
travaux publics par la cessation de certains abus qui
alourdissent inutilement les dépenses, par exemple des
compagnies de chemins de fer.

VI

Les compa-
gnies de che-
mins de fer, leur
exploitation ; le
rôle de l'Etat.

L'exploitation des voies ferrées, comme le faisait ressortir M. Burdeau, apporte au Trésor des avantages se
chiffrant, d'après ce dernier, à plus de 100 millions,
sous forme d'impôts, de transports à prix réduits, de
transports gratuits ; et, d'autre part, si les charges de
cette exploitation sont allégées la diminution graduelle
de la garantie d'intérêt s'en suivra. Pour qu'il en soit
ainsi, il ne faut pas s'habituer, comme on l'a trop fait,
à considérer les compagnies comme l'ennemi, mais
« à les traiter en associées de l'Etat, ce qu'elles sont,
ou en fermières du domaine de l'Etat, ce qu'elles sont
plus exactement encore ».

Il y a donc lieu de ne pas exiger d'elles des accroissements de dépenses considérables, se chiffrant par des
millions, par suite de services multiples et coûteux lorsque des services plus économiques et moins nombreux
suffiraient ; de ne pas commettre cet abus dispendieux
de leur demander, sur certaines lignes d'un trafic nul
ou minime, le double des trains nécessaires, tout abus
de cette nature se chiffrant par une augmentation considérable de millions à la dépense « et, par conséquent,
par un accroissement du nombre de millions à la garantie d'intérêt ». Un résultat de l'abus des charges imposées aux compagnies s'est traduit par l'augmentation du

coefficient d'exploitation qui, de 50 % en 1882 avait passé
à 56 % en 1895, soit 60 millions sur l'ensemble du réseau. Il y a lieu, au contraire, par la modération des
charges, d'amener la réduction de ce coefficient et, par
suite, une diminution de la garantie d'intérêt.

VII

D'autre part, on a dégrevé de tous droits, en 1879 ou
1880, la navigation, au détriment des voies ferrées ; or,
ces droits minimes, qui n'entravaient guère la navigation, produisaient à l'époque 4 millions et en produiraient 8 en 1895, ce qui balancerait en majeure partie
le coût de l'entretien des canaux et des rivières, qui était
de 11 millions en cette même année 1895. Il faut donc
surveiller les dégrèvements et éviter qu'il en résulte des
dommages pour d'autres produits budgétaires, tels que
ceux ainsi relevés par suite de cette concurrence que
l'État a laissé s'établir contre les chemins de fer, c'est-
à-dire contre sa propre propriété et ses recettes.

De même, en ce qui touche les tarifs, il faut méditer
l'exemple de certains pays d'Europe, notamment l'Autriche, où les abaissements de tarifs ayant dépassé la
mesure, ont imposé au budget des charges telles qu'il
a fallu ensuite relever ceux-ci.

Les droits de navigation.
Les tarifs de chemins de fer.

VIII

D'autres économies sont possibles du côté du budget
du ministère des colonies. Tout en étant partisan de
l'expansion coloniale, tout en ayant voté les expéditions
coloniales, le président de la commission des finances
pense que ce budget, qui s'élevait alors à 79 millions,
constituait une dépense trop élevée et qu'il y avait lieu
de se demander si cette dépense devait continuer ou
s'accroître, s'il ne faudrait pas examiner si certains

Les dépenses coloniales.

points de notre empire colonial n'étaient que coûteux et inutiles et devaient être maintenus.

IX

L'accroissement constant du chiffre des pensions préoccupait également M. Loubet : elles coûtaient à cette époque 226 millions et le président de la commission des finances rappelait que, avant 25 ans, ce service imposerait à l'Etat un sacrifice de 300 millions par an, sacrifice sans doute à l'honneur du pays, puisqu'il existe pour les humbles et les petits en général, mais qui appelle la réflexion sur les mesures à prendre en vue de l'alléger.

M. Loubet s'inquiétait également des ressources que nécessiteraient les 156 millions qu'il prévoyait à inscrire un jour pour la majoration — dont le crédit en 1805 était seulement de 2 millions — des versements affectés à la caisse des retraites pour la vieillesse et aux sociétés de secours mutuels. Il est bon, faisait remarquer l'orateur, au point de vue social, que le gouvernement, par des subventions aide ainsi l'initiative privée s'exerçant dans l'intérêt des travailleurs, mais, au point de vue fiscal, il n'en est pas moins utile de rechercher dans quelle mesure cela est possible et de ne pas établir des prévisions qui soient certainement dépassées, comme l'honorable président de la commission des finances estimait qu'il en adviendrait spécialement sur ce point.

Se félicitant, au fond, des mesures démocratiques de cette nature, il observait, au point de vue particulier des sacrifices faits en faveur des travailleurs, qu'en dehors de l'Etat, des sommes considérables venaient en aide à des œuvres de bienfaisance ou à des caisses de retraites. Ainsi, les six grandes compagnies de chemins de fer, à cette époque, dépensaient pour les pensions de retraites, les secours, les indemnités de maladie, les médicaments : le Paris-Lyon-Méditerranée, 11,683,400 fr. :

l'Ouest, 4,451,000 francs ; le Nord, 5,049,000 francs ; le Midi, 4,157,000 francs ; l'Orléans, 6,011,000 francs ; l'Est, 4,332,245 francs ; de leur côté, les chemins de fer de l'État, 7,632,000 francs. Le chiffre global, en y ajoutant les primes annuelles distribuées sous diverses formes, était estimé par l'orateur à 42,526,000 francs, sacrifice dont la répercussion, pour majeure partie, atteignait les dividendes des actionnaires.

Quant aux mines, les exploitants, — avant la loi qui leur impose le versement d'une somme égale à 2% des salaires, — avaient versé, en 1890, par exemple, une somme totale de 11,535,811 francs en secours, médicaments ou pensions de retraite. En 1894, en tenant compte de cette loi, ce chiffre atteindra 15,700,000 fr., soit 56 % du bénéfice des exploitations.

X

M. Loubet se demandait ensuite s'il ne serait pas possible de dresser une statistique des sacrifices ainsi faits en faveur du personnel ouvrier, du personnel des travailleurs, également par les associations privées, les grandes industries, le grand commerce, estimant « que rien ne serait plus utile au pays que de connaître à la fois ce que fait l'État avec les diverses allocations qui figurent au budget ; ce que font les départements avec leurs caisses de retraites départementales; ce que font un certain nombre de communes sous diverses formes ; ce que fait aussi l'initiative privée, pour subvenir aux besoins et aux misères de la vieillesse du personnel ouvrier». Il ajoutait que ce serait la meilleure réponse à faire à ceux qui calomnient le pays en disant que l'on ne fait rien pour la classe pauvre, que le pays est le plus corrompu, « alors que tout le monde sait que la France est encore le pays le plus honnête qu'il y ait sous le soleil... ». Et par là, le plus grand nombre, éclairé, verra que le peuple de France est, ce qu'il a été tou

L'état et les travailleurs. Statistique à faire.

L'honnêteté du peuple français.

jours : « Le peuple le plus sage, le plus facilement gouvernable, le plus laborieux, le plus économe, le plus attaché à son pays, et le plus charitable... ».

XI

En terminant ce magistral discours, longuement et unanimement applaudi, le président de la commission des finances dit que la lumière faite sur ces vérités contribuerait à rétablir la prospérité publique, « première cause des accroissements de recettes budgétaires », car, ajoutait-il, « il ne faut pas croire que, dans un pays où les ressources indirectes comptent pour les deux tiers dans les revenus publics, il soit indifférent que le pays soit tranquille, qu'il ait la sécurité du lendemain. Donnez cette tranquillité, donnez cette sécurité du lendemain ; dites qu'on peut et qu'on doit vivre en France sans souci des menaces qui, de ci, de là, peuvent alarmer les intérêts ; dites que l'immense majorité de cette nation est composée de braves gens, passionnément épris de travail, attachés à l'ordre. Vous aurez ainsi ramené la paix, qui est si nécessaire, et, avec cette paix, vous aurez donné la prospérité au commerce, à l'industrie, et vous aurez facilité au Trésor la perception des taxes qui sont indispensables pour équilibrer le budget ».

Il faut que « le pays soit tranquille et qu'il ait la sécurité du lendemain. »

BUDGET DE 1901

I

Le premier budget du siècle. Dépenses comparées : 1801-1901.

Les dépenses totales du budget de 1801, le premier budget du siècle qui s'écoule, s'élevaient à 835,223,437 fr. L'excédent des recettes sur les dépenses était de 374,288 francs.

A cent années de distance, les dépenses totales du budget de 1901 — le premier budget du siècle qui va s'ouvrir — s'élèvent, d'après le projet élaboré par M. Caillaux, ministre des finances, à 3.548,902,583 francs. L'excédent bien fragile des recettes sur les dépenses est présumé devoir être de 212,172 francs. En cent ans, nos dépenses se sont accrues de 2 milliards 713 millions. En 1801, nous dépensions 108 millions pour la dette publique ; 351 millions pour la guerre, la marine et les colonies ; 57 millions pour les affaires étrangères, la justice, les cultes, l'instruction publique, les beaux-arts, l'intérieur, les travaux publics, l'agriculture et le commerce.

Ouvrez le rapport de M. Guillain, rapporteur général du budget de 1901, vous y lirez les sommes énormes que réclament aujourd'hui ces mêmes chapitres : 1 milliard 246 millions pour la dette publique ; 1 milliard 127 millions pour la guerre, la marine et les colonies ; 675 millions pour les autres ministères qui, il y a cent ans, coûtaient 57 millions !

Et cependant, ajoute l'honorable député :

Lorsqu'on analyse notre énorme budget de trois milliards et demi, on voit combien est relativement peu importante la part des dépenses d'administration et l'on s'étonne moins de voir le peu d'efficacité des efforts faits pour les réduire. En réalité, il n'y a pas de très importantes économies à espérer de tous les projets de réformes administratives si péni-

33

blement combinées par leurs auteurs. D'ailleurs, en matière d'organisation administrative, l'économie n'est qu'un des éléments à examiner ; il faut avant tout se préoccuper d'avoir un instrument qui satisfasse convenablement au bien de l'État et aux besoins du public et l'organisation qui coûte le moins de personnel n'est pas toujours celle qui finalement répond le mieux aux intérêts économiques du pays. »

II

Les ministères gros dépensiers.

Ces réflexions de l'honorable M. Guillain devraient être entendues de tout le pays. Il semble, en effet, que notre opulent budget de 3 milliards 548 millions se prête à de grosses réductions et économies et que c'est par insouciance ou légèreté que les pouvoirs publics et le parlement n'en arrêtent pas la croissance. M. Guillain ne le croit pas et il fait bien de le dire. Quand on décompose, en effet, ces 3 milliards 1/2 de dépenses, on s'aperçoit, et nous l'avons souvent répété, que si nos budgets ont augmenté, augmentent et augmenteront encore chaque année, ce sont les dépenses d'une absolue nécessité qui les ont fait grossir : charges imposées pour le service de la dette publique, pour la défense nationale, pour l'instruction publique, pour les pensions civiles et militaires, pour les travaux publics, pour la perception des impôts, pour les œuvres d'assistance.

La dette consolidée 3 1/2 et 3 %, la dette remboursable à terme et par annuités, la dette viagère, réclament tous les ans 1 milliard 246 millions ; les frais de régie, de perception et d'exploitation des impôts et revenus publics coûtent 418 millions ; la guerre, la marine et les colonies exigent plus de 1 milliard 125 millions. Voilà déjà un bloc presque intangible de 2 milliards 779 millions : la dette publique, la défense nationale sont des dépenses sacrées. L'instruction publique réclame, en 1901, 221 millions ; les travaux publics, 221 millions.

Ce n'est pas tout encore. Les ministères du commerce et de l'industrie, de l'agriculture, des affaires étrangères, de la justice, de l'intérieur absorbent plus de

200 millions. Les dépenses « d'assistance sociale », suivant l'expression de M. Guillain, coûtent 250 millions pour toute la France, dont 60 millions pour la ville de Paris. Telle est l'ossature de notre volumineux budget de 3 milliards 1/2, appelé à s'accroître encore.

> Du moment qu'on rend au pays les services qu'il veut qu'on lui rende, il faut que le pays les paye. Et, comme notre démocratie a une tendance à vouloir charger l'Etat d'un grand nombre de fonctions dont l'Etat ne se chargeait pas autrefois, les services vont en croissant et on voit le crédit de chaque administration augmenter constamment.

Ces paroles de M. Léon Say (1) sont vraies. Nos budgets, avec les dépenses obligatoires pour la guerre, la marine, les colonies, les travaux publics, la dette, ne peuvent plus être des budgets décroissants : nos fils et nos petits-fils en subiront bien d'autres !

III

Au point de vue financier et budgétaire, la situation économique, commerciale et industrielle, inspire à l'honorable M. Guillain quelque inquiétude pour l'avenir. Il ne croit plus aux énormes plus-values de recettes de ces dernières années ; il estime qu'une grande prudence s'impose au parlement et au gouvernement pour qu'un « malaise passager » ne dégénère pas en « crise aiguë et durable ».

Un rapporteur général du budget a raison de recommander la prudence au parlement et de réclamer des économies : mais il ne faudrait pas que ses paroles, qui sont de sages avertissements, fussent mal interprétées. Les adversaires du gouvernement et nos ennemis du dehors pourraient s'en emparer, au détriment des affaires et du crédit du pays. La crainte des crises incite à la prudence, mais elle arrête les affaires et fait souvent autant de mal que les crises elles-mêmes. Nous préférons de beaucoup les réflexions suivantes qu'émet

Situation économique et financière.
Opinion du rapporteur général de la commission du budget.

(1) Chambre des députés, 27 octobre 1890.

l'honorable M. Guillain dans une autre partie de son rapport :

Si, dit-il, on observe fermement une politique financière prudente, si on sait résister aux demandes excessives d'augmentation des traitements, salaires et pensions des fonctionnaires et ouvriers de l'Etat, si l'on ne commet pas la faute d'engager l'État dans l'exécution d'un nouveau programme de travaux publics exagéré, dans les aléas d'une gestion directe des chemins de fer ou dans les responsabilités d'une assistance sociale sans limites, nous pouvons espérer que les recettes des impôts actuels, par le seul développement de la richesse publique, augmenteront plus rapidement que le budget des dépenses.

Voilà la vérité. Notre situation économique et financière est bonne ; des imprudences parlementaires pourraient seules la compromettre.

IV

Les revenus de la France diminuent-ils ?

Est-il vrai de dire, comme paraît le croire l'honorable rapporteur général, que les revenus de la France diminuent ? Nous ne le pensons pas. La taxe de 4 % sur le revenu des valeurs mobilières, contrairement même aux chiffres de l'honorable M. Guillain, nous en fournit la preuve.

En 1890, cet impôt produisait, en chiffres ronds, 50,800,000 francs. En 1891, à la suite de l'exhaussement des droits de 3 % à 4 %, il rapportait 70,393,000 francs. Il a donné, en 1899, 74,291,000 francs, soit une augmentation de 4 millions sur 1891. Ces 4 millions, l'impôt étant de 4 %, représentent une augmentation de revenu de 100 millions produit par un accroissement de 2 milliards 1/2, en capital — ce qui est quelque chose. — En vérité, pour un pays qui se ruine, nous ne sommes vraiment pas trop à plaindre.

Mais, fait observer M. Guillain, « l'impôt sur le revenu des valeurs mobilières de 1892 à 1896 a diminué d'environ 10 %... L'année 1900 est elle-même en progrès sur 1899 ; néanmoins nous serons encore loin d'obtenir, en 1900, les produits que nous avions en 1892 ».

C'est là une erreur matérielle, que reconnaîtra l'honorable M. Guillain, erreur que tout le monde a commise parce qu'on en ignorait la véritable cause. En voici l'explication :

En 1892, l'impôt sur les valeurs mobilières s'élevait à 70,002,414 francs.

Brusquement cet impôt tomba à 67 millions en 1893, à 66 millions en 1894, à 65 millions en 1895, à 62 millions en 1896. Ces diminutions produisirent un grand émoi.

Elles n'étaient cependant et ne sont qu'apparentes. Pour se conformer, en effet, à la jurisprudence d'un arrêt de la Cour de cassation, l'administration des finances s'était trouvée dans l'obligation de restituer à différentes compagnies de chemins de fer plusieurs millions précédemment encaissés pour droits de transmission, droits de timbre et taxe sur le revenu des titres de ces compagnies appartenant aux caisses de retraites de leurs employés.

Au lieu de faire état de ces restitutions au chapitre correspondant du budget des dépenses et d'en verser le montant aux intéressés, on procéda par déduction sur les sommes exigibles pour la taxe sur le revenu des valeurs mobilières. Nous n'approuvons guère et n'avons jamais approuvé ce mode de comptabilité, dont l'application est notée, à toutes fins utiles, dans le *Bulletin de statistique du ministère des finances* (1).

Ce procédé anormal a eu pour résultat de faire croire à d'excellents esprits que les revenus de la France diminuaient. Il n'en était et il n'en est rien et, dès lors, l'argumentation que M. Guillain a tirée de cette diminution tombe d'elle-même.

V

La situation de l'industrie, du commerce et de l'agriculture du pays inspire aussi quelques inquiétudes au

Protectionnisme excessif et fiscalité exagérée.

(1) *Bulletin* de septembre 1897, page 228.

rapporteur général du budget. Notre commerce extérieur, pendant les neuf premiers mois de 1900, ne paraît guère satisfaisant : si les résultats des exportations et des importations sont favorables en ce qui concerne notre commerce et notre industrie agricole, grâce à l'excellente récolte de l'année dernière, « ils sont, au contraire, inquiétants pour toutes les autres branches de notre activité économique ».

A qui la faute, demanderons-nous, et comment y remédier ? Voilà, cependant, le point intéressant.

La faute, à notre avis, incombe en grande partie à notre régime économique antilibéral, à la protection, aux abus de la réglementation, à l'intervention de l'Etat dans une quantité d'affaires qui devraient être laissées à l'initiative individuelle, aux excès de la fiscalité. Nos commerçants et nos industriels ont une énorme surcharge d'impôts. Le rapporteur général du budget, dans une autre partie de son rapport, le reconnaît lui-même.

La France, dit-il, supporte actuellement le maximum d'impôts qu'on puisse lui réclamer sans porter atteinte non pas seulement à son développement économique, mais même à sa fortune acquise.

Or, nos commerçants et nos industriels sont en plus surchargés par les droits de douane, par les barrières qu'il leur faut franchir pour lutter contre d'autres pays, mieux armés et moins taxés. Si nos négociants, nos industriels, nos établissements financiers travaillaient à égalité d'impôts avec les négociants, les industriels, les établissements financiers des autres pays du monde, personne ne pourrait lutter contre eux.

Il en est de même de nos rentiers et des consommateurs. On ne parle que d'impôts : il faut frapper la richesse acquise ou en formation ; les consommateurs paient le pain, la viande, le vin, le sucre, les vêtements, tout ce qui leur est nécessaire pour la vie, plus cher que dans aucun autre pays. On est, en vérité, en droit de s'étonner que, malgré tout, ils puissent encore supporter de telles charges avec autant de vaillance et de facilité, puisqu'ils paient même leurs impôts par anticipation, ce qui ne se voit nulle part. Que prouvent, en somme, ces faits ? C'est que la France ne se ruine pas : elle travaille, elle économise, elle gagne ; mais elle économiserait, s'enrichirait et gagnerait davantage si son système économique et fiscal était plus libéral et moins lourd.

Nous comptons bien que l'honorable M. Guillain, avec sa grande autorité, défendra les mesures assurant au pays un régime économique allégé d'entraves et un régime fiscal plus modéré.

VI

M. Guillain a reproduit les chiffres que nous avons donnés récemment sur les capitaux et l'épargne en France. Il attribue l'accroissement de l'épargne à un manque de confiance qui tient tout d'abord aux événements extérieurs, tels que la guerre du Transvaal et celle de Chine, et surtout à notre situation politique intérieure, à la propagande ardente en faveur d'idées économiques considérées par le monde des affaires comme destructives de tout progrès et de toute épargne. L'encouragement donné à ces doctrines venant du côté où l'on n'était pas accoutumé à les trouver, la multiplication des grèves, expliquent, en partie du moins, cette réserve des capitalistes...

Une partie de ce tableau est vraie : l'autre est un peu teintée de noir. Depuis un an, les partis politiques n'ont cessé de répéter que la guerre du Transvaal et la guerre de Chine amèneraient des complications ; que l'exposition, avant même qu'elle ne fût ouverte, serait un « four » ; puis, dès son ouverture, qu'elle serait désastreuse. Le président de la République et le gouvernement ont été chaque jour l'objet des plus violentes attaques ; prédire, dès lors, des crises ministérielles était facile. A chaque instant, on répète que la France se

Capitaux d'épargne. Leur abondance. Causes de leur inactivité.

ruine, qu'elle est ruinée, qu'elle marche à la banque-route. Nous ne nous lassons pas de protester contre de semblables allégations. Le public qui a de l'argent à placer, finit, à la longue, par se laisser influencer : il conserve ses fonds ou les remet en dépôt dans les socié-tés de crédit. Il se soucie peu des grèves, se rendant compte qu'elles sont d'autant plus nombreuses que le travail est plus actif et désire être mieux rémunéré.

« Quand deux ouvriers courent après un patron, a dit Cobden, le salaire baisse ; quand deux patrons courent après un ouvrier, le salaire monte. » Il en est de même des grèves : leur intensité et leur nombre s'accroissent en proportion de l'accroissement même du travail.

Les menaces d'impôts nouveaux, l'obsession fiscale qui agite un trop grand nombre de législateurs, toutes ces affirmations dont se servent bien à tort les partis poli-tiques pour combattre leurs adversaires, car ils attei-gnent la France, effraient les capitalistes et les rentiers bien plus que les grèves. Quand les commerçants et les industriels ne craindront plus qu'une mesure fiscale ne compromette, à l'improviste, leurs affaires en cours, ou atteigne celles qu'ils voulaient entreprendre ; le jour où les rentiers ne craindront plus que leurs valeurs soient à nouveau frappées, les capitaux ne seront plus hésitants et oisifs.

Ne peut-on pas conclure, malgré tout, que cette abon-dance inouïe de capitaux, quelles que soient les raisons de leur abstention, est la meilleure réponse à faire à ceux qui croient de très bonne foi que la France est en décadence ou se ruine ?

Comment ! on répète — et le rapport de M. Guillain ne sera pas accusé d'optimisme sur ces divers points — que l'agriculture « souffre », que notre commerce intérieur et extérieur « laisse à désirer », que des symp-tômes, sinon graves du moins sérieux, semblent indi-quer que la prospérité de l'industrie subit un moment d'arrêt, et même pour certaines industries un recul assez marqué déjà : ou bien que l'ensemble des for-

tunes privées reste en moyenne stationnaire depuis
une dizaine d'années, ou bien encore, que les industries textiles, minières et métallurgiques vont subir
une crise, et on s'étonne que le public garde son argent
au lieu de le placer ? Il aurait bien tort d'agir autrement si ces faits étaient exacts. Heureusement, ils ne
le sont pas, car s'ils étaient vrais, l'abondance de ressources dont nos capitalistes et rentiers disposent
serait inexplicable.

Si, en effet, on ne peut attribuer l'accroissement de
l'épargne française, soit à l'augmentation des produits
de la terre, soit au développement du commerce et de
l'industrie, soit encore à la création d'entreprises nouvelles mettant en valeur les richesses enfouies dans le
sol, telles que minerai, houille, pierres, etc., d'où viennent donc ces milliards ? Ils ne sont pas le produit
d'une génération spontanée ; leur création et leur
accroissement ont des causes réelles. Ne faut-il donc
pas reconnaître que le travail, l'esprit d'ordre et d'économie ont seuls pu produire cette abondance d'épargnes et que la France continue sa marche progressive
et prospère, malgré les charges et les obstacles accumulés sur sa route?

VII

L'honorable M. Guillain a parlé des futures conversions dont nos rentes pourraient être l'objet : le 3 1/2 %
peut être obligatoirement converti dès 1902 ; le 3 %,
au-dessus du pair, est convertible le jour où les cours
et un ensemble de circonstances politiques et économiques, intérieures et extérieures, s'y prêteront. Le 3 %
amortissable n'est pas convertible obligatoirement,
mais il peut donner lieu à une conversion facultative.
Le rapporteur général du budget a reproduit les arguments et les chiffres que nous avions publiés sur ce
sujet et qui militent en faveur de cette opération. Ce

*Les conver-
sions de rentes.
Ce qu'on en
doit penser.*

sont là, sans doute, des « réserves latentes » comme les dénommait, dans un de ses rapports, M. Paul Delombre ; mais il n'en faut parler et il n'y faut compter qu'avec la plus grande réserve.

Rien de plus difficile, de plus délicat qu'une conversion. M. Léon Say nous disait un jour qu'un ministre des finances devait y penser sans cesse, comme un débiteur doit songer, quand l'état de son crédit le lui permet, à rembourser son créancier ou à obtenir de lui des conditions de prêt moins élevées : mais il ne doit en parler qu'au moment où il l'effectue. Faire prévoir longtemps à l'avance une conversion, indiquer presque les prix auxquels cette opération pourra être effectuée, c'est en risquer non seulement le succès, mais même l'exécution. Nous ne croyons pas non plus qu'il soit juste qu'une conversion, — en supposant qu'elle s'effectue — serve à combler les trous du budget ou à

augmenter ses ressources. Une conversion bien faite, équitable, « doit restituer, d'une main, aux contribuables ce qu'elle enlève, de l'autre main, aux porteurs de rentes » : sans quoi, elle est l'équivalent d'un impôt, le plus lourd de tous ceux qui frappent une des classes de la société la plus intéressante, la plus utile, les rentiers. C'est la thèse que nous avons toujours soutenue. Ne pas parler de conversions mais les réaliser, vaudra toujours mieux, à notre avis, qu'en parler à l'avance et risquer de ne pouvoir les faire.

VIII

Nous aurions encore beaucoup à dire sur le si documenté et si consciencieux rapport de M. Guillain, sur ses aperçus et ses observations sur la dette flottante, les caisses d'épargne, les rapports de la Caisse des dépôts et de l'Etat, etc. Nous aurons souvent l'occasion d'y revenir, car le travail de M. Guillain, par la compétence, la sagesse et l'impartialité de son auteur, mérite la plus sérieuse attention ; mais, nous devons nous borner.

M. Guillain fait remarquer que de 1890 à 1899 l'aggravation des impôts perçus par l'État et des contributions et taxes départementales et communales n'est pas moindre de 381 millions, alors que la situation des fortunes privées aurait diminué. Nous avons montré plus haut que cette diminution n'était qu'apparente, qu'il y avait là une erreur imputable, non à M. Guillain, mais à des statistiques incorrectes et, partant, inexactes.

Non, la France ne se ruine pas et n'est pas en décadence. Des documents officiels sûrs, des chiffres irréfutables le prouvent. Nous savons bien que par des comparaisons choisies avec soin, par périodes déterminées, on peut montrer des calculs qui appuient ou combattent telle ou telle thèse. Nous n'usons pas de tels moyens. Pour que les statistiques qui touchent aux grands intérêts d'un pays aient toute leur valeur, il faut que les comparaisons portent sur de longues périodes. Comparer la France de 1900 à celle de 1899, par exemple, n'a qu'une signification relative : si, au contraire, la comparaison porte sur des périodes de 5, 10, 15, 20, 30 ans, les chiffres ont une portée tout autre. Il y a, en effet, dans la vie des nations, des moments d'arrêt, de recul, de stationnement, de même que, dans la vie de l'individu, on constate des malaises et des maladies ; la marche en avant tarde plus ou moins longtemps, la santé revient plus ou moins vite, mais les peuples et les hommes qui ont de la force, de la vitalité et de l'énergie ne restent pas stationnaires.

La France ne se ruine pas.

Que l'on compare, par exemple, la France de 1900 à celle d'avant la guerre ; que l'on récapitule tout ce qu'a fait notre pays depuis les désastres inoubliables et les malheurs immérités qu'il a subis, et que l'on mette en regard de son crédit d'aujourd'hui celui qu'il avait hier.

L'exposition universelle.

L'exposition si brillante qui s'achève en plein succès, exposition si critiquée et condamnée, même avant son ouverture, peut fournir des comparaisons utiles.

Indices économiques.

Nous avons récemment noté quelques indices économiques sur la situation économique et financière de la France en 1855, en 1867, en 1878, en 1889 et en 1900, au moment de chacun de ces grands tournois internationaux. Ces statistiques ont montré, d'une façon éclatante, le développement continu de notre pays, dont le crédit a atteint des hauteurs que peuvent envier les nations dont les finances sont réputées les plus solides et les mieux administrées.

Reportons-nous, par exemple, à l'année 1896, l'une de celles que M. Guillain a prises comme terme de comparaison et bornons-nous à rapprocher, les uns des autres, les cours des principaux fonds d'État européens ; voici ce que disent les chiffres : fin 1896, le 2 3/4 consolidé anglais valait 110 fr. 25 ; le 3 % prussien, 99 fr. 00 ; le 3 % belge, 101 francs ; le 3 % suédois, danois, norvégien 100 et 99 ; le 3 % français, 100 à 101 francs. Aujourd'hui, les consolidés anglais sont à 99 ; le 3 % prussien est à 87 ; le 3 % belge, à 95 ; les 3 % danois, suédois, norvégien valent 84 à 85 francs. Seuls, les fonds français sont restés au-dessus du pair de 100 francs et n'ont pas baissé, alors que les fonds anglais ont fléchi de 11 points, les fonds prussiens de 13 points ; les fonds belges de 6 francs ; les fonds suédois, danois, norvégiens, de 15 à 16 points. Que ceux qui prétendent que chez nous tout va de mal en pis et objectent les progrès des pays étrangers, nous expliquent comment il se fait que nulle part on ne trouve autant d'épargnes qu'en France, autant de ressources disponibles, un crédit plus respecté, plus solide et plus haut coté.

IX

Dans notre volumineux budget de 3 milliards 518 millions se trouvent, au chapitre des dépenses, des sommes considérables qui ne sont, en réalité, que des avances remboursables que l'on ne peut assimiler à des impôts. Bon nombre de personnes font des comparaisons entre notre budget et nos dépenses et les budgets et les dépenses de pays voisins ; elles divisent ensuite le total par le nombre d'habitants et s'écrient : « La France est le pays du monde où les dépenses sont le plus élevées, où la dépense par tête est la plus forte. »

Il y a quelques années, en 1894, dans une série d'articles remarqués, non seulement pour la forme et pour le fond, mais aussi par leurs titres éminemment suggestifs : *Impôt et budget* ou bien *l'Invitation à la valse*, l'honorable M. Jules Roche, critiquant vertement ceux qui trouvaient que tout n'était pas pour le mieux dans nos budgets et nos finances, s'élevait contre de tels calculs qui, disait-il, n'avaient pas le « sens commun » et étaient « faux comme des cartes biseautées ». Le « budget d'Etat du territoire allemand, écrivait-il, dépasse au moins d'un milliard 1/2 le budget d'Etat de la France et il a triplé depuis 1870, tandis que le nôtre n'a augmenté que de 75 % (1) ». Quelques jours après, revenant encore sur le même sujet, M. Jules Roche, prenait à partie les budgets et les ministères des finances de la Restauration, de la monarchie de Juillet, du Second Empire ; il trouvait nos budgets bien plus vrais et sincères ; il montrait que tous les gouvernements ont subvenu par l'emprunt à des dépenses ayant un caractère extraordinaire et que si l'on soumettait ces budgets aux mêmes critiques adressées à ceux de la Répu-

(1) *Le Matin*, 5 avril 1894, *Impôt et budget*.

blique « Il n'y aurait pas un seul budget qui n'eût été
en déficit (1) ».

<h2 style="text-align:center">X</h2>

Budget des
dépenses. Con-
texture et mode
de comptabilité.

Cette argumentation de l'honorable M. Jules Roche
était en 1894, comme elle l'est encore aujourd'hui, la
vérité absolue.

Prenez le budget dans ses détails. Vous y voyez, au
chapitre des dépenses, les annuités dues aux compagnies de chemins de fer et les garanties d'intérêt. C'est
un total d'une centaine de millions qui ne sont pas autre
chose que des avances remboursables. Nous comptons,
parmi les dépenses budgétaires, les 55 millions que coûtent les achats de tabacs et d'allumettes : ces dépenses
ne devraient-elles pas être déduites du produit de ce monopole qui rapporte brut 450 millions? Nous dépensons
pour la poste, le télégraphe, le téléphone, 200 millions.
Ces 200 millions ne devraient-ils pas être déduits des
400 millions que rapporte aussi l'exploitation de ce monopole ?

Nous comptons, aux dépenses, 24 millions d'amortissement pour la rente amortissable. Rembourser une
partie de ce que l'on doit, est-ce s'endetter ?

Nous dépensons 27 millions en subventions maritimes; 8,500,000 francs en subventions aux colonies; nous
comptons, parmi les dépenses, 6,400,000 francs pour
remboursement sur les produits de la poste ; nous consacrons et inscrivons aux dépenses une dizaine de millions pour des subventions à des constructions scolaires
ou pour des constructions même que les départements
et les communes auront à rembourser. Et, parmi les
mêmes dépenses inscrites au budget et qui le grossis-
sent, on décompte, encore, une somme de 25,000 francs
pour frais de fabrication des « plaques de vélocipèdes ».

(1) *Le Matin*, 19 avril 1894, *L'Invitation à la raison*.

Ce que l'Etat débourse d'une main ne le retrouve-t-il pas et ne le récupère-t-il pas de l'autre ?

Ouvrez maintenant les budgets annexes. On y trouve inscrits, entre autres dépenses, 1 million pour achat d'or et d'argent pour la fabrication des médailles ; 140,000 francs pour la fabrication des monnaies de billon ; 125,000 francs pour achat de métal fin et frais d'affinage, ou bien encore 340,000 francs pour l'entretien des monnaies d'or et d'argent. Or, aux recettes, on peut relever la contre-partie exacte de ces dépenses. Le Trésor cependant fait un bénéfice sur ces ventes de monnaies et médailles. Il achète la matière première (or, argent, billon) et la revend fabriquée, tous frais payés et avec un léger profit. Ce profit s'élève à 432,250 francs. On pourrait croire, sans doute, que ces 432,250 francs seront portés aux recettes budgétaires? Pas le moins du monde. Ces 432,250 francs de recettes forment un chapitre spécial des " dépenses ".

Avec les chemins de fer de l'Etat, autre mode de comptabilité conforme aux règles sur la matière, nous le savons, mais qui n'en est pas moins bizarre. On inscrit au budget ordinaire 15,111,000 francs de produit net : mais on n'inscrit pas, au chapitre des dépenses, le coût de ce réseau. Nous avons fait remarquer bien souvent qu'aucun rapporteur du budget n'avait pu, du reste, jusqu'à présent, savoir et dire exactement ce que ce réseau avait coûté. Puis, on inscrit dans un chapitre spécial, parmi les budgets annexes, les dépenses et les recettes totales. Les dépenses s'élèvent à 36 millions ; les recettes se chiffrent par 51 millions ; on verse l'excédent de 15 millions au Trésor. De telle sorte que, non seulement on compte les 36 millions parmi les dépenses de l'Etat, mais encore on évalue deux fois les 15 millions d'excédent et on oublie de chiffrer ce que ce réseau d'Etat a coûté.

Budgets annexes.

La comptabilité des chemins de fer de l'Etat.

XI

Que l'on s'étonne, dès lors, de la boursouflure de nos budgets ! Comme l'écrivait encore M. Jules Roche, dans une étude sur le budget allemand, « si nous écrivions nos chiffres comme les Allemands, les millions disparaîtraient par centaines de notre budget qui ne comprendrait plus que le résultat net et réel des opérations ».

Une autre cause de l'inflation budgétaire, a été l'incorporation au budget ordinaire d'une quantité de dépenses qui étaient autrefois à l'extraordinaire et qui devaient être soldées par l'emprunt. Nous préférons qu'il en soit ainsi ; nous sommes hostiles aux budgets extraordinaires. M. Rouvier a eu le premier le courage de les abolir et de vouloir établir l'unité budgétaire ; ses successeurs ont suivi *passibus non æquis* son exemple. M. Caillaux persévère avec une ténacité féroce dans ce procédé, qui est la sauvegarde de nos finances. Il n'en est pas moins vrai qu'à l'étranger encore, on ne procède pas ainsi : les budgets extraordinaires subsistent et fleurissent, en sorte que, sur ce point, la comparaison de nos budgets français actuels avec les budgets étrangers manque de précision.

XII

Est-ce à dire que nous ne dépensions pas beaucoup trop et qu'il ne soit pas désirable de s'arrêter dans cette progression budgétaire ? Un de nos confrères, le *Matin*, juxtaposant les chiffres que nous donnions dans notre précédente étude sur les budgets de 1801 et de 1901, se demandait quel pourrait être le total formidable auquel s'élèverait le budget de l'an 2000 et si, avec une population qui ne s'accroît que lentement, le

fardeau n'écraserait pas nos arrière-petits-fils. On s'est
déjà livré à bien des calculs sur ce sujet : au mois de
décembre dernier, un des hommes qui connaissent le
mieux les matières budgétaires, M. René Stourm, de
l'Institut, cherchait à évaluer ce que pourraient être
les budgets de l'avenir.

Il estimait qu'avec les taux de progression actuels,
nous aurions, en 1910, un budget de 4 milliards 60 millions ; en 1925, le budget serait de 5 milliards 70 millions ; en 1937, de 6 milliards. En 1947, le chiffre de
7 milliards serait franchi !

M. Jules Roche, à son tour, dans une récente étude
sur *les Budgets du siècle* qu'il publie dans la *Revue
des Deux-Mondes* et qui est aussi pessimiste que ses
études d'autrefois pouvaient paraître optimistes, déclare
que « si la progression continuait, nos heureux neveux
devraient supporter, dans cent ans, une dépense de
près de 20 milliards ! »

Les budgets du siècle.

Nous nous méfions beaucoup, disons-le, de ces prédictions mathématiques. Elles ressemblent étrangement
aux fameuses théories de Malthus, que nous discutions
encore, tout récemment, à la Société de statistique
de Paris, sur l'équilibre de la population et de la richesse. Malthus disait que, « lorsque la population n'est
arrêtée par aucun obstacle, elle va doublant tous les
vingt-cinq ans, et croît de période en période selon une
progression géométrique ». Cette théorie a été bien souvent réfutée : les faits se sont chargés de la contre-
dire (1).

Les prévisions que l'on fait sur nos budgets futurs
risquent d'avoir le même sort. On ne peut, en effet,
que se livrer à des conjectures.

Conjectures sur les budgets futurs.

Les préoccupations que donnent nos budgets actuels
sont suffisantes sans qu'il soit aussi nécessaire de nous
occuper, cent ans à l'avance, de ce que seront les budgets de l'an 2000. La richesse publique ne restera pas

(1) Émile Levasseur, *la Population.*

stationnaire ; on peut admettre qu'elle suivra la progression qu'elle a acquise dans le cours de ce siècle et, dans ce cas, il n'y a aucune inquiétude à avoir. Est-ce que notre budget de 3 milliards 500 millions n'est pas payé plus facilement que les 800 millions du budget du Directoire ou de Napoléon I⁰ʳ ? Et quand on pense que le déficit de 25 millions du budget de l'ancienne monarchie a été une des causes de la chute du régime, que pèserait dans les budgets contemporains un semblable déficit ? On le comblerait bien vite avec des bons sexennaires, quinzenaires ou trentenaires, avec un emprunt à une des caisses qui gravitent autour du Trésor et il ne serait pas difficile de montrer un budget en excédent ou, du moins, en équilibre.

Opinion de MM. Stourm et Caillaux. — Réaction dans l'esprit public. — Orientation nouvelle.

Ce qui est vrai, comme le faisait remarquer M. Stourm, dans son étude (1), « une réaction profonde, dans l'esprit public peut, et pourra seule aujourd'hui arrêter le flot menaçant des dépenses progressives » et il concluait en rappelant ce que M. Caillaux, ministre des finances, disait dans un de ses discours sur le budget : « On n'obtiendra quelques résultats qu'à la condition de donner une orientation nouvelle à la politique générale du pays. »

Si nous dépensons autant, c'est, en réalité, parce que nous sommes entraînés par des besoins nécessaires, urgents, auxquels il faut satisfaire. C'est un engrenage : la machine tourne et, à moins de l'arrêter, il faut l'alimenter.

Pourquoi nous dépensons trop.

Nous voulons et nous avons raison de le vouloir, une armée de terre et de mer, forte, puissante, respectée ; nous voulons que le matériel de guerre soit le mieux perfectionné, que nos vaisseaux soient les plus rapides et puissamment armés, nous voulons des colonies, des ports, des canaux ; nous réclamons des chemins de fer à grande vitesse, confortables et à bon marché ; nous demandons à l'administration des postes et

(1) *La restauration financière*, dans *l'Économiste français*, 16 décembre 1899.

des télégraphes de nous donner le maximum de services pour le minimum d'argent ; nous réclamons des
suppléments de traitements pour nos fonctionnaires,
pour nos magistrats, pour nos professeurs, pour nos
officiers, et nous avons raison encore en comparant leurs
maigres traitements à ceux de l'étranger, car nous
nous rendons compte de l'infériorité de la situation
qui leur est faite ; nous voulons encore que l'Etat inter-
vienne pour assurer une retraite aux ouvriers ; nous
demandons plus d'assistance, plus de « justice sociale »,
plus de bien-être pour tous, pour les humbles et les
déshérités. Ce sont des pensées généreuses mais coûteuses, au point de vue budgétaire. Pendant que le flot
des demandes de dépenses s'accroît et que les dépenses
elles-mêmes augmentent, notre dette publique réclame
plus du tiers du budget ; nous continuons à payer les
intérêts des emprunts pour les guerres d'autrefois, pour
celle de 1870-1871 ; nous supportons encore les centaines
de millions d'impôts qu'il a fallu créer au lendemain
de cette guerre funeste qui a coûté à la France 12 à
13 milliards ; nous voyons grossir, d'année en année,
la dette viagère pour les pensions civiles et militaires.

Voilà, sans parler des dépenses pour l'instruction
publique, pour les travaux publics, pour le commerce
et l'industrie, les causes principales du grossissement
de nos budgets ; le pays tout entier en est responsable et il est injuste de se servir de ces accroissements
de dépenses comme une arme de parti.

XIII

Il faudrait, sans doute, arrêter, s'il est possible,
ces dépenses, mais il conviendrait surtout d'accroître
les recettes par la productivité des impôts existants,
par la création de travaux utiles augmentant la richesse
du pays, en adoptant, suivant l'expression de M. Caillaux, une « orientation nouvelle ».

M. Caillaux.
Plan de tra-
vail. Une orien-
tation nouvelle.

Les rapporteurs des budgets examinent à la loupe les dépenses qui sont faites : pas un budget au monde n'est aussi disséqué. Ne pourraient-ils pas aussi, comme conclusion, indiquer au parlement et au pays une méthode, un plan de travail productif? Que fait un commerçant? Il suppute à chaque instant ses charges ; il cherche toujours à les réduire, c'est son devoir ; mais il recherche aussi les affaires à développer, celles à entreprendre et, souvent, il n'hésite pas à avancer et même à emprunter des capitaux importants pour créer une industrie, pour ajouter une branche nouvelle de commerce à son ancienne exploitation ; il n'hésite pas à faire, quand il le reconnaît nécessaire, des dépenses pour obtenir des produits.

Nécessité d'un plan de travail productif.

L'Etat ne pourrait-il pas suivre parfois cet exemple ? N'y a-t-il donc plus de travaux productifs à effectuer? Nos canaux répondent-ils à tous les besoins ?

Quand on a vu les ports d'Anvers, de Brême, de Hambourg, de Lubeck, de Kiel, de Copenhague, de Gênes, peut-on dire que les nôtres soient parfaits ? Notre réseau de chemins de fer qui, quoi qu'en disent les adversaires des grandes compagnies, a réalisé des progrès considérables, est-il terminé ? Nous avons un immense empire colonial, qui nous a coûté des milliards, que faisons-nous pour le rendre productif? N'y a-t-il pas des routes, des canaux, des chemins de fer à y construire? Nous possédons une armée de petits capitalistes et rentiers, le plus grand nombre de petits épargneurs et la plus forte somme d'épargnes ; nous avons des capitaux considérables dans les banques, dans les caisses d'épargne ; nous avons un marché financier qui s'étiole alors qu'il devrait être le premier du monde, le principal centre d'arbitrages, le régulateur des cours du change, des métaux, voire même du taux de l'escompte, le maître des autres bourses, aussi bien que c'est à Paris que convergent les grands emprunts internationaux, ceux des plus grands comme ceux des plus petits pays.

Qu'avons-nous fait et que faisons-nous? De nom-

breuses lois fiscales ou restrictives. A l'obsession fiscale et protectionniste, nous voudrions voir succéder
la paix fiscale et la liberté des affaires. Nous ne nous
en trouverions pas plus mal. Nous nous plaignons de
l'augmentation inévitable de nos dépenses ; nous désirons qu'elles soient moins élevées ; nous trouvons, avec
raison, que nos budgets et que nos impôts sont lourds.
Accroître le travail productif, augmenter et développer
les transactions commerciales, financières et industrielles, en un mot « travailler, faire des affaires en
plus grande quantité », devrait être le juste souci du
parlement et de tous ceux qui, de près ou de loin, ont
la mission de diriger les affaires du pays.

Paix fiscale et
liberté des affai-
res.

Travailler et
gagner davan-
tage.

XIV

M. Guillain s'occupe, à deux reprises, des caisses
d'épargne. A propos de la dette flottante il explique les
rapports qui existent entre les caisses d'épargne et la
Caisse des dépôts et consignations; il exprime le désir
que la loi de 1895 sur les caisses d'épargne « soit modifiée de façon à relâcher un peu les liens de solidarité
entre leur situation financière et celle de l'Etat et que
la loi permette à la Caisse des dépôts de faire entrer
dans son portefeuille des valeurs de tout repos autres
que les rentes sur l'Etat, les obligations garanties par
l'Etat et les obligations des départements, des villes et
des chambres de commerce, toutes valeurs dont l'Etat
est directement ou moralement responsable et dont le
taux de capitalisation suit les oscillations de celui de la
rente ».

Les caisses
d'épargne.

Puis, à propos de l'amendement de M. Lechevallier
proposant de maintenir en principe le fonds de garantie,
mais demandant de ne lui attribuer qu'une retenue de
0 fr. 10 % au lieu de 0 fr. 25 %, en fixant le maximum de
ce capital de garantie à 3 % du montant des fonds déposés dans les caisses d'épargne au lieu de 10 %, M. Guil-

lain estime, au nom de la commission du budget, « que
cet amendement est intéressant et qu'il y a de sérieux
inconvénients à laisser augmenter indéfiniment le capital de garantie au delà de ce qui est nécessaire, et à imposer inutilement aux caisses d'épargne des retenues
qui ont pour conséquence de diminuer le taux d'intérêt
accordé aux déposants ».

Ces jours derniers, au Sénat, le ministre du commerce, en réponse à une question qui lui était adressée
sur l'application de la loi du 20 juillet 1895 réduisant le
maximum des livrets à 1,500 francs, a donné des explications précises. Tout déposant ayant à son crédit une
somme supérieure à 1,500 francs devra retirer cet excédent qui lui sera immédiatement remboursé ; à défaut
de demande de remboursement, le capital équivalent à
l'excédent sera d'office et sans avis préalable employé en
achat de rentes françaises sur l'Etat.

XV

Progression de
leurs opérations. Ces déclarations très nettes montrent que le Trésor
dispose de ressources considérables pour pouvoir effectuer ces remboursements et ne pas laisser les dépôts des
caisses d'épargne grossir indéfiniment. Peu de pays,
disons-le, agiraient de la même façon ; ils seraient trop
heureux de recevoir et de conserver le plus longtemps
possible, les capitaux du public. Il semble que l'Etat
ait toujours redouté de recevoir trop d'argent de cette
épargne qui, indirectement, se confie à lui. En 1835, la
limite des dépôts avait été fixée à 3,000 francs ; en 1847,
à 1,500 francs ; en 1851, à 1,000 francs ; en 1881, à
2,000 francs. Cette limite a été abaissée à 1,500 francs
par la loi du 20 juillet 1895; mais, malgré toutes ces résolutions, le flot des dépôts dans les caisses d'épargne
n'a cessé de grossir.

Le tableau suivant, montre, en effet, quelle a été la
progression du nombre des livrets et des capitaux dus

aux déposants dans les caisses d'épargne ordinaires, à différentes dates, depuis 1835 :

ANNÉES 31 DÉCEMBRE	LIVRETS	SOMMES DUES aux déposants	QUOTITÉ MOYENNE des livrets
	milliers de livrets.	milliers de francs.	francs.
1835..........................	121.5	62.3	512
1850..........................	568.0	134.9	238
1860..........................	1.218.1	377.3	310
1865..........................	2.130.8	211.3	834
1870..........................	2.365.8	660.4	279
1880..........................	3.841.1	1.280.2	388
1885..........................	4.987.6	2.211.3	448
1890..........................	5.674.0	3.084.0	481
1895..........................	6.842.0	3.400.0	494

A ces chiffres, il faut ajouter ceux des caisses d'épargne postale.

Au 31 décembre 1898, le nombre des livrets aux caisses postales était de 2,892,000 pour un capital de 875 millions, soit 223 francs en moyenne par livret.

A la fin de 1898, les livrets des caisses d'épargne ordinaires et des caisses d'épargne postales s'élevaient donc au total de 9,734,000 pour un capital de 4 milliards 275 millions, en chiffres ronds.

Nous sommes loin, on le voit, bien loin, des 62 millions de francs déposés aux caisses d'épargne en 1835 ; des 711 millions de 1860 ou des 1 milliard 280 millions, il y a vingt ans seulement !

XVI

Emploi des fonds.

Ces chiffres, s'ils prouvent la puissance et le développement de l'épargne, démontrent aussi la confiance sans limites que cette épargne fait à l'État. M. Guillain dit à ce sujet : « Bien que les caisses d'épargne, en dehors de la caisse d'épargne postale, soient dans une certaine mesure, des institutions privées, l'État n'en est pas

moins moralement responsable de leur gestion, en raison surtout de l'obligation où se trouve la Caisse des
dépôts et consignations de confier à l'Etat la fortune des
déposants, soit par ses versements au Trésor, soit par
l'achat exclusif de rentes sur l'Etat ou de valeurs émises
par les départements et communes. »

Comme le dit encore M. Guillain, « les engagements
de l'Etat envers les caisses d'épargne n'ont donc pas
seulement comme mesure l'importance de leur compte
courant au Trésor, ils sont représentés par la masse de
titres de rentes détenus par la Caisse des dépôts pour le
compte des caisses d'épargne. »

Aux termes de la loi de 1884, loi due à la prudence du
regretté M. Carnot, alors ministre des finances, le
compte courant du Trésor pour les fonds des caisses
d'épargne privées est limité à 100 millions ; mais ces
caisses possèdent plus de 4 milliards en titres de rentes
et valeurs garanties par l'Etat. La garantie des déposants est donc absolue et il est nécessaire que le mécanisme des caisses d'épargne soit de plus en plus connu
du public. Ce mécanisme est simple. Les caisses versent
leurs fonds à la Caisse des dépôts et consignations ; ces
fonds sont employés en achats de rentes sur l'Etat,
3 %, 3 1/2 %, 3 % amortissable, en valeurs garanties par
lui, ou bien en obligations de départements, villes,
Crédit foncier : une somme de 100 millions seulement
peut rester en compte courant avec le Trésor.

L'intérêt bonifié par les caisses à leurs déposants est
inférieur à celui qu'elles reçoivent elles-mêmes sur les
placements qu'elles effectuent : la différence sert à payer
les frais d'administration et à constituer la fortune personnelle de ces caisses d'épargne : cette fortune personnelle est une véritable réserve et un surcroît de garantie.

XVII

Il serait désirable qu'à l'occasion du rapport de M. Guillain et de la discussion qui a eu lieu au Sénat, cette question des caisses d'épargne fût abordée très nettement à la Chambre. Il faut, en effet, dissiper quelques équivoques qui existent et répondre ainsi à des esprits mal intentionnés ou peu au courant de la situation réelle, et qui, de temps à autre, cherchent à effrayer le public de l'épargne.

Quelle est donc la situation respective d'un déposant vis-à-vis de la caisse d'épargne ? Quelle est la situation de la caisse d'épargne vis-à-vis de la Caisse des dépôts et consignations ? Quelle est l'équivoque ?

Un particulier se rend à la caisse d'épargne : il y effectue un premier versement. On lui remet un livret dit « de caisse d'épargne » immatriculé à son nom. Quel est le premier article de l'*instruction* qui se trouve et qu'il peut lire à la fin de son livret : « Etablissement d'utilité publique, la caisse d'épargne a pour objet de recevoir et de faire fructifier les économies qui lui sont confiées. »

Ce premier article avertit le déposant que les fonds qu'il dépose ne restent pas purement et simplement enfermés dans une caisse : ils sont employés pour fructifier, c'est-à-dire pour produire quelque intérêt ; c'est-à-dire enfin qu'avec ces fonds, on effectue des placements productifs.

Que lit-il encore? « Toutes les sommes reçues sont *immédiatement* versées à la Caisse des dépôts et consignations en compte courant pour être restituées en capital et intérêts à la caisse d'épargne, sur sa demande, dans un délai qui ne peut excéder dix jours. » Chaque déposant devient ainsi propriétaire d'une somme équivalente à son avoir, à prendre à la Caisse des dépôts et consignations, par l'intermédiaire de la caisse d'épargne.

Cet article devrait être complété. Il faudrait dire que jusqu'à concurrence de 100 millions seulement, les fonds des caisses d'épargne sont versés à la Caisse des dépôts et que le surplus est immédiatement employé en achats de rentes sur l'Etat ou titres garantis par lui.

Que fait, à son tour, la Caisse des dépôts et consignations avec les fonds provenant des caisses d'épargne ? Sauf une somme de 100 millions à laquelle est limité le montant de son compte courant avec le Trésor, elle achète, avec le surplus, des rentes sur l'Etat et, suivant des autorisations légales récentes, des obligations de chemins de fer, des villes et départements, et du Crédit foncier.

Tout déposant dans les caisses d'épargne sait donc :

1° Que son capital est employé « pour fructifier » ;

2° Qu'il est représenté, une partie en espèces et, la plus forte partie, par des titres sur l'Etat ou garantis par lui.

S'il se reporte enfin à l'article 3 de la loi du 20 juillet 1895, dont l'extrait se trouve reproduit en tête de son livret, il peut lire : « qu'en cas de force majeure, — c'est ce qu'on appelle la clause de sauvegarde, — un décret rendu sur la proposition des ministres des finances et du commerce, le Conseil d'Etat entendu, les remboursements peuvent être limités à la somme de 50 francs par quinzaine. »

XVIII

Milliards disponibles et milliards employés. Il n'y a donc aucune surprise : mais il ne faut pas se lasser de dire et répéter que tout dépôt dans les caisses d'épargne est représenté par un capital espèces et par une partie en rentes ou valeurs garanties par l'Etat.

Il faut répéter aussi que, quand on parle des milliards déposés dans les caisses d'épargne et qu'on les considère comme disponibles et sans emploi, c'est une équivoque à dissiper ; c'est une expression inexacte qu'il

conviendrait d'éviter. La vérité est que ces milliards
ont été employés — sauf 100 millions au maximum, en
compte courant avec le Trésor, — en achats de titres
garantis par l'Etat. Il faudrait dire nettement que la
Caisse des dépôts et consignations s'engage à rembourser en espèces; mais qu'en cas de force majeure, le
public n'aurait rien à craindre ; ou bien il serait remboursé jusqu'à concurrence de 50 francs par livret et par
quinzaine, ou bien il pourrait avoir les titres de rente
que les caisses ont achetés au moment de son dépôt
de fonds. Il faudrait répéter hautement que si les fonds
en dépôts dans les caisses d'épargne sont considérés
comme des « disponibilités » pour ceux à qui ils appartiennent, ces fonds sont réellement placés et « indispo-
nibles » — tant que les titres qui ont été achetés avec
ces fonds ne sont pas vendus — puisque ces fonds sont
représentés dans les caisses publiques qui en sont débi-
trices, par des valeurs dénommées, bons du Trésor,
rentes sur l'Etat, amortissable ou perpétuel, *obligations
de chemins de fer.*

XIX

Des déclarations dans ce sens, souvent répétées, cou-
peraient court à toute équivoque ; elles mettraient fin
à des suppositions que l'on fait à tort, lorsqu'on prétend
que si le public retirait tous ses fonds, la Caisse des
dépôts et, par contre-coup, l'Etat ne pourrait les rembourser. A ces suppositions, on peut répondre encore
que le public, à son tour, en possession des capitaux
qu'il aurait retirés, ne voudrait pas les laisser inactifs,
improductifs : il chercherait à les placer et se porterait
vraisemblablement sur les titres qui lui présentent une
sécurité égale à celle des caisses d'épargne, c'est-à-dire
les rentes ou les valeurs garanties par l'Etat.

C'est, du reste, ce qu'il fait en ce moment. La loi
l'oblige à réduire son compte de dépôt à 1,500 francs. Ou

constate que presque tous les déposants, au lieu de
retirer leurs fonds et de n'en savoir que faire, donnent
l'ordre d'acheter de la rente, ou laissent purement et
simplement la caisse d'épargne faire ce remploi pour
leur compte. On avait fait grand bruit des prétendus
retraits de fonds que devait provoquer l'application de
la loi de 1895. Or, tous les déposants font employer en
rentes l'excédent de fonds qu'ils pouvaient retirer : de
là, la hausse des rentes que l'on peut constater depuis
quelques semaines.

Il ne peut donc y avoir, pensons-nous, et ce qui vient
de se passer le prouve, aucun risque à dire au public :
« Quand vous versez des fonds dans les caisses d'épargne, la Caisse des dépôts et consignations — et indirectement le Trésor — est toujours débitrice, capital et
intérêts, des fonds que vous avez versés ; dans le cas
de force majeure, si les disponibilités en espèces de la
Caisse des dépôts n'étaient pas suffisantes, vous auriez
toujours à votre disposition l'équivalent de vos versements en titres de rentes qui ont été achetés avec votre
capital. » Cette déclaration ne serait, en définitive, que
l'expression de la vérité ; elle mettrait fin à toute équivoque ; elle préviendrait même l'apparence d'une crise,
dont, par esprit de parti, on cherche trop souvent à
effrayer le public.

XX

Améliorations
à apporter aux
relations de la
Caisse des dépôts
et des caisses
d'épargne.

Ajoutons enfin qu'il serait très désirable que le mécanisme financier des caisses d'épargne, dans leurs
rapports avec la Caisse des dépôts et consignations, fût
revu de très près et corrigé, c'est-à-dire amélioré. Depuis
1818, date de la première caisse d'épargne, le crédit public et privé a fait des progrès et les règlements n'ont
pas varié. Nous citerons un simple fait. Lorsque les
retraits de fonds l'emportent sur le montant des dépôts
nouveaux, la Caisse des dépôts réalise des rentes pour

se procurer des capitaux; lorsque au contraire les dépôts de fonds dépassent le montant des retraits, elle achète des rentes avec l'excédent. Or, il est arrivé déjà, notamment en 1894, qu'elle achetait des rentes à 101, 102, 103 francs, qu'elle vendait l'année précédente à 99, 98, 97, 96 francs. Pareil fait peut encore se produire. Soit par ses achats, soit par ses ventes, soit par la nature même des titres qu'elle achète ou qu'elle vend, la Caisse des dépôts et consignations peut donc effectuer des opérations pour les caisses d'épargne, qui exercent une influence sur celles du Trésor, et, par contre-coup, sur le crédit. Il ne peut être indifférent, par exemple, suivant la situation du marché, suivant les opérations que l'État peut avoir à effectuer, à un moment donné, en vue de préparer et d'exécuter tel ou tel projet financier, d'acheter ou de vendre du 3 % perpétuel, du 3 % amortissable ou du 3 1/2 %, des obligations de chemins de fer 3 % ou 2 1/2 % ou tel autre titre.

Les rapports qui existent entre la Caisse des dépôts et consignations et le Trésor sont étroits ; la sagesse et la prudence avec lesquelles ont toujours été et sont dirigées les opérations de cette grande institution méritent d'inspirer et inspirent toute confiance.

Depuis le commencement du siècle, la Caisse des dépôts et consignations a eu à sa tête des directeurs généraux qui s'appellent : baron de Saint-Yon ; comte Dufrayer, Labeyrie, Boutin et, aujourd'hui, M. Delatour, dont tout le monde reconnaît la compétence et les mérites et qui suit avec prudence les traditions de ses éminents prédécesseurs. A cette belle lignée de hauts fonctionnaires, dont les noms sont une garantie de bonne administration, il faut ajouter les présidents de la commission de surveillance de Villemanzy, comte Mollien, d'Orvillers, comte Roy, marquis d'Audiffret, Goudchaux, Berryer, comte d'Argout, baron de Lacrosse, Rouland, Buffet, Duclerc et, actuellement, M. Gouin.

On peut donc affirmer que l'administration de la

Caisse des dépôts et consignations, comme celle de la
Banque de France, est hors de pair. Ses opérations ont
suivi le développement du crédit et des valeurs mobilières ; leur accroissement a été prodigieux, imprévu ;
les capitaux qu'elle administre se chiffrent par milliards ; c'est par milliards que se comptent les titres
qu'elle détient dans ses caisses ; elle est la maison de
banque la plus considérable qui existe en France et
dans le monde entier et ses opérations sont des plus
multiples. Elle prête des fonds à l'Etat, aux départements, aux communes. Il faut qu'elle reçoive des fonds,
avec ou sans intérêt ; qu'elle les fasse « fructifier » ;
elle doit effectuer des achats de valeurs, s'occuper de
capitalisation d'intérêts ; faire des assurances contre les
accidents et sur la vie ; elle est constituée caisse des retraites pour la vieillesse et sert des rentes viagères, etc.
C'est, disait M. Léon Say, une « colossale banque
d'Etat » qui fait tout, excepté l'escompte des effets de
commerce, remue des millions et des milliards, garde
des titres en dépôt, possède des succursales et des correspondants « qui sont en même temps des fonctionnaires publics (1) ». Ces opérations multiples exigent
une attention, une surveillance de tous les instants ;
il faut qu'elles soient faites, presque avec certitude
de succès, car toute erreur rejaillirait sur le crédit public. Une maison de banque privée peut perdre des capitaux et se tromper ; elle n'engage qu'elle-même et ses
actionnaires. Il n'est pas permis à la Caisse des dépôts
de se tromper, car ses fautes rejailliraient sur le Trésor et l'Etat.

Ce sont précisément ces raisons qui doivent engager
les pouvoirs publics et le gouvernement — et M. Guillain a eu raison de soulever cette question dans son
rapport — à examiner si, tout en respectant ses traditions de sagesse, de prudence et de bonne administration, le mode des opérations de la Caisse des dépôts et
consignations ne pourrait pas subir quelques améliora-

(1) Léon Say, les Finances, page 65.

tions, dans l'intérêt même des établissements et du public qui s'adressent à elle et du Trésor. Puisque la question des caisses d'épargne revient devant la Chambre et devant le public et se trouve posée par le rapporteur général du budget, il pourra être utile de rechercher si des services nouveaux et des améliorations nouvelles ne pourraient pas être effectués, sans inconvénient, dans le fonctionnement de cette grande institution.

XXI

La situation de la trésorerie de l'État est excellente. On sait que les fonds libres du Trésor, en dehors des sommes que le caissier-payeur central doit conserver pour subvenir aux besoins de ses services, sont déposés en compte courant à la Banque. Rarement, — nous pourrions presque dire à aucune époque, — le compte courant n'a été plus élevé.

Voici, en effet, à diverses dates les plus importantes, depuis le commencement du siècle, les soldes créditeurs du compte courant du Trésor à la Banque de France :

Situation de la trésorerie.
Le compte courant du Trésor à la Banque de France.

ANNÉES	CHIFFRE GLOBAL.	ÉVÉNEMENTS POLITIQUES
	millions de francs.	
22 septembre 1806...	7.4	Après Austerlitz et au commencement des grandes guerres.
24 décembre 1816....	3	Retour de la Monarchie,
24 — 1817....	1 4	
24 — 1828....	19.3	
24 — 1830....	3.0	Monarchie de Juillet.
24 — 1847....	19.4	A la veille de la République de 1848.
23 — 1848....	21.8	Pendant la République de 1848,
24 — 1852....	139.8	Après la proclamation de l'Empire.
26 — 1869....	281.4	A la veille de la guerre et de la chute de l'Empire.
24 — 1870....	9.7	Après nos premiers désastres de la guerre.
24 — 1872....	223.6	Après les grands emprunts nationaux.
26 — 1890....	188.0	M. Rouvier, ministre des finances.
21 — 1899....	328.3	M. Caillaux,
1er octobre 1900....	383.0	—

Au 1er octobre dernier, le Trésor possédait, en outre, 14,357,100 francs à la caisse centrale et 38,637,000 francs à la Banque d'Algérie ; son encaisse, y compris celle déposée à la Banque de France, s'élevait donc à 410 millions en chiffres ronds.

XXII

Quant à la dette flottante, elle n'a rien d'anormal. Il ne dépend pas, au surplus, du Trésor que cette dette soit plus ou moins élevée. Le Trésor agit comme un banquier qui possède une nombreuse clientèle obligée de s'adresser à lui pour effectuer des versements de fonds, avec ou sans intérêt. Les clients et correspondants du Trésor sont nombreux : trésoriers-payeurs généraux, communes et établissements publics, ville de Paris, Caisse des dépôts et consignations, gouvernement beylical, service des pompes funèbres, Crédit foncier, Imprimerie nationale, corps de troupes des armées de terre et de mer, trésorier général des Invalides, etc.

Le total général de cette dette se chiffre ainsi :

Années.	Millions de francs.
Au 1er janvier 1832.	310.8
— — 1847.	439.9
— — 1848.	663.0
— — 1853.	711.0
— — 1869.	911.6
— — 1870.	761.7
— — 1873.	586.1
— — 1891.	1.077.1
— — 1900.	1.043.1
Au 1er octobre 1900.	1.120.0

Depuis 1832 les totaux les plus hauts atteints par la dette flottante ont été les suivants :

Années	Millions de francs.
Au 1er janvier 1883.	1.676.0
— — 1886.	1.203.7
— — 1895.	1.205.0
— — 1884.	1.187 0
— — 1885.	1.171.4
— — 1877.	1.145.5
— — 1876.	1.143.7
— — 1806.	1.128.5

Les 1 milliard 120 millions de la dette flottante au 1er octobre 1900, étant donnée la nature des comptes auxquels ils appartiennent, ne peuvent être regardés comme excessifs ou inquiétants : de 1871 à 1884, la moyenne annuelle a été de 1 milliard 387 millions. Néanmoins, le gouvernement, comme l'y invite M. Boudenoot dans son rapport, ne doit pas perdre de vue ce mouvement ascendant. C'est surtout la dette avec intérêts qu'il convient de suivre et de surveiller toujours de très près : de 1850 à 1800 elle a varié de 555 millions, son chiffre le plus bas en 1851, à 840 millions, son chiffre le plus élevé en 1802. En 1876, elle était de 1 milliard 114 millions ; en 1883, de 1 milliard 010 millions ; en 1895, de 1 milliard 110 millions ; au 1er janvier 1900, elle était de 930 millions.

A comparer ce chiffre avec ceux du passé, il y a une diminution sensible qui peut s'accentuer encore si le Trésor a soin de maintenir à sa plus faible limite l'intérêt qu'il alloue aux capitaux qui lui sont ainsi obligatoirement déposés et qu'il ne peut refuser.

Déjà la loi de finances du 13 avril 1898 a voulu arrêter le flot croissant de ces dépôts en fixant uniformément à 2 fr. 50 % l'intérêt des cautionnements en numéraire versés au Trésor, au lieu de 3 % taux antérieur. Cette loi qui avait établi l'option, pour les fonctionnaires, entre le cautionnement en rentes et celui en numéraire, n'a pas été bien comprise : aussi les résultats qu'elle a donnés sont de peu d'importance. Elle a fait transformer seulement 34 millions et demi de cautionnements en numéraire en cautionnements en rentes : c'est peu, si l'on considère qu'au 1ᵉʳ janvier 1900, il existait 54,393 titulaires ayant encore 277 millions déposés en numéraire à 2 fr. 50 % d'intérêt. A cette même date, 3.139 titulaires seulement avaient réalisé en rentes leur cautionnement, pour un capital de 34,447,905 francs.

Il serait utile de renouveler l'avis donné par la loi d'avril 1898 et de faire connaître aux intéressés qu'ils peuvent toujours convertir en rentes leur cautionnement en numéraire.

Leur cautionnement leur rapporte 2.50 % seulement d'intérêt, tandis qu'en l'employant en rente 3 % ou en rente amortissable, ils recevraient bien près de 3 % ; ils augmenteraient leur revenu, en même temps qu'ils déchargeraient la dette flottante d'un capital important : mais, en réalité, comme nous le disons plus haut, cet état de choses n'a rien d'anormal et notre situation de trésorerie, de même que l'état de notre dette flottante sont satisfaisants.

XXIII

La dette viagère.
Les pensions.
Une « plaie grandissante ».

Un des chapitres du budget qui doit, au contraire, provoquer « les plus sérieuses réflexions des pouvoirs publics », comme le recommandait déjà en 1892 M. Poincaré, comme le répétait M. Delombre en 1895, en disant que « la situation s'aggravait d'heure en heure, et que de redoutables charges seraient léguées aux budgets de l'avenir », comme l'a dit aussi M. Léon Say, comme l'ont répété tous les ministres des finances, c'est la « plaie grandissante » (1) des pensions de retraite.

M. Boudenoot, dans son rapport si remarquable, si étudié jusque dans ses plus petits détails, a publié plusieurs tableaux statistiques sur les pensions civiles et militaires que nous voudrions pouvoir reproduire, et

(1) Léon Say, *les Finances*, page 62.

dont nous ne saurions trop recommander l'étude et la lecture.

Bornons-nous à en résumer quelques chiffres :

Le montant des pensions civiles passe de 23 millions 7 en 1860 à 50 millions 0 en 1885.

Celui des pensions de la guerre passe de 36 millions 9 en 1860, à 84 millions 4 en 1885.

Le total qui était de 60 millions 6 en 1860 se trouve ainsi de 141 millions en 1885.

C'est une augmentation d'environ 133 %.

Passons à la seconde période :

Le montant des pensions civiles passe de 50 millions 0 en 1885 à 77 millions 2 en 1900.

Celui des pensions de la guerre passe de 84 millions 4 en 1885 à 96 millions 3 en 1900.

Quant aux pensions de la marine, elles étaient de 25 millions 9 en 1885 et sont de 37 millions 6 en 1900.

Le total qui ressortait à 166 millions 9 en 1885 se fixe à 211 millions 100,000 francs en 1900.

C'est une augmentation d'à peu près 30 %.

Cet accroissement de dépenses inévitables, car « on ne peut faire que des hypothèses sur leur décrois-sance plus ou moins rapide », dit le rapport de M. Guil-lain, est un point noir dans notre budget. Le parlement devrait étudier le moyen d'y remédier, si possible. Per-sonne ne peut vouloir supprimer ou diminuer les pen-sions de nos fonctionnaires et de nos soldats, car c'est le prix de longues années consacrées au service de l'Etat et le remboursement, sous forme de capitalisa-tion, des retenues mensuelles effectuées sur leurs trai-tements ou sur leurs soldes ; on pourrait rechercher néanmoins s'il n'existe pas d'autres systèmes adminis-tratifs et financiers pouvant mieux ménager les intérêts du Trésor et, en somme, des contribuables.

XXIV

Pourquoi nos budgets sont appelés à s'accentuer encore.

En terminant cette longue étude sur le budget de 1901, le premier du siècle qui commence, nous avons tenu à montrer notre situation financière sous son vrai jour, sans exagération, sans optimisme, sans pessimisme. Nous avons expliqué pourquoi la plus grosse partie des dépenses était incompressible ; elle comprend la dette publique, la guerre, la marine, les pensions civiles et militaires. Nous pouvons faire, par-ci par-là, quelques rognures dans quelques services ; mais les centaines de millions que l'on prétendrait pouvoir économiser et réduire sur ces chapitres, sont une illusion, un rêve. Il ne faut pas s'y tromper.

Ce que disait M. Thiers.

« Si j'ai vu, disait M. Thiers, lors de la discussion du budget de 1872, des tendances à réprimer, à arrêter, je n'ai pas vu un seul jour, depuis quarante ans, la possibilité de pouvoir réaliser 50 millions d'économies sur le budget. »

Les faits ont toujours confirmé ces paroles, et quoi qu'on dise ou quoi qu'on fasse, par la force même des choses, nos budgets sont appelés à s'accroître encore. Tant qu'il existera des menaces de guerre; tant que l'Europe sera sur le qui-vive, à l'état de paix armée, les budgets les mieux assis seront, du jour au lendemain,

Causes inévitables de dépenses.

gonflés par les dépenses de la guerre. L'exemple de la Grande-Bretagne, de l'Allemagne, le prouve, et ne voyons-nous pas, chez nous-même, ce que cette paix armée coûte à l'équilibre budgétaire? Ces jours-ci encore, on vient de promulguer une loi décrétant pour 782 millions de dépenses navales à effectuer en six années ! C'est la guerre, toujours la guerre, on le voit, qui pèse sur les budgets !

Ménager et améliorer le crédit.

Il faut s'efforcer, cependant, de diminuer les dépenses le plus possible, d'augmenter les produits, de faire servir au dégrèvement d'impôts trop lourds la suppression

de dépenses ou inutiles ou superflues ; il faut, comme
le disait l'an dernier, au Sénat, l'honorable ministre des
finances, M. Caillaux, « ménager le crédit de la France,
crédit solide et incontesté ; l'améliorer encore, se montrer avares des deniers de l'Etat; ne pas démolir notre
régime fiscal sans savoir comment on rebâtira. »

Ce qu'il faudrait aussi et surtout, c'est augmenter
le travail, l'industrie, l'activité commerciale et financière du pays. Si le budget devait continuer à s'alimenter au détriment des contribuables, c'est-à-dire en pré-
levant chaque année, de plus en plus, sur la richesse en
formation ou la fortune acquise, sur l'épargne et le
travail, ce serait : « faire jouer au gouvernement un
rôle tyrannique. Le budget ne peut être régulièrement
et honorablement fondé que sur la prospérité de la
nation. Un budget riche, dans un pays appauvri, dévore
le pays et se détruit lui-même. Un budget riche, dans un
pays enrichi par le commerce et l'industrie, peut seul
donner satisfaction aux idées de grandeur et de justice
que la République doit avoir à cœur de réaliser dans
toutes les branches de l'administration financière, administrative et politique (1). »

Ces sages paroles, ces conseils sont toujours vrais. Et
pour que le pays travaille, prospère, s'enrichisse, pour
que notre situation financière et budgétaire soit à l'abri
de toute critique, que faut-il ? Nous laissons la parole
à l'honorable M. Guillain :

> Il faut tout d'abord que nous ne soyons pas entraînés à une grande
> guerre, et malheureusement le maintien de la paix universelle ne dépend
> pas seulement de nos propres intentions.
>
> Il faut ensuite, ce qui dépend exclusivement de nous, conserver la
> paix intérieure, rétablir la concorde entre les citoyens et assurer une éco-
> nomie rigoureuse dans les finances. Il faut éviter d'effrayer les capitaux et
> de les faire fuir à l'étranger par des mesures fiscales vexatoires, par des
> impôts exagérés, ou par la continuation des déplorables excitations à la
> lutte des classes et à la haine des ouvriers contre les patrons, par les
> grèves incessantes, par les entraves à la liberté du travail (2).

(1) Léon Say. Conférence de Bordeaux, 24 avril 1895.
(2) Page 106 de son rapport.

BUDGET DE 1902

L'EXPOSÉ DE M. CAILLAUX

I

Clarté et sincérité.

L'exposé des motifs du budget de 1902, présenté par M. Caillaux et qui vient d'être distribué aux députés avant la rentrée de la Chambre, a deux grands mérites : la clarté et la sincérité. Le ministre des finances montre la situation telle qu'elle est et ne cherche nullement à en cacher les difficultés. Il sait que la bonne gestion des finances exige une qualité maîtresse : la vérité et qu'il faut voir les choses telles qu'elles sont, le dire nettement et ne pas se créer des illusions. Sans doute, le projet de budget présente un accroissement de 43 millions de dépenses et il est probable qu'en fin d'exercice cet accroissement sera plus important puisque, parallèlement à l'accroissement des dépenses, les recettes

Le nouveau régime fiscal des boissons.

diminuent par suite de l'application de la réforme de la loi sur les boissons. Il semblait que l'application de cette loi était impatiemment désirée et attendue par le pays. Or, jusqu'à présent, cette réforme produit de fâcheux résultats. Personne n'en est content, le Trésor y perd et, finalement, ce sont les contribuables qui payeront les erreurs que nos députés ont commises ! On ne manquera pas cependant de dire, — on l'a déjà fait — que le gouvernement gère très mal les finances de la France; on reprochera à M. Caillaux, comme s'il en était l'auteur et l'éditeur responsable, ces 43 millions d'excédent de dépenses, comme on lui reprochera la diminution des recettes du Trésor. On criera au déficit,

à la ruine, à la dilapidation des finances publiques ! La
critique est aisée, mais, quand on examine froidement
et sans parti-pris le budget, la vérité apparaît clairement et on peut facilement répondre à cette simple
question : à qui la faute si nos dépenses augmentent ?

II

Un ministre des finances, dont l'éloge n'est plus à
faire, M. Magne, disait dans son budget de 1808 que
c'était « la guerre et toujours la guerre qui redoit aux
budgets ! » Il y a peu de temps, le ministre des finances
d'une grande puissance, nous faisant l'honneur de s'entretenir avec nous de l'état des finances et des budgets européens, nous disait que l'équilibre des budgets
n'était plus aujourd'hui qu'une expression, presque une
fiction, puisque tous les budgets, aussi bien établis
qu'ils soient, étaient à la merci de la plus petite réforme
dans les armements entreprise par un peuple voisin.

« Qu'un Etat, disait-M, modifie son artillerie, immédiatement les voisins modifieront la leur. Qu'un autre
construise de nouveaux vaisseaux; immédiatement,
les voisins changeront les leurs. Qu'on invente un nouveau fusil, une nouvelle balle explosible, immédiatement les autres pays voudront changer leurs armes et
munitions de guerre. Les budgets, ajoutait notre éminent interlocuteur, sont à la merci des ministres de
la guerre et de la marine, car on ne doit jamais rien
leur refuser lorsqu'il s'agit de la défense nationale. »

N'est-ce pas toujours vrai ? M. Caillaux aurait pu répéter les paroles de M. Magne en montrant, comme
il l'a fait du reste en termes modérés et justes, que,
sans les dépenses de la guerre, ce budget de 1902 aurait
pu présenter une diminution dans les dépenses. Ce
sont en effet les gros ministères dépensiers, la guerre,
la marine, les colonies, qui prennent la plus grosse
part de ces accroissements : 10 millions et demi pour

*La guerre re-
doit toujours aux
budgets.*

*Les augmenta-
tions de dépen-
ses.*

les travaux de défense des colonies et augmentation
de la flotte ; 22 millions pour supplément de dépenses
pour la guerre, la marine et les colonies ; puis, 9 millions pour l'augmentation de la garantie d'intérêt aux
compagnies de chemins de fer; puis encore, 6 millions pour le ministère des postes et télégraphes par
suite du développement des services, etc. Tels sont les
principaux chiffres ; telles sont les causes de l'augmentation des dépenses auxquelles le ministre a été obligé
de pourvoir.

Quel est le député qui s'est opposé aux dépenses
réclamées pour la guerre et la marine ?

Quel est celui qui a soutenu que les dépenses pour
les postes et les télégraphes étaient superflues ? Et
l'augmentation de la garantie d'intérêt qui résulte d'un
ensemble de circonstances économiques et aussi des
charges que l'on impose aux compagnies, des ennuis
qu'on leur suscite chaque jour, comme à plaisir, et
qui empêchent leur libre et prospère développement,
est-ce encore le ministre des finances qui en est responsable ?

III

Les intérêts
particuliers pré-
dominants.
Conséquences
financières.

Si nos budgets s'accroissent et s'accroîtront encore,
c'est que, dans une démocratie comme la nôtre, nos
députés, issus du suffrage universel et du scrutin d'arrondissement, ont une préoccupation dominante : satisfaire leurs électeurs et, à part de bien rares exceptions,
les intérêts particuliers passent avant les intérêts généraux. Ils promettent beaucoup et s'adressent à l'Etat
pour qu'il fasse tout ce qu'ils ont promis. Si nous dépensons chaque année de plus en plus, c'est qu'on demande que la France soit tout à la fois une grande
puissance et sur terre et sur mer. On lui veut les plus
nombreuses et les plus riches des colonies. On réclame
le développement de nos chemins de fer et de nos

canaux et, en même temps, la réduction des tarifs de
transport à la dernière limite du bon marché, sans parler des parcours gratuits et des réductions de tarifs ;
on demande des trains à vitesse accélérée, avec des voitures de toutes classes ; il faut que les voyageurs aient
tout le confort et payent le moins possible. Les députés
s'ingénient à demander une foule de réformes coûteuses, sous le prétexte que le « pays » — qu'ils font
parler avec une étonnante facilité — les exige. Or,
tout cela, comme le disait souvent M. Léon Say, « se
paie » et le budget en porte la trace et le poids.

Ce que de-
mande «le pays».
Tout se paie.

Nous avons dit souvent que nous ressemblions à un
particulier qui voudrait avoir, maison de ville et maison
de campagne, villa aux bains de mer et chalet à la
montagne, qui ne se priverait d'aucun plaisir, dépenserait toujours et s'apercevrait un beau matin qu'il a
fait des dettes, que ses ressources diminuent et qu'il
est de toute nécessité de réduire son train de vie.

Grand nombre de nos députés ressemblent à ce particulier. Ils agissent, avec le budget et les finances
publiques, comme des enfants prodigues. Il est de toute
nécessité qu'ils réduisent leur train de vie budgétaire.

Il faut réduire
le « train de vie »
budgétaire.

Tant que le parlement n'aura pas pris la ferme résolution de ne pas voter un centime de dépenses nouvelles et n'aura pas donné à la commission du budget
ce mandat impératif, tant qu'il décidera tels ou tels
travaux sans se préoccuper de savoir si la ressource
correspondante existe, nos budgets, quoi qu'on dise et
quoi qu'on fasse, s'accroîtront tous les ans. Quand les
dépenses sont votées, il faut bien que le ministre des
finances, à défaut du parlement et à moins de laisser
l'État manquer à ses engagements, trouve les ressources
pour équilibrer ce malheureux budget que les députés
ne se font pas faute de démolir, avant même qu'il ne
soit présenté, budget qu'ils critiquent ensuite alors
qu'ils sont les premiers auteurs des défectuosités qu'ils
lui reprochent.

IV

Rôle d'un ministre des finances.

Ce que lui recommandait M. Thiers.

Ce qu'en pensait Gladstone.

Le rôle d'un ministre des finances, dans une démocratie, n'est certes pas des plus commodes et des plus agréables. Il tient les cordons de la bourse, dit-on : sans doute, mais le parlement ne se fait pas faute, sans lui en demander la permission, de délier les cordons de cette bourse et d'y puiser sans savoir comment on la remplira. Un ministre des finances a beau posséder une des premières qualités que recommandait M. Thiers : être « féroce », aussi bien contre ses adversaires que contre ses amis qui demandent sans cesse

« Être féroce. »

« Les larrons et les amis. »

des dépenses nouvelles, il est assailli de tous les côtés par ses collègues du cabinet, par ses collègues de la Chambre ou du Sénat et il peut constater souvent que les assaillants sont plus nombreux du côté de ses amis que du côté de ses adversaires. Un ministre des finances, ressemble, suivant la pittoresque comparaison de Gladstone : « à un homme qui se serait engagé à traverser une forêt épineuse en tenant en équilibre les deux plateaux d'une balance. A chaque pas, il est assailli par des larrons qui sont ses collègues et amis. Son honneur est d'achever son périlleux voyage en conervant son fardeau intact. »

M. Caillaux, nous en sommes certains, conservera son fardeau intact. Les finances du pays qui lui sont confiées sont entre bonnes mains et ne péricliteront pas : mais il faut que la Chambre donnant l'exemple, commence par ne pas vouloir dépenser toujours, devienne économe, ne se lance pas à l'aveuglette dans des expériences fiscales et n'inquiète pas les intérêts en touchant à tout.

DEVANT LA COMMISSION DU BUDGET

I

En 1886, alors que M. Carnot était ministre des finances et présentait au parlement un projet d'emprunt de 1,466 millions en 3 %, pour pouvoir diminuer le montant de la dette flottante et convertir en 3 % des obligations à court terme qui étaient en circulation, la commission du budget vota, dans une même journée, les résolutions les plus contradictoires. Elle décida, tout d'abord, que l'emprunt total serait fixé à 900 millions au lieu de l'être à 1 milliard 466 millions. Puis, revenant sur son vote, elle décida que cet emprunt serait seulement de 475 millions. Elle repoussa le type du 3 % ; plusieurs membres demandèrent, en s'appuyant sur l'opinion de M. Paul Leroy-Beaulieu qui déclarait, dans l'*Economiste français*, qu'il aurait satisfaction si on émettait l'emprunt en rentes 4 %, que l'on créât un 4 % au pair ; finalement elle se mit d'accord sur un emprunt émis en 3 % amortissable. Ce n'est pas tout. M. Yves Guyot avait proposé que l'emprunt fût mis en adjudication non pas en bloc, mais par unité de rentes : la commission accueillit cette idée : elle repoussa le mode d'émission publique et vota que l'emprunt serait effectué par adjudication. Puis, ayant accompli cette besogne, elle s'ajourna au lendemain, n'étant pas parvenue à trouver, dans son sein, un rapporteur qui consentît à prendre la responsabilité de défendre devant la Chambre des conclusions insuffisamment motivées ou contradictoires. M. Yves Guyot consentit à exposer simplement les résultats votés, sans vouloir accepter de les soutenir.

Il nous souvient qu'au lendemain de cette discussion confuse, nous avions l'honneur de nous en entretenir

Coup d'œil rétrospectif. En 1886.

On croirait lire un article d'Albert Millaud.

avec M. Carnot et nous lui exprimions la surprise que nous causaient les votes de la commission du budget.

— « Je suis aussi surpris que vous, nous répondit-il; j'ai appris ce matin, en lisant le *Figaro*, ce qui s'était passé à la commission du budget et, véritablement, je ne pouvais en croire mes yeux : je croyais lire un article d'Albert Millaud ! »

Le mot était joli : il nous est souvent revenu à la mémoire chaque fois que nous avons vu les fantaisies auxquelles se sont livrées plusieurs commissions du budget, fantaisies spirituelles, peut-être, mais dangereuses, car elles produisent toujours une pénible impression.

En 1886, les irrésolutions plutôt que les résolutions de la commission produisirent un très mauvais effet sur le marché. Au fond, la commission ne voulait ni emprunt, ni impôt, suivant la formule à la mode à cette époque : mais il ne suffit pas de ne point vouloir une chose ou une autre, encore était-il nécessaire de vouloir quelque chose, surtout quand on se trouve en présence de projets ministériels qui touchent au crédit public. Finalement, grâce à l'esprit de conciliation de M. Carnot, qui consentit à réduire l'emprunt à 900 millions, en 3 % perpétuel, dont 500 millions seraient offerts au public par voie de souscription et 400 millions seraient mis à la disposition des déposants aux caisses d'épargne, la commission se rallia aux projets du ministre des finances ; le 9 avril, l'emprunt était voté à la majorité de 292 voix contre 233 ; l'émission eut lieu le 10 mai à 79 fr. 80. L'emprunt fut couvert vingt et une fois et un cinquième. Il y eut 248,407 souscripteurs.

II

Résolutions de la commission du budget de 1902. On voit, par ce qui précède, que la commission du budget de 1902 n'a rien à envier à celle de 1886. Pour l'équilibre de ce budget et la bonne marche de nos

finances, deux systèmes étaient en présence : l'un consistait à ne se contenter que « des réformes de second
plan » et à « limiter, autant que faire se peut, les dépenses publiques ». C'était le programme modeste défini
par le ministre dans son exposé des motifs.

La commission du budget, ou pour parler plus exactement, plusieurs de ses membres, ont jugé, sans doute,
que ce programme était insuffisant. Ils ont voulu faire
grand. Qu'on en juge par deux seuls articles :

1° Suppression du budget des cultes ;
2° Création du monopole des pétroles.

C'est de la pure fantaisie. La commission sait très
bien qu'elle ne peut pas, par un article de la loi de finances, supprimer le concordat et que, si même elle avait
ce pouvoir, elle commettrait une injustice et une dangereuse faute politique. Nous n'avons pas besoin d'ajouter à nos dissensions politiques des dissensions reli-
gieuses. Et tout cela pour obtenir une prétendue économie de 23,730,530 francs sur les cultes !

Quant au monopole des pétroles, si les murs de la
commission du budget pouvaient parler, ils diraient
comment, dans quelles circonstances et pourquoi, de
telles propositions sont nées et ce qu'elles valent ; mais
ils ne pourraient dire ce qu'elles coûteraient si elles
étaient appliquées, car tous les membres de la commission seraient dans l'impossibilité absolue de dire à quel
chiffre s'élèveraient les indemnités à accorder à l'industrie du pétrole, soit à raison des marchés en cours, soit
à raison de la cession à l'Etat des immeubles et du matériel des usines.

Quand on lit de semblables propositions, quand on
voit comment la commission, dont ce n'est pas le rôle
du reste, « boucle » le budget, on croit rêver !

M. Léon Say disait autrefois que « la commission se
croit un gouvernement et les rapporteurs ses ministres »
et il ajoutait ces paroles qui semblent être écrites pour
l'époque où nous sommes : « C'est un mal qui sera sans
remède, tant que l'esprit des représentants de la nation

Opinion de M.
Léon Say sur la
commission du
budget.

ne sera pas guéri de cette maladie qui leur fait confon-
dre toujours, dans toutes les affaires publiques, le contrôle et l'action. Si le contrôleur supprime le contrôle
pour agir à la place du contrôle, c'en est fait du gouvernement parlementaire, qui est alors remplacé par le
gouvernement du parlement, ce qui est tout le contraire (1). »

III

L'emprunt.

En ce qui concerne l'emprunt, la commission, de
même qu'elle l'a fait pour le budget, substitue tout ou
partie de ses propositions aux projets du ministre.

Le ministre des finances, d'accord avec le gouvernement, proposait un emprunt de 265 millions qui lui permettait de faire rentrer le Trésor dans les avances qu'il
avait consenties depuis deux ans et de lui donner l'élasticité qui est nécessaire dans un pays comme le nôtre.
L'emprunt de 265 millions permettait d'indemniser tous
ceux qui avaient souffert de l'insurrection des Boxers
et de la guerre de Chine, aussi bien les particuliers que
les établissements religieux et les sociétés diverses,
telles que la Compagnie du chemin de fer de Hankéou-
Pékin.

Convention
avec la Caisse
des dépôts.

Par une combinaison financière ingénieuse, approuvée par la commission de surveillance de la Caisse des
dépôts et consignations, composée de personnages considérables, aussi soucieux que qui que ce soit du crédit
de l'Etat et des finances publiques que du propre crédit de la Caisse des dépôts et consignations ; approuvée
également par les représentants les plus autorisés du
monde financier ; accueillie favorablement sur le marché, le ministre se procurait les 265 millions qu'il demandait, sans accroître les arrérages ou le capital de la
dette publique, sans impôt nouveau, sans porter atteinte
à aucun intérêt.

(1) Léon Say, *les Finances*, pages 24 et 25.

Que fait la commission ? Elle demande, ce qui est son droit, des renseignements et documents complémentaires ; elle ajourne la discussion à huitaine, comme s'il s'agissait d'une affaire de mur mitoyen, oubliant que le crédit de l'Etat est en jeu et que tout retard peut être préjudiciable ; elle fait comparaître devant elle le ministre des finances ainsi que notre ancien ambassadeur de Chine, M. Pichon ; puis, elle réduit l'emprunt à 200 millions qu'elle élève ensuite, sur les observations du ministre, à 210 millions. Elle disjoint de l'opération les indemnités dues aux établissements religieux et compagnies de chemins de fer, ce qui est une souveraine injustice et une faute financière : elle décide qu'il leur sera remis une délégation sur une partie des annuités chinoises qu'elles auront à monnayer, si elles le jugent convenable. Elle ouvre le grand-livre de la dette publique et décide que l'emprunt sera fait en rentes 3 %.

On voit que les procédés de la commission de 1902 ressemblent beaucoup à ceux de la commission de 1880. Nous ne voudrions pas insister, plus qu'il ne convient, sur ces procédés de la commission du budget : nous sommes convaincus que finalement, « tout s'arrangera » car M. Caillaux, s'inspirant de l'exemple de son illustre prédécesseur, M. Carnot, montrera le plus grand esprit de conciliation : mais nous ne pouvons cependant pas ne pas faire observer que la commission dépasse son rôle : elle oublie, suivant l'expression de M. Léon Say, « qu'elle n'est pas le gouvernement ». C'est à elle qu'il appartient de contrôler le budget ; ce n'est pas à elle qu'il appartient de l'établir. Elle a le droit d'approuver ou de repousser tel ou tel mode d'emprunt : elle dépasse ses droits quand elle substitue aux projets financiers ministériels, les propositions de ses membres. C'est la confusion des pouvoirs.

Procédés semblables en 1880 et 1902.

Quand s'ouvrira la discussion du projet d'emprunt et du budget, il faut espérer que la majorité des députés et, en tout cas, sûrement les sénateurs, remettront toutes choses à leur place : la suppression du budget des

Il faudra en revenir aux projets du gouvernement.

cultes, comme le monopole des pétroles, seront repoussés et il faudra en revenir aux projets du gouvernement.

Quant au projet d'emprunt, nous persistons à croire que les projets du ministre des finances valent mieux que les résolutions adoptées par la commission. Le ministre des finances a fait tout ce qu'il a dépendu de lui pour que ses projets fussent adoptés en entier : la commission en a décidé autrement. Il est vrai, qu'à leur tour, la Chambre des députés et le Sénat peuvent encore apporter diverses modifications. Nous croyons qu'il aurait été et qu'il serait sage de décider que l'emprunt sera de 265 millions et d'en employer le montant à payer tout le monde sur le même pied et en même monnaie, aussi bien le Trésor que les sociétés, les missions, les missionnaires et les particuliers. Les distinctions que le rapporteur, M. Hubbard, a présentées dans son rapport pour expliquer ces différences de traitement, ne nous ont pas convaincu. Elles produiront, dans le pays, une mauvaise impression. On y verra une querelle religieuse à propos d'une loi d'affaires et de crédit. A notre avis, c'est une grosse faute politique et financière. Quoi qu'il en soit, la décision de la commission n'empêchera pas le succès de l'emprunt, soit qu'il s'élève à 200, 210 ou 265 millions, mais nous pensons aussi qu'il serait dangereux de renouveler, par trop souvent, de telles discussions. Quand il s'agit du crédit, on ne saurait être trop prudent.

IV

Le crédit de la France.
Une opinion du rapporteur général.

La commission du budget fera bien, à ce sujet, de s'inspirer des sages conseils qui lui sont donnés par un de ses membres. En terminant les considérations générales qui précèdent son rapport sur le budget de 1902, l'honorable M. Merlou, écrit ce qui suit : « Le crédit de la France, le prestige dont il jouit, la confiance qu'il inspire, est son trésor de paix et son trésor de guerre ; il est le levier des réformes sociales et le garant de sa sécurité. Sachons le ménager. »

Voilà des paroles dont nous nous garderions bien de médire, car elles sont à peu près textuellement celles que nous avons écrites bien des fois et que nous écrivions encore dans la conclusion d'une récente étude (1). Puissent-elles être écoutées et suivies par la commission du budget et par les législateurs qui, malheureusement, les oublient trop souvent!

BUDGET DE 1903

UN BUDGET DE RECUEILLEMENT
PESSIMISME FINANCIER

Le ministre des finances vient de terminer l'élaboration du projet de budget pour 1903 qu'il a l'intention de déposer sur le bureau de la Chambre, dès l'ouverture de la session extraordinaire.

Economie du projet de M. Rouvier.
Voici quelles sont les grandes lignes et les principales dispositions du projet de M. Rouvier :

Réglementation du privilège des bouilleurs de cru ;

Economies dans le service de la dette publique par la suppression de l'annuité d'amortissement consentie à la Caisse des dépôts et consignations pour amortir un capital de 500 millions de rentes 3 %. Cette opération, faite par le prédécesseur de M. Rouvier, M. Caillaux, avait été approuvée, à une grande majorité, par la Chambre, le Sénat et par la Caisse des dépôts et consignations : elle s'inspirait du système inauguré par Gladstone en Angleterre, et avait pour conséquence de convertir en annuités terminables un capital important de la dette publique consolidée ;

Emploi de l'économie résultant de la conversion récente du 3 1/2 % ;

Réglementation fiscale, dans les zônes frontières, des " fumeurs " de cru, c'est-à-dire restriction des zones de vente à prix réduit des tabacs ;

Réduction de l'impôt sur le sucre, comme compensation de la suppression des primes à l'exportation édictée par la convention internationale de Bruxelles ;

Economies sévères apportées dans tous les chapitres des dépenses des ministères ; augmentation de quelques millions de recettes, soit par une meilleure perception des impôts existants, soit par la modification de plusieurs d'entre eux.

Le ministre des finances n'a pas fait et ne pouvait faire état des économies éventuelles pouvant provenir ultérieurement de la conversion facultative du 3 % amortissable. La question reste entière. La conversion facultative du 3 % amortissable pourra faire l'objet, au moment opportun, d'un projet de loi spécial ou d'une proposition émanant de l'initiative parlementaire. Le ministre devait aller au plus pressé : l'équilibre du budget. La suppression de l'annuité d'amortissement des 500 millions de rentes 3 % procurait une économie immédiate et certaine de 21 millions, tandis que la conversion facultative du 3 % amortissable soulevait certaines oppositions, demandait du temps et son résultat ne pouvait être exactement chiffré qu'après la réalisation de l'opération.

Le 3 % amortissable. Sa conversion facultative. Question réservée.

La conversion facultative de la rente 3 % amortissable s'impose ; c'est, comme nous l'avons dit, une question d'opportunité : son utilité, sa nécessité ne sont plus à démontrer. Il n'est aucun ministre des finances qui consente à faire traîner à nos budgets un pareil boulet. Le « saut brusque » de l'amortissement, dont parlait M. Paul Delombre, est un danger énorme pour nos budgets futurs. Nous pouvons donc dire et répéter que les jours du 3 % amortissable sont comptés.

Le « saut brusque » de l'amortissement.

Tant que nos budgets ne se solderont pas en excédent, nous ne devons pas avoir d'amortissements fictifs.

En ce qui concerne la réforme de nos contributions directes, l'impôt global ou progressif sur le revenu et autres mesures fiscales, toujours plus faciles à réclamer qu'à réaliser, le ministre des finances, tout en s'en préoccupant, n'avait pas à en tenir compte pour l'équilibre de son budget. Si quelque projet de ce genre doit voir le jour, tôt ou tard, ce sera dans un projet de loi spécial et non dans une loi de finances.

La réforme des contributions directes et l'impôt sur le revenu demeurent en dehors du budget.

Telle est l'ossature générale du projet de budget conçu par M. Rouvier. Puisqu'on se plaît momentanément à donner un qualificatif au mot budget, on peut dire que le budget de 1903 n'est ni un budget idéal, ni un budget type. Ce n'est assurément pas celui que, dans des circonstances normales, le ministre des finances aurait voulu établir. C'est tout simplement un budget d'équilibre pour lequel il a fallu trouver et créer des ressources pour subvenir à des dépenses irréductibles, dont le ministre n'est pas l'auteur responsable. M. le sénateur E. Boulanger disait, il y a quelques années, au Sénat, que « le budget était la bête de somme de tous les réformateurs ». Attendons-nous à voir à l'œuvre tous les réformateurs ou prétendus tels, les uns pour critiquer, les autres pour proposer d'autres mesures, les troisièmes, sinon pour approuver celles qu'indique le ministre des finances, du moins pour ne pas trop les critiquer, sans pour cela en dire trop de bien.

En réalité, le sort du budget de M. Rouvier dépend moins des détails qu'il comporte que « de deux ou trois idées essentielles sur lesquelles il a été établi ». Ces « idées essentielles » étaient la qualité maîtresse que recommandait le regretté Burdeau dans l'établissement d'un budget.

Or, la qualité maîtresse du projet de budget de M. Rouvier c'est de montrer à la Chambre qu'il faut absolument s'arrêter dans la voie des dépenses ; c'est de lui redire, — comme l'avait fait sans cesse son prédécesseur, M. Caillaux, qui, pour sa brusque mais nécessaire franchise, s'est attiré de cruelles inimitiés, — que nous ne pouvons tout faire à la fois et toujours dépenser ; que les privilèges, les monopoles, les immunités fiscales ou certaines législations comme celles sur les sucres, ont fait leur temps ; une autre qualité encore du projet de budget de M. Rouvier, c'est de mettre en évidence cette vérité qu'il n'y a d'amortissement réel que lorsqu'il existe des excédents de recettes ; et, enfin, c'est d'avoir le courage d'essayer de mettre un terme à des abus, comme ceux des « bouilleurs » ou des « fumeurs » de cru, abus que l'on appelle « privilèges » ou « monopoles » peut-être parce qu'on les a laissés subsister depuis trop longtemps.

Deux discours importants, l'un de M. Antonin Dubost, rapporteur général, l'autre de M. Maurice Rouvier, ministre des finances, caractérisent la discussion générale du budget de 1903 au Sénat. M. Antonin Dubost a teinté son discours de nuances noires. Le ministre des finances a montré la situation réelle en indiquant, comme il l'avait fait déjà à plusieurs reprises, et comme l'avait fait son prédécesseur M. Caillaux, les véritables causes de la diminution de certaines recettes budgétaires : d'abord l'exagération des dépenses et des ouvertures de crédit votées par la Chambre des députés et acceptées par le Sénat ; ensuite, la diminution des recettes causée par des réformes fiscales, comme celle des boissons, réclamées, disait-on, par tout le pays et qui ont occasionné une fissure énorme dans les rentrées du Trésor ; puis, par la législation sur les sucres, législation que le prédécesseur de M. Rouvier, M. Caillaux, a eu l'heureuse bonne fortune de faire abolir, et, enfin, le protectionnisme qui, sous toutes ses formes, a envahi le pays et dont on aperçoit aujourd'hui les dangers.

La Chambre des députés a ouvert des crédits et dépensé sans compter ; le Sénat a laissé passer, tout en faisant entendre, de temps en temps, quelques timides observations.

Nos législateurs ont pensé qu'ils pouvaient tout faire, tout entreprendre et ils ont agi comme des pères prodigues ou des fils de famille qui ne veulent se priver d'aucun plaisir ni d'aucune distraction, sans se soucier de mettre leurs dépenses exagérées en concordance avec leurs revenus insuffisants, laissant à l'avenir le soin d'y pourvoir, c'est-à-dire de payer leurs fautes et de les payer chèrement.

Les budgets préparés par les ministres des finances, qu'ils s'appellent Carnot, Peytral, Burdeau, Poincaré, Ribot, Cochery, Caillaux, aujourd'hui M. Rouvier, ont été constamment et littéralement démolis par les Chambres ; puis, quand la carte à payer est présentée, c'est-à-dire, quand il faut mettre le budget en équilibre, on entend d'éloquentes tirades sur l'aggravation de la situation financière, sur l'augmentation des charges publiques, sur la nécessité de faire des économies. Autant en emporte le vent. Un ministre qui s'opposerait au vote des dépenses que réclament les Chambres serait vite décrié. Puis, quand le mal est fait, c'est lui que l'on rend responsable des fautes que ses contradicteurs ont commises.

M. Antonin Dubost, à dessein peut-être, a exagéré la situation financière et ses charges. Il a voulu, sans doute, empêcher la création de nouvelles dépenses en montrant la pénurie des ressources qui peuvent y faire face : mais alors, nous l'attendons à la tribune pour venir dire au Sénat ce que coûtera au budget la nouvelle loi militaire votée par la haute assemblée dont il fait partie ; nous l'attendons encore, lorsqu'il s'agira de voter définitivement le programme de grands travaux publics imaginé par le précédent cabinet. Nous verrons ce qu'il dira quand on parlera du rachat des grandes compagnies de chemins de fer, cette folie financière que M. Ribot a si vivement dénoncée, et, pour commencer, le rachat des compagnies de l'Ouest et du Midi. Nous verrons ce qu'il dira lorsqu'il s'agira d'imposer de nouvelles dépenses aux compagnies pour le personnel, les retraites, etc., dépenses qui retomberont sur la garantie d'intérêts.

Nous verrons encore ce qu'il pensera de cette tendance funeste qui consiste à faire de l'Etat le « Grand Manitou » et à annihiler à son profit l'initiative privée.

Nationaliser les chemins de fer, les compagnies minières et d'assurances, les grandes entreprises de transport, les principales sociétés industrielles, faire de l'État le commerçant unique, tel est l'idéal de grand nombre de législateurs, sans parler des monopoles qu'ils rêvent et de « l'obsession fiscale » dont ils sont presque tous atteints.

Nous espérons que l'honorable M. Antonin Dubost, qui n'a pas craint de faire un discours financier des plus noirs, au risque d'effrayer les intérêts qu'il croit défendre, au risque de diminuer, à l'extérieur et à l'intérieur, le crédit public, viendra combattre d'aussi dangereuses doctrines qui paraissent destinées à être traduites en propositions et projets de lois.

Situation poussée au noir. Exagérations de M. Dubost.

Dans aucun pays d'Europe, les dépenses militaires ne sont, en totalité, payées comme chez nous, par le budget ordinaire. A côté de ce budget fleurissent, dans tous les pays étrangers, des comptes annexes, de liquidation ou autres, qui cachent ce que nous montrons, nous, avec ostentation. Il nous serait facile, comme dans grand nombre de ces pays, de détacher du budget ordinaire quelques centaines de millions et de montrer un budget exubérant de santé. Nous avons raison de repousser de tels moyens : mais encore ne faudrait-il pas tomber dans un pessimisme financier aussi dangereux que peu fondé.

Nous avons besoin d'un « budget de recueillement », c'est-à-dire, nous avons besoin que les députés se recueillent et ne demandent pas, à tort et à travers, des dépenses et des crédits nouveaux : telle est la vérité et M. Rouvier l'a dite, comme il convenait de la dire. Il ne faut pas laisser croire que si nos recettes budgétaires ont fléchi, cela tient à une apparence d'épuisement du pays, à une diminution de ses forces productives. Le rendement régulier, normal de nos quatre vieilles contributions directes — que des législateurs imprudents veulent cependant bouleverser — est la preuve du contraire. Le payement de ces mêmes impôts directs par anticipation en est encore une seconde preuve. L'abondance des disponibilités de l'épargne,

Situation vraie. Explications de M. Rouvier.

l'étendue de ses ressources, en sont encore une troisième preuve. Les boissons, les sucres, les douanes, l'expédition de Chine, les dépenses militaires, voilà les principaux auteurs, les grands coupables de la diminution des recettes budgétaires. M. Caillaux, dans un court et substantiel discours qu'il vient de prononcer le 25 mars à la Chambre, a rétabli la vérité et on s'est bien gardé de lui répliquer.

Budget de recueillement nécessaire.

Que la Chambre et le Sénat se pénètrent bien de cette pensée que, quelle que soit l'étendue des ressources du pays, nous ne pouvons tout faire à la fois ; qu'ils prennent la résolution de ne pas ouvrir un crédit d'un centime, tant que l'ère des plus-values budgétaires n'aura pas repris ; qu'ils suivent le conseil si sage de M. Rouvier, en se contentant d'un « budget de recueillement », et on verra, avant qu'il ne s'écoule beaucoup de temps, ce qu'il faut penser des appréciations qui ont été émises sur la situation financière du pays, et dont, pour notre part, nous ne sommes nullement effrayés. Nous nous rappelons, en effet, et nous pourrions citer les fulminants discours et les vigoureux articles de ceux qui, tous les ans, depuis 1870, 1875, 1880, ont toujours dit que la France se ruinait, que ses finances étaient épuisées et se trouvaient dans un état chaotique. Les mêmes discours et les mêmes articles sont aujourd'hui réédités. Ce n'est pas un mal, parfois, d'être quelque peu pessimiste. Les avertissements, les conseils de prudence sont nécessaires. Il ne faudrait pas cependant exagérer la note, car, répétons-le, c'est le crédit de la France qui est en jeu, c'est sa force morale et matérielle et son influence morale à l'extérieur qui peuvent en souffrir.

Conservons intact notre crédit.

Comme l'a dit au Sénat M. Rouvier : « Nous avons un crédit public admirable : gardons-nous d'y porter atteinte. »

IMPOTS ET CONTRIBUABLES

CHARGES ET RESSOURCES

I

Quel est le chiffre exact des impôts que paient les contribuables? C'est là le fait particulièrement intéressant que nous nous proposons de mettre en lumière, afin de répondre en même temps, par des chiffres précis, à des assertions courantes entachées d'erreurs.

On prend, par exemple, le budget des dépenses de l'Etat : on divise la somme par le nombre des citoyens français, et on dit : « Chaque Français paie tant d'impôts. Dans aucun pays du monde on ne relève un aussi formidable chiffre. »

Ce calcul, qu'on entend répéter presque à chaque instant, contient deux erreurs :

1º La première, c'est que pour connaître le total des impôts, il faut examiner, non pas le " budget des dépenses " qui indique bien les charges publiques auxquelles il faut satisfaire, mais le " budget des recettes " qui indique la nature des " ressources ", c'est-à-dire des sacrifices demandés aux contribuables ;

2º La seconde, c'est qu'il faut distinguer entre les recettes qui proviennent exclusivement de l'impôt et celles qui sont fournies par d'autres sources.

Nous avons essayé, en prenant les chiffres contenus dans l'exposé des motifs du budget de 1903 et en analysant les tableaux qu'il contient, de faire cette ventilation et d'établir la distribution approximative des impôts payés à l'Etat, sans autre but que de rétablir la vérité par des faits et des chiffres que tout le monde peut vérifier, contrôler. Nous résumerons très succinctement ici les résultats de cette étude.

Impôts d'Etat. Que paient exactement les contribuables ?

Erronéments suivis à tort pour dégager cette inconnue.
Procédé à suivre.

II

Nos grandes catégories d'impôts. Classons tout d'abord par catégories les différents impôts que perçoit l'Etat, nous rencontrerons successivement :

1° Les impôts directs, qui comprennent les contributions foncière, personnelle-mobilière, des portes et fenêtres, des patentes, les taxes assimilées, la taxe de 4 % sur le revenu des valeurs mobilières et les revenus de certaines collectivités, l'impôt sur les opérations de bourse (1). On y pourrait ajouter les droits de timbre et de transmission perçus par abonnement sur les valeurs mobilières, mais ce mode de procéder compliquerait ce travail;

2° Les impôts indirects assis sur la fortune ou sur certains actes, tels que l'enregistrement, le timbre, etc. ;

3° Les impôts perçus sur la consommation : douanes (moins le sel et le sucre) ; les boissons, les licences, les voitures publiques et chemins de fer ; les timbres de toute espèce, les cartes à jouer, puis diverses petites ressources ;

4° Les impôts qui sont l'équivalent de services rendus : tabacs, allumettes, poudres à feu, postes, télégraphes, téléphones ;

5° Les produits divers, englobant les revenus du domaine et ceux des forêts, les recettes d'ordre, les ressources exceptionnelles, les produits de diverses exploitations, etc.

Rendement annuel de ces différentes catégories. Les trois premières grandes catégories (impôts directs, impôts indirects, impôts perçus sur la consommation) donnent un ensemble de recettes s'élevant, en chiffres ronds, à 2.500 millions.

Les deux autres catégories (impôts qui sont l'équivalent de services rendus, revenus du domaine, etc.),

(1) Bien que la taxe sur le revenu et l'impôt sur les opérations de bourse soient des impôts directs, ils sont recouvrés par l'Administration de l'enregistrement.

donnent une recette de 1 milliard 10 millions qui se compose, d'une part, de 760 millions provenant des monopoles des tabacs et des allumettes, ainsi que de l'exploitation postale et télégraphique, etc., et, d'autre part, de 250 millions fournis par les produits que nous groupons sous la rubrique « divers » et qui comprennent également les revenus du domaine.

Si j'achète du tabac, des allumettes, de la poudre à feu, si j'envoie un plus ou moins grand nombre de lettres ou de dépêches, si je me sers du téléphone, ce que je débourse est l'équivalent d'un service rendu. J'acquitte, en quelque sorte, un impôt facultatif. Le gouvernement ne peut m'obliger à fumer, priser, écrire, télégraphier, téléphoner plus qu'il ne me convient de le faire ou de ne pas le faire. Or, sur le milliard indiqué ci-dessus, le produit de ce que nous appelons l'équivalent de services rendus atteint presque 760 millions. *Impôts facultatifs.*

En voici le relevé :

	Millions de francs.
Tabacs et allumettes.	473,0
Poudres à feu.	12,7
Postes	211,0
Télégraphes.	42,6
Téléphones	18,2
Total.	757,5

On ne peut faire rentrer dans la catégorie des impôts, les divers produits du budget, tels que les revenus des domaines de l'État, les recettes d'ordre, les revenus exceptionnels, le produit de diverses exploitations. C'est cependant ce que font ceux qui relèvent *in globo* les chiffres budgétaires sans décomposer ce qu'ils renferment. Ces divers produits budgétaires forment un ensemble de recettes de 250 millions qui ne sont pas des impôts. *Ressources ne provenant pas de l'impôt.*

III

Les impôts
réellement payés
par les contri-
buables. Les impôts directs et indirects, les droits perçus sur
la consommation, tels sont les impôts véritables que
l'on acquitte.

Le produit des impôts directs peut s'établir ainsi :

Millions
de francs.

Contribution { Propriétés bâties	88.4
foncière { Propriétés non bâties	104.8
Contribution personnelle-mobilière	97.0
— des portes et fenêtres	64.0
— des patentes	138.0
Frais d'avertissement	1.0
Taxes assimilées	47.0
Taxe de 4 % sur le revenu des valeurs mobilières	84.8
Impôt sur les opérations de bourse	0.1
Total	630.8

soit, au total, 630 millions 8. Il ne s'agit là bien entendu
que de la part revenant à l'État, à l'exclusion des
sommes imposées, en addition aux contributions directes et assimilées, pour le compte des départements,
des communes et des bourses et chambres de commerce.

Distinctions à
faire. Encore entre tous ces impôts, convient-il de faire
une distinction. Tout le monde, en effet, ne paie pas
la contribution foncière sur les propriétés bâties ou sur
celles non bâties. Les propriétaires fonciers, seuls, les
acquittent.

Sauf la détaxe pour les petits loyers, la contribution
personnelle-mobilière et celle des portes et fenêtres atteignent, au contraire, à peu près tout le monde.

Quant aux patentes, les commerçants, les industriels,
ceux qui professent certaines carrières libérales sont
seuls à les acquitter.

En ce qui concerne les taxes assimilées, elles frappent les biens de mainmorte et les mines; elles comprennent des droits de vérification des poids et mesures, alcoomètres et densimètres ; des droits de visite des pharmacies et magasins de drogueries ; des droits d'inspection des fabriques et eaux minérales; elles atteignent les personnes qui ont des vélocipèdes, des automobiles, des billards, des chevaux et voitures, celles qui vont au cercle, ou qui sont exonérées du service militaire, etc.

On voit, dès lors, combien il est injuste de dire, comme on l'entend répéter sans cesse : « Nos impôts directs s'élevant à 630 millions, par exemple, *chaque contribuable paie tant,* » ou bien encore : « L'ensemble des dépenses dépasse 3 milliards 500 millions ; nous sommes 38 millions de Français ; nous payons 92 francs d'impôts *par tête!* » Ce sont là des raisonnements absolument erronés.

> Que celui qui n'a pas lu ou entendu ce raisonnement et ce compte dans les journaux, dans les rapports ou dans les discours parlementaires; veuille bien lever la main!... Eh bien, ce fameux calcul, ce rigoureux et inflexible dogme mathématique n'ont pas le sens commun et sont faux comme des cartes biseautées (1).

C'est le président actuel de la *Ligue des contribuables,* ancien ministre et rapporteur général du budget, M. Jules Roche qui s'exprime avec cet entrain et cette verve. Il qualifiait jadis très vertement ces calculs bizarres et on conviendra qu'il n'avait pas tort.

Mêmes erreurs d'appréciation quand il s'agit des impôts indirects assis sur la fortune et sur certains actes, impôts qui s'élèvent à 730 millions, dont 553 millions pour l'enregistrement et 177 millions pour le timbre.

IV

Ces différentes ressources budgétaires comprennent ainsi, d'un côté, trois grandes catégories d'impôts pro-

(1) *Le Matin, Impôts et budget,* par Jules Roche.

duisant 2 milliards 500 millions ; de l'autre, les impôts *facultatifs* et les recettes d'ordre qui forment un total de 1 milliard 10 millions.

Voici ce tableau :

	Millions de francs.	Millions de francs.
I. — Impôts directs	630	
Impôts indirects assis sur la fortune et sur certains actes	730	2.560
Impôts sur la consommation	1.200	
II. — Impôts facultatifs, équivalents à des services rendus (tabacs, allumettes, postes, télégraphes, etc.)		760
III. — Produits des domaines, forêts, recettes d'ordre, ressources diverses, etc		250
Total général		3.570

Part de l'impôt : 3,320 millions.

En disséquant, en quelque sorte, notre monumental budget, le chiffre réel d'impôts d'Etat, déjà suffisamment lourd sans qu'il soit nécessaire de le gonfler davantage, s'élève au chiffre respectable de 3 milliards 320 millions, en supposant encore, ce qui ne serait pas exact, que les étrangers ne paient rien de nos impôts indirects et de consommation.

Dont 760 millions aux impôts facultatifs.

Quant aux recettes provenant de ce que nous appelons l'équivalent de services rendus, ce sont des impôts facultatifs. On ne saurait, en effet, assimiler aux diverses catégories des impôts directs et indirects, le produit des postes, des tabacs, des poudres, des forêts, ou bien celui des amendes payées par les délinquants.

Ces chapitres produisent, sans doute, des recettes brutes importantes et, défalcation faite des frais d'exploitation qui sont inscrits aux dépenses du budget, des recettes nettes non moins importantes, mais on ne fait ces dépenses que si on le veut bien : ce sont, suivant l'expression de M. Léon Say, des impôts qui ne se voient pas et se paient « sur la facture ».

En réalité, ce sont des impôts « facultatifs », tandis que l'impôt direct, l'impôt indirect, les impôts de consommation sont inévitables. Personne, dans des proportions variables, ne peut y échapper, tandis qu'il est toujours loisible d'éviter les « impôts facultatifs » qui sont l'équivalent ou la rémunération d'un service rendu.

Si le montant des impôts effectivement payés obligatoirement par les contribuables ne s'élève pas aux chiffres que l'on avance à chaque instant, il n'en est pas moins vrai que la charge fiscale est lourde, très lourde et qu'il est temps de laisser respirer le contribuable. Impôts directs, impôts indirects, impôts de consommation, ou impôts facultatifs, ce ne sont pas moins des fardeaux qui, dans des proportions diverses, pèsent sur les contribuables. Il n'est pas un seul acte de la vie qui ne tombe sous l'application d'une taxe, d'une redevance quelconque à payer, soit à l'Etat, soit aux départements, soit aux communes et, souvent, à tous les trois. Il serait très facile de démontrer, sans doute, comme l'a fait le regretté M. Maurice Bloch, membre de l'Institut, dans son bel ouvrage sur l'*Europe politique et sociale* que « la part de l'injustice est relativement « faible dans le budget français ». Le contribuable qui passe à la caisse du percepteur peut être très flatté d'apprendre que ses impôts sont moins « injustes » qu'il ne le croit : mais il préférerait en payer un peu moins.

Et cependant, l'observation de M. Maurice Bloch est absolument vraie :

Un grand nombre de droits, ajoutait-il, n'atteignent que le riche, ou l'atteignent beaucoup plus fortement que le pauvre..... Il ne faut pas prendre un seul impôt dans le tas..... Le millionnaire paye pour ses domestiques et consomme plus largement. Il paye tous les impôts de consommation, plus des impôts foncier, mobilier, d'enregistrement.

On peut se rendre compte de la justesse de cette observation en dressant un tableau des cotes probables de contribuables de différentes catégories : c'est un travail très curieux que nous avons fait pour notre instruction personnelle en étudiant de plus près encore ce gros problème des charges publiques et privées et de leur répartition et que nous aurons l'occasion de développer.

Marginal notes:
- Charge des impôts effectivement très lourde.
- Cependant « la part de l'injustice est faible dans le budget français ».
- Ce qu'en dit M. Maurice Bloch.
- Ce que montrent les différentes catégories de cotes.

V

Pourquoi payons-nous d'aussi lourds impôts ? Pourquoi même ces impôts sont-ils insuffisants pour couvrir les dépenses, sans les recettes diverses dont dispose l'État? La réponse est malheureusement trop facile : nous avons dû dépenser des sommes considérables et

pour la guerre et pour les travaux de la paix, et il faut se reporter par la pensée à ce qu'était la France au lendemain de 1870, pour se rendre compte des prodigieux capitaux qu'elle a dû dépenser pour se relever et reprendre son rang dans le monde.

Le total de ces dépenses absolument urgentes, imposées par la nécessité, est effrayant; il faut encore en décomposer tous les chiffres, par tranche, pour voir à quelles dépenses elles s'appliquent, dépenses presque irréductibles, auxquelles aucun parti n'oserait toucher.

	Millions de francs.
Dette publique	1.491,0
Pouvoirs publics	13,5
Ministères de la guerre et de la marine	1.017,0
Instruction publique et beaux-arts	230,5
Commerce et industrie, postes et télégraphes	52,5
Travaux publics	245,2
Agriculture	31,0
Colonies	112,5
Frais de régie et de perception des impôts	412,5
Total	3.335,7

C'est déjà un premier total de 3 milliards 335 millions.

Le ministère de l'intérieur coûte 80 millions ; celui de la justice, 37 millions ; les affaires étrangères demandent 17 millions ; les cultes, 43 millions ; les finances, 20 millions.

Ce second total s'élève à 197 millions. Le chiffre de 3,574 millions de dépenses budgétaires est atteint en comprenant 41 millions pour les remboursements, restitutions, non-valeurs et primes, etc.

Détaillez encore tous ces chiffres les uns après les autres : qui oserait proposer de toucher au service de la dette, aux dépenses de la guerre et de la marine, à l'instruction publique, aux travaux publics? La dette publique est sacrée, « c'est la signature de la France qui circule et personne, quel que soit le parti politique qui dirige les affaires de notre pays, ne la laissera protester ». Les dépenses pour la guerre et la marine? Qui donc oserait porter atteinte à la défense nationale en diminuant soit le contingent militaire, soit les achats de matériel, etc.?

On ne peut toucher au service de la dette.

Ni aux crédits pour la défense nationale.

« Il faut, dit-on, réduire le nombre des fonctions et des fonctionnaires ; la France, au point de vue administratif, pourrait se contenter de vingt grandes divisions, absolument comme elle a vingt grandes divisions militaires. Il n'est pas nécessaire d'avoir 86 départements avec la même organisation que lorsque les chemins de fer, le télégraphe, le téléphone et les grandes voies de communication n'existaient pas. » L'idée est séduisante et ne nous paraît pas impraticable. Mais, quel est le département qui ne protesterait pas si on cherchait à lui enlever un juge au tribunal, un préfet ou sous-préfet, un directeur des grandes régies financières? Les députés qui voteraient ces suppressions d'emplois seraient sûrs de ne pas être réélus : les ministres qui oseraient entreprendre de telles réformes, — nous devrions dire une telle révolution, — seraient assaillis à la Chambre et au Sénat et obligés de répondre à quantité de questions et interpellations. Leurs jours seraient comptés.

La réduction du nombre des fonctionnaires et des divisions administratives.

Idée séduisante; Difficultés d'application.

VI

Charges et ressources.

Les charges diverses des contribuables sont, sans doute, des plus élevées et il faut sans cesse s'appliquer à les réduire. Tout le monde est d'accord sur ce point : nous dépensons trop, répète-t-on tous les ans, — ce qui est toujours facile à dire et fait très bon effet dans un discours : *verba volant* — tous les ans on augmente ou on cherche à augmenter les dépenses.

Nous dépensons trop.

Pas do crédits nouveaux. Les efforts de M. Rouvier.

Il faut suivre, en ce moment, les efforts courageux, presque surhumains, du ministre des finances, M. Rouvier, pour empêcher tout nouveau crédit. Il défend les contribuables, le Trésor et le budget contre des appétits insatiables. Il ne faut pas être prophète pour prédire qu'avant qu'il s'écoule beaucoup de temps, il sera violemment attaqué par ceux-là mêmes qui. d'un côté, lui reprochent de vouloir faire rentrer au Trésor les sommes qui lui sont légitimement dues et, de l'autre, lui réclament des dépenses nouvelles, ce qui ne les empêche pas d'être les plus ardents à crier qu'il faut réduire ces mêmes dépenses. M. Rouvier, suivant une parole que M. Loubet prononçait en 1895 au Sénat, deviendra, au parlement, « l'homme le plus impopulaire », mais sa popularité grandit et grandira encore dans le pays qui lui sera reconnaissant de tout ce qu'il tente de faire pour le bon ordre de nos finances.

L'homme le plus impopulaire.

Pourquoi la France peut acquitter ses lourdes dépenses.

On se trouve donc en présence de dépenses considérables et on peut se demander aussi pourquoi la France peut acquitter ces dépenses avec une ponctualité aussi merveilleuse.

Pourquoi, tout en désirant qu'elles soient diminuées et non accrues, elle les paye même par anticipation.

Pourquoi, malgré les lourdes dépenses sous lesquelles tout autre pays pourrait succomber, elle n'en continue pas moins à travailler et à économiser.

Travail et économie.

La réponse est facile : c'est que, grâce à son énergie, à sa persévérance, ses revenus dépassent large-

ment ses dépenses; c'est que, tous les ans, quelles
qu'aient été les agitations de la politique intérieure
ou extérieure, malgré la répercussion de crises commerciales, financières, économiques qui éclatent dans d'autres pays et les bouleversent de fond en comble, elle
place et accumule des épargnes nouvelles.

Épargne.

« La France, disait au commencement de l'année dernière, dans son exposé à l'assemblée générale des actionnaires de la Banque de France, l'honorable gouverneur, M. Pallain, est « le banquier de l'Europe ». La
France, répète-t-il encore cette année à l'assemblée du
30 janvier, « est partout créditrice à l'étranger ».

« La France est
le banquier de
l'Europe. »

VII

Ce sont là des preuves nouvelles : mais d'autres, encore plus anciennes, confirment cette affirmation.

L'enquête de la
commission ex-
traparlementaire
de l'impôt sur
les revenus.

En 1894, un décret du Président de la République, le
regretté M. Carnot, en date du 16 juin 1894, institua,
sur la proposition de M. R. Poincaré, alors ministre
des finances, une commission extraparlementaire de
l'impôt sur les revenus chargée de déterminer « les
moyens à employer pour la constatation des revenus et
pour l'assiette des contributions ». Cette commission,
dont nous avions l'honneur de faire partie, fut successivement présidée par MM. Poincaré, Ribot, Cochery, ministres des finances, Boulanger, premier président de la
Cour des comptes; elle siégea près de deux ans : les procès-verbaux de ses séances ont été sténographiés et im-
primés par l'Imprimerie nationale; en s'y reportant, on
peut se rendre compte du travail considérable qu'elle accomplit. Elle chercha à évaluer, aussi approximativement
que possible, comme base de ses travaux, l'ensemble
des revenus probables des contribuables français. Elle
procéda à une vaste enquête qui se trouve résumée dans
le rapport de notre ami M. Adolphe Coste. Dans son

Le rapport de
M. Adolphe
Coste.

rapport général, M. Coste estima (1) que les seuls revenus des propriétés bâties et non bâties, des valeurs mobilières, rentes françaises et étrangères, ceux des revenus industriels et commerciaux, mines, exploitations agricoles, professions diverses, emplois civils, traitement publics, pensions, rentes viagères, ceux des revenus industriels et commerciaux, mines, exploitations agricoles, professions diverses, emplois civils, traitements publics, pensions, rentes viagères, salaires d'ouvriers et journaliers, gages de domestiques, pouvaient s'élever approximativement à 22 milliards!

On peut discuter assurément plusieurs de ces évaluations et de ces chiffres. A ceux qui disent, par exemple, qu'aujourd'hui les revenus fonciers sont inférieurs à ceux d'il y a dix ans, — ce qui n'est pas exact quand on examine l'ensemble du pays, — on peut répondre que si les revenus fonciers n'ont pas changé les revenus mobiliers sont plus élevés. En contrôlant les évaluations d'aussi près que possible, on arrive à conclure que les évaluations formulées par M. Coste dans son rapport général ne s'éloignent pas beaucoup de la réalité.

22 milliards de revenus.

VIII

La France et l'étranger. Aussi, quand on compare la France à l'étranger, quand on conseille à nos capitalistes français de vendre leurs rentes et valeurs françaises pour acheter des fonds d'Etat et titres étrangers ; quand, au risque de les effrayer, on leur parle des charges croissantes de nos budgets, ne conviendrait-il pas de leur montrer aussi l'accroissement des charges et des dépenses budgétaires de tous les pays étrangers ?

Le « banquier de l'Europe ». Ne faudrait-il pas leur dire ensuite, en s'appuyant sur les travaux mêmes de cette grande commission, composée, suivant l'expression de M. Poincaré, « d'hommes

(1) Rapport général. Chapitre IX des procès-verbaux de la commission. Imprimerie nationale, 1895.

qui avaient sur les réformes fiscales des vues différentes », que c'est en France où se trouvent les économies les plus grandes, les disponibilités de l'épargne
les plus nombreuses, les capitaux les plus abondants,
le taux de l'escompte le plus réduit? Ne faudrait-il pas
leur dire encore et leur répéter ces paroles du gouverneur de la Banque de France : « La France est le banquier de l'Europe..... La France est partout créditrice
à l'étranger. »

Ce sont là cependant des vérités qui s'appuient sur
des chiffres que chacun peut contrôler. Ces vérités, tout
le monde, à l'étranger, les reconnaît, les proclame et,
pouvons-nous dire, en profite depuis longtemps, puisque
c'est chez nous que ces gouvernements viennent demander et trouvent les capitaux dont ils ont besoin et qu'ils
n'auraient pu se procurer chez eux.

On en a eu récemment encore une preuve nouvelle?
Pendant quelques semaines, l'admission à la cote officielle à la bourse de Paris d'emprunts étrangers ou leur
introduction sur les marchés français ont été retar-
dées ou ajournées pour diverses raisons d'ordre intérieur. Il semblait alors que tout était perdu pour ces
emprunteurs qui ne savaient plus où et à qui s'adresser!
Ce sont là des faits dont chaque jour, à Paris, le monde
financier est le témoin et qui sont la preuve évidente de
l'étendue de notre influence financière, de la puissance
de nos ressources, de la valeur de notre incomparable
crédit.

TABLE CHRONOLOGIQUE

Avant-propos 1
Budget général, résultats comparés (1869-1901) 9
   Diagramme 9
   Tableau I. Dépenses 10
   Tableau II. Recettes 16
   Tableau III. Balances 22
Présentation, vote et promulgations des lois budgétaires (lois de
   finances et lois de règlement, 1872-1901) 23
   Tableau I. Présentation, vote et promulgation des lois 24
   Tableau II. Douzièmes provisoires 30
BUDGET DE 1872 31
BUDGET DE 1873 :
   Quelques chiffres intéressants 39
BUDGET DE 1874 :
   Les grandes réformes 43
   Emprunter ou imposer 49
   Une situation rassurante 52
BUDGET DE 1875 :
   La proposition Wolowski et l'équilibre du budget 55
   De quelques autres projets financiers 59
   Le nouveau système financier. — L'étude de M. Michel Cheva-
   lier 63
BUDGET DE 1876 :
   Notre situation financière 70
   Constitution financière 78
   Ce qu'on appelle le budget 83
   L'œuvre financière de l'Assemblée nationale 86
BUDGET DE 1877 :
   Les lois de finances devant le parlement 90
   Réformes encore ajournées 93
   Dégrèvements et conversion 96
   Illusions 101
   L'intégralité du budget 107
BUDGET DE 1878 113
   Nécessité de voter le budget 118

Le refus du budget 121
BUDGET DE 1879 124
     Le budget voté au pas de charge 129
BUDGET DE 1880 :
     Pensons aux contribuables 132
     A travers le budget 138
     Lois d'affaires 146
BUDGET DE 1881 :
     Quelques chiffres à propos du budget 150
     Une tradition à reprendre 156
BUDGET DE 1882 :
     Les lois de finances devant la nouvelle Chambre 159
BUDGET DE 1883 :
     L'esprit de suite 164
     Illusions et réalités 172
     Les conventions de chemins de fer et la commission du budget . . 179
     Un conseil supérieur des finances 182
     Les conventions de chemins de fer devant la Chambre 189
     Les principes financiers 192
     Instabilité financière. Instabilité politique 195
     Politique financière de la France 199
BUDGET DE 1884 208
     Les idées noires 212
     Deux plans financiers 219
     La progression des dépenses publiques et les conversions de
         rentes 222
     Ce que coûte la paix à l'Europe 228
     Un plan de finances 234
     Le rapport de M. Rouvier 244
BUDGET DE 1885 :
     Les dépenses et les recettes budgétaires : leur progression de-
         puis 1869 247
     Les chemins de fer et le budget 255
     Les engagements du Trésor 260
     Le crédit de l'Etat 263
     Les actes économiques et financiers de la Chambre de 1881 . . 269
BUDGET DE 1886 :
     La politique et les affaires 274
BUDGET DE 1887 :
     Un emprunt d'un milliard 281
     Les projets financiers du gouvernement devant la commission
         du budget 281
     Une brillante discussion 286
     Le nouveau projet de budget 290

BUDGET DE 1888 :
  La présentation, la discussion parlementaire et le vote des bud-
    gets en France et à l'étranger.   293
  Nécessité d'un emprunt de liquidation : moyens d'y pourvoir .   307
BUDGET DE 1889   321
  Questions du moment.   323
BUDGET DE 1890   328
  Un impôt sur les opérations de bourse   331
BUDGET DE 1891   335
  Une politique financière nationale : La nouvelle Chambre et le
    budget.   339
  Finances ou politique.   349
  Douzièmes provisoires   352
  La question des chemins de fer.   355
BUDGET DE 1892 :
  Le dégrèvement des transports   360
BUDGET DE 1893   371
BUDGET DE 1894 . . . . '   381
BUDGET DE 1895   386
  Le budget des finances   400
  Des finances libres et fortes.   402
BUDGET DE 1896   408
  Ce que nous apprend le budget. . . . . '. . .   415
  Les quarante-cinq centimes en 1848   429
BUDGET DE 1897 :
  La diminution des revenus privés. L'augmentation des dépenses
    publiques.   432
BUDGET DE 1898 :
  Ce que reçoivent nos fonctionnaires.   439
  Fonctionnaires et retraités   464
  Ce que coûtent nos fonctionnaires.   472
BUDGET DE 1899   482
  Les finances de la France sous la troisième République, d'après
    M. Léon Say. . . . . '   487
BUDGET DE 1900   496
  Un discours de M. Loubet à méditer   502
BUDGET DE 1901   513
BUDGET DE 1902 :
  L'exposé de M. Caillaux   550
  Devant la commission du budget.   555
BUDGET DE 1903 :
  Un budget de recueillement. Pessimisme financier.   562
  Impôts et contribuables : Charges et ressources.   569

TABLE ANALYTIQUE

A

ADAMS, 172.

ALLAIN-TARGÉ, 165, 188, 192, 196, 210, 209, 316, 323, 493.

AMORTISSEMENT, 36, 504.

ARGOUT (le comte d'), 541.

AUDIFFRET (le marquis d'), 511; — son étude sur la fortune nationale et le crédit public de 1789 à 1873, 44; — montre l'intérêt de la création d'un conseil supérieur des finances, 44.

B

BAÏHAUT, 258.

BALLUE, 279, 167.

BANQUE DE FRANCE, situation en 1872, 32; — emprunt par l'État, 31; — billets de banque, leur valeur, 54; — l'encaisse, 70; — à charger de la trésorerie de l'État, 238, — renouvellement de son privilège, 279, 319, 415.

BAZILLE, 271.

BERRYER, 541.

BISMARCK (le prince de), à propos du refus du budget, 121.

BLOCH (Maurice), 575.

BOISSONS, régime fiscal, 321, 338, 381, 551.

BOUDENOOT, 546.

BOULANGER (Ernest), 344, 348, 385, 505, 564, 579.

BOURGEOIS (Léon), 412.

BOUTIN, 541.

BRISSON, 269.

BUDGETS (les), objet du 2e volume des *Finances contemporaines*, 1; — résultats comparés (1869-1901, tableaux et diagramme, 0; — présentation, vote et promulgation des lois budgétaires (1872-1901), 23; — les lois de finances devant le parlement, 90; — l'intégralité du budget, 107; — du refus du budget, 121; — budget extraordinaire, créé par Léon Say, 126; — à travers le budget, 138; — les lois de finances devant la Chambre de 1881, 159; — la progression des dépenses publiques et les conversions, 240; — les dépenses et les recettes budgétaires, leur progression depuis 1809, 247; — les engagements du Trésor, 260; — les actes économiques et financiers de la Chambre de 1881, 268; — la présentation, la discussion parlementaire et le vote des budgets en France et à l'étranger, 293; — finances ou politique, 349; — finances libres et fortes, 402; — ce que nous apprend le budget, 415; — la diminution des revenus privés et l'augmentation des dépenses publiques, 435; — un discours de M. Loubet à méditer 502; — impôts et contribuables, charges et ressources, 569. — (Voir *Impôts*).

BUFFET, 541.

BURDEAU, 344, 348, 402, 408, 506, 508, 564; — son projet de budget de 1895, 386.

C

CADASTRE, 337.

CAILLAUX (Eugène), son rapport sur les travaux publics, 74.

CAILLAUX (Joseph), son projet .de budget pour 1900, 496; — son étude sur *les impôts en France*, 502; — son projet de budget pour 1901, 513; — l'unité budgétaire, 519; — une orientation nouvelle, 530; — sur le crédit de la France, 549; — son projet de budget pour 1902, 550; — on ne peut tout faire à la fois, 564; — à propos de la législation sur les sucres, 565; — sur la diminution des recettes budgétaires, 568.

CAISSES D'ÉPARGNE, 533.

CAPITAL (impôt sur le), 60, 491.

CARNOT, 169, 269, 308, 340, 347, 536, 555, 579; — son programme financier, 281, 284.

CERCLES (impôt sur les), 330.

CHAMBRES DE COMMERCE, travaux collectifs, 46.

CHEMINS DE FER, 39, 40, 74, 117, 167, 201, 211, 266, 401, 495, 501, 509, 510; — chemins de fer économiques, 203; — conventions entre les compagnies et l'État, 176, 179, 188, 201, 271; — dégrèvement des transports, 355, 360; — garanties d'intérêt, 101, 262, 386; — partage des bénéfices, versement par le P.-L.-M., 485; — réseau de l'État, 202, 255, 527.

CHÉRUEL, 112.

CHEVALIER (Michel). — Voir *Michel Chevalier*.

CHEYSSON (Émile), 500.

CINQ (Les) au corps législatif, 128, 131.

CLAMAGERAN, 269.

COBDEN-CLUB, 295.

COCHERY (Georges), 409, 437, 469, 579.

COLBERT, 7, 81.

COMPTE DE LIQUIDATION, 33, 110.

CONSEIL SUPÉRIEUR DES COLONIES, 213.

CONSEIL SUPÉRIEUR DES FINANCES, proposé par le Mis d'Audiffret, 45; — M. Magne y a recours, 45; — reconnu indispensable par Colbert, 81; — étude spéciale, 188.

CONSTITUTION FINANCIÈRE, 78.

CONVERSION, 96, 191, 192, 272, 321, 379, 495; — opinion de Léon Say, 97, 522; — de M. Germain, 98; — les conversions et la progression des dépenses publiques, 222; — les futures conversions, 521, 563.

COSTE (Adolphe), son rapport à la commission extraparlementaire de l'impôt sur les revenus, 579.

CRÉDIT DE L'ÉTAT (Le), 263, 560, 568.

D

DAUPHIN, 290, 308, 403.

DAUTRESME, 278.

DAYNAUD, 188.

DÉGRÈVEMENT, 96, 99, 110, 133, 165, 251, 336, 355, 360.

DELATOUR, 541.

DELOMBRE (Paul), 399, 522, 546, 563; — son rapport sur le budget des finances (1895), 400.

DÉPENSES PUBLIQUES, leur progression et les conversions de rente, 222; — leur progression depuis 1869, 247; — leur augmentation et la diminution des revenus privés, 435.

DETTE PUBLIQUE, 81, 224, 262, 416,

500 ; — dette flottante, 31, 171,
202, 317, 401, 415, 544.
DIAGRAMME : résultats budgétaires
comparés (1809-1901), 9.
DOUMER, 412.
DOUZIÈMES PROVISOIRES (1872-1903),
30 ; 352.
DREYFUS (Camille), 295.
DROIT PUBLIC FINANCIER INTERNA-
TIONAL, 277.
DUBOST (Antonin), 381, 565.
DUCLERC, 541.
DUFRAYER (le comte), 511.
DUPONT DE NEMOURS, 493.
DUVAL (Raoul), 287, 317.

E

EMPRUNTS, 36, 50, 193, 200, 281, 307,
329, 558.
EUROPE, ce que lui coûte la paix,
228.

F

FAITS GÉNÉRAUX, objets du 1er vo-
lume des *Finances contempo-
raines*, 1.
FALCONNET, 0.
FALLIÈRES, 269.
FÉLIX-FAURE institue un conseil
supérieur des colonies, 243 ; — son
rapport sur le dégrèvement des
transports, 361.
FERNAND FAURE, 287.
FERRY (Jules), 269.
FINANCES, leur importance, 31.
FINANCES CONTEMPORAINES, *les
budgets*, objet du 2e volume, 1.
FLOQUET, 269.
FONCIÈRE (contribution), 336.
FONCTIONNAIRES, 205, 547, ce qu'ils
reçoivent, 439 ; — ce qu'ils coû-
tent, 172 ; — fonctionnaires et
retraités, 464. — (Voir *Pensions*.)
FORTUNE MOBILIÈRE, première éva-
luation, 39.

FOVILLE (de), 467, 500.
FRÉDÉRIC PASSY, 500.
FREYCINET (de), 149, 209, 355, 505.

G

GAMBETTA, 130, 160, 269, 346 ; —
propose d'imposer la rente, 97.
GARNIER-PAGÈS, 431.
GAUDIN, duc de Gaëte, 242.
GERMAIN (Henri), sur la conversion
de la rente, 98 ; — sur la dette
flottante, 347 ; — ses discours
parlementaires, 489.
GLADSTONE, 133, 562.
GOUDCHAUX, 541.
GOULARD (de), 490.
GOUIN, 511.
GRANDE-BRETAGNE, ses finances
sous le 1er empire, en 1839-1840,
61 ; — le *colonial office*, 243.
GUERRE DE 1870, ses charges, 33,
261 ; — pourquoi la France a pu
les supporter, 73.
GUILLAIN, son rapport général sur
le budget de 1901, 513.
GUIZOT, 112.
GUYOT (Yves) — Voir *Yves Guyot*.

H

HABITATION (taxe d'), 401.
HAENTJENS, 188.
HUBBARD, 560.

I

IMPOTS, *notam*. 48, 53, 123.
Contributions directes : contribution foncière ; 336 ; — contribution personnelle - mobilière,
402 ; — contribution des portes
et fenêtres, 283 ; — contribution
des patentes, 320, 329, 338 ; —
taxe d'habitation, 402 ; — impôt
sur les cercles, 330.

Droits indirects, régime fiscal des boissons, 321, 338, 381, 551 ; — impôt sur le sel, 80 ; — impôt sur les opérations de bourse, 331 — taxe sur le revenu des valeurs mobilières, 39, 46, 52, 402 ; lots et primes, 47, 320.

Questions diverses, impôt sur le capital, 60, 491 ; — sur le revenu, 323, 411, 491, 506, 565 ; — sur la rente, 97, 325, 411, 491 ; — une étude sur l'état général et comparatif du régime fiscal de la France, 428 ; — impôts et contribuables, charges et ressources, 569.

INSTABILITÉ FONCIÈRE. INSTABILITÉ POLITIQUE, 195.

K

KERGALL., 337.

L

LABEYRIE, 541.

LACROSSE (le baron de), 511.

LAURIER, 201.

LECHEVALLIER, 533.

LÉON SAY, opinions ou citations, 7, 8, 149, 190, 210, 220, 236, 269, 323, 347, 354, 424, 427, 505, 574 ; — son projet de budget pour 1874, 50 ; — pour 1876, 72 ; — ses projets financiers, 74 ; — l'impôt sur le sel, 78 ; — contre l'impôt sur la rente, 97 ; — sur les conversions, 97, 552 ; — une opération financière contestable, 102 ; — à propos du règlement du budget de 1878, 109 ; — son projet de budget pour 1878, 114 ; — pour 1879, 124 ; — sa création du budget extraordinaire, 126 ; — à propos de dégrèvements, 165 ; — son projet de budget de 1883, 172 ; — les principes financiers, 192 ;

— la politique financière de la France, 199 ; — le meilleur moyen de faire de bonnes finances, 343 ; — sur le projet de budget de M. Burdeau pour 1895, 386 ; — publication de ses œuvres par André Liesse, 487 ; — sur l'augmentation des dépenses qu'entraîne l'étatisme, 515 ; — sur la caisse des dépôts, 542 ; — sur les pensions civiles, 546 ; — sur le fondement du budget, 549 ; — sur les commissions du budget, 557.

LEROY-BEAULIEU (Paul), 111, 134, 500, 555.

LE ROYER, 502.

LEVASSEUR (Émile), 529.

LIESSE (André) sa publication des œuvres de Léon Say, 487.

LOCKROY, 409.

LOIS DE FINANCES, présentation, vote et promulgation (1872-1901), 23 ; — ces lois devant le parlement, 90 ; — présentation, discussion parlementaire et vote des budgets en France et à l'étranger, 293. — (*Voir Budgets*.)

LOIS DE RÈGLEMENT, présentation, vote et promulgation (1872-1901), 23.

LOTERIES, 47.

LOTS ET PRIMES, 47, 320.

LOUBET (Émile), un discours sur les finances à méditer, 502 ; — l'homme le plus impopulaire, 578.

M

MAGNE, 3, 34, 49, 173, 201, 551 ; — son expérience financière, 43 ; — a recours à un conseil des finances, 45 ; — sa politique financière, 49 ; — ses projets financiers, 58.

MAGNIN, 164, 190, 239, 271.

MALTHUS, 529.

MARCHÉ FINANCIER, 276.

MARCHÉ A TERME, 211.

MATHIEU-BODET, 79.

MAZADE (DE), 129.

MENIER, propose l'impôt sur le capital, 60.

MERLOU, 500.

MICHEL CHEVALIER, son étude sur le nouveau système financier, 63 ; — son appréciation de la politique de Thiers, 60.

MILLAUD (Albert), 555.

MILLAUD, 505.

MOLINARI (de), sur les conversions, 228.

MOLLIEN (le comte), 541.

MONTESQUIEU, 137, 325.

MONTGOLFIER (de), 74.

MUHEL, 500.

N

NAPOLÉON Ier, sur les budgets, 90.

NECKER, 317.

NICOLAS, 224.

O

OBSESSION FISCALE, 503.

OCTROIS, 325.

OPÉRATIONS DE BOURSE (impôt sur les), 331.

ORVILLIERS (d'), 541.

P

PAIX (la), ce qu'elle coûte à l'Europe, 228.

PALLAIN, 579.

PASSY (Frédéric). — Voir Frédéric Passy.

PATENTES (contribution des), 326, 329, 338.

PELLETAN (Camille), 353, 500.

PENSIONS, 517 ; — (Voir Fonctionnaires.)

PERSONNELLE-MOBILIÈRE (contribution), 402.

PEYTRAL, 308, 315, 323, 329, 482.

PICARD (Ernest), 183.

PICHON, 559.

PLANS DE FINANCES, 219, 234.

POINCARÉ (Raymond), 395, 397, 403, 408, 500, 546, 579, 580.

POLITIQUE FINANCIÈRE DE LA FRANCE, 199 ; — une politique financière nationale, 339.

PORTES ET FENÊTRES (contribution des), 336.

POUYER-QUERTIER, 107, 490.

PRINCIPES FINANCIERS, 192.

PRIVAT-DESCHANEL, 502.

PROJETS FINANCIERS, en 1871 et 1872, 59 ; — de M. Carnot, 281, 281.

PROTECTIONNISME, 273, 517.

Q

QUARANTE-CINQ CENTIMES (les) en 1848, 429.

R

RÉFORMES FINANCIÈRES, préoccupations générales, 44 ; — à propos de quelques projets, 50 ; — le nouveau système financier, l'étude de Michel Chevalier, 63 ; — ajournements, 93 ; — la politique et les affaires, quelques réformes financières et commerciales, 274.

RENTE FRANÇAISE (impôt sur la), 97, 325, 411, 491.

REVENU (impôt sur le), 323, 411, 491, 500, 565.

REVENU DES VALEURS MOBILIÈRES (taxe sur le), 39, 46, 52, 402 ; — lots et primes, 47, 320.

REVENUS DE LA FRANCE, 39, 516.

RIBOT, 201, 239, 404, 408, 507, 508, 579.

ROBERT PEEL, 64.

ROCHE (Jules), impôt et budget,

l'invitation à la valse, 525 ; — comptabilité budgétaire, 528 ; — les budgets du siècle, 529.

ROTHSCHILD (le baron A. de), conséquences du dégrèvement des transports pour la compagnie du Nord, 365.

ROULAND, 541.

ROUVIER, 308, 347, 349, 352, 359, 361, 385, 397, 528 ; — rapport sur le budget de 1884, 244 ; — service de renseignements commerciaux créé par lui au ministère du commerce, 277 ; — son opinion sur l'impôt sur le revenu, 324 ; — son projet de budget pour 1891, 335 ; — pour 1903, 562 ; — sur la situation financière, 567 ; — ses efforts pour la défense des contribuables, 578.

ROY (le comte), 242, 541.

S

SAINT-YON (le baron de), 511.

SALEFRANQUE (Léon), son étude sur l'état général et comparatif du régime fiscal de la France, 428.

SAY (J.-B.), 493.

SAY (Léon). — Voir *Léon Say*.

SEGRIS, 76.

SEL (impôt sur le), 80.

SITUATION ÉCONOMIQUE ET FINANCIÈRE, notam. 34, 52, 70, 111, 117, 177, 216, 259, 265, 341, 515, 543, 567 ; — la France avant et après le 18 brumaire, 63 ; — l'Angleterre sous le 1ᵉʳ empire, 64 ; en 1840, 64 ; — une tradition à reprendre (exposé périodique de la situation des finances), 156.

SOCIÉTÉS, revision de la législation, 211, 277.

SOLAND (de), 129.

SOUBEYRAN (de), 76, 101.

STOURM (René), 3, 49), 500, 529, 530.

T

THIERS, son message sur les affaires financières et le crédit, 32 ; — apprécié par Michel Chevalier, 60 ; — ses critiques à propos des présentations budgétaires sous l'empire, 109 ; — sur les budgets extraordinaires, 126 ; — ses messages au point de vue financier, 158 ; — sur la férocité nécessaire à un ministre des finances, 165 ; — sur les bienfaits de l'économie, 219 ; — sur l'impôt sur le revenu, 316 ; — sur les moyennes, 337 ; — libérateur du territoire, 490 ; — ses leçons rappelées par Léon Say, 494 ; — sur la possibilité des économies, 548.

TIRARD, 149, 196, 201, 208, 220, 227, 235, 253, 260, 271, 308, 323.

TOUCHARD, 502.

TRAITEMENTS. — (Voir *Fonctionnaires*).

TURGOT, 132, 375.

V

VALEURS MOBILIÈRES, leur importance déterminée par la taxe perçue sur leur revenu, 39 ; — émissions de valeurs étrangères en France, 71.

VILLÈLE (de), 236, 242.

VILLEMANZY (de), 511.

W

WOLOWSKI, 55.

Y

YVES GUYOT, 309, 317, 359, 555.

Imp. PAUL DUPONT, 4, rue du Bouloi. — Paris (2ᵉ Arrᵗ. — 805.3.1903 (Cl.).

Autres ouvrages de M. Alfred NEYMARCK

En vente chez FÉLIX ALCAN, éditeur

108, boulevard Saint-Germain, 108

(Librairies Félix Alcan et Guillaumin réunies)

et dans les bureaux du journal *LE RENTIER*, 33, rue Saint-Augustin

PARIS

Aperçus financiers, 2 vol. grand in-8°, 1868-1873............ 15 fr.

Colbert et son temps, 2 vol. grand in-8°.................. 15 fr.

Turgot et ses doctrines, 2 vol. grand in-8°.............. 15 fr.

Un Centenaire économique, 1789-1889, 1 vol. in-8°, 1889.

Vocabulaire-manuel d'économie politique, 1 vol. in-12, 1898 (chez Colin et Cⁱᵉ, éditeurs)...................... 5 fr.

Rapport général fait au *Congrès international des valeurs mobilières* sur son organisation et ses travaux, 1 vol. grand in-8°, 1900................................. 3 fr.

Rapports sur la Statistique internationale des valeurs mobilières présentés à l'Institut International de Statistique : 1ᵉʳ rapport : Session de Berne (1895) ; — 2° rapport : Session de Saint-Pétersbourg (1897) ; — 3° rapport : Session de Christiania (1899) ; — 4° rapport : Session de Budapest (1901) ; — 5° rapport : Session de Berlin (1903) ; — 6° rapport : Session de Londres (1905) ; insérés dans le *Bulletin de l'Institut international de statistique*. TOMES IX, X, XI, XII, XIII, XIV, XV. Chaque rapport....... 3 fr.

Rapport adressé au Garde des sceaux, ministre de la justice, sur les Inventaires et bilans, fait au nom de la *Commission extra-parlementaire de la réforme de la législation des sociétés*, in-4°, 1903.

Rapport général fait à la *Commission extra-parlementaire du cadastre* sur les travaux de la sous-commission des voies et moyens, in-4°, 1904............... 3 fr.

Rapport sur les *Causes économiques de la dépopulation*, fait à la *Commission de la dépopulation, sous-commission de la natalité*, in-4°, 1905..................... 3 fr.

Finances contemporaines :

TOME I. — Trente années financières, 1872-1901......... 7 fr. 50
TOME II. — Les budgets, 1872-1903.................. 7 fr. 50
TOME III. — Questions économiques et financières, 1872-1904................................. 10 fr.

Études diverses sur l'histoire, l'économie politique, les valeurs mobilières, les impôts, les chemins de fer, les travaux publics, la statistique et la législation ; volumes ou brochures, 1873 à 1906.

Imp. Paul Dupont. — Paris, 4° Arrᵗ. — 300.5.1907.

www.ingramcontent.com/pod-product-compliance
Lightning Source LLC
Chambersburg PA
CBHW031723210326
41599CB00018B/2487